NomosPraxis

Ludwig Zimmermann
Rechtsanwalt, Fachanwalt für Sozialrecht und
Fachanwalt für Arbeitsrecht, Potsdam

Das Grundsicherungsrecht in der Beratungspraxis

SGB II und SGB XII nach der Bürgergeldreform

5. Auflage

Nomos

Deutscher Anwaltverein
Arbeitsgemeinschaft
Sozialrecht

Zitiervorschlag: Zimmermann Hartz-IV-Mandat § ... Rn. ...

Die Deutsche Nationalbibliothek verzeichnet diese Publikation in der Deutschen Nationalbibliografie; detaillierte bibliografische Daten sind im Internet über http://dnb.d-nb.de abrufbar.

ISBN 978-3-7560-0068-5 (Print)
ISBN 978-3-7489-1482-2 (ePDF)

5. Auflage 2023

Vorwort zur fünften Auflage

Das Bürgergeldgesetz (Zwölftes Gesetz zur Änderung des Zweiten Buches Sozialgesetzbuch und anderer Gesetze – Einführung eines Bürgergeldes BGBl. I 16.12.2022) hat umfangreiche Änderungen des SGB II und anderer Gesetze mit sich gebracht. Das Arbeitslosengeld II und das Sozialgeld werden ab dem 1. Januar 2023 nunmehr Bürgergeld genannt.

Die Umbenennung ist nicht nur schlichte Kosmetik, sondern wird der Kernaufgabe des SGB II besser gerecht als die Bezeichnung als Arbeitslosengeld II. Denn anders als bei Einführung des SGB II am 1. Januar 2005 ist die Arbeitslosigkeit stark gesunken, und zwar von 4,8 Millionen auf 2,6 Millionen im Jahr 2023. Gleichzeitig ist die Zahl der sozialversicherungspflichtig Beschäftigten von 26 Millionen auf knapp 35 Millionen gestiegen. Von den 5,5 Millionen Beziehern der Leistungen nach dem SGB II sind 1,7 Millionen arbeitslos und 3,8 Millionen erwerbsfähig. Von Langzeitarbeitslosigkeit betroffen sind in erster Linie Personen ohne Berufsabschluss.

Vor diesem Hintergrund hat der Gesetzgeber mit der Bürgergeldreform einen Paradigmenwechsel vorgenommen und den Grundsatz der Vermittlung in Arbeit gegenüber der langfristigen Eingliederung in Arbeit hintangestellt. Die fachliche Qualifizierung wird für arbeitslose Leistungsberechtigte ab dem 1. Juli 2023 mit dem Bürgergeldbonus und dem Weiterbildungsgeld und der Weiterbildungsprämie finanzielle Anreize geschaffen, eine Ausbildung aufzunehmen und abzuschließen.

Die Sanktionen, nach denen der Anspruch auf Leistungen vollständig eingestellt werden konnten wurden nachhaltig entschärft, nunmehr als Leistungsminderungen bezeichnet und auf 30% des Regelbedarfes beschränkt.

Der Regelbedarf wurde für alleinstehende Leistungsberechtigte von 449 auf 502 EUR, die Freibeträge für Hinzuverdienste im Bereich von 520 bis 1.000 EUR moderat von 20% auf 30% erhöht. Die Anrechnung von einmaligen Einnahmen wurde wesentlich vereinfacht, so dass die Rechtsprechung des Bundessozialgerichtes zu modifizierten Zuflusstheorie weitestgehend leerläuft.

Umfangreiche Änderung wurden auch hinsichtlich der Anrechnung von Vermögen vorgenommen. Es wurde hinsichtlich der Anrechnung eine Karenzzeit von einem Jahr eingeführt, in der nur erhebliches Vermögen berücksichtigt wird. Nach Ablauf der Karenzzeit betragen die Vermögensfreibeträge nunmehr für jedes Mitglied der Bedarfsgemeinschaft 15.000 EUR. Das selbstgenutzte Eigenheim oder die selbstgenutzte Eigentumswohnung sind nunmehr bis zu einer Wohnfläche von 140 bzw. 130 qm geschützt. Der Gesetzgeber hat hier eine leicht zu handhabende Grenze der Angemessenheit eingeführt, die sich an den realen Verhältnissen orientiert.

Diese Änderungen sind Anlass für die 5. Auflage des Handbuchs. Die Neuauflage berücksichtigt dabei nicht nur sämtliche Einzelheiten der Reform und passt ua alle Berechnungsbeispiele an; sie wendet sich nun auch zusätzlich, neben der Anwaltschaft, explizit und erweitert an Verwaltungen und Beratungsstellen. Hierfür sind insbesondere die §§ 2 bis 7 des Werkes gedacht, die die notwendigen Grundlagen des Verständnisses der Ansprüche nach dem Bürgergeldgesetz vermitteln und auf einzelne Besonderheiten und Schwierigkeiten hinweisen. Aber auch die Grundlagen des Verwaltungsverfahren im Grundsicherungsrecht und das gerichtliche Verfahren sind für nichtanwaltliche Berater zunehmend von Bedeutung, denn es ist davon auszugehen, dass die Anwaltschaft, aufgrund ihrer Verjüngung, nicht mehr im gleichen Umfang wie bisher Bürger vor den Sozialgerichten vertreten wird. Beibehalten sind die speziellen Hinweise zum Gebührenrecht in § 7, die sich in erster Linie an die Anwaltschaft richten. Damit bleibt das Handbuch (in der 4. Auflage: „Das Hartz-IV-Mandat") nach wie vor das Beratungshandbuch für die Anwaltschaft, erweitert aber seinen Nutzerkreis.

Meine Mitarbeiterin Frau Vera Munz hat mir während der Arbeit an der Neuauflage im Büro den „Rücken freigehalten" und Frau Andrea Schneider vom Nomos Verlag hat mit großem Einsatz wesentlich zum Gelingen der vorliegenden Auflage beigetragen. Hierfür spreche ich meinen allerherzlichsten Dank aus. Ich danke ausdrücklich auch der Arbeitsgemeinschaft Sozialrecht des DAV für die gute Zusammenarbeit.

Potsdam, im Januar 2023 *Ludwig Zimmermann*

Inhaltsverzeichnis

§ 1 Grundlagen und Verwaltungsverfahren

I. Allgemeine Grundsätze des SGB II

1. Leistungsarten

Die Grundsicherung für Arbeitsuchende sieht drei Grundformen der Leistung (**Leistungsarten**) vor, und zwar die Leistungen zur Beratung, Eingliederung in Arbeit und die Leistungen zur Sicherung des Lebensunterhalts (§ 1 Abs. 3 Nr. 1 bis 3). Der Anspruch auf Beratung ist in § 14 Abs. 2 spezialgesetzlich neben § 14 SGB I geregelt.[1] Die Regelungen zur Eingliederung sind im Wesentlichen dem SGB III und die Regelungen zur Sicherung des Lebensunterhalts dem Bundessozialhilfegesetz, respektive dem SGB XII entnommen. Damit steht das SGB II im Spannungsfeld zwischen staatlicher Daseinsfürsorge zur Verhinderung von Mittellosigkeit und Elementen der Arbeitsförderung. Der Anspruchsberechtigte wird deshalb je nach der Perspektive, aus der er betrachtet wird, als Leistungsberechtigter oder Arbeitsuchender bezeichnet (§ 1 Abs. 1). 1

2. Hilfebedürftigkeit

Das Gesetz setzt, abweichend von seinem Namen, als Anspruchsvoraussetzung für die Sicherung des Lebensunterhalts nicht voraus, dass der erwerbsfähige Leistungsberechtigte eine Arbeit sucht. Der Leistungsberechtigte muss nicht wie der Arbeitslose nach dem SGB III ohne Beschäftigung sein, der Arbeitsvermittlung zur Verfügung stehen und den Willen haben, seine Arbeitslosigkeit zu beenden (§ 138 Abs. 1 SGB III). Es reicht aus, wenn der Anspruchsteller trotz Vollzeitbeschäftigung als Arbeitnehmer oder als selbstständig Tätiger nicht in der Lage ist, seinen Lebensunterhalt und den seiner ggf. mit ihm in Bedarfsgemeinschaft lebenden Personen zu sichern (§ 9 Abs. 1) und daher **hilfebedürftig** ist.[2] In § 14 Abs. 1 S. 2 wird daher klargestellt, dass Beratungsleistungen auch an nicht arbeitslose Leistungsberechtigte verbracht werden können. 2

3. Grundsatz des Forderns – Obliegenheiten

Gleichwohl wurden dem Leistungsberechtigten Obliegenheiten auferlegt, die aus dem (Sozial-)Versicherungsrecht, und zwar dem SGB III, stammen und ihn zur Mitwirkung verpflichten. Diese **Mitwirkungspflicht** wird in § 2 unter der Überschrift „Grundsatz des Forderns" abstrakt umschrieben, um dann in § 15 Abs. 1 S. 2 Nr. 2 und 3 sowie in § 31 näher erläutert zu werden. 3

Der **Grundsatz des Forderns** hat für die Rechtsanwendung keine große praktische Bedeutung. Die sich hieraus ergebende Verpflichtung zur Selbsthilfe und zum Einsatz der eigenen Arbeitskraft wird von der Rechtsprechung zur Auslegung der Vorschriften herangezogen, die die Verpflichtungen des Leistungsberechtigten im Einzelnen regeln. Die Verpflichtung zur Selbsthilfe ist Ausdruck des „Nachrangprinzips", wie wir 4

---

1 Art. 1 Nr. 2 G. v. 26.7.2016, BGBl. I 1824 mWv 1.8.2016; BT-Drs. 18/8041, 36.

2 BSG 2.4.2014 – B 4 AS 29/13 R BSGE 115, 225–235 zum grundlegenden Unterschied zwischen SGB III und SGB II; bestätigt: BSG 16.11.2015 – B 11 AL 68/15 B.

es auch in der Sozialhilfe finden (§ 2 Abs. 1 SGB XII). Das Bundessozialgericht hat den in §§ 2 und 3 Abs. 5 normierten Nachranggrundsatz ua zur Auslegung des § 22 herangezogen, wonach Kosten für PKW-Stellplatze nur dann übernommen werden können, wenn diese nicht ohne die Unterkunft vermietet werden.[3]

Demgegenüber sind die dem Leistungsberechtigten auferlegten Mitwirkungs- und Verhaltenspflichten (**Obliegenheiten**), die sich in den §§ 15, 16 und 31 finden, weitgehend dem Recht der Arbeitsförderung (Arbeitslosenversicherung) entnommen. Weitere Mitwirkungspflichten, wie die Verpflichtung zur Anzeige und Bescheinigung einer Arbeitsunfähigkeit (§ 56 Abs. 1) und die Pflicht, sich auf Aufforderung beim Leistungsträger zu melden (§ 59), sind aus dem SGB III abgeleitet (§§ 309, 310 SGB III Meldepflicht und § 311 SGB III Meldung bei Arbeitsunfähigkeit). In § 159 Abs. 1 Nr. 1 bis 6 SGB III sind die Obliegenheitsverletzungen, wie das vorsätzliche bzw. grob fahrlässige Herbeiführen des Versicherungsfalles (Lösen des Arbeitsverhältnisses), näher beschrieben.[4] Die vorsätzliche Herbeiführung des Versicherungsfalles führt im SGB III anders als im Privatversicherungsrecht nicht zu einem vollständigen Leistungsausschluss (§ 28 Abs. 2 VVG). Obliegenheitsverletzungen des Versicherten in der Arbeitslosenversicherung führen lediglich zu einer Sperrzeit. Bei Verletzung des § 159 Abs. 1 Nr. 1 SGB III (Sperrzeit bei Arbeitsaufgabe) ruht der Anspruch auf Arbeitslosengeld für die Dauer von zwölf Wochen. Das Arbeitslosengeld wird während der Sperrzeit nicht gezahlt. Außerdem vermindert sich der Gesamtanspruch auf Arbeitslosengeld mindestens um die Dauer der zwölf Wochen betragenden Sperrzeit (§ 148 Abs. 1 Nr. 4 SGB III). Beträgt die Anspruchsdauer mehr als 48 Wochen, wird der Gesamtanspruch auf Arbeitslosengeld um ¼ gekürzt. Beträgt die Sperrzeit insgesamt 21 Wochen und mehr, entfällt der Anspruch auf Arbeitslosengeld unter den weiteren in § 161 Abs. 1 Nr. 2 SGB III genannten Voraussetzungen völlig.

5 Die Regelungen über die **Sperrzeit** dienen auch dem Schutz der Versichertengemeinschaft vor übermäßiger Beanspruchung der Versicherungsleistungen. Der Versicherte, der nicht alles zur Vermeidung des Versicherungsfalles unternimmt oder nicht gewillt ist, den Versicherungsfall (Arbeitslosigkeit) zu beenden, soll weniger Leistungen erhalten.

4. Grundsatz des Förderns – Änderungen durch das Bürgergeldgesetz

5a Nach den Zielen des Gesetzgebers soll insbesondere die Arbeitsmarktintegration der Leistungsberechtigten verbessert werden. Beispielhaft sei hier die Einführung des Schlichtungsverfahrens bei Streitigkeiten über den Inhalt einer Kooperationsvereinbarung (§ 15 a), die ganzheitliche Betreuung und die Abschaffung des Vermittlungsvorrangs genannt. Die Eingliederungsvereinbarung wurde durch den Kooperationsplan ersetzt. Der Kooperationsplan soll gemeinsam mit dem Leistungsberechtigten ent-

3 BSG 13.7.2022 – B 7 AS 75/20 R; BSG 19.5.2021 – B 14 AS 39/20R.

4 Vgl. zu dem Ersatzanspruch nach § 34 zuletzt BSG 16.4.2013 – B 14 AS 55/12 R, wonach die Norm auf der Tatbestandsseite eine bewusste Schädigung des Leistungsberechtigten erfordert.

wickelt werden. Darüber hinaus kann eine ganzheitliche Betreuung (Coaching) durchgeführt werden (§ 16 k).[5]

Der Vorrang der Vermittlung in Arbeit, wie er noch in § 3 Abs. 1 S. 3 a.F. vorgesehen war, wurde ausdrücklich abgeschafft. Neben der unmittelbaren Aufnahme einer Erwerbstätigkeit rückt nunmehr die dauerhafte Eingliederung in den Arbeitsmarkt in den Vordergrund, so dass auch eine Ausbildung oder eine andere Maßnahme zur dauerhaften Eingliederung infrage kommt (§ 3 Abs. 1 S. 3).[6] Die Ausbildung wird hier der Arbeitsaufnahme gleichgestellt, weil insbesondere bei fehlendem oder nicht mehr verwertbarem Berufsabschlusses eine dauerhafte Eingliederung nicht erfolgen kann. 6

5. Grundsatz des Förderns – Eingliederungsleistungen

Der Leistungsberechtigte soll in seinen Bemühungen, seine Hilfebedürftigkeit zu beenden, von dem Leistungsträger umfassend **unterstützt** werden (§ 14). Diese Regelung ist Ausdruck des Grundsatzes des Förderns (§ 3) und gewährt dem Leistungsberechtigten einen Anspruch auf Eingliederungsleistungen. Maßnahmen der Eingliederung sind nach pflichtgemäßem Ermessen unter Beachtung der individuellen Verhältnisse des Leistungsberechtigten zu erbringen (§ 3 Abs. 1). Ein Anspruch auf namentliche Benennung eines bestimmten Sachbearbeiters besteht nicht.[7] 7

Bei Auswahl und Einsatz der zur Verfügung stehenden Maßnahmen muss der Leistungsträger sein **Ermessen** dem Zweck des SGB II entsprechend ausüben und die gesetzlichen Grenzen des Ermessens einhalten (§ 39 Abs. 1 S. 1 SGB I).[8] Sind bei einem Leistungsberechtigten **Eingliederungsleistungen** (§§ 16 ff.) erforderlich, weil er nicht sofort in eine Arbeit oder Ausbildung vermittelt werden kann, so hat der Leistungsträger unter den Eingliederungsleistungen eine Auswahl zu treffen, bei der die in § 3 Abs. 1 S. 2 genannten Voraussetzungen zu beachten sind. Das Auswahlermessen des Leistungsträgers ist hiernach erheblich eingeschränkt, insbesondere, wenn er eine Eingliederungsmaßnahme anordnet, die für den Leistungsberechtigten nicht geeignet ist und seine dauerhafte Eingliederung in Arbeit nicht fördert. Die Eingliederung in Arbeit ist auch bei den kommunalen Eingliederungsleistungen nach § 16 a ermessensleitend. Die Verweigerung einer Schuldnerberatung als kommunale Eingliederungsleistung ist daher ermessenfehlerhaft, wenn ohne die Schuldnerberatung die Eingliederung in Arbeit erschwert wird, weil eine Verschuldenssituation diese behindert.[9] 8

Der Gesetzgeber hat mit Einführung des Bürgergeldgesetzes in § 3 Abs. 1 S. 3 und S. 4 hinsichtlich der Auswahl einer Maßnahme den Grund der dauerhaften Eingliederung in den Arbeitsmarkt in den Vordergrund gestellt und damit das Ermessen des Leistungsträgers bestimmt.[10]

5 BR-Drs. 456/22, 93.
6 BR-Drs. 456/22, 73.
7 LSG Bayern 11.9.2017 – L 7 AS 531/17 B ER.
8 Vgl. BSG 6.12.2007 – B 14 AS 50/06 R; BSG 2.7.2013 – B 4 AS 72/12 Rn. 46, BSGE 114, 55–69.
9 BSG 21.7.2021 – B 14 AS 18/20 R, BSGE 132, 282–286.
10 BR-Drs. 456/22, 72.

Beispiel: Der 32 Jahre alte Leistungsberechtigte K verfügt über den Schulabschluss der Fachoberschulreife und hat nach einer im 19. Lebensjahr abgebrochenen Ausbildung bisher in verschiedenen Branchen Hilfstätigkeiten ausgeübt. Die Beschäftigungszeiten waren durch längere und kürzere Zeiten der Arbeitslosigkeit (insgesamt ca. fünf Jahre) unterbrochen. Er teilt seinem Arbeitsvermittler im Jobcenter nunmehr mit, dass er gerne eine Ausbildung zum Kaufmann für IT-Systemmanagement beginnen möchte. Der Arbeitsvermittler könnte K mindestens drei Arbeitsstellen als Unterhaltsreiniger oder Helfer im Garten- und Landschaftsbau anbieten. Da K seinen Willen geäußert hat, nun endlich eine Ausbildung abzuschließen, ist es ermessenfehlerhaft, wenn der Arbeitsvermittler ihn ohne weitere Nachprüfung seiner Eignung zum Kaufmann für IT-Systemmanagement in Arbeit vermittelt.

9 In welchen Fällen ein **Ermessensfehler** zur Rechtswidrigkeit der Entscheidung des Leistungsträgers führt, sagt die Ermessensfehlerlehre, die auch im sozialrechtlichen Verwaltungsverfahren Anwendung findet.[11] Ermessensfehler führen zur Rechtswidrigkeit des Verwaltungsaktes. Ermessensfehler können mit der Bescheidungsklage erfolgreich vor den Sozialgerichten geltend gemacht werden (§ 54 Abs. 2 S. 2 SGG iVm § 39 SGB I).

10 Die möglichen Ermessensfehler werden hier kurz skizziert. Eine **Reduzierung des Ermessens „auf Null“** ist zwar denkbar, kann allerdings nur dann eintreten, wenn unter den möglichen Maßnahmen nur noch eine in Frage kommt. Dies ist nach der Rechtsprechung des Bundessozialgerichtes der Fall, wenn das Jobcenter Leistungen zur Erstausstattung grundsätzlich in Geld erbringt.[12] Ein weiterer Fall war die Leistung von Sozialhilfe an EU-Bürger, die einen gefestigten Aufenthalt von mehr als sechs Monaten haben. Hier war das Ermessen auf Null reduziert.[13] Von seinem bisherigen Verwaltungshandeln kann das Jobcenter daher nicht mehr im Einzelfall abweichen und Sachleistungen erbringen. Das Ermessen kann auch durch die fachlichen Weisungen der Bundesagentur für Arbeit eingeschränkt, bzw. „auf Null“ reduziert sein. Diese fachlichen Weisungen binden allerdings nicht den kommunalen Träger, sondern nur die Bundesagentur für Arbeit in seinen Entscheidungen.[14]

11 Der Leistungsträger muss von seinem Ermessen in einer dem Zweck der Ermächtigung entsprechenden Weise Gebrauch machen. Wird das Ermessen nicht nach dem Zweck der Ermächtigung, insbesondere nicht dem Zweck des § 3 entsprechend, ausgeübt, liegt ein **Ermessensfehlgebrauch** vor. Die Zwecke der Ermächtigung ergeben sich aus den ermessensleitenden Normen oder den allgemeinen Leistungsgrundsätzen, wie sie in §§ 1 bis 5 normiert sind.

12 Dem Leistungsträger stehen als Maßnahmen neben der Information und Beratung des Leistungsberechtigten (§ 4 Abs. 1 Nr. 1) und seiner Vermittlung in Arbeit (§ 16 Abs. 1 S. 1 iVm § 35 SGB III) auch die Eingliederungsmaßnahmen nach den §§ 16,

11 BSG 18.3.2008 – B 2 U 1/07 R.
12 BSG 19.8.2010 – B 14 AS 36/09 R, info also 2011, 40–41.
13 BSG 9.8.2018 – B 14 AS 32/17 R, SozR 4-4200 § 7 Nr. 57; BSG 30.8.2017 – B 14 AS 31/16 R BSGE 124, 81; vgl. § 23 Abs. 3 SGB XII mit einem Leistungsanspruch ab dem dritten Monat nach Einreise. Zuletzt BSG 18.5.2022 – B 7/14 AS 27/21 R.
14 BSG 24.6.2020 – B 4 AS 26/20 B.

16 a–16 k zur Verfügung. Diese enthalten unter anderem die Leistungen zur Eingliederung nach dem SGB III (§ 16), die kommunalen Eingliederungsleistungen (§ 16 a), das Einstiegsgeld (§ 16 b)[15] bei Aufnahme einer Beschäftigung, die Leistungen zur Aufnahme einer selbstständigen Tätigkeit (§ 16 c), die Arbeitsgelegenheit mit Mehraufwandsentschädigung – Ein-Euro-Job – (§ 16 d Abs. 3), die Leistung zur Beschäftigungsförderung in Form des Lohnkostenzuschusses (§ 16 e), die freie Förderung (§ 16 f), die Förderung nach Wegfall der Hilfebedürftigkeit (§ 16 g), die Förderung schwer zu erreichender junger Menschen (§ 16 h), die Förderung zur Teilhabe am Arbeitsmarkt (§ 16 i) insbesondere durch Lohnkostenzuschüsse, der Bürgergeldbonus bei beruflicher Weiterbildung, berufsvorbereitender Bildungsmaßnahmen und der Förderung der jungen Menschen nach § 16 h, in Höhe von 75 EUR monatlich und die ganzheitliche Betreuung (Coaching) nach § 16 k. Die vorgenannten Eingliederungsleistungen sind vorzugsweise Ermessenleistungen. Der Bürgergeldbonus ist keine Ermessenleistung, denn wenn der Leistungsträger/Jobcenter eine in § 16 h genannte Leistung bewilligt hat, ist der Bürgergeldbonus zu gewähren.[16]

Das Ermessen des Leistungsträgers berechtigt dazu, unter den zur Verfügung stehenden Maßnahmen eine **Auswahl** zu treffen, denn die Maßnahmen sind nach den individuellen Verhältnissen des Leistungsberechtigten unter Berücksichtigung der Grundsätze der Wirtschaftlichkeit und Sparsamkeit auszuwählen (§ 3 Abs. 1 S. 4).[17]

Der Leistungsträger muss daher im Regelfall zunächst die preisgünstigeren Maßnahmen wie Beratung und Vermittlung wählen, wenn nicht eine langfristige Eingliederung angezeigt ist. Sofern die Hilfebedürftigkeit sich durch diese Maßnahmen nicht beseitigen lässt, sind weitere Maßnahmen, wie Aushändigung eines Aktivierungs- und Vermittlungsgutscheins nach § 16 Abs. 1 SGB II iVm § 45 SGB III, eine Weiterbildungsmaßnahme nach § 16 Abs. 1 iVm § 81 SGB III oder eine Leistung zur Beschäftigungsförderung nach § 16 e und die Leistungen nach §§ 16 f–16 k zu gewähren.

Eine **Ermessensüberschreitung**, dh das Setzen einer Rechtsfolge, die von der gesetzli- 13
chen Regelung nicht gedeckt ist und daher der Gesetzmäßigkeit der Verwaltung nicht mehr entspricht (siehe hierzu § 31 SGB I), wird bei der Leistungsgewährung kaum vorliegen. Die Leistungsträger wurden durch § 16 f darüber hinaus ermächtigt, im Rahmen des ihnen zur Verfügung stehenden „Eingliederungsbudgets“ in einem Umfang von 10 % freie Leistungen zur Eingliederung anzubieten, so dass auch eine außergewöhnliche Maßnahme dem Vorbehalt des Gesetzes entspricht (§ 31 SGB I).

Zu einem **Ermessensnichtgebrauch** oder einer **Ermessensunterschreitung** wird es dem- 14
gegenüber häufiger kommen, denn entweder werden keine Ermessenserwägungen angestellt, wenn eine Auswahl unter mehreren Maßnahmen stattfindet, oder es werden

15 Vgl. hierzu die Einstiegsgeldverordnung 24.3.2011 BGBl. I 453.

16 Dies ergibt sich bereits aus dem Wortlaut des § 16 h. Vgl. auch die Entscheidung des BSG 9.3.2022 – B 7/14 AS 31/21 R, SozR 4-4200 § 16 Nr. 16.

17 BSG 2.7.2013 – B 4 AS 72/12 R Rn. 46, BSGE 114, 55–69, info also 2013, 280–281 zu den (Ermessens-)Grundsätzen.

alternative Maßnahmen, die ggf. der Leistungsberechtigte vorgeschlagen hat, nicht in die Ermessenserwägungen mit einbezogen.

15 **Beispiel:** Der 59 Jahre alte Leistungsberechtigte K bezieht seit dem 1.1.2010 Leistungen nach dem SGB II. Er ist alkoholkrank, allerdings nach einer medizinischen Rehabilitation seit Dezember 2016 „trocken". Wegen eines Rückenleidens kann er nur noch gelegentlich schwere Lasten heben und tragen. In der Zeit von März 2021 bis Januar 2023 hat er eine Tageszeitung ausgetragen, dafür musste er morgens um vier Uhr aufstehen. Das Arbeitsverhältnis endete, weil der Zeitungsvertrieb eingestellt wurde. Dem K wurde von dem Leistungsträger bisher noch keine Eingliederungsmaßnahme gewährt. Der Leistungsträger weist dem K im Februar 2023 eine Arbeitsgelegenheit mit Mehraufwandsentschädigung als Konflikthelfer an einer Gesamtschule in einem Problemviertel zu.

16 Die **Arbeitsgelegenheiten nach § 16 d** sind Eingliederungsmaßnahmen im Sinne des § 3 Abs. 1. Der Leistungsträger kann dem Leistungsberechtigten eine Arbeitsgelegenheit mit Mehraufwandsentschädigung) zuweisen.

17 Als weitere Eingliederungsmaßnahmen stehen dem Leistungsträger die Leistungen zur Eingliederung Selbstständiger nach § 16 c und die Leistungen zur **Beschäftigungsförderung** nach §§ 16 e, 16 f, 16 i zur Verfügung.

18 Bei der Ausübung des (Auswahl-)Ermessens durch den Leistungsträger hat dieser zu berücksichtigen, dass Maßnahmen, die die unmittelbare Aufnahme einer Erwerbstätigkeit ermöglichen oder die unmittelbare Aufnahme einer Ausbildung, anderen Maßnahmen in der Regel vorgehen (§ 3 Abs. 1 S. 3). Die **Eingliederung** in den **ersten Arbeitsmarkt** hat daher in der Regel Vorrang. Die Zuweisung einer Arbeitsgelegenheit wird nur dann in Betracht kommen, wenn die Eingliederungsleistungen, wie Vermittlung in eine Beschäftigung, nicht erfolgreich waren oder von vornherein keinen Erfolg versprechen. Die Aufnahme einer Ausbildung mit einer Ausbildungsdauer von zwei bis drei Jahren wird bei K angesichts seines Alters, seiner vorigen Tätigkeit und der Rentennähe (Vollendung des Rentenalters 67 in spätestens acht Jahren) nicht mehr in Betracht gezogen werden können.

19 Sind „einfache Vermittlungsversuche" nicht Erfolg versprechend oder erfolgreich, kann der Leistungsträger dem Leistungsberechtigten zur Erhöhung der Vermittlungschancen einen Lohnkostenzuschuss gewähren (§§ 16 e, 16 i). Die Förderung erfolgt auf Antrag des Arbeitgebers durch gesonderten Bescheid gegenüber dem Arbeitgeber.

20 **Beispiel:** Im Fall des 59 Jahre alten Leistungsberechtigten K ist eine Arbeitsgelegenheit mit Mehraufwandsentschädigung nicht die richtige Eingliederungsmaßnahme. Der Leistungsberechtigte hat über Jahre gezeigt, dass er in der Lage ist, eine Tätigkeit auf dem (ersten) Arbeitsmarkt auszuüben. An Zuverlässigkeit fehlt es jedenfalls nicht. Auch besteht bei der Tätigkeit als Konflikthelfer durchaus die Gefahr, dass die Alkoholkrankheit wieder ausbricht. Während mehrerer Jahre wurden dem Leistungsberechtigten keine Eingliederungsmaßnahmen vorgeschlagen, obwohl sie angesichts seines Alters und seiner Vermittlungshemmnisse, wie mangelnde Qualifikation und Rückenleiden, angezeigt gewesen wären. Der Leistungsträger muss zunächst versuchen, den K in eine reguläre Arbeit zu vermitteln und zwar zB durch eine Maßnahme der Aktivierung und Vermittlung (§ 16 i). Im vorliegenden Fall kann angenommen werden, dass hinsichtlich der Aktivierungs- und Vermittlungs-

maßnahme das Ermessen des Leistungsträgers auf Null reduziert ist. Sollte der K auch mit dieser Hilfe keine Arbeit finden, kommt ein Lohnkostenzuschuss nach § 16 i in Betracht.

21 Mit besonderer Deutlichkeit zeigt sich die erhebliche **Einschränkung des Ermessens** des Leistungsträgers bei der Frage der **Erstattung von Fahrkosten** des Leistungsberechtigten zur Wahrnehmung eines Meldetermins (§ 59 iVm § 309 Abs. 4 SGB III) oder wenn der Leistungsberechtigte zur Beratung einbestellt wird, um eine Maßnahme zur Eingliederung zu besprechen (§ 16 iVm § 45 Abs. 1 S. 4 SGB III). Nach der Rechtsprechung des Bundessozialgerichtes[18] haben die Meldepflichten und die Eingliederungsleistungen, die durch eine Besprechung zwischen den Mitarbeitern des Leistungsträgers und dem erwerbsfähigen Leistungsberechtigten vorbereitet werden, (nach dem Gesetz) einen sehr hohen Stellenwert. Angesichts der engen finanziellen Verhältnisse der meisten Leistungsberechtigten wird eine Ablehnung der Übernahme von Fahrkosten daher nicht in Betracht kommen. Die Leistungsträger sind gegenüber Leistungsberechtigten, die nur den Regelbedarf erhalten und über kein zusätzliches Einkommen verfügen, stets verpflichtet, die Fahrkosten zu übernehmen.[19] Die Erstattung von Fahrkosten richtet sich nicht nach § 16 Abs. 1 Nr. 2 iVm § 44 Abs. 1 S. 3 SGB III, sondern unmittelbar nach § 59 iVm § 309 Abs. 4 SGB III.[20]

22 Eine Ermessensentscheidung muss begründet werden. Aus der Begründung müssen die Gesichtspunkte erkennbar sein, von denen sich die Behörde bei der Ausübung ihres Ermessens hat leiten lassen (§ 35 Abs. 1 S. 3 SGB X). Die **Begründung** und nicht das Ermessen kann durch den Leistungsträger bis zur Entscheidung in der letzten Tatsacheninstanz vor Gericht, dh vor dem Landessozialgericht, nachgeholt werden (§ 41 Abs. 1 Nr. 2 iVm Abs. 2 SGB X). Der Leistungsträger kann die Anhörung allerdings nicht im Gerichtsverfahren, durch Sachvortrag in Schriftsätzen nachholen, sondern muss ein gesondertes Anhörungsverfahren (§ 24 SGB X) im Rahmen eines wiedereröffneten Verwaltungsverfahrens durchführen. Das Verfahren vor Gericht muss für diese Zeit ausgesetzt werden (§ 114 Abs. 2 SGG).[21] Auch das Absehen von einer Anhörung nach § 24 Abs. 2 SGB X erfordert eine Ermessenentscheidung.[22] Allgemein wird wegen der Heilungswirkung des § 42 SGB X mangels einer Entscheidungsalternative ein Begründungsfehler nicht zur Rechtswidrigkeit des Verwaltungsaktes führen. Bei Ermessensentscheidungen, bei denen der Leistungsträger unter mehreren Leistungen auswählen kann, besteht jedoch keine Alternativlosigkeit im Sinne des § 42 S. 1 SGB X, so dass ein Mangel in der Begründung den Verwaltungsakt rechtswidrig macht. Die Begründung kann noch im Widerspruchsbescheid erfolgen, weil der Bescheid und der Widerspruchsbescheid insoweit eine Einheit bilden. Bei fehlender Begründung einer Ermessensentscheidung kann das Gericht das Ermessen nicht anstelle der Behörde ausüben und muss den Widerspruchsbescheid durch Bescheidungsurteil aufheben (§ 131 Abs. 3 SGG).[23] Der Leistungsträger hat in einem weite-

---

18 BSG 6.12.2007 – B 14 14/7 b AS 50/06 R.
19 Vgl. zuletzt LSG Sachsen 5.9.2019 – L 3 AS 520/19 B ER Rn. 50.
20 LSG Bayern 27.3.2012 – L 11 AS 774/10.
21 BSG 9.11.2010 – B 4 AS 37/09 R Rn. 14, BSG 10.12.2019 – B 11 AL 16/18 R, SozR 4-1500 § 153 Nr. 17.
22 BSG 25.3.2021- B 1 KR 16/20 R, BSGE 123, 55–66.
23 BSG 16.10.2014 – B 13 R 282/14 B.

ren Verwaltungsverfahren die Gelegenheit, über den Widerspruch neu zu entscheiden und die Begründung seines Ermessens nachzuholen.[24]

23 **Hinweis:** Enthält der Bescheid, bei dem Ermessen auszuüben war, keine Begründung und wird diese im Widerspruchsbescheid nachgeholt, so heilt dies zwar den Verfahrensmangel (§ 40 Abs. 1 Nr. 2 SGB X), so dass der Widerspruch letztlich nicht erfolgreich ist. Grundsätzlich besteht ein Anspruch auf Kostenerstattung im Widerspruchsverfahren nur bei einem erfolgreichen Widerspruch (§ 63 Abs. 1 S. 1 SGB X). Wurde gegen einen Bescheid Widerspruch eingelegt, weil eine Anhörung im Verwaltungsverfahren nicht durchgeführt wurde, hat der Widerspruchsführer auch dann einen Anspruch auf Erstattung seiner Kosten im Widerspruchsverfahren, wenn er in der Sache keinen (materiellen) Erfolg hat (§ 63 Abs. 1 S. 2 SGB X).[25]

24 **Hinweis:** Der Leistungsberechtigte ist zur Abwendung ihm unliebsamer, durch den Leistungsträger zugewiesener Eingliederungsmaßnahmen gut beraten, wenn er seine Vorstellungen im Verwaltungsverfahren zum Ausdruck bringt und Alternativen aufzeigt. Kommt eine Einigung nicht zustande, muss der Leistungsträger über die Eingliederung durch Verwaltungsakt entscheiden und hierbei sein Ermessen hinsichtlich der Frage, ob und welche Eingliederungsmaßnahme angeordnet wird, ausüben.[26]

25 Beispiel: Der Sachbearbeiter schlägt dem 35-jährigen Bauhandwerker K nach zweijähriger Arbeitslosigkeit eine Arbeitsgelegenheit mit Mehraufwandsentschädigung als Hilfshausmeister in einer Kindertagesstätte vor. Der K beantragt daraufhin schriftlich, ihn zum Fachangestellten für Bäderbetriebe („Bademeister") auszubilden. Er schwimme sehr gerne und habe bereits das silberne Rettungsschwimmerabzeichen der Deutschen Lebensrettungsgesellschaft (DLRG) erworben. Letzteres war durch den Fallmanager des Leistungsträgers bei der Eignungsfeststellung des K aufgenommen worden.

Der Leistungsträger wird hier den Wunsch des K in seine Ermessenserwägungen mit einbeziehen müssen, denn der K hat hinsichtlich der vom Leistungsberechtigten verlangten Leistung zur Eingliederung bereits seine Eignung durch Erlangung des Rettungsschwimmerabzeichens nachgewiesen (§ 3 Abs. 1 S. 2 Nr. 1).

II. Besondere Leistungsgrundsätze

1. Subsidiarität

26 Leistungen der Sozialhilfe sind gegenüber anderen Sozialleistungen, der Selbsthilfe oder Leistungen Dritter bzw. Angehöriger **nachrangig** (§ 2 SGB XII). In die Grundsicherung für Arbeitsuchende wurde der Nachrang nicht ausdrücklich übernommen, findet sich aber an verschiedenen Stellen im Gesetz, und zwar in § 3 Abs. 3 S. 1 und § 5. Ein Unterfall des Nachranggrundsatzes ist die Verpflichtung zur Selbsthilfe (§ 2 Abs. 1 und Abs. 2). Der Leistungsberechtigte ist verpflichtet, seine Hilfebedürftigkeit durch Stellen von Leistungsanträgen bei weiteren Sozialleistungsträgern zu vermindern (§ 12 a). Stellt er keinen Leistungsantrag, ergeben sich hieraus keine unmittelba-

24 BSG 14.12.1978 – 1 RJ 54/78, SozR 1500 zu § 85 Nr. 7.
25 BSG 19.6.2021 – B 4 AS 142/11 R.
26 Vgl. BSG 22.9.2009 – B 4 AS 13/09 R.

ren Folgen, denn es handelt sich nicht um eine Mitwirkungspflicht (§§ 60 ff. SGB I). Die fehlende Mitwirkung könnte nur sanktioniert werden, wenn die Verpflichtung zur Antragstellung in einem Kooperationsplan vereinbart oder in einen diesen ersetzenden Verwaltungsakt aufgenommen wurde (vgl. § 31). Bei der Verhängung einer Leistungsminderung nach §§ 31 ff. wird der Leistungsträger berücksichtigen müssen, dass er statt des Leistungsberechtigten selbst einen Leistungsantrag stellen kann (§ 5 Abs. 3 S. 1). Da auch im SGB II der Verhältnismäßigkeitsgrundsatz gilt, führt eine fehlende Antragstellung nicht zu einer Leistungsminderung.

2. Fehlen bereiter Mittel

Die Leistungen der Grundsicherung sind nur insoweit subsidiär, als für den Leis- 27
tungsberechtigten keine anderweitige Hilfemöglichkeit besteht (§ 3 Abs. 3). Eine anderweitige Hilfemöglichkeit ist nicht darin zu sehen, dass der Leistungsberechtigte zwar einen Anspruch gegen einen anderen (Sozial-)Leistungsträger hat, diesen aber nicht sofort realisieren kann. Ein Leistungsanspruch besteht zB auch dann, wenn dem Leistungsberechtigten der sofortige Verbrauch oder die sofortige Verwertung von Vermögen nicht möglich ist oder für ihn eine besondere Härte bedeuten würde (§ 9 Abs. 4). Unterhaltsansprüche gegen Angehörige werden nur berücksichtigt, wenn sie der Leistungsberechtigte tatsächlich erhält (§ 9 Abs. 1). Der Anspruch auf Leistungen zur Sicherung des Lebensunterhalts ist nur dann subsidiär, wenn die anderweitige Leistung dem Leistungsberechtigten tatsächlich zur Verfügung steht, es sich hierbei mithin um **bereite Mittel** (**Faktizitätsprinzip**) handelt. Stehen die (Geld-)Mittel aus einer anderen Sozialleistung nicht zeitnah zur Verfügung, muss der Leistungsträger unabhängig von einem Rückgriffsanspruch nach §§ 102 ff. SGB X vorleisten. So ist ein betriebswirtschaftlicher Gewinn aus einer aufgelösten steuerlichen Ansparabschreibung (§ 7 g EStG) nur dann als bereites Mittel anzusehen, wenn dem Leistungsberechtigten diese Mittel tatsächlich zufließen.[27] Bei einer Erbschaft in einer Erbengemeinschaft wird nicht der Erbfall der Zeitpunkt sein, in dem die Mittel aus der Erbschaft zur Verfügung stehen, sondern der Zeitpunkt, in dem das Auseinandersetzungsguthaben ausgezahlt wird.[28]

Beispiel: Der Leistungsberechtige L war bis zum 31.5.2022 in einem Beschäftigungsverhält- 28
nis. Für den Monat April und Mai wurden die Gehaltsforderungen nicht ausgeglichen. Ein Anspruch auf Insolvenzgeld besteht nicht. Anspruch auf Arbeitslosengeld nach dem SGB III besteht ab dem 1.6.2022, dieses erhält er erst am Ende des Monats (§ 337 Abs. 2 SGB III). Der L verfügt über keine bereiten Geldmittel. Hier muss der Leistungsträger nach dem SGB II vorleisten, weil der L hilfebedürftig ist und die Arbeitsagentur nicht an ihn zahlt (§ 9 Abs. 1). Der L kann gegenüber der Arbeitsagentur einen Antrag auf Leistung einer Abschlagszahlung stellen (§ 337 Abs. 4 SGB III). Diese Abschlagszahlungen können zur Vermeidung unbilliger Härten von der Arbeitsagentur an den L nach billigem Ermessen ge-

---

27 BSG 21.6.2011 – B 4 AS 21/10 R, BSGE 108, 258–267; BSG 8.5.2019 – B 14 AS 15/18 R, SozR 4-4200 § 11 Nr. 86.

28 BSG 25.1.2012 – B 14 AS 101/11 R, SozR 4-4200 § 11 Nr. 47; Hinweis: Erbschaften sind ab dem 1.7.2023 nach dem dann geltenden § 11 a Abs. 1 Nr. 7 nicht als Einkommen, sondern nur als Vermögen zu berücksichtigen.

leistet werden. Der vorleistende Leistungsträger erhält dann seinen Ausgleich im Wege des § 102 SGB X und ggf. nach § 34 c. Der Leistungsträger kann zudem Leistungen der Grundsicherung als Darlehen erbringen, bis die Bundesagentur für Arbeit die Zahlungen aufnimmt (§ 24 Abs. 4).

29 **Hinweis:** Die Leistungsträger des SGB II heben oft ihre Bescheide, bei denen sie Vorleistungen für einen anderen Leistungsträger erbracht haben, nach §§ 45, 48 SGB X auf. Hat der Leistungsträger nach dem SGB II gegenüber dem anderen Leistungsträger (Bundesagentur für Arbeit = Arbeitslosengeld) einen Anspruch auf Erstattung und hat der Leistungsberechtigte von diesem keine Leistung erhalten, kann der SGB-II-Leistungsträger seinen Bescheid nicht zurücknehmen und seine Leistung auch nicht vom Leistungsberechtigten zurückfordern, weil insofern die Erstattungsvorschriften (§§ 103, 104 SGB X) vorgehen. Der Leistungsträger nach dem SGB II hat hier auf die Schuld des weiteren Leistungsträgers (also der Bundesagentur für Arbeit) geleistet (§ 107 SGB X). Erst wenn der Leistungsberechtigte das Arbeitslosengeld erhält, tritt eine wesentliche Änderung der Verhältnisse ein, weil sich durch den Zufluss des Geldes die Hilfebedürftigkeit verringert. In diesem Fall scheint es so, als ob der SGB-II-Leistungsträger seinen Bescheid wegen einer Änderung der Verhältnisse aufheben kann (§ 48 Abs. 1 SGB X). Soweit ein Erstattungsanspruch besteht, ist der Anspruch auf Arbeitslosengeld I allerdings bereits mit der Leistung durch den Leistungsträger nach dem SGB II entfallen (§ 107 Abs. 1 SGB X). Mit der Leistung des Darlehens an den Leistungsberechtigten geht der Anspruch auf Arbeitslosengeld I auf den Leistungsträger nach dem SGB II über (§§ 103 Abs. 1, 104 Abs. 1 S. 1 SGB X). Der Leistungsberechtigte darf das Arbeitslosengeld daher in der Regel nicht behalten. Die Rückabwicklung erfolgt im Verhältnis zur Bundesagentur für Arbeit, weil durch die Leistung des Leistungsträgers nach dem SGB II der Anspruch auf Arbeitslosengeld entfallen ist. Dies betrifft auch die Leistungen, die als Darlehen vorläufig gewährt wurden (§ 102 Abs. 1 SGB X, § 24 Abs. 4). Sofern Leistungen des Jobcenters an Mitglieder der Bedarfsgemeinschaft geleistet wurden, wird die Rückgriffsmöglichkeit durch § 34 c ergänzt.

3. Beschleunigungsgebot

30 Die Leistungsträger sind verpflichtet, dem Leistungsberechtigten **Leistungen umfassend und zügig** zukommen zu lassen (§ 17 Abs. 1 Nr. 1 SGB I). Hieraus ergibt sich für die Leistungsträger ein besonderes Beschleunigungsgebot. Dieser Grundsatz wird durch gesetzliche Bestimmungen, wie über die vorläufige Leistung (§ 43 SGB I) oder die Vorschussleistung (§ 42 SGB I), konkretisiert.

4. Antragsrecht des Leistungsträgers

31 Der Leistungsträger kann den Leistungsberechtigten auffordern, bei einem anderen Sozialleistungsträger einen **Antrag** auf Leistungen zu stellen (§ 5 Abs. 3). Die Antragstellung kann in einem Kooperationsplan als Antragspflicht vereinbart werden (§ 15 Abs. 1 Nr. 3). Stellt der Leistungsberechtigte keinen Antrag auf die andere Sozialleistung, kann der Leistungsträger, nach einer vorherigen Aufforderung des Leistungsbe-

rechtigten, an seiner Stelle die Sozialleistung beantragen und Rechtsbehelfe einlegen (§ 5 Abs. 3). Ungeklärt ist bisher, ob der Leistungsträger für den Leistungsberechtigten im Rahmen der Verpflichtung zur Förderung des Leistungsberechtigten verpflichtet sein kann, den Leistungsberechtigten nicht nur umfassend über seine Rechte zu beraten (§ 14 SGB I) oder Auskunft zu erteilen (§ 15 SGB I), sondern auch Leistungen zu beantragen.

Dies wird man im Hinblick auf die Verpflichtung des Leistungsträgers nach § 4 Abs. 1 Nr. 1 bejahen müssen, denn er ist über die Regelungen der §§ 14, 15 SGB I hinaus zur umfassenden **Unterstützung** des Leistungsberechtigten verpflichtet. Ein solcher Anspruch wird im Wege der Leistungsklage (§ 54 Abs. 5 SGG) durchgesetzt. Fraglich erscheint auch, ob der Leistungsträger den Leistungsberechtigten einseitig durch Verwaltungsakt zur Antragstellung verpflichten kann. Auch die Möglichkeit eine Sanktion zu verhängen, wenn der Leistungsberechtigte keinen Antrag auf anderweitige Leistungen stellt, ist zweifelhaft, weil der Leistungsträger ein Selbsteintrittsrecht hat und dieses gegenüber dem Leistungsberechtigten mildere Mittel zum Ziel führen kann.

5. Verhältnis zu anderen Leistungen

Die Leistungen der Grundsicherung für Arbeitsuchende sind gegenüber den Leistungen zur Sicherung des Lebensunterhaltes nach den §§ 27 ff. SGB XII **vorrangig**, denn Hilfe zum Lebensunterhalt ist gegenüber den Leistungen zur Sicherung des Lebensunterhaltes nach dem SGB II ausgeschlossen. Die Leistungen der Grundsicherung im Alter nach den §§ 41 ff. SGB XII sind gegenüber der Leistung von Bürgergeld für nicht erwerbsfähige Leistungsberechtigte (§ 23) vorrangig zu gewähren. 32

Andere Sozialleistungen sind nach dem **Subsidiaritätsprinzip** gegenüber den Leistungen nach dem SGB II vorrangig in Anspruch zu nehmen (§ 3 Abs. 3). Dies trifft insbesondere für die unterhaltssichernden Leistungen nach dem SGB III, wie Arbeitslosengeld, aber auch für die Rente wegen verminderter Erwerbsfähigkeit auf Zeit zu. 33

6. Zuständigkeitsstreit zwischen dem Träger der Sozialhilfe und dem Leistungsträger nach dem SGB II

Sofern Streit über die Zuständigkeit zwischen dem Träger der Sozialhilfe und dem Leistungsträger nach dem SGB II besteht, hat der Leistungsträger nach dem SGB II bis zur Entscheidung der Einigungsstelle in **Vorleistung** zu treten (§ 44 a Abs. 1 S. 7). Diese Regelung ist in Anlehnung an § 145 SGB III eine Vorleistungspflicht des Leistungsträgers und keine Form der vorläufigen Leistung nach § 43 SGB I.[29] Erfolgt keine Leistung durch das Jobcenter wegen Vorleistungspflicht eines anderen Leistungsträgers, kann dieses im Wege des einstweiligen Rechtschutzes zur Leistung verpflichtet werden.[30] Das Jobcenter muss daher Unterhaltsleistungen nach dem SGB II umfassend erbringen. Das Jobcenter kann den Leistungsumfang anders als nach § 43 Abs. 1 S. 1 SGB I nicht nach seinem Ermessen bestimmen. 34

29 BSG 7.11.2006 – B 7 b AS 10/06 R.
30 LSG Baden-Württemberg 2.6.2014 – L 12 AS 5220/13 ER, info also 2014, 215–218.

35 **Hinweis:** Das Nachrangprinzip gilt nur, wenn sich aus einem anderen Gesetz ein gleichartiger Anspruch ergibt und dieser Anspruch auch zur Behebung der aktuellen Notlage durchgesetzt werden kann.

7. Besondere Art der Leistungsgewährung

a) Vorläufige Leistungen nach § 43 SGB I

36 Wie in dem vorgenannten Beispiel beschrieben, sind die Leistungsträger zur Zahlung von **vorläufigen Leistungen** erst nach dem Ablauf eines Kalendermonates verpflichtet (§ 43 SGB I). Der Leistungsträger (Jobcenter) nach dem SGB II hat die Geldleistungen zum Lebensunterhalt jeweils monatlich im Voraus zu erbringen (§ 41 Abs. 1 S. 4). Sofern der Leistungsberechtigte erst im Laufe des Monates einen Antrag auf Leistung stellt, wirkt der Antrag auf den ersten des Monats zurück (§ 37 Abs. 2 S. 2). Für eine vorläufige Leistung ist daher im SGB II kaum Raum.

b) Vorschüsse nach § 42 Abs. 1 S. 1 SGB I

37 Die Leistungsträger können **Vorschussleistungen** (§ 42 SGB I) erbringen, wenn feststeht, dass ein Anspruch auf eine Sozialleistung dem Grunde nach besteht, die Ermittlung der Anspruchshöhe allerdings Feststellungen erfordert, die noch längere Zeit in Anspruch nehmen.

c) Vorläufige Entscheidung nach § 41 a (alt § 328 SGB III)

38 Liegen ähnliche Voraussetzungen wie bei §§ 42, 43 SGB I vor, dh bedarf es, bei sonst hinreichend wahrscheinlichem Anspruchsgrund, zur Ermittlung der Leistungshöhe eines längeren Zeitraums oder steht der Anspruch dem Grunde nach fest und ist nur die Höhe der Leistung unbestimmt, so hat das Jobcenter nach § 41 a über die Leistung vorläufig zu entscheiden. § 41 a ersetzt die vorläufige Leistung in entsprechender Anwendung des § 328 Abs. 1 SGB III. Dies trifft insbesondere bei schwankenden Einkünften von geringverdienenden Selbstständigen und ebensolchen Arbeitnehmern mit schwankenden Einkünften zu. Der **Leistungszeitraum** bei einer vorläufigen Entscheidung soll, dh von Ausnahmefällen abgesehen („Soll-Ermessen"), auf sechs Monate verkürzt werden (§ 41 Abs. 3). Nach § 67 Abs. 4 war bei einer vorläufigen Leistung nach § 67 bis zum 31.12.2022 nur für einen Zeitraum von sechs Monaten zu entscheiden.[31]

d) Vorwegzahlung

39 Die von der Rechtsprechung entwickelte Rechtsfigur der **Vorwegzahlung** hat im SGB II keine Bedeutung, weil die Leistungen im Voraus zu erbringen sind.[32]

III. Verwaltungsverfahren

1. Antragsverfahren

40 **Leistungen nach dem SGB II** werden nach § 37 Abs. 1 **nur auf Antrag** gewährt. Der Leistungsträger muss auf den Antrag hin tätig werden, denn auf Leistungen nach

31 Sozialschutz-Paket BGBl. 2020 I 575 gilt bis zum 31.12.2022.
32 Vgl. Krodel/Cantzler Sozialgerichtliches Eilverfahren Rn. 468.

dem SGB II besteht ein Rechtsanspruch (§ 40 Abs. 1 S. 1 iVm § 18 S. 2 SGB X). Wird ein Verwaltungsverfahren nicht eingeleitet und ergeht innerhalb einer Frist von sechs Monaten keine Verwaltungsentscheidung, kann der Leistungsberechtigte durch Untätigkeitsklage (§ 86 SGG) eine Entscheidung im Verwaltungsverfahren erzwingen.

Einen Antrag auf Sozialleistungen, einschließlich Leistungen nach dem SGB II, kann jeder Bürger stellen, der handlungsfähig im Sinne des Sozialgesetzbuches ist. Personen, die das **15. Lebensjahr** vollendet haben, sind handlungsfähig (§ 36 Abs. 1 SGB I) und können Anträge auf Sozialleistungen stellen und verfolgen, dh sie können über die Antragstellung hinaus auch gegen einen ablehnenden Bescheid wirksam Widerspruch einlegen. Die Rücknahme eines Antrages ist an die Zustimmung des gesetzlichen Vertreters gebunden (§ 36 Abs. 2 S. 2 SGB I). 41

Leistungsanträge müssen bei dem **zuständigen Leistungsträger** gestellt werden (§ 16 Abs. 1 SGB I). Werden die Leistungen bei einem unzuständigen Leistungsträger beantragt, so ist dieser verpflichtet, sie entgegenzunehmen und sie an den zuständigen Leistungsträger **weiterzuleiten (§ 16 Abs. 2 SGB I).** Wird der Antrag bei einem unzuständigen Leistungsträger gestellt, gilt er hinsichtlich des Zeitpunkts als bei diesem rechtzeitig gestellt (§ 16 Abs. 2 S. 2 SGB I). Es muss allerdings aus dem Antrag erkennbar sein, dass auch bei dem unzuständigen Leistungsträger eine Leistung nach dem SGB II begehrt wird. 42

Beispiel: Der A lebt zusammen mit seiner Ehefrau und zwei Kindern in einem Haushalt. Er wird zum 30.6.2022 arbeitslos und beantragt am 1.5.2022 Arbeitslosengeld I. Erst im September 2022 äußert er gegenüber einer Mitarbeiterin der Bundesagentur für Arbeit, dass das Arbeitslosengeld zur Finanzierung seines Lebensunterhaltes nicht ausreiche. Die Mitarbeiterin der Arbeitsagentur empfiehlt die Prüfung der Hilfebedürftigkeit durch das Jobcenter, was der A strikt ablehnt. Im Januar 2023 erfährt er von einem Freund, der auch Arbeitslosengeld I bezieht, A könne doch neben dem Bezug von Arbeitslosengeld I Bürgergeld beantragen, er selbst erhalte für sich und seine Angehörigen weitere 635 EUR monatlich vom Jobcenter. Daraufhin beantragt A am 24.1.2023 Leistungen beim Jobcenter in B und erhält diese auch in Höhe von 723 EUR monatlich ab dem 1.1.2023. Gegen den Leistungsbescheid erhebt er Widerspruch und Klage, weil er der Ansicht ist, es bestehe ein Anspruch auf Leistungen nach dem SGB II seit dem 1.5.2022 (Tag der Antragstellung auf Arbeitslosengeld I). Der Antrag auf Leistungen zum Arbeitslosengeld I sei gleichzeitig ein Anspruch auf Arbeitslosengeld II/Bürgergeld. Auch nach dem Grundsatz der Meistbegünstigung[33] wird der Antrag auf Arbeitslosengeld I nicht gleichzeitig als Antrag auf Arbeitslosengeld II/Bürgergeld anzusehen sein. Nur, wenn sich aus ihm Hinweise ergeben, dass auch die Voraussetzungen eines Anspruchs nach dem SGB II vorliegen, wird er gleichzeitig als Antrag auf Bürgergeld anzusehen sein. Der Leistungsberechtigte muss daher in irgendeiner Wiese seine Hilfebedürftigkeit darlegen. Der A müsste dies bereits bei Antragstellung auf Arbeitslosengeld I zum Ausdruck gebracht haben.[34]

33 Zur Meistbegünstigung instruktiv BSG 22.3.2010 – B 4 AS 62/09 R, SozR 4-4200 § 22 Nr. 38; BSG 10.11.2011 – B 8 SO 18/10 R, SozR 4-3500 § 44 Nr. 2.
34 BSG 2.4.2014 – B 4 AS 29/13 R, BSGE 115, 225–235.

43 Der Antrag bedarf **keiner besonderen Form**, er kann daher mündlich, auch fernmündlich, schriftlich und sogar per E-Mail gestellt werden (§ 37).[35] Die von den Leistungsträger verwendeten Formulare sind von den Antragstellern nur im Rahmen ihrer Mitwirkungspflichten zwecks Angabe von Tatsachen auszufüllen (§ 60 Abs. 1 S. 1 Nr. 1 SGB I).

44 Bereits bei der Antragstellung können sich die Leistungsberechtigten durch **Bevollmächtigte vertreten** lassen (§ 40 Abs. 1 S. 1 iVm § 13 SGB X). Bevollmächtigte, die zur Vertretung im sozialgerichtlichen Verfahren berufen sind (§ 73 Abs. 2 S. 1 und 2 Nr. 3 bis 9 SGG), können nicht vom mündlichen Vortrag zurückgewiesen werden (§ 13 Abs. 6 SGB X). Ein beauftragter Rechtsanwalt ist berechtigt, mit seinem Auftraggeber, dem Leistungsberechtigten, oder alleine bei dem Leistungsträger vorstellig zu werden, Leistungen zu beantragen und Besprechungen durchzuführen.

45 Der Leistungsberechtigte muss bei dem Leistungsträger nur dann **persönlich erscheinen**, wenn sein persönliches Erscheinen **zur Erläuterung des Antrages** oder Vornahme anderer für den Antrag notwendiger Maßnahmen angeordnet ist (§ 61 SGB I). Den Leistungsberechtigten trifft im Rahmen seiner **Meldepflicht** (§ 59 iVm §§ 309, 310 SGB III) nach einer Aufforderung zur **Meldung** die Pflicht persönlich zu erscheinen. Die Meldung kann von dem Leistungsberechtigten ausschließlich zu den in § 309 Abs. 2 SGB III angegebenen Zwecken verlangt werden.

46 Stellt der Leistungsberechtigte bei einem anderen Leistungsträger einen Antrag auf Sozialleistungen und stellt sich nachträglich heraus, dass er entgegen der ursprünglichen Annahme keinen Anspruch hat, kann der Antrag auf Leistungen nach dem SGB II **nachgeholt** werden (§ 40 Abs. 1 iVm § 28 S. 1 SGB X). Der Grundsatz, dass Leistungen vor Antragstellung nicht erbracht werden, gilt hier ausnahmsweise nicht. Der Antrag auf Unterhaltsleistungen nach dem SGB II wirkt bis zu einem Jahr zurück, wenn er bis zum Ablauf des Monats, in dem die vorher beantragte Leistung bestandskräftig abgelehnt wurde, nachgeholt wird (§ 40 Abs. 5 iVm § 28 SGB X).

Beispiel: Der Leistungsberechtigte L beantragt für sich, seine Ehefrau und seine beiden Kinder am 6.12.2022 bei der Wohngeldstelle der Stadt K Wohngeld und bei der Familienkasse einen Kinderzuschlag (§ 6 a BKGG). Am 26.2.2023 erhält er einen Bescheid, in dem die Leistungen auf den Kinderzuschlag zu Recht abgelehnt werden, weil das Familieneinkommen zu niedrig ist.

Der L kann nach § 40 Abs. 3 iVm § 28 SGB X innerhalb eines Monats nach der Bestandskraft des Bescheides vom 26.2.2023 nachträglich einen Antrag auf Leistungen nach dem SGB II stellen. Die **Leistungen** werden ihm dann ab dem 6.12.2022 **rückwirkend gewährt**.

47 Von der Antragstellung werden nach dem Grundsatz der Meistbegünstigung nicht nur der Regelbedarf (§ 20) und der Bedarf für Unterkunft und Heizung (§ 22 Abs. 1 S. 1) erfasst, sondern alle Ansprüche auf Unterhalt nach dem SGB II.[36] Dies betrifft jedenfalls alle möglichen Leistungen nach dem SGB II, bei denen das Gesetz keine gesonderte Antragstellung verlangt, wie etwa den Schulbedarf (§ 28 Abs. 4 bis 7) bzw.

35 BSG 11.7.2019 – B 14 AS 51/18 R.
36 BSG 22.3.2010 – B 4 AS 62/09 R Rn. 14; BSG 15.6.2016 – B 4 AS 45/15 R, SozR 4-1500 § 55 Nr. 16.

ein Darlehen für einen unabweisbaren Bedarf wie die Leistungen für eine Erstausstattung (§ 24 Abs. 1, Abs. 3). Nicht von der Antragstellung umfasst ist die Übernahme von Schulden zur Sicherung der Unterkunft oder vergleichbarer Notlagen. Eines gesonderten Antrags bedarf es hier allerdings auch nicht.[37]

Beispiel: Erhält der Leistungsberechtigte von seinem Vermieter eine Nachforderung aus einer Nebenkostenabrechnung, so ist ein gesonderter Antrag nicht erforderlich. Der Leistungsberechtigte muss dem Leistungsträger die Nebenkostenforderung nur zur Kenntnis bringen.

Vor Antragstellung werden grundsätzlich keine Leistungen erbracht (§ 37 Abs. 2 S. 1). Hinsichtlich der Ansprüche auf Sicherung des Lebensunterhaltes wirkt die Antragstellung auf den ersten des Monates zurück, in dem der Antrag gestellt wird (§ 37 Abs. 2 S. 2). Die Rückwirkung des Antrags hat zur Folge, dass Einkommen, welches aus einer Beschäftigung aus dem Vormonat stammt und im Antragsmonat gezahlt wird, für den laufenden Monat noch angerechnet werden kann und die Leistung ab dem ersten des Antragsmonats gewährt werden (§ 11 Abs. 2 S. 1).[38] Der Leistungsberechtigte kann durch eine Verzögerung der Antragstellung nicht erreichen, dass das nachträglich zugeflossene Einkommen als Vermögen behandelt und ggf. nicht angerechnet wird. Vermögen ist alles, was der Leistungsberechtigte bereits bei Antragstellung hat.[39] Die Rückwirkung führt auch dazu, dass die Leistungen ab dem Ersten des Monats gezahlt werden, in dem der Antrag gestellt wird.[40] Es reicht demnach aus, den Antrag auf Leistung am letzten Tag des jeweiligen Monats zu stellen, wobei die Antragstellung per E-Mail ausreichend ist.[41] 48

Beispiel: Der A erhält Arbeitseinkommen und bezieht Wohngeld. Damit konnte er seinen Bedarf bisher decken. Erhält er nunmehr eine Nachforderung aus einer Nebenkostenabrechnung, so kann er diesen Bedarf auch innerhalb eines Monats nachträglich geltend machen, sofern er hierdurch erstmals leistungsberechtigt wird. In diesem Fall reicht es aus, den Antrag auf Leistungen bis zum letzten Tag des Monats zu stellen.

2. Beratungs- und Hinweispflichten – Der sozialrechtliche Herstellungsanspruch

Die erweiterte Pflicht der Leistungsberechtigten, für einzelne Leistungen gesonderte Anträge zu stellen (§ 37 Abs. 1), erfordert auf Seiten der Leistungsträger erhöhte Anstrengungen darauf hinzuwirken, dass die sozialen Rechte der Leistungsberechtigten möglichst verwirklicht werden (§ 17 Abs. 1 SGB I). Die Leistungsträger müssen auf die Antragstellung hinwirken (§ 16 Abs. 3 SGB I), die Leistungsberechtigten über ihre Leistungsansprüche aufklären (§ 13 SGB I), bei Bedarf Auskunft erteilen (§ 15 SGB I) und beraten (§ 14 SGB I). Wird der Leistungsberechtigte von dem Leistungsträger fehlerhaft beraten, kann ihm wegen eines hieraus entstandenen Schadens ein Anspruch auf Amtshaftung (§ 839 Abs. 1 BGB) zustehen. 49

37 BSG 13.7.2022 – B 7/14 AS 52/21 R.
38 Vgl. BT-Drs. 17/3404, 114; BSG 20.2.2020 – 14 AS 52/18 B.
39 BSG 30.7.2008 – B 14 AS 26/07 R Rn. 23.
40 BSG 11.7.2019 – B 14 AS 51/18 R.
41 BSG 11.7.2019 – B 14 AS 51/18 R.

50 Neben dem Anspruch aus Amtshaftung, der vor den ordentlichen Gerichten geltend gemacht werden muss (§ 71 Abs. 2 Nr. 1 GVG), kann der Leistungsberechtigte einen Schadensausgleich aus einem sozialrechtlichen Herstellungsanspruch erlangen. Handelte der Bedienstete des Leistungsträgers nur fahrlässig, muss der Leistungsberechtigte zunächst versuchen, anderweitig Ersatz zu erlangen (§ 839 Abs. 1 S. 2 BGB) und ggf. vor den Sozialgerichten den Herstellungsanspruch als anderweitigen Ersatz (§ 839 Abs. 1 S. 2 BGB) geltend machen. Die Verjährung des Amtshaftungsanspruchs wird durch die Erhebung der Klage vor dem Sozialgericht unterbrochen.[42]

51 Der von den Sozialgerichten entwickelte Herstellungsanspruch hat folgende Tatbestandsmerkmale:

- Der Leistungsberechtigte muss zu dem Leistungsträger in einem Sozialrechtsverhältnis stehen oder das Sozialrechtsverhältnis muss sich anbahnen.
- Der Leistungsträger muss eine Informations- und Beratungspflicht verletzt haben, und
- dem Leistungsberechtigten muss durch diese Pflichtverletzung ein Schaden entstanden sein.
- Der Schaden muss durch eine rechtmäßige Amtshandlung beseitigt werden können.[43] Fingiert werden können zB die rechtzeitige Antragstellung und andere Fristen. Nicht fingiert werden können eigene Handlungen des Anspruchsberechtigten, wie die Arbeitslosmeldung und vertragliche Erklärungen, die außerhalb des Sozialrechtsverhältnisses liegen, dh Tatsachen.[44]

Beispiel: Der Leistungsberechtigte A ist Schüler und besucht die elfte Klasse einer Gesamtschule, die eine Klassenfahrt nach London plant. Seine mit ihm in Bedarfsgemeinschaft lebende Mutter M fragt den Sachbearbeiter des Jobcenters B danach, wie sich der A verhalten solle. Der Sachbearbeiter erklärt ihr daraufhin, der A müsse lediglich nach Abschluss der Klassenfahrt eine ordnungsgemäße Abrechnung vorlegen, die Kosten werden dann im Nachhinein übernommen. Als der A nach der Klassenfahrt eine Rechnung über 850 EUR einreicht, wird die Erstattung mit dem Hinweis abgelehnt, der A habe einen gesonderten Antrag vor der Klassenfahrt stellen müssen (§ 39 Abs. 1).

Die rechtzeitige vorherige erforderliche Antragstellung wurde hier aufgrund eines Beratungsfehlers eines Sachbearbeiters versäumt. Die fehlerhafte Beratung der M wirkt auch zugunsten des A (§ 38), da der A die Kosten der Klassenfahrt selbst tragen müsste, wodurch ihm ein Schaden entstanden ist. Der Schaden kann durch eine nachträgliche Bewilligung der Leistung dh den Herstellungsanspruch beseitigt werden, weil der unterlassene Antrag hier fingiert werden kann.

---

42 BGH 11.2.1988 – III ZR 221/86.
43 LPK-SGB I/Trenk-Hinterberger § 14 Rn. 20.
44 BSG 15.4.2008 – B 14 AS 27/07 R, vertraglicher Ausschluss der Verwertung nach § 193 VVG bei einer Lebensversicherung, die zur Altersvorsorge bestimmt sein sollte; BSG 27.6.2019 – B 11 AL 8/18 R, Rn. 21, SozR 4-4300 § 144 Nr. 27.

3. Beteiligungsfähigkeit der Leistungsträger

Träger der Grundsicherung für Arbeitsuchende sind die Bundesagenturen für Arbeit, die kreisfreien Städte und die Landkreise (§ 6 Abs. 1). Die Bundesagentur für Arbeit erbringt die Leistungen zur Eingliederung und die Leistungen für die Abdeckung des Regelbedarfs zum Lebensunterhalt. Der kommunale Träger erbringt die 52

- kommunalen Eingliederungsleistungen (§ 16 a),
- den Bedarf für Unterkunft und Heizung (§ 22) und
- die Leistungen nach § 24 Abs. 3 S. 1 Nr. 1 und Nr. 2, dh für
  - die Erstausstattung der Wohnung einschließlich Haushaltsgeräte,
  - die Erstausstattung für Bekleidung und bei Schwangerschaft und Geburt,
  - den Zuschuss zu den Kosten für Unterkunft und Heizung für Personen in einer Ausbildung, die von Leistungen nach dem SGB II ausgeschlossen sind (§ 27 Abs. 3),
  - sowie die Kosten für den Schulbedarf, dh die Kosten für Schulausflüge und mehrtägige Klassenfahrten (§ 28 Abs. 2), den pauschalierten Schulbedarf (§ 28 Abs. 3), die Kosten der Schülerbeförderung (§ 28 Abs. 4), der Lernförderung (§ 28 Abs. 5) und der Mittagsverpflegung (§ 28 Abs. 6) sowie den Anspruch auf Teilhabe am sozialen und kulturellen Leben (§ 28 Abs. 7).

Nach Landesgesetz bestimmt sich, wie die Leistungen der kommunalen Träger erbracht werden (§ 6 Abs. 2). Die Länder können auch bestimmen, inwieweit die Kreise und kreisfreien Städte die dem kommunalen Träger obliegenden Leistungen durchzuführen haben.[45] Die Befugnis der gemeinsamen Einrichtungen (Jobcenter), Verwaltungsakte zu erlassen, bleibt hiervon unberührt (§ 6 Abs. 2 S. 2). Die Länder werden wohl das sogenannte Schulbedarfspaket auf die Landkreise und kreisfreien Städte übertragen. Erfolgt eine solche Übertragung, werden die Widerspruchsbescheide von den Kreisen erlassen (§ 6 Abs. 2 S. 1 Hs. 2).

Die Leistungen nach dem SGB II können kraft besonderer Zuweisung insgesamt von dem kommunalen Träger, den sogenannten „Optionskommunen", erbracht werden (§ 6 a).

4. Rücknahme eines rechtswidrigen nicht begünstigenden Verwaltungsaktes

Hat der Leistungsträger in der Vergangenheit Leistungen rechtswidrig nicht erbracht, 53
kommt eine Aufhebung des insoweit belastenden Leistungsbescheides in Betracht (§ 44 Abs. 1 SGB X). § 44 SGB X ist sowohl im SGB II als auch im SGB XII anwendbar.[46] Falls ein Anspruch sowohl gegenüber dem Jobcenter als auch gegenüber dem Träger der Sozialhilfe möglich ist, ist der Träger der Sozialhilfe bzw. das Jobcenter im Verfahren vor den Sozialgerichten notwendig beizuladen (§ 75 SGG). Wird ein An-

45 LSG Nordrhein-Westfalen 22.8.2006 – L 1 AS 5/06 Beteiligungsfähigkeit bei Delegation der Aufgaben des Landkreises an eine Gemeinde/kreisangehörige Stadt.
46 Für SGB II BSG 7.11.2006 – B 7 b AS 8/06 R, zum SGB XII BSG 16.10.2008 – B 8/9 b SO 8/06 R.

spruch gegenüber dem beigeladenen Träger festgestellt, so ist dieser – auch rückwirkend – nach den §§ 44 ff. SGB X zu gewähren.[47]

54 Wurde bei Erlass des Verwaltungsaktes das Recht unrichtig angewendet oder ging der Leistungsträger von einem Sachverhalt aus, der sich (im Nachhinein) als unrichtig erweist und wurden deshalb Sozialleistungen zu Unrecht nicht erbracht, liegen die Voraussetzungen für die **Rücknahme** eines rechtswidrig belastenden Verwaltungsaktes vor.[48]

Solche rechtswidrigen Bescheide sind ungeachtet ihrer (ggf. auch nur teilweisen) Bestandskraft für die Vergangenheit zurückzunehmen und für die Zukunft aufzuheben.

55 Die Sozialleistungen werden im Bereich des SGB II für einen Zeitraum von einem Jahr seit Stellung des Antrags auf Rücknahme für die Vergangenheit geleistet (§ 40 Abs. 1, § 44 Abs. 4 S. 3 SGB X). Die Jahresfrist gilt nur hinsichtlich der Anträge auf Überprüfung rechtswidriger Bescheide, die nach dem Inkrafttreten des am 24.3.2011 geänderten § 40 S. 2 gestellt werden (§ 77 Abs. 13).[49] Für die Überprüfungsanträge, die vor diesem Zeitpunkt gestellt wurden, gilt noch der Rückwirkungszeitraum von vier Jahren für die Erbringung von Sozialleistungen (§ 44 Abs. 4 S. 1 SGB X). Die Jahresfrist wird von dem Beginn des Jahres, in dem der Antrag gestellt worden ist, berechnet,[50] d.h. wenn der Antrag am 31.12.2023 gestellt wird, beginnt die Jahresfrist am 1.1.2022 und endet am 31.12.2022, so dass für diesen Zeitraum Leistungen nachgewährt werden können. Die Leistungen vor dem 1.1.2022 sind ausgeschlossen.

Hinweis: Die Beschränkung der Überprüfung betrifft nur die Nachzahlung von Sozialleistungen und nicht die Überprüfung anderer Verwaltungsakte, wie die Rückforderung von Leistungen. Diese können zeitlich unbegrenzt zur Überprüfung gestellt werden.

56 Beruht die unrichtige Rechtsanwendung auf einer unwirksamen Rechtsnorm oder wird in ständiger Rechtsprechung eine Rechtsnorm anders als von dem Leistungsträger ausgelegt, so erfolgt die Rücknahme eines rechtswidrigen Verwaltungsaktes nur für die Zeit ab der Entscheidung des Bundesverfassungsgerichts oder einer geänderten Rechtsprechung (§ 40 Abs. 2 Nr. 2 iVm § 330 Abs. 1 SGB III). Die Vorschrift wurde ab dem 1.4.2011 zusätzlich dahingehend erweitert, dass es auf den Zeitpunkt einer Entscheidung des Landessozialgerichtes in der Frage der Wirksamkeit einer Satzung zur Regelung der angemessenen Kosten für Unterkunft und Heizung ankommt.

57 Die Regelung des § 330 Abs. 1 SGB III wurde **ausschließlich zugunsten der Leistungsträgers** eingeführt, ist daher eng auszulegen und nur auf solche Fälle anzuwenden, bei denen der Antrag auf Überprüfung nach § 44 SGB X nach dem Entstehen der ständi-

47 BSG 9.3.2022 – B 4 AS 2/21 R.

48 Die bloße Rechtswidrigkeit des Verwaltungsaktes reicht nicht aus, um diesen nachträglich aufzuheben, dh wurde eine erforderliche Anhörung nicht durchgeführt, ist der ursprüngliche Verwaltungsakt zwar rechtswidrig, es besteht aber deshalb kein Anspruch auf Sozialleistungen, wenn lediglich eine formelle Rechtswidrigkeit vorliegt, BSG 3.5.2018 – B 11 AL 3/17 R, juris Rn. 20, SozR 4-1300 § 44 Nr. 37.

49 Art. 2 Nr. 32 G.v. 24.3.2011 mWv 1.4.2011, BGBl. I 453.

50 BSG 18.5.2022 – B 7/14 AS 27/21 R.

gen Rechtsprechung oder der Entscheidung des Bundesverfassungsgerichtes erfolgt.[51] Wurde in der Verwaltungspraxis zudem eine bestehende Rechtsprechung nicht berücksichtigt, wird diese zudem von § 330 Abs. 1 Alt. 2 SGB III nicht erfasst.[52]

Die Rücknahme von rechtswidrig begünstigenden Verwaltungsakten ist im SGB II 58
auch bei **Änderung einer ständigen Rechtsprechung** eingeschränkt (§ 330 Abs. 1). Seit dem 27.2.2008 konnte für jeden Leistungsberechtigten einer Bedarfsgemeinschaft, wenn die Warmwasserkosten nicht gesondert erfasst werden, nur der im jeweiligen Regelbedarf enthaltene Anteil für die Warmwasserbereitung abgezogen werden.[53] Es handelt sich hierbei um eine ständige Rechtsprechung, denn das genannte Urteil wurde mehrfach bestätigt.[54] Hierzu gibt es allerdings keine einheitliche Rechtsanwendung durch die Bundesagentur für Arbeit.

Hinweise: 1. Sofern eine Rechtsfrage noch beim Bundessozialgericht oder dem Bun- 59
desverfassungsgericht anhängig ist, empfiehlt es sich im Hinblick auf die Rechtsprechung zur Anwendung des § 330 Abs. 1 SGB III einen Überprüfungsantrag zu stellen. Nach der geänderten Rechtsprechung sind Überprüfungsanträge noch nach § 44 Abs. 2 SGB X möglich. Der Leistungsträger muss dann über die Rücknahme nach pflichtgemäßem Ermessen entscheiden.[55]

2. Die Warmwasserkosten gehören ab dem 1.11.2011 nicht mehr zum Regelbedarf (§§ 20 Abs. 1 S. 1, 77 Abs. 6).

Die Überprüfung eines rechtswidrigen belastenden Verwaltungsaktes erfolgt grund- 60
sätzlich von Amts wegen, so dass ein Antrag auf Überprüfung nicht zwingend ist. Die Jobcenter sind jedoch nicht verpflichtet alle Verwaltungsakte von Amts wegen auf ihre Richtigkeit zu überprüfen, denn eine Überprüfung erfolgt nur im Einzelfall (§ 44 Abs. 1 S. 1 SGB X).[56] Eine Prüfpflicht des Jobcenters wird jedoch durch einen Antrag auf Überprüfung ausgelöst.[57] Dieser Antrag muss jedoch so hinreichend bestimmt sein, dass der zu überprüfenden Verwaltungsakt bezeichnet und ggf. der fehlerhafte Sachverhalt oder die Rechtsanwendung auf dem der Verwaltungsakt benannt wird.

5. Widerspruchsverfahren

a) Ablauf des Widerspruchsverfahrens

Gegen belastende Bescheide des Leistungsträgers können die Leistungsberechtigten 61
Widerspruch einlegen. Das **Widerspruchsverfahren** beginnt mit der Einlegung des Widerspruchs (§ 83 SGG). Widerspruchsbehörde ist der Leistungsträger und zwar entweder der kommunale Träger oder das Jobcenter (§ 44 b Abs. 1 S. 1). Der Widerspruch ist innerhalb der Frist von einem Monat seit Bekanntgabe des Verwaltungsaktes einzulegen (§ 84 Abs. 1 SGG).

51 BSG 8.2.2007 – B 7 a AL 2/06 R.
52 BSG 12.9.2019 – B 11 AL 19/18 R, SozR 4-4300 § 330 Nr 8.
53 BSG 27.2.2008 – B 14 /11 b AS 15/07 R.
54 BSG 15.4.2008 – B 14/11 b AS 3/07 R.
55 BSG 24.2.1987 – 11 b Rar 53/86, SozR 1300 zu § 48 SGB X Nr. 31.
56 BSG 2.10.2008 – B 9 VH 1/07 R, BSG SozR 3-4100 § 119 Nr. 23.
57 BSG 13.2.2014 – B 4 AS 22/13 R Rn. 15, BSGE 115, 126–131.

62 Die Verwaltungsakte der Leistungsträger werden regelmäßig schriftlich erlassen und den Leistungsberechtigten mit einfacher Post übersandt. Ein schriftlicher Bescheid, der durch die Post übermittelt wird, gilt am dritten Tag nach der Aufgabe zur Post als bekannt gegeben (§ 37 Abs. 2 SGB X).

63 **Beispiel:** Der Leistungsträger erlässt am 10.11.2022 einen Leistungsbescheid, der am gleichen Tag zur Post gegeben wird.

Der Zugang erfolgt hier am 13.11.2022, einem Sonntag. Der erste Tag wird nach § 26 Abs. 1 SGB X iVm § 187 BGB nicht mitgerechnet, so dass die Frist hier nach § 188 Abs. 1 BGB am 14.11. enden würde. Die Regeln über das Fristende an den Wochenenden (§ 193 BGB) sind nicht anzuwenden. Ist der dritte Tag nach Aufgabe zur Post ein Samstag oder Sonntag, beginnt die Widerspruchs- oder Klagefrist am Samstag oder Sonntag. Sie endet allerdings dann unter Berücksichtigung der Regeln des BGB an einem Samstag.[58]

64 **Hinweis:** Der Leistungsträger trägt die objektive Beweislast für die Aufgabe zur Post und den Zugang. Diese muss sich aus einer Postausgangsliste oder einem Absendevermerk in den Akten mit Angabe des Datums der Aufgabe zur Post ergeben. Wird der Zugang des Bescheides vom Leistungsberechtigten bestritten, muss auch der Zugang des Bescheides nachgewiesen werden.[59]

65 Der Widerspruch bedarf keiner besonderen Form, ein **Begründungszwang besteht** nicht. Die Widerspruchsbehörde muss den Bescheid unabhängig von der Begründung des Widerspruchs auf Recht- und Zweckmäßigkeit überprüfen. Eine **eingeschränkte Überprüfung kommt nur dann in Betracht, wenn der Leistungsberechtigte dies ausdrücklich zum Ausdruck bringt** und kann allenfalls solche Teile des Bescheides betreffen, die auf einem gesonderten Verfügungssatz beruhen. Das ist zB bei den Kosten für Unterkunft und Heizung der Fall, die unabhängig von den übrigen Bedarfen geltend gemacht werden können.[60]

66 Der Widerspruch gegen einen Bescheid des Leistungsträgers hat in der **Regel keine aufschiebende Wirkung** (§ 39). Handelt es sich um Leistungen zur Sicherung des Lebensunterhalts, wird der Leistungsberechtigte, soweit die Aufhebung des Verwaltungsaktes für ihn eine Belastung darstellt, die er nicht längere Zeit hinnehmen kann, bestrebt sein, die aufschiebende Wirkung herzustellen (→ § 7 Rn. 189 ff.).

Nach § 39 betrifft die aufschiebende Wirkung Verwaltungsakte,

- die Leistungen der Grundsicherung aufheben, zurücknehmen, widerrufen oder herabsetzen oder Leistungen zur Eingliederung in Arbeit oder Pflichten des erwerbsfähigen Leistungsberechtigten bei der Eingliederung in Arbeit regeln,
- die den Übergang eines Anspruchs regeln, mit dem der Leistungsträger den Leistungsberechtigen zur Beantragung einer vorrangigen Leistung auffordert oder
- die eine Aufforderung, sich nach § 59 iVm § 309 SGB III zu melden (Meldeaufforderung), zum Inhalt haben.

---

58 BSG 6.5.2010 – B 14 AS 12/09 R.
59 BSG 11.12.2007 – B 8/9 b SO 12/06 R.
60 BSG 27.2.2008 – B 14 AS 23/07 R.

§ 39 betrifft nicht die **Rückforderung** von Leistungen nach § 50 SGB. 67

Erachtet der Leistungsträger den Widerspruch als begründet, **hilft er ihm ab** (§ 85 SGG). Sofern er nicht abhilft, erlässt er einen Widerspruchsbescheid. Der Leistungsträger kann auch während des Widerspruchsverfahrens nach § 86 SGG einen neuen Bescheid erlassen. Ändert der neue Bescheid den ursprünglichen Bescheid ab, wird dieser Gegenstand des Widerspruchsverfahrens. 68

Der Leistungsträger kann in einem laufenden Widerspruchsverfahren einen Bescheid nicht zuungunsten des Leistungsberechtigten ändern. Hier besteht ein **Verböserungsverbot** (reformatio in peius).[61] Will der Leistungsträger im laufenden Widerspruchsverfahren eine Leistung herabsetzen, weil der Sachbearbeiter feststellt, dass eine Leistung rechtswidrig gewährt wurde, muss sich das Jobcenter der Regeln der §§ 45, 48 SGB X bedienen.[62] 69

Hilft der Leistungsträger im Widerspruchsverfahren dem Widerspruch ganz oder teilweise ab, erlässt er insoweit einen Abhilfebescheid. Der Abhilfebescheid wird nicht nach § 86 SGG Gegenstand des Widerspruchsverfahrens. Bei einem **Teilabhilfebescheid** wird Gegenstand des Widerspruchsverfahrens nur der Teil des Bescheides, dem nicht abgeholfen wurde.[63] 70

Der Leistungsträger kann demnach einen neuen Bescheid erlassen und dem Leistungsberechtigten die begehrten (Mehr-)Leistungen bewilligen. In vielen Fällen erlässt der Leistungsträger einen **Teilabhilfebescheid** und gleichzeitig oder kurze Zeit später einen Widerspruchsbescheid. Der Leistungsträger könnte auf den Erlass des Widerspruchsbescheides verzichten, wenn er dem Leistungsberechtigten zuvor mitteilt, dass er den Widerspruch für teilweise begründet erachtet und danach fragt, ob der Leistungsberechtigte an seinem Widerspruch festhalten will. Der Leistungsträger kann im Widerspruchsbescheid dem Widerspruch teilweise abhelfen und im Übrigen den Widerspruch zurückweisen. 71

b) Recht zur Akteneinsicht im Widerspruchsverfahren

Durch restriktive Gewährung der **Akteneinsicht** (§ 25 SGB X) im Widerspruchsverfahren kann der Leistungsträger die Tätigkeit eines Rechtsanwaltes im Widerspruchsverfahren behindern. Das Recht auf Akteneinsicht kann im Einzelfall Ausdruck des Grundsatzes des rechtlichen Gehörs sein.[64] 72

Beispiel: Der Leistungsberechtigte legt dem Rechtsanwalt einen Bescheid vor, in dem die Leistungen wegen einzusetzendem Vermögen abgelehnt werden. Aus den Schilderungen des Leistungsberechtigten und den von ihm vorgelegten Unterlagen lässt sich ein solches Vermögen nicht ermitteln. Der Rechtsanwalt legt Widerspruch gegen den ablehnenden Bescheid ein und beantragt Akteneinsicht zur Übersendung an seine Kanzlei. Der Rechtsanwalt wird darauf verwiesen, er könne die Akten bei der 5 km entfernt liegenden Behör- 73

61 BSG 18.6.2008 – B 14/11 b AS 67/06 R.
62 BSG 18.6.2008 – B 14/11 b AS67/06 R, SozR 4-4200 § 22 Nr. 13; BSG 22.8.2012 – B 14 AS 1/12 R, SozR 4-4200 § 22 Nr. 65.
63 HK-SGG/Binder, 5. Aufl. 2017, § 96 Rn. 4.
64 BSG 15.11.2007 – B 3 KR 13/07 R.

de einsehen, eine Versendung der Akten erfolge wegen der Verlustgefahr grundsätzlich nicht.

Das Recht zur Akteneinsicht im Widerspruchsverfahren richtet sich nach § 24 SGB X und § 84 a SGG. Dieses Recht ist Teil des in Art. 103 Abs. 1 GG normierten Anspruchs auf rechtliches Gehör.[65] Aus § 84 a SGG ergibt sich allerdings für das Widerspruchsverfahren nur, dass die Übersendung von Akten an die Beteiligten nach § 25 Abs. 4 SGB X, die **Akteneinsicht findet bei der Behörde statt**, nicht ausgeschlossen ist. Der **Anspruch auf Akteneinsicht** kann auch regelmäßig **nicht unabhängig von dem Verwaltungsverfahren** (hier Widerspruchsverfahren) **durchgesetzt werden,**[66] dh verweigert der Leistungsträger ganz oder teilweise die Akteneinsicht, kann dieser Verfahrensfehler nur gemeinsam mit dem Hauptanspruch gerichtlich geltend gemacht werden. Die Leistungsträger können nach dieser Ansicht nicht effektiv gezwungen werden, die Verwaltungsakten an einen bevollmächtigten Rechtsanwalt zu übersenden.

74 **Hinweis:** Nimmt der Rechtsanwalt gleichwohl bei dem Leistungsträger Einsicht in die Verwaltungsakten, kann dies ein Grund sein, hier die Schwellengebühr der Nr. 2302 VV RVG von 359 EUR wegen Umfangs der Tätigkeit zu überschreiten. Diese „Mehrarbeit" ist dann bei einem erfolgreichen Widerspruch nach § 63 SGB X von dem Leistungsträger zu erstatten.

75 Akteneinsicht erfolgt nur, soweit ihre Kenntnis zur Geltendmachung oder Verteidigung der rechtlichen Interessen erforderlich ist (§ 25 Abs. 1 S. 1 SGB X). Weigert sich das Jobcenter mit Hinweis auf diese Regelung, alle Akten zur Einsicht vorzulegen, weil etwa nur ein Band eines Aktenkonvolutes zu Begründung des Widerspruchs erforderlich ist, kann das Recht zur Akteneinsicht auf landesrechtliche oder bundesrechtliche Informationsfreiheitsgesetze gestützt werden.[67] Das Recht zur Akteneinsicht kann aus berechtigtem Geheimhaltungsinteresse des Leistungsträgers, etwa um Informanten zu schützen, eingeschränkt sein.[68]

76 Allein wegen eines **Verfahrens**- oder **Formfehlers** kann eine Aufhebung eines Bescheides nicht verlangt werden (§ 42 S. 1 SGB X). Nur wenn eine erforderliche **Anhörung** nicht durchgeführt wurde, ist der Bescheid aufzuheben (§ 42 S. 2 SGB X).

c) Anspruch auf Kostenerstattung im Widerspruchsverfahren

77 Ist der Widerspruch erfolgreich, hat der Leistungsträger dem Leistungsberechtigten die **Kosten** der zweckentsprechenden Rechtsverfolgung **zu erstatten** (§ 63 SGB X).[69] Die Kosten sind auch zu erstatten, wenn der Widerspruch nicht erfolgreich war, allerdings ein Verfahrensverstoß vorlag, der nach § 41 SGB X geheilt wird, so dass es nicht zur Aufhebung des Bescheides kommt.

Der Leistungsträger hat neben der Entscheidung über den Widerspruch auch über die Kostenerstattung von Amts wegen zu entscheiden (Kostengrundentscheidung). Wird gegen den Bescheid in der Fassung des Widerspruchsbescheides Klage erhoben und

---

65 BSG 11.12.2002 – B 6 KA 8/02.
66 BSG 28.6.1991 – SozR 3-1500 § 144 Nr. 3 Gedanke des § 44 a VwGO.
67 Informationsfreiheitsgesetz des Bundes (IFG) vom 5.9.2005, BGBl. I 2722.
68 LSG Essen 24.3.2021 – L 12 AS 730/18.
69 Zur Kostentragung bei Teilabhilfebescheiden BSG 24.9.2020 – B 9 SB 4/19 R.

ist diese erfolgreich, so wird mit der Entscheidung über die Kostentragungspflicht im Urteil auch über die Kosten des vorausgegangenen Widerspruchsverfahrens dem Grunde nach durch das Sozialgericht entschieden (einheitliche Kostenentscheidung).[70] Veranlassungsgesichtspunkte, die zur Kostentragungspflicht im Sozialgerichtsverfahren eine Rolle spielen (§ 193 Abs. 1 S. 1 SGG), spielen bei der Frage der Kostenerstattung nach § 63 SGB X keine Rolle.[71] Auch wenn der Widerspruch durch eine fehlerhafte Rechtsbehelfsbelehrung verursacht wurde, ist dies im Rahmen der Kostenerstattung nach § 63 SGB X nicht zu berücksichtigen. Werden die Kosten des Widerspruchsverfahrens gemeinsam mit den Kosten eines nachfolgenden Gerichtsverfahrens festgesetzt, können allerdings Veranlassungsgesichtspunkte auch beim Widerspruchsverfahren eine Rolle spielen.[72]

Hinweis: Ist aufgrund einer Kostengrundentscheidung des Sozialgerichtes über die 78 Kosten des Widerspruchsverfahrens mitentschieden worden, entscheidet über den Umfang der Kostenerstattung (Kostenfestsetzung) der Urkundsbeamte der Geschäftsstelle (§ 197 Abs. 1 S. 1 SGG). Gegen seine Entscheidung ist nur die Anrufung des Gerichts statthaft (§ 197 Abs. 2 SGG). Demgegenüber ist gegen die Kostenentscheidung im isolierten Widerspruchsverfahren, dem keine Klage folgt, die Klage vor dem Sozialgericht statthaft. Gegen das Urteil ist dann ggf. die Berufung oder gar die Revision zulässig. Wird der Rechtsstreit durch einen gerichtlich protokollierten Vergleich geschlossen, ist bei Abschluss der Vergleichsverhandlungen darauf zu achten, dass der Leistungsträger wenigstens einen Teil der Kosten übernimmt, denn bei einem Vergleich werden die Kosten auch im sozialgerichtlichen Verfahren nicht erstattet (§ 195 SGG).

War der Widerspruch nur teilweise erfolgreich, erfolgt die Kostenerstattung in Höhe 79 des **teilweisen Obsiegens**, dh quotal. Es könnte hier fraglich sein, ob mittels eines unbestimmten Antrages, etwa dem Leistungsberechtigten höhere Leistungen nach dem SGB II zu gewähren, negative Kostenfolgen vermieden werden können.

Beispiel: Der Leistungsberechtigte lässt durch seinen Rechtsanwalt Widerspruch gegen 80 einen Leistungsbescheid einlegen. Er trägt vor, dass das Einkommen nicht richtig angerechnet wird, benennt einige mögliche Fehlerquellen und bittet insgesamt um eine Überprüfung des Bescheides.

Ein **Widerspruch muss keinen Antrag** wie die Klage nach § 92 SGG enthalten. Doch wird in der Regel das Begehren des Widerspruchsführers aus der Widerspruchsbegründung erkennbar sein, so dass kein Raum für eine Übertragung der Rechtsprechung zum Mindestbetrag beim Schmerzensgeld auf das Widerspruchsverfahren nach dem SGB II bleibt.

Begehrt ein behinderter Mensch die Feststellung eines höheren Grades der Behinde- 81 rung und gibt er nur den Mindestbetrag um einen 10er-Grad mehr an, hat der Leistungsträger im Falle der Abhilfe nach § 63 SGB X die vollen Kosten des Widerspruchsverfahrens zu tragen. Gleichzeitig besteht für eine nachfolgende Klage nach

70 HK-SGG/Groß, 5. Aufl. 2017, § 193 Rn. 7.
71 BSG 20.10.2010 – B 13 R 15/10 R.
72 AA LSG Baden-Württemberg 28.6.2019 – L 8 SB 2932/18; anhängig BSG B 9 SB 4/19 R.

Erledigung kein Rechtsschutzbedürfnis mehr.[73] Der Leistungsberechtigte müsste in einem solchen Fall einen Antrag auf erneute Überprüfung nach § 44 SGB X stellen. Bei einem **Teilerfolg** richtet sich die Kostenquote nach dem Unterschied zwischen dem erstrebten und dem tatsächlichen Erfolg, so dass der Widerspruchsführer, anders als im Fall des Grades der Behinderung, tatsächlich etwas begehren muss, denn andernfalls riskiert er, dass er nur eine Quote erhält.[74] Es ist daher dringend geboten, das Begehren der Anspruchsteller im Widerspruchsverfahren sorgfältig zu prüfen und dementsprechend zu begründen.

aa) Umfang der Kostenerstattung durch die Behörde

82 Die **Kosten eines Rechtsanwalts** sind zu erstatten, wenn die Behörde die Hinzuziehung eines Rechtsanwalts für **notwendig** erachtet. Dies kann durch ausdrückliche Aufnahme in den Verfügungssatz des Widerspruchs- oder Abhilfebescheides geschehen. Die Hinzuziehung wird in der Regel notwendig sein, da ein Bürger nur in Ausnahmefällen in der Lage sein wird, seine Rechte gegenüber der Verwaltung ausreichend zu wahren.[75] Nur in Fällen der offensichtlichen Unrichtigkeit eines Bescheides, etwa eines Rechenfehlers, der sich auch dem unkundigen Betrachter ohne Weiteres erschließt, wird die Hinzuziehung eines Rechtsanwalts nicht für notwendig erachtet werden können. Neben oder anstatt der Kosten für die Hinzuziehung eines Rechtsanwalts dürften im sozialrechtlichen Widerspruchsverfahren allenfalls die Kosten für Porto und/oder Fahrkosten zu einem durch den Leistungsträger angeordneten Verhandlungstermin oder Kopien infrage kommen. Ein Eigenaufwand für aufgewendete Zeit, wie der Recherche im Internet usw., kann demgegenüber nicht geltend gemacht werden.

83 Die Kosten eines Rechtsanwalts sind in Höhe der gesetzlichen Gebühren zu erstatten (§ 63 Abs. 2 SGB X). Daneben sind ein sonstiger Vertreter, der nach dem Rechtsdienstleistungsgesetz zur Vertretung befugt ist, und der Leistungsberechtigte gegenüber diesem Vertreter, etwa nach der Satzung des Vereines oder Verbandes, der ihn vertritt, zur Tragung der Vertretungskosten verpflichtet. Muss der Vertretene zB einen Pauschbetrag iHv 150 EUR pro Verfahren bezahlen, kann dieser als Erstattung nach § 63 SGB X geltend gemacht werden. Denn dieser kann nicht nach § 63 Abs. 2 SGB X, sondern nur nach § 63 Abs. 1 SGB X abrechnen.[76] Der Kostenerstattungsanspruch wird, anders als in gerichtlichen Verfahren, nicht verzinst. In gerichtlichen Verfahren vor den Sozialgerichten wird der Kostenerstattungsanspruch in Höhe von fünf Prozentpunkten über dem Basiszinssatz ab Antragstellung aus § 197 Abs. 1 S. 1 SGG iVm § 104 Abs. 1 S. 2 ZPO verzinst. Wird im gerichtlichen Verfahren über den Kostenerstattungsanspruch entschieden, so sind die zu erstattenden Kosten des Wi-

73 BSG 9.8.1995 – 9 RVs 7/94, SozR 3-1930 § 116 Nr. 7; SozR 3-1300 § 63 Nr. 5.
74 BSG 12.6.2013 – B 14 AS 68/12 R, SozR 4-1300 § 63 Nr. 20.
75 LSG Nordrhein-Westfalen 21.10.2008 – L 1 B 28/08 AS; BVerfG 11.5.2009 – 1 BvR 1517/08; BVerfG 29.4.2015 – 1 BvR 1849/11, NJW 2015, 2322–2323.
76 BSG 18.9.2014 – B 14 AS 5/14.

derspruchsverfahrens zu verzinsen.[77] Bei einem isolierten Widerspruchsverfahren ist demgegenüber eine **Verzinsung nicht vorgesehen.**[78]

Es könnte sich jedoch aus dem **Gesichtspunkt des Verzuges** bei schuldhaftem Verhalten des Leistungsträgers nach § 61 SGB X iVm § 288 BGB bzw. aus dem Gesichtspunkt der Staatshaftung ein Anspruch auf Verzinsung ergeben. 84

Hinweis: Eine nachteilige Kostengrundentscheidung des Leistungsträgers im Widerspruchsbescheid kann im Wege der Klage vor dem Sozialgericht angefochten werden, und zwar mit der Verpflichtungsklage (§ 54 Abs. 1 S. 1 SGG).[79] Eine isolierte Klage gegen die Kostenentscheidung ist zulässig, wenn der Leistungsträger die Notwendigkeit der Hinzuziehung eines Rechtsanwalts verneint hat, der eingereichten Kostenberechnung entgegenhält, der Kostenansatz des Rechtsanwalts sei unbillig (§ 14 Abs. 1 RVG) oder eine Kostenentscheidung abweichend vom Erfolg des Widerspruchs getroffen wird. Die Kostenerstattung erfolgt nicht nur, soweit ein Widerspruch erfolgreich war, sondern auch dann, wenn im Vorverfahren eine Formvorschrift verletzt wurde (§ 63 Abs. 1 S. 2 SGB X).[80] Eines gesonderten Vorverfahrens gegen die im Widerspruchsbescheid erstmalig getroffene Kostengrundentscheidung bedarf es nicht.[81] 85

bb) Kostenfestsetzungsentscheidung nach Widerspruchsverfahren

Nach erfolgter Kostengrundentscheidung wird der Leistungsberechtigte ggf. durch seinen Rechtsanwalt bei dem Leistungsträger einen Antrag auf Kostenfestsetzung einreichen. Der Anspruch auf Kostenerstattung ist ein Anspruch des Mandanten (§ 63 SGB X). 86

Der **Rechtsanwalt** ist von der Kostengrund- und Festsetzungsentscheidung nur **mittelbar** betroffen, etwa wenn der Mandant an den Rechtsanwalt noch keine Zahlungen geleistet hat oder nicht leistungsfähig ist. 87

Hinweis: Der Mandant sollte in jedem Fall spätestens nach Abschluss des Widerspruchsverfahrens eine Kostenberechnung erhalten, damit der Anspruch des Rechtsanwalts nach § 8 Abs. 1 RVG iVm § 10 Abs. 1 S. 1 RVG „voll fällig“ wird und dem Mandanten bewusstwird, dass die Kostenerstattung seine Angelegenheit ist. 88

Werden die Kosten vom Leistungsträger abweichend von der Kostenberechnung gegenüber dem Mandanten festgesetzt, kann nur dieser gegen die Kostenfestsetzung Widerspruch einlegen und bei negativem Widerspruchsbescheid Klage vor dem Sozialgericht erheben. Das Jobcenter kann die Leistung der Kostenerstattung nicht mit dem Argument ablehnen, dass dem Leistungsberechtigten keine Kostenrechnung übersandt wurde.[82]

77 SG Berlin 20.1.2010 – S 180 SF 1459/09 E; SG Detmold 23.12.2004 – S 3 (11) KR 95/03.
78 LSG Nordrhein-Westfalen 5.5.2008 – L 3 R 84/08; BSG 18.12.2001 – B 12 KR 42/00 R.
79 BSG 27.1.2009 – B 7/7a AL 20/07 R.
80 BSG 24.10.2018 – B 4 KA 34/17 R, SozR 4-2500 § 106d Nr. 2.
81 BSG 19.6.2012 – B 4 AS 142/11 R, info also 2012, 280.
82 BSG 2.12.2014 – B 14 AS 60/13 R, SozR 4-1300 § 63 Nr. 22.

6. Gebührenberechnung von Betragsrahmengebühren

89 In Klageverfahren vor den Sozialgerichten und in dem diesem Verfahren vorhergehenden Verfahren entstehen nach § 3 RVG dem Auftraggeber, wenn keine Vergütungsvereinbarung nach § 3 a RVG besteht, **Betragsrahmengebühren.**

90 Die Betragsrahmengebühren werden nach § 14 Abs. 1 S. 1–3 RVG durch den Rechtsanwalt bestimmt. Bei der Kostenerstattung spielt § 14 Abs. 1 S. 4 RVG eine besondere Rolle, denn danach ist eine von einem Rechtsanwalt getroffene Regelung für den Dritten nicht verbindlich, wenn sie unbillig ist. Der Leistungsträger wird sich, auch aus Gründen der Kostenersparnis, häufig darauf berufen, die Bestimmung des Rechtsanwalts sei unbillig. Nach der Erfahrung des Verfassers wird von den Leistungsträgern im isolierten Widerspruchsverfahren bei Berechnung der Schwellengebühr in Höhe von 359 EUR (VV RVG Nr. 2302 Nr. 1) nur in Ausnahmefällen die Kostenerstattung wegen Unbilligkeit aufgrund der Höhe abgelehnt.[83] Ist der Widerspruchsführer mit der Entscheidung über die Höhe der Kosten nicht einverstanden, wird er hiergegen Widerspruch einlegen und gegen einen ablehnenden Widerspruchsbescheid Klage erheben. Der Leistungsträger muss nicht unabhängig vom Ausgang des Prozesses für jedes Klageverfahren eine **Pauschalgebühr** von 150 EUR entrichten (§ 184 Abs. 2 SGG). Die Leistungsträger nach dem SGB II sind von der Entrichtung der Pauschalgebühren befreit (§ 64 Abs. 3 S. 2 SGB X).

Hinweis: Der Mandant kann sich auf § 14 Abs. 1 S. 4 RVG nicht berufen. Er kann die Unbilligkeit nur nach § 315 BGB geltend machen.

91 Der Rechtsanwalt bestimmt die Betragsrahmengebühren im Einzelfall nach **billigem Ermessen** unter Berücksichtigung der in § 14 Abs. 1 RVG genannten Gesichtspunkte.

92 Der Rechtsanwalt sollte bei jedem Antrag auf Festsetzung der Gebühren, sei es nach erfolgreichem Widerspruchsverfahren (§ 63 SGB X), dem Kostenfestsetzungsverfahren (§ 197 SGG) oder dem Antrag auf Festsetzung der Prozesskostenhilfevergütung (§ 55 Abs. 1 RVG), die Höhe der Gebühr jeweils gesondert für jeden Gebührentatbestand begründen.

93 **Beispiel:** Der Leistungsberechtigte sowie die mit ihm in einer Bedarfsgemeinschaft lebenden A und B wurden von dem Rechtsanwalt im Widerspruchsverfahren wegen der fehlerhaften Anrechnung von Einkommen vertreten. Das Widerspruchsverfahren dauerte sechs Monate, der Anwalt war 1 ½ Stunden tätig und fertigte sechs Schriftsätze an, wovon vier Schriftsätze nur ein bis zwei Sätze umfassten. Die Mitglieder der Bedarfsgemeinschaft haben kein Schonvermögen, die A hat einen kleinen Hinzuverdienst in Höhe von 200 EUR monatlich, im Übrigen verfügen sie nur über Leistungen nach dem SGB II. Der Widerspruch ist in vollem Umfang erfolgreich. Die Bedarfsgemeinschaft erhält eine Nachzahlung für fünf Monate in Höhe von 684 EUR. Die Rechtssache war weder besonders schwierig noch umfangreich.

Der Rechtsanwalt macht für seine Mandanten folgende Kosten geltend:

Eine Gebühr nach VV 2302		359 EUR
+ Zwei Gebührenerhöhungen à 30 % =	+	215,40 EUR

83 Betrifft in der Regel nur die gemeinsamen Einrichtungen und nicht die Optionskommunen.

60 % zwei weitere Personen VV 1008 Nr. 1 bis 3		
+ Post- und Telekommunikationspauschale nach VV 7002	+	20 EUR
+ 19 % Umsatzsteuer nach VV 7008	+	112,94 EUR
Summe der Gebühren und Auslagen	=	707,34 EUR

Der Leistungsträger setzt die Gebühren wie folgt fest:

Eine Gebühr nach VV 2302		250 EUR
+ Post- und Telekommunikationspauschale nach VV 7002	+	20 EUR
+ 19 % Umsatzsteuer nach VV 7008	+	41,80 EUR
Summe der Gebühren und Auslagen	=	261,80 EUR

und teilt mit, es handle sich um eine unterdurchschnittliche Angelegenheit, deshalb sei nur eine Gebühr von 250 EUR angemessen. Eine Erhöhung nach VV RVG Nr. 1008 komme nicht in Betracht, weil in VV RVG Nr. 2302 eine Schwellengebühr vorgesehen sei, die auch nicht durch eine Erhöhung nach VV RVG Nr. 1008 überschritten werden dürfe.

Bei der Bemessung der Gebühr ist immer von der Mittelgebühr auszugehen.[84] Dies ergibt sich bereits daraus, dass die Gebühr aus dem jeweiligen Gebührensatz heraus anders kaum zu bestimmen ist.

a) Gebühren Nr. 2302 Nr. 1 VV

Einschlägig ist hier die Gebühr nach VV RVG Nr. 2302. War der Rechtsanwalt bereits vorher im Antragsverfahren tätig, ist diese Gebühr nach der Vorbemerkung zu 2.3 Nr. 4 zur Hälfte anzurechnen. Es handelt sich vorliegend um einen durchschnittlichen Fall. Das ergibt sich aus folgenden Erwägungen: 94

Der Umfang der Tätigkeit war durchschnittlich, denn die Tätigkeit eines Rechtsanwalts im Widerspruchsverfahren erschöpft sich regelmäßig in der Aufnahme des Falles, Besprechung mit den Mandanten, Prüfung des Sachverhaltes anhand der vorgelegten Unterlagen, Einsicht in die Verwaltungsakten, sofern diese übersandt werden, Auswertung der Verwaltungsakten und ggf. eines weiteren Schreibens an den Leistungsträger.

Der **Zeitaufwand** wird in der Regel bei einer routinierten Bearbeitung eine Dauer 95
von 1 ½ Stunden nicht überschreiten. Der Umfang hat sich an dem durchschnittlichen Aufwand in sozialrechtlichen Verwaltungs-(Widerspruchs-)verfahren zu orientieren.[85] Der Umfang der Tätigkeit im Verwaltungsverfahren liegt nach den langjährigen Erfahrungen des Autors erheblich unter demjenigen im gerichtlichen Verfahren, denn die Behörden folgen nur in Ausnahmefällen den Anregungen des Widerspruchsführers, zB über ein zusätzliches Gutachten hinaus weitere umfangreiche Ermittlungen anzustellen. Auch werden in aller Regel nur präsente Beweismittel berücksichtigt.

Eine umfangreiche Tätigkeit wird vorliegen, wenn Besprechungen mit dem Leistungsträger in seinen Geschäftsräumen stattfinden, wenn der Leistungsberechtigte die erforderlichen Unterlagen nicht beibringen kann und der Anwalt sie beschafft (hier kann nach einer Entscheidung des Bundessozialgerichtes[86] auch ein Fall der

84 BSG 1.7.2009 – B 4 AS 21/09 R.
85 BSG 1.7.2009 – B 4 AS 21/09 R Rn. 39.
86 BSG 5.5.2010 – B 11 AL 14/09 R.

Mitwirkung an einer Erledigung durch den Rechtsanwalt vorliegen). Auch **häufige Besuche des Mandanten** können die Rechtssache zu einer umfangreichen Angelegenheit machen.

Der Umfang wird allerdings dann unterdurchschnittlich sein, wenn der Widerspruch nicht begründet wurde oder eine Besprechung nicht stattfinden musste, weil der Leistungsberechtigte dem Rechtsanwalt ein vorgefertigtes Schreiben übergibt, das der Rechtsanwalt überprüft und durch einen Mitarbeiter umformulieren lässt.

96 Die Tätigkeit des Rechtsanwalts war hier auch nicht schwierig, denn er konnte den Rechtsfall mithilfe des einschlägigen Gesetzes lösen. **Besondere Schwierigkeiten**, wie ein im Umgang schwieriger Mandant, Verständigungsprobleme, Auseinandersetzung mit medizinischen oder anderen Fachgutachten, umfangreiche Beweiserhebung, liegen nicht vor. Ist bei der Bewertung des Falles eines der beiden Kriterien übererfüllt, dh liegt ein besonderer Umfang oder besondere Schwierigkeiten vor, ist zumindest die Mittelgebühr in Höhe von 444 EUR zugrunde zu legen. Auch in den übrigen Fällen ist stets von der Mittelgebühr in Höhe von 444 EUR auszugehen, es ist lediglich immer dann von der sogenannten Schwellengebühr in Höhe von 359 EUR auszugehen, wenn keiner der beiden zuvor genannten Gesichtspunkte erfüllt ist. Bei der Beurteilung der Schwierigkeiten einer Angelegenheit ist nicht nach den jeweiligen Rechtsgebieten (zB Arbeitsförderungsrecht) zu differenzieren, sondern vom jeweiligen Einzelfall auszugehen.[87]

97 In dem vorliegenden Fall geht das Bundessozialgericht[88] leider nicht von der überdurchschnittlichen Bedeutung der Rechtssache für die Leistungsberechtigten aus.[89] Des Weiteren sind die sogenannten subjektiven Kriterien des § 14 Abs. 1 RVG zu prüfen, und zwar die **Bedeutung** der Angelegenheit für den Auftraggeber und dessen wirtschaftliche Verhältnisse. Das Bundessozialgericht bezeichnet die Bedeutung als überdurchschnittlich, weil durch die Grundsicherung das soziokulturelle Existenzminimum gewährleistet ist, so dass von einer geringen Bedeutung für die Leistungsberechtigten nur bei monatlich im einstelligen Bereich liegenden Beträgen – und zwar für einen Zeitraum von höchstens sechs Monaten – gesprochen werden kann.

98 Die Einkommens- und Vermögensverhältnisse sind hier als unterdurchschnittlich zu bezeichnen, denn die Leistungsberechtigten verfügen über kein Vermögen und nur geringes Einkommen sowie die Leistungen nach dem SGB II. Die Bedeutung der Rechtssache einerseits und die schlechten **Einkommens- und Vermögensverhältnisse** andererseits gehen hier, und das dürfte die Regel sein, zusammen einher, so dass eine Kompensation der Kriterien eintritt. Der Leistungsträger wird bei der Abweichung von der Mittel- oder Schwellengebühr nach unten, ebenso wie der Rechtsanwalt, wenn er die Mittelgebühr überschreiten will, besondere Gesichtspunkte geltend machen müssen.

---

87 BSG 5.5.2010 – B 11 AL 14/09 R.
88 BSG 1.7.2009 – B 4 AS 21/09 R.
89 AA die Vorinstanz LSG Nordrhein-Westfalen 28.7.2008 – L 19 AS 24/08.

Bei der Bemessung nach § 14 RVG ist das Haftungsrisiko des Rechtsanwalts zu berücksichtigen. Mit diesem Kriterium können die Sozialgerichte am wenigsten umgehen. Es ist bereits unklar, ob nach dem Wortlaut des Gesetzes ein besonderes Haftungsrisiko oder nur ein allgemeines **Haftungsrisiko** berücksichtigt werden muss. Zumeist beschränken sich die Gerichte darauf, in den Entscheidungsgründen anzugeben, ein (besonderes) Haftungsrisiko sei nicht erkennbar, bzw. liege nicht vor.[90] 99

Das Haftungsrisiko des Rechtsanwalts kann darin bestehen, dass der Mandant auf anderweitige Ansprüche hingewiesen werden muss. Erhält der Rechtsanwalt einen Auftrag, der eine Angelegenheit nach dem SGB II zum Gegenstand hat, besteht häufig Veranlassung, den Leistungsberechtigten auf die rechtzeitige Stellung von Anträgen anderer Sozialleistungen, die Geltendmachung von Unterhalts- und Schadenersatzansprüchen oder von Ansprüchen aus einem Mietverhältnis hinzuweisen.

Beispiel: Der Leistungsberechtigte beauftragt den Rechtsanwalt, einen Widerspruch gegen einen Leistungsbescheid wegen der Kosten der Unterkunft einzulegen, und legt ihm seinen Mietvertrag und eine Nebenkostenabrechnung vor. In der Nebenkostenabrechnung sind Positionen aufgeführt, die der Vermieter weder nach dem Mietvertrag noch nach der Heizkostenverordnung geltend machen kann. 100

Hier wird der Rechtsanwalt verpflichtet sein, seinen Mandanten auf Herausgabeansprüche gegen seinen Vermieter innerhalb der Verjährungsfristen aufmerksam zu machen. Ob der Leistungsträger verpflichtet ist, die rechtswidrig vom Vermieter verlangten Kosten zu übernehmen, kann hier dahingestellt bleiben, zumal er die Leistungsberechtigten zur Kostensenkung auffordern kann.[91] Bestehen die aufgeführten Hinweis- und Sorgfaltspflichten, die über die sachgemäße Bearbeitung der Angelegenheit nach dem SGB II hinausgehen, so ergeben sich hieraus besondere Haftungsrisiken.

b) Erhöhungsgebühr Nr. 1008 VV

Die Erhöhungsgebühr fällt regelmäßig bei der Vertretung mehrerer Auftraggeber, etwa einer Bedarfsgemeinschaft, an. Der Rechtsanwalt erhält für jeden weiteren Auftraggeber eine um 30 % erhöhte Vertretungsgebühr (VV RVG Nr. 2302, 1008). Die Erhöhung beträgt nicht mehr als die zweifache Vertretungsgebühr, dh dass sich die Mindestgebühr nach VV RVG Nr. 2302 von 60 EUR auf höchstens 180 EUR und die Höchstgebühr von 768 EUR auf maximal 2.304 EUR erhöht. 101

Ob die Schwellengebühr von 359 EUR bei mehreren Beteiligten nach VV RVG Nr. 1008 überschritten werden kann, war in der Literatur und Rechtsprechung umstritten. Nach zwei Entscheidungen des Bundessozialgerichtes führt die Schwellengebühr bei mehreren Auftraggebern nicht dazu, dass eine Erhöhung wegen mehreren Auftraggebern nicht erfolgt.[92] Die Erhöhungsgebühr wird somit durch die Schwellengebühr nicht eingeschränkt. 102

Nach § 17 Nr. 1 a RVG ist jeweils das Verwaltungsverfahren eine gesonderte Angelegenheit. Werden gegen eine Bedarfsgemeinschaft mehrere Rückforderungsbescheide 103

90 LSG Bayern 2.5.2022 – L 12 SF 63/22.
91 BSG 22.9.2009 – B 4 AS 8/09 R.
92 BSG 21.12.2009 – B 14 AS 83/08 R; BSG 2.4.2014 – B 4 AS 27/13 R.

aus demselben Sachverhalt und demselben Bewilligungszeitraum erlassen und legt der Rechtsanwalt hiergegen jeweils gesondert Widerspruch ein, so handelt es sich grundsätzlich um mehrere Angelegenheiten, die auch gesondert abgerechnet werden könnten. Nach Ansicht des Bundessozialgerichtes handelt es sich allerdings dann um dieselbe Angelegenheit, wenn wegen eines einheitlichen Lebenssachverhaltes keine besonderen Prüfungsschritte erforderlich sind und daher eine einmal verwendet Begründung wieder benutzt werden kann. In diesem Fall fällt die Geschäfts- bzw. Verfahrensgebühr nur einmal an, ist allerdings nach VV RVG Nr. 1008 um die Anzahl der weiteren Auftraggeber zu **erhöhen.**[93] Vertritt ein Rechtsanwalt mehrere Auftraggeber in ähnlich oder gar gleichgelagerten Angelegenheiten/gesonderten Verfahren, wird von der Rechtsprechung gerne ein sogenannter Synergieeffekt angenommen und die Gebührenberechnung des Rechtsanwaltes gekürzt.[94] Diese Rechtsprechung berücksichtigt nur unzureichend, dass Synergieeffekte bei der Gebührenberechnung nur in Ausnahmefällen zu berücksichtigen sind, etwa, weil ein Mandant zuvor in einem Antrags- oder Widerspruchsverfahren bei nachfolgendem Klageverfahren vertreten wird (VV RVG Vorb. 2.3 Abs. 6). Der Synergieeffekt wird hier in einer unterstellten Arbeitserleichterung des Rechtsanwaltes gesehen, was nicht stets der Fall ist.[95]

104 Es muss mithin eine entsprechende **Schwellengebühr** gebildet werden. Die Schwellengebühr der VV RVG Nr. 2302 wird durch Abschlag von der Mittelgebühr gebildet.[96] Diese beträgt bei der Geschäftsgebühr nach VV RVG Nr. 2302 86,71 % der Mittelgebühr (359 * 100 / 414). Bei **Betragsrahmengebühren** wie bei VV RVG Nr. 2302 wird die Erhöhung nach VV RVG Nr. 1008 VV durch Zuschlag der Mindest- und Höchstgebühr jeweils für einen weiteren Auftraggeber um 30 % gebildet.

Die Schwellengebühr beträgt bei drei Auftraggebern demzufolge 573 EUR ((359 * 0,6 = 214) + 359).

c) „Anrechnung“ von Gebühren in sozialrechtlichen Angelegenheiten

105 Nach den Vorbemerkungen 2.3 des dritten Abschnittes im zweiten Teil der Anlage 1 RVG im Verwaltungsverfahren und der Vorbemerkung 3 Abs. 4 zu Teil 3 VV ist die **Geschäftsgebühr** nach VV RVG Nr. 2302 auf ein nachfolgendes Gerichtsverfahren zur Hälfte, höchstens mit einem Satz von 207 EUR anzurechnen. Die Anrechnungshöchstgrenze betrifft auch Fälle, bei denen die Betragsrahmengebühren durch mehrere Auftraggeber nach VV RVG Nr. 1008 erhöht werden.[97]

106 **Beispiel:** Der Leistungsberechtigte sucht seinen Rechtsanwalt auf und erteilt ihm den Auftrag, Widerspruch gegen einen nachteiligen Leistungsbescheid einzulegen. Der Rechtsanwalt prüft den Bescheid und stellt fest, dass der Bescheid zwar rechtswidrig, die Widerspruchsfrist allerdings abgelaufen ist. Die Voraussetzungen für eine Überprüfung des rechtswidrigen Bescheides nach § 44 SGB X liegen vor.

---

93 BSG 2.10.2014 – B 4 AS 27/13 R, SozR 4-1935 § 15 Nr. 1.
94 LSG Schleswig-Holstein 14.4.2021 – L 5 SF 1/18 B E
95 Zum Synergieeffekt beim Widerspruchsverfahren und Einstweiligem Rechtsschutz LSG Essen 1.8.2019 – L 2 AS 262/19 B.
96 Vgl. Gesetzesbegründung BT-Drs. 15/1971, 207 zur damaligen Nr. 2400, jetzt Nr. 2300.
97 LSG Bayern 24.2.2021 – L 12 SF 161/20.

Der Rechtsanwalt wird seinen Mandanten darauf hinweisen, dass er einen Antrag auf Neubescheidung stellen kann und der Widerspruch gegen den Bescheid wegen Fristversäumnis der Widerspruchsfrist unzulässig ist (§ 84 Abs. 1 SGG). Er wird den Mandanten auch darauf aufmerksam machen, dass es sich bei der Antragstellung nach § 44 SGB X um eine andere gesondert abzurechnende Angelegenheit handelt und dass ein Anspruch auf Kostenerstattung nach § 63 SGB X außerhalb eines Widerspruchsverfahrens nicht besteht, so dass das Antragsverfahren zur Hälfte angerechnet wird (Vorbemerkung 2.3 Nr. 4 VV).

Der Leistungsberechtigte schuldet dem Rechtsanwalt für das Antragsverfahren die 107
Gebühr nach VV RVG Nr. 2302 Nr. 1. Erfolgt im Anschluss weiterhin eine Vertretung im Widerspruchsverfahren, reduziert sich die Gebühr nach den Vorbemerkungen zum Dritten Abschnitt der Anlage 1 zum RVG Abs. 4: Diese reduzierte Gebühr kann der Leistungsberechtigte auch nur von dem Leistungsträger bei einem erfolgreichen Widerspruch erstattet verlangen, denn § 63 SGB X regelt nur die Erstattungspflicht der Behörde für die im Widerspruchsverfahren entstandenen Gebühren.[98]

Diese Reduzierung der Gebühr setzt sich in einem weiteren gesetzlichen Verfahren, zB dem Klageverfahren vor dem Sozialgericht, nach der Vorbemerkung Nr. 3 zu Teil 3 der Anlage 1 VV RVG in Abs. 4 fort. Auch in diesem Fall wird die Verfahrensgebühr zur Hälfte, höchstens jedoch mit einem Betrag in Höhe von 207 EUR angerechnet. Nach dem Wortlaut der Vorbemerkung Nr. 4 erfolgt immer eine Anrechnung der entstandenen Gebühr. Wurde das Widerspruchsverfahren als Beratungshilfemandat geführt und wurde die Beratungshilfe abgelehnt, sind im Widerspruchsverfahren die gesetzlichen Gebühren entstanden. Hier könnte die Anrechnung dazu führen, dass, auch wenn der Mandant diese Gebühren nicht gezahlt hat, weil er dazu finanziell nicht in der Lage war, in dem nachfolgenden Klageverfahren angerechnet wird. Wird dieses Verfahren als Prozesskostenhilfemandat geführt, wird sich die Staatskasse bei Abrechnung der Prozesskostenhilfe nicht darauf berufen, dass hier nur eine reduzierte Gebühr im Klageverfahren einschlägig ist. Aus § 55 Abs. 5 S. 2 bis 4 RVG ergibt sich jedoch, dass im Prozesskostenhilfeverfahren nur tatsächlich gezahlte Gebühren angerechnet werden.[99] Für die Anrechnung im Kostenerstattungsverfahren kann die Regelung des § 15 a Abs. 2 RVG herangezogen werden, wonach der Dritte (Kostenerstattungspflichtige) sich nur auf die Anrechnung berufen kann, wenn beide Gebühren ihm gegenüber geltend gemacht werden. Die Staatskasse wird sich hierauf nicht berufen können, sondern ist an das Wahlrecht des Rechtsanwaltes gebunden.[100] Durch die Anrechnung der Gebühren des Vorverfahrens im anschließenden Klageverfahren kann bei entsprechend niedriger Bewertung des Aufwandes des Rechtsanwaltes im Klageverfahren der missliche Umstand entstehen, dass der Rechtsanwalt fast keine Gebühren mehr im Klageverfahren erhält. Beträgt die hälftige Anrechnung zB 150 EUR und wird die Verfahrensgebühr nach VV RVG Nr. 3102 im Klageverfahren

98 BSG 25.2.2010 – B 11 AL 24/08 R; LSG Hessen 19.3.2008 – L 4 SB 51/07; LSG Nordrhein-Westfalen 7.5.2008 – L 12 AL 22/07.
99 LSG Hessen 2.3.2015 – L 2 AS 605/14 B; SG Fulda 29.7.2014 – S 4 SF 16/14 E.
100 LSG Bayern 2.5.2022 – L 12 SF 63/22.

mit 150 EUR vom Gericht festgesetzt, erhält der Rechtsanwalt keine solche Gebühr mehr.[101]

d) Einigungs- und Erledigungsgebühren nach Nr. 1005, 1006 VV

108 Wirkt ein Rechtsanwalt an der Erledigung einer Rechtssache mit, erhält er in sozialrechtlichen Angelegenheiten, in denen wie hier Betragsrahmengebühren angewendet werden, eine Gebühr nach VV RVG Nr. 1005, 1006. Die Höhe der Gebühren richtet sich nach der jeweiligen Geschäfts- oder Verfahrensgebühr ohne die Gebühr für eine Vertretung mehrerer Personen (VV RVG Nr. 1008). Hinsichtlich der Gebührenhöhe ist folglich die Verfahrensgebühr nach Nr. 2302 Nr. 1 VV RVG in Höhe von 60 bis 768 EUR, mit der Schwellengebühr von 359 EUR und einer Mittelgebühr von 444 EUR heranzuziehen. Bei den Verfahrensgebühren zieht man die Verfahrensgebühr der jeweiligen Instanz heran. Werden mehrere Verfahren in einem Termin erledigt oder verglichen, geht die Rechtsprechung gerne von einer Senkung der Gebühren aus.[102]

Verfahrensgebühr Sozialgericht VV RVG Nr. 3102, Einigungs- und Erledigungsgebühr VV RVG Nr. 1006	Gebührenrahmen Mittelgebühr	60–660 EUR 360 EUR
Verfahrensgebühr Landessozialgericht VV RVG Nr. 3204, Einigungs- und Erledigungsgebühr VV RVG Nr. 1006	Gebührenrahmen Mittelgebühr	72–816 EUR 444 EUR
Verfahrensgebühr Bundessozialgericht VV RVG Nr. 3212, Einigungs- und Erledigungsgebühr VV RVG Nr. 1006	Gebührenrahmen Mittelgebühr	96–1056 EUR 576 EUR

109 Die **Erledigungsgebühr** ist nicht schon dann verdient, wenn der Rechtsanwalt im Widerspruchsverfahren für seinen Mandanten umfassend tätig wird und zB ein ärztliches Gutachten, welches er von seinem Mandanten erhalten hat, an den Leistungsträger weiterleitet.[103] Stellt der Rechtsanwalt demgegenüber eigene Ermittlungen an, um die Rechtssache zu erledigen, etwa indem er ein Gutachten oder einen Befundbericht eines behandelnden Arztes beschafft, und wird das Gutachten oder der Befundbericht dafür (mit-)ursächlich, dass der Leistungsträger seinem Bescheid ganz oder teilweise abhilft, wirkt der Rechtsanwalt an der Erledigung mit.[104] Es bedarf deshalb einer für die Erledigung zumindest mitursächlichen Handlung des Rechtsanwaltes. Diese kann auch darin bestehen, dass der Rechtsanwalt auf seinen Mandanten einwirkt.[105] Wie weit die Einwirkung auf den Mandanten gehen muss, ist in der Rechtsprechung

101 Vgl. dazu LSG Hessen 17.6.2019 – L 2 AS 241/18 B, hier wurde allerdings 60 EUR als Gebühr nach VV RVG Nr. 3102 noch festgesetzt.
102 LSG Bayern 8.8.2019 – L 12 SF 219/16 EL.
103 BSG 5.5.2009 – B 13 R 137/08 R.
104 BSG 2.10.2008 – B 9/9 a SB 5/07 R; BSG 5.5.2010 – B 11 AL 14/09 R.
105 BSG 7.11.2006 – B 1 KR 23/06 R.

nicht einheitlich; so soll ein Rat zur Rücknahme einer Klage in der mündlichen Verhandlung nicht ausreichend sein.[106]

IV. Beratungshilfe

Die Leistungsberechtigten werden aufgrund ihrer beengten finanziellen Verhältnisse, wenn kein Vermögen vorhanden ist, häufig nicht in der Lage sein, die Kosten der Inanspruchnahme eines Rechtsanwaltes zu tragen. Im Regelbedarf (§ 5 RBEG) ist keine Position für die außergerichtliche und gerichtliche Rechtsverfolgung enthalten. Für die Wahrnehmung von Rechten außerhalb eines gerichtlichen Verfahrens, insbesondere für die Vertretung durch einen Rechtsanwalt im Widerspruchsverfahren, können die Leistungsberechtigten **Beratungshilfe** erhalten. 110

1. Voraussetzungen für Beratungshilfe

a) Bedürftigkeit

Einen Anspruch auf Beratungshilfe haben Leistungsberechtigte, wenn sie die erforderlichen Mittel nach ihren persönlichen und wirtschaftlichen Verhältnissen nicht aufbringen können (§ 1 Abs. 1 Nr. 1 BerHG). Der Leistungsberechtigte muss die **Voraussetzungen der Bewilligung von Prozesskostenhilfe ohne Ratenzahlung** erfüllen (§ 1 Abs. 2 BerHG). 111

Hinweis: Die Prüfung der Voraussetzungen sollte in der Regel dem Rechtspfleger des Amtsgerichtes, bei dem die Beratungshilfe beantragt wird, überlassen bleiben. Nach § 11 BerHG iVm § 1 BerHFV sind für den Antrag auf Beratungshilfe und für den Antrag des Rechtsanwaltes auf Zahlung einer Vergütung Vordrucke zu verwenden. Bei der nachträglichen Bewilligung muss der Antrag innerhalb einer Frist von vier Wochen (§ 6 Abs. 2 S. 2 BerHG) bei Gericht eingehen. Ob bei dem Antrag zwingend die Vordrucke (§ 11 BerHG) verwendet werden müssen, ist bisher nicht abschließend geklärt.[107] Gegen die konstitutive Verwendung der Vordrucke spricht, dass der Antrag auf Beratungshilfe auch mündlich gestellt werden kann (§ 4 Abs. 2 BerHG). Sofern die nachträglich beantragte Beratungshilfe vom Gericht abgelehnt wird, kann der Rechtsanwalt von dem Mandanten nur dann die gesetzlichen Gebühren verlangen, wenn er ihn vorher darauf hingewiesen hatte (§ 8 a Abs. 4 BerHG). Erfolgte der Hinweis nicht, kann der Rechtsanwalt vom Mandanten nur die Beratungshilfegebühr verlangen. 112

Voraussetzung für die Gewährung von Beratungshilfe ist demnach, dass der Leistungsberechtigte über kein **anrechenbares Einkommen** oder Vermögen nach § 115 ZPO verfügt. Welches Vermögen eingesetzt werden muss, richtet sich nach § 90 Abs. 2 Nr. 9 ZPO iVm der dazu gehörigen Durchführungsverordnung. Jede volljährige Person und jede alleinstehende minderjährige Person haben einen Freibetrag von 113

106 LSG Essen 24.3.2022 – 1386/21 B.
107 AG Winsen (Luhe) Formular zwingend erforderlich 30.7.2015 – 18 II 293/15; aA wohl OLG München 11.4.2016 – 34 AR 41/16

5.000 EUR, und jede unterhaltsberechtigte Person einen solchen von 500 EUR.[108] Sofern Leistungsberechtigte Unterhaltsleistungen nach dem SGB II beziehen, müssen sie, auch wenn sie daneben weiteres Einkommen haben, in der Regel keinen eigenen Beitrag zu den Prozesskosten tragen. Bei der Einkommensprüfung ist von den Bruttoeinnahmen auszugehen (§ 115 ZPO).

114 Von den Bruttoeinnahmen sind die in § 82 Abs. 2 SGB XII bezeichneten Beträge abzuziehen. Diesbezüglich wird hier auf die Einkommensberechnung nach § 11 Abs. 2 verwiesen (→ § 4 Rn. 22 ff. zur Anrechnung von Einkommen und Vermögen), wobei allerdings keine Pauschalbeträge, sondern nur die tatsächlichen Aufwendungen zu berücksichtigen sind.

115 Erwerbstätige haben einen **Erwerbstätigenfreibetrag**, der sich aus § 115 Abs. 1 Nr. 1 b ZPO iVm der Prozesskostenhilfebekanntmachung = PKHB 2023[109] ergibt und seit dem 1.1.2023 251 EUR beträgt. Nach § 115 Abs. 1 Nr. 2 a ZPO iVm PKHB 2023 beträgt der Abzugsbetrag für den Antragsteller und Ehegatten und Lebenspartner 552 EUR und nach Nr. 2 b für jede weitere unterhaltsberechtigte Person, für die Unterhalt gezahlt wird, je nach Alter 350 bis 462 EUR.

116 Die **Kosten für Unterkunft und Heizung** sind abzuziehen, sofern sie nicht in einem auffälligen Missverhältnis zu den Lebensverhältnissen stehen. Außerdem können weitere Abzüge nach Abs. 1 Nr. 4 vorgenommen werden. Hierzu zählen insbesondere Belastungen wie Schuldentilgung usw.

117 **Beispiel:** Der A lebt mit seiner Ehefrau B und den gemeinsamen unterhaltsberechtigten Kindern C (acht Jahre) und D (zwölf Jahre alt) zusammen. Für C und D wird Kindergeld in Höhe von jeweils 204 EUR monatlich gezahlt. Die Kosten für Unterkunft und Heizung betragen monatlich 580 EUR. Der A erzielt ein Arbeitseinkommen in Höhe von 1.800 EUR brutto, abzüglich 359 EUR Sozialversicherungsbeiträge, die B hat einen Minijob mit 520 EUR brutto = netto. Außerdem zahlen sie monatlich 250 EUR Raten für die Abzahlung eines Autokredites, der noch zwei Jahre läuft.

Einkommen

Arbeitseinkommen A		1.800 EUR
+ Arbeitseinkommen B	+	520 EUR
+ Kindergeld für A und B (je 219 EUR)	+	448 EUR
Summe des Einkommens	=	2.768 EUR

Abzüge

Abzug nach § 82 Abs. 2 SGB XII (Sozialversicherung)		359 EUR
+ Abzug Erwerbstätige (je 225 Euro)	+	450 EUR
+ Freibeträge A und B (je 494 EUR)	+	988 EUR
+ Freibeträge C und D (je 342 EUR)	+	684 EUR
+ Kosten der Unterkunft und Heizung	+	580 EUR
+ Ratenzahlung Autokredit	+	250 EUR
Summe der Abzüge	=	3.311 EUR

108 Verordnung zur Durchführung des § 90 Abs. 2 Nr. 9 des Zwölften Buches Sozialgesetzbuch BGBl. idF 22.3.2017, BGBl. I 3022.
109 BGBl. I 2843 v. 22.12.2022.

Die Summe der Abzugsbeträge überschreitet die Summe des Einkommens, so dass in dem genannten Beispielsfall Prozesskostenhilfe ohne einen eigenen Betrag des A, mithin auch Beratungshilfe zu gewähren ist.

b) Bedarf für Beratung und Vertretung

Beratungshilfe darf nur gewährt werden, wenn keine andere zumutbare Möglichkeit 118
für eine Hilfe zur Verfügung steht (§ 1 Abs. 1 Nr. 2 BerHG).

Die Leistungsträger sind gegenüber den Leistungsberechtigten zur Auskunft und Be- 119
ratung verpflichtet (§§ 14, 15 SGB I). Wird die Auskunft fehlerhaft oder falsch erteilt, kann sich hieraus für den Leistungsberechtigten ein sozialrechtlicher Herstellungsanspruch[110] oder ein Schadenersatzanspruch aus Staatshaftung ergeben. Die Leistungsträger sind im Verwaltungsverfahren verpflichtet, auf die weitgehende Verwirklichung der sozialen Rechte hinzuwirken (§ 2 Abs. 2 Hs. 2 SGB I). Die Leistungsträger haben zudem auf eine unverzügliche und klare Antragstellung hinzuwirken und unvollständige Anträge zu ergänzen (§ 16 Abs. 3 SGB I). Sie müssen die Leistungen unverzüglich und zeitnah erbringen (§ 17 Abs. 1 SGB I). Aus diesen Verfahrensvorschriften ergeben sich umfassende Fürsorgepflichten für die Leistungsträger. Erst wenn der Leistungsberechtigte deutlich machen kann, dass im Einzelfall der Leistungsträger diesen Pflichten nicht mehr nachkommt, ist eine Inanspruchnahme der Beratung durch den Leistungsträger nicht mehr zumutbar und es muss Beratungshilfe bewilligt werden.

Im **Antragsverfahren** wird dann im Regelfall ein Anspruch auf Beratungshilfe zu ver- 120
neinen sein.[111] Nur wenn es aufgrund des Verhaltens der Leistungsträger oder in anderen typischen Situationen dem Leistungsberechtigten nicht mehr zumutbar ist, dessen Hilfe in Anspruch zu nehmen, kann er nicht mehr auf dessen Beratung verwiesen werden. Dies kann zum Beispiel der Fall sein, wenn der Leistungsberechtigte ein Anhörungsschreiben erhält, aus dem er ersehen kann, dass er zur Rückforderung erhaltener Leistungen nach den §§ 45, 48 SGB X aufgefordert wird.[112]

Eine typische Situation, in der eine Hilfe des Leistungsträgers nicht mehr infrage 121
kommt, liegt beim **Widerspruchsverfahren** vor und zwar dann, wenn auch die Hinzuziehung eines Rechtsanwalts im Widerspruchsverfahren für notwendig zu erachten ist. Das ist immer dann der Fall, wenn es sich um einen nicht ganz einfach gelagerten Fall oder einen Fall der offensichtlichen Unrichtigkeit handelt (§ 38 SGB X). Zur Gewährung der Rechtswahrnehmungsgleichheit (Art. 3 Abs. 1, 20 Abs. 1, Abs. 3 GG) wird daher die Beratungshilfe im Widerspruchsverfahren nicht versagt werden können.[113]

Das Bundesverfassungsgericht prüft die Verfassungsmäßigkeit der Ungleichgewäh- 122
rung von Rechtsschutzmöglichkeiten immer daran, ob eine bemittelte Partei in der gleichen Situation einen Rechtsanwalt eingeschaltet hätte,[114] und verweist darauf,

110 Vgl. LPK-SGB I/Trenk-Hinterberger § 14 Rn. 14 ff.
111 Vgl. BVerfG 12.6.2007 – 1 BvR 1014/07.
112 LG Potsdam 12.1.2009 – 13 T 74/08.
113 BVerfG 28.9.2010 – 1 BvR 623/10; zuletzt BVerfG 4.4.2022 – 1 BvR 1370/21.
114 BVerfG 6.9.2010 – 1 BvR 440/10.

dass dieser Grundsatz einfachgesetzlich angewendet, mit dem Wortlaut und dem Zweck des Gesetzes nicht vereinbar sein kann, so dass der Verweis auf eine Selbsthilfe nach § 1 Abs. 1 BerHG keine anderweitige Hilfe darstellt.[115] Hiernach ist Beratungshilfe in aller Regel im Widerspruchsverfahren zu gewähren. Nur wenn der Rechtsuchende in der Lage ist, seine Rechtsangelegenheiten erfolgreich auch ohne anwaltliche Hilfe geltend zu machen, kann er auf Selbsthilfe verwiesen werden.[116] Ob der Rechtsuchende zur Geltendmachung seiner Rechte in der Lage ist, richtet sich danach, inwieweit er rechtsgewandt ist und wie schwierig Sachverhalt und Rechtslage sind. Nicht zumutbar ist der Verweis auf kostenlose Rechtsberatung durch einen Rechtsanwalt oder bei Abschluss einer erfolgsabhängigen Vergütung (§ 1 Abs. 2 S. 2 BerHG).

123 Nach der Rechtsprechung des Bundesverfassungsgerichtes kann die Beratungshilfe nicht versagt werden, wenn der Leistungsberechtigte gegen einen Bescheid Widerspruch einlegen will, weil es ihm nicht zugemutet werden kann, den Rat derselben Behörde in Anspruch zu nehmen, deren Entscheidung er angreifen will.[117]

124 Ungeklärt ist bisher noch, ob ein Verweis des Leistungsberechtigten auf „kostenlose **Beratung“ bei freien Trägern** nach § 8 Abs. 1 Nr. 5 Rechtsdienstleistungsgesetz die Gewährung von Beratungshilfe ausschließt. Die Beratungen sind eindeutig nicht kostenlos, denn sie werden zumeist direkt staatlich finanziert. Die **Wettbewerbsvorteile** dieser Einrichtungen gegenüber Rechtsanwälten sind dadurch erheblich. Diese Einrichtungen erhalten nicht nur eine Leistung für den Einzelfall, sondern die Staatskasse übernimmt die Gesamtkosten der Einrichtungen. Ein Verweis auf solche Stellen wird teilweise für zumutbar im Sinne des § 1 BerHG gehalten.[118]

125 Die Wahrnehmung der Rechte darf auch nicht **mutwillig** sein (§ 1 Abs. 3 S. 1 BerHG). Ein Mutwillensfall dürfte nur selten vorliegen und zwar dann, wenn ein sachlich rechtfertigender Grund für die Rechtsauskunft oder Vertretung durch einen Rechtsanwalt nicht besteht. Mutwillig ist die Inanspruchnahme von Beratungshilfe nicht allein deshalb, weil es nur um einen geringen Betrag geht.[119] Der Begriff der Mutwilligkeit wird von den Gerichten sehr weit angewandt; so wurde aus einer wohl schlechten Widerspruchsbegründung durch einen Rechtsanwalt auf Mutwillen des Antragstellers geschlossen.[120]

2. Örtliche Zuständigkeit bei der Beratungshilfe

126 Die Beratungshilfe kann bei dem Amtsgericht beantragt werden, bei dem der Leistungsberechtigte seinen allgemeinen **Gerichtsstand** hat (§ 4 Abs. 1 BerHG). Wendet sich der Leistungsberechtigte an das Amtsgericht und erachtet das Amtsgericht die Voraussetzungen für die Gewährung von Beratungshilfe für gegeben, stellt das Amts-

---

115 Schoreit/Groß Beratungshilfe, 9. Aufl. 2007, BerHG § 1 Rn. 52.
116 BVerfG 2.9.2010 – 1 BvR 1974/08.
117 BVerfG 11.5.2009 – 1 BvR 1517/08.
118 Schoreit/Groß Beratungshilfe, 9. Aufl. 2007, BerHG § 1 Rn. 76; im Falle der Schuldnerberatung BVerfG Beschl. v. 4.9.2006 – 1 BvR 1911/06.
119 BVerfG 24.3.2011 – 1 BvR 1737/10, NJW 2011, 2039–2040.
120 AG Pankow-Weißensee 16.12.2021 – 70aII 801/21.

gericht einen Berechtigungsschein für Beratungshilfe (im Folgenden: Beratungshilfeschein) aus (§ 6 BerHG). In dem Beratungshilfeschein muss die Angelegenheit genau bezeichnet werden. Die Bezeichnung ist häufig nicht hinreichend genau, so dass der Umfang der Kostenübernahme für die Beratung nicht hinreichend bestimmt ist. Als Rechtsmittel kommt hier wohl abweichend von der Erinnerung nach § 6 Abs. 2 BerHG, die nur bei Ablehnung der Beratungshilfe in Betracht kommt, die Beschwerde nach § 58 FamFG infrage.

3. Spezielle Probleme bei der Gewährung von Beratungshilfe

a) Mehrere Angelegenheiten

Sehr häufig kommt es vor, dass in dem Beratungshilfeschein nicht nur eine, sondern 127 mehrere Angelegenheiten aufgeführt sind. Der Begriff der **Angelegenheit** wird im Beratungshilfegesetz nicht definiert. In den einschlägigen Kommentierungen finden sich hierzu keine Hinweise.[121] Da die Bestimmung der Angelegenheit sich an den beratenden Rechtsanwalt richtet und ihm die Information gibt, über welche Angelegenheiten er beraten darf, nach § 49 a BRAO sogar beraten muss, und inwieweit er hiernach abrechnen kann, ist die Angelegenheit nach den Regelungen der §§ 16 ff. RVG zu bestimmen.[122] Hierbei muss sich der Rechtspfleger bei der Entscheidung über die Abrechnung der Beratungshilfe nicht an die Anzahl der „Beratungshilfescheine" halten, sondern kann bei einem „Schein" mehrere Angelegenheiten und bei mehreren „Scheinen" nur eine Angelegenheit annehmen.[123]

Beispiel: Der Leistungsberechtigte legt einen Beratungshilfeschein vor, in dem steht: Prü- 128 fung Vorgehen gegen die Bescheide vom 2.5.2021 Zeitraum 1.3.2021 bis 30.9.2021, Bescheid vom 20.8.2021 Zeitraum 1.10.2021 bis 31.3.2022, Bescheid vom 12.12.2021 über Rückforderung Zeitraum 1.1. bis 28.2.2021.

Nach § 17 Nr. 1 RVG sind verschiedene Angelegenheiten jeweils das Verwaltungsverfahren, das einem gerichtlichen Verfahren vorausgehende bzw. das jeweilige weitere Verwaltungsverfahren (Widerspruchsverfahren). Im vorliegenden Fall ist klarzustellen, ob nach dem ausgestellten Beratungshilfeschein die Bewilligung der Beratungshilfe für mehrere Angelegenheiten erfolgt ist oder das Amtsgericht hier fälschlicherweise von einer Angelegenheit ausgegangen ist.

b) Vertretung einer Bedarfsgemeinschaft

Häufig sind auch nicht alle Personen, die von einem Bescheid nach dem SGB II er- 129 fasst sind, im Beratungshilfeschein aufgeführt. In diesen Fällen muss geklärt werden, ob auch die weiteren Personen mit einbezogen werden sollten, hier also nur ein Verschreiben oder Vergessen vorliegt, das korrigiert werden kann, oder ob für die weiteren Mitglieder der **Bedarfsgemeinschaft** der vorgelegte Beratungshilfeschein ergänzt werden oder ein Gesuch auf nachträgliche Beratungshilfe für die nicht genannten Personen gestellt werden muss.

121 Schoreit/Groß Beratungshilfe, 9. Aufl. 2007, BerHG § 6.
122 OLG Düsseldorf 14.10.2008 – II 10 WF 13/08, aA wohl AG Halle 23.2.2011 – 103 II 6904/10, wenn mehrere Bescheide innerhalb einer Widerspruchsfrist erteilt werden.
123 Vgl. OLG Brandenburg 8.1.2019 – 6 W 135/17 Rn. 18.

c) Unmittelbarer Zugang zum Rechtsanwalt

130 Der Antrag auf Beratungshilfe kann, wenn sich der Rechtsuchende unmittelbar an einen Rechtsanwalt wendet, auch **nachträglich** gestellt werden (§ 4 Abs. 2 S. 4 BerHG). Der Gesetzestext wird von verschiedenen Amtsgerichten nahezu ins Gegenteil verkehrt. Der rechtsuchende Leistungsberechtigte kann sich auch unmittelbar an einen Rechtsanwalt wenden (§ 6 Abs. 2 BerHG). Der Leistungsberechtigte hat dem Rechtsanwalt seine persönlichen und wirtschaftlichen Verhältnisse darzulegen und zu versichern, dass er in dieser Angelegenheit noch keine Beratungshilfe erhalten hat. Hieraus wird geschlossen, dass bereits vor Beginn des Mandates zwischen Rechtsanwalt und Mandant klargestellt werden muss, ob es sich um ein „Beratungshilfemandat“ handelt. Wird die Beratungshilfe nachträglich beantragt, muss dieser Antrag innerhalb einer Frist von vier Wochen gestellt werden (§ 6 Abs. 2 BerHG).

131 Der Rechtsanwalt darf auch nicht den Rat bereits erteilt haben, denn dann könne der Rechtsuchende nicht mehr versichern, dass ihm Beratungshilfe bisher noch nicht gewährt worden sei.[124]

132 **Hinweis:** Der Rechtsuchende müssen daher vor Erteilung des Rates das Formular zum Beratungshilfeantrag unterschrieben haben.[125]

Diese Meinung wird als zu weitgehend angesehen.[126] Es empfiehlt sich jedoch auch in Gerichtsbezirken, in denen nicht diese mE vom Sinn des Gesetzes nicht gedeckte Auslegung betrieben wird, bereits bei Mandatserteilung zu klären, ob das Mandat als Beratungshilfemandat erteilt wird. Da man dem potenziellen Mandanten äußerlich nicht ansieht, ob er bedürftig ist, stellt sich dies nur heraus, wenn das Thema Vergütung bereits vor der Beratung angesprochen wird. Insbesondere ist der Mandant darauf hinzuweisen, dass der Rechtsanwalt für den Fall, dass die Beratungshilfe versagt wird, die gesetzlichen Gebühren geltend machen wird (§ 8 a Abs. 4 S. 1 BerHG).

4. Rechtsbehelfe gegen die Ablehnung der Beratungshilfe

133 Wird die Beratungshilfe abgelehnt, kann hiergegen **Erinnerung** eingelegt werden (§ 7 BerHG).

134 Die Beratungshilfe wird wie die Prozesskostenhilfe für jede Angelegenheit gesondert erteilt. Das Verwaltungsverfahren und das nachfolgende Widerspruchsverfahren sind gebührenrechtlich gesonderte Angelegenheiten (§ 17 Nr. 1 RVG). Wird der Rechtsanwalt beratend oder vertretend in einem Antragsverfahren nach § 44 SGB X oder in einem Anhörungsverfahren tätig, so wird die Beratungshilfe bzw. der Beratungshilfeschein nur für dieses Verfahren erteilt. Die Vertretung im nachfolgenden Widerspruchsverfahren wird hiervon nicht erfasst. Die Bewilligung der Beratungshilfe bzw. der Beratungshilfeschein muss also in solchen Fällen erweitert werden, denn durch

124 So wohl AG Konstanz 24.5.2006 – UR II 147/06.

125 AG Konstanz 11.4.2007 – UR II 30/07; s. wohl auch AG Tempelhof-Kreuzberg 19.7.2007 – 70 a II 5486/06.

126 Schoreit/Groß Beratungshilfe, 9. Aufl. 2007, BerHG § 7 Rn. 4.

die nachfolgende Vertretung im Widerspruchsverfahren entstehen auch im Beratungshilfeverfahren neue Gebühren.

5. Vergütungsfestsetzung in der Beratungshilfe

Nach Erteilung des Rates oder Abschluss des Auftrags zur außergerichtlichen Rechtswahrnehmung wird der Rechtsanwalt seine Vergütung bei dem Amtsgericht, das die Beratungshilfe bewilligt hat, geltend machen (§ 55 Abs. 4 RVG). 135

Für die Abrechnung der Beratungshilfe muss die Beratungsperson (in der Regel der Rechtsanwalt) zur Abrechnung das amtliche Abrechnungsformular (§ 1 Nr. 2 BerHFV) verwenden.[127]

a) Gebühr für eine Beratung Nr. 2500, 2501 VV

Die Gebühren der Beratungshilfe richten sich nach VV RVG Nr. 2500 bis 2508. Für 136
die Beratung erhält der Rechtsanwalt die Gebühr nach VV RVG Nr. 2500 und Nr. 2501. Die Gebühr ist verdient, wenn der Rat erteilt ist. Neben der Gebühr nach VV RVG Nr. 2500 können keine **Auslagen** erhoben werden. Geht die Beratung in eine außergerichtliche Tätigkeit, zB in eine Tätigkeit im Widerspruchsverfahren über, wird die Beratungsgebühr nach VV RVG Nr. 2501 auf die nachfolgende Tätigkeit angerechnet. Die Auslagen allerdings nicht. Bei einer Beratung fallen in der Regel keine Auslagen, wie die Pauschale nach VV RVG Nr. 7002, an. Sie werden oft mit dem Hinweis abgesetzt, sie seien zur sachgerechten Bearbeitung nach § 46 Abs. 1 RVG nicht notwendig gewesen. Die Notwendigkeit muss demnach im Antrag angegeben werden. Auch der hierauf entfallende Teil der Umsatzsteuer nach VV RVG Nr. 7008 ist dann nicht anzurechnen.

Erschöpft sich der Auftrag in einer Beratung, so kann die **Erhöhungsgebühr** VV RVG Nr. 1008 nicht verlangt werden, denn diese beschränkt sich nach ihrem eindeutigen Wortlaut auf die Verfahrens- und Geschäftsgebühr.[128] 137

b) Geschäftsgebühr Nr. 2503 VV, Erhöhungsgebühr Nr. 1008 VV

Bei der **Geschäftsgebühr** (VV RVG Nr. 2503) wird eine Erhöhung (VV RVG Nr. 1008) vorgenommen.[129] Die Gebühr nach VV RVG Nr. 2503 **erhöht** sich also von 93,50 EUR um 28,00 EUR für jede weitere Person und zwar bis auf 280,50 EUR. Ob sich die Auslagenpauschale (VV RVG Nr. 7002) nach der Normalgebühr (VV RVG Nr. 2502) bemisst, ist in der Rechtsprechung umstritten.[130] 138

Wird die Geschäftsgebühr (VV RVG Nr. 2503) in einem Antragsverfahren geltend gemacht, kann der Rechtsanwalt die Gebühr in einem nachfolgenden Verwaltungsverfahren nochmals fordern. Diese Gebühr wird allerdings wie bei einem nachfolgenden Gerichtsverfahren zur Hälfte **angerechnet**. 139

---

127 Beratungshilfeformularverordnung (BerHFV) vom 2.1.2014, BGBl. I 2.

128 KG Berlin 6.2.2007 – 1 W 243/06 mit weiteren Nachweisen und überzeugender Begründung; OLG Frankfurt a.M. 15.2.2018 – 20 W 166/17, AnwBl. 2018, 302.

129 KG Berlin 6.2.2007 – 1 W 243/06; aA AG Konstanz 20.12.2006 – UR II 180/06.

130 Für 20 EUR AG Köln 363 – UR II 1905/04; für 14 EUR, wenn die Gebühr nach Nr. 2501 VV 70 EUR beträgt KG Berlin 16.9.2008 – 1 W 277/08.

140 **Beispiel:** Der Rechtsanwalt hat A und B, die in einer Bedarfsgemeinschaft leben, in einem Antragsverfahren nach § 44 SGB X vertreten und nach Erhalt eines ablehnenden Bescheides in dieser Angelegenheit auch im nachfolgenden Widerspruchsverfahren vertreten.

Antragsverfahren Nr. 2503 VV		93,50 EUR
+ Erhöhung Nr. 1008 VV	+	28 EUR
+ Auslagen Nr. 7002 VV	+	20 EUR
+ Widerspruchsverfahren Nr. 2503 VV	+	93,50 EUR
+ Erhöhung Nr. 1008 VV	+	28 EUR
+ Auslagen Nr. 7002 VV	+	20 EUR
./. Anrechnung 50 % von 93,50 EUR + 28,00 EUR	-	60,75 EUR
Zwischensumme	=	205,75 EUR
+ Umsatzsteuer 19 %	+	39,09 EUR
Summe	=	244,84 EUR

c) Erledigungsgebühr nach Nr. 2508 VV

141 Als weitere Gebühr kommt die **Einigungs-** oder **Erledigungsgebühr** (VV RVG Nr. 2508) in Höhe von 165 EUR in Betracht. Die Voraussetzungen nach VV RVG Nr. 1002 müssen zusätzlich erfüllt sein.

6. Zusammentreffen von Ansprüchen auf Kostenerstattung und Beratungshilfe

142 Nach § 8 Abs. 1 BerHG bestimmt sich die Vergütung der Beratungsperson ausschließlich nach den Regeln der Beratungshilfe, wenn Beratungshilfe gewährt wurde. Hieraus ergibt sich, dass der Rechtsanwalt – wie im Falle der Prozesskostenhilfe (§ 122 Abs. 1 Nr. 3 ZPO) gegen den Mandanten bei Vorlage eines Beratungshilfescheines in der hierin bezeichneten Angelegenheit Vergütungsansprüche über die Gebühr nach Nr. 2500 VV hinaus nicht geltend machen kann. Bei der nachträglichen Bewilligung kann die Beratungsperson die gesetzlichen Gebühren so lange geltend machen, wie Beratungshilfe noch nicht gewährt wurde.

a) Kostenerstattungsanspruch geht auf Rechtsanwalt über

143 Soweit der Leistungsberechtigte einen Anspruch auf Kostenerstattung nach § 63 SGB X hat, geht dieser Anspruch auf den Rechtsanwalt über (§ 9 S. 2 BerHG). Der Rechtsanwalt kann abweichend von der Regelung des § 126 Abs. 1 ZPO den Anspruch nicht nur im eigenen Namen, sondern als eigenen Anspruch geltend machen.

144 Der **übergegangene Anspruch** ist wie der Kostenerstattungsanspruch des Mandanten vor den Sozialgerichten im Wege der Klage geltend zu machen, wenn ein isoliertes Widerspruchsverfahren ohne nachfolgendes Klageverfahren vorliegt. Fraglich dürfte hier sein, ob der Rechtsanwalt dem in § 183 SGG genannten Personenkreis gleichzustellen oder ob er zur Zahlung von Gerichtskosten verpflichtet ist. Eine hierzu ergangene Entscheidung war von dem Autor nicht auffindbar. Die Entscheidung des Sozialgerichts Dresden[131] behandelt einen Fall, in dem der Rechtsanwalt sich den Kostenerstattungsanspruch durch Vertrag hat abtreten lassen und nicht einen Fall, in dem der Anspruch nach § 9 BerHG auf den Rechtsanwalt durch gesetzliche Anordnung

131 SG Dresden 5.6.2005 – S 23 AL 1751/03.

(cessio legis) übergegangen ist. Nach § 59 Abs. 1 S. 2 iVm Abs. 3 RVG kann der Übergang von Ansprüchen der Staatskasse gegen den Gegner nicht zulasten des Rechtsanwaltes geltend gemacht werden.

Diese Regelung, die den Übergang des Kostenerstattungsanspruchs nach § 63 SGB X in Höhe der Leistungen aus der Beratungshilfe regelt, muss erweiternd auf das Verhältnis Rechtsanwalt gegenüber dem Leistungsträger ausgedehnt werden. Der Rechtsanwalt wird bereits durch die Beratungshilfe mit den erheblich niedrigeren Gebührensätzen in Anspruch genommen, so dass er dem Personenkreis der in § 183 SGG genannten Personen gleichzustellen ist und ebenfalls von der Zahlung der Gerichtskosten befreit ist. 145

Aus der Regelung des § 59 Abs. 3 RVG ergibt sich im Übrigen, dass der Kostenerstattungsanspruch erst dann auf die Staatskasse übergeht, wenn der Rechtsanwalt hinsichtlich seiner gesetzlichen Gebühren voll befriedigt ist. Nach der überwiegenden Meinung in der Rechtsprechung wird der im Rahmen der Beratungshilfe tätige Rechtsanwalt schlechter behandelt als bei der Prozesskostenhilfe. Im letzteren Fall erhält der Rechtsanwalt aus der Kostenerstattung die Gebühren bis zur Wahlanwaltsgebühr. Bei der Beratungshilfe erhält der Rechtsanwalt nur dann die volle Gebühr, wenn er im Widerspruchsverfahren die volle Kostenerstattung erhält.[132] Besteht der Kostenerstattungsanspruch des Mandanten gegenüber der Behörde nur in Höhe einer Quote, dh nur ½ der Geschäftsgebühr nach VV RVG Nr. 2302 Nr. 1, also 207 EUR zzgl. der Auslagen und Umsatzsteuer, so wird die Gebühr für Beratungshilfe, die Auslagenpauschale und die Umsatzsteuer in voller Höhe angerechnet. Der Anwalt enthält daher nur die Quote, weil er seinen Mandanten wegen § 8 Abs. 2 BerHG nicht mehr in Anspruch nehmen kann. 146

Beispiel: Der Rechtsanwalt führt für den Leistungsberechtigten ein Widerspruchsverfahren nach dem SGB II durch. Dem Leistungsberechtigten wurde zuvor Beratungshilfe bewilligt. Der Rechtsanwalt hat aus der Staatskasse einen Betrag in Höhe von 115,75 EUR erhalten. Das Widerspruchsverfahren endet für den Leistungsberechtigten mit einem Teilerfolg. Der Leistungsträger ist verpflichtet zur Erstattung von 2/3 der Kosten. 147

Der Rechtsanwalt schickt dem Leistungsträger folgende Kostenberechnung:

Geschäftsgebühr Nr. 2302 Nr. 1 VV		359 EUR
+ Auslagenpauschale Nr. 7002 VV	+	20 EUR
+ Umsatzsteuer 19 % Nr. 7008 VV	+	60,80 EUR
Summe	=	451,01 EUR
./. Hiervon 2/3	-	300,67 EUR
Differenz Regelgebühr./. Kostenerstattung	=	150,34 EUR

Vergütungsanspruch aus Beratungshilfe

Geschäftsgebühr Nr. 2503 VV		93,50 EUR
+ Auslagenpauschale 20 % Nr. 7002 VV	+	18,70 EUR
+ Umsatzsteuer 19 % Nr. 7008 VV	+	21,32 EUR
Summe	=	133,52 EUR

132 OLG Saarbrücken 24.7.2009 – 5 W 148/09-K22, 5 W 148/09; OLG Bamberg 16.1.2009 – 4 W 171/08.

Die Vergütung, die der Rechtsanwalt in dem Beispielsfall erhält (133,52 EUR + 300,67 EUR = 434,19 EUR), liegt noch unter der „Regelvergütung" in Höhe von 451,01 EUR, so dass dem Rechtsanwalt sowohl die Gebühren aus der Beratungshilfe als auch die Kostenerstattung in voller Höhe zustehen, denn eine Anrechnung von Gebühren aus der Staatskasse erfolgt wegen § 59 Abs. 3 S. 2 RVG nicht, weil ein **Anspruchsübergang nicht zulasten des Rechtsanwaltes gehen kann.** Der **Kostenerstattungsanspruch** geht nur auf die Staatskasse über, sofern der Rechtsanwalt wegen seiner gesetzlichen Gebühren voll befriedigt wird. Nach der hier zitierten Rechtsprechung[133] erhält der Rechtsanwalt lediglich Gebühren in Höhe von 253,87 EUR und kann diesen Anspruch wegen der Sperre nach § 8 Abs. 2 BerHG auch nicht gegen den Mandanten geltend machen. Die unterschiedliche Behandlung gegenüber dem Prozesskostenhilfe-Anwalt ist nicht gerechtfertigt.

War der Widerspruch ein voller Erfolg und erstattet der Leistungsträger die vollen Kosten des Rechtsanwaltes, dann sieht die Berechnung wie folgt aus:

Geschäftsgebühr Nr. 2302 Nr. 1 VV		359 EUR		
+ Auslagenpauschale Nr. 7002 VV	+	20 EUR		
+ Umsatzsteuer 19 % Nr. 7008 VV	+	72,01 EUR		
Summe	=	451,01 EUR		
./. Anspruch der Staatskasse wg. Übergang nach § 59 Abs. 2 S. 2 RVG			-	133,52 EUR
Saldo: Anspruch des Rechtsanwaltes gegen Leistungsträger			=	317,49 EUR

Dem Leistungsträger ist mitzuteilen, dass er den Betrag, den der Rechtsanwalt als Leistung aus der Beratungshilfe erhalten hat, an die Staatskasse bzw. Justizkasse zu zahlen hat, weil ein Anspruchsübergang nach § 59 RVG auf die Staatskasse erfolgt ist. Dem Leistungsträger sollte mit der Kostenberechnung eine Kopie des Beratungshilfescheines übersandt werden. Abhilfe für den Rechtsanwalt: Der Rechtsanwalt kann sich gegenüber der von der Rechtsprechung unerwünschten Anrechnungswirkung freimachen, wenn er 1. den Mandanten vor der Mandatsübernahme schriftlich darüber belehrt, dass er im Falle eines Kostenerstattungsanspruchs gegen den Gegner einen Antrag auf 2. Aufhebung der bereits bewilligten Beratungshilfe stellen wird und der Mandant in diesem Fall wieder verpflichtet ist, den Differenzbetrag zu zahlen (§§ 6 a Abs. 2, 8 a Abs. 2 BerHG). Der Mandant muss allerdings nicht nur den Kostenerstattungsanspruch, sondern darüber hinaus aus der Angelegenheit so viel erlangt haben, dass die Voraussetzungen der Betragungshilfe nicht mehr vorliegen (§ 6 a Abs. 2 S. 3 BerHG). Dies wird nur dann der Fall sein, wenn der Mandant eine gehörige Nachzahlung erhält und dadurch der Anspruch auf Beratungshilfe entfällt. Entfällt die Bedürftigkeit aus anderen Gründen, etwa weil der Mandant eine Arbeit findet oder eine Erbschaft macht, hat dies keine Auswirkung auf die Beratungshilfe.

b) Anrechnung der Beratungshilfegebühren auf das nachfolgende Klageverfahren

148 Eine **Anrechnung** der Verfahrensgebühr aus der Beratungshilfe (VV RVG Nr. 2503 Abs. 2) erfolgt im sozialgerichtlichen Verfahren jeweils zur Hälfte, so dass in einem Verfahren ohne eine Erhöhung nach Nr. 1008 VV RVG nur in Höhe von 46,75 EUR zuzüglich der hierauf anfallenden Umsatzsteuer anzurechnen ist.

133 OLG Celle 29.12.2010 – 2 W 383/10, NJW-RR 2011, 719; OLG Dresden 30.11.2016 – 20 WF 1122/16, NJW 2017, 1185.

§ 2 Leistungsberechtigte

I. Allgemeine Leistungsvoraussetzungen

1. Altersgrenzen

Als Leistungsberechtigte mit einem **originären Anspruch** auf Leistungen zur Sicherung des Lebensunterhaltes kommen nur Personen im Alter zwischen 15 und 67 Jahren in Betracht (§ 7 Abs. 1 Nr. 1). Leistungsberechtigte, die in der Zeit vom 1.1.1947 bis zum 31.12.1963 geboren sind, haben Anspruch auf Leistungen bis zu dem in § 7a genannten Zeitpunkt. Alle nach dem 31.12.1963 geborenen Leistungsberechtigten erhalten Leistungen bis zur Vollendung des 67. Lebensjahres. 1

2. Erwerbsfähigkeit

Die Leistungsberechtigten müssen erwerbsfähig sein (§ 7 Abs. 1 Nr. 2). Erwerbsfähig sind diejenigen Personen, die nicht durch Krankheit oder Behinderung in ihrer Leistungsfähigkeit derart eingeschränkt sind, dass sie auf unabsehbare Zeit nicht mehr mindestens drei Stunden täglich unter den üblichen Bedingungen des allgemeinen Arbeitsmarktes tätig sein können (§ 43 Abs. 2 S. 2 SGB VI). 2

Die **gesundheitlichen Voraussetzungen** der Erwerbsfähigkeit sind dem Recht der gesetzlichen Rentenversicherung entnommen (§ 43 Abs. 2 S. 2 SGB VI). Ist die Leistungsfähigkeit eines Versicherten in der gesetzlichen Rentenversicherung auf täglich unter drei Stunden gesunken, so hat dieser, wenn er in den letzten fünf Jahren vor Eintritt der Erwerbsminderung drei Jahre Pflichtbeiträge zur gesetzlichen Rentenversicherung (§ 43 Abs. 1 SGB VI) gezahlt und die allgemeine Wartezeit von 60 Beitragsmonaten erfüllt hat, einen Anspruch auf Rente wegen voller Erwerbsminderung. Die Leistungseinschränkung muss sowohl bei dem Anspruch auf Rente wegen voller Erwerbsminderung als auch bei dem Leistungsausschluss nach dem SGB II auf nicht absehbare Zeit, dh mindestens sechs Monate vorliegen.[1] 3

Bei der Beurteilung des Kriteriums der **üblichen Bedingungen des allgemeinen Arbeitsmarktes** werden sowohl nicht selbstständige als auch selbstständige Tätigkeiten einbezogen. Die Bedingungen des allgemeinen Arbeitsmarktes lassen sich aus den Gesetzen über den Arbeitsschutz, aus tarifvertraglichen Regelungen und aus den üblichen Bedingungen des Arbeitsmarktes herleiten.[2] 4

Ausländer sind, auch wenn sie die zuvor beschriebenen gesundheitlichen Voraussetzungen erfüllen, nur dann erwerbsfähig, wenn ihnen die Aufnahme einer Beschäftigung erlaubt ist oder erlaubt werden könnte (§ 8 Abs. 2). Die Aufnahme einer Beschäftigung kann bei einem Ausländer grundsätzlich immer erlaubt werden (§ 18 AufenthG), so dass lediglich darauf abzustellen ist, ob die Aufnahme einer Beschäftigung abstrakt erlaubt werden könnte, auch wenn dies durch die Verfügbarkeit anderer, bevorrechtigter Deutscher oder EU-Bürger bezogen auf einen konkreten Arbeitsplatz verhindert wird.[3] Wegen der Einzelheiten wird hier auf die einschlägige Kom- 5

1 BSG 23.3.1977 – 4 RJ 49/76, SozR 2200 § 1247 Nr. 16 und Umkehrschluss zu § 101 SGB VI.
2 ZB Beschränkung der Arbeitszeit auf acht Stunden täglich nach § 3 ArbZG.
3 BSG 30.1.2013 – B 4 AS 54/12 R BSGE 113, 60–70.

mentierung zu § 8 SGB II verwiesen.[4] Davon zu unterscheiden sind Ausländer, die von den Leistungen nach dem SGB II ausgeschlossen sind (§ 7 Abs. 1 S. 2).

3. Abgrenzung zur Grundsicherung im Alter und bei voller Erwerbsminderung

6 Personen, die die **Altersgrenze** überschreiten oder nicht mehr erwerbsfähig sind, haben bei Hilfebedürftigkeit grundsätzlich einen Anspruch auf Grundsicherung im Alter oder bei voller Erwerbsminderung (vgl. §§ 41 ff. SGB XII).[5] Hinsichtlich der Altersgrenze bei der Grundsicherung sind hier die Parallelvorschriften zu §§ 19, 41 Abs. 2 SGB XII einschlägig.

7 Für den Anspruch auf **Grundsicherung** bei voller Erwerbsminderung reicht es allerdings nicht aus, dass die Leistungsfähigkeit der Betroffenen unter drei Stunden täglich gesunken ist. Es muss darüber hinaus auch unwahrscheinlich sein, dass die volle Erwerbsminderung behoben werden kann (§ 41 Abs. 3 SGB XII), was der Fall ist, wenn der Gesundheitszustand sich in Zukunft voraussichtlich nicht mehr bessert. Ein Anspruch auf Grundsicherung bei **voller Erwerbsminderung** besteht nur dann, wenn die gesundheitlichen Voraussetzungen für die Gewährung einer Rente wegen voller Erwerbsminderung auf Dauer vorliegen (§§ 43 iVm 102 Abs. 2 S. 5 SGB VI).

8 Der Anspruch auf **Grundsicherung im Alter** nach §§ 41 ff. SGB XII geht dem Anspruch auf Sozialgeld vor und schließt den Anspruch auf Unterhaltsleistungen nach dem SGB II aus (§ 5 Abs. 2 S. 2).

4. Abgrenzung zur Sozialhilfe

9 Ist die Leistungsfähigkeit des Leistungsberechtigten unter drei Stunden täglich abgesunken, besteht aber Aussicht auf Besserung, hat er keinen Anspruch auf Grundsicherung bei voller Erwerbsminderung, sondern Anspruch auf Sozialhilfe als **Hilfe zum Lebensunterhalt** (§§ 27 ff. SGB XII) oder, wenn er mit einem erwerbsfähigen Hilfebedürftigen eine Bedarfsgemeinschaft bildet, einen Anspruch auf Sozialgeld (§§ 20, 23).

10 Personen, die alleinstehend sind, dh nicht mit Anspruchsberechtigten nach dem SGB II in einer Bedarfsgemeinschaft leben, und die Altersgrenze von 15 Jahren nicht erreichen, können ebenfalls Anspruch auf Hilfe zum Lebensunterhalt nach dem SGB XII haben.

11 Der **Anspruch auf Bürgergeld für nichterwerbsfähige Leistungsberechtigte (§ 19) schließt den Anspruch auf Sozialhilfe nach den §§ 27 ff. SGB XII aus** (§ 5 Abs. 2 S. 1). Dies betrifft zB nur die Ansprüche auf den Regelbedarf (§§ 20, 23, 77) die Kosten für Unterkunft und Heizung (§ 22), den Mehrbedarf (§ 21) oder den Bedarf für Bildung und Teilhabe (§ 28), denn nur insofern besteht Anspruchskonkurrenz zum Sozialgeld. Nach der Gesetzesbegründung soll mit dem Ausschluss nur verhindert werden, dass im Falle einer Einschränkung der Leistungen wegen einer Leistungsminderung, ein Anspruch auf Sozialhilfe geltend gemacht wird.[6]

---

4 LPK-SGB II/Armborst § 8 Rn. 24 ff.

5 Vgl. zum Ausschluss bei Herbeiführung der Hilfebedürftigkeit (§ 41 Abs. 4 SGB XII) LSG Baden-Württemberg 10.12.2014 – L 2 SO 1027/14 und 15.10.2014 – L 2 SO 2489/14.

6 Vgl. LPK-SGB II/Armborst § 5 Rn. 41.

Der Anspruch auf Grundsicherung im Alter und bei voller Erwerbsminderung nach §§ 41 ff. SGB XII schließt grundsätzlich den Anspruch auf Sozialhilfe aus, weil diese nur nachrangig zu gewähren ist (§ 2 Abs. 1 S. 1 SGB XII). Voraussetzung ist allerdings, dass der Berechtigte die Leistung aus der Grundsicherung (§§ 41 ff. SGB XII) tatsächlich erhält, so dass bei Fehlen des Anspruchs auf Grundsicherung immer noch ein Anspruch auf Sozialhilfe bestehen kann. Hierbei ist zu berücksichtigen, dass Leistungen nach dem Asylbewerberleistungsgesetz grundsätzlich vorgehen (§ 23 Abs. 2 SGB XII) und dass Ausländer, die zB zum Zweck einreisen, Sozialleistungen zu erlangen, keinen Anspruch auf Leistungen der Sozialhilfe haben (§ 23 Abs. 3 S. 1 Nr. 1 bis 4 SGB XII). Ausländer, die erwerbsfähig sind, kein Aufenthaltsrecht besitzen und unter die Regeln des § 23 Abs. 3 S. 1 Nr. 1 bis 4 SGB XII fallen, haben nur einen eingeschränkten Anspruch auf Sozialhilfeleistungen nach dem SGB XII für die Zeit von der Einreise bis zum Vollzug der Ausreise, längstens jedoch für einen Monat (§ 23 Abs. 1 S. 2 SGB XII) und nur in Ausnahmefällen einen längerdauernden Anspruch § 23 Abs. 3 S. 5 SGB XII). 12

5. Feststellung der Erwerbsfähigkeit

Die Feststellung der Erwerbsfähigkeit von Leistungsberechtigten erfolgt durch die **Agentur für Arbeit** (§ 44 a Abs. 1 S. 1). Gegen diese Feststellung kann der kommunale Träger, ein anderer Träger, der bei voller Erwerbsminderung zuständig ist oder die Krankenkasse, die im Falle der Feststellung der Erwerbsfähigkeit Leistungen zu erbringen hätte, Widerspruch einlegen. Der Widerspruch ist zu begründen (§ 44 a Abs. 1 S. 3). Wird der Feststellung widersprochen, ist die Agentur für Arbeit verpflichtet ein Gutachten des Trägers der Rentenversicherung einzuholen (§ 44 a Abs. 1 S. 4). Die Agentur für Arbeit ist an die gutachtliche Feststellung des Trägers der Rentenversicherung gebunden (§ 44 a Abs. 1 S. 5). Sie entscheidet dann aufgrund der festgestellten Tatsachen gleichwohl eigenverantwortlich. Bis zu dieser Entscheidung erbringt die Agentur für Arbeit weiterhin Leistungen zum Unterhalt (§ 44 a Abs. 1 S. 6). Die Jobcenter müssen demzufolge in Vorleistung treten.[7] 13

Unabhängig von dem beschriebenen Feststellungsverfahren kann der Leistungsberechtigte **die Klärung seines Status selbst betreiben** und zwar durch Widerspruch und Klage gegen den ablehnenden Bescheid nach dem SGB II oder dem SGB XII. Das Interesse des Leistungsberechtigten wird, wenn er keine ausreichende Sicherung aus der gesetzlichen Rentenversicherung zu erwarten hat, in erster Linie dahingehen, im Leistungsbezug nach dem SGB II zu verbleiben. Die Grundsicherung für Arbeitsuchende ist häufig günstiger als der Bezug von Grundsicherung bei voller Erwerbsminderung oder Hilfe zum Lebensunterhalt aus der Sozialhilfe. Der Leistungsberechtigte hat nach dem SGB II höhere Vermögensfreibeträge im Gegensatz zum Empfänger von Sozialhilfe oder Grundsicherung im Alter und bei voller Erwerbsminderung. 14

7 Vgl. BSG 26.11.2020 – B 14 AS 13/19 R: instruktiver Fall. Hier hatte das Jobcenter die Leistung versagt, allerdings nicht die hohen Hürden der §§ 65 f. SGB I beachtet.

15 Nach dem SGB II gibt es mindestens einen Grundfreibetrag in Höhe von 15.000 EUR für jedes Mitglied der Bedarfsgemeinschaft (§ 12 Abs. 2 Nr. 1 und Nr. 1 a). In der Karenzzeit von zwei Jahren betragen die Vermögensfreibeträge sogar 40.000 EUR für die leistungsberechtigte Person und 15.000 EUR für jede weitere Person in der Bedarfsgemeinschaft (§ 12 Abs. 3 und 4). Sozialhilfeempfänger haben jeweils einen Freibetrag (kleiner Barbetrag) in Höhe von 10.000 EUR für jede volljährige und von 500 EUR für eine überwiegend unterhaltene minderjährige Person (§ 1 Abs. 1 Nr. 1 und Nr. 2 DVO, § 90 Abs. 2 Nr. 9 SGB XII).[8] Empfänger von Leistungen nach dem SGB II können neben den Freibeträgen nach § 12 Abs. 2 Nr. 1 bis 2 und Nr. 4 zusätzlich ein besonderes Altersvorsorgevermögen ansparen (§ 12 Abs. 1 Nr. 3 und Nr. 4). Sozialhilfeempfänger erhalten keine vollen Leistungen zur Eingliederung in Arbeit nach den §§ 16 ff., allerdings können ihnen nach den §§ 11, 12 SGB XII Leistungen für die Aufnahme einer entgeltlichen oder unentgeltlichen Tätigkeit geleistet werden. Hierbei handelt es sich jedoch um eine Obliegenheit, die anders als im SGB 2 nicht zur Leistungsfreiheit des Staates, d.h. zur Bedarfsdeckung bei den Leistungsberechtigten führen soll.[9]

6. Hilfebedürftigkeit

a) Hilfebedürftigkeit nach dem SGB II

16 Anspruch auf Unterhaltsleistungen haben nur Personen, die **hilfebedürftig** sind (§ 7 Abs. 1 Nr. 3). Ob und in welchem Umfang eine Person hilfebedürftig ist (§§ 7 Abs. 1 Nr. 3, 9 Abs. 1), ergibt sich im Wesentlichen aus dem ihr vom Gesetzgeber grundsicherungsrechtlich zugebilligten, pauschalierten Regelbedarf (§§ 20, 28) und den angemessenen Kosten für Unterkunft und Heizung in tatsächlicher Höhe (§ 22 Abs. 1 S. 1) im Verhältnis zu dem ihr zur Verfügung stehenden anrechenbaren Einkommen oder Vermögen. Einkommen (§§ 11, 12) als Mittel der Selbsthilfe ist zu berücksichtigen, wenn es sich um Einnahmen in Geld oder Geldeswert handelt.[10] Eine Person ist nur hilfebedürftig, wenn ihr Lebensunterhalt im Sinne des SGB II nicht gedeckt ist. Diese Beurteilung ist ohne die Heranziehung der Leistungsansprüche nicht möglich (→ § 4 Rn. 78 ff. Einkommens- und Vermögensanrechnung).

b) Hilfebedürftigkeit nach dem SGB XII und dem Asylbewerberleistungsgesetz (AsylbLG)

17 Die Leistungen zum Lebensunterhalt sind nach dem SGB II und dem SGB XII, betreffend die Leistungen zum Lebensunterhalt (Regelbedarf) und den Leistungen für Unterkunft und Heizung, gleich ausgestaltet. Unterschiede bestehen zB in der Krankenversicherungspflicht. Leistungsberechtigte nach dem SGB II sind während des Leistungsbezuges in der gesetzlichen oder privaten Krankenversicherung pflichtversichert und erhalten jeweils im gleichen Umfang Leistungen aus der gesetzlichen oder privaten Krankenversicherung (§ 5 Abs. 1 Nr. 2 a SGB V, § 193 Abs. 3 VVG). Demgegenüber haben Sozialhilfeempfänger einen Anspruch auf Krankenhilfe oder Übernahme

---

8 Verordnung zur Durchführung des § 90 Abs. 2 Nr. 9 des Zwölften Buches Sozialgesetzbuch idV des Gesetzes vom 16.12. 2022 (BGBl. I 2328).
9 BT-Drs. 20/3873, 107
10 BSG 13.5.2009 – B 4 AS 39/08 R.

der Kosten für eine freiwillige gesetzliche oder private Krankenversicherung (§§ 32, 48 S. 1 SGB XII).

c) Ansprüche auf Grundleistungen nach dem AsylbLG

Demgegenüber unterscheiden sich die Leistungen für Berechtigte nach dem AsylbLG 18
von den Leistungen nach dem SGB II und SGB XII. Das AsylbLG unterscheidet zwischen drei Formen der Leistung, und zwar der Leistung für den notwendigen Bedarf (§ 3 Abs. 1 S. 1 AsylbLG), Leistungen für den notwendigen persönlichen Bedarf (§ 3 Abs. 1 S. 2 AsylbLG) und für Personen, die außerhalb von Sammeleinrichtungen leben, Kosten für Unterkunft und Heizung in angemessener Höhe (§ 3 Abs. 3 S. 3 AsylbLG). Leistungen für Asylbewerber in Sammeleinrichtungen können auch unbar erbracht werden, bei einer Unterbringung außerhalb solcher Einrichtungen sind in der Regel Barleistung zu erbringen. Die Höhe der Geldleistungen des § 3 a AsylbLG betragen für das Jahr 2022 für den notwendigen persönlichen Bedarf der Personen, die alleine in einer abgeschlossenen Wohnung iSd § 42 a Abs. 2 S. 2 SGB XII leben, monatlich 162 EUR (§ 3 a Abs. 1 Nr. 1 AsylbLG) und für den persönlichen Bedarf monatlich 202 EUR (§ 3 a Abs. 2 Nr. 1 AsylbLG), mithin insgesamt 364 EUR. Dieser Regelbedarf entspricht der Regelbedarfsstufe 1 des § 20 Abs. 2 S. 1 des SGB II, dh für eine alleinstehende nach dem SGB II hilfebedürftige Person.

7. Gewöhnlicher Aufenthalt in der Bundesrepublik Deutschland

Leistungen erhält nur, wer seinen **gewöhnlichen Aufenthalt** in der Bundesrepublik 19
Deutschland hat (§ 7 Abs. 1 S. 1 Nr. 4). Der Leistungsberechtigte hat seinen gewöhnlichen Aufenthalt, wo er seinen Lebensmittelpunkt hat und sich unter Umständen aufhält, die erkennen lassen, dass er an diesem Ort oder in diesem Gebiet nicht nur vorübergehend verweilt (§ 30 Abs. 3 SGB I). Der Beschränkung der Leistung auf Personen, die sich im Bundesgebiet aufhalten steht auch nicht überstaatliches Recht, etwa nach EWGV 1408/71 entgegen, weil Art. 10 a EWGV 1408/71 ausdrücklich die Beschränkung auf den Wohnort zulässt.[11]

Beispiel: Der Obdachlose O steht regelmäßig werktäglich vor einer Filiale einer Super- 20
marktkette in der Stadt K und bietet bei dieser Gelegenheit eine Obdachlosenzeitschrift zum Verkauf an. Im Sommer übernachtet er an verschiedenen Plätzen im Zelt, im Winter sucht er unterschiedliche Unterkünfte im Stadtgebiet auf.

Der gewöhnliche Aufenthalt liegt im Gebiet der Großstadt K, weil der gewöhnliche Aufenthalt nicht auf einen Ort beschränkt ist.

8. Ausschluss von bestimmten Ausländern

a) EU- und Nicht-EU-Ausländer

Zur Vermeidung des Zuzuges von **Ausländern**, die allein aus dem Grund in die Bun- 21
desrepublik Deutschland einreisen, um Leistungen nach dem SGB II zu erhalten, werden die Leistungen an diesen Personenkreis ausgeschlossen oder beschränkt.

11 BSG 18.1.2011 – B 4 AS 14/10 R.

Dies betrifft Ausländer und ihre Familienangehörigen in den ersten drei Monaten des Aufenthaltes, wenn sie weder als Arbeitnehmer noch als Selbstständige, noch nach § 2 Abs. 3 des Freizügigkeitsgesetzes/EU zum Aufenthalt berechtigt sind (§ 7 Abs. 1 S. 2 Nr. 1). Nicht leistungsberechtigt sind weiterhin Ausländer und deren Familienangehörige, die sich zur Arbeitsuche nach Deutschland begeben (§ 7 Abs. 1 S. 2 Nr. 2). Ursprünglich war umstritten, ob das Europäische Fürsorgeabkommen für Angehörige der Vertragsstaaten der Ausschlussregelung des § 7 vorgeht.[12] Gegen das Abkommen hat die Bundesregierung mit dem 19.12.2011 einen Vorbehalt erklärt.[13] Wegen des Vorbehaltes legte das Bundessozialgericht mit Beschluss vom 12.12.2013[14] dem Europäischen Gerichtshof die Frage vor, ob der Vorbehalt wirksam sei. Der Europäische Gerichtshof hat am 15.9.2015 entschieden, dass der Vorbehalt der Bundesregierung wirksam ist, und dass das Europäische Fürsorgeabkommen auf die Ansprüche nach dem SGB II keine Anwendung findet.[15]

Hinsichtlich des Anspruchs auf Leistungen nach dem SGB II spielt daher die Frage eine Rolle, ob ein (EU-)Ausländer als Arbeitnehmer oder Selbstständiger iSd § 2 Abs. 2 Nr. 1 und Nr. 2/3 FreizügG/EU einzustufen ist. Dies ist nicht der Fall, wenn die berufliche Tätigkeit nur in einem sehr geringen Umfang ausgeübt und nur ein geringes Entgelt erzielt wird. Das Bundessozialgericht hat dies bei einem monatlichen Einkommen von 100 EUR und monatlichen Arbeitseinsätzen von lediglich 10 Stunden bejaht.[16] Nach der Rechtsprechung des Europäischen Gerichtshofes entfällt die Arbeitnehmereigenschaft nicht bereits dann, wenn eine Tätigkeit von lediglich zehn Stunden wöchentlich ausgeübt wird.[17]

22 Nach der Richtlinie 2004/38/EG (Richtlinie über die Freizügigkeit in den Staaten der Europäischen Union)[18] genießen die Bürger der Europäischen Union Aufenthalts- und Niederlassungsfreiheit. Die Richtlinie wurde durch das Freizügigkeitsgesetz/EU[19] in nationales Recht überführt und ist in § 2 FreizügG/EU geregelt Wegen der Niederlassungsfreiheit war es in der Rechtsprechung umstritten, ob der Ausschluss von EU-Bürgern von Leistungen nach dem SGB II, und zwar insbesondere auch von EU-Ausländern, die sich allein zur Arbeitsuche in Deutschland aufhalten, mit EU-Recht zu vereinbaren ist.

23 Hier haben die Entscheidungen des Europäischen Gerichtshofes in den Sachen „**Dano**“ und „**García-Nieto**“ für etwas mehr Klarheit gesorgt.[20] Im Fall „García-Nieto“ hat der Europäische Gerichtshof den Leistungsausschluss im SGB II und SGB XII in den ersten drei Monaten des Aufenthaltes als europarechtskonform angesehen. Hat ein EU-Bürger kein Aufenthaltsrecht, verstößt das inländische Recht nicht gegen die

12 BSG 19.10.2010 – B 14 AS 23/10 R BSGE 107, 66–78.
13 BGBl. 2012 II 144, G. v. 2.3.2012.
14 BSG 12.12.2013 – B 4 AS 9/13 R.
15 EuGH 15.9.2015 – C-67/14.
16 BSG 29.3.2022 – B 4 AS 2/21 R.
17 EuGH 4.2.2010 – C 14/09.
18 ABl.EU 30.4.2004 L 158/77 http://eur-lex.europa.eu/LexUriServ/LexUriServ.do?uri=OJ:L:2004:158:0077:0123:DE:PDF (letzter Aufruf 15.1.2020).
19 FreizügG/EU 30.7.2004, BGBl. I 1950.
20 EuGH 11.11.2014 – C-333/13, info also 2015, 3034; EuGH 25.2.2016 – C-299/14, NVwZ 2016, 450.

EU-Richtlinie, wenn nach nationalem Recht EU-Bürger eines anderen Staates von Leistungen der Sozialhilfe, wozu auch die Leistungen nach dem SGB II im weiteren Sinne gerechnet werden, ausgeschlossen sind. Das Recht zum Aufenthalt richtet sich nach dem FreizügigkeitG/EU. In dem vom EuGH entschiedenen Fall der Frau Dano hatte diese kein Recht zum Aufenthalt, denn sie fiel unter die Personengruppe der nicht erwerbstätigen Unionsbürger, die nach § 4 FreiZügigG/EU nur dann ein Aufenthaltsrecht haben, wenn sie über einen ausreichenden Schutz für Krankenversicherung und ausreichende Existenzmittel verfügen. Über ausreichende Existenzmittel verfügen diese Personen nur, wenn sie ihren Unterhalt mindestens in Höhe der jeweiligen Kosten für den Regelbedarf, für Unterkunft und Heizung sowie für eventuelle Mehrbedarfe haben (§§ 19 ff. SGB II, §§ 27, 35 ff. SGB XII).

Der Europäische Gerichtshof hat mit der Entscheidung vom 15.9.2015 (**Alimanovic**)[21] die Frage entschieden, ob der Leistungsausschluss von Personen, die ihr Aufenthaltsrecht ausschließlich aus dem Zweck der Arbeitsuche (§ 7 Abs. 1 S. 2 Nr. 2) herleiten, wirksam von den Leistung nach dem SGB II ausgeschlossen werden können. Anders als das Bundessozialgericht hat der EuGH das SGB II als eine Leistung der Sozialhilfe angesehen. Nur weil nach dem SGB II auch Leistungen zur Arbeitsförderung enthalten sind, verliere das Gesetz nicht seinen grundsätzlichen Charakter als Sozialhilfeleistung, und das Recht der Freizügigkeit der Arbeitnehmer sei daher nicht berührt. § 7 Abs. 1 S. 2 Nr. 2 sei daher mit Gemeinschaftsrecht vereinbar und ein dauernder Ausschluss von aufenthaltsberechtigen EU-Bürgern gerechtfertigt. Kein Ausschluss von Leistungen nach § 7 Abs. 1 S. 2 Nr. 2 b besteht dann, wenn ein Leistungsberechtigter aus der EU ein Aufenthaltsrecht ausschließlich wegen Arbeitssuche hat, allerdings von ihren begleitenden Kindern ein abgeleitetes Aufenthaltsrecht nach Art. 10 **Verordnung (EU) Nr. 492/2011** herleiten können, weil diese in Deutschland eine Schule besuchen.[22] 24

Hinweis: In dem vorher zitierten Fall hatte ein polnischer EU-Bürger ein Aufenthaltsrecht ausschließlich wegen der Arbeitsuche und war deshalb selbst von den Leistungen ausgeschlossen. Da seine beiden minderjährigen Kinder allerdings eine Schule besuchten, hatten diese ein eigenes Aufenthaltsrecht unmittelbar nach Art. 10 der EU VO Nr. 492/2011, und aus diesem Aufenthaltsrecht hatte der die Kinder erziehende Elternteil ein abgeleitetes Aufenthaltsrecht.[23] Das Bundessozialgericht hat allerdings angenommen, dass das Berufen auf ein Aufenthaltsrecht nach Art. 10 EU VO Nr. 492/2011 rechtsmissbräuchlich sein kann. Auf Art. 10 EU VO Nr. 492/2011 kann sich nicht berufen, wenn eine Gesamtwürdigung der objektiven Umstände ergibt, dass trotz formaler Einhaltung der unionsrechtlichen Bedingungen das Ziel der Regelung – hier von Art 10 VO (EU) Nr. 492/2011 – nicht erreicht werden kann. Zusätzlich ist ein subjektives Element bei demjenigen erforderlich, der sich auf die Regelung des Aufenthaltsrechts beruft, und zwar in der Absicht, sich unionsrechtlich einen Vorteil zu verschaffen, indem er die Voraussetzungen künstlich bzw. willkürlich her-

21 EuGH 15.9.2015 – C-67/14.
22 EuGH 6.10.2020 – C 181/19; LSG NRW 8.11.2021 – L 12 AS 1284/21 BER.
23 Siehe auch BSG 9.3.2022 – B 7/14 AS 30/21 R.

beiführt.[24] Dies dürfte zB der Fall sein, wenn jemand zur Arbeitssuche einreist und nur deshalb seine schulpflichtigen Kinder zur Begleitung mitnimmt, um über diese ein mittelbares Aufenthaltsrecht und damit Sozialhilfeleistungen im weiteren Sinne, die Leistungen nach dem SGB II, zu erhalten.

25 Ausländer, die nach § 7 Abs. 1 S. 2 von den Leistungen nach dem SGB II ausgeschlossen sind, haben seit dem 29.12.2016 einen Anspruch auf Sozialhilfe nach § 23 SGB XII.[25] Hiernach gestaltet sich der Anspruch auf Sozialhilfe für Ausländer, die von der Leistung nach dem SGB II ausgeschlossen sind, wie folgt:

Ausländer, die kein Aufenthaltsrecht haben oder deren Aufenthaltsrecht sich ausschließlich aus dem Zweck der Arbeitssuche ergibt (besonders EU-Bürger), sowie deren Angehörige oder Anspruchsberechtigte nach dem AsylbLG haben keinen Anspruch auf Sozialhilfe (§ 23 Abs. 2 S. 1 Nr. 2 SGB XII). Diese haben nur bis zur Ausreise einen sehr eingeschränkten Anspruch auf Sozialhilfe, der in einem Zeitraum von zwei Jahren auf einen Monat beschränkt ist (§ 23 Abs. 1 S. 3 SGB XII). Dieser Anspruch kann im Einzelfall bei Vorliegen einer besonderen Härte auf die allgemeinen Leistungen nach § 23 Abs. 1 S. 1 SGB XII erweitert und auch über den Zeitraum von mehr als einem Monat ausgedehnt werden. Letzteres dürfte zB der Fall sein, wenn eine Ausreise wegen akuter Krankheit usw. nicht möglich ist. Im Prozess vor den Sozialgerichten gegen das Jobcenter ist in Angelegenheiten von ausreisepflichtigen Ausländern grundsätzlich das jeweilige Sozialamt beizuladen, welches im Sozialgerichtsprozess auch verurteilt werden kann.[26]

b) Soziale Rechte anerkannter Flüchtlinge, Asylbewerber usw.

26 Vom Leistungsausschluss des § 7 Abs. 1 S. 2 Nr. 1 bis Nr. 3 nicht umfasst sind hingegen solche Ausländer, die sich aus völkerrechtlichen, humanitären oder politischen Gründen in Deutschland aufhalten (§ 7 Abs. 1 S. 3, §§ 22 ff. AufenthG).

27 Der Anspruch auf Leistungen nach dem SGB II knüpft, mit Ausnahme der Regelung des § 7 Abs. 1 S. 2 Nr. 1 und 2, an den rechtmäßigen Aufenthalt an. Arbeitsuchende Unionsbürger und ihre Angehörigen haben zwar, solange sie sich zur Arbeitsuche in Deutschland aufhalten, ein Aufenthaltsrecht (§ 2 Abs. 2 Nr. 1 FreizügG/EU), allerdings keinen Anspruch auf Leistungen nach dem SGB II.

28 Anspruch auf Leistungen nach dem SGB II haben (neben deutschen Staatsangehörigen und EU-Ausländern mit einem rechtmäßigen Aufenthalt von mehr als fünf Jahren) daher insbesondere folgende Personen:

- Anerkannte Flüchtlinge nach § 3 Abs. 1 AsylVfG. Diese Personen haben Anspruch auf eine Aufenthaltserlaubnis nach § 25 Abs. 2 S. 1 Alt. 1. Diesem Personenkreis sind Leistungen nach dem SGB II zu gewähren (§ 7 Abs. 1 S. 3, der auf

---

24 BSG 21.1.2021 – B 14 AS 25/20 R; EuGH 17.7.2014 – C 58/13.

25 Gesetz zur Regelung von Ansprüchen ausländischer Personen in der Grundsicherung für Arbeitsuchende nach dem Zweiten Buch Sozialgesetzbuch und in der Sozialhilfe nach dem Zwölften Buch Sozialgesetzbuch vom 22.12.2016, BGBl. I 3155.

26 BSG 29.3.2022 – B 4 AS 2/21 R.

Kapitel 2 Fünfter Abschnitt des AufenthG verweist). Diese Personen erhalten eine Aufenthaltserlaubnis für drei Jahre (§ 26 Abs. 1 AufenthG).

- Nach Art. 16 a GG anerkannte Asylberechtigte (§ 1 Abs. 1 Nr. 1 AsylVfG), die nur einen sehr geringen Teil der anerkannten Flüchtlinge ausmachen. Der Anspruch auf Aufenthaltserlaubnis richtet sich nach § 25 Abs. 1 S. 1 AufenthG.
- Personen, die subsidiären Schutz genießen (§ 4 AsylVfG), weil ihnen in ihrem Herkunftsland ernsthafter Schaden droht. Diese haben ebenfalls eine Aufenthaltserlaubnis nach § 25 Abs. 2 S. 1 Alt. 2 AufenthG. Die Aufenthaltserlaubnis wird hier für zwei Jahre erteilt (§ 26 Abs. 1 S. 3 AufenthG).
- Personen, bei denen ein Abschiebeverbot nach § 60 Abs. 5, 7 AufenthG vorliegt, dh bei denen entweder der Schutz auf die Konvention zum Schutz der Menschenrechte (Abs. 5) greift oder eine konkrete Gefahr für Leib, Leben oder Freiheit besteht. Diesen Personen kann nach Ermessen eine Aufenthaltserlaubnis erteilt werden, die allerdings für mindestens ein Jahr (§ 26 Abs. 1 S. 4 AufenthG) gewährt wird.

Der Leistungsanspruch nach dem SGB II wird demgemäß aus dem Aufenthaltsstatus hergeleitet, so dass in dem Fall einer Aufenthaltserlaubnis nach den § 22 AufenthG oder gar einer Niederlassungserlaubnis, ein Anspruch auf Leistungen besteht.

9. Bedarfsgemeinschaft

Neben den erwerbsfähigen Leistungsberechtigten haben auch Personen Anspruch auf 29 Leistungen, die mit dem erwerbsfähigen Leistungsberechtigten in einer **Bedarfsgemeinschaft** leben (§ 7 Abs. 2 S. 1). Die Rechtsnatur der Bedarfsgemeinschaft ist nicht geklärt. Allerdings kommt es darauf für die Praxis nicht an, da das Gesetz bestimmt, wer zur Bedarfsgemeinschaft gehört (§ 7 Abs. 3 Nr. 1 bis 4).

Die Bedarfsgemeinschaft besteht aus einer Person oder mehreren Personen, die ent- 30 weder verheiratet sind oder in einer Partnerschaft nach dem Partnerschaftsgesetz und nicht dauernd getrennt oder in einem **Haushalt zusammenleben.** Dies ergibt sich aus § 7 Abs. 3 Nr. 2 bis 4 SGB II, wo auf „... die im Haushalt lebenden" oder „... die dem Haushalt angehörenden Kinder" oder andere in einem „gemeinsamen Haushalt" lebende Personen verwiesen wird. Dh, dass Ehepartner oder Partner einer Partnerschaft nicht dauernd getrennt leben dürfen. Bei Letzteren wird unwiderleglich vermutet, dass sie untereinander den bestehenden Bedarf, sofern sie zur Deckung desselben in der Lage sind, gemeinsam abdecken.

Lediglich bei **unverheirateten Kindern**, die mit ihren Eltern in einer Bedarfsgemein- 31 schaft leben, besteht die unwiderlegliche Vermutung der Bedarfsdeckung nur zu deren Gunsten, nicht aber zu deren Lasten.

a) Haushaltsgemeinschaft, Leben in einem gemeinsamen Haushalt

Die Haushaltsgemeinschaft ist eine über die bloße Wohngemeinschaft hinausgehende 32 Wohn- und Wirtschaftsgemeinschaft. Es muss unter den Beteiligten ein **„Wirtschaften**

aus einem Topf" vorliegen.[27] Auch das gemeinsame Leben in einem Haushalt erfordert ein „Wirtschaften aus einem Topf". Dies ist bereits dann nicht mehr der Fall, wenn die Ehegatten in einer gemeinsamen Wohnung getrennt leben oder zwischen Eltern und Kindern die Wirtschaftsgemeinschaft aufgehoben ist.

33 **Beispiel:** Die 56 Jahre alte R bezieht Rente wegen voller Erwerbsminderung auf Dauer und lebte bisher mit ihrem 22-jährigen erwerbslosen Sohn S in einem gemeinsamen Haushalt. Ihr eigener Bedarf ist gedeckt. Obwohl sie selbst keinen Anspruch auf Leistungen hat, bildet sie zunächst mit ihrem Sohn eine Bedarfsgemeinschaft (§ 7 Abs. 3 Nr. 2). Nachdem die R im Juni 2022 schwerwiegend erkrankt, kann sie ihren Haushalt nicht mehr führen, sie erhält nach § 1897 BGB einen Betreuer. Dieser verlangt ab Juli 2022 von dem S, sich hälftig an den Wohnkosten zu beteiligen. Weder die R noch der Betreuer erbringen seit dem Ausbruch der Erkrankung an den S Unterhaltsleistungen und zwar weder in bar noch in Natur. Der S muss sich vollständig selbst versorgen.

Die R und der S leben seit Juli 2022 nicht mehr in einem gemeinsamen Haushalt, da die Wirtschaftsgemeinschaft zwischen ihnen beendet wurde: Die R erbringt keinerlei Unterhaltsleistungen mehr an den S – weder in Natur noch in Geld. Der S muss sich daher das Einkommen und Vermögen seiner Mutter R nicht mehr nach § 9 Abs. 2 S. 2 SGB II anrechnen lassen.

Da die Beteiligten nicht mehr in einem gemeinsamen Haushalt leben und nur noch eine gemeinsame Wohnung bewohnen, besteht zwischen ihnen auch keine Bedarfsgemeinschaft mehr. Es erfolgt keine Anrechnung von Einkünften nach § 9 Abs. 2 SGB II mehr, so dass der S nunmehr uneingeschränkt Anspruch auf Leistungen hat.

34 Nur die ausdrücklich in § 7 Abs. 3 SGB II genannten Personen (**im Gesetz bestimmten Personen**) können eine Bedarfsgemeinschaft bilden. Eine Haushaltsgemeinschaft kann auch zwischen anderen Personen bestehen (vgl. § 9 Abs. 5 SGB II).

35 Nach § 9 Abs. 5 SGB II wird bei Bestehen einer Haushaltsgemeinschaft zwischen Verwandten und Verschwägerten **widerleglich vermutet**, dass Leistungsberechtigte von diesen Leistungen erhalten, soweit dies nach deren Einkommen oder Vermögen erwartet werden kann.

36 Inwieweit das **Einkommen** in der Haushaltsgemeinschaft **angerechnet** werden kann, ergibt sich aus § 1 Abs. 2 Bürgergeld-V. Bei der Einkommensermittlung ist der doppelte Satz der nach § 20 Abs. 2, Abs. 3, Abs. 4 iVm § 77 Abs. 4 SGB II maßgeblichen Regelbedarfs des um die Absetzbeträge (§ 11 b) bereinigten Einkommens anzusetzen. Die anteiligen Kosten für Unterkunft und Heizung werden hinzugerechnet. Einnahmen, die den so errechneten Freibetrag überschreiten, werden nur zu 50 % als dem Leistungsberechtigten zum Unterhalt zur Verfügung stehend angerechnet. Auch die übrigen Absetzbeträge (§ 11 b) sind vom Einkommen der in Haushaltsgemeinschaft lebenden Verwandten abzuziehen. Die genannte Regelung ist mit der Ermächtigungsgrundlage (§§ 11 b, 13) vereinbar.[28]

27 BSG 19.2.2009 – B 4 AS 68/07 R und BSG 27.1.2009 – B 14 AS 6/08 R.
28 BSG 19.2.2009 – B 4 AS 68/07 R.

Beispiel: Der Leistungsberechtigte lebt mit seiner 32 Jahre alten Tochter B, die über ein monatliches nach § 11 b SGB II bereinigtes Nettoeinkommen in Höhe von 1.900 EUR verfügt, in einem Haushalt zusammen. Die angemessenen Wohnkosten betragen monatlich insgesamt 640 EUR. 37

Bedarfsberechnung				
Regelbedarf des Leistungsberechtigten		502 EUR		
+ Kosten der Unterkunft und Heizung: 50 % von 640 EUR	+	320 EUR		
Gesamtbedarf des Leistungsberechtigten	=	822 EUR		822 EUR
Einkommensanrechnung				
Einkommen der Tochter		1.900 EUR		
./. Fiktiver Regelbedarf (jeweils 502 EUR)	-	1.004 EUR		
./. Kosten der Unterkunft: 50 % von 640 EUR	-	320 EUR		
Anrechenbarer Einkommensüberhang	=	576 EUR		
Davon anrechenbares Einkommen des Leistungsberechtigten: 50 % von 566 EUR			-	288 EUR
Leistungsanspruch des Leistungsberechtigten			=	534 EUR

Leben volljährige Kinder mit ihren Eltern in einem Haushalt zusammen, so bilden sie mit Ihren Eltern bis zur Vollendung des 25. Lebensjahres eine Bedarfsgemeinschaft, sofern sie ihren Lebensunterhalt nicht aus eigenem Einkommen oder Vermögen bestreiten können (§ 7 Abs. 3 Nr. 4 SGB II). Mit Vollendung des 25. Lebensjahres können sie mit ihren Eltern nur noch eine Haushaltsgemeinschaft bilden (§ 9 Abs. 5 SGB II). Hat nun ein im Haushalt seiner Eltern lebendes volljähriges Kind seinerseits ein eigenes Kind, könnte man auf den Gedanken kommen, dass durch die Geburt des eigenen Kindes die Bedarfsgemeinschaft zu den Eltern/Großeltern aufgelöst wird, weil in § 7 Abs. 3 Nr. 4 nur von den Eltern, nicht aber von den Großeltern, dh von den in Nr. 1–3 genannten Personen, gesprochen wird. Da die im Haushalt ihrer Eltern lebende junge Mutter aber gleichzeitig mit ihren Eltern nach § 7 Abs. 3 Nr. 2 eine Bedarfsgemeinschaft bildet,[29] kann die Zuordnung von Einkommen, insbesondere dem Kindergeld, fraglich sein. Das für die Kindesmutter gezahlte Kindergeld nach § 11 Abs. 1 S. 4 SGB II wird grundsätzlich als ihr Einkommen zugerechnet, was sich mit der Regelung des § 9 Abs. 3 iVm Abs. 2 S. 2 nicht verträgt. Das Einkommen der Eltern des schwangeren oder ein eigenes Kind betreuenden Kindes soll nicht angerechnet werden, weil sich dadurch die übrigen Mitglieder der Bedarfsgemeinschaft veranlasst sehen könnten gegenüber der Kindesmutter auf eine Abtreibung hinzuwirken. Aus diesem Grund ist auch das Kindergeld allenfalls der Großmutter und nicht der Kindesmutter bzw. Schwangeren zuzuordnen und damit der Anspruch der Kindesmutter auf Leistungen nach dem SGB II zu erhöhen.[30] In einer Haushaltsgemeinschaft ist das an die Großeltern gezahlte Kindergeld nicht als Einnahmen des Kindes anzurechnen.[31] 38

29 BSG 17.7.2015 – B 14 AS 5/13 R, SozR 4-4200 § 7 Nr. 37.
30 BSG 17.7.2015 – B 14 AS 5/13 R, SozR 4-4200 § 7 Nr. 37.
31 BSG 9.10.2016 – B 14 AS 53/17 R Rn. 21, SozR 4-4200 § 11 Nr. 78.

39 **Hinweis:** Die objektive Darlegungs- und Beweislast für das Bestehen einer Haushaltsgemeinschaft trägt der Leistungsträger.[32]

Sofern unstreitig ist, dass zwischen den Beteiligten einer Wohngemeinschaft eine Haushaltsgemeinschaft besteht, reicht es bei einer Haushaltsgemeinschaft zwischen Verwandten oder Verschwägerten, die nicht in einer Bedarfsgemeinschaft leben, für die Widerlegung der Vermutung des § 9 Abs. 5 SGB II aus, wenn „... vom Antragsteller Tatsachen benannt werden, die geeignet sind, Zweifel an der Richtigkeit der Vermutung zu begründen".[33]

Darüber hinaus trägt der Leistungsträger auch für das Bestehen der Bedarfsgemeinschaft die objektive Darlegungs- und Beweislast.

40 Eine Bedarfsgemeinschaft wird in der Regel bereits dann vorliegen, wenn die Mitglieder in einem gemeinsamen Haushalt zusammenleben, mithin eine Haushaltsgemeinschaft besteht. Das Eltern-Kind-Verhältnis, das Alter des Kindes bzw. der Bestand der Ehe oder Partnerschaft werden nur selten Gegenstand gerichtlicher Auseinandersetzungen sein.

41 Einzig bei der **eheähnlichen** bzw. **partnerschaftsähnlichen Gemeinschaft** wird vom Gesetz zusätzlich zum Zusammenleben in einem gemeinsamen Haushalt ein besonderes Einstandsverhältnis/Einstandswille verlangt (vgl. § 7 Abs. 3 Nr. 3 c, hierzu → § 2 Rn. 47 ff.).

42 Besteht eine **Bedarfsgemeinschaft,** so ist bei der Beurteilung der Hilfebedürftigkeit der einzelnen Mitglieder der Bedarfsgemeinschaft auch das Einkommen und Vermögen des Partners zu berücksichtigen (§ 9 Abs. 2 S. 1). Sofern nicht der gesamte Bedarf der Bedarfsgemeinschaft gedeckt ist, **gilt jede Person der Bedarfsgemeinschaft im Verhältnis des eigenen Bedarfes zum Gesamtbedarf als hilfebedürftig** (§ 9 Abs. 2 S. 3) und es wird **unwiderleglich vermutet, dass diese Personen füreinander Leistungen zum Lebensunterhalt erbringen**, denn das Einkommen und Vermögen aller in der Bedarfsgemeinschaft lebenden Personen ist zu berücksichtigen (§ 9 Abs. 2 S. 1 und S. 2). Das der Bedarfsgemeinschaft zur Verfügung stehende Einkommen ist gleichmäßig nach dem jeweiligen Bedarf der einzelnen Mitglieder zu verteilen (§ 9 Abs. 2 S. 3). Ist der Bedarf bei allen Mitgliedern gleich, wie häufig bei Partnern, dann wird das Einkommen nach Köpfen aufgeteilt. Ist der Bedarf unterschiedlich, so wird das zur Verfügung stehende Einkommen je nach Bedarf der Mitglieder der Bedarfsgemeinschaft aufgeteilt. Die Berechnungsmethode wird als **horizontale Berechnungsmethode** bezeichnet.[34]

43 **Beispiel:** A ist erwerbsfähig und hat ein anrechenbares Einkommen in Höhe von 500 EUR monatlich. Ihr Ehemann B ist voll erwerbsgemindert, erhält aber keine Rente und auch keine Grundsicherung (§§ 41 ff. SGB XII), weil die Widerherstellung der Arbeitsfähigkeit in abschbarer Zeit möglich erscheint. Er hat einen Ausweis für schwer behinderte Menschen

32 BSG 19.2.2009 – B 4 AS 68/07 R.
33 BSG 8.2.2010 – B 14 AS 32/08 R, SozR 4-4200 § 9 Nr. 9; PK-SGB-II/Klaus, 2. Aufl. 2007, § 8 Rn. 91.
34 BSG 18.6.2008 – B 14 AS 55/07 R.

mit dem Nachteilsausgleich/Merkzeichen „G“. Die angemessenen anrechenbaren Wohnkosten betragen 460 EUR monatlich.

Die Höhe der Regelbedarfe des B in Höhe von 451 EUR ergibt sich aus § 20 Abs. 4 SGB II.

Bedarf der A			
Regelbedarf § 20 Abs. 4 SGB II		451 EUR	
+ Unterkunft und Heizung § 22 Abs. 1 SGB II: Anteil 50 %	+	230 EUR	
Gesamtbedarf der A	=	681 EUR	681 EUR
Bedarf des B			
Regelbedarf § 20 Abs. 4 SGB II		451 EUR	
+ Mehrbedarf § 23 Nr. 4 SGB II: 17 %	+	76,67 EUR	
+ Unterkunft und Heizung § 22 SGB II: Anteil 50 %	+	230 EUR	
Gesamtbedarf des B	=	757,67 EUR	+ 757,67 EUR
Summe der Bedarfe von A und B			1.438,67 EUR
./. Anrechenbares Einkommen			- 500 EUR
Saldo: Leistungsanspruch von A und B			= 938,67 EUR

Aus der vorhergehenden Berechnung ergibt sich, dass der gesamte Bedarf der Bedarfsgemeinschaft aus A und B nicht gedeckt ist. In der Bedarfsgemeinschaft gilt jede Person im Verhältnis des eigenen Bedarfs zum Gesamtbedarf als hilfebedürftig (§ 9 Abs. 2 S. 3). Das für die Bedarfsdeckung zur Verfügung stehende Einkommen muss daher auf die Personen der Bedarfsgemeinschaft je nach ihrem individuellen Bedarf verteilt werden. Es muss ermittelt werden, wie sich der jeweilige einzelne Bedarf zu dem Gesamtbedarf verhält. Dies geschieht durch Bildung einer Quote.

Quote der A mit dem Bedarf von 681 von 1.438,67 EUR	47,34 %
Quote des B mit dem Bedarf von 757,67 von 1.438,67 EUR	52,66 %

Nach Bildung der Quote ist das anrechenbare Einkommen auf die einzelnen Mitglieder der Bedarfsgemeinschaft aufzuteilen (nach § 9 Abs. 2 S. 3).

Anrechenbares Einkommen des A: 47,34 von 500 EUR:	236,70 EUR
Anrechenbares Einkommen der B: 52,66 EUR von 500 EUR:	263,30 EUR

In einem weiteren Schritt ist das für den jeweiligen Leistungsberechtigten errechnete anrechenbare Einkommen von dem Bedarf abzuziehen. Hieraus ergibt sich dann der individuelle Leistungsanspruch des einzelnen Leistungsberechtigten.

Das zu berücksichtigende Einkommen und Vermögen der Leistungsberechtigten mindert zunächst die Leistungen der Bundesagentur für Arbeit und darüber hinaus die Leistungen des kommunalen Trägers (§ 19 Abs. 2 S. 2).

Welche Leistungen die Bundesagentur für Arbeit (BA) und welche der kommunale Träger (KT) zu erbringen hat, ergibt sich aus § 6 Abs. 1 SGB II. Danach hat der kommunale Träger die kommunalen Eingliederungsleistungen (§ 16 a), die Leistungen für Unterkunft und Heizung (§ 22) und die Leistungen für die Erstausstattung der Wohnung (§ 24 Abs. 3 Nr. 1) zu erbringen. Im vorliegenden Fall erbringt der kommunale Träger nur die Kosten für Unterkunft und Heizung in Höhe von jeweils 230 EUR.

Bedarf der A		681 EUR	
davon Leistungen des KT	-	230 EUR	
Saldo 1: Leistungen der BA	=	451 EUR	451 EUR
./. Anrechnung des Einkommens			- 236,70 EUR

Saldo 2: Verbleibende Leistungen der BA		= 214,30 EUR	214,30 EUR
Leistungen des KT			+ 230 EUR
Leistungsanspruch A (Rundung nach § 41 Abs. 2):			= 444,30 EUR
Bedarf des B	757,67 EUR		
./. davon Leistungen des KT	- 230 EUR		
Saldo 1: Leistungen der BA	= 527,67 EUR	527,67 EUR	
./. Anrechnung des Einkommens		- 263,30 EUR	
Saldo 2: Verbleibende Leistungen der BA		= 264,37 EUR	264,37 EUR
Leistung KT			+ 230 EUR
Leistungsanspruch B (Rundung nach § 41 Abs. 2)			= 494,37 EUR

Eine Rundung von Zwischenbeträgen erfolgt nicht, denn es sind nur die „Endzahlbeträge" zu runden.[35]

44 Zu den Besonderheiten der Berechnung bei in der Bedarfsgemeinschaft lebenden **Kindern, die über eigene Einkünfte verfügen,** vgl. weiter unten die Beispiele unter → Rn. 66. Zur Berechnung des Bedarfs, wenn in einer Bedarfsgemeinschaft einzelne Personen von den Unterhaltsleistungen nach dem SGB II ausgeschlossen sind[36] wird auf das Beispiel → Rn. 78, 79 verwiesen.

45 Wie sich aus dem vorherigen Beispiel zeigt, folgt aus der Zugehörigkeit zur Bedarfsgemeinschaft oftmals der Leistungsanspruch. Der B ist nicht erwerbsfähig und hätte, wenn sein Anspruch auf Bürgergeld für nichterwerbsfähige Leistungsberechtigte (§ 19 Abs. 1 S. 2) nicht durch die Bedarfsgemeinschaft mit der A vermittelt wäre, einen Anspruch auf Leistungen zum Lebensunterhalt als Sozialhilfe nach dem SGB XII (§§ 27 ff. SGB XII).

46 Nach der Aufzählung des Gesetzes bildet auch der alleinstehende Leistungsberechtigte eine Bedarfsgemeinschaft. Diese sprachlich etwas unglückliche Formulierung schadet jedoch nicht, weil der Begriff der Bedarfsgemeinschaft hierdurch keine Änderung erfährt.

47 Die unwiderlegliche **Vermutung der gegenseitigen Unterstützung in der Bedarfsgemeinschaft ergibt sich aus § 9 Abs. 2 S. 2 SGB II,** denn hiernach sind bei Personen, die in einer Bedarfsgemeinschaft leben, das Einkommen und Vermögen des Partners zu berücksichtigen. Dass eine Unterstützung erfolgt, falls einer oder mehrere Angehörige der Bedarfsgemeinschaft über Einkommen oder Vermögen verfügen, ergibt sich ausschließlich aus der Zugehörigkeit zur Bedarfsgemeinschaft. Der Wortlaut des § 9 Abs. 2 S. 2 SGB II „… sind auch Einkommen und Vermögen … zu berücksichtigen" lässt keine andere Auslegung zu.

35 BSG 19.3.2008 – B 11 b AS 23/06 R.
36 BSGE 97, 217; BSG 15.4.2008 – B 14/7 b AS 58/06 R 9.

Auf eine **tatsächliche Unterhaltsleistung** kann es daher **nicht ankommen.** Unterhaltsrechtliche Gesichtspunkte sind nicht heranzuziehen;[37] es kommt daher etwa nicht darauf an, dass der Partner der eheähnlichen Gemeinschaft für das nicht gemeinsame Kind des anderen Partners nicht unterhaltspflichtig ist. 48

Sofern ein Mitglied der Bedarfsgemeinschaft sein Einkommen oder Vermögen zur **Schuldentilgung** verwendet, kann dies weder vom Einkommen noch vom Vermögen abgezogen werden,[38] sondern muss der Bedarfsgemeinschaft zur Verfügung gestellt werden. Als einzige Ausnahme sieht das Gesetz die Aufwendungen zur Erfüllung gesetzlicher Unterhaltspflichten vor, sofern sie einen in einem Unterhaltstitel oder einer notariellen Urkunde festgelegten Betrag nicht überschreiten bzw. im Rahmen der Leistung nach dem BAföG erfolgen (§ 11 b Abs. 1 Nr. 7 und 8). Dies betrifft aber nur den laufenden Unterhalt und nicht Unterhaltsrückstände.[39] 49

b) Nichteheliche Lebensgemeinschaft

Auch die Partner einer **nichtehelichen Lebensgemeinschaft** müssen in einem gemeinsamen Haushalt zusammenleben (§ 7 Abs. 3 Nr. 3 c). Darüber hinaus liegt eine nichteheliche Lebensgemeinschaft nur dann vor, wenn zusätzlich der wechselseitige Wille vorhanden ist, füreinander Verantwortung zu tragen und füreinander einzustehen. 50

Der Leistungsträger trägt für das Zusammenleben in einem gemeinsamen Haushalt die objektive **Darlegungs- und Beweislast.**[40] Nur für die weitere Voraussetzung des wechselseitigen Willens füreinander Verantwortung zu tragen und füreinander einzustehen räumt das Gesetz dem Leistungsträger die Beweiserleichterung des § 7 Abs. 3 a SGB II ein. Die Regelungen des § 7 Abs. 3 a sind abschließend, Regeln des BGB, insbesondere des § 1567 Abs. 1 BGB sind weder unmittelbar noch entsprechend anwendbar.[41] 51

Beispiel: Der A wohnt mit der B in einer Wohnung. B ist Hauptmieterin der Wohnung. A hat mit der B einen vom Vermieter genehmigten Untermietvertrag geschlossen. Der A zahlt an die B monatlich die Hälfte der Mietkosten. Beide Parteien haben jeweils ein Schlafzimmer zur eigenen Nutzung. Wohnzimmer, Bad und Küche werden gemeinsam genutzt. Die Wohnungsreinigung wird von den Parteien nach einem Reinigungsplan durchgeführt. Der A beschäftigt für seinen Reinigungsanteil eine Putzfrau. Eine gemeinsame Haushaltskasse besteht nicht. A, der bei der Stadtverwaltung der Stadt S arbeitet, frühstückt morgens und isst mittags in der Kantine. Das Abendessen nehmen die Parteien gelegentlich zusammen ein. In den meisten Fällen verpflegen sich die Parteien allerdings selbst. Außer gelegentlichen Besorgungen, wie sie in Wohngemeinschaften üblich sind, werden gegenseitige Unterhaltsleistungen nicht erbracht. 52

Hier fehlt es bereits an einem Zusammenleben in einem gemeinsamen Haushalt, denn die Parteien wirtschaften nicht aus einem Topf, so dass die Vermutungswirkung des § 7 Abs. 3 a SGB II nicht eingreifen kann. Die Leistungsträger haben allerdings keinen Einblick,

37 BSG 19.9.2008 – B 14/7 b AS 10/07 R BSGE 97, 242, SozR 4-4200 § 20 Nr. 1.
38 BSG 19.9.2008 – B 14/7 b 10/07 R.
39 BSG 20.2.2014 – B 14 AS 53/12 R, info also 2014, 180; BSG 8.2.2017 – B 14 AS 22/16 R.
40 BSG 23.8.2012 – B 4 AS 34/12 R BSGE 111, 250–257.
41 BSG 12.10.2016 – B 4 AS 60/15 R.

inwieweit die Parteien ihre Wohngemeinschaft gestalten. Sofern die Parteien eine gemeinsame Meldeanschrift haben, müssen sie sich auf Nachfrage des Leistungsträgers äußern und ihre Verhältnisse darlegen (§ 60 Abs. 1 Nr. 1 SGB I). Bereits bei Stellung des Leistungsantrages durch die B sollte klargestellt werden, dass lediglich eine Wohngemeinschaft besteht und ggf. ein Untermietvertrag oder eine vergleichbare schriftliche Vereinbarung vorgelegt werden.

53 Wie der Leistungsberechtigte seine Beziehungen zur Umwelt gestaltet, bleibt ihm überlassen.[42] Die Mitglieder einer Bedarfsgemeinschaft können diese, insbesondere wenn es sich um eine **eheähnliche Gemeinschaft handelt, mangels vertraglicher Bindung jederzeit auflösen.**

54 Sofern allerdings die nach dem Gesetz aufgestellte Vermutungswirkung greift, wird es **schwer sein, diese zu widerlegen**, vor allem, wenn gemeinsame Kinder in derselben Wohnung leben. Nach dem Wortlaut des § 7 Abs. 3 a SGB II reicht es aus, wenn nur eine der in Nr. 1–4 genannten Hinweistatsachen erfüllt ist. Eine solche Auslegung entspricht nicht der Rechtsprechung des Bundesverfassungsgerichts[43] und ist deshalb auch nicht verfassungskonform. Es sollte daher weiterhin eine Gesamtbetrachtung unter Einbeziehung aller in § 7 Abs. 3 a SGB II genannten Hinweistatsachen vorgenommen werden.

55 Nach der **Rechtsprechung des Bundesverfassungsgerichts** ist Folgendes bei der Beurteilung, ob eine **eheähnliche Gemeinschaft** vorliegt, zu berücksichtigen: Es muss eine auf Dauer angelegte Lebensgemeinschaft zwischen Mann und Frau vorliegen, die neben ihr keine weitere Lebensgemeinschaft gleicher Art zulässt und deren innere Bindung so eng ist, dass von den Partnern ein gegenseitiges Einstehen im Bedarfsfall erwartet wird.[44]

56 Eine solche Gemeinschaft liegt nur vor, wenn eine finanzielle Unterstützung durch den Partner der Lebensgemeinschaft tatsächlich auch durchgeführt wird. Da es bei der nichtehelichen Lebensgemeinschaft, sieht man einmal von der Ausnahme ab, dass der Vater der Mutter seines nichtehelichen Kindes nach § 1615 l BGB Unterhalt schuldet, keine **Unterhaltsverpflichtung** gibt, müssen Leistungen tatsächlich erbracht werden. Leistet der „Partner“ keine Zahlungen oder beteiligt er sich nur unzureichend an der Deckung des Lebensbedarfes, liegt eine solche Lebensgemeinschaft nicht vor und dem „Partner“ sind Leistungen nach dem SGB II zu gewähren.

57 Besteht allerdings eine Lebensgemeinschaft zwischen Partnern einer **eheähnlichen Gemeinschaft**, in der Ehe oder einer Partnerschaft und wird in deren Haushalt ein Kind eines der Partner aufgenommen, so wird auch **ohne eine tatsächliche Leistung des Partners an das Kind eine Unterhaltsleistung angenommen.**[45] Das Gesetz setzt dabei auf der Tatbestandsseite des § 9 Abs. 2 S. 2 SGB II ausschließlich das Zusammenleben des Kindes mit dem Partner in einer über den leiblichen Elternteil vermittelten Bedarfsgemeinschaft voraus.

42 BSG 13.11.2008 – B 14 AS 2/08 R.
43 BVerfG 17.11.1992 – 1 BvL 8/87.
44 BVerfG 17.11.1992 – 1 BvL 8/87, BVerfGE 87, 234–269.
45 BSG 13.11.2008 – B 14 AS 2/08 R.

Das Bundessozialgericht unterstellt damit, dass wenn zwischen den Partnern einerseits und dem Partner und seinem Kind andererseits jeweils eine Bedarfsgemeinschaft besteht, diese Bedarfsgemeinschaft sich auch auf die Beziehung zwischen Partner und Kind erstreckt. Das Gesetz schränkt damit das auch im SGB II geltende **Faktizitätsprinzip** (→ § 1 Rn. 27, Fehlen bereiter Mittel), also das Bestehen einer tatsächlichen Notlage und eines tatsächlichen Bedarfs, ein. 58

Beispiel: Der A lebt mit der B zusammen in einer Wohnung (Bedarfsgemeinschaft) und stellt ihr lediglich 1/3 der Wohnungskosten sowie Unterhalt für das gemeinsame Kind in Höhe von 170 EUR zur Verfügung. Auch wenn der Unterhalt des Kindes nicht gedeckt ist, besteht für den Leistungsträger keine Leistungspflicht: Es sei Angelegenheit des unterhaltspflichtigen Elternteils, sich schützend für die Belange des Kindes einzusetzen und wohl notfalls die Bedarfsgemeinschaft mit dem Partner aufzulösen. Hiergegen wurden erhebliche verfassungsrechtliche Bedenken in der Rechtsprechung[46] und der Literatur vorgetragen.[47] 59

Die Regelungen über die eheähnliche Gemeinschaft sind auf **gleichgeschlechtliche Partnerschaften** anzuwenden, wenn die Voraussetzungen wie bei der eheähnlichen Gemeinschaft vorliegen, denn das SGB II nimmt keine Differenzierung nach verschieden- oder gleichgeschlechtlichen Partnerschaften vor. 60

c) Im Haushalt lebende Eltern und Partner unverheirateter erwerbsfähiger Kinder

Die (beiden) Eltern, ein Elternteil oder der mit dem Elternteil in einem gemeinsamen Haushalt lebende Partner, gehören zur Bedarfsgemeinschaft, wenn sie mit einem unverheirateten erwerbsfähigen **Kind** im Alter zwischen dem 15. und 25. Lebensjahr zusammenleben (§ 7 Abs. 3 Nr. 2). Eine Bedarfsgemeinschaft kann auch aus drei Generationen bestehen, dh Eltern, deren Kind(er) und Enkelkind(er).[48] Die Eltern, der Elternteil oder der Partner des Elternteiles müssen nicht selbst erwerbsfähig und hilfebedürftig sein, um zur Bedarfsgemeinschaft zu gehören. Sie gehören selbst dann zur Bedarfsgemeinschaft, wenn sie zB nach § 19 Abs. 1 S. 3 SGB II Anspruch auf Leistungen der Grundsicherung nach §§ 41 ff. SGB XII oder zumindest dem Grunde nach Ansprüche nach dem Bundesausbildungsförderungsgesetz oder den §§ 56 ff. SGB III haben und daher von den Leistungen nach dem SGB II ausgeschlossen sind (§ 7 Abs. 5). 61

d) Ehegatten und Lebenspartner

Ehegatten und Partner einer gleichgeschlechtlichen Partnerschaft gehören zur Bedarfsgemeinschaft, sofern sie nicht dauernd getrennt leben. Ein **dauerndes Getrenntleben** liegt nach § 1567 BGB vor, wenn die häusliche Gemeinschaft zwischen den Ehegatten aufgelöst ist und ein Ehegatte diese erkennbar nicht herstellen will, weil er 62

46 Vgl. hierzu LSG Berlin-Brandenburg 8.1.2007 – S 103 AS 10869/06, info also 2007, 121; SG Duisburg 7.3.2007 – S 17 AS 60/07 ER Rn. 19; LSG Berlin-Brandenburg 20.12.2006 – S 37 AS 11401/06 ER Rn. 15 ff.; LSG Baden-Württemberg 19.4.2007 – L 3 AS 1740/07; LSG Niedersachsen-Bremen 21.1.2008 – L 6 AS 734/07 ER; VG Bremen 27.2.2008 – S3 K 3321/06 Rn. 37 ff.

47 Wenner SozSich 2006, 146 (152); Stephan, Die Ansprüche zusammenlebender Personen nach dem SGB II und dem SGB XII, Berlin 2008, S. 225 ff.; Labrenz ZfF 2008, 217.

48 BSG 17.7.2014 – B 14 AS 54/13 R, SozR 4-4200 § 7 Nr. 37.

die eheliche Gemeinschaft ablehnt. Für gleichgeschlechtliche Lebenspartnerschaft gilt dies ebenfalls (§ 15 Abs. 5 Lebenspartnerschaftsgesetz). Ehegatten oder Lebenspartner können auch in einer gemeinsamen Wohnung getrennt leben.

Ein **dauerndes Getrenntleben** im Sinne des § 7 Abs. 3 Nr. 2 b SGB II soll nach der Rechtsprechung des Bundessozialgerichts nur dann vorliegen, wenn bei mindestens einem Ehegatten der Wille nach außen erkennbar sei, die häusliche Gemeinschaft nicht herstellen zu wollen, weil er die eheliche Gemeinschaft ablehnt.[49] Dies treffe auch auf Ehen zu, bei denen bereits seit deren Beginn nie ein gemeinsamer Haushalt geführt worden sei. Diese Entscheidung verkennt mE, dass Ehegatten und Lebenspartner ohne ersichtlichen Grund schlechter behandelt werden, als Partner einer ehe- oder partnerschaftsähnlichen Lebensgemeinschaft, bei denen immer eine Haushaltsgemeinschaft vorliegen muss. Die Entscheidung des Bundessozialgerichtes übersieht zudem, dass auch die Ehe- und Lebenspartner einen gemeinsamen Haushalt führen, solange sie nicht dauerhaft getrennt leben (§ 1567 Abs. 1 BGB, § 15 Abs. 5 Lebenspartnerschaftsgesetz). Ein dauerndes Getrenntleben liegt auch dann nicht vor, wenn ein (Ehe-)Partner dauerhaft in einem Pflegeheim untergebracht ist. Der Bedarf des Partners, der im Heim untergebracht ist, wird allerdings dann nicht nach den Regeln des SGB II, sondern nach den Regeln des SGB XII bemessen.[50]

63 **Hinweis:** Ein Getrenntleben in der gemeinsamen Wohnung ist oftmals gegenüber dem Leistungsträger nach dem SGB II nicht so leicht darstellbar wie gegenüber dem Familiengericht. Es ist daher im Antrags-, Widerspruchs-, und Klageverfahren im Einzelnen möglichst widerspruchsfrei darzulegen, wie die Trennung vollzogen wurde. Dauert die Trennung bereits fast ein Jahr oder länger, kann ggf. mit einem Antrag auf Ehescheidung bzw. auf Auflösung der Partnerschaft der Wille kundgetan werden, dass die Lebensgemeinschaft dauerhaft abgelehnt wird.

e) Kinder in der Bedarfsgemeinschaft

64 Zur Bedarfsgemeinschaft zählen auch die im Haushalt lebenden **unverheirateten Kinder**, wenn sie das 25. Lebensjahr noch nicht vollendet haben, soweit sie die Leistungen zur Sicherung ihres Lebensunterhaltes nicht aus eigenem Einkommen oder Vermögen beschaffen können (§ 7 Abs. 3 Nr. 4). Anders als die übrigen Personen in der Bedarfsgemeinschaft **fallen Kinder aus der Bedarfsgemeinschaft heraus, wenn sie sich selbst versorgen können.** Ihr Einkommen oder Vermögen wird nicht bei der Beurteilung der Hilfebedürftigkeit der Bedarfsgemeinschaft berücksichtigt (vgl. § 9 Abs. 2 S. 2). Die unverheirateten Kinder müssen ihrerseits nicht mit ihrem Einkommen oder Vermögen für andere hilfebedürftige Mitglieder der Bedarfsgemeinschaft einstehen. Eine Einstandspflicht kann sich jedoch aus der Haushaltsgemeinschaft ergeben (§ 9 Abs. 5).

65 Aus dem Wortlaut des § 7 Abs. 3 Nr. 4 SGB II „soweit" ergibt sich, dass das Einkommen des Kindes vorweg auf seinen Bedarf anzurechnen ist.[51]

---

49 BSG 18.2.2010 – B 4 AS 49/09 R.
50 BSG 16.4.2013 – B 14 AS 71/12 R, SozR 4-4200 § 9 Nr. 12.
51 BSG 13.5.2009 – B 4 AS 39/08 R.

Beispiel: Die M lebt mit ihrem 4-jährigen Kind K zusammen. Dieses erhält Unterhalt in Höhe von 265 EUR monatlich und zusätzlich wird das Kindergeld in Höhe von 250 EUR gewährt. Die M verfügt über ein monatlich anrechenbares Einkommen in Höhe von 350 EUR und die Kosten für Unterkunft und Heizung betragen 450 EUR monatlich. 66

Bedarf M				
Regelbedarf § 20 Abs. 2 SGB II		502 EUR		
+ Mehrbedarf Alleinerziehende § 21 Abs. 3 Nr. 1 SGB II	+	180,72 EUR		
36 % des Regelbedarfs § 20 Abs. 2 S. 1 (gerundet)[52]				
+ Kosten der Unterkunft und Heizung § 22 SGB II	+	225 EUR		
Bedarf M	=	907,72 EUR		907,72 EUR
Bedarf K				
Regelbedarf §§ 23 Nr. 1, 77 Abs. 4 Nr. 2 SGB II		318 EUR		
+ Kosten der Unterkunft und Heizung § 22 SGB II	+	225 EUR		
Bedarf K	=	543 EUR	+	543 EUR
Gesamtbedarf M und K				= 1.450,72 EUR

Auf den Bedarf ist das Einkommen von M und K anzurechnen. Bei der Einkommensanrechnung ist zu unterscheiden, ob das Einkommen der M oder dem K zuzurechnen ist, denn nach § 7 Abs. 3 Nr. 4 SGB II gehören unverheiratete Kinder, die das 25. Lebensjahr noch nicht vollendet haben, soweit sie ihren Lebensunterhalt aus eigenem Einkommen oder Vermögen bestreiten können, nicht zur Bedarfsgemeinschaft. Im Gesetz ist dies negativ formuliert. Bei den dem Haushalt angehörigen unverheirateten Kindern unter 25 (§ 7 Abs. 3 Nr. 4) gilt die horizontale Berechnung nur zu ihren Gunsten und nicht zu ihren Lasten (§ 9 Abs. 2 S. 2). Das Einkommen des Kindes ist demzufolge zunächst allein auf seinen Bedarf anzurechnen.

Beim Kindergeld und Kinderzuschlag ist zu beachten, dass es sich hierbei an sich um Einkommen des Kindergeldberechtigten, in diesem Falle also der M, handelt (§§ 62, 63, 32 EStG bzw. § 6 a BKGG). Nach § 11 Abs. 1 S. 3 und 4 SGB II sind das Kindergeld oder der Kinderzuschlag jedoch dem jeweiligen Kind als Einkommen zuzurechnen, soweit es zur Sicherung des Lebensunterhaltes benötigt wird. Tritt der Fall ein, dass der Unterhalt des Kindes auch ohne das Kindergeld ganz oder teilweise gesichert ist, wird das Kindergeld wieder Einkommen des Kindergeldberechtigten.

Das Einkommen des K ist demnach zunächst auf seinen Bedarf anzurechnen und im Anschluss daran sein ungedeckter Bedarf zu ermitteln.

Bedarf des K		543 EUR
./. Kindergeld	-	250 EUR
./. Unterhalt	-	265 EUR
Ungedeckter Bedarf	=	28 EUR

In einem weiteren Schritt ist aus dem vertikal ermittelten (Rest-)Bedarf des Kindes K und dem Bedarf der M der bereinigte Gesamtbedarf zu ermitteln. Aus dem Verhältnis der jeweiligen (Rest-)Bedarfe von K und M zum Gesamtbedarf ist die für den einzelnen Leistungsberechtigten zu ermittelnde Quote zu errechnen. Der ungedeckte Bedarf des K ist in Verhältnis zu dem der Bedarfsgemeinschaft zur Verfügung stehenden Einkommen der M zu setzen.

52 Nach § 77 Abs. 5 SGB II muss der Betrag bis zum 31.12.2011 auf volle EUR gerundet werden.

Bedarf der M		907,72 EUR	97,01 %
+ Ungedeckter Bedarf des K	+	28 EUR	2,99 %
verbleibender Gesamtbedarf	=	935,72 EUR	

Ergeben sich bei einer Berechnung mehr als zwei Dezimalstellen, wird die zweite Dezimalstelle um eins erhöht, wenn die dritte Dezimalstelle eine fünf bis neun ist (§ 41 Abs. 2 S. 2).

In einem weiteren Schritt ist das zu berücksichtigende Einkommen der M in Höhe von 300 EUR entsprechend der soeben ermittelten Quote auf M und K zu verteilen.

Anrechenbares Einkommen M	97,01 % von 300 EUR	= 291,03 EUR
Anrechenbares Einkommen K	2,99 % von 300 EUR	= 8,97 EUR

Schlussendlich ist der Bedarf von M und K um das jeweilige anrechenbare Einkommen zu bereinigen und der Leistungsanspruch zu errechnen.

Regelbedarf und Mehrbedarf der M (Anspruch gegen BA)		682,72 EUR		
./. Anrechnung des Einkommens aus der Quote	-	291,03 EUR		
verbleibende Leistungspflicht	=	391,69 EUR		391,69 EUR
Anspruch gegen KT (Kosten der Unterkunft und Heizung)			+	225 EUR
Summe (ohne Rundung § 41 Abs. 2)			=	616,69 EUR
Regelbedarf des K (Anspruch gegen die BA)		318 EUR		
./. Anrechnung Unterhalt	-	265 EUR		
./. Anrechnung Kindergeld	-	250 EUR		
Saldo (Einkommensüberschuss)	-	197 EUR	-	197 EUR
Leistungsanspruch gegen die Bundesagentur	=	0 EUR		
Anspruch gegen KT (Kosten der Unterkunft und Heizung)			+	225 EUR
Saldo 1: Ungedeckter Bedarf K			=	28 EUR
./. Anrechnung des Einkommens von M aus der Quote			-	8,97 EUR
Saldo 2: Verbleibender Leistungsanspruch gegen den KT			=	19,03 EUR

10. Kinder in der Haushaltsgemeinschaft

67 Leben **unverheiratete Kinder** mit ihren Eltern oder einem Elternteil in einer Haushaltsgemeinschaft und reicht ihr eigenes Einkommen zur Deckung ihres Lebensbedarfs aus, gehören sie nicht zur Bedarfsgemeinschaft (§ 7 Abs. 3 Nr. 4). Nach § 9 Abs. 5 SGB II wird jedoch vermutet, dass Leistungsberechtigte, die mit Verwandten in einer Haushaltsgemeinschaft leben, von diesen Leistungen erhalten, soweit dies nach deren Einkommen oder Vermögen zu erwarten ist. Die Vermutung kann widerlegt werden, indem dargelegt wird, dass tatsächlich keine Leistungen erbracht werden. In einem solchen Fall wird allerdings zumeist auch keine Wohngemeinschaft, also kein Wirtschaften aus einem Topf, mehr vorliegen.

Besteht eine Wohngemeinschaft zwischen dem Leistungsberechtigten und den Verwandten, richtet sich die Anrechnung von Einkommen nach § 9 Abs. 5 SGB II iVm § 1 Abs. 2 Bürgergeld-V.

Von dem nach § 11 b SGB II bereinigten Einkommen des nicht hilfebedürftigen Verwandten wird ein Betrag in Höhe des doppelten Satzes des für ihn maßgeblichen Regelbedarfs (§§ 20, 23, 77 Abs. 2) und die anteiligen Kosten für Unterkunft und Heizung abgezogen. 68

Von dem verbleibenden Einkommen bleiben weitere 50 % unberücksichtigt.

Beispiel: Inwieweit Einkommen anzurechnen ist, zeigt das folgende Beispiel: Der 23-jährige S lebt mit seinen hilfebedürftigen Eltern A und B in einer Haushaltsgemeinschaft. Die B hat ein anrechenbares Einkommen in Höhe von 400 EUR. Die Kosten für Unterkunft und Heizung betragen 600 EUR. S hat ein monatliches bereinigtes Einkommen in Höhe von 1.650 EUR. 69

Zunächst ist zu errechnen, ob und inwieweit sich A und B, weil sie mit S eine Haushaltsgemeinschaft bilden, dessen Einkommen anrechnen lassen müssen.

Der S hätte nach § 20 Abs. 2 S. 2 SGB II einen Regelbedarf von 345 EUR.

Einkommensberechnung S		
Bereinigtes Nettoeinkommen		1.650 EUR
./. Doppelter Regelbedarf (§ 20 Abs. 2 S. 1: 502 EUR, nicht anzuwenden ist S. 2 Nr. 2, weil S nicht zur Bedarfsgemeinschaft gehört)	-	1004 EUR
./. Anteil an den Kosten der Unterkunft und Heizung: 1/3 von 600 EUR	-	200 EUR
Saldo 1: Bereinigtes Einkommen 1. Stufe	=	446 EUR
./. Weiterer Freibetrag: 50 % von 446 EUR	-	223 EUR
Saldo 2: Anrechenbares Einkommen	=	223 EUR

Nachdem das anzurechnende Einkommen des S ermittelt wurde, erfolgt eine Bedarfsberechnung von A und B unter Berücksichtigung des anrechenbaren Einkommens des S und der B. Eine Quote muss hier nicht festgelegt werden, weil A und B den gleichen Regelbedarf haben.

Bedarf des A und der B				
Regelbedarf § 20 Abs. 3 SGB II		451 EUR		
+ Unterkunft und Heizung § 22 SGB II: jeweils 1/3 von 600 EUR	+	200 EUR		
Bedarf der einzelnen Personen	=	651 EUR		
=> Gesamtbedarf von A und B				1.302 EUR
./. Anrechenbares Einkommen B			-	400 EUR
./. Anrechenbares Einkommen S			-	223 EUR
Leistungsanspruch von A und B			=	679 EUR

Der Leistungsbetrag 535 EUR ist hier als Bedarf von A und B gleichmäßig aufzuteilen, so dass jeder einen Anspruch nach dem SGB II in Höhe von 267,50 EUR hat. Die Anrechnung nach § 1 Abs. 2 Bürgergeld-V ist rechtmäßig, weil dies der Ermächtigungsnorm entspricht.[53]

11. Besonderheiten bei einem Anspruch auf Schulbedarf ohne Bedarfsgemeinschaft

Soweit der Unterhalt eines Kindes, Jugendlichen oder jungen Erwachsenen unter 25 Jahren durch eigenes Einkommen gedeckt ist, gehören diese Personen nicht mehr zur 70

53 BSG 19.2.2009 – B 4 AS 68/07 R.

Bedarfsgemeinschaft. Das Einkommen dieser Personen wird zunächst auf ihren Bedarf angerechnet. Die Anrechnung eines ggf. bestehenden Einkommensüberschusses ist mit Ausnahme des Kindergeldes nur im Rahmen einer Haushaltsgemeinschaft möglich (§ 9 Abs. 5, § 1 Abs. 2 Bürgergeld-V). Ist darüber hinaus auch der Bedarf der übrigen Mitglieder der Bedarfsgemeinschaft gedeckt, so besteht mangels einer Bedarfsgemeinschaft an sich kein Anspruch auf das Schulbedarfspaket (§ 28). Dies gilt jedoch dann nicht, wenn nur deshalb keine Bedarfsgemeinschaft besteht, weil die anderen Personen, mit denen das anspruchsberechtigte Kind oder der Jugendliche zusammenlebt, nicht mehr hilfebedürftig sind (§ 7 Abs. 2 S. 3).

Beispiel: Das Ehepaar A und B lebt mit dem 17-jährigen Sohn S der B zusammen. Die angemessenen Kosten der Unterkunft betragen 600 EUR monatlich. B ist geringfügig beschäftigt und hat ein um die Absetzbeträge bereinigtes Einkommen in Höhe von 420 EUR. Der A hat ein bereinigtes Einkommen in Höhe von 800 EUR. Der S erhält monatlich einen um die Absetzbeträge bereinigten Unterhalt in Höhe von 410 EUR und das Kindergeld in Höhe von 250 EUR. Der S hat einen Schulbedarf für eine Schülermonatskarte in Höhe von 60 EUR, sowie Beiträge für einen Fußballverein in Höhe von monatlich 8 EUR und einen Bedarf für die Schule in Höhe von 100 EUR und 50 EUR jeweils am 1.8. und am 1.2. des Jahres.

Zunächst ist der Bedarf für alle Mitglieder der „Bedarfsgemeinschaft" ohne den Bedarf nach § 28 zu ermitteln (§ 9 Abs. 2 S. 3 Hs. 2).

Regelbedarfe		A		B		S
§ 20 Abs. 4		451 EUR		451 EUR		420 EUR
+ Anteilige Kosten der Unterkunft und Heizung						
§ 22 Abs. 1 S. 1 = 600 EUR	+	200 EUR	+	200 EUR	+	200 EUR
Gesamtbedarf	=	651 EUR	=	651 EUR	=	620 EUR
Einkommensanrechnung S						
./. Kindergeld					-	250 EUR
./. Unterhalt					-	410 EUR
Einkommensanrechnung A und B						
./. jeweils die Hälfte der Gesamteinkünfte des Ehepaars	-	610 EUR	-	610 EUR		
Bedarf bzw. Einkommensüberschuss	=	41 EUR	=	41 EUR	=	40 EUR Einkommensüberschuss

In einem ersten Schritt ist ein Einkommensüberschuss des S in Höhe von 40 EUR zunächst auf den Bedarf für Bildung und Teilhabe anzurechnen. Das Einkommen der Eltern wird nach § 9 Abs. 2 S. 3 2. Hs. nicht berücksichtigt, dh, wird nicht nochmals zur Verteilung herangezogen. Das Kindergeld ist damit weiterhin als Einkommen des S anzusehen (§ 11 Abs. 1 S. 4).

Anspruch des S		Monatlich		Februar		August
Schülerfahrkosten		60 EUR		60 EUR		60 EUR
+ Anspruch auf Teilhabe	+	15 EUR	+	15 EUR	+	15 EUR
+ Anspruch Schulbedarfspaket			+	50 EUR	+	100 EUR
= Gesamtanspruch	=	75 EUR	=	125 EUR	=	175 EUR
./. Anrechnung Einkommen S	-	40 EUR	-	40 EUR	-	40 EUR
= Bedarf nach Anrechnung	=	35 EUR	=	85 EUR	=	135 EUR

Hinweis: Im vorliegenden Fall sollte überprüft werden, ob statt der Leistungen nach dem SGB II nicht die Kombination von Kinderzuschlag (§ 6 a BKGG) in Verbindung mit Leistungen nach dem Wohngeldgesetz eine günstigere Leistung ist.[54]

II. Ausschluss von Leistungen

1. Stationär untergebrachte Personen

Wer dauerhaft in einer stationären Einrichtung untergebracht wird, hat in der Regel keine Leistungsansprüche (§ 7 Abs. 4 SGB II). Dies betrifft bei **Krankenhausaufenthalten** allerdings nur Personen, die bei Antritt des Aufenthaltes voraussichtlich sechs **Monate und länger** untergebracht sind. Diese Personen haben ggf. ab dem siebten Monat der Krankheit Anspruch auf eine Rente wegen voller Erwerbsminderung auf Zeit (§§ 43, 101 SGB VI) und bis zu diesem Zeitpunkt Anspruch auf Krankengeld (§§ 44 ff. SGB V) und/oder allein bzw. als Ergänzung während der gesamten Zeit der Unterbringung im Krankenhaus einen Anspruch auf Leistungen zum Lebensunterhalt (§§ 27 ff. SGB XII) nach dem Recht der Sozialhilfe.[55] Ein Anspruch auf Krankengeld besteht in der Regel nur, wenn vor Beginn des Krankenhausaufenthaltes keine Leistungen nach dem SGB II bezogen wurden. Denn gesetzlich Krankenversicherte (§ 5 Abs. 1 Nr. 2 a SGB V), die Bürgergeld beziehen, haben keinen Anspruch auf Krankengeld (§ 44 Abs. 2 Nr. 1 SGB V). 71

Personen, die in einer **medizinischen Rehabilitationseinrichtung** untergebracht sind, können einen Anspruch auf Übergangsgeld haben (§ 65 SGB IX). Sofern der Leistungsberechtigte bereits bei Antragstellung den Krankenhausaufenthalt angetreten hat, ist der Zeitpunkt der Prognose über die Dauer des Krankenhausaufenthaltes der Zeitpunkt der Antragstellung.[56]

2. Unterbringung wegen Freiheitsentziehung aufgrund richterlicher Anordnung

Die in **Strafhaft** befindlichen Personen sind den im Krankhaus untergebrachten gleichgestellt, dh die Leistung ist erst ausgeschlossen, wenn die Verurteilung zu einer Haftstrafe von sechs Monaten und mehr erfolgt.[57] 72

3. Bezieher von Rente wegen Alters

Bezieher von **Altersrenten** sind in der Regel ebenfalls von den Leistungen nach dem SGB II ausgeschlossen. Ausgeschlossen sind auch Personen, die eine Rente wegen Al- 73

54 BT-Drs. 18/4897, 9 ff.
55 BSG 2.12.2014 – B 14 AS 66/13 R, SozR 4200 § 7 Nr. 42.
56 BSG 6.9.2007 – B 14/7 b AS 60/06 R.
57 BSG 16.12.2008 – B 4 AS 9/08 R.

ters nach ausländischem Recht beziehen. Dies betrifft auch Personen, die eine ausländische Rente beziehen, die bereits zu einem früheren Zeitpunkt gezahlt wird als nach deutschem Recht, zB Renten aus den EU-Staaten Litauen oder Polen.[58] Auch die russische Arbeitsaltersrente, die bereits ab dem 55. Lebensjahr gewährt wird, zählt zu den ausschließenden Renten.[59]

a) Bezieher von vorgezogener Altersrente

74 Hierzu zählen insbesondere solche Personen, die eine **vorgezogene Altersrente** vor dem Erreichen der Altersgrenze erhalten (§§ 36 ff. SGB VI), und zwar mit oder ohne Abschläge. Zu den vorgezogenen Altersrenten zählen unter anderem die Rente für langjährig Versicherte, die Altersrente für schwerbehinderte Menschen und die Altersrente für Frauen. Nicht zu den vorgezogenen Altersrenten gehören **Teilrenten** (§ 42 SGB VI), die allerdings in der Praxis kaum in Anspruch genommen werden.

75 Will der Leistungsberechtigte eine vorgezogene Altersrente in Form einer Vollrente in Anspruch nehmen, sollte zunächst geklärt werden, um welchen Betrag die Rentenleistungen durch die vorzeitige Inanspruchnahme vermindert werden. Sofern die Rente zur Sicherung des Lebensunterhaltes nicht ausreicht, ist zu berücksichtigen, dass **Leistungen der Grundsicherung im Alter erst ab Erreichen der Altersgrenze** von 65 bis 67 Jahren beansprucht werden können (§ 41 Abs. 2 SGB XII).

76 Als **zusätzliche Leistung** zur Rente kommt für diesen Personenkreis in der Regel nur **Wohngeld bzw. Sozialhilfeleistungen** in Betracht. Anders als die Kosten der Unterkunft nach dem SGB II stellt Wohngeld keine volle Übernahme der Wohnkosten dar, sondern wird nur in Form einer Teilleistung als Zuschuss gewährt. Der Zahlbetrag der Rente muss also, damit der Leistungsberechtigte einen im Wesentlichen gleichen Betrag wie nach den Regeln des SGB II erhält, annähernd der Höhe des Regelbetrages des Arbeitslosengeldes II und der Kosten der Unterkunft und Heizung entsprechen. Wegen des Ausschlusses von Personen, die dem Grund nach einen Anspruch auf Leistungen nach dem SGB II haben (§ 21 S. 1 SGB XII) erscheint es jedoch fraglich, ob ein Altersrentner, der die Voraussetzungen für den Bezug von Grundsicherung im Alter noch nicht erfüllt, einen ergänzenden Anspruch auf Hilfe zum Lebensunterhalt nach dem SGB XII hat. Der Ausschluss der Leistung nach § 21 S. 1 SGB XII führt nicht dazu, dass Bezieher von vorgezogener Altersrente, etwa, weil sie auf Anforderung des Trägers nach dem SGB II vorzeitig Rente wegen Alters in Anspruch nehmen (§ 12 a), von Leistungen der Sozialhilfe ausgeschlossen sind. Nach § 12 a S. 3 sind Leistungsberechtigte nach dem SGB II in der Zeit vom 1.1.2023 bis zum 31.12.2026 nicht verpflichtet, Rente wegen Alters vorzeitig in Anspruch zu nehmen.[60] Bei § 21 SGB XII handelt es sich um eine Abgrenzungsregelung zum Leistungssystem des SGB II, und auf die Erwerbsfähigkeit im Sinne des § 8 kommt es hier nicht an.[61] Auch wenn die Leistungen nach dem SGB II grundsätzlich ausgeschlossen sind, kann

58 BSG 16.5.2012 – B 4 AS 105/11 R.
59 LSG Nordrhein-Westfalen 22.11.2018 – 19 AS 2281/16.
60 Bürgergeldgesetz v. 16.12.2022, BGBl I 2022 (2328).
61 BSG 20.8.2017 – B 14 AS 31/16 R Rn. 34 ff., BSGE 124, 8–93; BSG 9.8.2018 – B 14 AS 32/17 R.

damit gleichwohl ein Anspruch auf Sozialhilfe bestehen. Im Prozess vor den Sozialgerichten ist, wenn ein Anspruch nach dem SGB XII in Betracht kommt, der Träger der Sozialhilfe nach § 75 Abs. 2 SGG beizuladen. Der beigeladene Sozialhilfeträger kann in dem Prozess verurteilt werden.[62]

b) Bezieher von Altersrente in Bedarfsgemeinschaft mit Leistungsberechtigten

§ 9 Abs. 2 S. 3 SGB II regelt die Verteilung des Bedarfes und des Einkommens und des Vermögens in der **Bedarfsgemeinschaft.** Das Einkommen und das einzusetzende Vermögen werden prozentual auf den bestehenden Bedarf **aufgeteilt**, und zwar unabhängig davon, ob das einzelne Mitglied der Bedarfsgemeinschaft einen eigenen Anspruch nach dem SGB II hat. Ist ein Mitglied vom Leistungsbezug ausgeschlossen, wird sein Einkommen auf die übrigen Mitglieder je nach prozentualem Anspruch verteilt. Da sein Einkommen nicht mehr vollständig zur Verfügung steht, wird er hilfebedürftig. Die Lösung liegt hier darin, dass das Mitglied der Bedarfsgemeinschaft hinsichtlich des nunmehr ungedeckten Teils auf die Hilfe zum Lebensunterhalt nach dem Sozialhilfegesetz zurückgreifen muss (§§ 27 ff. SGB XII). 77

Beispiel: Der 66-jährige A bezieht Rente wegen Alters. Die nach dem SGB II anrechenbare Leistung (Rente) beträgt 750 EUR. Seine 60-jährige Ehefrau B erhält Leistungen nach dem SGB II. Die angemessenen Kosten für Unterkunft und Heizung betragen 500 EUR. 78

Der Bedarf des A besteht aus seinem Regelbedarf (§ 20 Abs. 4) in Höhe von 451 EUR und seinem Anteil an den Kosten der Unterkunft in Höhe von 250 EUR. Der A kann seinen Bedarf (451 EUR + 250 EUR = 701 EUR) aus seiner Rente decken und wäre ohne die Regelung des § 9 Abs. 2 S. 3 SGB II nicht hilfebedürftig. Der Bedarf der B beträgt ebenfalls 389 + 200 EUR.

Durch die Verteilung des Einkommens (des A) nach § 9 Abs. 2 S. 3 SGB II wird der A hilfebedürftig.

Bedarf des A und der B				
Regelbedarf § 20 Abs. 4 SGB II (pro Person)		451 EUR		
+ Unterkunft und Heizung § 22 SGB II Anteil 50 %	+	250 EUR		
Bedarf des A und der B	=	701 EUR		
Gesamtbedarf von A und B				1.402 EUR
./. Anrechenbares Einkommen A			-	750 EUR
Leistungsanspruch von A und B			=	652 EUR

In dem Beispiel erhält die B die Hälfte der Leistung. Der Leistung an den A steht jedoch § 7 Abs. 4 S. 1 SGB II entgegen, der Bezieher von Rente wegen Alters von den Leistungen nach dem SGB II ausnimmt. Der A könnte seinen nicht gedeckten Bedarf zwar auf den ersten Blick als Leistung der Grundsicherung im Alter nach §§ 41 ff. SGB XII erhalten. Einen Anspruch auf Leistung von Grundsicherung im Alter nach dem SGB XII hat der A jedoch bereits deshalb nicht, weil nach § 19 Abs. 2 SGB XII sein Einkommen (Rente) zunächst auf seinen eigenen Bedarf angerechnet wird. Überhaupt erfolgt die Einkommens- und Vermögensanrechnung nach dem SGB XII nach anderen Regeln als nach dem SGB II.

62 Vgl. hierzu BSG 18.5.2022 – B 7/14 AS 27/21 R.

79 Diese Ungleichbehandlung im Vergleich mit Personen, die nach dem SGB II leistungsberechtigt sind, ist mit dem Gleichheitsgrundsatz des Art. 3 GG nicht vereinbar. Daher ist § 9 Abs. 2 S. 3 so auszulegen, dass die Regelung **nur für leistungsberechtigte Mitglieder der Bedarfsgemeinschaft Anwendung** findet. Hieraus folgt, dass zunächst der Bedarf des A gedeckt sein muss und nur, wenn vom Einkommen des A ein Überschuss verbleibt, dieser bei der B bedarfsmindernd berücksichtigt werden kann.[63]

Bedarf des A		701 EUR
./. Anrechnung des Einkommens	-	750 EUR
= Einkommensüberschuss	=	- 49 EUR

Der Leistungssatz der B setzt sich demnach aus ihrem Bedarf in Höhe von 701 EUR abzüglich des Einkommensüberschusses des A in Höhe von 49 EUR zusammen. Sie erhält somit 701 - 49 = 652 EUR. Dieser Betrag entspricht dem Betrag, den die Bedarfsgemeinschaft, bestehend aus A und B, erhalten hätte, wenn beide einen Anspruch auf Leistungen nach dem SGB II gehabt hätten.

4. Empfänger von Leistungen nach dem Bundesausbildungsförderungsgesetz und Teilnehmer einer nach dem SGB III geförderten Maßnahme der beruflichen Bildung

a) Leistungsausschluss

80 Befindet sich ein Bedürftiger in einer **Ausbildung**, die dem Grunde nach dem BAföG oder dem SGB III als Berufsausbildung förderfähig ist, besteht regelmäßig kein Anspruch auf Leistungen nach dem SGB II (§ 7 Abs. 5). In § 2 Abs. 1 BAföG sind die Ausbildungen verzeichnet, die dem Grunde nach förderfähig sind. Es handelt sich vorzugsweise um schulische Ausbildungsgänge einschließlich Hochschulausbildungen.

Die Förderfähigkeit von schulischen Ausbildungen nach der zehnten Klasse ist auf Personen beschränkt, die nicht bei ihren Eltern wohnen können, weil eine entsprechende Ausbildungsstätte von der Wohnung der Eltern nicht zu erreichen ist oder der Schüler entweder mit einem Kind oder verheiratet in einem eigenen Haushalt lebt (§ 2 Abs. 1 a Nr. 1 BAföG).

81 Die meisten **Schüler von allgemeinbildenden weiterführenden** Schulen wie Fachoberschulen und Gymnasien haben daher bei Hilfebedürftigkeit einen Anspruch auf Leistungen nach dem SGB II und keinen Anspruch auf Leistungen nach dem BAföG.

82 Der Ausschluss tritt **unabhängig** davon ein, ob der Bedürftige Leistungen nach den entsprechenden Gesetzen erhält. Auf einen **Leistungsbezug** nach diesen Gesetzen kommt es nicht an. Es kommt auch nicht darauf an, aus welchem Grund der Hilfebedürftige keinen Anspruch mehr hat. Der Anspruch auf Leistungen nach dem BAföG kann entfallen, wenn die Förderungshöchstgrenze überschritten oder die Altersgrenze erreicht wird. Die Leistungen können ausgeschlossen sein, weil der Leistungsberechtigte zu einem Personenkreis gehört, der von vornherein von den Leistungen nach

63 BSG 15.4.2008 – B 14/7 b AS 58/06 R.

dem BAföG ausgeschlossen ist oder der Leistungsberechtigte sein Studium unzulässig abgebrochen hat.[64]

Beispiel: Der S studiert im fünften Semester Politikwissenschaft und erhält Leistungen nach dem BAföG. Er bricht sein Studium, nachdem er sich über die Berufsaussichten erkundigt hat, ab und studiert im Anschluss Rechtswissenschaft. 83

Der S erhält Leistungen nach dem BAföG grundsätzlich nur für **eine** berufsqualifizierende Ausbildung (§ 7 Abs. 1, 1a und Abs. 2 BAföG). Bricht ein Student seine Ausbildung ab oder wechselt er die Fachrichtung, handelt es sich um eine weitere, nur ausnahmsweise geförderte Ausbildung (§ 7 Abs. 2 BAföG). Hat der Student einen wichtigen oder unabweisbaren Grund für den Fachrichtungswechsel, kann er eine neue Ausbildung aufnehmen, die auch gefördert wird (§ 7 Abs. 3 S. 1 BAföG). Ein wichtiger Grund kann in einer Krankheit liegen, die dazu führt, dass der angestrebte Beruf nicht ausgeübt werden kann. Bis zum Abschluss des dritten Fachsemesters wird bei einem erstmaligen Fachrichtungswechsel ein wichtiger Grund (etwa fehlende Neigung oder Eignung) vermutet (§ 7 Abs. 3 S. 4 BAföG). Da der S seine Ausbildung nach dem fünften Semester abbricht, kann er sich nicht mehr auf die Vermutungswirkung berufen. Ein Wechsel der Fachrichtung wegen schlechter Berufsaussichten ist kein wichtiger Grund. Das Studium der Rechtswissenschaft ist dem Grunde nach förderfähig nach dem BAföG, so dass der S auch keinen Anspruch nach dem SGB II geltend machen kann.[65]

Auch die Personen, die eine **Berufsausbildung** absolvieren, die nach den **§§ 60 bis 62** 84
SGB III förderfähig ist, erhalten keine Unterhaltsleistungen nach dem SGB II. Hierbei handelt es sich um betriebliche oder außerbetriebliche Ausbildungen nach dem Berufsbildungsgesetz, der Handwerksordnung oder dem Seemannsgesetz in einem praktischen Beruf.[66]

Hiervon abzugrenzen ist die berufliche **Weiterbildung nach § 81 ff. SGB III.** Diese 85
umfasst sowohl eine Fortbildung im alten Beruf als auch eine Umschulung in einen neuen Beruf.[67] Als Weiterbildungsmaßnahme kommt auch die Ausbildung in einem anerkannten Ausbildungsberuf nach dem Berufsbildungsgesetz (BBiG) oder der Handwerksordnung (HWO) infrage (§ 81 Abs. 2 S. 2 SGB III). Der Unterschied zwischen einer Erstausbildung und einer Weiterbildung nach dem SGB III besteht darin, dass in den §§ 56 ff. SGB III generell eine Erstausbildung gefördert wird und bei der Weiterbildung in Form der Umschulung nach § 81 SGB III generell eine vorherige Ausbildung oder eine vorausgegangene dreijährige berufliche Tätigkeit erforderlich ist (§ 81 Abs. 2 Nr. 1, 2 SGB III).

Eine Förderung der **Weiterbildung** nach § 16 Abs. 1 S. 1 SGB II (Förderung von Maß- 86
nahmen des vierten Kapitels und des sechsten Abschnittes des SGB III) iVm §§ 81 ff. SGB III und damit eine Berufsausbildung durch den Leistungsträger ist möglich und kann von dem Leistungsberechtigten auch verlangt werden. Dies führt allerdings nicht dazu, dass die Regelung des § 7 Abs. 5 SGB II hier verdrängt wird. Wenn die Weiterbildungsmaßnahme nach § 81 ff. SGB III gleichzeitig eine Erstausbildung ist,

64 BSG 6.9.2007 – B 14/7 b AS 36/06 R, SozR 4-4200 § 7 Nr. 6.
65 Zur Zweitausbildung vgl. auch BSG 1.7.2008 – B 4 AS 67/08 R.
66 LPK-III/Schön § 57 Rn. 3 f.
67 LPK-III/Schaumberg § 81 Rn. 16 ff.

dh die Voraussetzungen der §§ 56 bis 60 SGB III erfüllt sind, ist eine Leistung zur Weiterbildung nach dem SGB II ausgeschlossen.[68] Die Unterscheidung zwischen einer beruflichen Ausbildung (§ 57 SGB III) und einer Weiterbildung (§ 81 SGB III) erfolgt nach objektiven Kriterien, wobei es darauf ankommt, ob die Ausbildung sich institutionell als Erstausbildung oder als Weiterbildung darstellt.[69] Weiterbildung baut grundsätzlich auf dem bereits vorhandenen beruflichen Wissen auf und ist eine Fortsetzung und Wideraufnahme organisierten Lernens nach Abschluss der ersten Ausbildungsphase oder sonstiger beruflicher Betätigung ohne vorigen Berufsabschluss.[70] Erstausbildungen (§ 56 SGB III) werden im SGB II nicht gefördert, denn § 16 Abs. 1 SGB II verweist zwar auf den sechsten Abschnitt des vierten Kapitels des SGB III (Weiterbildung), nicht aber auf den fünften Abschnitt des SGB III (Berufsausbildung).

Beispiel: Die Ausbildung nach dem Berufsbildungsgesetz oder nach der Handwerksordnung, die zu einem beruflichen Abschluss, wie einem Gesellenbrief führt, ist eine Ausbildung im Sinne des § 56 SGB III. Die ein Jahr dauernde Ausbildung zum Hausmeister, die auf Vorkenntnisse in einem Handwerksberuf, wie Elektroinstallateur oder Klempner aufbaut, ist eine typische Weiterbildung nach § 81 SGB III.

87 **Hinweis:** Der Hilfebedürftige kann einen Anspruch auf Erstausbildung unmittelbar nach dem SGB III haben (§§ 56 ff. SGB III). Hat er bereits eine erste Ausbildung, so kann eine weitere Ausbildung nur gefördert werden, wenn zu erwarten ist, dass dauerhaft eine berufliche Eingliederung auf andere Weise nicht erreicht werden kann (§ 57 Abs. 2 S. 2 SGB III). Der Leistungsberechtigte fällt dann aus dem Leistungsbezug nach dem SGB II heraus und kann zusätzlich Leistungen, die nicht ausbildungsrelevant sind, wie einen Zuschuss zu den Kosten der Unterkunft gegen den Leistungsträger haben (§ 27 Abs. 3).

b) Ausnahmen vom Leistungsausschluss

aa) Besondere Bedarfe sind nicht ausgeschlossen

88 Der Ausschluss der Leistungen nach dem SGB II betrifft allerdings nur den **ausbildungsbedingten Bedarf** (§ 27 Abs. 2).[71] Die darüber hinausgehenden besonderen Bedarfe werden bei den Leistungen nach dem BAföG oder nach § 64 ff. SGB III nicht berücksichtigt. Hierbei handelt es sich um die **Mehrbedarfe**, die in den §§ 21, 24, 27 Abs. 2 genannt sind, namentlich Mehrbedarf für Schwangere, Alleinerziehende, Teilhabe am Arbeitsleben oder Ausbildung behinderter Leistungsberechtigter, für kostenaufwendige Ernährung sowie der Bedarf bei Erstausstattung für Schwangere und Geburt (§ 24 Abs. 3 Nr. 2).

bb) Sozialgeldanspruch von Angehörigen der Auszubildenden

89 Ist der erwerbsfähige Hilfebedürftige wegen eines Anspruchs auf Leistungen nach dem BAföG oder Berufsausbildungsbeihilfe nach dem SGB III von der Leistung aus-

68 Vgl. BSG 30.9.2008 – B 4 AS 28/07 R.
69 BSG 29.1.2008 – B 7/7 a AL 68/06 R.
70 BSG 2.4.2014 – B 4 AS 26/13 R BSGE 115, 210–225.
71 Vgl. BVerwG 12.2.1981 – 5 C 51.80, BVerwGE 61, 352 ff. und für das SGB II BSG 6.9.2007 – 14/7b AS 28/06 R.

geschlossen (§ 7 Abs. 5), erhalten die mit ihm in **Bedarfsgemeinschaft** lebenden Angehörigen, die keinen Anspruch auf Leistungen aus der Grundsicherung im Alter oder wegen voller Erwerbsminderung nach dem 4. Kapitel des SGB XII haben, Bürgergeld (§§ 19, 20, 22) bzw. Bürgergeld für nichterwerbsfähige Leistungsberechtigte (§§ 19, 20, 22, 23, 77 Abs. 4).[72]

Beispiel: Die 25 Jahre alte Leistungsberechtigte L lebt mit ihrem sieben Jahre alten Sohn S zusammen. Die Wohnkosten, ohne Warmwasserkosten, betragen 444 EUR. Für den S erhält die L 250 EUR Kindergeld. Sie selbst erhält Leistungen nach dem BAföG und zwar den Bedarf für Studenten, die außerhalb des Elternhauses leben. Der Kinderbetreuungszuschlag in Höhe von monatlich 160 EUR bleibt bei der Berechnung des Einkommens nach dem SGB II unberücksichtigt (§ 14 b Abs. 2 S. 1 BAföG). Auch der an den BAföG-Empfänger gezahlte Zuschlag für Kranken- und Pflegeversicherung in Höhe von 94 EUR bzw. 28 EUR (§ 13 a BAföG) ist als zweckbestimmte Leistung nicht anzurechnen (§ 11 a Abs. 3). Der Leistungsanspruch des S errechnet sich wie folgt: 90

Bedarf des S				
Regelbedarf nach §§ 20, 23 Nr. 1, 77 Abs. 4 Nr. 3 SGB II		348 EUR		
+ Anteil der Kosten für Unterkunft und Heizung (50 % von 444 EUR)	+	222 EUR		
Gesamtbedarf S	=	570 EUR		570 EUR
./. Anrechenbares Einkommen § 11 Abs. 1 S. 4 SGB II			-	250 EUR
Saldo: Ungedeckter Bedarf der S		320 EUR		320 EUR
Bedarf der L				
Regelbedarf nach § 20 Abs. 2 SGB II		502 EUR		
+ Mehrbedarf für Alleinerziehende § 21 Abs. 3 Nr. 2 SGB II (gerundet)[73]	+	60,24 EUR		
+ Anteil der Kosten für Unterkunft und Heizung (50 % von 444 EUR)	+	222 EUR		
Gesamtbedarf der L	=	784,24 EUR		784,24 EUR
./. Einkommen aus BAföG § 13 Abs. 1 Nr. 2 = 452 EUR und Abs. 2 = 360 EUR	-	812 EUR		
+ Einkommensbereinigung BAföG (20 % von 744 EUR)	+	162,40 EUR		
Anrechenbares Einkommen	=	649,60 EUR	-	649,60 EUR
Saldo: Ungedeckter Bedarf L			=	134,64 EUR

Bei der Berechnung des Einkommens der L wurde berücksichtigt, dass 20 % der Leistung nach dem BAföG als ausdrücklich im Gesetz genannte (§ 11 Abs. 1 BAföG) zweckbestimmte Einnahmen (§ 11 a Abs. 3) nicht auf den Anspruch nach dem SGB II anzurechnen sind.[74] Da ein Anspruch auf Mehrbedarf für Alleinerziehende nicht nach dem BAföG gedeckt ist, kann dieser von der L gegenüber dem Leistungsträger geltend gemacht werden, dh in Höhe von 60,24 EUR.[75] Der weitere ungedeckte Bedarf der L in Höhe von 134,64 EUR kann

72 Vgl. LPK-SGB II/Thie, 6. Aufl. 2017, § 27 Rn. 11.
73 Nach § 77 Abs. 5 SGB II muss der Betrag bis zum 31.12.2011 auf volle EUR gerundet werden.
74 BSG 17.3.2009 – B 14 AS 63/07 R.
75 Vgl. BSG 6.9.2007 – B 14/7b AS 36/06 R.

hier auch gegen den Leistungsträger nur bezüglich des Mehrbedarfes für Alleinerziehende und ungedeckter Kosten für Unterkunft und Heizung geltend gemacht werden (§ 27 Abs. 2 Abs. 3).

Die ungedeckten Kosten der Unterkunft und Heizung errechnen sich wie folgt:

Anteilige Kosten der Unterkunft		222 EUR
./. Wohnkostenanteil § 13 Abs. 2 Nr. 2 BAföG	-	360 EUR
Ungedeckte Wohnkosten S	=	0 EUR

Der Leistungsträger muss daher neben der Leistung für den S nur den Mehrbedarfszuschlag der L leisten. Die L hat zusätzlich noch einen Anspruch auf Kinderbetreuungszuschlag (§ 14 b Abs. 1 BAföG), der nach § 14 b Abs. 2 S. 1 BAföG bei der Bemessung der Leistungen nach dem SGB II unberücksichtigt bleibt.

cc) Leistungen nach dem BAföG und Ansprüche nach dem SGB II

91 Auszubildende, die Förderung nach dem BAföG erhalten oder wegen Anrechnung von Einkommen und Vermögen nicht erhalten und bei den Eltern wohnen, haben Anspruch auf Leistungen nach dem SGB II (§ 7 Abs. 6 Nr. 2). Diese Personen haben lediglich Anspruch auf den „kleinen Unterkunftsbedarf" nach §§ 12, 13 Abs. 2 Nr. 1 BAföG. Keinen Anspruch auf Leistungen nach dem SGB II haben zB weiterhin Personen, deren Anspruch nach § 10 Abs. 3 BAföG wegen Überschreiten der Altersgrenze oder der Förderungshöchstdauer (§ 15 a BAföG) überschritten ist.

dd) Besondere Härtefälle nach § 7 Abs. 5, § 27 Abs. 3

92 Darüber hinaus können Leistungen nach dem SGB II in **besonderen Härtefällen** auch solchen Personen, die dem Grunde nach Leistungsansprüche auf BAföG oder BAB haben als **Darlehen** gewährt werden (§ 27 Abs. 3). Eine besondere Härte liegt erst dann vor, wenn im Einzelfall Umstände hinzutreten, die einen Ausschluss von der Ausbildungsförderung durch „Unterhaltsleistungen nach dem SGB II" auch mit Rücksicht auf den Gesetzeszweck als übermäßig hart, dh als unzumutbar oder im hohen Maße unbillig erscheinen ließen.

93 Es muss sich dabei um Gründe handeln, die über den Umstand, dass der Leistungsberechtigte während der Ausbildung keine Leistungen zur Sicherung des Lebensunterhaltes erhält, hinausgehen. Diese Gründe werden in aller Regel nicht vorliegen. Bei der Auslegung der **Härtefallregelung** ist jedoch das Ziel des SGB II zu beachten.

94 Dem Gesetzeszweck wird dadurch Rechnung getragen, dass ein Härtefall auch dann vorliegt, wenn andernfalls eine Ausbildung nicht abgeschlossen werden kann (§ 27 Abs. 3 S. 2). Die Regelung ist bis zum 31.12.2020 im Hinblick auf eine Altersanpassung des § 10 Abs. 3 BAföG befristet (§ 27 Abs. 3 S. 3).[76]

95 **Beispiel:** Die 32-jährige A musste ihre Ausbildung zur Ärztin wegen der Geburt ihrer drei Kinder mehrfach unterbrechen. Die Förderung nach dem BAföG lief zum 30.6.2022 wegen Überschreitung der Förderungshöchstdauer aus. Die Zwischenprüfung hat die A erfolgreich abgeschlossen und sich nunmehr am 20.6.23 zur Abschlussprüfung gemeldet. Ihr Ehemann, der den Unterhalt der Familie als freiberuflicher Ingenieur bisher bestritten

76 BT-Drs. 18/8909, 31.

hatte, erlitt einen Unfall und kann voraussichtlich seine Tätigkeit für länger als ein Jahr nicht mehr ausüben. Die Abschlussprüfung ist am 31.10.2022. Die A wird die Ausbildung voraussichtlich erfolgreich abschließen und wird anschließend eine Beschäftigung finden. Im vorliegenden Fall ist die Ausbildung weit fortgeschritten und eine Verzögerung nicht mehr zu erwarten; das Bestehen der Prüfung ist absehbar.

Der Ausbildungserfolg und die hierauf folgende Berufstätigkeit sind in so greifbare Nähe gerückt, dass die Nichtgewährung von Leistungen als unbillige Härte angesehen werden muss. Die Nichtgewährung von Leistungen ist auch im hier geschilderten Einzelfall geeignet, die berufliche Integration der A nachhaltig zu behindern und widerspricht damit dem Sinn des § 1 Abs. 2 S. 1 SGB II.

Will der Leistungsberechtigte eine Ausbildung im Sinne des § 2 BAföG aufnehmen 96 und weiterhin Leistungen nach dem SGB II beziehen, so bleibt ihm nur die Möglichkeit ein **Teilzeitstudium** zu betreiben. Nach § 2 Abs. 5 BAföG wird eine Ausbildung nach dem BAföG nicht gefördert, wenn die Ausbildung die Arbeitskraft des Auszubildenden nicht voll in Anspruch nimmt. Ein Teilzeitstudium ist daher nicht nach dem BAföG förderbar und schließt Leistungen nach dem SGB II nicht aus. Dies muss allerdings durch die Studienordnung nachvollziehbar sein, etwa durch Verlängerung der Regelstudiendauer von acht auf 16 Semester. Anspruch auf **Leistungen nach dem SGB II** besteht auch während eines **Urlaubssemesters.**[77]

---

77 SG Berlin 30.6.2009 – S 104 AS 16420/07; BVerwG 25.8.1999 – 5 B 153/99, 5 PKH 53/99; aA LSG Sachsen 29.6.2010 – L 7 AS 756/09 B ER.

§ 3 Leistungen nach dem SGB II

I. Leistungen zur Sicherung des Lebensunterhaltes

1. Bürgergeld und Bürgergeld für nicht erwerbsfähige Leistungsberechtigte

1 Die Leistungen zum Lebensunterhalt an erwerbsfähige Leistungsberechtigte werden als **Bürgergeld** (§ 19 Abs. 1 S. 1) bezeichnet. Sie bestehen im Wesentlichen aus dem Regelbedarf (§ 20 Abs. 1), den Mehrbedarfen (§ 21) sowie dem Bedarf für Unterkunft und Heizung (§ 22 Abs. 1 S. 1).

2 Nicht zum Bürgergeld gehören zB

- Leistungen für Auszubildende, dh Personen, die Leistungen nach dem BAföG bzw. Berufsausbildungsbeihilfe, zB der Zuschuss zu den Wohnkosten (§ 27 Abs. 3), oder Leistungen für Mehrbedarfe der Auszubildenden (§ 27 Abs. 2) erhalten, und
- der Zuschuss zu privaten bzw. zur freiwilligen gesetzlichen Kranken- und Pflegeversicherung an „Nichthilfeempfänger“ (§§ 26 Abs. 1 S. 2, Abs. 2 S. 3 iVm § 19 Abs. 1 S. 2).

3 Leistungsberechtigte, die nicht erwerbsfähig sind und ihren Anspruch aus der Bedarfsgemeinschaft mit einem erwerbsfähigen Leistungsberechtigten herleiten, erhalten **Bürgergeld** für nicht erwerbsfähige Leistungsberechtigte (§ 19 Abs. 1 S. 2).

4 Die erwerbsfähigen Leistungsberechtigten haben neben dem Anspruch auf Leistungen zum Lebensunterhalt einen Anspruch auf Eingliederungsleistungen (§ 7 Abs. 2). Bürgergeldempfänger für nicht erwerbsfähige Leistungsberechtigte haben im Wesentlichen nur einen Anspruch auf Geldleistungen (§ 7 Abs. 2 S. 2), insbesondere auf Sicherung zum Lebensunterhalt. Dienst- und Sachleistungen erhalten diese Bürgergeldempfänger nur, wenn dadurch die Hilfebedürftigkeit der Angehörigen der Bedarfsgemeinschaft beendet wird oder die Hemmnisse des erwerbsfähigen Leistungsberechtigten zur Eingliederung beseitigt werden. Daneben haben Kinder, Jugendliche und junge Erwachsene bis zur Vollendung des 25. Lebensjahres einen Anspruch auf Mehrbedarf für Bildung und Teilhabe (§ 28 Abs. 1).

2. Versicherungspflicht in der gesetzlichen Kranken- und Pflegeversicherung bei Bürgergeld-Bezug

5 Bezieher von Bürgergeld sind grundsätzlich in der gesetzlichen Krankenversicherung (§§ 5 Abs. 1 Nr. 2 a, 186 Abs. 2 a SGB V) und der gesetzlichen Pflegeversicherung (§ 20 Abs. 1 Nr. 2 a SGB XI) pflichtversichert. Voraussetzung für die Versicherungspflicht ist der nicht nur darlehensweise Bezug von Bürgergeld. Hierzu gehören auch die Leistungen für Mehrbedarfe (§ 21), sofern sie nicht an Auszubildende, wie Empfänger von Leistungen nach dem BAföG oder Ausbildungsbeihilfe nach dem SGB III, geleistet werden (§ 27 Abs. 1 S. 2). Die Versicherungspflicht der erwerbsfähigen Leistungsberechtigten tritt auch ein, wenn nur Leistungen für Unterkunft und Heizung erbracht werden. Ausgenommen ist der Zuschuss zu den Kosten der Unterkunft und

Heizung für BAföG-Empfänger und vergleichbare Leistungsberechtigte (§ 27 Abs. 3 S. 1).

a) Krankenversicherungspflicht der Bürgergeld-Bezieher

Die Versicherungspflicht in der **gesetzlichen Krankenversicherung** besteht mit dem Beginn des Bezugs von Bürgergeld (§ 5 Abs. 1 Nr. 2 a SGB V). Der zur Begründung des Krankenversicherungsschutzes erforderliche Bezug der Leistung setzt die Zahlung der Leistung von Bürgergeld voraus oder zumindest dessen Bewilligung durch den Leistungsträger, auch wenn eine Zahlung nicht erfolgt.[1] 6

Die Versicherungspflicht greift auch für solche Personen, die vor dem Bezug von Bürgergeld **selbstständig** beschäftigt waren, wenn sie diese selbstständige Beschäftigung ab dem Bezug von Bürgergeld aufgegeben haben und nicht unmittelbar vor dem Bezug privat krankenversichert waren. 7

Unmittelbar bedeutet, dass die (private) Krankenversicherung in dem letzten Monat vor Antragstellung auf Leistungen nach dem SGB II noch bestanden haben muss. Obergrenze ist die Frist von einem Monat.[2] Es schadet dabei nicht, wenn der Leistungsberechtigte seiner Verpflichtung einen Versicherungsvertrag in der privaten Krankenversicherung abzuschließen (§ 193 Abs. 3 S. 1 VVG) nicht nachgekommen ist. Dies betrifft nicht Personen, die ihre private Krankenversicherung nicht bezahlen können und daher im Notlagentarif versichert sind (§ 193 Abs. 7 VVG, § 153 VAG). Der Notlagentarif endet mit dem Bezug von Leistungen nach dem SGB II und auch wenn die Hilfebedürftigkeit nach dem SGB II oder SGB XII eintritt oder eingetreten ist (§ 193 Abs. 6 S. 4 VVG). In diesem Fall kann die private Krankenversicherung in dem bisherigen Tarif oder im halben Basistarif fortgesetzt werden (§ 152 Abs. 4 VAG). Wählt der Leistungsberechtigte nicht den Basistarif und entstehen ihm Kosten für die Krankenbehandlung wegen eines Selbstbehaltes, so besteht kein Anspruch auf Übernahme des Selbstbehaltes und zwar weder nach dem SGB II, noch nach den Grundsätzen der Krankenhilfe (§ 48 SGB XII).[3]

Hinweis: Die Zugehörigkeit zur gesetzlichen Krankenversicherung ist Voraussetzung für die Versicherungspflicht in der Krankenversicherung der Rentner (§ 5 Abs. 1 Nr. 11 SGB V). Die Krankenversicherung der Rentner besteht nur, wenn der Versicherte seit erstmaliger Aufnahme seiner Erwerbstätigkeit bis zur Stellung des Rentenantrags neun Zehntel der zweiten Hälfte dieser Zeit als Mitglied oder im Rahmen einer Familienversicherung (§ 10 SGB V) gesetzlich krankenversichert war. Eine freiwillige Versicherung reicht aus.[4] Bezieht der vormals Leistungsberechtigte Rente aus der gesetzlichen Rentenversicherung, zahlt der gesetzlich krankenversicherte Rentner nur Beiträge aus seiner gesetzlichen Rente, aus Versorgungsbezügen und Arbeitseinkommen (§ 237 SGB V). Bei freiwillig versicherten Rentnern werden auch sonstige Einnahmen, wie Mieteinnahmen, Zahlungen aus einer Lebensversicherung etc bei der

1 BSG 22.5.2002 – B 12 KR 20/02 R.
2 BSG 3.7.2013 – B 12 KR 11/11 R, SozR 4-2500 § 5 Nr. 19.
3 BSG 16.10.2012 – B 14 AS 11/12 R, SozR 4-4200 § 26 Nr. 3.
4 BVerfG 15.3.2000 – 1 BvL 16/96, 1 BvL 17/96, 1 BvL 18/96, 1 BvL 19/96, 1 BvL 20/96.

Bemessung der Beiträge berücksichtigt (§ 238 a SGB V). Rentner, die privat krankenversichert sind, müssen den Basistarif (§ 193 Abs. 5 S. 1 VVG iVm § 152 Abs. 1 VAG) in Höhe von ca. 683 EUR, bzw. bei Hilfebedürftigkeit ca. 341 EUR in Anspruch nehmen. Leben sie mit einem Partner zusammen, muss ggf. Grundsicherung im Alter in Anspruch genommen und/oder Vermögen verbraucht werden.

8 Die Versicherungspflicht in der gesetzlichen Krankenversicherung besteht nur dann, wenn die Bürgergeld-Bezieher nicht **familienversichert** sind (§ 5 Abs. 2 a SGB V). Ehegatten, die nicht selbst versicherungspflichtig sind und Kinder des Mitglieds vor Vollendung des achtzehnten Lebensjahres, sind grundsätzlich über das versicherungspflichtige Mitglied der Krankenkasse versichert (zu den Einzelheiten vgl. § 10 SGB V). Die **Familienversicherung geht der eigenen Pflichtversicherung vor** (vgl. §§ 5 Abs. 2 a, 10 Abs. 1 Nr. 2 SGB V).

9 Bezieher von Bürgergeld, die vor dem Leistungsbezug wegen Überschreiten der Pflichtversicherungsgrenze (§ 6 Abs. 1 SGB V) oder als Selbstständige **privat krankenversichert** waren, fallen in der Regel aus der Versicherungspflicht in der gesetzlichen Krankenversicherung heraus (§ 5 Abs. 5 a S. 1 SGB V). Dasselbe gilt für den Fall, dass ein Bezieher von Bürgergeld, der zuvor freiwillig in der gesetzlichen Krankenversicherung oder gar nicht versichert war, seine selbstständige Tätigkeit während des Leistungsbezugs fortführt. Für diese Personenkreise greift § 26 Abs. 1 S. 1 Nr. 2 iVm § 12 Abs. 1 c S. 5 und 6 des Versicherungsaufsichtsgesetzes (VAG) ein, so dass die Betroffenen einen Anspruch auf einen Zuschuss zu den Kosten der privaten Krankenversicherung haben.

10 Die Beiträge zur privaten Krankenversicherung und Pflegeversicherung im abgesenkten Basistarif sind von dem Leistungsträger unabhängig vom Wortlaut des § 26 Abs. 2 Nr. 1, Abs. 3 S. 1 in voller Höhe zu übernehmen.[5]

b) Allgemeine Krankenversicherungspflicht

11 Personen, die am 31.12.2008 gesetzlich (auch freiwillig) krankenversichert waren und ab dem 1.1.2009 keine andere Absicherung im Krankheitsfall haben, sind in der **gesetzlichen Krankenversicherung pflichtversichert** (§ 5 Abs. 1 Nr. 13 SGB V).

12 Für Personen, die am 31.12.2008 weder gesetzlich noch privat versichert waren, besteht seit dem 1.1.2009 die Pflicht zum Abschluss eines Versicherungsvertrages mit einer privaten Krankenversicherung (**Versicherungspflicht in der privaten Krankenversicherung** nach § 193 Abs. 3 VVG). Die Versicherungspflicht umfasst auch die Pflicht, seine minderjährigen Kinder privat zu versichern.

Ausgenommen von diesem Personenkreis sind Personen, die

- in der gesetzlichen Krankenversicherung (§ 5 Abs. 8 a S. 1 SGB V), als freiwilliges Mitglied versicherungspflichtig (§ 5 Abs. 1 Nr. 13 SGB V) oder familienversichert (§ 10 SGB V) sind oder

5 BSG 18.1.2011 – B 4 AS 108/10 R.

- Leistungen nach dem SGB XII, Leistungen zum Lebensunterhalt nach den §§ 27 ff. SGB XII, nach den §§ 41 ff. SGB XII Grundsicherung im Alter, Eingliederungshilfe nach §§ 90 ff. SGB IX oder Hilfe zur Pflege nach dem SGB XII erhalten und der Leistungsbezug vor dem 1.1.2009 begonnen hatte oder
- Leistungen nach dem Asylbewerberleistungsgesetz erhalten.

Der **Beitrag** zur privaten Krankenversicherung ist unterschiedlich hoch. Die private Krankenversicherung wird vor Vertragsschluss eine Gesundheitsprüfung vornehmen und bei einem relativ gesunden Mann mittleren Alters ca. 350 EUR Prämie verlangen, wenn ein einfacher Versicherungsschutz gewählt wird. Bei einer Vorerkrankung oder im höheren Alter kann die private Krankenversicherung den Versicherungsvertrag ablehnen oder einen Risikoaufschlag verlangen. Der Versicherer kann auch den Abschluss eines Vertrages ablehnen, wenn der Versicherte Versicherungsprämien bei einer anderen Versicherung oder der beantragten nicht gezahlt hat, denn es besteht Vertragsfreiheit. 13

Kommt ein Versicherungsvertrag auf freiwilliger Basis nicht zustande, kann der bisher nicht Versicherte eine Versicherung im **Basistarif** wählen und den Abschluss des Versicherungsvertrages erzwingen (§ 193 Abs. 3 VVG). Die Versicherung kann dann einen Antrag auf Versicherung nicht ablehnen und muss den Versicherungsschutz auch ohne Gesundheitsprüfung gewähren. Die Verpflichtung der privaten Krankenversicherungen ist nicht verfassungswidrig.[6] 14

Die Versicherung im Basistarif ist allerdings in aller Regel ungünstiger als in einem vereinbarten Wahltarif. Die meisten Anbieter schöpfen die Höchstbeträge aus und verlangen ca. 683 EUR monatlich. Der private Versicherer hat nach dem Basistarif Leistungen im Umfang der gesetzlichen Krankenversicherung zu erbringen. 15

c) Rentenversicherungspflicht der Bürgergeld-Bezieher

Die Leistungsberechtigten nach dem SGB II waren in der Zeit vom 1.1.2005 bis zum 1.1.2011 in der gesetzlichen Rentenversicherung pflichtversichert.[7] Wegen der bis zum 31.12.2010 geltenden Rechtslage wird auf die 1. Auflage verwiesen.[8] Zeiten des Bezuges von Bürgergeld sind Anrechnungszeiten in der gesetzlichen Rentenversicherung (§ 58 Abs. 1 S. 1 Nr. 6 SGB VI). 16

d) Übernahme der Beiträge zur Sozialversicherung

Für Empfänger von Leistungen von Bürgergeld, die nach den vorbenannten Regeln versicherungspflichtig sind, werden die Beiträge zur Sozialversicherung vom **Bund** getragen. 17

6 BVerfG 10.6.2009 – 1 BvR 825/08.
7 Art. 18 HBegl G 2011, BT-Drs. 17/3030.
8 Zimmermann, Das Hartz-IV-Mandat, 1. Aufl. 2010, § 3 Rn. 17, 18.

Die Verpflichtung zur Tragung und Zahlung der Beiträge ergibt sich für den Leistungsträger aus den folgenden Normen:

- Gesetzliche Krankenversicherung: §§ 251, 252 SGB V,
- Gesetzliche Pflegeversicherung: § 59 Abs. 1 S. 1 SGB XI iVm § 251 SGB V.

18 Die Höhe der Beträge in der Sozialversicherung wird bestimmt durch zwei Rechengrößen, nämlich dem **Bemessungsentgelt** und dem **Beitragssatz.** Das Bemessungsentgelt wird bei Empfängern von Bürgergeld anders bemessen als bei Arbeitnehmern, da es nicht auf die Höhe des Bruttoeinkommens bis zu einer bestimmten Obergrenze, der Beitragsbemessungsgrenze, ankommt, sondern auf einen fiktiven Wert, der für die einzelnen Bereiche der Sozialversicherung separat definiert wird.

19 Bei der gesetzlichen Krankenversicherung (§ 232 a Abs. 1 Nr. 2 SGB V) beträgt dieser fiktive Wert den **dreißigsten Teil des 0,2155-fachen der monatlichen Bezugsgröße.** Die Bezugsgröße ist das Durchschnittsentgelt der gesetzlichen Rentenversicherung im vorhergehenden Kalenderjahr (§ 18 Abs. 1 SGB IV). Dabei wird nicht zwischen der Bezugsgröße West (§ 18 Abs. 1 SGB IV) und der Bezugsgröße Ost (§ 18 Abs. 2 SGB IV) unterschieden. Vielmehr ist für die Berechnung allgemein die Bezugsgröße West anzuwenden (§ 309 Abs. 1 Nr. 1 SGB V). Die Bezugsgröße wird jährlich im Bundesgesetzblatt Teil 1 veröffentlicht und beträgt für das Jahr 2023 3.395 EUR (§ 2 Abs. 1 SVRGrV 2023).[9]

Unter Heranziehung der Bezugsgröße bemisst sich das Bemessungsentgelt wie folgt:

Bezugsgröße 2023	Berechnungsfaktor	Bemessungsentgelt	
		pro Tag	pro Monat
3.395 EUR	21,55 %	24,39 EUR	731,62 EUR

Der Beitragssatz zur gesetzlichen Krankenversicherung beträgt im Jahr 2023 14,99 % bei einem Anspruch auf Krankengeld und bei Leistungsberechtigten nach dem SGB II, die keinen Anspruch auf Krankengeld haben, 14,0 % (§§ 241, 243 S. 3, 246 SGB V).[10] Der vom Bund zu tragende Beitrag zur Krankenversicherung der Bürgergeld-Empfänger richtet sich nach den Betragssätzen der jeweiligen Krankenkassen, dh die Zusatzbeiträge (durchschnittlich 1,6 % ab dem 1.1.2023) werden komplett vom Bund übernommen (§ 251 Abs. 6 S. 2 SGB V), und beträgt im Jahr 2023 somit mindestens 114,13 EUR im Monat.

20 In der gesetzlichen Pflegeversicherung beträgt das Bemessungsentgelt von Beziehern von Bürgergeld den 0,2266sten Teil der Bezugsgröße (§ 57 Abs. 1 SGB XI). Der Beitragssatz beträgt 3,05 % des Bemessungsentgeltes (§ 55 SGB XI).

9 SVRGrV 2020 v. 17.12.2019, BGBl. I 2848.
10 SVRGrV 2020 v. 17.12.2019, BGBl. I 2848.

Bezugsgröße 2023	Berechnungsfaktor	Bemessungsentgelt	
		pro Tag	pro Monat
3.395 EUR	22,66 %	25,64 EUR	769,31 EUR

Der vom Bund zu tragende Beitrag zur Pflegeversicherung der Bürgergeld-Empfänger beträgt im Jahr 2023 somit 23,46 EUR im Monat.

e) Beitragszuschuss zu den Kosten einer privaten Krankenversicherung oder zur freiwilligen Mitgliedschaft in einer gesetzlichen Krankenkasse

Wie bereits deutlich wurde, werden **Bürgergeld-Bezieher**, die hauptberuflich selbstständig tätig sind bzw. vor dem Leistungsbezug wegen Überschreiten der Pflichtversicherungsgrenze oder aus anderen Gründen (vgl. § 6 Abs. 1 und 2 SGB VI) privat krankenversichert waren, auch **beim Bezug von Bürgergeld nicht krankenversicherungspflichtig** (§ 5 Abs. 5 a SGB V) und haben einen Anspruch auf **Zuschuss zum Beitrag** für eine **private Krankenversicherung** (§ 26 Abs. 1). Der Zuschuss ist bis zur Höhe des halben Regelpflichtbeitrages vom Leistungsträger zu übernehmen (§ 26 Abs. 2 Nr. 2). 21

Nichts Anderes gilt für die Bezieher von Bürgergeld für nicht erwerbsfähige Leistungsberechtigte. Für diesen Personenkreis ist allerdings zu beachten, dass eine zum Zeitpunkt des Leistungsbeginns eventuell bestehende **freiwillige** Mitgliedschaft in einer gesetzlichen Krankenkasse gegebenenfalls bestehen bleibt, da hier anders als bei Bürgergeld-Empfängern keine Versicherungspflicht eingreift. Insofern besteht nach § 26 Abs. 1 ein **Anspruch auf Übernahme der Versicherungsbeiträge**. 22

Wird der privat versicherte Leistungsberechtigte hilfebedürftig im Sinne des SGB II oder des SGB XII, kann er von seiner Versicherung verlangen, dass eine Weiterversicherung im **Basistarif zum halben Beitragssatz** erfolgt (§ 152 Abs. 4 VAG). Die Leistungsträger nach dem SGB II und XII sind verpflichtet, die Hilfebedürftigkeit zu bescheinigen (§ 152 Abs. 4 S. 1 VAG). Die Absenkung führt zur Beitragszahlung in Höhe von **384,50 EUR monatlich**. Hinzu kommen die Kosten für nicht in der gesetzlichen Krankenversicherung versicherte **Ehegatten** und **Kinder**, denn eine beitragsfreie Mitversicherung von Kindern und Ehegatten erfolgt nach den Bedingungen der privaten Krankenversicherung nicht. Der Leistungsberechtigte muss nicht zwingend im halben Basistarif der privaten Krankenversicherung versichert sein; die Zahlung, die das Jobcenter unmittelbar an die private Krankenversicherung leistet, ist jedoch in ihrer Höhe auf den halben Basistarif beschränkt (§ 26 Abs. 1 S. 1). 23

Endet die Versicherung in der gesetzlichen Krankenversicherung hat der Versicherte zunächst einen Anspruch auf **nachgehenden Versicherungsschutz** für höchstens **einen Monat,** wenn keine Erwerbstätigkeit ausgeübt wird (§ 19 Abs. 2 SGB V). Der nachgehende Versicherungsschutz betrifft allerdings nur Personen, die gesetzlich pflichtversichert sind (§ 19 Abs. 2 SGB V).[11] 24

11 BSG 26.6.2007 – B 1 KR 19/06 R.

25 Der Leistungsberechtigte kann im Anschluss an ein Versicherungspflichtverhältnis bei einer gesetzlichen Krankenversicherung innerhalb einer **Frist von drei Monaten** eine **freiwillige Mitgliedschaft** begründen (§ 9 Abs. 2 SGB V). Macht er von dieser Möglichkeit keinen Gebrauch, weil er hierzu finanziell nicht in der Lage ist, etwa weil ihm keine Leistungen nach SGB II oder nur unzureichende Leistungen als Darlehen gewährt werden, muss er mit einem **privaten Versicherer** einen Versicherungsvertrag im Basistarif schließen. Ist der Leistungsberechtigte nicht erwerbstätig, beträgt der Beitrag zur gesetzlichen Krankenversicherung mindestens 158,43 EUR monatlich. Der Betrag ergibt sich aus dem beitragspflichtigen fiktiven Einkommen in Höhe von 1.131,67 EUR (vgl. § 240 Abs. 1 SGB V) und dem Beitragssatz in Höhe von 14,00 %. Der Betrag iHv 3,05% der vorgenannten beitragspflichtigen Einnahmen zur Pflegeversicherung beträgt 34,52 EUR bzw. bei einem Kinderlosen ab dem 23. Lebensjahr (= 3,4%) 38,48 EUR. Dieser Beitragssatz betrifft allerdings in der Regel nicht Bezieher von Leistungen nach dem SGB II, sondern Bezieher von Sozialhilfe nach dem SGB XII.

26 Kommt der Leistungsberechtigte seiner Verpflichtung zum Abschluss eines Versicherungsvertrages und zur Zahlung der Prämien in der privaten Krankenversicherung nicht nach, ergeben sich hieraus folgende Probleme:

- Wird die Versicherung nicht oder nicht rechtzeitig durch den Versicherungsnehmer abgeschlossen, ist er verpflichtet, ab Eintritt der Versicherungspflicht die Prämie nachzuzahlen und auf diese Prämie einen degressiv gestaffelten Aufschlag, je nachdem wie lange er seiner Zahlungspflicht in der Vergangenheit nicht nachgekommen ist, zu zahlen (vgl. § 193 Abs. 4 VVG).
- Kommt er seiner Pflicht die laufende Versicherungsprämie zu zahlen nicht nach, ruht zwar der Leistungsanspruch, wie in früheren Zeiten, nicht mehr vollständig, der Versicherer kann aber bei der Versicherung im Basistarif die Leistungen während der Ruhenszeit auf die Behandlung akuter Erkrankungen und Schmerzzustände sowie bei Schwangerschaft und Mutterschaft – soweit erforderlich – beschränken (§ 193 Abs. 6 S. 4).

Das Ruhen des Anspruchs aus der privaten Krankenversicherung endet, wenn der Versicherte entweder die ausstehenden Versicherungsbeiträge vollständig erfüllt oder seinem Versicherer eine Bescheinigung des Leistungsträgers nach dem SGB II bzw. SGB XII vorlegt, aus der sich die Hilfebedürftigkeit ergibt (§ 193 Abs. 6 S. 3 VVG).

Diese Bescheinigung wird er nur erhalten, wenn der Leistungsträger die Bedürftigkeit des Leistungsberechtigten anerkennt und daher entweder seine Leistungspflicht nach dem SGB II bejaht oder der Leistungsberechtigte bei Zahlung des vollen Beitrages hilfebedürftig wird (§ 26 Abs. 1 S. 2).

f) Beitragszuschuss zu den Kosten einer privaten Krankenversicherung oder zur freiwilligen Mitgliedschaft in einer gesetzlichen Krankenkasse / Übernahme der Kosten durch den Träger der Sozialhilfe

27 Die meisten Personen, die einen Anspruch auf Sozialhilfe (§§ 27 ff. SGB XII) oder Grundsicherung im Alter und bei Erwerbsminderung (§§ 41 ff. SGB XII) haben, sind

nach § 9 SGB V freiwillig versichert. Durch die Regelung des § 188 Abs. 4 SGB V setzt die freiwillige Versicherung kraft Gesetzes nach dem Ende der Pflichtversicherung, § 5 Abs. 1 SGB V, bzw. der Familienversicherung, § 10 SGB V, ein und endet nur, wenn diese Person der freiwilligen Versicherung widerspricht und eine anderweitige Absicherung im Krankheitsfall, etwa in der privaten Krankenversicherung, nachweist. Der Gesetzeswortlaut des § 188 Abs. 3 S. 3 SGB V spricht hier von einer anderweitigen Absicherung im Krankheitsfall und nicht von einer gesetzlichen oder privaten Krankenversicherung, so dass auch die Krankenhilfe nach § 48 SGB XII als anderweitige Absicherung angesehen wird.[12] Zusätzlich müssen die Voraussetzungen des § 19 Abs. 2 SGB V vorliegen, dh, es muss ein nachwirkender Leistungsanspruch bestehen. Ein nachwirkender Leistungsanspruch besteht, wenn bei Ende der Pflichtversicherung keine Beschäftigung ausgeübt wird. Empfänger von Leistungen nach dem SGB XII müssen daher die freiwillige Versicherung bei einer gesetzlichen Krankenversicherung regelmäßig beantragen und die Voraussetzungen der Vorversicherungszeiten nach § 9 Abs. 1 SGB V nachweisen und innerhalb einer Frist von drei Monaten den freiwilligen Beitritt erklären (§ 9 Abs. 2 SGB V).

Sind Sozialhilfeempfänger oder Grundsicherungsberechtigte freiwillig oder pflichtversichert in der gesetzlichen Krankenversicherung, gehören zu deren Bedarf auch die Übernahme der Beträge zu dieser Versicherung einschließlich der Zusatzbeiträge (§ 32 Abs. 2, 3 SGB XII). Besteht bei diesen Personen eine private Krankenversicherung, so wird der halbe Beitrag des Basistarifs bzw. des brancheneinheitlichen Standarttarifs nach § 257 Abs. 2 a SGB V übernommen (§ 32 Abs. 4 SGB XII). Auch werden die Beiträge der sozialen und privaten Pflegeversicherung in gleicher Weise als Bedarf anerkannt (§ 32 Abs. 5,6 SGB XII). Die Leistungsberechtigten sind gegenüber dem Träger der Sozialhilfe verpflichtet, eine freiwillige gesetzliche oder private Krankenversicherung abzuschließen. Folgen Sie einer entsprechenden Aufforderung des Trägers der Sozialhilfe nicht, kann sich hieraus ein Anspruch des Sozialhilfeträgers auf Schadenersatz wegen sozialwidrigen Verhaltens nach § 103 Abs. 1 S. 1 SGB XII ergeben.[13]

Liegt bei diesem Personenkreis weder eine gesetzliche noch private Krankenversicherung vor und sind daher keine Beiträge als Bedarf anzuerkennen, erhalten diese Personen Krankenhilfe nach § 48 SGB XII. Diese wird als Quasiversicherung durchgeführt, dh, die Krankenbehandlung wird wie bei einem gesetzlich Krankenversicherten durchgeführt. Die Leistungsberechtigten erhalten dieselben Leistungen wie gesetzliche versicherte Personen und die Leistungserbringer, wie Ärzte oder Krankenhäuser, rechnen die Leistungen über die kassenärztlichen Vereinigungen bzw. unmittelbar mit den gesetzlichen Krankversicherungen ab. Die Krankenversicherungen stellen dann ihrerseits die erbrachten Leistungen den Trägern der Sozialhilfe in Rechnung, so dass die Empfänger von Sozialhilfe gegenüber den Leistungserbringern wie Krankenversicherte erscheinen und die gleichen Leistungen erhalten.

12 BSG 29.6.2021 – B 12 KR 33/19 R BSGE 132, 237–245.
13 BSG 5.9.2019 – B 8 SO 15/18 R.

g) Folgen fehlender Anrechnungszeiten/fehlenden Versicherungsschutzes in der gesetzlichen Rentenversicherung

28 Zeiten des Bezuges von Arbeitslosengeld II waren in Zeit vom 1.1.2005 bis zum 31.12.2010 Rentenversicherte Zeiten, in denen Beiträge zur gesetzlichen Rentenversicherung für die Leistungsberechtigten gezahlt wurden. Für die Zeit ab dem 1.1.2011 sind Zeiten des Bezuges von Arbeitslosengeld II bzw. Bürgergeld Anrechnungszeiten in der gesetzlichen Rentenversicherung (§ 58 Abs. 1 S. 1 Nr. 6 SGB VI). Nicht als Anrechnungszeiten zählen Zeiten, in denen Leistungsberechtigte Unterhaltsleistungen nach dem SGB II nur darlehensweise erhalten haben, oder ein anderer Ausnahmetatbestand vorliegt (§ 58 Abs. 1 S. 1 Nr. 6 SGB VI).

Erhält der Leistungsberechtigte kein Bürgergeld oder diese Leistung nur als Darlehen, kann sein Anspruch auf eine **Rente wegen Erwerbsminderung gefährdet sein.** Nach § 43 Abs. 1 Nr. 2 SGB VI besteht ein Anspruch auf eine Erwerbsminderungsrente nur dann, wenn in den letzten fünf Jahren vor Eintritt der Erwerbsminderung drei Jahre mit Pflichtbeitragszeiten versichert sind. Der Zeitraum von fünf Jahren vor Eintritt der Erwerbsminderung verlängert sich um die Zeiten, die mit Anrechnungszeiten belegt sind (§ 43 Abs. 4 S. 2 Nr. 1 SGB VI). Hat der Leistungsberechtigte keinen lückenlosen Versicherungsverlauf und wird er erwerbsunfähig, kann bereits ein fehlender Pflichtbeitrag den Anspruch auf Erwerbsminderungsrente entfallen lassen. Beiträge, die nach Eintritt des Leistungs-(Versicherungs-)falls erbracht werden, sind unbeachtlich. Werden Zeiten der Arbeitslosigkeit nicht als Anrechnungszeiten angerechnet, weil eine Leistung nur als Darlehen gewährt wurde, wird der Zeitraum von fünf Jahren nicht verlängert. Mangels Verlängerung des „Berücksichtigungszeitraumes“ kann es an ausreichenden Pflichtbeiträgen in diesem Zeitraum fehlen, so dass auch aus diesem Grund der Invaliditätsschutz gefährdet ist.

Hinweis: Anrechnungszeiten sind auch Zeiten, in denen eine Person wegen Arbeitslosigkeit bei einer deutschen Agentur für Arbeit arbeitslos gemeldet war und Leistungen nach dem SGB II oder SGB III bezogen hat oder nur deshalb nicht bezogen hat, weil sie angesichts ihres Einkommens nicht bedürftig war (§ 58 Abs. 1 Nr. 3 SGB VI). Personen, die keine Leistungen nach dem SGB II mangels Hilfebedürftigkeit beziehen, müssen sich daher zum Erhalt ihrer Anwartschaft auf Rente wegen verminderter Erwerbsfähigkeit regelmäßig bei einer Agentur für Arbeit melden (§ 309).

29 Bei Leistungsberechtigten, die bereits vor dem 1.1.1984 die allgemeine Wartezeit in der gesetzlichen Rentenversicherung erfüllt haben, reicht zum Erhalt der Anwartschaft auf Erwerbsminderungsrenten die ununterbrochene Zahlung von Beiträgen (auch freiwilligen Beiträgen) in die Rentenversicherung aus (§ 241 Abs. 2 SGB VI). Wird in einem solchen Fall ein Beitrag vor Eintritt der Erwerbsminderung nicht gezahlt, geht die Anwartschaft verloren. Freiwillige Beiträge zur gesetzlichen Rentenversicherung können nur bis zum 31.3. des Folgejahres wirksam entrichtet werden (§ 197 Abs. 2 SGB VI). Pflichtbeiträge können so lange nachentrichtet werden, wie sie noch nicht verjährt sind (§ 197 Abs. 1 SGB VI). Eine nachträgliche Zulassung zur Nachentrichtung von Beiträgen ist möglich.

Hinweis: Die Gefährdung des Versicherungsschutzes ist insbesondere bei der Darstellung des Anordnungsgrundes (drohende wesentliche Nachteile nach § 86 b Abs. 2 S. 2 SGG, Eilbedürftigkeit) im Verfahren zur Gewährung von einstweiligem Rechtsschutz von Bedeutung. 30

h) Exkurs: Der Zuschuss zur freiwilligen gesetzlichen und privaten Kranken- und Pflegeversicherung für Nichtleistungsbezieher

Personen, die allein durch den Beitrag zur gesetzlichen Kranken- oder Pflegeversicherung hilfebedürftig werden, erhalten auf Antrag einen Zuschuss zur privaten (§ 26 Abs. 1 S. 2 SGB II) oder gesetzlichen freiwilligen Kranken- und Pflegeversicherung (§ 26 Abs. 2). 31

Auch diese Personen müssen, wenn sie eine private Versicherung unterhalten, zunächst bei ihrer Versicherung einen Anspruch auf Verminderung ihrer Beitragsverpflichtung im sogenannten halbierten Basistarif geltend machen (§ 152 Abs. 4 VAG), es sei denn, der von ihnen tatsächlich geleistete Beitrag ist niedriger als der Basistarif. Hinsichtlich der Höhe des Zuschusses wird auf die vorherigen Ausführungen zum Zuschuss zur Versicherung von Leistungsempfängern verwiesen. 32

Auch die Beiträge zur privaten oder gesetzlichen Pflegeversicherung werden bezuschusst (§ 26 Abs. 2). Hinsichtlich der Höhe des Zuschusses wird auf die Ausführungen zu den Beträgen zur Krankenversicherung verwiesen. 33

3. Regelbedarfe zur Sicherung des Lebensunterhaltes

Die Leistungen zur Sicherung des Lebensunterhaltes, werden sowohl an erwerbsfähige Leistungsberechtigte wie an nichterwerbsfähige Hilfebedürftige, die in Bedarfsgemeinschaft mit einem Leistungsberechtigten Hilfebedürftigen leben, als Bürgergeld (§ 19 Abs. 1 S. 1, S. 2) erbracht. Der Bedarf zur Sicherung des Lebensunterhaltes ohne die Kosten für Unterkunft und Heizung, wird an die Leistungsberechtigten als monatlicher Pauschalbetrag erbracht (§ 20 Abs. 1 S. 3). 34

Der **Regelbedarf deckt den (regelmäßigen) Bedarf** des Leistungsberechtigten mit Ausnahme der im Gesetz ausdrücklich benannten Mehrbedarfe (§ 3 Abs. 3) und zwar nicht nur die in § 20 Abs. 1 ausdrücklich genannten Bedarfe. Eine individuelle Festlegung des Bedarfes über diesen Bedarf hinaus oder auch darunter, ist grundsätzlich nicht möglich. Lediglich in sogenannten atypischen Fällen kann eine abweichende Festlegung des Bedarfes erfolgen (§ 21 Abs. 6).

a) Ermittlung der Regelbedarfe nach dem Regelbedarfsermittlungsgesetz (RBEG)

Der **Regelbedarf** beträgt für den alleinstehenden Leistungsberechtigten ab dem 1.1.2023 502 EUR monatlich (§ 20 Abs. 2).[14] Dieser wird jeweils zum 1.1. eines Jahres angepasst (§ 20 Abs. 1 a). Der maßgebliche Regelbedarf wird jährlich anhand der durchschnittlichen Entwicklung der regelbedarfsrelevanten Preise und der bundesdurchschnittlichen Entwicklung der Nettolöhne im Verhältnis 70 ./. 30 durch Rechts- 35

14 G. v. 16.12.2022, BGBl. I G. v. 20.12.2022; §§ 28, 134 SGB XII iVm § 20 SGB II mit der Tabelle zur Anlage zu § 28 und den Regelbedarfsstufen 1–6.

verordnung festgelegt (§§ 28 a Abs. 2, 40 SGB XII). Soweit eine neue Einkommens- und Verbraucherstrichprobe (EVS) vorliegt, erfolgt eine Anpassung hiernach (§ 20 Abs. 1 a S. 2, § 28 Abs. 1 SGB XII). Die bisherigen Regelbedarfe beruhen auf der EVS 2018. Eine wesentliche Änderung der regelbedarfsrelevanten Verbrauchsausgaben wurde nicht vorgenommen.[15] Eine neue EVS wird im Jahr 2023 erstellt. Die Regelbedarfe jährlich zum jeweiligen Beginn des Jahres angehoben, Änderungen von Verbrauchsgewohnheiten und damit der Bedarfe, wie sie nur in der EVS abgebildet werden, wurden zuletzt 2018 berücksichtigt. Fraglich erscheint allerdings, ob der aktuelle Regelbedarf noch den Anforderungen an ein transparentes und sachgerechtes Verfahren zur Ermittlung des menschenwürdigen Existenzminimums entspricht (Art. 1 Abs. 1 GG),[16] denn insbesondere die Preise für Nahrungsmittel sind im Jahre 2022 um 21,1% gestiegen. Fraglich ist deshalb, ob die Einmalzahlung in Höhe von 200 EUR für Berechtigte der Regelbedarfsstufen 1 bis 3 nach § 73 bzw. § 144 SGB XII ausreichen, um den Preisanstieg aufzufangen.

Die Regelbedarfe wurden aufgrund der EVS 2018 in Verbindung mit dem Regelbedarfs-Ermittlungsgesetz (RBEG) für Einpersonenhaushalte (§ 5 RBEG) und für Familienhaushalte (§ 6 RBEG) gesondert ermittelt. Aus dem Regelbedarf für den alleinstehenden Leistungsberechtigten iHv 502 EUR werden der Regelbedarf für Ehegatten und Lebenspartner, sowie erwachsene Leistungsberechtigte ohne eigenen Haushalt iHv 451 EUR (§ 20 Abs. 2 Nr. 2, § 8 Nr. 2 RBEG) und für erwachsene Leistungsberechtigte, die in einer stationären Einrichtung nach § 27 b SGB XII untergebracht sind, iHv 402 EUR (§ 8 Nr. 3 RBEG) hergeleitet. Die weiteren Leistungsberechtigten erhalten Leistungen, die aus den Verbrauchsausgaben der Familienhaushalte hergeleitet werden. Dabei handelt es sich um die Regelbedarfe der erwerbsfähigen volljährigen und erwerbsfähigen minderjährigen, sowie den nichterwerbsfähigen minderjährigen Mitgliedern einer Bedarfsgemeinschaft (§ 6 Abs. 1 RBEG). Die Regelbedarfe werden jeweils zum 1.1. eines Jahres nach Verabschiedung des RBEG angehoben und zwar zuletzt durch Bekanntmachung der Tabelle zu § 28 SGB XII vom 20.12.2022.[17]

36 Wesentliches Merkmal des Regelbedarfes im SGB II ist die strenge **Pauschalierung**. Eine Öffnungsklausel besteht lediglich bei einer atypischen Bedarfslage (§ 21 Abs. 6). Eine Minderung des Regelbedarfes kann anders als in der Sozialhilfe auch nicht im Einzelfall wegen einer anderweitigen Deckung des Bedarfes abweichend höher oder niedriger festgelegt werden (§ 28 Abs. 1 S. 2 SGB XII). Ein im Zusammenhang mit einer Beschäftigung in einer Werkstatt für Behinderte gereichtes Mittagessen mindert nicht den Regelbedarf in der Sozialhilfe[18] und der Bedarf kann daher nicht anderweitig festgelegt werden.

37 **Beispiel:** Der Leistungsberechtigte ist im Oktober 2005 15 Tage im Krankenhaus stationär untergebracht. Während dieser Zeit erhält er Vollverpflegung. Hierfür zieht der Leistungs-

15 BT-Drs. 19/22750, 29 ff., Regelbedarfsermittlungsgesetz 2021 REBEG 9.12.2020 BGBl. I 2855.
16 BVerfG 9.2.2010 – 1 BvL 1/09, 3/09, 4/09, Urteilstenor Nr. 3.
17 Die Regelbedarfe für das Jahr 2023 werden nicht durch Verordnung, sondern durch Gesetz angepasst, und zwar durch § 134 SGB XII iVm der Tabelle zu § 28 SGB XII; BGBl. I 2345 v. 20.12.2022.
18 BSG 23.3.2010 – B 8 SO 17/09 R; BSG 17.12.2015 – B 8 SO 24/14 R, SozR 4-3500 § 116 a Nr. 2.

träger von der damals gültigen Regelleistung in Höhe von 345 EUR insgesamt 66 EUR ab. Der Abzug wird damit begründet, dass im Regelbedarf ein Anteil von 38 % für Vollverpflegung vorgesehen sei. Pro Monat entfallen daher 131,10 EUR des Regelbedarfs auf die Verpflegung, das entspricht 4,37 EUR pro Tag oder 65,55 EUR für 15 Tage.

Da der Leistungsberechtigte im Krankenhaus Verpflegungsaufwendungen erspart hat, 38
liegt es nahe, diese Ersparnis als anderweitig gedeckten Bedarf anzusehen (§ 3 Abs. 3 Hs. 1), weil die Hilfsbedürftigkeit in Bezug auf die Vollverpflegung während seines Krankenhausaufenthaltes beseitigt war. Der Streit wurde durch § 1 Abs. 1 Nr. 11 Arbeitslosengeld II-V, jetzt Bürgergeld-V, dahingehend geregelt, dass Verpflegung außerhalb eines Arbeits- oder anderen Dienstverhältnisses nicht als Einkommen angerechnet werden kann. Ist sein Bedarf im Einzelfall höher als er durch den Regelbedarf abgedeckt ist, hat er einerseits wegen der Pauschalierung keinen höheren Anspruch auf Leistungen, andererseits kommt bei einer Ersparnis auch keine Leistungsminderung in Betracht.[19]

Eine Ausnahme von dieser Regel bestand bis zum 31.12.2010 nur hinsichtlich der Kosten für 39
die Warmwasserbereitung. Diese wurden vom Gesetzgeber ausdrücklich als im Regelbedarf enthalten (§ 20 Abs. 1 „Haushaltsenergie“) bezeichnet und waren daher von den Kosten der Unterkunft in Höhe des im Regelbedarf vorgesehenen Anteils abzuziehen.[20] Die Kosten für die Warmwasserbereitung gehören ab dem 1.1.2011 zu den Kosten der Heizung (§ 20 Abs. 1 S. 1).

b) Verfassungsmäßigkeit der Regelbedarfe nach dem Regelbedarfsermittlungsgesetz

Die Regelbedarfe werden von den Betroffenen und ihnen nahestehenden Organisatio- 40
nen vielfach als unzureichend angesehen. Mit dem Urteil des Bundesverfassungsgerichtes vom 9.2.2010 wurden die bis zum 31.12.2010 geltenden Regelleistungen (§§ 20 ff.) für mit Art. 1 Abs. 1, 20 Abs. 1 GG unvereinbar erklärt und dem Gesetzgeber aufgegeben, bis zum 31.12.2010 die Regelbedarfe neu zu ermitteln. Der Gesetzgeber ist dem nachgekommen und hat, wie vom Bundesverfassungsgericht verlangt, durch das **Regelbedarfsermittlungsgesetz (RBEG)** die Regelbedarfe im SGB II und SGB XII neu festgesetzt.[21]

Der Anspruch auf **Sicherung des menschenwürdigen Existenzminimums** ergibt sich unmittelbar aus Art. 1 Abs. 1 und Art. 20 Abs. 1 GG. Das Existenzminimum besteht aus der Sicherung physischen Existenz und der Sicherung der Teilhabe am Leben in der Gemeinschaft.

c) Beurteilungsspielraum des Gesetzgebers

Das Bundesverfassungsgericht hat betont, dass der Gesetzgeber hinsichtlich des phy- 41
sischen Existenzminimums einen engen und hinsichtlich der Teilhabe am Leben in der Gemeinschaft einen weiten Beurteilungsspielraum hat.

aa) Transparenzgebot

Die Wahl der untersten 20 % der nach ihrem Nettoeinkommen geschichteten Haus- 42
halte wurde vom Bundesverfassungsgericht als sachgerecht anerkannt, weil hier eine

---

19 Vgl. BSG 18.6.2008 – B 14 AS 22/07 B.
20 BSG 28.2.2008 – B 14/11 b AS 15/07 R.
21 BGBl. 2011 I 453.

ausreichende empirische Grundlage für die Ermittlung der Bedarfssätze bestehe. Ausdrücklich offen gelassen hat das Bundesverfassungsgericht die Frage, ob eine andere **Referenzgruppe** ausreichende Datengrundlage für die Bemessung der Leistungen liefern kann. Für die Ermittlung der Referenzgruppe der Einpersonenhaushalte hat der Gesetzgeber auf die unteren 15 % der nach ihrem Nettoeinkommen geschichteten Haushalte abgestellt (§ 4 Nr. 1 RBEG). Ob mit den unteren 15 % noch eine ausreichende empirische Datengrundlage vorhanden ist, muss ggf. durch ein entsprechendes Fachgutachten ermittelt werden. Fraglich erscheint auch, warum der Gesetzgeber bei den Einpersonenhaushalten auf die unteren 15 % der Einkommensbezieher abgestellt hat. Eine Erklärung hierfür findet sich in der Gesetzbegründung nicht. Die Regelbedarfe für Kinder wurden aus den Verbrauchsausgaben der Familienhaushalte mit einem Kind abgeleitet. Im Unterschied zur Ermittlung der Verbrauchsausgaben für Erwachsene wurden die unteren 20 % der Einkommen in Familienhaushalten als Referenzhaushalte gewählt. Bei den alleinstehenden Erwachsenen wurden die unteren 15 % ausgewählt. Aus der Einkommens- und Verbraucherstichprobe 2018 lässt sich nicht der jeweilige Anteil der Familienmitglieder entnehmen, weil eine Zuordnung in der Verbraucherstichprobe nicht abgefragt wurde. Diese wurden durch ein kompliziertes statistisches Verfahren ermittelt. Der Gesetzesbegründung lässt eine Begründung für die ungleiche Behandlung und Zuordnung von Kindern (untere 20 %) und Erwachsenen (untere 15 %) zu unterschiedlichen Haushaltsgruppen nicht entnehmen.

bb) Rechtfertigung von Kürzungen, Ausgleichsmöglichkeit

43 Das Bundesverfassungsgericht hat betont, dass eine Kürzung einzelner Ausgabenpositionen möglich ist. Eine Kürzung muss jedoch auf einer ausreichenden empirischen Grundlage beruhen und berücksichtigen, dass Einsparungen in einem Bereich die Kosten in einem anderen Bereich ansteigen lassen. Gemessen hieran sind die im RBEG ermittelten Kürzungen auf Schlüssigkeit zu untersuchen.

Die in der EVS 2018 ermittelten Verbrauchsausgaben werden in **12 Abteilungen** ermittelt. Jede Abteilung enthält einzelne Gegenstände bei denen die durchschnittlichen Ausgaben der Referenzhaushalte der unteren 15 % bzw. 20 % nach ihrem Nettoeinkommen geschichteten Haushalte ermittelt wurden.

In der Abteilung 1 werden die Ausgaben für Nahrungsmittel und in der Abteilung 2 die Ausgaben für alkoholische Getränke und Tabakwaren aufgeführt. Das Bundesverfassungsgericht hat den Abzug für Tabakwaren, alkoholische Getränke und Kraftfahrzeuge als nicht regelbedarfsrelevant gebilligt und hierin keinen Verstoß gegen das (Grund-)Recht auf Sicherung der Existenz gesehen (Art. 1, 20 GG).[22]

44 Der Gesetzgeber hat den regelbedarfsrelevanten Bedarf in den laufenden Nr. 1 bis 3 der Abteilung 2 der EVS 2018 ohne den Verbrauch für alkoholische Getränke ermittelt, weil **Alkohol** ein gesundheitsgefährdendes Genussgift darstellt. Die gleichzeitig mit dem alkoholischen Getränk aufgenommene Flüssigkeitsmenge wird durch Mine-

22 BVerfG 23.7.2014 – 1 BvL 10/12, 1 BvL 12/12, 1 BvR 1691/13 Rn. 113, BGBl. 2014 I 158.

ralwasser substituiert. Die ermittelten Ausgaben für alkoholische Getränke wurden um die Ausgaben für Spirituosen vermindert, weil diese keinen nennenswerten Flüssigkeitsanteil haben. Die Kürzungen und Substitutionen berücksichtigten nicht, dass alkoholische Getränke im erheblichen Umfang zum täglichen Nahrungsbedarf beitragen. Die in der Gesetzesbegründung angegebene Menge Bier von 12 Flaschen à 0,5 Liter = 6 Liter haben einen Brennwert von 130 Kilokalorien pro 100 ml, die beschriebene Kiste Bier mithin einen Wert von 2.600 Kilokalorien. Darüber werden alkoholische Getränke in fast allen gesellschaftlichen Kreisen insbesondere bei familiären und gesellschaftlichen Anlässen konsumiert. Aus der EVS 2018 ergibt sich im Übrigen, dass die Ausgaben für alkoholische Getränke mit steigendem Einkommen stark ansteigen und die unteren Einkommensschichten offensichtlich auch einen geringeren Alkoholverbrauch haben.[23]

Die Ausgaben für **Tabak** in Höhe von 10,82 EUR wurden nicht berücksichtigt, weil 45
es sich nicht um einen existenzsichernden Bedarf handelt. Diese Begründung scheint nachvollziehbar, ist der Konsum von Tabakwaren nicht für die physische Existenz oder auch zur Teilnahme am Leben in der Gesellschaft notwendig. Eine allgemeingesellschaftliche Sitte, bei besonderen Anlässen Tabak zu konsumieren, besteht nicht, so dass ein Ausschluss dieser Ausgaben, ohne Berücksichtigung, dass des sich beim Tabakkonsum regelmäßig auch um eine Suchterkrankung handelt, nachvollziehbar erscheint.

Zwischen den einzelnen Ausgabenpositionen muss ein **interner Ausgleich** möglich 46
sein.[24] Der Gesetzgeber hat den gesamten Bedarf realitätsgerecht zu ermitteln. Die Berechnung muss auf der Grundlage verlässlicher Zahlen und schlüssiger Berechnungsverfahren erfolgen und zwischen den einzelnen Ausgabenpositionen muss ein Ausgleich möglich sein.[25] Ein interner Ausgleich ist dann nicht möglich, wenn sich durch die Herausnahme einzelner Positionen nicht mehr aus dem Verbrauchsverhalten der unteren Einkommensgruppen der tatsächliche Verbrauch ableiten lässt.[26]

Ein interner Ausgleich ist auch dann nicht möglich, wenn ein hoher Durchschnitts- 47
verbrauch nur durch einen exzessiven Verbrauch einer kleinen Gruppe zustande kommt. Abschläge müssen hinreichend empirisch belegt sein.[27]

Bei den Verkehrsausgaben sind die Kosten für Flugreisen herausgerechnet, die statistisch nicht abgesichert sind.[28]

d) Verfassungsmäßigkeit der Anpassungsformel

Hinsichtlich der Anpassung des Regelbedarfes hat der Gesetzgeber eine Anpassung 48
des Regelbedarfes anhand des Mischindexes der bundesdurchschnittlichen Entwicklung der regelbedarfsrelevanten Güter und Dienstleistungen mit 70 % und der bundesdurchschnittlichen Entwicklung der Nettolöhne mit 30 % vorgenommen (§ 20

23 Vgl. Begründung zum RBEG 2020, BT-Drs. 19/22750, 22.
24 BVerfG 9.2.2010 – 1 BvL 1/09, BvL 3/09 und BvL 4/09 Rn. 172.
25 BVerfG 9.2.2010 – 1 BvL 1/09, BvL 3/09 und BvL 4/09 Rn. 142.
26 BVerfG 9.2.2010 – 1 BvL 1/09, BvL 3/09 und BvL 4/09 Rn. 166.
27 BVerfG 9.2.2010 – 1 BvL 1/09, BvL 3/09 und BvL 4/09 Rn. 179.
28 BT-Drs. 17/3404 Anlage zu Artikel 1.

Abs. 5 iVm § 28 a Abs. 2 SGB XII). Gebilligt wurde vom Bundesverfassungsgericht lediglich eine Anbindung an die Entwicklung der regelbedarfsrelevanten Verbraucherpreise wie sie in der EVS 2008 ermittelt wurde.[29] Unbeanstandet blieb die Reduzierung des Regelbedarfes bei Partnern von 100 % auf 90 % (§ 20 Abs. 4), weil die Absenkung auf einer statistisch ausreichend abgesicherten Schätzung beruht indem der Bedarf der Alleinstehenden mit dem Bedarf von Paaren verglichen wird.[30] In seiner Entscheidung vom 23.7.2014 hat das Bundesverfassungsgericht diese Anpassungsformel als mit dem Grundgesetz vereinbar angesehen.[31]

e) Ungleichbehandlung verschiedener Personengruppen

49 Der Gesetzgeber hat im Regelbedarfsermittlungsgesetz nur den Bedarf von Personen unter 18 Jahren ermittelt (§ 6 RBEG), nicht aber den Bedarf für Personen, die das 18. Lebensjahr vollendet und überschritten haben. Für **Personen, die das 18. Lebensjahr vollendet haben**, wurde ein Regelbedarf iHv 80 % des Regelbedarfes eines alleinstehenden Leistungsberechtigten angenommen (§ 20 Abs. 2 S. 2 Nr. 2). Der Regelbedarf iHV 80 % wurde nicht statistisch ermittelt, sondern wurde daraus errechnet, dass in einem „Paarhaushalt“ 180 % des Regelbedarfes anfallen.[32] Der Regelbedarf von 80 % auch außerhalb einer Bedarfsgemeinschaft wurde unter anderem eingeführt, um zu vermeiden, dass zwei Hilfebedürftige in einem Haushalt jeweils den vollen Regelbedarf (§ 20 Abs. 2 S. 1) erhalten.[33] In den Haushalten in denen zwei Erwachsene zusammenleben erhält ein Erwachsener einen Anteil von 100 % und der andere einen Anteil von 80 %. Die Summe ist bei zwei Personen die gleiche wie bei „Paarhaushalten“. Lebt eine Person in einem Haushalt mit einem Paar zusammen (Eltern mit erwachsenem Kind) erhalten drei Personen nicht mehr jeweils 90 %, sondern in der Summe 260 % (= 90 + 90 + 80) und pro Person nur 87 % des Regelbedarfes iHv 502 EUR (§ 20 Abs. 2 S. 1). Bei mehr als drei Personen vermindert sich der jeweilige Anteil. Haushalte mit drei Personen erhalten damit pro Kopf weniger Geld als Haushalte mit zwei Personen, obwohl eine Haushaltsersparnis durch gestiegene Personenzahl nicht ermittelt wurde. Fragwürdig ist auch, warum die einzelnen Mitglieder eines Paarhaushaltes jeweils anders behandelt werden, als die Mitglieder von Haushalten mit zwei Personen. Auch hier könnte das Transparenzgebot verletzt sein.[34] Der achte Senat des Bundessozialgerichtes hat für den Bereich der Sozialhilfe (SGB XII) die Anwendung der Regelbedarfsstufe 3 auf Fälle (bei einem behinderten Menschen) beschränkt, wenn keine oder nur eine ganz untergeordnete Haushaltsführung besteht.[35] Anders als in dem Bereich der Grundsicherung kommt es bei der Beurteilung der Regelbedarfsstufen nach dem SGB II (§ 20 Abs. 2 Nr. 2) nicht so sehr darauf an, ob der Leistungsberechtigte einen eigenen Haushalt führt, sondern ob er alleinstehend oder alleinerziehend ist. Letztlich beinhaltet „alleinstehend“ jedoch, dass ein ei-

29 BVerfG 9.2.2010 – 1 BvL 1/09, BvL 3/09 und BvL 4/09 Rn. 186.
30 BVerfG 9.2.2010 – 1 BvL 1/09, BvL 3/09 und BvL 4/09 Rn. 189.
31 BVerfG 23.7.2014 – 1 BvL 10/12, 1 BvL 12/12, 1 BvR 1691/13 Rn. 137 ff., BGBl. 2014 I 1581.
32 BT-Drs. 17/3404, 130.
33 BSG 19.5.2009 – B 8 SO 8/08 R.
34 BVerfG 9.2.2010 – 1 BvL 1/09, BvL 3/09 und BvL 4/09 Rn. 144.
35 BSG 24.3.2015 – B 8 SO 5/14 R, SozR 4-3500 § 28 Nr. 11.

gener Haushalt geführt wird und keine Haushaltsgemeinschaft zwischen den Bewohnern besteht, so dass ein Leistungsberechtigter auch dann als alleinstehend bezeichnet werden kann, wenn er in einer gemeinsamen Wohnung einen eigenen Haushalt führt. Dieser Betrachtung könnten jedoch die Regelungen der §§ 7 Abs. 3 Nr. 4, 22 Abs. 5 im SGB II für Personen, die das 25. Lebensjahr noch nicht vollendet haben, entgegenstehen. Diese Regelungen sollen verhindern, dass der junge Erwachsene bei intakten Familienverhältnissen erhöhte Kosten des Regelbedarfes und der Unterkunft geltend macht. Letztlich sind die Eltern allerdings in der Regel gegenüber ihren Kindern nicht mehr unterhaltspflichtig, so dass, wenn keine Versorgung im Haushalt der Eltern mehr erfolgt, auch hier ein erhöhter Regelbedarf besteht, weil der Ersparniseffekt nur bei gemeinsamer Haushaltsführung eintritt.

f) Fragen der Gleichbehandlung

Nach der Entscheidung des Bundesverfassungsgerichtes vom 9.2.2010 ist die Verfassungsmäßigkeit der Neuregelungen allein an Art. 1 Abs. 1 GG (Schutz der Menschenwürde) und Art. 20 Abs. 1 GG (Sozialstaatsprinzip) zu messen. Andere Grundrechte, wie zum Beispiel Art. 3 Abs. 1 GG oder Art. 6 Abs. 1 GG, vermögen für die Bemessung des Existenzminimums im Sozialrecht keine weiteren Maßstäbe zu setzen. Entscheidend ist von der Verfassung wegen allein, dass für jede individuelle hilfebedürftige Person das Existenzminimum nach Art. 1 Abs. 1 GG in Verbindung mit Art. 20 Abs. 1 GG ausreichend erfasst wird; eines Rückgriffs auf weitere Grundrechte bedarf es hier nicht.[36] 50

Hieraus ergibt sich jedoch nicht, dass Fragen der Gleichbehandlung (Art. 3 GG) im Recht der Existenzsicherung unbeachtlich sind. Die Frage der Gleichbehandlung war nicht Gegenstand der Entscheidung im Urteil des Bundesverfassungsgerichtes vom 9.2.2010, weil es für die Kläger der Ausgangsverfahren auf eine Ungleichbehandlung nicht ankam. Eine Ungleichbehandlung lag nicht vor und die Kläger hatten sich hierauf auch nicht berufen. Ein Regelbedarf iHv 80 % des Regelbedarfes für alleinstehende Leistungsberechtigte war nicht Gegenstand des Rechtsstreites.[37] Die Leistungsberechtigten mit einem Regelbedarf iHv 502 EUR können sich auf die Ungleichbehandlung mit Paarhaushalten und, wenn sie mit mehr als zwei weiteren Personen zusammenleben, darauf berufen, dass eine weiter gehende Haushaltsersparnis als im Paarhaushalt nicht ermittelt wurde. Das Bundesverfassungsgericht hat die Anrechenbarkeit von Schmerzensgeld als Einkommen bei Asylbewerbern (§ 7 Abs. 1 S. 1 AsylbLG) abweichend von den Regelungen in der Grundsicherung für Arbeitsuchende und der Sozialhilfe (§ 11 a Abs. 2, § 83 Abs. 2 SGB XII) als mit Art. 3 GG unvereinbar erklärt.[38] In einer weiteren Entscheidung zum AsylbLG hat das Bundesverfassungsgericht die sogenannten Grundleistungen (§ 3 AsylbLG) als mit dem Gleichheitsgebot (Art. 3 GG) unvereinbar und als evident unzureichend angesehen und dem Gesetzgeber eine Änderung aufgegeben.[39] 51

36 BVerfG 9.2.2010 – 1 BvL 1/09, BvL 3/09 und BvL 4/09 Rn. 145.
37 BVerfG 9.2.2010 – 1 Bvl 1/09, 3/09, 4/09 Rn. 124, 125.
38 BVerfG 11.7.2006 – 1 BvR 293/05.
39 BVerfG 18.7.2012 – 1 BvL 10/10, 1 BvL 2/11, BGBl. 2012 I 1715–1716.

g) Verfassungsrechtliche Entwicklung

52 Das Bundesverfassungsgericht hat am 23.7.2014 entschieden, dass der Gesetzgeber sich bei der Ermittlung des Regelbedarfes, jedenfalls für den streitigen Zeitraum 2011 und 2012, an den von der Verfassung eingeräumten Beurteilungsspielraum gehalten hat und die Normen § 20 Abs. 2 S. 1 und 2 Nr. 1, Abs. 4, Abs. 5 grundgesetzkonform sind.[40]

53 Die bisherige Rechtsprechung des Bundesverfassungsgerichtes hinsichtlich des Regelbedarfs beim Sozialgeld (jetzt Bürgergeld) nach dem SGB II lässt sich eingeschränkt auf den Regelbedarf nach dem SGB XII übertragen (vgl. § 28 SGB XII). Zwar kann der Regelbedarf in der **Sozialhilfe** abweichend von dem Regelbedarf festgelegt werden, wenn er im Einzelfall anderweitig gedeckt ist oder unabweisbar erheblich von einem durchschnittlichen Bedarf abweicht (§ 27a Abs. 4 SGB XII), dies führt aber nicht dazu, dass zB ein regelmäßig auftretender Bedarf bei Schülern berücksichtigt werden kann.

4. Leistungen für Mehrbedarfe

54 Bei den im SGB II anerkannten **Mehrbedarfen** beim Lebensunterhalt handelt es sich um im Gesetz genannte Ausnahmetatbestände (§ 21), die sich aus besonderen Lebenssituationen ergeben, denn der gesamte Lebensbedarf wird mit Ausnahme der Kosten für Unterkunft und Heizung vom Regelbedarf abgedeckt (§ 3 Abs. 3 S. 1).

Es können **mehrere Mehrbedarfe** nebeneinander geleistet werden (§ 21 Abs. 1 und 6). Die Summe der Mehrbedarfe darf jedoch die Höhe des jeweils maßgeblichen doppelten Regelbedarfes zB von 1.004 EUR nicht übersteigen (§ 21 Abs. 8).

Der Mehrbedarf wird entweder individuell ermittelt oder pauschal mit einem prozentualen Zuschlag zu dem für den jeweiligen Leistungsberechtigten maßgeblichen Regelbedarf berücksichtigt. Eine individuelle Ermittlung erfolgt zB beim atypischen Bedarf (§ 21 Abs. 6) und eine pauschale Ermittlung bei dem Mehrbedarf für schwangere (§ 21 Abs. 2) oder alleinerziehende Leistungsberechtigte (§ 21 Abs. 3).

Der Anspruch auf Mehrbedarf gehört zum Bürgergeld, wenn er von einem erwerbsfähigen Leistungsberechtigten beansprucht wird, denn der Mehrbedarf gehört zu den Leistungen zur Sicherung des Lebensunterhaltes (§ 19 Abs. 1 S. 3). Soweit bei einer erwerbsfähigen Person allein wegen eines Mehrbedarfes Hilfebedürftigkeit eintritt, folgt hieraus ein Anspruch auf Bürgergeld und die Versicherung in der gesetzlichen Kranken- und Pflegeversicherung.

55 **Beispiel:** Die alleinstehende A erhält eine Unfallrente in Höhe von 1.020 EUR monatlich. Ihre angemessenen Wohnkosten betragen monatlich 450 EUR. Die A ist in der 13. Schwangerschaftswoche. Vor der 12. Schwangerschaftswoche war der Bedarf der A nach der folgenden Berechnung gedeckt, so dass keine Hilfebedürftigkeit bestand:

---

40 BVerfG 23.7.2014 – 1 BvL 10/12, 1 BvL 12/12, 1 BvR 1691/13; BGBl. 2014 I 1581, NJW 2014, 1765–1771.

Regelbedarf		502 EUR		
+ Kosten der Unterkunft	+	450 EUR		
Gesamtbedarf	=	952 EUR		952 EUR
Einkommensanrechnung				
Einkommen Unfallrente		1.020 EUR		
./. Versicherungspauschale	-	30 EUR		
Anrechenbares Einkommen	=	990 EUR	-	952 EUR
Leistungsbetrag ohne Mehrbedarf = Überschuss			-	38 EUR
+ Mehrbedarf Schwangerschaft (§ 21 Abs. 2: 17 % des Regelbedarfes nach § 20 Abs. 2 S. 1)			+	85,34 EUR
Leistungsbetrag			=	47,34 EUR

Allein durch den Mehrbedarf wird die A hilfebedürftig und hat Anspruch auf Bürgergeld. Durch den Bezug von Bürgergeld ist sie in der Kranken- und Pflegeversicherung versichert (§ 5 Abs. 1 Nr. 2 a SGB V, § 20 Abs. 1 Nr. 2 a SGB XI). Die A hat zwar einen Anspruch auf Zuschuss zur freiwilligen gesetzlichen bzw. privaten Kranken- und Pflegeversicherung (§ 26 Abs. 2 und Abs. 4), dieser gehört jedoch nicht zum Bürgergeld, so dass die Zeit des Bezuges dieser Leistung keine Anrechnungszeit in der gesetzlichen Rentenversicherung ist (vgl. hierzu → Rn. 27).

a) Leistungen bei Schwangerschaft

Werdende Mütter erhalten nach ab der 12. **Schwangerschaftswoche** einen Mehrbedarf in Höhe von 17 % des für sie maßgeblichen Regelbedarfes (§ 21 Abs. 2). Da der Regelbedarf unterschiedlich hoch sein kann, ist auch der Mehrbedarf unterschiedlich hoch und zwar wie folgt: 56

alleinstehende Leistungsberechtigte, § 20 Abs. 2 S. 1: 17 % von 502 EUR	85,34 EUR
Partner eines Leistungsberechtigten, § 20 Abs. 4: 17 % von 451 EUR	76,67 EUR
leistungsberechtigtes minderjähriges Kind, § 20 Abs. 2 S. 2 Nr. 2 iVm § 77 Abs. 4 Nr. 1: 17 % von 420 EUR	71,40 EUR
Leistungsberechtigte volljährige Person ohne eigenen Haushalt, § 20 Abs. 2 S. 2 Nr. 2: 17 % von 407 EUR	69,19 EUR

b) Leistungen für Alleinerziehende

Nach § 21 Abs. 3 haben Leistungsberechtigte, die allein mit einem oder mehreren Kindern zusammenleben, einen Anspruch auf Mehrbedarf in Höhe von 12 % des für sie maßgeblichen Regelbedarfes für jedes minderjährige Kind, das mit ihnen zusammenlebt. Sofern ein Kind unter sieben Jahren ist oder zwei oder drei Kinder unter sechzehn Jahren sind, beträgt der Anspruch 36 % des Regelbedarfes, wenn sich hierdurch ein höherer Prozentsatz ergibt als wenn der Berechnung nur ein Mehrbedarf von 12 % pro Kind zugrunde gelegt wird. 57

Alleinerziehend ist jeder, der minderjährige Kinder in seinen Haushalt aufgenommen hat.[41] Zwischen der alleinerziehenden Person und dem Kind muss weder eine **verwandtschaftliche Beziehung** noch eine Bedarfsgemeinschaft bestehen.[42]

Ein Anspruch auf Mehrbedarf für Alleinerziehende kann auch dann bestehen, wenn der Alleinerziehende mit einem Partner in einer Bedarfsgemeinschaft lebt. Alleinerziehend ist jemand, wenn er für die **Pflege und Erziehung des Kindes alleine sorgt**. Erbringt ein Partner in einer eheähnlichen oder partnerschaftsähnlichen Lebensgemeinschaft keinerlei Leistungen für das Kind, ist der andere Partner auch in diesem Fall alleinerziehend.

Teilen sich die Eltern des Kindes die Erziehung je zur Hälfte, dann ist der Mehrbedarf für Alleinerziehende unter ihnen hälftig zu teilen.[43]

	Regelbedarf	Mehrbedarf 36 %	Mehrbedarf 12 %
Alleinstehender Leistungsberechtigter, § 20 Abs. 2 S. 1	502 EUR	180,72 EUR	60,24 EUR
Partner eines Leistungsberechtigten, § 20 Abs. 4	451 EUR	162,36 EUR	54,12 EUR

c) Mehrbedarf für behinderte Menschen, die Leistungen zur Teilhabe erhalten

58 **Behinderte Menschen**, die Leistungen zur Teilhabe am Arbeitsleben nach § 49 SGB IX oder Eingliederungshilfe nach § 90 ff. SGB IX erhalten, haben Anspruch auf einen Mehrbedarf in Höhe von 35 % des für sie maßgeblichen Regelbedarfes (§ 21 Abs. 4).

Zu den behinderten Menschen gehören alle Personen, die körperliche, seelische, geistige oder Sinnesbeeinträchtigungen haben, die sie in Wechselwirkung mit einstellungs- und umweltbedingten Barrieren an der gleichberechtigten Teilhabe an der Gesellschaft mit hoher Wahrscheinlichkeit länger als sechs Monate hindern können (§ 2 Abs. 1 S. 1 SGB IX). Nicht erforderlich ist, dass ein Grad der Behinderung oder gar eine Schwerbehinderung festgestellt wurde.

Als Maßnahme im Sinne des § 21 Abs. 4 kommt die Förderung zur Teilhabe behinderter Menschen am Arbeitsleben in Betracht (§ 49 SGB IX). Diese Personen haben bei einer Erstausbildung keinen Anspruch auf Berufsausbildungsbeihilfe (§§ 56 ff. SGB III), sondern auf Ausbildungsgeld nach § 122 SGB III. Ein Anspruch auf den ausbildungsbedingten Mehrbedarf behinderter Menschen besteht allerdings dann nicht, wenn er von der Leistung nach dem SGB II wegen eines Anspruchs (dem Grunde nach) auf Leistungen zur Berufsausbildungsbeihilfe oder nach dem BAföG (§ 7 Abs. 5) ausgeschlossen ist. Letzteres ergibt sich eindeutig aus § 27 Abs. 2, der nicht

41 BSG 27.1.2009 – B 14/7b AS 8/07 R.
42 BSG 27.1.2009 – B 14/7b AS 8/07 R Rn. 26.
43 BSG 3.3.2009 – B 4 AS 50/07 R.

auf den Mehrbedarf nach § 21 Abs. 4 verweist.[44] Der Mehrbedarf für Behinderte kann der nachfolgenden Tabelle entnommen werden:

	Regelbedarf	Mehrbedarf 35 %
Alleinstehender Leistungsberechtigter, § 20 Abs. 2 S. 1	502 EUR	175,70 EUR
Partner des Leistungsberechtigten, § 20 Abs. 4	451 EUR	157,85 EUR
Leistungsberechtigtes volljähriges Kind, § 20 Abs. 2 S. 2 Nr. 1 iVm § 77 Abs. 4 Nr. 1	402 EUR	140,70 EUR
Leistungsberechtigtes minderjähriges Kind, § 20 Abs. 2 S. 2 Nr. 1 iVm § 77 Abs. 4 Nr. 1	420 EUR	147,00 EUR

d) Mehrbedarf bei kostenaufwendiger Ernährung

Leistungsberechtigte haben einen Anspruch auf Mehrbedarf wegen einer aus medizi- 59
nischen Gründen kostenaufwendigen Ernährung (§ 21 Abs. 5). Die Aufwendungen für Ernährung müssen durch eine **Krankheit oder eine Behinderung verursacht** sein und zu einem Mehrbedarf führen, der über den Anteil des im Regelbedarf enthaltenen Anteils für die Ernährung in Höhe von 150,93 EUR bei einem Regelbedarf in Höhe von 502 EUR hinausgeht, dies entspricht einem Anteil am Regelbedarf in Höhe von ca. 30 % bei dem alleinstehenden Leistungsberechtigten (§ 5 Abs. 1 RBEG).

Hinweis: Entscheidend ist nur der Anteil am Regelbedarf in Höhe von 30 %, der seit Erlass des Regelbedarfsermittlungsgesetzes unverändert ist, weil die Werte des RBEG auf der EVS 2018 beruhen, die unverändert angewendet wird.

Die Praxis hat sich bisher damit beholfen, die vom Deutschen Verein für öffentliche 60
und private Fürsorge veröffentlichten Richtlinien für Krankenkostzulage[45] zu übernehmen.[46] Diese Richtlinien sind nicht als antizipiertes Sachverständigengutachten anzusehen, sondern dienen allenfalls als Mittel zur Vereinheitlichung der Verwaltungspraxis.[47]

Ein **erhöhter Ernährungsbedarf** wird nur bei sogenannten zehrenden Erkrankungen 61
wie HIV-Infektion, Krebserkrankungen, schwere Formen von Morbus Chron/Colitis Ulcerosa und Multipler Sklerose angenommen. Weitere Krankheiten, bei denen gewöhnlich ein erhöhter Bedarf an Ernährung angenommen wird, sind Niereninsuffizienz und Zöliakie.

---

44 BSG 6.8.2014 – B 4 AS 55/13 R, SozR 4-4200 § 7 Nr. 38.

45 Empfehlungen des Deutschen Vereins zur Gewährung des Mehrbedarfs bei kostenaufwändiger Ernährung gemäß § 30 Abs. 5 SGB XII DV 12/20 16.9.2020.

46 LPK-SGB II/v. Boetticher, 6. Aufl. 2017, § 21 Rn. 25 ff.

47 BSG 27.2.2008 – B 14/7 B AS 32/06 R, B 14/7 B AS 64/06 R; 15.4.2008 – B 14/11 B AS 3/07 R.

Der Mehrbedarf wird wie folgt vorgeschlagen:

- konsumierende Erkrankungen, gestörte Nährstoffaufnahme bzw. Nährstoffverwertung 10 % des Eckregelsatzes bzw. des Regelbedarfs (§ 20 Abs. 2),
- Terminale Niereninsuffizienz mit Dialysetherapie, 5 % des Eckregelsatzes (Regelbedarf § 20 Abs. 2),
- Mukoviszidose 30 % des Eckregelsatzes,
- Zöliakie 20 % des Eckregelsatzes (Regelbedarf § 20 Abs. 2 SGB II),
- Darüber hinaus wurden erstmals Schluckstörungen aufgenommen. Hier wurde jedoch keine Empfehlung der Höhe nach gegeben, sondern auf die tatsächlichen Aufwendungen verwiesen.

Die Bundesagentur für Arbeit hat hierauf reagiert und entsprechende Weisungen erlassen, bisher geleisteter Mehrbedarf ist in den Folgebescheiden nicht mehr zu gewähren und den Empfehlungen im Übrigen zu folgen. Die Mehrbedarfe für Ernährung ergeben sich aus der nachfolgenden Tabelle:

Alleinstehender Leistungs-berechtigter	Regelbedarf	Mehrbedarf 5%	Mehrbedarf 10%	Mehrbedarf 20%
	502 EUR	25,10 EUR	50,20 EUR	100,40 EUR

62 Fraglich erscheint, ob die Festlegung anhand eines bestimmten Betrages vom Regelbedarf gerechtfertigt ist und die Kosten für den ernährungsbedingten Mehrbedarf tatsächlich abdecken kann. Die bis zum September 2008 angewendeten Empfehlungen hat das Bundessozialgericht hinsichtlich der Höhe des Mehrbedarfes als mögliche Konkretisierung des angemessenen Mehrbedarfs angesehen und gleichzeitig eine Begrenzung auf den Höchstbetrag von damals 79,80 EUR verworfen.[48] Eine Entscheidung des Bundessozialgerichtes zu den seit dem 16.9.2020 geltenden Empfehlungen des Deutschen Vereins für öffentliche und private Fürsorge e.V. ist bisher nicht erfolgt.

63 **Hinweis:** Angesichts der Ermittlungen und der Ansichten der Deutschen Gesellschaft für Ernährung, auf deren Studie der Deutsche Verein für öffentliche und private Fürsorge zurückgreift, sind die Erfolgsaussichten beispielsweise eines Diabetikers einen ernährungsbedingten Mehrbedarf anerkannt zu bekommen, auch nach einem ärztlichen Gutachten als gering zu bezeichnen. Die Empfehlungen geben die derzeitige medizinische Meinung wieder und entbinden das Gericht nicht davon, im Einzelfall zu prüfen, ob gleichwohl ein Mehrbedarf besteht.

64 Die in der Studie der Deutschen Gesellschaft für Ernährung einbezogenen Lebensmittel lassen sich allerdings zu den ausschließlich statistisch festgestellten Preisen nur ausnahmsweise erwerben. Letztlich lässt diese Studie den Schluss zu, dass der Bedarf für Ernährung, der in den jeweiligen Regelbedarfen mit einem jeweils in den §§ 5

48 BSG 27.2.2008 – B 14/7b AS 32/06 R.

und 6 RBEG genannten Anteilen enthalten ist, in aller Regel nicht ausreichend ist, denn andernfalls würde dies voraussetzen, dass der Leistungsberechtigte stets in der Lage ist, Lebensmittel der unteren Preiskategorie zu erwerben. Der Leistungsberechtigte, der nur eine Leistung von 80 % (Bedarf nach § 20 Abs. 2 S. 2 Nr. 2 = 402 EUR), kann sich auch nicht mehr unter diesen theoretisch günstigen Bedingungen aus seiner Regelleistung ernähren, es sei denn, er schränkt sich bei anderen „Bedarfen“ ein.

Der ernährungsbedingte Mehrbedarf ist nicht auf die vom Deutschen Verein ermittel- 65
ten Fälle beschränkt. Hierzu können zB Lebensmittelunverträglichkeiten (Allergien) in ihren verschiedenen Ausprägungen gehören.[49] Ein Bedarf wird sich allerdings nur dann ergeben, wenn der Leistungsberechtigte selbst von seinem ernährungsbedingten Mehrbedarf Kenntnis hat.[50] Zur Geltendmachung des Mehrbedarfes bedarf es keines gesonderten Antrags. Die Kenntnis wird in aller Regel erst nach einer Feststellung durch einen behandelnden Arzt bestehen. Bestand allerdings diese Kenntnis und macht der Leistungsberechtigte sein Recht erst nach dieser Kenntnis geltend, so wird das Jobcenter in aller Regel auch die vorigen Bewilligungszeiträume von Amts wegen überprüfen und Leistungen für die Vergangenheit bis zu einem Jahr (§ 40 Abs. 1 S. 2 iVm § 44 SGB X) nachzahlen müssen.[51]

Das Bundesverfassungsgericht[52] hatte im Falle einer an **Diabetes** erkrankten Klägerin 66
die ablehnende Entscheidung des Landessozialgerichtes über die Bewilligung von Prozesskostenhilfe für ein Klageverfahren auf Anerkennung eines ernährungsbedingten Mehrbedarfes aufgehoben. Das Landessozialgericht hatte, entgegen den damals noch angewendeten Empfehlungen des Deutschen Vereins aus dem Jahr 1997, einen Anspruch auf Mehrbedarf aufgrund neuerer medizinischer Erkenntnisse verneint und die Prozesskostenhilfe wegen mangelnder Erfolgsaussichten abgelehnt. Nach Änderung der Empfehlungen des Deutschen Vereins kann davon ausgegangen werden, dass die Prozesskostenhilfe nunmehr mit dem Hinweis auf die zwischenzeitlich geänderten Feststellungen des Deutschen Vereins abgelehnt wird.

Hinweis: Die Leistungen für ernährungsbedingten Mehrbedarf sind nicht pauscha- 67
liert und können auch abweichend von den Vorschlägen des Deutschen Vereines in der tatsächlichen Höhe geltend gemacht werden. Hierzu ist es allerdings erforderlich, dass der Leistungsberechtigte Angaben zu seinem Mehrbedarf macht oder sein behandelnder Arzt hierzu Auskunft geben kann. Der ernährungsbedingte Mehrbedarf ist auch nicht auf die in den Empfehlungen des Deutschen Vereins genannten Erkrankungen und Behinderungen beschränkt. Die Pauschalierung in Höhe von 5%, 10 %, 20 % oder 30% des Regelbedarfes für den alleinstehenden Leistungsberechtigten ist weder empirisch ermittelt, noch beruht sie auf einer einigermaßen nachvollziehbaren Schätzung, so dass sie nur als Anhaltspunkt für den Leistungsanspruch herangezogen werden kann.

49 BSG 14.2.2013 – B 14 AS 48/12 R, SozR 4-4200 § 21 Nr. 15 (Laktoseintoleranz).
50 BSG 20.2.2014 – B 14 AS 65/12 R, SozR 4-4200 § 21 Nr. 17.
51 BSG 14.2.2013 – B 14 AS 48/12 R, SozR 4-4200 § 21 Nr. 15 (Laktoseintoleranz).
52 BVerfG 20.6.200 – 1 BvR 2673/05 Rn. 34.

e) Mehrbedarf nicht erwerbsfähiger Personen (Nachteilsausgleich für Gehbehinderte)

68 Personen, die mit Leistungsberechtigten in einer Bedarfsgemeinschaft leben und nicht erwerbsfähig sind, haben Anspruch auf Bürgergeld für nicht erwerbsfähige Leistungsberechtigte und keinen Anspruch auf Leistungen zum Lebensunterhalt nach dem SGB XII (§ 19 Abs. 1 S. 1). Leben diese Personen nicht in einer Bedarfsgemeinschaft mit anderen Bürgergeld-Beziehern zusammen, haben sie einen Anspruch auf Leistungen zum Lebensunterhalt nach den §§ 19 ff. SGB XII. Zusätzlich erhalten diese Personen, die entweder die Altersgrenze nach § 41 Abs. 2 SGB XII erreicht haben oder voll erwerbsgemindert sind, einen Mehrbedarf in Höhe von 17 % der für sie maßgebenden Regelbedarfsstufe, wenn diese gehbehindert sind und durch Bescheid der Versorgungsbehörde einen Ausweis für schwerbehinderte Menschen mit dem Nachteilsausgleich-Merkzeichen G erhalten haben (§ 30 Abs. 1 SGB XII). Um diesen Personenkreis, der nur durch die „Klammerwirkung" der Bedarfsgemeinschaft keinen Anspruch auf diesen Mehrbedarf hat, nicht zu benachteiligen, wird im SGB II ein gesonderter Anspruch geschaffen (§ 23 Nr. 4).

Dieser Anspruch auf Mehrbedarf besteht daher weder für erwerbsfähige Leistungsberechtigte mit dem Merkzeichen G,[53] noch für Personen, die nicht erwerbsfähig sind, weil sie das 15. Lebensjahr noch nicht vollendet haben.[54]

f) Mehrbedarf bei dezentraler Warmwasserversorgung

69 Leistungsberechtigte, deren Warmwasser nicht mit den Kosten für die Heizung (§ 22 Abs. 1 S. 1) abgegolten werden, erhalten bei dezentraler Warmwasserbereitung etwa mittels eines elektrischen oder gasbetriebenen Durchlauferhitzers oder Warmwasserboilers einen Mehrbedarf (§ 21 Abs. 7):

Mehrbedarf	in %	in EUR
Regelbedarf § 20 Abs. 2 S. 1:	2,3 % von 502 EUR	11,55 EUR
Regelbedarf § 20 Abs. 2 Nr. 2:	2,3 % von 402 EUR	9,25 EUR
Regelbedarf § 20 Abs. 4:	2,3 % von 451 EUR	10,37 EUR
Regelbedarf §§ 23 Nr. 1 Alt. 3, 77 Abs. 4 Nr. 4:	1,4 % von 420 EUR	5,88 EUR
Regelbedarf §§ 23 Nr. 1 Alt. 2, 77 Abs. 4 Nr. 3:	1,2 % von 348 EUR	4,18 EUR
Regelbedarf §§ 23 Nr. 1 Alt. 1, 77 Abs. 4 Nr. 2:	0,8 % von 318 EUR	2,54 EUR

53 BSG 21.12.2009 – B 14 AS 42/08 R; 18.2.2010 – B 4 AS 29/09 R.
54 BSG 6.5.2010 – B 14 AS 3/09 R bei einem vierjährigen gehbehinderten Kind.

Neben den vorgenannten pauschalen Beträgen können auch die tatsächlichen Kosten geltend gemacht werden, so etwa wenn nur ein Teil des warmen Wassers über die Zentralheizung geliefert wird. Dies ist zB möglich, wenn das Warmwasser teils mittels Durchlauferhitzer und teils durch die Zentralheizung erzeugt wird. Die Kosten müssen allerdings durch eine separate Messeinrichtung erfasst und daher nachgewiesen werden (§ 21 Abs. 7 S. 2 am Ende).

5. Sonder- und unabweisbare Bedarfe

Der Regelbedarf (§ 20 Abs. 1) deckt neben dem Bedarf für Kosten der Unterkunft und Heizung (§ 21 Abs. 1 S. 1) im Wesentlichen den gesamten Lebensbedarf (§ 3 Abs. 3 Hs. 2). Die Aufzählung der vom Regelbedarf erfassten Bedarfe in § 20 Abs. 1 ist nicht abschließend; dies ergibt sich sowohl aus dem Wortlaut „insbesondere" als auch aus dem Zusammenhang mit §§ 3 Abs. 3 Hs. 2, 20 Abs. 1. 70

a) Sonderbedarf gegen den kommunalen Träger

Die **Pauschalierung** des Regelbedarfes stößt auf Grenzen, wenn dem Leistungsberechtigten eine Umschichtung der Bedarfe nicht mehr möglich ist und ein einmaliger Bedarf seine Ansparmöglichkeiten erkennbar überschreitet. Dies wird insbesondere deutlich, wenn es um die Anschaffung langlebiger Konsumgüter wie einer Waschmaschine, eines Kühlschranks oder Bügeleisens geht. Diese sind ausweislich der §§ 5 Abs. 1 S. 2, 6 Abs. 1 RBEG in Abteilung 5 nur mit einem Teilbetrag von höchstens 26,49 EUR bei einem Alleinstehenden auf der Basis von 446 EUR (§ 5 Abs. 2 RBEG) ausgewiesen.[55] Basis für letzteres ist das Regelbedarfsermittlungsgesetz 2020. Für die Hochrechnung ab dem 1.1.2023 ergeben sich Werte von 39,81 bis zu 502 EUR. 71

In der Pauschalierung des Regelbedarfes sind die unregelmäßig auftretenden (Sonder-)Bedarfe nach § 24 Abs. 3 nach dem Willen des Gesetzgebers nicht enthalten. Hierbei handelt es sich namentlich um 72

- die **Erstausstattung für die Wohnung** einschließlich Haushaltsgeräten,
- die Erstausstattung mit Bekleidung und Erstausstattung bei **Schwangerschaft** und **Geburt** sowie um
- die Anschaffung und Reparatur von **orthopädischen Schuhen**, Reparaturen von **therapeutischen Geräten** und Ausrüstungen sowie die Miete von therapeutischen Geräten.

Auf diese Leistungen haben auch Personen einen Anspruch, die nicht laufende Leistungen nach dem SGB II erhalten (§ 24 Abs. 3 S. 3).

Die **Erstausstattung einer Wohnung** mit Möbeln und Haushaltsgeräten sowie die Erstausstattung für Kleidung, die Erstausstattung bei Schwangerschaft, die Erstausstattung bei der Geburt und die Anschaffung und Reparatur von orthopädischen Schuhen, Reparaturen therapeutischer Geräte und Ausrüstungen sowie Miete von therapeutischen Geräten sind im Gesetz vorgesehene Sonderbedarfe (§ 24 Abs. 3). 73

---

55 BVerfG 23.7.2014 – 1 BvL 10/12, BvL 12/12, 1 BvR 1691/13, BGBl. 2014 I 1581; NJW 2014, 3425–3434.

Leben Leistungsberechtigte in einer ausgestatteten und möblierten Wohnung, d.h. sind diese Gegenstände mitvermietet, so entsteht ein Bedarf für Erstausstattung der Wohnung erst mit dem Auszug,[56] denn andernfalls müsste das Jobcenter den Bedarf in zweifacher Weise, d.h. über die Kosten der Unterkunft und Heizung und eine nicht erforderliche Erstausstattung, decken.

Ein Bedarf für eine Erstausstattung entsteht nach dem Wortsinn, wenn die in § 24 Abs. 3 genannten Gegenstände erstmals angeschafft werden müssen. Dies ist zB der Fall bei einem Neugeborenen, das erstmals Bekleidung benötigt oder wenn der junge Leistungsberechtigte nach Vollendung des 25. Lebensjahres erstmals eine angemessene Wohnung bezieht oder eine Hilfeempfängerin erstmals schwanger wird.

Nicht zur Erstausstattung im Wortsinne gehören die **Ersatzbeschaffung** bei einem Wohnungsbrand oder einer Einrichtungsbeschaffung nach Haftentlassung. Bei dem Wohnungsbrand handelt es sich um eine Ersatzbeschaffung; dieser Fall wird auch regelmäßig bei einer Haftentlassung nach längerer Haftzeit vorliegen. In den Gesetzesmaterialien[57] sind die genannten Fälle jedoch als Beispiele einer Erstausstattung benannt, dh nach dem Willen des Gesetzgebers sind die genannten Beispielsfälle und ähnlich gelagerte Fälle auch als erste Ausstattung anzusehen.[58] Zur Erstausstattung einer Wohnung gehört nur die Ausstattung mit wohnraumbezogenen Gegenständen, die eine geordnete Haushaltsführung und ein an den herrschenden Lebensgewohnheiten orientiertes Wohnen ermöglichen.[59] Ein Fernsehgerät gehört deshalb nicht zur Erstausstattung.[60]

74 Ein **„wachstumsbedingte Bekleidungsbedarf"** bei Kindern ist kein Fall der Erstausstattung, denn diese Kosten werden in § 6 RBEG in Abteilung 3 berücksichtigt und sind höher als die Kosten eines erwachsenen Leistungsberechtigten. Der Wachstumsbedarf war vor Erlass des RBEG umstritten, ist allerdings damit im Regelbedarf berücksichtigt.[61] Nicht zum „wachstumsbedingten" Bedarf gehört demgegenüber die Anschaffung eines Jugendbettes statt eines (Gitter-)Kinderbettes, weil es, anders als der kleidungsbedingte Bedarf, nicht ein laufender, sondern ein einmaliger Bedarf ist.[62]

75 Seit dem 1.1.2011 besteht zusätzlich ein Anspruch für die Anschaffung und Reparatur von orthopädischen Schuhen und die Reparatur und Miete therapeutischer Geräte (§ 24 Abs. 3 S. 2 Nr. 3). Bei orthopädischen Schuhen werden auch die Kosten der Anschaffung übernommen, bei den therapeutischen Geräten nur die Miete. Die Versorgung mit orthopädischen Schuhen, sowie die Instandsetzung erfolgt in Regel durch Leistungen der gesetzlichen Krankenversicherung (§ 33 Abs. 1 S. 1 S. 3 SGB V). Auch therapeutische Geräte werden in der Regel durch die gesetzliche Krankenversi-

56 Vgl. LSG Sachsen-Anhalt 23.6.2021 – L 4 AS 305/20.
57 BT-Drs. 15/1514.
58 BSG 19.9.2008 – B 14 AS 64/07 R für Erstausstattung mit Wohnungseinrichtungsgegenständen – hier Waschmaschine nach Scheidung oder Trennung; BSG 1.7.2009 – B 4 AS 77/08 R für bei einem vom LT veranlassten Umzug zerstörten Schrank und Bett.
59 BSG 16.12.2008 – B 4 AS 49/07 R Rn. 23.
60 BSG 25.2.2011 – B 14 AS 75/10 R.
61 BSG 23.3.2010 – B 14 AS 81/08 R.
62 BSG 23.5.2013 – B 4 AS 79/12 R, SozR 4-4200 § 24 Nr. 5.

cherung zur Verfügung gestellt (§ 33 Abs. 1 SGB V). Dieser Anspruch gegen die Krankenkasse geht dem Anspruch nach dem SGB II vor. Besteht kein Anspruch gegenüber einer Krankenversicherung für die Reparatur eines therapeutischen Gerätes, wie bei einer Brille, so ist diese als Sonderbedarf zu ersetzen, weil diese nicht bei Ermittlung des Regelbedarfes nach dem RBEG berücksichtigt wurde.[63] Zu den Leistungen für Hilfsmittel einschließlich orthopädischer Schuhe muss der Krankenversicherte, der das 18. Lebensjahr vollendet hat, bis zu einer Belastungsgrenze Zuzahlungen leisten. Von den Zuzahlungen kann sich der Leistungsberechtigte bei Überschreitung der Belastungsgrenze befreien lassen (§ 62 Abs. 1 SGB V). Die Belastungsgrenze besteht bei Leistungsberechtigten nach dem SGB II iHv 2 % des jährlichen Regelbedarfes nach § 20 Abs. 2 S. 1 und im Falle einer chronischen Erkrankung iHv 1 %. Die Belastungsgrenze errechnet sich für eine Bedarfsgemeinschaft nach § 62 Abs. 2 S. 6 SGB V aus dem Regelbedarf der Stufe 1 wie folgt:

Belastungsgrenze 2 % von 6.024 EUR (502 EUR * 12 Monate)	120,48 EUR
Belastungsgrenze 1 % von 6.024 EUR (502 EUR * 12 Monate)	60,24 EUR

Die Zuzahlung zu den orthopädischen Schuhen und anderen Hilfsmitteln beträgt 10 % der Kosten sowie 10 EUR für jede Verordnung (§ 61 S. 3 SGB V). Die Zuzahlung zu den Kosten für Orthopädische Schuhe und andere Hilfsmittel beträgt 10 % des Abgabepreises mindestens jedoch 5 EUR und höchstens 10 EUR (§§ 33 Abs. 8, 61 S. 1 SGB V). Hiervon ist der Eigenanteil zu unterscheiden. Der Eigenanteil besteht in den ersparten Aufwendungen für ein vergleichbares Paar normaler Schuhe. Den Eigenanteil müssen auch Versicherte leisten, die das 18. Lebensjahr nicht vollendet haben. Dieser beträgt für Straßenschuhe nach den Empfehlungen des Gesamtverbandes der gesetzlichen Krankenkassen 76 EUR bei Volljährigen.[64] Der Eigenanteil soll durch die Neuregelung nunmehr in voller Höhe übernommen werden.[65]

b) Unabweisbarer Bedarf, einmaliger Sonderbedarf

Zu den Sonderbedarfen zählen auch Bedarfe, die zwar vom Regelbedarf umfasst 76
sind, allerdings nicht durch Ansparung gedeckt werden können (sogenannte **unabweisbare Bedarfe** § 24 Abs. 1). Diese nicht benannten Bedarfe können durch Gewährung einer Sach- oder Geldleistung in Verbindung mit einem (zurückzuzahlenden) Darlehen gewährt werden (§ 24 Abs. 1). Hierbei handelt es sich zumeist um Bedarfe für langlebige Gebrauchsgüter, wie beispielsweise Fernsehgeräte, Computer und Brillen. Es kann sich allerdings auch um Nachzahlungen für Stromkosten und andere Ansprüche handeln,[66] die regelmäßig als laufende Leistungen durch den Regebedarf

63 BSG 25.10.2017 – B 14 AS 7/17 R Rn. 17 f., SozR 4-4200 § 24 Nr. 7.
64 Anhang II des Gemeinsamen Rundschreibens der Spitzenverbände der Krankenkassen Anhang II https://www.aok.de/gp/fileadmin/user_upload/Hilfsmittel/Richtlinie/rs_gkv_sv_anhang_II_eigenanteils_und_zuschussempfehlungen_dez12.pdf , letzter Aufruf 10.1.2023; LSG Nordrhein-Westfalen 4.5.2017 – L 5KR 218/17.
65 BT-Drs. 17/3403, 103.
66 Vgl. LSG Nordrhein-Westfalen 22.4.2013 – L 19 AS 561/13 NZB.

abgedeckt sind. Der unabweisbare Bedarf wird allerdings nach der Rechtsprechung zwingend nur als Darlehen gewährt, die mit einer Minderung des Regelbedarfes um 10 % monatlich verbunden werden müssen (§ 42 a Abs. 2 S. 1), so dass nur ein nachträglicher Erlass der Darlehensleistung im Einzelfall in Betracht zu ziehen ist. Eine erweiternde, verfassungskonforme Auslegung, dass die Leistungen auch als Zuschuss gewährt werden können, ist demgegenüber nicht möglich. Nach der Rechtsprechung des Bundesverfassungsgerichtes kann auf ein Darlehen nur verwiesen werden, wenn die Regelbedarfsleistung so hoch bemessen ist, dass entsprechende Spielräume zur Rückzahlung bestehen.[67] Ob diese „Spielräume" angesichts der doch sehr kleinen Beträge, die für Ansparungen zur Verfügung stehen, ausreichend sind, erscheint fraglich. Zu berücksichtigen dürfte insbesondere sein, dass viele Leistungsberechtigte noch längere Zeit nachdem sie in den Leistungsbezug gelangt sind, Gegenstände verbrauchen, die sie vor dem Leistungsbezug angeschafft haben.

Beispiel: Erhält ein Leistungsberechtigter, der sein komplettes Leben im Leistungsbezug stand, dh nach Vollendung des 25. Lebensjahres ausgezogen ist, eine Erstausstattung, könnte er bei einem Preis für Elektroherd, Kühlschrank und Waschmaschine zu einem Gesamtpreis von 600 EUR, bei einem Ansparbetrag in Höhe von 3 EUR monatlich, erst nach 16 Jahren und acht Monaten eine Neuanschaffung vornehmen. Bei einer durchschnittlichen Lebensdauer von zehn Jahren für die Geräte, die alle in der untersten Preisklasse angesiedelt sind, besteht hier eine ggf. verfassungswidrige, durch Auslegung nicht zu schließende, weil nicht planwidrige Regelungslücke. Es kann daher unter Hinweis auf die Entscheidung des Bundesverfassungsgerichtes eine Richtervorlage angeregt werden (§ 13 Nr. 11 BVerfGG).

77 Ein **Zusatzbedarf** kann, wenn er unabweisbar ist und aus dem Vermögensfreibetrag (§ 12 Abs. 2) bestritten werden kann, nur als Geld- oder Sachleistungsdarlehen bewilligt werden (§ 42 a Abs. 1 S. 1). Eine gesonderte Deckung eines notwendigen Bedarfes durch Erhöhung der Regelleistung ist nach dem Gesetz nicht vorgesehen (§ 3 Abs. 3 S. 2) und kann allenfalls durch den atypischen Bedarf gedeckt werden (§ 21 Abs. 6).

78 **Beispiel:** Der Leistungsberechtigte erhält von seinem Energieversorger wegen deutlich gestiegener Strompreise eine Nachforderung für die Stromlieferung in Höhe von 300 EUR. Da er bereits in den Vorjahren nur zögerlich seine Energieschulden gezahlt hatte, ist der Energieversorger nicht bereit, den Betrag zu stunden. Der Leistungsträger lehnt die Übernahme der Kosten ab, weil es sich um Schulden handelt, die nach dem SGB II grundsätzlich nicht übernommen werden.

Der Leistungsträger muss die Stromkosten hier dem Leistungsberechtigten als Geldleistung in Form eines Darlehens gewähren, denn es handelt sich um einen vom Regelbedarf erfassten Bedarf, weil Strom zu der in dem Regelbedarf enthaltenen Haushaltsenergie gehört (§ 20 Abs. 1 S. 1). Der Anspruch auf Stromlieferung ist unabweisbar, denn der Stromversorger ist berechtigt, die Stromlieferung bei Nichtzahlung einzustellen. Eine Wohnung ohne Strom kommt der Unbewohnbarkeit gleich.[68] Der Leistungsträger kann die Übernahme der Stromkosten auch nicht ablehnen, weil es sich um Schulden handelt, denn die Übernahme von Stromkosten zur „Wohnungssicherung" ist ausdrücklich vorgesehen (§ 22

67 BVerfG 23.7.2014 – 1 BvL 10/12, 1 BvL 12/12, 1 BvR 1691/13, BGBl. 2014 I 1581 Rn. 116.
68 LSG Nordrhein-Westfalen 12.12.2008 – L 7 B 384/08 AS.

Abs. 8 S. 1). Mangels Ansparvermögens und Stundung durch den Energieversorger kann der Bedarf auch nicht anderweitig gedeckt werden. Der Leistungsträger hat nach § 24 Abs. 1 S. 1 die Möglichkeit eine Sach- oder Geldleistung zu erbringen; ihm steht demnach ein Auswahlermessen zu. Im vorliegenden Fall kommt eine Sachleistung nicht in Betracht, so dass das Ermessen auf Null reduziert ist.

Der **zusätzliche einmalige Bedarf** ist regelmäßig im Regelbedarf enthalten und ist typischerweise bei einer Bedarfsspitze als Darlehen zu gewähren. Hierunter können die verschiedensten Bedarfe fallen, so zB die Kosten für die Teilnahme an einer Abiturabschlussfeier.[69] 79

c) Atypische Bedarfe

Die Rechtsprechung hat die im SGB II vorgenommene starre Pauschalierung in besonderen Einzelfällen als unzureichend angesehen und ließ in einem eng begrenzten Rahmen einen Anspruch nach § 73 SGB XII zu. Dies wurde hinsichtlich des Anspruchs von Kindern, deren Eltern getrennt leben, wegen der **Kosten des Umgangsrechts** angenommen.[70] Der Anspruch nach § 73 SGB XII war kein Anspruch gegenüber dem Träger nach dem SGB II, sondern ein gesonderter Anspruch auf Sozialhilfe.[71] Nach der Entscheidung des Bundesverfassungsgerichtes vom 9.2.2010[72] bis zur gesetzlichen Neuregelung am 3.6.2010 bestand ein Anspruch auf Leistungen aufgrund eines **unabweisbaren laufenden, nicht nur einmaligen, besonderen Bedarfs** für die nach § 7 Leistungsberechtigten nach Maßgabe der Urteilsgründe unmittelbar aus Art. 1 Abs. 1 GG iVm Art. 20 Abs. 1 GG zulasten des Bundes. Der Bedarf ist typischerweise von dem Statistikmodell nicht erfasst und muss im Einzelfall für ein menschenwürdiges Existenzminimum erforderlich sein. Dieser Bedarf muss über die im Gesetz ausdrücklich geregelten Bedarfslagen hinaus bestehen, dh nicht bereits durch einen Mehrbedarf gedeckt werden.[73] Der sogenannte atypische Bedarf ist seit dem 3.6.2010 in § 21 Abs. 6 geregelt.[74] Die Regelung lehnt sich eng an die Rechtsprechung des Bundesverfassungsgerichtes an, so dass auf die Urteilsgründe Bezug genommen werden kann. 80

Die Tatbestandsvoraussetzungen sind im Einzelnen wie folgt zu definieren: 81

1. Ein Bedarf muss im Einzelfall **unabweisbar** sein. Ein Bedarf ist unabweisbar, wenn er vom Gesetzgeber im Rahmen der Ermittlung des Regelbedarfes zur Deckung des Existenzminimums ausdrücklich vorgesehen ist. Ist er Bestandteil des Regelbedarfes, handelt es sich nicht um einen atypischen, dh außergewöhnlichen Bedarf. Unabweisbar ist daher ein Bedarf, der zwar nicht vom Regelbedarf erfasst, aber von der Verkehrsauffassung als zum Leben notwendig angesehen

69 LSG Nordrhein-Westfalen 29.8.2018 – L 6 AS 1963/18 NZB Rn. 25.
70 BSG 7.11.2006 – B 7 B AS 14/06 Rn. 24 ff.
71 BSG 11.12.2007 – B 8/9 B SO 12/06 Rn. 18.
72 BVerfG – 1 BvL 1/09, BvL 3/09 und BvL 4/09.
73 Für den Mehrbedarf an Schuhen bei einem Mehrbedarf wegen Gehbehinderung nach § 30 Abs. 1 SGB XII vgl. BSG 29.9.2009 – B 8 SO 5/08 R.
74 LSG Rheinland-Pfalz 24.11.2010 – L 1 SO 133/10 B ER.

wird.[75] Hierbei handelt es sich nicht nur um Gegenstände, die zum Leben unerlässlich sind. Zusätzlich ist es erforderlich, dass der Bedarf **nicht aufgeschoben werden kann.**[76]

Beispiel: Der Besitz eines Fernsehgerätes ist zwar zum Leben nicht unerlässlich, wird aber als unabweisbarer Bedarf angesehen.[77]

Unklar ist, was mit einem Einzelfall gemeint ist. Mit Einzelfall kann ein Seltenheitsfall oder ein Abweichen von den gewöhnlichen Aufwendungen gemeint sein. Maßgebend für die Atypik einer Bedarfslage ist vielmehr, dass ein den Grundrechtsbereich tangierender Bedarf ungedeckt bleibt, der – worauf auch das BVerfG in seinem Urteil vom 9.2.2010 hinweist – vom Rechtssystem „eigentlich" gedeckt werden müsste.[78] Deshalb kann hiermit kein Seltenheitsfall gemeint sein.

2. Es darf sich nicht um einen einmaligen Bedarf handeln. Die in § 32 und § 31 SGB XII genannten Bedarfe, sind spezielle Bedarfe, die nicht regelmäßig anfallen und die erheblich von dem durchschnittlichen Bedarf abweichen.[79] Ein einmaliger Bedarf ist zB der Einschulungsbedarf, der anlässlich der Einschulung von Erstklässlern anfällt, und zwar für die Schultüte und die Erstausstattung mit einer Schultasche (Ranzen), Federmäppchen, Heften u.A.[80]
3. Der Bedarf muss entweder bei der Bemessung des existenzsichernden Bedarfes nicht oder nicht ausreichend berücksichtigt worden sein.[81] Maßstab ist hier der Grundsatz der Menschenwürde und die vom Bundesverfassungsgericht hierzu entwickelten Grundsätzen.[82]
4. Der Bedarf muss so **erheblich** sein, dass er durch Einsparmöglichkeiten in anderen Bereichen oder durch Leistungen Dritter nicht abgedeckt werden kann.[83] Mit Einsparmöglichkeiten kann nicht der sogenannte „Ansparbetrag" gemeint sein, der sich weder aus dem Gesetz noch den hierzu ergangenen Materialien ergibt und teilweise mit 16 % des Regelbedarfes angegeben wird. Das menschenwürdige Existenzminimum darf nicht mehr gewährleistet sein.[84] Die Frage, ob das menschenwürdige Existenzminimum unterschritten wird, richtet sich daher – abgesehen von den schwer auszulotenden **„Evidenzfällen"** – nach einfachem Recht. Ein Evidenzfall liegt vor, wenn die physische Existenzsicherung (Ernährung, Kleidung) nicht mehr gesichert ist.[85] Darlehen, die zur Deckung eines unabweisbaren Bedarfs (§ 24 Abs. 1) zB zur Anschaffung einer Waschmaschine dem Leistungsberechtigten gewährt werden, können ab dem Monat, der auf die Auszahlung folgt,

---

75 Vgl. BSG 20.8.2009 – B 14 AS 45/08 R Rn. 14; LSG Nordrhein-Westfalen 29.7.2009 – L 12 SO 51/08 Rn. 46.
76 LSG Berlin-Brandenburg 23.7.2009 – L 29 AS 244/09 B PKH.
77 Vgl. LSG Berlin-Brandenburg 7.10.2009 – L 18 AS 2221/07.
78 BSG 19.8.2010 – B 14 AS 13/10 R.
79 BSG 19.9.2008 – B 14 AS 64/07 R.
80 BVerwG 28.3.1996 – 5 C 33/95.
81 BVerfG 9.2.2010 – 1 BvL 1/09, BvL 3/09 und BvL 4/09 Rn. 207.
82 BSG B 4 AS 3/21 R.
83 BVerfG 9.2.2010 – 1 BvL 1/09, BvL 3/09 und BvL 4/09 Rn. 208.
84 BVerwG 28.3.1996 – 5 C 33/95.
85 BVerfG 9.2.2010 – 1 BvL 1/09, BvL 3/09 und BvL 4/09 Rn. 158.

aufgerechnet werden (§ 42 a Abs. 2 S. 1). Diese Aufrechnungsmöglichkeit wurde vom Bundesverfassungsgericht als verfassungsrechtlich nicht zu beanstanden eingeschätzt.[86] Eine Belastung des menschenwürdigen Existenzminimums liegt daher nicht vor, wenn die Mehrkosten bis zu **10 % des für den Leistungsberechtigten maßgeblichen Regelbedarfes** nicht überschreiten. Wird diese Grenze dauerhaft überschritten und erfolgen keine Leistungen durch Dritte, so kann ein unabweisbarer Mehrbedarf vorliegen. Unabweisbar sind Bedarfe für Ernährung, Kleidung, Körperpflege, Hausrat, Haushaltsenergie, Gesundheit, Wohnen usw (§§ 20 Abs. 1, 21 Abs. 1). Darüber hinaus hat das Bundesverfassungsgericht einen notwendigen (unabweisbaren) Bedarf bei Kindern für Bildung, insbesondere für die Schule angenommen.[87] Aber selbst die Grenze von 10 % des maßgeblichen Regelbedarfes ist bei den beengten finanziellen Verhältnissen der Leistungsberechtigten als zu eng anzusehen. Das Bundessozialgericht hat bei dem damals geltenden Regelbedarf iHv 345 EUR und einem zusätzlichen Einkommen einen Betrag iHv 20,45 EUR monatlich nicht als gering angesehen.[88] Tatsächlich dürfte nur ein Betrag unter 10 EUR monatlich als gering anzusehen sein.[89] Dieser Ansicht scheint auch das Bundesverfassungsgericht zuzuneigen, das einen Betrag von 7 EUR monatlich nicht für gering erachtet hat.[90] Mit seiner Entscheidung vom 4.6.2014 hat das Bundessozialgericht einen Betrag von monatlich 27,20 EUR bei einem Regelbedarf von damals 359 EUR nicht als einen Bagatellbetrag angesehen.[91] Nach einer Entscheidung des LSG Hamburg liegt ein Evidenzfall dann vor, wenn der geltend gemachte Mehrbedarf von dem Ansatz im RBEG abweicht.[92] Dies setzt allerdings voraus, dass ein solcher Bedarf sich aus dem RBEG und dem, diesem zugrundeliegenden, EVS 2008 entnehmen lässt. Dabei sind nur solche Kosten vom Jobcenter zu übernehmen, die bei einer sparsamen Lebensführung eingesetzt würden. So muss sich der Leistungsberechtigte bei der Ausübung des Umgangsrechtes entgegenhalten lassen, dass er günstiger, zB mit einem öffentlichen Verkehrsmittel statt mit einem PKW, hätte fahren können.[93]

Der Bedarf für **Hygieneartikel** ist nicht der einzige Bedarf, der im Rahmen des Anspruchs auf atypischen Bedarf nach § 73 SGB XII, Art. 1 Abs. 1, 20 Abs. 1 GG oder nunmehr nach § 21 Abs. 6 geltend gemacht werden kann. Neben den Bedarfen, die nach der Geschäftsanweisung der Bundesagentur für Arbeit zu gewähren sind,[94] kommen noch weitere Bedarfe in Betracht. 82

86 BVerfG 9.2.2010 – 1 BvL 1/09, BvL 3/09 und BvL 4/09 Rn. 150.
87 BVerfG 9.2.2010 – 1 BvL 1/09, BvL 3/09 und BvL 4/09 Rn. 192.
88 BSG 9.8.2010 – B 14 AS 13/10 R.
89 BSG 1.7.2009 – B 4 AS 21/09 R Rn. 39.
90 BVerfG 24.3.2011 – 1 BvR 2493/10.
91 BSG 4.6.2014 – B 14 AS 30/13 R BSGE 116, 86–94.
92 LSG Hamburg 19.3.2015 – L 4 AS 390/10.
93 BSG 18.11.2014 – B 4 AS 4/14 R, SozR 4-4200 § 21 Nr. 19.
94 Geschäftsanweisung vom 17.2.2010 – SP II – II-1303 / 7000/5215.

Nach den Handlungsanweisungen der Bundesagentur für Arbeit kann auf folgende Bedarfe ein Anspruch bestehen:

- **Nichtverschreibungspflichtige Medikamente** und zB Hautpflegeprodukte bei Neurodermitis, Hygieneartikel bei ausgebrochener HIV-Infektion, usw;
- **Putz-/Haushaltshilfe** für Rollstuhlfahrer und ähnlich behinderter Menschen;
- Kosten zur Wahrnehmung des **Umgangsrechts** von Kindern, die von ihren Eltern getrennt leben und zwar sowohl für Eltern als auch für Kinder.

Der **Nachhilfeunterricht** ist zwar in der Geschäftsanweisung Bundesagentur für Arbeit übernommen worden, der Anspruch wird seit dem 1.1.2011 nicht mehr als atypischer Bedarf (§ 21 Abs. 6), sondern als spezieller Bedarf zur Bildung und Teilhabe (§ 28 Abs. 5) gewährt.

Kosten für **Schulbücher**, wenn diese nicht von den jeweiligen Ländern erstattet werden, werden durch das Jobcenter übernommen.[95] Grundsätzlich können in besonderen Fällen auch die Kosten für den mehrmaligen, erforderlichen Besuch eines nahen Angehörigen in einer besonderen Ausnahmesituation zu einem Anspruch führen.[96]

83 Über die in dem Katalog der Bundesagentur aufgeführten Bedarfe hinaus sind noch weitere atypische Bedarfe denkbar und zwar:

- Kosten für den Besuch von **inhaftierten** Familienangehörigen; diese fallen regelmäßig an und können, wenn sie die Zumutbarkeitsschwelle überschreiten einen abweichenden Bedarf begründen.[97]
- Auch Kosten für die Besuche weiterer Familienangehöriger oder Personen, zu denen ein besonderes Näheverhältnis besteht, wie Lebensgefährten oder Pflegeeltern und Pflegekinder.[98]
- Gehört ein Kind wegen der gemeinsamen Versorgung und Betreuung während der Betreuungszeit zur Bedarfsgemeinschaft der Mutter oder des Vaters, kann auch in der wechselnden Bedarfsgemeinschaft ein erhöhter Bedarf, etwa mit dem Regelbedarf abgedeckte Kosten der Unterkunft (Stromkosten), bestehen.[99]
- Ein Mehrbedarf für gehbehinderte erwerbsfähige Leistungsberechtigte, die keinen Anspruch nach § 23 Nr. 4 haben[100] wegen erhöhtem Bedarf für **Schuhe und andere Bekleidungsstücke**, soweit dieser nicht in Form orthopädischer Schuhe (§ 24 Abs. 3 Nr. 3) geleistet werden kann.
- **Verpflegungsmehraufwendungen** von Kindern, die eine **Ganztagsschule** besuchen, wenn mehr Mahlzeiten als das Mittagessen eingenommen werden.

---

95 BSG 8.5.2019 – B 14 AS 13/18 R, SozR 4-4200 § 21 Nr. 31.
96 BSG 28.11.2018 – B 14 AS 48/17 R, SozR 4-4200 § 21 Nr. 30; BSG 28.11.2018 – B 14 AS 47/17 R, hier Anspruch verneint, weil im konkreten Fall ein Familiennachzug möglich war.
97 BSG 26.1.2022 B 4 AS 3/21 R.
98 BSG 26.1.2022 B 4 AS 3/21 R.
99 BSG 14.12.2021 – B 14 AS 73/20R
100 Vgl. BSG 15.12.2010 – B 14 AS 44/09 R, hier wurde kein konkreter Mehrbedarf geltend gemacht.

- Auch ein spezieller **Bekleidungsbedarf** (Über- und Untergröße, spezieller Schnitt bei Körperbehinderung) kann, entgegen der Ansicht der Bundesagentur für Arbeit in ihrer Geschäftsanweisung[101] einen Anspruch auf Deckung eines atypischen Bedarfs bilden. Hier wird allerdings zumeist kein regelmäßiger Bedarf vorliegen, so dass hier ein Darlehen zur Bedarfsdeckung in Betracht kommt. 84

  Beispiel: Die 17-jährige K, die seit mehreren Jahren ein Musikinstrument spielt, möchte sich an einer Musikhochschule bewerben. Um ihre Bewerbungschancen zu steigern, benötigt sie zusätzlich zu ihren eigenen Bemühungen noch die Unterstützung durch einen Musiklehrer, der sie für vier Monate unterrichten soll. Auch hier ist im Einzelfall die Übernahme der Kosten durch den Leistungsträger als atypischer Bedarf denkbar.

Auch **erhöhte laufende andere Fahrkosten**, die über den im RBEG hinausgehenden 85
Bedarf anfallen, können einen Bedarf nach § 21 Abs. 6 auslösen. Hier können Fahrkosten zum Nachhilfeunterricht,[102] Fahrkosten zur ärztlichen oder psychotherapeutischen Behandlung[103] usw anfallen. Fahrkosten können nicht als Pauschbetrag, zB in Form einer Kilometerpauschale, für die Nutzung eines KFZ geleistet werden, sondern sind in tatsächlicher Höhe zu erbringen.[104]

d) Darlehensgewährung bei Mittellosigkeit

Sofern der Leistungsberechtigte über Vermögen verfügt und es zu seinem Lebensun- 86
terhalt einsetzen muss, er allerdings nicht in der Lage ist, das Vermögen zu verwerten, oder wenn die sofortige Verwertung eine besondere Härte für ihn darstellt, ist ihm zum Bestreiten seines Lebensunterhaltes ein **Darlehen** zu gewähren (§ 24 Abs. 5).

Beispiel: Der Leistungsberechtigte ist im Besitz eines unbebauten Grundstückes. Neben 87
dem unbebauten Grundstück hat er kein weiteres Vermögen mehr. Der Wert des Grundstückes übersteigt sein Schonvermögen (§ 12 Abs. 2 Nr. 1, Nr. 4) um mehr als das Doppelte. Die Veräußerung des Grundstückes gestaltet sich außerordentlich schwierig, denn der Leistungsberechtigte versucht bereits seit zwei Jahren das Grundstück zu verkaufen.

Der Leistungsträger wird dem Leistungsberechtigten Leistungen nach dem SGB II gewähren müssen und zwar zumindest als Darlehen. Bei der Gewährung einer darlehensweisen Bewilligung ist zu berücksichtigen, dass der Leistungsberechtigte dann nicht der Versicherungspflicht in der gesetzlichen Kranken- und Pflegeversicherung unterliegt.

Zusätzlich zu dem Regelbedarf und den Leistungen für Unterkunft und Heizung müsste der Leistungsberechtigte daher auch noch die Kosten für eine freiwillige Kranken- und Pflegeversicherung, sowie ggf. der Rentenversicherung, erhalten.

Hier könnte sogar daran gedacht werden, dass sich der Vermögensgegenstand als **unver-** 88
wertbar erweist und dem Leistungsberechtigten die Leistungen als Zuschuss zu gewähren sind.[105] Bei der Ermittlung der Veräußerbarkeit einer Immobilie und deren Marktwert ist regelmäßig ein Gutachten einzuholen.

---

101 Fachliche Weisungen Bundesagentur für Arbeit zu § 21 SGB II, Stand 1.1.2023 https://www.arbeitsagentur.de/datei/dok_ba015861.pdf, letzter Aufruf 5.2.2023.
102 LSG Niedersachsen-Bremen 22.3.2018 – L 11 AS 891/16.
103 LSG Bayern 8.11.2010 – L 11 AS 652/10 B ER.
104 BSG 26.1.2022 – B 4 AS 81/20R
105 Vgl. BSG 27.1.2009 – B 14 AS 52/07 R und 30.8.2010 – B 4 AS 70/09 R info also 2011, 41–42.

89 **Hinweis:** Im Verfahren auf einstweilige Anordnung wird die Einholung eines solchen Gutachtens in aller Regel nicht möglich sein, so dass eine abschließende Prüfung des Falles durch das Gericht nicht durchgeführt werden kann. Die Entscheidung des Gerichtes wird daher auf einer Folgenabwägung beruhen müssen.[106] Die Folgenabwägung wird in der Regel ergeben, dass die Versorgung des Leistungsberechtigten höher zu bewerten ist als das Bedürfnis der Staatskasse an ihrer Schonung.

e) Anspruch auf Bildung und Teilhabe

90 Zur Sicherung des Existenzminimums für Kinder, und zwar zur Deckung des notwendigen Bedarfes insbesondere für schulpflichtige Kinder,[107] und für die Teilhabe am gesellschaftlichen Leben für Kinder besteht ein Anspruch auf Bedarf für Bildung und Teilhabe (§§ 28 ff.).

Kinder, Jugendliche und junge Erwachsene, die das 25. Lebensjahr noch nicht vollendet haben, haben einen Anspruch auf Bildung und Teilhabe (§ 28 Abs. 1).

aa) Schulausflüge, mehrtägige Klassenfahrten

91 Schüler haben einen Anspruch auf Übernahme der tatsächlichen Aufwendungen für Schulausflüge (§ 28 Abs. 2 Nr. 1) und mehrtägige Klassenfahrten[108] im Rahmen schulrechtlicher Bestimmungen (§ 28 Abs. 2 Nr. 2). Klassenfahrten sind mehrtägig, wenn sie mit mindestens einer Übernachtung verbunden sind.[109] Hängt die mehrtägige Klassenfahrt mit einer eintägigen Vorbereitungsveranstaltung zusammen, so besteht auch ein Anspruch auf Übernahme für die Kosten dieser Veranstaltung.[110] Die Kosten für mehrtägige Klassenfahrten sind, wenn die schulrechtlichen Bestimmungen keine Kostenobergrenzen vorsehen, in voller Höhe zu übernehmen. Zu den schulrechtlichen Bestimmungen gehören nicht nur förmliche Gesetze, dh die jeweiligen Schulgesetze der Länder und die hierzu ergangenen Verordnungen, sondern auch Erlasse, Richtlinien und ähnliche Anordnungen der Exekutive, wie die Wanderrichtlinie Nordrhein-Westfalen.[111] Eine Einschränkung auf einen angemessenen Betrag sieht das Gesetz nicht vor.[112] Was eine Klassenfahr oder ein Schulausflug ist, bestimmt sich bei der Auslegung des § 28 ausschließlich nach bundesdeutschem Recht.[113] Auch hinsichtlich der Kosten für Schulausflüge sind keine Obergrenzen festgelegt, so dass auch hier keine Angemessenheitskontrolle durchgeführt wird.[114] Kinder, die eine Tageseinrichtung besuchen haben ebenfalls einen Anspruch auf Übernahme der Kosten für Ausflüge und mehrtägige Fahrten (§ 28 Abs. 2 S. 1). Tageseinrichtungen sind Einrichtungen, in denen sich Kinder für einen Teil des Tages oder ganztägig aufhalten und in Gruppen gefördert werden (§ 22 Abs. 1 S. 1 SGB VIII). Ob der Begriff der Ta-

106 BVerfG 12.5.2005 – 1 BvR 569/05 lesenswert!
107 BVerfG 9.2.2010 – 1 BvK 1/09, 3/09, 4/09, Rn. 192.
108 Zum Begriff Klassenfahrt vgl. BSG 22.11.2011 – B 4 AS 204/10 R.
109 BSG 13.11.2008 – B 14 AS 36/07 R.
110 BSG 23.3.2010 – B 14 AS 1/09 R.
111 Richtlinien für Schulwanderungen und Schulfahrten (Wanderrichtlinien – WRL) RdErl. d. Ministeriums für Schule und Weiterbildung v. 19.3.1997 (GABl. NW. I, 101).
112 BSG 13.11.2008 – B 14 AS 36/07 R.
113 BSG 19.6.2012 – B 4 AS 162/11 R, SozR 4-4200 § 24 a Nr. 1.
114 BT-Drs. 17/3404 Anm. zu § 28 SGB II.

geseinrichtung in § 28 Abs. 2 S. 2 dem Begriff des Kinder- und Jugendhilfegesetzes entspricht, lässt sich den Gesetzesmaterialien nicht entnehmen. Nach dem Gesetzeszweck soll eine Absonderung von Kindern, Jugendlichen und jungen Erwachsenen vermieden werden, so dass nur Einrichtungen, in denen eine Gruppenförderung stattfindet, einbezogen werden können. Die Gruppenförderung könnte auch im Rahmen der Tagespflege (§ 22 Abs. 1 S. 2 SGB VIII) erbracht werden. Die Förderung ist nach dem Wortlaut eindeutig auf Kinder beschränkt (§ 7 Abs. 1 Nr. 1 SGB VIII), so dass eine Ausdehnung auf Fahrten, die von Einrichtungen der Jugendhilfe organisiert werden, nicht erfolgen kann.

bb) Ausstattung mit Schulbedarf

Ab dem 1.1.2023 haben Schüler einen Anspruch auf Leistung für die Ausstattung mit 92
Schulbedarf in Form von Pauschalbeträgen: jeweils zum 1.8. in Höhe von 116 EUR und zum 1.2. in Höhe von 58 EUR (§ 28 Abs. 3 iVm § 34 SGB XII und der Anlage zu § 34 SGB XII). Dieser Betrag beruht nicht auf einer Erhebung des Gesetzgebers über den tatsächlichen Bedarf, sondern auf einer freien Schätzung. Das Bundesverfassungsgericht hat in seiner Entscheidung vom 9.2.2010 hierzu Stellung genommen und ausgeführt, dass hier eine freie Schätzung vorliegt. In seiner Entscheidung vom 23.7.2014 hierzu hat es ausgeführt, dass keine evidente Bedarfsunterdeckung festzustellen sein, weil der Bedarf für die Schule zusätzlich beim Regelbedarf berücksichtigt werde und deshalb keine verfassungsrechtlichen Bedenken bestehen.[115] Nach der Rechtsprechung des Bundessozialgerichtes handelt es sich bei dem Bedarf für Schulbücher auch um einen laufenden Bedarf, so dass ein Anspruch auf atypischen Bedarf (§ 21 Abs. 6) hier besteht.[116] So wurde im Bundesland Rheinland-Pfalz pro Jahr nur ein Teil der Kosten der Schulbücher übernommen. Auch nach § 96 Abs. 1 SchulG NRW haben Schüler einen Eigenanteil an den Lehrmitteln zu leisten.

cc) Lernförderung, Nachhilfeunterricht

Schüler haben nunmehr einen grundständigen Anspruch auf Lernförderung bzw. 93
Nachhilfe (§ 28 Abs. 4). Die Förderung muss geeignet und zusätzlich erforderlich sein, um die wesentlichen Lernziele zu erreichen. Die Regelung stellt klar, dass schulische Lernförderung der Finanzierung von außerschulischer Nachhilfe nachgeht und nur dann infrage kommt, wenn diese zusätzlich erforderlich ist. Hier wird lediglich der Nachranggrundsatz des SGB II (§ 1 Abs. 1 S. 2) betont. Nach der Gesetzesbegründung soll Lernförderung nur in Ausnahmefällen und nur vorübergehend und nur kurzzeitig gewährt werden. Die Lernförderung soll nur zu Erreichung der wesentlichen Lernziele in der jeweiligen Schulart, dh die Versetzung und nicht zum Erreichen einer besseren „Schulartempfehlung", eingesetzt werden. Die Lernförderung ist allerdings nicht auf die Nachhilfe bei gefährdeter Versetzung beschränkt, sondern umfasst auch eine dauerhafte Intervention bei einer dauerhaften Lese-Rechtschreibschwäche.[117] Da es sich bei der Lese-Rechtschreibschwäche oder der Rechenschwäche um

115 BVerfG 23.7.2014 – 1 BvL 10/12, 1 BvL 12/12, 1 BvR 1691/13 Rn. 135, BGBl. 2014 I 1581.
116 BSG 8.5.2019 – B 14 AS 13/18 R
117 BSG 25.4.2018 – B 4 AS 19/7 R, SozR 4-4200 § 28 Nr. 11.

eine Behinderung handeln kann, kommt vorrangig ein Anspruch auf Leistungen der Jugendhilfe (§ 35 a SGB VIII), der Hilfe für behinderte Menschen (§ 75 SGB IX) in Betracht.

Nach der Rechtsprechung des Bundesverfassungsgerichtes hat sich der Bedarf von Kindern zur Sicherstellung eines menschenwürdigen Existenzminimums an kindlichen Entwicklungsphasen auszurichten und an dem, was für die Persönlichkeitsentfaltung eines Kindes erforderlich ist.[118] Dabei ist zu berücksichtigen, dass die kindliche Entwicklung nicht linear verläuft und dass ungünstige wirtschaftliche Verhältnisse der kindlichen Entwicklung nicht förderlich sind. Aus dem Grundgesetz (Art. 1 Abs. 1, 20 Abs. 1 GG) lässt sich anders als aus dem SGB II nicht nur ein Minimal- sondern ein höherer Förderbedarf entnehmen. Verneint wurde allerdings ein Bedarf für Mietgebühren eines Instruments (Cello) in Höhe von halbjährlich 90 EUR für den Musikunterricht in einer staatlichen Schule mit musischem Zweig, weil es sich weder um eine Lernförderung, noch um einen sonstigen unabweisbaren bedarf handelt.[119]

94 **Hinweis:** Nach dem UN-Übereinkommen über die Rechte von Menschen mit Behinderungen müssen Menschen mit Behinderungen ihre Persönlichkeit, ihre Begabungen und ihre Kreativität sowie ihre geistigen und körperlichen Fähigkeiten voll zur Entfaltung bringen können und Zugang zu qualitativ hochwertigem Unterricht haben (Art. 24 Abs. 1, Abs. 2 Buchst. b UN-Behindertenrechtskonvention).

95 Eine erweiternde Auslegung des § 28 Abs. 5 könnte sich aus Art. 26 Allgemeinen Erklärung der Menschenrechte vom 10.12.1948 und dem Internationalen Pakt für wirtschaftliche soziale und kulturelle Rechte, aus der Kinderrechtskonvention und aus Art. 2 des 1. Zusatzprotokolls zur Europäischen Menschenrechtskonvention (EMRK) ergeben, die einen Zugang zur diskriminierungsfreien Bildung gewähren. Die völkerrechtlichen Verträge verpflichten den Bund und sind geltendes inländisches Recht. Der Bundesgesetzgeber kann sich nicht vollständig aus der Bildung zurückziehen, auch wenn die Länder grundsätzlich für die Bildung zuständig sind (Art. 104 a Abs. 1 GG). Außerdem hat der Bundesgesetzgeber die Aufgabe, hilfebedürftige Personen, die Schulen besuchen mit den nötigen finanziellen Mitteln auszustatten, weil die Länder lediglich die Einrichtung und Unterhaltung der Institution Schule vorhalten, nicht aber den Lebensunterhalt der Schüler.[120] In den Landesverfassungen findet sich ein Recht auf Bildung zumeist ohne eine besondere Förderpflicht (zB Art. 8 Abs. 1 S. 1 Verf-NRW, Art. 4 Abs. 1 Verf NS); teilweise findet sich ein Programmsatz zur Förderung begabter, sozial benachteiligter und behinderter Schüler (Art. 29 Abs. 3 S. 2 Verf BRB) oder der begabungsgerechten Erziehung (Art. 25 Abs. 1 Verf Sachsen Anhalt). Die weitergehenden Ansprüche sind allerdings regelmäßig nicht dem Rechtskreis des SGB II zuzuordnen, sondern gegen den Träger der Sozial- oder Jugendhilfe zu richten.

---

118 BVerfG 9.2.2010 – 1 BvL 1/09, BvL 3/09 und BvL 4/09 Rn. 191.
119 BSG 10.9.2013 – B 4 AS 12/13 R, SozR 4-4200 § 28 Nr. 8.
120 BVerfG 9.2.2010 – 1 BvL 1/09, BvL 3/09 und BvL 4/09 Rn. 182.

dd) Anspruch auf Erstattung der Mehraufwendungen für Schulverpflegung

Schüler und Kinder, die Kindertageseinrichtung besuchen, haben Anspruch auf die 96
Aufwendungen für eine gemeinsame Mittagsverpflegung (§ 28 Abs. 6) für jeden Schultag. Seit dem 1.8.2019 wird nicht nur der Mehraufwand, sondern der gesamte Aufwand für die Mittagsverpflegung berücksichtigt, so dass eine Anrechnung von ersparten Aufwendungen iHv 1 EUR täglich nicht mehr berücksichtigt wird.[121]

ee) Anspruch auf Teilhabe am sozialen und kulturellen Leben bis zur Vollendung des 18. Lebensjahres

Mit dem Bedarf zur Teilhabe am sozialen und kulturellen Leben (§ 28 Abs. 7 S. 1) 97
sollen Aktivitäten im Bereich Sport, Spiel, Kultur und Geselligkeit, Unterricht in künstlerischen Fächern, Aktivitäten der kulturellen Bildung und die Teilnahme an „Freizeiten“ gefördert werden. Die Aufwendungen auch für mehrere Aktivitäten sind auf insgesamt 15 EUR monatlich begrenzt. Die Aufzählung soll abschließend sein. Kinoveranstaltungen und Fahrkosten sollen nicht zu den in § 28 Abs. 7 genannten Bedarfen gehören.[122] Zu den sportlichen und kulturellen Veranstaltungen zählen insbesondere Schwimmbad-, Museums- und Zoobesuche. Es können Mitgliedsbeiträge für Sport-, Kultur- und Brauchtumsvereine, freiwillige Feuerwehren übernommen werden. Unter sportliche Aktivitäten fällt nicht nur der Sport im Verein, sondern auch in Fitnessstudios oder ähnlichen Einrichtungen. Über den Betrag von 15 EUR hinaus können auch weitere Kosten übernommen werden, wenn diese im begründeten Ausnahmefall nicht zugemutet werden können. Hierzu zählt zB die Teilnahme an einer Kinder- und/oder Jugendfreizeit in den Ferien, sofern sie wegen des Nachranges nicht nach dem SGB VII finanziert wird. Die Jobcenter können an die Geeignetheit der Leistungserbringer solcher Freizeiten Anforderungen der Eignung und Leistungsfähigkeit stellen und die Übernahme von Kosten ungeeigneter Leistungsträger ablehnen.[123] Nicht zur Teilhabe am sozialen und kulturellen Leben gehören kostenpflichtige schulische Angebote wie eine Nachmittagsbetreuung.[124]

6. Leistungen für Unterkunft und Heizung

Anders als der Regelbedarf und die Leistungen für Mehrbedarfe sind die Leistungen 98
für Unterkunft und Heizung nicht pauschaliert und werden in **tatsächlicher Höhe übernommen, soweit sie angemessen sind** (§ 22 Abs. 1 S. 1). Die Kosten für Unterkunft und Heizung richten sich daher, wie in der Sozialhilfe, nach den **Besonderheiten des Einzelfalles** (vgl. § 9 Abs. 1 SGB XII, §§ 20, 21, 28, 74 iVm § 3 Abs. 3).

Der Leistungsberechtigte muss tatsächlich für seine Unterkunft Aufwendungen haben bzw. Zahlungen leisten. Eine bloße vertragliche Verpflichtung zur Zahlung von Miete oder andere Kosten der Unterkunft wie eine Leibrente oder Darlehenszinsen reichen allein nicht aus.[125]

---

121 G. v. 29.4.2019 BGBl. I 530 mWv 1.8.2019
122 BT-Drs. 17/3404 Erläuterung zu § 26 SGB II.
123 BSG 14.12.2021 – B 14 AS 73/20 R und B 14 AS 21/20 R BSGE 133, 187-204: Ungeeignet eine Jugendfreizeit einer Jugendorganisation einer verfassungsfeindlichen Partei.
124 LSG Nordrhein-Westfalen 15.3.2017 – L 12 AS 134/15.
125 BSG 20.8.2009 – B 14 AS 34/08 R.

Beispiel: Der Leistungsberechtigte stellt seine Mietzahlungen ein und bezahlt von dem Geld, welches er vom Leistungsträger dafür erhält, eine Urlaubsreise.

99 Nach § 22 Abs. 1 S. 1 gelten die tatsächlichen Aufwendungen für Unterkunft und Heizung für die Dauer von einem Jahr als angemessen.[126] Anders als nach § 22 Abs. 1 S. 2 entfällt die Verpflichtung zur Kostensenkung im **ersten Jahr** des Leistungsbezuges, so dass die Leistungsberechtigten nicht unmittelbar nach Antragstellung und Belehrung über die angemessenen Kosten durch das Jobcenter die Kosten der Unterkunft senken müssen. Die Pflicht zur Kostensenkung beginnt für die Leistungsberechtigten erst nach dem Ablauf von einem Jahr und der Aufforderung, die Kosten zu senken. Die Kostensenkung muss dann innerhalb einer Zeit von sechs Monaten erfolgen (§ 22 Abs. 1 S, 7). Die Karenzzeit wird durch Zeiten, in denen der Leistungsbezug um mindestens einen Monat unterbrochen ist, um jeden vollen Monat der Unterbrechung verlängert. Nach einer Zeit von drei Jahren, nachdem zuletzt Leistungen nach dem SGB II oder SGB XII bezogen worden sind, beginnt eine neue Karenzzeit. Die Angemessenheit einer Unterkunft bemisst sich ua nach der Anzahl der Mitglieder einer Bedarfsgemeinschaft. Sofern ein Mitglied die Bedarfsgemeinschaft verlässt, kann daher die bisherige Unterkunft unangemessen werden. Falls ein Mitglied einer Bedarfsgemeinschaft stirbt, hat der Gesetzgeber mit dem 1.1.2023 eine weitere Karenzzeit von einem Jahr eigenführt, in der keine Kostensenkung erfolgen muss (§ 22 Abs. 1 S. 9). Von der einjährigen Karenzzeit werden nicht die Kosten für Instandhaltung und Reparaturen bei selbstgenutztem Wohneigentum erfasst (§ 22 Abs. 2), so dass hier eine Angemessenheitsprüfung vorgenommen werden muss.[127] Auch die Übernahme der Kosten für Unterkunft und Heizung dürfte nicht völlig grenzenlos sein. Die Grenze wird sich in den Grundsätzen der Subsidiarität (§ 3 Abs. 3) finden, wonach die Kosten für Luxusunterkünfte mit mehreren tausend EUR pro Monat nicht übernommen werden müssen. Hier wird es auf den Einzelfall ankommen.

100 Die Kosten für Unterkunft und Heizung bestehen, falls nicht ein Pauschalpreis (Warmmiete) mietvertraglich vereinbart wurde, aus der Nettokaltmiete und den nach der BetrKV[128] umlagefähigen und im Mietvertrag vereinbarten Betriebskosten.[129]

101 **Beispiel:** Die vom Leistungsberechtigten angemietete Wohnung verfügt über einen Kabelanschluss zum Empfang von Radio- und Fernsehprogrammen. Der Leistungsberechtigte verfügt weder über ein Fernseh- noch ein Radiogerät. Die Kabelanschlusskosten werden von allen Mietern erhoben. Die Wohnkosten des Leistungsberechtigten sind auch nach den geltenden Richtlinien des Leistungsträgers angemessen. Der Leistungsträger verweigert die Übernahme der Kosten für den Kabelanschluss.

102 Die Kosten für einen Breitbandkabelanschluss können nach dem Mietvertrag auf die Mieter umgelegt werden (§ 2 Nr. 14 lit. b BKV) und gehören daher zu den Kosten der Unterkunft, so dass die Übernahme der Kosten nicht abgelehnt werden können.

---

126 BT-Drs. 20/3873 S. 89 idF des Vermittlungsausschusses, BT-Drs. 20/4600: Verkürzung der Karenzzeit von zwei auf ein Jahr.
127 BT-Drs. 20/3873,90/91.
128 BGBl. 2003 I 2346 (2347).
129 BSG 19.2.2009 – B 4 AS 48/08 R.

Die Kosten der Unterkunft müssen dem Leistungsberechtigten zur Verfügung gestellt werden, wenn diese anfallen. Ist die Miete für eine Wohnung monatlich fällig, so ergeben sich hier keine Probleme, denn zB Nachforderungen für eine Nachzahlung von Heiz- oder der sonstigen Betriebskosten sind vom Antrag auf Leistungen erfasst und durch Änderung des Leistungsbescheides von Amts wegen nach § 48 Abs. 1 S. 2 Nr. 1 SGB X zu berücksichtigen.[130] Bei Eigenheimbewohnern fallen die Kosten der Unterkunft häufig nicht monatlich, sondern jährlich, vierteljährig oder gar unregelmäßig an. Hier sind die Kosten der Unterkunft in dem Monat zu leisten, indem sie anfallen (§ 41 Abs. 1).[131] Eine Berücksichtigung von Betriebskostennachzahlungen kann allerdings dann nicht erfolgen, wenn der Anspruchsteller nicht mehr im Leistungsbezug ist.[132] 103

a) Ermittlung der Angemessenheit der Kosten der Unterkunft

Ob eine Unterkunft **angemessen** ist, lässt sich dem Gesetz nicht entnehmen und unterliegt der vollen gerichtlichen Überprüfung. Die Leistungsträger haben bei der Feststellung, ob die Kosten der Unterkunft und Heizung angemessen sind, keinen Beurteilungs- oder gar Ermessensspielraum.[133] 104

Auch bei unangemessenen Kosten der Unterkunft oder Heizung müssen immer die angemessenen Kosten erbracht werden. Ist eine Unterkunft unangemessen, muss der Leistungsträger oder das Gericht somit zusätzlich prüfen, wie hoch die Kosten einer angemessenen Unterkunft sind. Der Leistungsträger muss die abstrakt angemessenen Kosten für Unterkunft und Heizung anhand der Situation auf dem Wohnungsmarkt überprüfen können.[134]

Nach ständiger Rechtsprechung des Bundessozialgerichtes (Urteil vom 7.11.2006)[135] ist die Angemessenheit wie folgt zu ermitteln: 105

Eine Unterkunft ist angemessen, wenn das Produkt aus Wohnungsgröße und Wohnungsstandard, der sich in erster Linie im Preis niederschlägt, insgesamt angemessen ist.[136]

- **Ermittlung der Wohnraumgröße:** Hier ist die für Wohnberechtigte im sozialen Wohnungsbau anerkannte Wohnraumgröße zugrunde zu legen. Die angemessene Wohnungsgröße wird nach den in den jeweiligen Bundesländern erlassenen Verwaltungsrichtlinien zu § 10 des Gesetzes über die Förderung im sozialen Wohnungsbau (Wohnraumförderungsgesetz) bestimmt. Die Wohnungsgrößen betragen maximal für den alleinstehenden Leistungsberechtigten 45 bis 50 m^2 und für jede weitere Person jeweils weitere 10 bzw. 15 m^2.[137] Der Rückgriff auf diese Re- 106

130 BSG 24.11.2011 – B 14 AS 121/10 R, SozR 4-4200 § 22 Nr. 58.
131 BSG 29.11.2012 – B 14 AS 36/12 R, SozR 4-4200 § 22 Nr. 63.
132 BSG 25.6.2015 – B 14 AS 40/14R.
133 BSG 7.11.2006 – B 7 b AS 10/06 R.
134 BSG 7.11.2006 – B 7 b AS 18/06 R.
135 BSG 7.11.2006 – B 7 b AS 18/06 R Rn. 57; vgl. zuletzt BSG 30.1.2019 – B 14 AS 24/18 R Rn. 14 f.; BSGE 127, 214-223, BSG 5.8.2021 – B 4 AS 82/20 R.
136 BSG 7.11.2006 – B 7 b AS 18/06 R Rn. 20.
137 BSG 7.11.2006 – B 7 b AS 18/06 R; BSG 18.6.2008 – B 14/7 b AS 44/06 R; BSG 22.8.2012 – 14 AS 13/12 R; BSG 14.12.2021 – B 14 AS 73/20 R.

gelungen ist problematisch, weil mit den Höchstgrenzen zu den Wohnungsgrößen in der Wohnungsbauförderung teilweise andere Ziele verfolgt werden als mit dem SGB II.[138] Die Wohnfläche könnte alternativ anhand statistischer Daten über die in den unteren Einkommensschichten angemieteten Wohnflächen ermittelt werden. Maßgebliche bei der Beurteilung der angemessenen Wohnungsgröße ist die Zahl der Mitglieder der Bedarfsgemeinschaft und nicht die Anzahl der Bewohner.[139]

107 ■ Die **Wohnfläche ist nach der Wohnflächenverordnung** (WoFlV)[140] zu berechnen. Bei sogenannten **Altmietverträgen**, die vor dem 1.1.2004 abgeschlossen wurden, sind die Wohnflächen nach der **II. Berechnungsverordnung** zu berechnen. Hiernach ist in erster Linie auf die Grundfläche abzustellen (§ 2 Abs. 1 WoFlV). Bei Dachschrägen ist bei Unterschreitung der Stehhöhe von zwei Metern bis einem Meter nur die Hälfte der Fläche als Wohnfläche anzurechnen (§ 4 WoFlV). Wird die Höhe von einem Meter unterschritten, erfolgt keine Anrechnung auf die Wohnfläche mehr. Balkone, die allenfalls eingeschränkt zur Wohnnutzung geeignet sind, werden mit einem Viertel der Fläche berücksichtigt (§ 4 Nr. 4 WoFlV).

108 ■ **Hinweis:** Den Angaben in Mietverträgen und auch in Bauplänen sollte nicht unkritisch gefolgt werden, denn oftmals erfolgte die Wohnflächenberechnung nicht nach der II. BVO oder der WoFlV, sondern zB der DIN 277. Diese Berechnung kommt regelmäßig zu einer größeren Fläche.

109 ■ **Ermittlung des Wohnungsstandards:** Angemessen ist eine Wohnung nur dann, wenn sie nach Ausstattung, Lage und Bausubstanz einfachen und grundlegenden Bedürfnissen genügt und keinen gehobenen Wohnstandard aufweist.[141]

Die Frage der **Ausstattung** dürfte in der Praxis kaum eine Rolle mehr spielen, weil die Ausstattung der Wohnungen mit Bad, WC und Sammelheizung zwischenzeitlich zum allgemeinen (Mindest-)Wohnstandard gehört. Eine gehobene Ausstattung, Lage oder Bausubstanz wird sich daher nur über die Wohnkosten ermitteln lassen.

Wohnungen, die einen gewissen Mindeststandard nicht aufweisen, sind den Leistungsberechtigten nicht zumutbar und deshalb bei der Bemessung des abstrakten Mietpreisniveaus nicht zu berücksichtigen. Hierzu gehören Wohnungen mit Ofenheizung und lediglich mit fließendem Wasser ohne die Möglichkeit zu duschen.[142]

110 ■ Die **Wohnkosten** müssen innerhalb des in Frage kommenden Bezirkes (in dem die Wohnung liegt) im unteren Segment der nach der Größe in Betracht kommenden Wohnungen in dem räumlichen Bezirk, der den Vergleichsmaßstab bildet, liegen.

---

138 BSG 19.2.2009 – B 4 AS 30/08 R.
139 BSG 18.2.2010 – B 14 AS 73/08 R.
140 BGBl. 2003 I 2346.
141 BSG 7.11.2006 – B 7b AS 10/06 R.
142 BSG 19.10.2010 – B 14 AS 2/10 R Rn. 24.

Maßgeblich ist nach dem Bundessozialgericht[143] der **konkrete Wohnort des Hilfebedürftigen** und zwar unabhängig davon, wie lange er an diesem Wohnort bereits wohnt. Dies kann die politische Gemeinde sein, bei kleineren Orten kann es insbesondere im ländlichen Bereich geboten sein, ein größeres Gebiet als **Vergleichsgebiet** zusammenzufassen, wohingegen bei größeren Städten eine Unterteilung erforderlich ist.[144] Das Bundessozialgericht hat zwischenzeitlich seine Rechtsprechung zu den Vergleichsgebieten modifiziert und die Städte München[145] mit einem Jobcenter und Berlin mit mehreren Jobcentern als ein Vergleichsgebiet angesehen. Das Vergleichsgebiet dient nur der abstrakten Ermittlung der Wohnkosten und nicht dazu, den räumlichen Bereich zu bestimmen, innerhalb dessen der Leistungsberechtigte zumutbar verwiesen werden kann. Diese Feststellung wird im Rahmen der Ermittlung der konkreten Angemessenheit vorgenommen.

Beispiel: Die Frage, ob einer Bedarfsgemeinschaft mit schulpflichtigen Kindern ein Umzug während des laufenden Schuljahres und/oder eine Wohnung in zumutbarer Entfernung von der bisherigen Schule zugewiesen werden kann, ist eine Frage der konkreten Angemessenheit.[146]

Existiert ein einfacher oder qualifizierter **Mietspiegel** nach §§ 558 c bzw. 558 d BGB, kann dieser herangezogen werden; dass Gleiche trifft für **Mietdatenbanken** nach § 558 e BGB zu. Existiert kein Mietspiegel oder eine Mietdatenbank, so wird der Grundsicherungsträger bzw. das Gericht eigene Ermittlungen anstellen und einen Mietspiegel oder eine Tabelle erstellen müssen.[147] (Bei den Mietspiegeln ist zu beachten, dass diese vorzugsweise den Markt des frei finanzierten Wohnraumes darstellen.) Hinweise zu zahlreichen Mietspiegeln im Internet finden sich auf den Webseiten der jeweiligen Städte. Die herangezogenen Mietspiegel müssen selbst den wissenschaftlichen und statistischen Grundsätzen entsprechen, was in aller Regel nur durch ein Sachverständigengutachten nachgewiesen oder widerlegt werden kann.[148] Es empfiehlt sich daher bei Hinweisen auf eine fehlerhafte Datenermittlung bei einem Mietspiegel ein entsprechendes Sachverständigengutachten zu beantragen. Mietspiegel beruhen häufig nicht mehr auf aktuellen Daten, so dass aktuelle Preissprünge nicht einbezogen werden und geben daher häufig keine Auskunft darüber, ob zu dem Preis ausreichend freier Wohnraum zur Anmietung durch Leistungsberechtigte zur Verfügung steht.[149] 111

In die Gesamtbetrachtung ist auch der **geförderte Wohnungsbau** einzubeziehen. Hierzu können die Wohnungsämter der jeweiligen Städte und Gemeinden Auskunft erteilen. Bei den Ermittlungen des abstrakten Mietpreises sind sowohl freie als auch vermietete Wohnungen mit einzubeziehen.[150] Im Verfahren auf einstweiligen Rechts- 112

143 BSG 7.11.2006 – 7b AS 10/06 R.
144 BSG 7.11.2006 – 7b AS 18/06 R.
145 BSG 19.2.2009 – B 4 AS 30/08 R.
146 LSG Berlin-Brandenburg 30.3.2010 – L 28 AS 1266/08 Rn. 62; BSG 19.2.2009 – B 4 AS 30/08 R Rn. 23.
147 Vgl. BSG 18.6.2008 – B 14/7b AS 44/06 R.
148 BSG 10.9.2013 – B 4 AS 77/12 R, SozR 4-4200 § 22 Nr. 70.
149 BSG 17.2.2014 – B 14 AS 295/13 B.
150 BSG 19.2.2009 – B 4 AS 30/08 R.

schutz kann jedoch der Rückgriff auf einen Mietspiegel ausreichend sein, weil sich bei Anwendung des Mietspiegels für den Leistungsberechtigten in aller Regel keine Nachteile ergeben. Orientiert sich das Gericht an den Mittelwerten der Mietspiegel, ist davon auszugehen, dass auch ausreichend freier Wohnraum vorhanden ist, ohne dass dies im Einzelnen im Verfahren des einstweiligen Rechtsschutzes geprüft werden müsste.[151]

113 Bei Bemessung des Wohnungsstandards, dh des angemessenen Preises pro Quadratmeter, sind die Nettokaltmiete und die kalten Betriebskosten mit einzubeziehen.[152] Der Wohnungsstandard bestimmt sich maßgeblich nach der Wohnlage und nach der Art der bewohnten Gebäude, dh baulicher Zustand, Wohnumfeld, Hochhaus oder sonstiges Mehrfamilienhaus. Demgegenüber sind die sogenannten kalten Betriebskosten unabhängig vom jeweiligen Wohnungsstandard zu ermitteln und richten sich vorzugsweise nach lokalen Gegebenheiten, wie Wasser und Abwassergebühren, so dass hier auf regionale Übersichten zurückgegriffen werden kann. Wenn solche Übersichten nicht vorliegen, kann auf den Betriebskostenspiegel des Deutschen Mieterbundes zurückgegriffen werden.[153] Zu den regionalen Übersichten gehören wohl auch die von den jeweiligen Mietervereinen ermittelten lokalen Betriebskostenspiegel. Bei der Ermittlung der angemessenen Kosten pro m^2 ist es zulässig, bei Wohnungen für eine Person Wohnungen mit einem „Flächenkorridor" von 20 m^2 in die Ermittlung mit einzubeziehen, so dass die Mindestgröße bei einer angemessenen Höchstfläche von 45 m^2 24 m^2 beträgt.[154]

114 Sofern der Leistungsträger einen Mietspiegel zur Ermittlung der Wohnraumkosten heranzieht, ist zu prüfen, ob die ermittelten Daten noch ausreichend aktuell sind. Die eigenen Ermittlungen der Leistungsträger oder der Gerichte müssen auf einem schlüssigen Konzept beruhen, das eine hinreichende Gewähr dafür bietet, die aktuellen Verhältnisse des Wohnungsmarktes wiederzugeben.[155]

115 Ein schlüssiges Konzept liegt nach der Rechtsprechung des Bundessozialgerichtes[156] nur vor, wenn es mindestens die folgenden Voraussetzungen erfüllt:

- Die Datenerhebung darf ausschließlich in dem genau eingegrenzten und muss über den gesamten Vergleichsraum erfolgen (keine Ghettobildung),
- es bedarf einer nachvollziehbaren Definition des Gegenstandes der Beobachtung, zB welche Art von Wohnungen (Differenzierung nach Standard der Wohnungen, Brutto- und Nettomiete, Differenzierung nach Wohnungsgröße),
- Angaben über den Beobachtungszeitraum,
- Festlegung der Art und Weise der Datenerhebung (Erkenntnisquellen, zB Mietspiegel),

151 Vgl. LSG Berlin-Brandenburg 13.9.2007 – L 29 B 883/07 AS ER.
152 BSG 20.10.2010 – B 14 AS 50/10 R.
153 BSG 20.10.2010 – B 14 AS 50/10 R; https://www.mieterbund.de/service/betriebskostenspiegel.html, letzter Aufruf 3.1.2023.
154 BSG 18.11.2014 – B 4 AS 9/14 R, SozR 4-4200 § 22 Nr. 81.
155 BSG 18.6.2008 – B 14/7b AS 44/06 R; BSG 18.11.2014 – B 4 AS 9/14 R, SozR 4-4200 § 22 Nr. 81.
156 BSG 22.9.2009 – B 4 AS 18/09 R.

- Repräsentativität des Umfangs der eingezogenen Daten,
- Validität der Datenerhebung,
- Einhaltung anerkannter mathematisch-statistischer Grundsätze der Datenauswertung und
- Angaben über die gezogenen Schlüsse (zB Spannoberwert oder Kappungsgrenze). Es ist nicht
- erforderlich, dass das Jobcenter Bestandsmieten mit einbezieht, denn es wird als ausreichend erachtet, wenn sich die Ermittlungen auf Angebote auf dem Wohnungsmarkt beschränken.[157]

Hinweis: Ergeben sich Zweifel an dem Konzept oder der Datenlage, sollte gegenüber dem Gericht angeregt und notfalls durch Beweisantrag bekräftigt werden, dass der Grundsicherungsträger seine diesbezüglichen Ermittlungen vorlegt und in den Prozess einführt; denn nicht erst das Gericht, sondern bereits der Grundsicherungsträger muss die abstrakt angemessenen Kosten der Unterkunft von Amts wegen ermitteln.[158]

Stellt sich im sozialgerichtlichen Verfahren heraus, dass der Leistungsträger ohne hin- 116
reichende Datengrundlage entschieden hat, muss ihm das Gericht zunächst Gelegenheit geben, seine Ermittlungen nachzuholen (§ 103 S. 1 Hs. 2 SGG „die Beteiligten sind dabei heranzuziehen").[159] Das Gericht kann zur Behebung von Zweifeln auch ein Gutachten einholen.[160] Das Gericht kann den Leistungsträger im Rahmen seiner Mitwirkungspflicht auffordern, die Ermittlungen des abstrakt angemessenen Mietpreises anhand eines schlüssigen Konzeptes nachzuholen und hierzu eine Frist von sechs Monaten setzen. Der Leistungsberechtigte kann seine Rechte dadurch wahren, dass er beantragt, den Leistungsträger im Wege einer einstweiligen Regelung zu verpflichten, die tatsächlichen Kosten der Unterkunft und Heizung zu übernehmen (§ 131 Abs. 5 S. 3 SGG).[161] Führen auch die weiteren Ermittlungen des Leistungsträgers zu keinem Ergebnis oder sind die abstrakt angemessenen Kosten der Unterkunft aufgrund des zwischenzeitlich vergangenen Zeitraums nicht mehr ermittelbar, sind die abstrakt angemessenen Kosten der Unterkunft anhand der Tabelle zu § 12 Abs. 1 WoGG zu ermitteln.[162] Bevor das Gericht die Wohngeldtabelle zur Hilfe nimmt, muss es feststellen, dass Ermittlungen des Jobcenters oder des Gerichtes nicht (mehr) erfolgreich sein können.[163]

157 BSG 17.9.2020 – B 4 AS 22/20 R, BSGE 131, 22–32.
158 BSG 22.9.2009 – B 4 AS 18/09 R Rn. 26.
159 BSG 2.7.2009 – B 14 AS 33/08 R Rn. 22.
160 BSG 20.8.2009 – B 14 AS 65/08 R Rn. 21.
161 BSG 22.9.2009 – B 4 AS 18/09 R Rn. 27.
162 BSG 17.12.2009 – B 4 AS 50/09 R Rn. 27.
163 BSG 12.12.2013 – B 4 AS 87/12 R, SozR 4-4200 § 22 Nr. 73.

Tabelle zu § 12 WoGG ab dem 1.1.2020 in der Fassung der ersten Wohngeldfortschreibungsverordnung vom 3.6.2021.[164]

Anzahl der zu berücksichtigenden Haushaltsmitglieder	Mietenstufe	Höchstbetrag (EUR)
1	I	347
	II	392
	III	438
	IV	491
	V	540
	VI	591
	VII	651
2	I	420
	II	474
	III	530
	IV	595
	V	654
	VI	716
	VII	788
3	I	501
	II	564
	III	631
	IV	708
	V	778
	VI	853
	VII	937
4	I	584
	II	659
	III	736
	IV	825
	V	909
	VI	995
	VII	1.095

164 BGBl. I 1369 v. 3.6.2021.

Anzahl der zu berücksichtigenden Haushaltsmitglieder	Mietenstufe	Höchstbetrag (EUR)
5	I	667
	II	752
	III	841
	IV	944
	V	1.038
	VI	1.137
	VII	1.251
Mehrbetrag für jedes weitere zu berücksichtigende Haushaltsmitglied	I	79
	II	90
	III	102
	IV	114
	V	124
	VI	143
	VII	157

Die jeweiligen Tabellenwerte zum Wohngeldgesetz sind, um einen angemessenen Betrag zu erhöhen, damit der Leistungsberechtigte eine angemessene Wohnung finden kann. Das Bundessozialgericht hat die Werte der Wohngeldtabellen, zuzüglich des Sicherheitszuschlages in Höhe von 10 %, als einen Höchstwert angesehen.[165] Die vorliegende Tabelle wurde zuletzt aufgrund der Kosten für die Unterkünfte zuletzt am 1.1.2022 angepasst. Eine weitere Fortschreibung erfolgt nach § 43 Abs. 4 WoGG ab dem 1.1.2025, so dass das Wohngeld eher den tatsächlichen Kosten angemessenen Wohnraumes entspricht als in der Zeit vor dem 1.1.2020, in der das Wohngeld nur in langen Zeitabständen angepasst wurde. Man könnte daher ggf. auf den Gedanken kommen, den 10% Zuschlag entfallen zu lassen.[166] Die Begründung für den vom Bundessozialgericht gemachten Sicherheitszuschlag berücksichtigt allerdings nicht die langen Anpassungszeiträume, sondern diente nur dazu, um eine obere Angemessenheitsgrenze festzulegen, damit die Kosten für die Jobcenter nicht ins Uferlose steigen. Der Sicherheitszuschlag wurde gemacht, weil beim Fehlen eines schlüssigen Konzeptes nicht mit Sicherheit eine Referenzmiete festgestellt werden kann.[167] Man wird daher auch nach der zeitnäheren Anpassung der Höchstbeträge nach § 12 WoGG auch weiterhin einen Zuschlag machen müssen. Wegen der zeitnäheren Anpassung dürfte dieser allerdings auch abgesenkt werden können, zB auf 5%.

165 BSG 10.9.2013 – B 4 AS 4/13 R, SozR 4-4200 § 22 Nr. 72, der Sicherheitszuschlag ist auch bei der Wohngeldtabelle 2020 vorzunehmen, vgl. LSG Niedersachsen-Bremen 21.11.2011 – L 11 AS 1063/11 B ER Rn. 23 zur Wohngeldtabelle 2016.

166 LSG Berlin-Brandenburg, 1.9.2022 – L 14 AS 494/19 für den konkreten Fall aus 2016 noch verneint, siehe auch BSG 3.9.2020 – B 14 AS 34/19R.

167 BSG 17.12.2009 – B 4 AS 50/09R.

Hinweis: In der gerichtlichen Praxis kann bei Kenntnis der fehlerhaften Ermittlungen des Leistungsträgers zur Höhe der abstrakten Kosten der Unterkunft ggf. auf Basis der durch das Bundessozialgericht festgelegten „Höchstgrenze" ein gerichtlich protokollierter Vergleich über die tatsächlichen Kosten der Unterkunft geschlossen werden.

117 Von den Trägern der Grundsicherung für Arbeitsuchende und von den Gerichten ist nach der Feststellung der abstrakt angemessenen Kosten der Unterkunft in einer **konkreten Angemessenheitsprüfung** festzustellen, ob für den Hilfeempfänger eine bedarfsgerechte und kostengünstigere Unterkunft tatsächlich zur Verfügung steht, dh konkret verfügbar und zugänglich ist. Bei Ermittlung der konkreten Angemessenheit ist auch ggf. ein erhöhter Wohnflächenbedarf, zB für Rollstuhlfahrer, oder die Zumutbarkeit eines Umzuges in ein anderes Stadtviertel zu prüfen. Der Leistungsträger und auch die Gerichte müssen überprüfen, ob dem Leistungsberechtigten ein zumutbarer freier Wohnraum konkret zur Verfügung steht. Auch bei der Verweisung auf eine preiswertere Wohnung, die abstrakt unangemessen ist, muss überprüft werden, ob eine Unterkunft konkret doch angemessen ist und zwar dann, wenn bestimmte Gründe, wie eine Behinderung, Krankheit, Pflegebedürftigkeit, Rücksichtnahme auf schulpflichtige Kinder, Alleinerziehung oder ähnliche Besonderheiten vorliegen.[168] Die Überprüfung der konkreten Angemessenheit umfasst auch die Überprüfung, ob die Aufwendungen für die innegehabte, abstrakt unangemessene Wohnung im Verhältnis zu den Einsparungen durch einen Umzug in einem angemessenen Verhältnis steht.[169] Der Leistungsträger kann diese Überprüfung einschränken, wenn er dem Leistungsberechtigten eine konkrete Wohnung benennt und die Wohnung tatsächlich für den Leistungsberechtigten verfügbar ist.[170]

118 Die von den Leistungsträgern herausgegebenen **Richtlinien**, nach denen sich die Sachbearbeiter richten müssen, entsprechen häufig nicht den vom Bundessozialgericht benannten Vorgaben. Aus ihnen lässt sich oftmals nicht entnehmen, welche Nettokaltmiete als angemessener Mietpreis angesehen wird. Als Nettokaltmiete werden die Mietkosten ohne die Kosten für Heizung und die im Mietvertrag vereinbarten Betriebskosten nach § 2 der Betriebskostenverordnung (BetrKV) bezeichnet. Die Ausführungsvorschriften binden lediglich die Sachbearbeiter der Leistungsträger. Eine darüber hinausgehende Bindungswirkung kommt ihnen nicht zu.[171]

119 **Hinweis:** Im Verfahren des einstweiligen Rechtsschutzes nach § 86 b SGG wird es dem Gericht regelmäßig nicht möglich sein, die Richtlinien des Leistungsträgers bzw. ob er die Kosten der Unterkunft nach den Vorgaben des Bundessozialgerichtes richtig ermittelt hat, zu überprüfen. Das Gericht darf die Richtlinien des Leistungsträgers nicht als alleinigen Maßstab nehmen und ist verpflichtet, die Angemessenheit der

168 BSG 16.4.2013 – B 14 AS 28/12 R, SozR 4-4200 § 22 Nr. 67.
169 BSG 30.1.2019 – B 14 AS 24/18 R, BSGE 127, 214; BSG 5.8.2021 – B 4 AS 82/20 R.
170 Vgl. BSG 18.6.2008 – B 14/7 b AS 44/06 R; BSG 3.9.2020 – B 14 AS 34/19R.
171 LSG Berlin-Brandenburg 18.12.2008 – L 25 B 2222/08 AS ER.

Kosten selbst zu prüfen.[172] Eine Überprüfung muss auch im Eilverfahren vom Gericht durchgeführt werden.[173]

Des Weiteren sollte darauf hingewiesen werden, dass Leistungen für Unterkunft und Heizung zumindest ab Stellung des Antrags auf einstweiligen Rechtsschutz gewährt werden müssen, weil andernfalls eine fristlose Kündigung und damit ein Wohnungsverlust droht.

b) Angemessene Heizkosten

Die nach den Richtlinien der Leistungsträger festgelegten Obergrenzen und Pauschalierungen für **Heizkosten** sind unzulässig.[174] Die Prüfung der Angemessenheit der Heizkosten ist grundsätzlich getrennt von den übrigen Kosten der Unterkunft vorzunehmen. Ist die Wohnungsgröße unangemessen, lässt sich hieraus noch nicht auf unangemessene Heizkosten schließen. Ein Indiz für unangemessene Heizkosten besteht dann, wenn die Höchstwerte des durch die co2online gGmbH in Kooperation mit dem Deutschen Mieterbund ermittelten „Kommunalen Heizspiegels“ bzw., soweit ein solcher nicht besteht, des „Bundesweiten Heizspiegels“ deutlich überschritten werden. 120

Der Grenzwert für die (vermutete) Angemessenheit ist das Produkt aus dem Wert extrem hoher Heizkosten, bezogen auf den jeweiligen Energieträger und die Größe der Wohnanlage, und der abstrakt festgelegten angemessenen Quadratmeterzahl (§ 10 WoFG).[175] Die näheren Einzelheiten können unter www.heizspiegel.de abgefragt werden. Auf den angegebenen Seiten lässt sich auch in Erfahrung bringen, für welche Orte kommunale Heizspiegel bestehen.

Beispiel: Der Leistungsberechtigte wohnt in einem Gebäude mit 350 m² Gesamtwohnfläche. Seine Wohnung ist 60 m² groß. Die angemessene Wohnungsgröße beträgt 50 m². Das Gebäude verfügt über eine Gaszentralheizung. Er zahlt monatlich einen Abschlag an den Gasversorger in Höhe von 70 EUR. Der Grenzwert ergibt sich aus dem bundesweiten Heizkostenspiegel für das Jahr 2022, Abrechnungsjahr 2019.[176] 121

Gesamtfläche des Gebäudes	angemessene Wohnfläche	Grenzwert pro Jahr 18,41 EUR pro m²	Grenzwert pro Monat
350 m²	50 m²	920,50 EUR	76,71 EUR

Im vorliegenden Fall ist der Grenzwert der „Unangemessenheit“ noch nicht überschritten, so dass ohne weitere Prüfung hier von angemessenen Heizkosten ausgegangen werden kann. Wird der Grenzwert (hier 70 EUR monatlich) überschritten, so ist in einem weiteren Schritt auch hier noch konkret zu überprüfen, ob die Heizkosten gleichwohl angemessen sind. Der Leistungsberechtigte muss dann im Prozess darle-

172 BSG 7.11.2006 – B 7b AS 18/06 R.
173 LSG Berlin-Brandenburg 9.12.2008 – L 32 B 2223/08 AS ER.
174 BSG 2.7.2009 – B 14 AS 36/08 R.
175 BSG 2.7.2009 – B 14 AS 36/08 R Rn. 22.
176 https://www.heizspiegel.de/fileadmin/hs/heizspiegel/heizspiegel-2022/heizspiegel-2022.pdf, letzter Aufruf 5.1.2023.

gen, warum die Kosten für die Heizung überschritten werden.[177] Dem Grenzwert aus einem bundesweiten oder kommunalen Heizkostenspiegel kommt nicht die Funktion eines Quadratmeterhöchstwerts für angemessene Aufwendungen im Sinne des SGB II zu.[178] Eine Unterkunft mit unangemessenen Heizkosten kann daher gleichwohl konkret angemessen sein, wenn durch einen Umzug die Kosten der Unterkunft insgesamt nicht gesenkt werden kann.[179] Nicht berücksichtigt wurde in dem oben genannten Beispiel der enorme Anstieg der Heizkosten in den Jahren 2021 und 2022, und zwar bei Gas um jeweils 20% bzw. 67%.[180] Dieser Anstieg der Preise hat keine Auswirkungen auf die Unangemessenheit von Heizkosten, weil sie weder von dem Heizverhalten der Leistungsberechtigten, noch von der Wohnungsgröße abhängig ist.

122 Erfolgt die Heizung mit einem **Brennstoffvorrat**, zB Heizöl, Kohle oder Holz, besteht ein Anspruch auf Leistung dann, wenn die Vorräte im Leistungszeitraum erschöpft sind, denn auch hier ist ein aktueller Bedarf zu decken und kann nicht auf den Leistungszeitraum verteilt werden.[181] Die Leistungen müssen auch hier in dem Monat erbracht werden, wenn der Bedarf für den Brennstoffvorrat (zB die Heizöllieferung) entsteht, dh wenn die Heizperiode naht und der Brennstoffvorrat zur Verfügung stehen muss. Sofern die Kosten für Brennstoffe vor der Stellung des Antrags auf Leistungen nach dem SGB II entstanden und vom Leistungsberechtigten geleistet wurden, besteht kein Anspruch auf Kostenübernahme. Falls der Brennstoff vor dem Antrag auf Leistungsbezug bestellt und geliefert wurde und danach ganz oder teilweise noch nicht bezahlt ist, kommt eine Übernahme der Kosten durch den Leistungsträger als Darlehen in Betracht (§ 22 Abs. 5). Der Antrag auf Leistung muss jedoch in dem Monat erfolgen, indem die Kosten für den Brennstoff anfallen. Selbst wenn Leistungsberechtigte nicht im laufenden Leistungsbezug stehen, haben sie bei einer durch die Heizkosten erzeugten Hilfebedarf einen Anspruch auf Übernahme der Kosten für die Heizung.[182]

123 Bei Bestellung von Brennstoffen im Leistungszeitraum sind mindestens die Kosten für den Leistungszeitraum zu übernehmen. Dies kann nach Ansicht des Bundessozialgerichtes[183] auch ein Anspruch auf **Anschaffung eines Brennstoffvorrates** für einen längeren Zeitraum als den Bewilligungszeitraum sein und zwar für **bis zu einem Jahr**, sofern nur der Bezug von Leistungen nach dem SGB II hinreichend wahrscheinlich ist.

124 Nach § 22 Abs. 10 kann das Jobcenter eine **Gesamtangemessenheitsgrenze** festlegen. Dies führt allerdings nicht dazu, dass sich die Leistungsberechtigten nunmehr darauf berufen können, die Unterkunftskosten seien insgesamt noch angemessen, weil zwar die Kaltmiete unangemessen, aber die Heizkosten sehr niedrig seien. Auf eine Ge-

177 BSG 2.7.2009 – B 14 AS 36/08 R Rn. 23.
178 BSG 12.6.2015 – B 14 AS 60/12 R.
179 BSG 12.6.2013 – B 14 AS 60/12 R BSGE 114, 1–11.
180 Vgl. https://www.heizspiegel.de/presse/pressemitteilungen/pressemitteilung/beitrag/heizspiegel-2022-heizen-mit-gas-doppelt-so-teuer-wie-2020-enormes-sparpotenzial-fuer-haushalte-238/, letzter Aufruf 5.1.2023.
181 BSG 16.5.2007 – B 7b AS 40/06 R; BSG 29.11.2012 – B 15 AS 36/12 R, SozR 4-4200 Nr. 63.
182 BSG 8.5.2019 – B 14 AS 20/18 R, SozR § 22 Nr. 102.
183 BSG 16.5.2007 – B 7b AS 40/06 R Rn. 15.

samtangemessenheit können sich die Leistungsberechtigten nur berufen, wenn das Jobcenter eine solche festgelegt hat.[184]

c) Weiterzahlung der unangemessenen Kosten für Unterkunft und Heizung

Unangemessene Kosten der Unterkunft sind vom Leistungsträger solange weiterzu- 125
zahlen, als eine Senkung der Kosten der Unterkunft nicht möglich oder zumutbar ist (§ 22 Abs. 1 S. 3). Die **Weiterzahlung** soll in der Regel längstens für einen Zeitraum von sechs Monaten, nach Ablauf der Karenzzeit von einem Jahr, erfolgen. Die Frist von sechs Monaten ist eine Regelhöchstfrist und nur dann anzuwenden, wenn der Leistungsberechtigte sich um eine Kostensenkung bemüht.[185]

Beispiel: Der Leistungsberechtigte wird vom Leistungsträger aufgefordert, die Kosten sei- 126
ner Unterkunft zu senken. Daraufhin erklärt er, die Wohnung sei angemessen, ein Umzug oder andere Kostensenkungsmaßnahmen kämen für ihn auf keinen Fall infrage.

Sofern die Wohnung nicht angemessen ist, kann der Leistungsträger die Kosten für Unterkunft und Heizung in verminderter angemessener Höhe vom Zeitpunkt der Erklärung des Leistungsberechtigten, ein Umzug käme nicht in Frage, an erbringen. Das ergibt sich aus dem Zweck des Gesetzes, das dem Leistungsberechtigten lediglich eine „Suchfrist" für die Wohnungssuche einräumt. Er soll nicht gezwungen werden, sein Mietverhältnis mit der gesetzlichen Frist nach § 580 a Abs. 1 Nr. 3 BGB von drei Monaten zu kündigen, um sich dann erst eine neue Wohnung zu suchen und sich der Gefahr auszusetzen, dass er durch die „voreilige" Kündigung wohnungslos wird. Die Frist zur Kostensenkung gilt nur dann, wenn der Leistungsberechtigte sich tatsächlich um eine Kostensenkung bemüht.

d) Kostensenkungsobliegenheit, Kostensenkungsaufforderung

Neben dem Anspruch des Leistungsberechtigten lediglich auf Übernahme der ange- 127
messenen Kosten der Unterkunft und Heizung (§ 22 Abs. 1 S. 1) besteht für ihn die (Obliegenheit) Verpflichtung die Kosten der Unterkunft auf den angemessenen Umfang zu senken. Diese Obliegenheit besteht nicht, soweit es dem Leistungsberechtigten nicht möglich oder nicht zumutbar ist die Kosten der Unterkunft zu senken (§ 22 Abs. 1 S. 3). Dem Leistungsberechtigen ist die Senkung der Kosten der Unterkunft und Heizung subjektiv nur möglich, wenn er positive Kenntnisse von seiner Kostensenkungspflicht hat.[186]

Diese Kenntnis wird der Leistungsberechtigte in der Regel nur haben, wenn er vom 128
Leistungsträger zur **Kostensenkung** aufgefordert wurde.[187] Wie die Kostensenkungsaufforderung im Einzelfall aussehen muss ist bisher nicht abschließend geklärt. Das Bundessozialgericht hat zunächst nur geringe Anforderungen an eine wirksame Kostensenkungsaufforderung gestellt, weil diese allein Aufklärungs- und Warnfunktion habe.[188] Besondere Anforderungen an den Umfang und die Genauigkeit dieser Aufforderung bestehen deshalb nicht. Die Kostensenkungsaufforderung muss die aus Sicht des Jobcenters angemessenen Wohnkosten und den Vergleichsraum angeben, al-

184 LSG Nordrhein-Westfalen 5.9.2019 – L 7AS 1327/17.
185 BSG 19.3.2008 – B 11 b AS 41/06 R Rn. 20.
186 BSG 17.12.2009 – B 4 AS 19/09 R Rn. 15.
187 BSG 22.9.2009 – B 4 AS 8/09 R.
188 BSG 7.5.2009 – B 14 AS 14/08 R.

so den Raum, in dem die Leistungsberechtigten suchen müssen, und darüber hinaus die Rechtsfolgen aufzeigen sowie angeben, dass die bisherigen Kosten der Unterkunft unangemessen sind.[189] Ergeben sich die unangemessenen Kosten der Unterkunft aus einer zivilrechtlichen Unwirksamkeit des Mietervertrages, muss der Leistungsträger den Leistungsberechtigten in die Lage versetzen, seine Rechte gegenüber dem Vermieter durchzusetzen.[190] Aus dem Wortlaut des § 22 Abs. 1 S. 3 lässt sich entnehmen, dass der Leistungsträger dem Leistungsberechtigten gegenüber auch die Art der Kostensenkung angeben muss, dh durch Wohnungswechsel, Vermietung oder in sonstiger Weise. Nach einer Entscheidung des für die Sozialhilfe zuständigen 8. Senates des Bundessozialgerichtes ist es sogar erforderlich, dass bei einer Kostensenkung in sonstiger Weise (zB durch Vereinbarung einer Mietminderung mit dem Vermieter) der Leistungsträger angeben muss, welche Kostensenkungsbemühungen vom Leistungsberechtigten verlangt werden.[191] Stellt sich bei einer Heiz- oder Betriebskostennachforderung erstmals heraus, dass diese unangemessen ist, ist auch hier eine vorige Kostensenkungsaufforderung erforderlich.[192]

129 Die Aufklärungs- und Warnfunktion der Kostensenkungsaufforderung erfordert es, dass der Leistungsberechtigte Kenntnis davon hat, welche Kosten der Unterkunft nach der Produkttheorie aus der Sicht des Grundsicherungsträgers angemessen sind.[193] Da das Bundessozialgericht eine erweiterte Produkttheorie unter Einschluss der Heizkosten nicht anerkennt, muss der Leistungsträger zumindest die Höchstbeträge für die Unterkunft und die Heizkosten gesondert angeben.[194] Der Leistungsberechtigte kann andernfalls nicht die für ihn angemessene Unterkunft herausfinden, weil insbesondere die Heizkosten vom Verbrauchsverhalten abhängig sind. Gleichwohl wird in der Rechtsprechung die Ansicht vertreten, die Angabe einer Bruttowarmmiete sei für eine ordnungsgemäße Kostensenkungsaufforderung ausreichend.[195]

130 Darüber hinaus wird der Leistungsträger in seiner Kostensenkungsaufforderung die Nettokaltmiete angeben müssen, denn nur aus dem Produkt der Nettokaltmiete und der Wohnungsgröße lässt sich der angemessene Preis der Unterkunft bestimmen. Andere Faktoren, wie die sogenannten kalten Betriebskosten können nur dann Einfluss auf den wertbildenden Mietpreis haben, wenn es sich um besondere Komfortmerkmale, wie einen Aufzug in Häusern mit niedriger Geschoßzahl oder aufwendigen Hausmeisterdienst handelt. Die kalten Betriebskosten haben zumeist keinen Bezug zu den wertbildenden Faktoren und ergeben sich aus dem örtlichen Preisniveau zB für Wasser und Abwasser.[196] Zur Begründung der hier vertretenen Ansicht kann auch die

189 BSG 19.3.2008 – B 11b AS 43/06 R; BSG 30.1.2019 – B 14 AS 24/18 R Rn. 36.
190 BSG 22.9.2009 – B 4 AS 8/09 R.
191 BSG 23.3.2010 – B 8 SO 24/08 R.
192 BSG 19.5.2021 – B 14 AS 57/19 R.
193 BSG 1.6.2010 – B 4 AS 78/09 R Rn. 16.
194 Vgl. BSG 2.7.2009 – B 14 AS 36/08 R Rn. 19.
195 LSG Berlin-Brandenburg 30.3.2010 – L 28 AS 1266/08.
196 BSG 19.10.2010 – B 14 AS 2/10 R Rn. 29.

Entscheidung des Bundessozialgerichtes zur Berliner Ausführungsvorschrift Wohnen (AV), die als Obergrenze eine Bruttowarmmiete vorsah, herangezogen werden.[197]

Die Aufklärungs- und Warnfunktion entfällt, wenn für den Leistungsberechtigten 131
erkennbar ist, dass die Kosten der Unterkunft in seinem Fall unangemessen sind. Dies wird in aller Regel nur dann der Fall sein, wenn die Unangemessenheit offensichtlich ist oder dem Leistungsberechtigten die Unangemessenheit bei der Anmietung bekannt[198] oder er bei der Anmietung der Wohnung bösgläubig war.[199]

Der Leistungsträger ist verpflichtet, den Leistungsberechtigten über seine Rechte und 132
Pflichten zu beraten (§ 14 SGB I). Unmittelbare Folgen und Ansprüche aus einer fehlerhaften Beratung ergeben sich für den Leistungsberechtigten nicht. Eine fehlerhafte Kostensenkungsaufforderung kann zu einer Unmöglichkeit der Kostensenkung bei dem Leistungsempfänger führen, wenn er dadurch bei seiner Suche in wesentlichem Umfang beschränkt wird.[200] Die Kosten sind daher bei fehlender Kostensenkungsaufforderung in tatsächlicher Höhe zu leisten.[201] Bei Fehlberatungen kommen zusätzlich der sozialrechtliche Herstellungsanspruch oder ein Amtshaftungsanspruch in Betracht (→ § 1 Rn. 50).

aa) Bedeutung der Kostensenkungsbemühungen

Die **Kostensenkung** ist eine **Obliegenheit** des Leistungsberechtigten (§ 22 Abs. 1 S. 3 133
iVm § 2 Abs. 1 S. 1). Der Leistungsberechtigte ist zur Beseitigung oder zur Verringerung seiner Hilfebedürftigkeit verpflichtet (§ 2 Abs. 1 S. 1). In aller Regel muss er sich umfassend um eine neue Wohnung bemühen, dh die örtlichen Anzeigenblätter nach Wohnungsanzeigen durchsuchen, Anfragen bei größeren Wohnungsbaugesellschaften tätigen und weitere ihm zugängliche Quellen nutzen (Wohnungsplattformen im Internet). Diese Bemühungen müssen wohl nach vereinzelter Ansicht der Rechtsprechung vom Beginn der Kostensenkungsaufforderung bis zur Entscheidung der Sozialgerichte durchgeführt werden.

Der Leistungsberechtigte hat sich bei dem zuständigen Wohnungsamt um einen Wohnberechtigungsschein (§ 5 Wohnungsbindungsgesetz WoBindG iVm § 27 Gesetz über die Wohnraumförderung WoFG) zu bemühen und sich nach gefördertem Wohnraum zu erkundigen. Ist er bei seinen Bemühungen erfolglos, sollte er den Leistungsträger über seine Bemühungen informieren und mit dessen Mitarbeitern in „einen Dialog" treten, welche weiteren Bemühungen von ihm angesichts der bisherigen Erfolglosigkeit erwartet werden.

Ist der Leistungsberechtigte zu solchen Bemühungen nicht in der Lage, kann er **Leis-** 134
tungen zur Überwindung sozialer Schwierigkeiten nach dem SGB XII in Form der Hilfe zur Wohnungsbeschaffung in Anspruch nehmen (§§ 67, 68 Abs. 1 SGB XII).[202]

197 BSG 19.10.2010 – B 14 AS 50/10 R, SozR 4-4200 § 22 Nr. 42.
198 BSG 17.12.2009 – B 4 AS 19/09 R.
199 BSG 30.8.2010 – B 4 AS 10/10 R Rn. 21.
200 BSG 19.2.2009 – B 4 AS 30/08 R.
201 BSG 7.5.2009 – B 14 AS 14/08 R.
202 BSG 15.11.2012 – B 8 SO 22/10 R.

Führen seine Kostensenkungsbemühungen trotz Ausschöpfung aller gemeinsam mit dem Mitarbeiter des Leistungsträgers besprochenen Maßnahmen nicht zum Erfolg, muss der Leistungsträger dem Leistungsberechtigten eine Wohnung nachweisen oder die abstrakt unangemessenen Kosten der Unterkunft als konkret angemessen ansehen und übernehmen. Der vom Leistungsberechtigten zu leistende Umfang der Bemühungen zur Wohnungssuche kann nicht Gegenstand einer Eingliederungsvereinbarung sein. In einer Eingliederungsvereinbarung können nur Maßnahmen zur Eingliederung in eine Arbeit oder andere Beschäftigung vereinbart werden (§ 15).

bb) Unzumutbarkeit der Kostensenkung

135 Die Obliegenheit des Leistungsberechtigten zur Kostensenkung kann im Einzelfall etwa aus gesundheitlichen Gründen, wegen schwerer körperlicher, psychischer oder seelischer Leiden und einer besonderen Bindung an das soziale Umfeld unzumutbar sein.[203]

136 **Beispiel:** Die Leistungsberechtigte lebt mit ihrem schwerkranken Ehemann in einer unangemessen teuren Wohnung. Der Ehemann hat nur noch eine geringe Lebenserwartung, die durch einen Umzug noch verkürzt werden würde.

In einem solchen Ausnahmefall ist ein Umzug unzumutbar. Die bisher innegehabte Wohnung wird als angemessen angesehen, solange der Zustand anhält, auf dem die Unzumutbarkeit beruht. So wird er ggf. zumutbar sein, wenn bei schulpflichtigen Kindern ein Wohnungswechsel zum Schuljahresende[204] erfolgt oder wenn der Leistungsberechtigte oder sein mit ihm in Bedarfsgemeinschaft lebender Angehöriger von einer schweren Erkrankung wieder genesen ist.

e) Ausgleichsanspruch – Mehrbedarf bei dezentraler Warmwasserversorgung

137 Leistungsberechtigte, in deren Unterkunft die Warmwasserversorgung über die in der Unterkunft vorhandenen Einrichtungen und nicht über eine Zentralheizungsanlage erfolgt, erhalten für ihren Mehraufwand einen pauschalen Mehrbedarf in Höhe eines Anteils an ihrem Regelbedarf (§ 21 Abs. 7), soweit nicht im Einzelfall ein abweichender Bedarf besteht. Der abweichende Bedarf kann zB dadurch entstehen, dass die Wassererwärmung durch einen Gaskessel betrieben wird, für den ein separater Anschluss besteht. Die Leistungsträger sind verpflichtet, auf den Anspruch auf zusätzliche Warmwasserkosten hinzuweisen, was dadurch geschehen kann, dass der Bedarf in den Antragsformularen für Leistungen nach dem SGB II abgefragt wird.[205] In den Antragsformularen der Bundesagentur für Arbeit wird die Frage nach der separaten Warmwasserversorgung ausdrücklich gestellt (Anlage KdU).[206]

Hinweis: Lässt sich im Einzelfall der genaue Anteil an einem Verbrauch zB von Gas oder Strom für die Warmwasserbereitung nicht nachweisen, können die Sozialgericht, sofern ausreichend Anhaltspunkt vorhanden sind, den Anteil schätzen (§ 202

203 LPK-SGB II/Berlit § 22 Rn. 136.; BSG 23.3.2010 – B 8 SO 24/08 R.
204 Vgl. LSG Berlin-Brandenburg 21.10.2009 – L 28 AS 1395/08; BSG 22.8.2012 – B 14 AS 13/12 R, SozR 4-4200 § 22 Nr. 64.
205 BSG 28.3.2013 – B 4 AS 47/12 R.
206 https://www.arbeitsagentur.de/datei/anlagekdu_ba013056.pdf, letzter Aufruf 5.1.2023.

SGG iVm § 287 Abs. 2 ZPO).[207] Der abweichende Bedarf muss vom Leistungsberechtigten nicht objektiv nachgewiesen werden. Es müssen nur genügend Anhaltspunkte dafür vorliegen, dass die Pauschalen überschritten werden.

f) Nachzahlungen und Nachforderungen von Mietnebenkosten

Erhält der Leistungsberechtigte aus seinen Kosten für Unterkunft und Heizung eine 138
Rückzahlung oder ein Guthaben, so mindert sich der Anspruch für Unterkunft bzw. Heizung in dem Monat, der auf die Rückzahlung folgt (§ 22 Abs. 3). Der gesetzliche Fall einer Anspruchsminderung ist von Amts wegen zu beachten und bewirkt eine Änderung der Verhältnisse (§ 48 Abs. 1 S. 2 Nr. 3 SGB X), so dass der Leistungsbescheid wegen nachträglicher Änderung aufzuheben ist und ggf. überzahlte Leistungen zurückverlangt werden müssen (§ 50 Abs. 1 S. 1 SGB X).

Bei der Rückzahlung von Nebenkosten handelt es sich um anrechenbare Einnahmen, die allerdings anders als die sonstigen anrechenbaren Einnahmen (§§ 11, 11 a) nicht um die Absetzbeträge (§ 11 b) bereinigt werden.[208]

Wird der Leistungsberechtigte mit einer Nachforderung belastet, liegt hierin ebenfalls eine von Amts wegen zu beachtende Änderung der Verhältnisse vor (§ 48 Abs. 1 S. 2 Nr. 1 SGB X).[209] Bei der Nachforderung handelt es sich um einen aktuellen Bedarf der Kosten für Unterkunft und Heizung und nicht um Schulden.[210] Auch die Nebenkosten für eine nicht mehr bewohnte Wohnung muss das Jobcenter übernehmen, wenn die leistungsberechtigte Person durchgehend von der tatsächlichen Entstehung der Nachforderung bis zur deren Fälligkeit hilfebedürftig nach dem SGB II war.[211] Hinsichtlich der Nachforderung muss der Leistungsberechtigte dem Leistungsträger lediglich den zusätzlichen Bedarf anzeigen. Eines gesonderten Antrags bedarf es nicht, weil die Nebenkostennachforderung nach dem Grundsatz der Meistbegünstigung von dem für den jeweiligen Bedarfszeitraum gestellten Antrag erfasst wird. Der Grundsatz der **Meistbegünstigung** besagt, dass ein bereits gestellter Antrag auf Unterhaltsleistungen nach dem SGB II alle ernsthaft in Betracht kommenden Ansprüche erfasst.[212]

Auch die Nachforderungen bzw. Guthaben werden auf die Mitglieder der Bedarfs- oder Haushaltsgemeinschaft nach Kopfteilen ausgeteilt, wenn keine andere Aufteilung getroffen wurde. Dabei kommt es auf den Zeitpunkt des Zuflusses an und nicht darauf, wie das Guthaben erwirtschaftet wurde.[213]

Beispiel: Der Leistungsberechtigte steht seit Januar 2015 bei dem Leistungsträger im Leis- 139
tungsbezug. Am 1.10.2021 erhält er von seinem Vermieter eine Betriebskostenabrechnung für das Jahr 2020 über einen Betrag in Höhe von 600 EUR, zahlbar spätestens zum

207 LSG Nordrhein-Westfalen 3.1.2011 – L 5 AS 423/09 B ER.
208 BSG 16.5.2012 – B 4 AS 159/11 R, info also 2012, 232.
209 BSG 22.3.2010 – B 4 AS 62/09 R Rn. 15.
210 BSG 22.3.2010 – B 4 AS 62/09 R Rn. 17.
211 BSG 30.3.2017 – B 14 AS 13/16 R, SozR 4-4200 § 22 Nr. 92.
212 BSG 2.7.2009 – B 14 AS 75/08 R Rn. 11.
213 BSG 22.3.2012 – B 4 AS 139/11 R BSGE 110, 294–301.

31.10.2021. Der Leistungsberechtigte beantragt am 1.1.2022 unter Vorlage der Abrechnung seines Vermieters bei dem Leistungsträger die Übernahme der Kosten.

Der Leistungsträger kann die Kostenübernahme hier nicht ablehnen, weil durch Verstreichen der Zahlungsfrist die Nebenkostennachforderung weiterhin ein aktueller Bedarf des Leistungsberechtigten für Unterkunft und Heizung bleibt und nicht dadurch zu Schulden wird.[214] Selbst wenn die Nebenkostennachforderung aus einem bereits vor Antragstellung bzw. vor Eintritt der Hilfebedürftigkeit stammenden Mieterverhältnis stammt.

140 Der Leistungsträger wird sich nicht darauf berufen können, dass die Kosten der Unterkunft und Heizung durch die Betriebskostennachforderung unangemessen geworden ist. Unangemessene Kosten der Unterkunft und Heizung sind so lange zu berücksichtigen, wie es dem Leistungsberechtigten nicht möglich ist, die Kosten der Unterkunft und Heizung zu senken (§ 22 Abs. 1 S. 3). Eine Kostensenkung ist dem Leistungsberechtigten so lange nicht möglich, wie er keine Kenntnis von den unangemessenen Kosten hat.[215]

141 Zu den Kosten der Unterkunft gehören auch wirksam auf den Mieter abgewälzte

- **Schönheitsreparaturen**[216] und
- Kosten für **Ein- und Auszugsrenovierung.**[217]

Auch die Renovierungskosten müssen mietvertraglich geschuldet sein und sich im Rahmen der Angemessenheit bewegen.

g) Kosten der Unterkunft bei Eigentumswohnungen und Eigenheimen

142 Die selbst genutzte Eigentumswohnung oder das selbst genutzte Eigenheim in angemessener Größe ist nach § 12 Abs. 3 Nr. 4 nicht als Vermögen zu verwerten. Aus dem **Verwertungsverbot folgt nicht,** dass auch die **Kosten für Eigenheim** oder **Eigentumswohnung** als **angemessen** anzusehen sind.[218]

143 **Beispiel:** Das Eigenheim der Leistungsberechtigten A und B ist von angemessener Größe, dh unter 140 m^2. Hierfür müssen sie eine monatliche Rate iHv 1.500 EUR aufbringen in denen ein Zinsanteil iHv 1.300 EUR enthalten ist. Eine Mietwohnung von 60 m^2 ist zu einem angemessenen Mietzins von monatlich 480 EUR einschließlich aller Nebenkosten erhältlich.

144 Der Leistungsträger ist, nach der Karenzzeit von einem Jahr (§ 22 Abs. 1 S. 2), der Kostensenkungsaufforderung und der bis zu sechs Monaten dauernden Suchfrist, nur zur Übernahme der angemessenen Kosten der Unterkunft und Heizung verpflichtet. Mieter und Eigentümer sind gleich zu behandeln.[219] Finanzierungskosten für die Zinsbelastung sind daher nur insoweit zu übernehmen, als sie bei einer angemessenen Mietwohnung anfallen.[220] Der Leistungsträger muss allerdings die Finanzierungskosten bis zur angemessenen Höhe von 480 EUR übernehmen und kann sich nicht darauf berufen, nicht angemes-

214 BSG 22.3.2010 – B 4 AS 62/09 R Rn. 17.
215 BSG 17.12.2009 – B 4 AS 19/09 R Rn. 15.
216 BSG 19.3.2008 – B 11 b AS 31/06 R.
217 BSG 16.12.2008 – B 4 AS 49/07 R, zusätzlich fehlt es hier zumeist an der erforderlichen Kostensenkungsaufforderung vgl. BSG 30.6.2021 – B 4 AS 76/20 R.
218 BSG 18.6.2008 – B 14/11 b AS 67/06 R.
219 BSG 18.6.2008 – 14/11 b AS 6706 R.
220 BSG 2.7.2009 – B 14 AS 32/07 R.

sene Unterkunftskosten müssten nicht übernommen werden, denn Letzteres ergibt sich aus dem Wortlaut des § 2, wo es „soweit" heißt.[221]

Tilgungsleistungen seien nach der Rechtsprechung nicht zu übernehmen, weil hierdurch eine Vermögensmehrung eintrete, die im Gesetz nicht vorgesehen sei; das SGB II diene nur zur Behebung einer aktuellen Notlage.[222] 145

Nach einer Entscheidung des Bundessozialgerichtes vom 18.6.2008 sind Tilgungsleistungen im Rahmen der für Mieter abstrakt angemessenen Kosten der Unterkunft zu übernehmen, sofern der Leistungsberechtigte andernfalls gezwungen wäre, die Unterkunft aufzugeben und nur noch wenige Tilgungsleistungen zu erbringen sind. Grundsätzlich seien Tilgungsleistungen jedoch nicht zu übernehmen.[223] Das Landessozialgericht Nordrhein-Westfalen[224] vertritt die Ansicht, dass eine Gefährdung des Verbleibs in der Wohnung konkret vorliegen muss. Selbst wenn die Kosten der Unterkunft bei dem selbst genutzten Eigentum geringer als eine vergleichbare, abstrakt angemessene, Mietwohnung sind, müssen die Kosten der Unterkunft nur abzüglich der Tilgungsleistungen erbracht werden. Auch nach Einführung der Karenzzeit von einem Jahr zur Übernahme der Kosten der Unterkunft und Heizung (§ 22 Abs. 1 S. 2) sind Tilgungsleistungen nicht zu übernehmen. Die Gesetzesbegründung schweigt hierzu.[225] Leistungsberechtigte, deren Darlehen bereits sehr lange laufen und über einen hohen Tilgungsanteil verfügen, könnten dann ihre Unterkunftskosten nicht mehr zahlen und diese unter Umständen sogar verlieren, was nach der Einführung der Karenzzeit nicht vorkommen sollte. Die Leistungsberechtigten sind jedoch von den Jobcentern darauf aufmerksam zu machen, dass sie mit der finanzierenden Bank während des Leistungsbezuges eine Tilgungsfreistellung vereinbaren können. 146

Im Wohngeldrecht werden Tilgungsleistungen grundsätzlich als Belastungen aus dem Kapitaldienst berücksichtigt (§ 10 Abs. 1 WoGG iVm § 12 Abs. 1 S. 1 Nr. 2 WoGV). 147

Die Leistungsberechtigten haben einen Anspruch auf Leistungen für Reparaturkosten an Eigenheimen oder Eigentumswohnungen, sofern diese in den Leistungszeitraum fallen und angemessen sind.[226] Die Kosten für Reparaturen werden nicht von der Karenzzeit von einem Jahr erfasst (§ 22 Abs. 2 S. 2).[227] 148

h) Aufteilung der Unterkunftskosten

Nutzen mehrere Personen gemeinsam eine Wohneinheit, dann erfolgt eine Aufteilung der Kosten der Unterkunft. Bestehen Untermietverhältnisse oder sonstige unter den Beteiligten rechtsverbindliche Regelungen, dann sind diese maßgeblich.[228] 149

221 BSG 7.11.2006 – B 7 b AS 10/06 R.
222 BSG 18.6.2008 – B 14/11 b AS 67/06 R; BSG 12.12.2019 – B 14 AS 26/18 R.
223 BSG 4.6.2014 – B 14 AS 42/13 R, SozR 4-4200 § 22 Nr. 78; zuletzt LSG Berlin-Brandenburg 28.3.2019 – L 32 AS 2123/14.
224 LSG Nordrhein-Westfalen 25.11.2010 – L 7 AS 57/08; BSG 16.2.2012 – B 4 AS 14/11 R.
225 BT-Drs. 20/3873, 89 (90).
226 BSG 3.3.2009 – B 4 AS 38/08 R.
227 BT-Drs. 20/3873, 90.
228 BSG 18.6.2008 – B 14/11 b 61/06 R.

Bestehen keine Regelungen, so erfolgt die **Aufteilung** der Kosten, wenn zwischen den Bewohnern eine Haushalts- oder Bedarfsgemeinschaft besteht, **nach Kopfteilen.**[229] Eine Aufteilung nach Köpfen erfolgt auch dann, wenn ein Mitglied der Bedarfsgemeinschaft von den Leistungen nach dem SGB II ausgeschlossen ist.[230] Besteht eine solche Gemeinschaft nicht, sind stets der tatsächliche Wohnbedarf und die tatsächliche Aufteilung der Kosten der Unterkunft zu ermitteln. Eine Ausnahme von der Aufteilung nach Kopfteilen wird dann gemacht, wenn Partner der Bedarfsgemeinschaft getrennt leben und der Trennungswille nicht vorhanden ist.[231] In der Regel ist ebenfalls vom Kopfteilprinzip abzuweichen, wenn ein Mitglied der Bedarfsgemeinschaft wegen einer Sanktion keine Leistungen mehr für Unterkunft und Heizung erhält und diese auch nicht aus seinem sonstigen Einkommen oder Vermögen aufbringen kann.[232] Ob das Kopfteilprinzip anzuwenden ist, richtet sich nach den Verhältnissen, wie sie zu der Zeit bestanden, als der Bedarf bestand oder das Einkommen erzielt wurde.[233] Die Aufteilung nach Kopfteilen hängt eng mit der abstrakten Angemessenheit einer Unterkunft zusammen, denn nur dort, wo der Lebensmittelpunkt eines Leistungsberechtigten liegt, wird er als Kopfteil der Bedarfsgemeinschaft gezählt. Eine vorübergehende Anwesenheit zB eines Kindes an den Wochenenden zur Ausübung des Umgangsrechtes kann nicht zur Erhöhung des abstrakten Anspruchs auf Kosten der Unterkunft und Heizung führen, denn hier kann nur im Einzelfall ein konkreter Anspruch auf einen Wohnungsmehrbedarf bestehen.[234]

Hinweis: Ein Kind scheidet aus der Bedarfsgemeinschaft aus, wenn es seinen Unterhalt aus seinem Einkommen oder Vermögen decken kann. Die Kinder bilden jedoch in aller Regel weiterhin eine Haushaltsgemeinschaft mit ihren Eltern, so dass auch hier eine Aufteilung nach Köpfen erfolgt. Selbst wenn keine Haushalts- sondern nur eine schlichte Wohngemeinschaft besteht, kann die Kopfteilmethode mangels anderweitiger vertraglicher Abmachung angewendet werden.[235]

i) Leistungen bei Umzug

150 Bei dem Leistungsberechtigten wird, außer im Fall einer Verpflichtung zur Mietsenkung, oftmals der Wunsch nach einem **Wohnungswechsel** vorhanden sein. Grundsätzlich ist vor einem Wohnungswechsel die Zustimmung des kommunalen Trägers einzuholen (§ 22 Abs. 4 S. 1). Ein Anspruch auf höhere Kosten einer angemessenen Unterkunft besteht nicht, wenn sie allein durch einen Umzug in eine andere Wohnung entstanden sind (§ 22 Abs. 1 S. 6). Nur wenn der Umzug erforderlich ist, besteht ein Anspruch auf die höheren Kosten. In diesem hat das Jobcenter die Zustimmung zu erteilen (§ 22 Abs. 4 S. 3). Erfolgt der Umzug während der Karenzzeit, wer-

229 BSG 15.4.2008 – B 14/7b AS 58/06 R.
230 BSG 27.1.2009 – B 14/7b AS 8/07 R; BSG 22.8.2013 – B 14 AS 86/12 R, SozR 4-4200 § 22 Nr. 71.
231 BSG 20.10.2010 – B 14 AS 2/10 R.
232 BSG 2.12.2014 – B 14 AS 50/13 R, SozR 4-4200 § 22 Nr. 82; BSG 23.5.2013 – B 4 AS 67/12 R BSGE 113, 270–277, kann nach der Entscheidung des BVerfG 5.11.2019 – 1 BvL 7/16 nur noch bei Leistungsberechtigten unter 25 der Fall sein.
233 BSG 22.3.2012 – B 4 AS 139/11 R BSGE 110, 294–301.
234 BSG 21.7.2021 – B 14 AS 31/20 R.
235 BSG 22.8.2013 – B 14 AS 85/12 R, SozR 4-4200 § 22 Nr. 71.

den höhere als angemessene Kosten der Unterkunft nur anerkannt, wenn eine vorige Zustimmung des Jobcenters vorliegt (§ 22 Abs. 4 S. 2).

Diese Regelung ist auf **Umzüge** innerhalb des Einzugsbereichs des Leistungsträgers beschränkt, so dass eine Begrenzung der Kosten auf die Kosten der bisherigen Unterkunft nicht erfolgt.[236]Bei Umzügen in die örtliche Zuständigkeit eines anderen Jobcenters kommt es demgemäß darauf an, ob die Kosten der Unterkunft in dessen Einzugsbereich angemessen sind, sodass seit dem 1.1.2018 auch die Zustimmung des aufnehmenden Jobcenters einzuholen ist.[237] 151

Das Gesetz unterscheidet zwischen vom Leistungsträger veranlassten, erforderlichen (§ 22 Abs. 6 S. 2) und sonstigen Umzügen (§ 22 Abs. 1 S. 6).[238] Die **Umzugskosten** sind nach § 22 Abs. 6 S. 2 vom Leistungsträger in der Regel zu übernehmen, wenn der Umzug von ihm veranlasst oder in sonstiger Weise erforderlich ist.[239] Ein Umzug ist vom Leistungsträger veranlasst, wenn er zB zur geforderten Kostensenkung erfolgt und erforderlich, wenn auch ein Nichthilfeempfänger einen plausiblen, nachvollziehbaren und verständlichen Grund für einen Umzug hat.[240] Dies sind zB die bevorstehende Geburt eines Kindes, gesundheitliche Gründe, Konflikte mit Mitbewohnern, Kündigung durch den Vermieter, Vollendung des 25. Lebensjahres und der Wille einen eigenen Hausstand zu gründen, Aufnahme einer Arbeit außerhalb des Tagespendelbereiches usw. 152

Der Leistungsberechtigte soll bezüglich der Angemessenheit der anzumietenden Wohnung die **Zusicherung des kommunalen Trägers einholen.** Die Zusicherung ist ein der Bewilligung vorgeschalteter Verwaltungsakt.[241] Diese Zusicherung ist nicht zwingend, sondern erfüllt lediglich eine Warnfunktion und ist Voraussetzung für die Übernahme von Wohnungsbeschaffungs- und Umzugskosten. 153

Davon zu unterscheiden sind die **Wohnungsbeschaffungs- und Umzugskosten** (§ 22 Abs. 6). Diese Kosten sind vom Leistungsträger nur dann zu übernehmen, wenn der Leistungsberechtigte vor dem Umzug eine **Zusicherung** erhalten hat, in der ihm bestätigt wird, dass die Aufwendungen für die neue Unterkunft angemessen sind. Liegt eine Zusicherung vor, dann liegt es im Ermessen des Leistungsträgers, die Kosten des Umzuges und der Wohnungsbeschaffung zu übernehmen. Die Zusicherung ist zu erteilen, wenn der Umzug durch den kommunalen Träger veranlasst oder aus anderen Gründen notwendig ist und wenn ohne die Zusicherung eine Unterkunft in einem angemessenen Zeitraum nicht gefunden werden kann (§ 22 Abs. 6 S. 2). Die Zusicherung muss vor dem Umzug erteilt worden sein, es sei denn der Leistungsträger verzögert die Zusicherung treuwidrig.[242] 154

236 BSG 1.6.2010 – B 4 AS 60/09 R.
237 Vgl. LPK-SGB II/Berlit § 22 Rn. 189 ff.
238 BSG 6.5.2010 – B 14 AS 7/09 R.
239 BSG 6.5.2010 – B 14 AS 7/09 R.
240 LPK-SGB II/Berlit § 22 Rn. 209.
241 BSG 18.2.2010 – B 4 AS 28/09 R Rn. 24.
242 BSG 6.5.2010 – B 14 AS 7/09 R.

155 **Hinweis:** Bei der vom Leistungsträger nicht erteilten Zusicherung (Fall § 22 Abs. 6 S. 2) zur Übernahme der Umzugskosten und der Angemessenheit einer anzumietenden Wohnung kann der Leistungsberechtigte im Wege der Klage oder des einstweiligen Rechtsschutzes die Umzugskosten geltend machen.[243] Er muss hierzu eine konkrete Wohnung unter Angabe der Größe, der Nettokaltmiete, der sonstigen (variablen) Neben- und Heizkosten angeben, andernfalls ist der Leistungsanspruch nicht hinreichend bestimmt, denn das Gericht muss nachprüfen können, ob die Wohnung, in die der Leistungsberechtigte umziehen will, angemessen ist.

156 Das Ermessen des Leistungsträgers bezüglich der Zusicherung zum Wohnungswechsel (Übernahme der Wohn- und Umzugskosten) ist eingeschränkt, sofern der Umzug durch den kommunalen Träger veranlasst wurde oder aus anderen Gründen notwendig ist (§ 22 Abs. 6 S. 2). Dieses **Sollermessen** ermöglicht eine Ablehnung nur in einem **atypischen Fall**, etwa wenn der Leistungsberechtigte nicht unwesentlich Anteil an einem Streit zwischen Mietparteien hat, aus denen sich ein erforderlicher Umzug ergibt und der Leistungsberechtigte den Umzug aus seinem Schonvermögen bestreiten kann. Bei einem vom Leistungsträger veranlassten oder notwendigen Umzug hat er die Kosten in aller Regel zu übernehmen.[244]

Den Begriffen **Notwendigkeit** und **Erforderlichkeit** kommt kein unterschiedlicher Wertgehalt zu, andernfalls hätte der Gesetzgeber hier von einem dringenden Erfordernis oder einer zwingenden Notwendigkeit gesprochen. Sofern der Umzug erforderlich oder notwendig ist, wird das Ermessen des Leistungsträgers regelmäßig besonders eingeschränkt sein, zB bei der Aufnahme einer Arbeit außerhalb des Tagespendelbereichs aus dem Zweck des Gesetzes heraus,[245] bei der Familienzusammenführung (Art. 6 GG) und bei Kündigung des Mietvertrages durch den Vermieter.

157 Die **Umzugskosten** sind in der Höhe nur insoweit zu übernehmen, als diese **angemessen** sind. Der Leistungsberechtigte hat regelmäßig nur Anspruch auf Übernahme der Kosten eines selbstorganisierten Umzugs.[246] Die Einschaltung eines Umzugsunternehmens kann im Einzelfall, etwa bei einer Körperbehinderung, notwendig sein. Zu den Umzugskosten gehören nicht nur die Kosten für den Transport der Möbel usw, sondern auch Kosten, die im bloßen Zusammenhang mit dem Umzug stehen, dh Kosten für Telekommunikationsanschluss,[247] Ummeldung, Auszugs- und Einzugsrenovierung[248] und Mietzahlungen bei unvermeidbarer Mietüberschneidung.[249]

158 **Beispiel:** Die alleinstehende hochschwangere Leistungsberechtigte musste nach einem Streit mit dem zukünftigen Vater des Kindes B die gemeinsame Wohnung verlassen und fand vorübergehend Unterkunft in einem Frauenhaus. Sie findet niemanden, der ihr bei

243 LSG Nordrhein-Westfalen 3.7.2009 – L 19 B 138/09 AS ER.
244 BSG 6.5.2010 – B 14 AS 7/09 R.
245 BSG 15.12.2010 – B 14 AS 23/09 R Rn. 16, bei einer Pendelzeit von 2½ bis 3½ Stunden täglich.
246 BSG 6.5.2010 – B 14 AS 7/09 R.
247 BSG 10.8.2016 – B 14 AS 58/15 R, SozR 4-4200 § 22 Nr. 91.
248 Ein- und Auszugsrenovierungen sind keine Umzugskosten, sondern gewöhnliche Kosten der Unterkunft und deshalb immer zu tragen, wenn sie angemessen und vertraglich vorgeschrieben sind BSG 24.11.2011 – B 14 AS 15/11 R mwN.
249 BSG 30.10.2019 – B 14 AS 2/19 R.

einem erforderlichen Umzug hilft. Ihr selbst wird durch den B das Betreten der Wohnung verweigert.

Hier wird die Leistungsberechtigte einen Anspruch auf Übernahme der Kosten für die Beauftragung eines Umzugsunternehmens haben, weil sie selbst den Umzug aufgrund ihres körperlichen Zustandes nicht durchführen kann und auch keine Helfer zum Umzug findet.

Hat der Leistungsträger rechtswidrig die Zusicherung verweigert, hat der Leistungsberechtigte die Möglichkeit, die Zusicherung bis zur Anmietung der Unterkunft durch Klage oder einstweiligen Rechtsschutz zu erstreiten. Die Zusicherung ist ein Verwaltungsakt (Zusage) dahin gehend einen Verwaltungsakt bestimmten Inhaltes zu erlassen (hier: dass die Kosten der Unterkunft in der angemessenen Höhe übernommen werden).[250] 159

Zu den **Wohnungsbeschaffungskosten** zählt insbesondere die Übernahme einer **Mietsicherheit (Kaution)**. Diese ist regelmäßig in Form eines Darlehens zu gewähren (§ 22 Abs. 6 S. 3). Über die Ausgestaltung des Darlehens gibt es unterschiedliche Meinungen. 160

Beispiel: Der Leistungsträger gewährt dem Leistungsberechtigten für die Stellung einer Mietsicherheit Zug um Zug gegen Abtretung der Forderung aus dem Kautionsguthaben und Herausgabe des Kautionssparbuches eine Mietsicherheit über drei Monatsmieten zu einem Betrag von 990 EUR. Das Darlehen ist nach dem zwischen den Parteien vereinbarten Darlehensvertrag in monatlichen Raten à 25 EUR zurückzuzahlen. Die Rückzahlung erfolgt durch Einbehalt aus dem laufenden Regelbedarf. 161

Variante: Die darlehensweise Hingabe der Mietsicherheit wird mit dem Hinweis verweigert, der Leistungsberechtigte könne dazu sein Guthaben aus seinem Schonvermögen, welches auf einem Sparbuch liegt, verwerten. Die Verwertung sei zumutbar, weil er auf dem Kautionssparbuch auch keine höheren Zinsen als auf seinem Sparbuch erhalte.

Die Übernahme der Mietsicherheit durch den Leistungsträger ist ein Darlehen im Sinne des § 24 Abs. 1, Abs. 4.[251] Das Kautionsdarlehen kann durch Aufrechnung mit dem laufenden Regelbedarf in Höhe von 10 % monatlich aufgerechnet werden.[252] Die Aufrechnung ist allerdings auf 10 % beschränkt, weitere Belastungen dürfen nicht hinzukommen oder vorhanden sein, anderenfalls ist das verfassungsrechtliche Existenzminimum gefährdet.[253]

Von einer Kautionsübernahme kann nur abgesehen werden, wenn ausreichend Wohnraum zur Verfügung steht, bei dem die Vermieter aufgrund der Lage auf dem örtlichen Wohnungsmarkt keine Kautionszahlung durchsetzen können. Hier muss allerdings bereits bei der Überprüfung der Angemessenheit und der Zusicherung vom Leistungsträger die Übernahme der laufenden Wohnkosten abgelehnt werden, weil die Wohnung nur mit Kaution angemietet werden kann. Dieser Umstand kann nur in solchen Fällen eine Rolle spielen, in denen der Leistungsberechtigte eine Wohnung 162

250 BSG 22.11.2011 – B 4 AS 219/10 R, SozR 4-4200 § 22 Nr. 57.
251 LPK-SGB II/Berlit § 22 Rn. 226.
252 BSG 28.11.2018 – B 14 AS 31/17 R, SozR 4-4200 § 42a Nr. 2.
253 BSG 28.11.2018 – B 14 AS 31/17 R, SozR 4-4200 § 42a Nr. 2.

ohne vorherige Zusicherung angemietet hat und die Zusicherung bei Kenntnis des Mietvertrages durch den Mitarbeiter des Leistungsträgers erfolgte, denn der Vermieter kann eine Mietsicherheit nur verlangen, wenn diese vertraglich vereinbart ist. Eine solche Vereinbarung kann bei einem Wohnungsmietvertrag nur schriftlich erfolgen (§ 550 BGB). Lässt sich der Mitarbeiter des Leistungsträgers vom Leistungsberechtigten den Mietvertrag nicht vorlegen, kann an einen Aufklärungsmangel und einen Herstellungsanspruch gedacht werden.

163 Der Leistungsträger kann die Übernahme der **Mietkaution** mit Hinweis auf das **Schonvermögen** verweigern, denn die Leistungsberechtigten verlieren hierdurch nicht ihr Vermögen, es wird lediglich umgewandelt, so dass sich kein Wertungswiderspruch zu § 12 Abs. 2 ergibt.[254] Fraglich ist in diesem Fall allerdings, ob das Kautionsdarlehen nicht die Vermögensreibeträge der Leistungsberechtigten nach § 12 Abs. 2 erhöht, falls neues Vermögen währen des Leistungsbezuges angespart wird, denn dieses Vermögen ist, solange das Mietverhältnis besteht, nicht verwertbar. Eine Ansparung und damit ein zusätzlicher Vermögenswert ist daher möglich.

j) Übernahme von Mietschulden

164 Werden vom Leistungsträger Kosten für Unterkunft und Heizung übernommen, können zusätzlich auch **Schulden** übernommen werden, sofern dies zur Sicherung der Wohnung (Wohnkosten) oder zur Abwendung einer dem Wohnungsverlust vergleichbaren Notlage gerechtfertigt ist (§ 22 Abs. 8). Die Übernahme von Mietschulden und ähnlichen Schulden ist gerechtfertigt, wenn die konkret bewohnte Wohnung angemessen ist und der konkrete Verlust dieser Wohnung droht. Sind die Schulden durch ein Fehlverhalten des Leistungsberechtigten entstanden, weil die Kosten der Unterkunft von ihm zweckwidrig verwendet wurden, ist eine Schuldenübernahme nicht gerechtfertigt, wenn ein Ersatzwohnraum zur Verfügung steht und keine Obdachlosigkeit droht, denn das SGB II stellt grundsätzlich seinen Leistungsanspruch nicht unter ein allgemeines Wohlverhaltensgebot. Weiterhin ist zusätzlich zu verlangen, dass die Übernahme geeignet ist, die Wohnung langfristig zu sichern.[255] Ist ein Räumungsurteil rechtskräftig geworden, kann die Wohnung nur dann nachhaltig gesichert werden, wenn der Vermieter das Mietverhältnis fortsetzen will. Liegt drohende Wohnungslosigkeit vor, besteht nur in atypischen Fällen die Möglichkeit, die Schuldenübernahme zu verweigern.[256] Anspruchsberechtigt für das Darlehen zur Begleichung der Mietschulden sind, abweichend von dem Kopfteilprinzip, die Personen der Bedarfsgemeinschaft, die aus dem Mietvertrag verpflichtet sind,[257] so dass Kläger oder Antragsteller im einstweiligen Rechtsschutzverfahren nur die Mieter sind.

165 **Hinweis:** Die Übernahme von Miet- oder Stromschulden wird im Allgemeinen im Wege des einstweiligen Rechtsschutzes gerichtlich geltend gemacht. Neben dem Anordnungsanspruch, der sich aus dem Tatbestand des § 22 Abs. 8 ergibt, muss ein An-

254 BSG 18.2.2010 – B 4 AS 28/09 R Rn. 22.
255 LSG Sachsen-Anhalt 16.9.2010 – L 5 AS 288/10 B ER.
256 BSG 17.6.2010 – B 14 AS 58/09 R Rn. 31.
257 BSG 18.11.2014 – B 4 AS 3/14 R, SozR 4-4200 § 22 Nr. 80.

ordnungsgrund vorliegen, dh, die einstweilige Anordnung muss zur Abwendung wesentlicher Nachteile notwendig erscheinen (§ 86 b Abs. 2 S. 2 SGG). Wohnungslosigkeit ist als wesentlicher Nachteil anzusehen. Diese tritt nicht ein, wenn zB alternativer Wohnraum zur Verfügung steht. Wohnungslosigkeit droht allerdings bereits dann, wenn der Verlust der Wohnung wahrscheinlich und die erfolgreiche Anmietung einer Ersatzwohnung bis zur Räumung nicht wahrscheinlich erscheint. Das ist der Fall, wenn der Vermieter das Mietverhältnis fristlos gekündigt hat und mit der Räumungsklage alsbald gerechnet werden muss. Zu weitgehend ist die Forderung, dass ein Anordnungsgrund erst dann vorliegt, wenn die Zwangsvollstreckung aus einem Räumungstitel bereits angekündigt ist.[258] Zur Darlegung eines Anordnungsgrundes im einstweiligen Rechtsschutzverfahrens gehört es auch, dass dargelegt wird, dass eine dauerhafte Sicherung der Unterkunft durch Gewährung des Darlehens noch möglich ist.[259] Dies bedeutet allerdings nicht, dass die Leistungsberechtigten umfangreich rechtlich vortragen müssen; sondern nur, dass sie die Tatsachen, aus denen sich die langfristige Sicherung ergeben kann, darlegen. Hierbei muss das Sozialgericht entsprechende Fragen an die Leistungsberechtigten stellen, die diese dann auch umgehend beantworten müssen. Falls es den Leistungsberechtigten möglich ist, die Miet- und/oder Stromschulden durch ein Privatdarlehen zunächst zu begleichen, bleibt ihnen gleichwohl die Möglichkeit, vom Jobcenter (zur Ablösung dieses Darlehens) ein Darlehen zu verlangen, denn ein Privatdarlehen ist anders geartet als ein Darlehen nach § 42 a.[260]

Eine mit drohender Wohnungslosigkeit vergleichbare Notlage sind insbesondere die drohende Unterbrechung der Versorgung mit Strom und Gas bzw. Wärme gemeint.[261]

Beispiel: Die Leistungsberechtigten, das Ehepaar A und B, leben mit ihren beiden schul- 166
pflichtigen Kindern im Alter von sieben und neun Jahren zusammen. Am 15.11.2020 erhalten sie von dem Stromversorger RAG AG die Aufforderung die rückständigen Stromschulden in Höhe von 1.200 EUR bis zum 6.12.2020 zu zahlen, andernfalls wird die Versorgung eingestellt. Der Leistungsträger verweigert die Übernahme der Stromkosten, weil diese durch A und B schuldhaft verursacht worden seien, dies sei nicht das erste Mal, dass sie Kosten der Unterkunft nicht zahlten.

Der Leistungsträger wird die Kosten der Stromversorgung übernehmen müssen, weil hier eine der Wohnungslosigkeit vergleichbare Notlage eingetreten ist. Die schulpflichtigen Kinder müssten wegen der jahreszeitlichen Dunkelheit morgens im Dunkeln frühstücken und könnten auch ggf. ihre Schulaufgaben nicht ohne Kunstlicht erledigen. Die fehlende Stromversorgung ist im Winter der Wohnungslosigkeit gleichzustellen.[262]

Etwas anderes könnte sich ggf. ergeben, wenn der Leistungsberechtigte alleinstehend ist und die Stromsperre im Sommer erfolgt. Sofern der Leistungsträger keine Leistungen erbringt, wird der Anspruch auf Übernahme der Schulden im Wege des einstweiligen

258 LSG Berlin-Brandenburg 22.7.2010 – L 5 AS 1049/10 B ER.
259 LSG NRW 22.4.2022 – L 2 AS 385/22 B ER.
260 BSG 13.7.2022 – B 7/14 AS 52/21 R.
261 LSG Nordrhein-Westfalen 12.12.2008 – L 7 B 384/08 AS.
262 AA, ohne Berücksichtigung dieser Tatsachen LSG Rheinland-Pfalz 27.12.2010 – L 3 AS 557/10 B ER.

Rechtsschutzes erfolgen müssen und wegen der vorher geschilderten wesentlichen Nachteile (§ 86 b Abs. 2 S. 2 SGG) auch erfolgreich sein, wenn hier kein Schonvermögen eingesetzt werden kann. Die Stromkosten sind allerdings vom Leistungsträger im Rahmen des § 24 Abs. 8 nur als Darlehen zu gewähren. Die Kosten für die Stromlieferung gehören zu den Kosten der Haushaltsenergie und sind Bestandteil des Regelbedarfes (§ 20 Abs. 1).

167 **Mietschulden** können nur für eine angemessene Unterkunft übernommen werden. Als Hilfsmaßstab kann hier die Wohngeldtabelle mit einem bis zu 10 % Zuschlag herangezogen werden.[263] Mietschulden sind grundsätzlich als Darlehen zu gewähren (§ 22 Abs. 8 S. 4). Schonvermögen ist aufzubrauchen (§ 22 Abs. 8 S. 3). Nur in atypischen Fällen (§ 22 Abs. 8 S. 5 „soll"), etwa wenn das Jobcenter die Schulden durch Fehlverhalten mitverursacht hat, können die Schulden auch als Zuschuss gewährt werden.[264]

k) Regelung der angemessenen Kosten der Unterkunft und Heizung durch Satzung, Bedeutung der Satzungsregelungen

168 Die Länder können die Kreise und kreisfreien Städte in einem Gesetz ermächtigen, durch Satzung zu bestimmen, in welcher Höhe Aufwendungen für Unterkunft und Heizung angemessen sind (§ 22 a Abs. 1). In der Satzung soll abweichend von der bis zum 31.12.2010 allein geltenden Rechtslage auch eine Bruttowarmmiete festgelegt werden können.[265] Das Bundessozialgericht hatte die Angemessenheit der Kosten der Unterkunft und die Angemessenheit der Heizkosten dem Wortlaut des § 22 Abs. 1 S. 1 folgend unabhängig voneinander beurteilt.[266] Die Gesamtpauschalierung mit einer einheitlichen Obergrenze kann, wenn denn eine solche Satzung wirksam bleibt, erhebliche Nachteile mit sich bringen. Gerade Heizkosten unterliegen starken Schwankungen, die von den Leistungsberechtigten kaum beeinflusst werden können. Ein langer und harter Winter führt aufgrund höheren Wärmebedarfes zu steigenden Heizkosten, die von den Leistungsberechtigten nicht aus ihrem Regelbedarf aufgefangen oder durch sparsamen Verbrauch beeinflusst werden können. Die Anpassung der „Pauschalen" innerhalb eines Zeitraumes von zwei Jahren bei den Kosten der Unterkunft und von einem Jahr bei den Heizkosten (§ 22 c Abs. 2) könnte ein nicht ausreichender Anpassungszeitraum sein. Von der Möglichkeit, die Kosten für Unterkunft und Heizung zu pauschalieren, hat bisher nur das Land Berlin Gebrauch gemacht, indem es die Wohnaufwendungenverordnung (WAF) vom 3.4.2012 erlassen hatte. Die Verordnung wurde mit Urteil des Bundessozialgerichtes vom 4.6.2014 für unwirksam erklärt.[267]

169 Nach den Vorgaben des Bundesverfassungsgerichtes hat der Gesetzgeber durch Parlamentsgesetz Vorkehrungen zu treffen, auf Änderungen der wirtschaftlichen Rahmenbedingungen, wie zum Beispiel Preissteigerungen oder Erhöhungen von Verbrauchssteuern, zeitnah zu reagieren, um zu jeder Zeit die Erfüllung des aktuellen Bedarfs si-

263 LSG Nordrhein-Westfalen 16.4.2019 – L 2 AS 473/19 B ER, L 2 AS 474/19 B.
264 BSG 18.11.2014 – B 4 AS 3/14 R, SozR 4-4200 § 22 Nr. 80.
265 BT-Drs. 17/3404.
266 BSG 22.9.2009 – B 4 AS 70/08 R Rn. 19.
267 BSG 4.6.2014 – B 14 AS 53/13 R BSGE 116, 94–112.

cherzustellen, insbesondere wenn er wie in § 20 Abs. 2 einen Festbetrag vorsieht.[268] Diese Vorgabe betraf bisher nur den Regelbedarf. Erfolgt eine Pauschalierung der Kosten für Unterkunft und Heizung, sind die vom Bundesverfassungsgericht aufgestellten Grundsätze ebenfalls anzuwenden. Anhand dieser Vorgabe scheint es fraglich, ob der Gesetzgeber die Anpassung dem Satzungsgeber überlassen konnte und ob die jährliche Anpassung ausreicht, den pauschalisierten Heizbedarf zu decken.[269]

Ziel des Gesetzgebers ist, die vom Bundessozialgericht[270] über den Verweis auf die Verwaltungsvorschriften zu § 10 WoBauG gezogene Obergrenze für die angemessene Wohnungsgröße von ca. 50 m2 für einen Einpersonenhaushalt in Großstädten wie München, Hamburg oder Stuttgart mit einem hohen Mietpreisniveau durch Satzung zu senken (§ 22 Abs. 1 Nr. 1).[271] Auch für die sogenannten kalten Betriebskosten und die Heizkosten können Obergrenzen festgelegt werden (§ 22 b Abs. 1 S. 2). Werden Obergrenzen festgelegt, können sie nur dann einer Überprüfung standhalten, wenn sie so „großzügig“ ausgelegt sind, dass damit auch größerer Schwankungen aufgefangen werden können. 170

Darüber hinaus können in der Satzung die Kosten der Unterkunft und Heizung festgelegt und mit einer Pauschale abgegolten werden (§ 22 a Abs. 2). Voraussetzung ist ausreichend freier Wohnraum am Wohnungsmarkt und dass die Pauschalierung dem Grundsatz der Wirtschaftlichkeit entspricht. Die Kommunen müssen in ihren Satzungen die Wirtschaftlichkeit begründen. Wurde die Wirtschaftlichkeit nicht hinreichend beachtet, so kann sich der Leistungsberechtigte insoweit nicht auf die Unwirksamkeit der Satzung berufen, denn das Gebot der Wirtschaftlichkeit dient ausschließlich dem Schutz der Staatskasse. 171

Die Anforderungen an die Tatsachenermittlung als Grundlage für eine Satzung werden in § 22 c SGB II beschrieben. Hier wird umschrieben, aus welchen Erkenntnisquellen sich die Kreise und kreisfreien Städte bedienen können, dh Mietspiegel, qualifizierte Mietspiegel, Mietdatenbanken, eigene Ermittlungen und auch die Tabellen nach dem Wohngeldgesetz.

Hinweis: Auch wenn in der Satzung Höchstgrenzen für die Betriebs- und Heizkosten festgelegt worden sind, schließt dies die Übernahme von Forderungen, zB aus einer Nebenkostenabrechnung, gegenüber dem Leistungsberechtigten nicht aus. Dem Leistungsberechtigten muss es subjektiv zumutbar sein, seine Kosten der Unterkunft und Heizung zu senken, bzw. im Rahmen der Angemessenheit zu halten (§ 22 Abs. 1 S. 3 SGB II).[272] Werden die Kosten der Unterkunft erstmals durch die zumeist unerwartet hohen Nebenkosten unangemessen, müssen sie gleichwohl gezahlt werden, wenn der Leistungsberechtigte nicht zuvor zur Kostensenkung aufgefordert wurde.

268 BVerfG 9.2.2010 – 1 Bvl 1/09, 3/09, 4/09 Rn. 140.
269 So im Ergebnis auch BSG 13.4.2011 – B 14 AS 98/10 R.
270 BSG 19.2.2009 – B 4 AS 30/08 R.
271 BT-Drs. 17/3404, 101.
272 Vgl. BSG 7.5.2009 – B 14 AS 14/08 R Rn. 28.

172 Die Satzung ist ortsüblich bekannt zu machen, wobei auf § 10 Abs. 3 BauGB zurückgegriffen werden kann:[273]

> (3) Die Erteilung der Genehmigung oder, soweit eine Genehmigung nicht erforderlich ist, der Beschluss des Bebauungsplans durch die Gemeinde ist ortsüblich bekannt zu machen. Der Bebauungsplan ist mit der Begründung und der zusammenfassenden Erklärung nach § 10a Absatz 1 [BauGB] zu jedermanns Einsicht bereitzuhalten; über den Inhalt ist auf Verlangen Auskunft zu geben. In der Bekanntmachung ist darauf hinzuweisen, wo der Bebauungsplan eingesehen werden kann. Mit der Bekanntmachung tritt der Bebauungsplan in Kraft. Die Bekanntmachung tritt an die Stelle der sonst für Satzungen vorgeschriebenen Veröffentlichung.

173 Fraglich bleibt hier, ob die ortsübliche Bekanntgabe, wie bei einem Bebauungsplan dem Rechtsstaatsgebot (Art. 20 Abs. 3 GG) entspricht. Das Bundesverfassungsgericht hat zwar den § 12 Abs. 3 BauGB mit dem Rechtsstaatsgebot für vereinbar erklärt, dabei aber ausdrücklich die Bebauungspläne und ihre Eigenheiten im Auge gehabt. Bebauungspläne bestehen aus einem zeichnerischen und einem textlichen Teil und betreffen nur ein eng begrenztes Gebiet. Hier konnte sich der Gesetzgeber mit der Regelung begnügen, dass die Gemeinden diese zu jedermanns Einsicht bereithalten. Diese Voraussetzungen liegen bei den Satzungen nach dem SGB nicht vor, denn sie bestehen ausschließlich aus einem textlichen Inhalt, der wie eine Satzung oder ein Gesetz verkündet werden kann. Durch die Auslegung wie bei einem Bebauungsplan wird daher der Rechtsschutz ohne zwingenden Grund verkürzt.

174 Die Satzung kann in einem Normenkontrollverfahren durch das Landessozialgericht, welches in erster Instanz zuständig ist, überprüft werden (§ 55a Abs. 1 SGG). Antragsberechtigt sind auch die Leistungsberechtigten, wenn sie noch nicht unmittelbar durch einen für sie nachteiligen Leistungsbescheid beschwert sind, aber demnächst hiervon betroffen sein können (§ 55a Abs. 2 S. 1 SGG). Das Landessozialgericht kann die Rechtsvorschrift bzw. Satzung für unwirksam erklären (§ 55a Abs. 5 S. 2 SGG). Die Revision gegen die Entscheidung des Landessozialgerichtes kann nur darauf gestützt werden, dass Bundesrecht verletzt worden ist (§ 162 SGG), so dass die Vereinbarkeit der Satzung mit der landesrechtlichen Ermächtigungsnorm nicht überprüft werden kann. Die Zulässigkeit der Revision ist unabhängig davon, ob das Landessozialgericht durch Urteil oder Beschluss entscheidet (§ 160 Abs. 1 SGG). Die Revision ist allerdings nur dann zulässig, wenn sie vom Landessozialgericht im Urteil oder Beschluss zugelassen wurde (§ 160 Abs. 1 SGG) oder vom Bundessozialgericht auf die Nichtzulassungsbeschwerde hin zugelassen wird (§ 160a SGG).

175 Die Regelungen §§ 22a ff. haben über die Satzungsregelung hinaus auch eine Bedeutung für die von den Jobcentern und kommunalen Trägern erlassenen Richtlinien, mit denen versucht wird, mithilfe eines schlüssigen Konzeptes die abstrakt angemessenen Kosten für Unterkunft und Heizung festzulegen, denn nach der Rechtsprechung des Bundesverfassungsgerichtes sind die Regelungen §§ 22a–22c zu berücksichtigen. Dies bedeutet jedoch nicht, dass hier eine strikte 1:1-Übernahme erfolgen muss, sondern nur, dass diese Regelung zur Kenntnis genommen werden und eine ge-

273 BT-Drs. 17/3404, 101.

bührende Auseinandersetzung stattgefunden haben muss.[274] Es ist somit nicht zwingend, wenn ein kommunaler Träger nicht alle verfügbaren Anbietergruppen (§ 22 a Abs. 3 Nr. 3) oder Mietspiegel und Datenerhebungen gleichzeitig zu Rate zieht (§ 22 c Abs. 1 Nr. 1 und Nr. 2).

7. Leistungserbringung als Darlehen

Unter folgenden Umständen können die Leistungen als Darlehen erbracht werden: 176

- Wenn der Leistungsberechtigte über verwertbares Vermögen verfügt, das er jedoch nicht zur Deckung seines unmittelbaren Lebensbedarfes einsetzen kann (§ 24 Abs. 5),
- wenn der Leistungsberechtigte erst am Ende eines Monates für den laufenden Monat Einnahmen erzielt und bis zu diesem Zeitpunkt mittellos ist (§ 24 Abs. 4),
- wenn er einen unabweisbaren Bedarf nicht aus seinen Ansparungen decken kann (§ 24 Abs. 1).
- Auch Studierende und vergleichbare Auszubildende können bei Vorliegen einer besonderen Härte, auch wenn sie von den Leistungen nach dem SGB II ausgeschlossen sind, **Darlehensleistungen** für ihren Lebensunterhalt erhalten (§ 27 Abs. 3).
- Weiterhin können Mietschulden zur Sicherung der Unterkunft oder einer vergleichbaren Notlage übernommen (§ 22 Abs. 8) und als Darlehen geleistet werden.

Die Darlehensbedingungen sind in § 42 a ff. geregelt.[275]

Soweit Darlehensleistungen den Regelbedarf nach dem SGB II umfassen, sollten sie nur in Ausnahmefällen gewährt werden. Letztlich ergibt sich diese Absicht des Gesetzgebers aus dem Wortlaut des § 24 Abs. 1, wonach nur ein unabweisbarer Bedarf durch eine Darlehensleistung gedeckt werden soll. Dabei wurde vom Gesetzgeber jedoch übersehen, dass die Bedarfspositionen für langlebige Konsumgüter, zB für die Anschaffung eines Kühlschrankes, einer Waschmaschine usw, lediglich mit einem sehr geringen Betrag berücksichtigt sind. Dies trifft auch bei den oft sehr kostspieligen Sehhilfen (Gleitsichtbrille) zu.[276] Hier besteht die Gefahr, dass der verfassungsrechtlich gesicherte Anspruch auf Gewährleistung eines menschenwürdigen Existenzminimums nicht gesichert ist. Der Begriff „unabweisbar" kann allerdings auf alle vom Regelbedarf erfassten Konsumgüter erstreckt werden, so dass auch die bisher nicht als notwendig angesehenen Konsumgüter, wie eine Geschirrspülmaschine, erfasst werden können. 177

Darlehensleistungen ersetzen nur dann die Leistung zum Lebensunterhalt, wenn es sich um eine Leistung an Auszubildende handelt (§ 27 Abs. 3). Sie dienen zur Über-

274 BSG 17.9.2020 – B 4 AS 22/20 R, BSGE 131, 22–32; BVerfG 6.10.2017 – 1 BvL 2/15.
275 BGBl. 2011 I 474 v. 29.3.2011 (Art. 14 Abs. 3).
276 Vgl. BVerfG 2.9.2010 – BvL 1/09, 1 BvL 3/09, 1 BvL 4/09 Rn. 120.

brückung eines aktuellen Hilfebedarfes (§ 24) oder zur Verhinderung von Wohnungslosigkeit (§ 22 Abs. 8).

178 Darlehen werden nur geleistet, wenn die Notlage nicht durch anderweitige Hilfe beseitigt werden kann und auch nicht aus dem Vermögensgrundfreibetrag (§ 12 Abs. 2 Nr. 1) aufgebracht werden kann (§ 41a Abs. 1).[277] Der Vermögensgrundfreibetrag muss abweichend von der bisherigen Regelung auch im Falle eines unabweisbaren Bedarfes verwertet werden. Dies war bisher nur bei der Übernahme von Schulden zu Wohnungssicherung oder einer vergleichbaren Notlage der Fall.[278] Nach der Konzeption des Gesetzgebers dient der im Verhältnis zur Sozialhilfe höhere Vermögensfreibetrag dazu, die Reintegration des Leistungsberechtigten zu fördern, weil die Leistungen nach dem SGB II nur eine vorübergehende Hilfeleistung sein soll.

179 Darlehen können an einzelne Mitglieder einer Bedarfsgemeinschaft oder an mehrere gemeinsam erbracht werden (§ 42a Abs. 1 S. 2). Die Rückzahlungsverpflichtung trifft dann die Darlehensnehmer als Gesamtschuldner (§ 42a Abs. 1 S. 3).[279]

180 Die Rückzahlung der Darlehen erfolgt in der Regel durch monatliche Aufrechnung iHv 10 % des oder der maßgeblichen Regelbedarfe(s.) (§ 42a Abs. 2 S. 1). Die Aufrechnung erfolgt durch schriftlichen Verwaltungsakt. Neben den Voraussetzungen des § 42a müssen auch die entsprechend anzuwendenden Vorschriften des Zivilrechtes (§§ 387, 389 BGB) beachtet werden (§ 61 S. 2 SGB X).[280] Die Forderungen müssen gleichartig und auch voll fällig sein (§ 387 BGB). Sie müssen auch einredefrei sein (§ 390 BGB). Eine Aufrechnung ist nicht möglich, wenn es sich um eine Leistung handelt, die den Regelbedarf ersetzt, bei von der Leistung ausgeschlossenen ehemaligen BAföG-Berechtigten (§ 27 Abs. 3) oder Personen die ein Darlehen erhalten, weil die sofortige Verwertung des Vermögens nicht zumutbar oder nicht möglich ist (§ 24 Abs. 5). Denn in diesen Fällen würde die Aufrechnung dazu führen, dass der existenzsichernde Bedarf nicht mehr gedeckt ist.

181 Bevor der Leistungsträger gegen die Regelleistungen aufrechnet, muss der Leistungsberechtigte, der von der Aufrechnung betroffen wird angehört werden, weil hier in seine Rechte eingegriffen wird (§ 24 Abs. 1 SGB X).

182 Ein Darlehen, das bis zur Verwertung von Vermögensgegenständen gewährt wird, wird mit der Verwertung fällig soweit der Verwertungsbetrag die Darlehensleistung deckt (§ 42a Abs. 3 S. 1). Die übrigen Darlehen werden mit Beendigung des Leistungsbezuges fällig (§ 42a Abs. 4). Über die fälligen Darlehen soll eine Vereinbarung über die Rückzahlung des noch nicht getilgten Teiles erfolgen (§ 42a Abs. 3 S. 2, Abs. 4 S. 2). Neben der Vereinbarung der Tilgung eines Darlehens muss von Amts wegen stets der Erlass des Darlehensbetrages geprüft werden (§ 44). Endet der Leistungsbezug, weil der Leistungsberechtigte die Altersgrenze erreicht hat und hat er nunmehr einen Anspruch auf Grundsicherung im Alter hat (§§ 41 ff. SGB XII), so

277 BSG 4.6.2014 – B 14 AS 30/13 R BSGE 116, 86–94.
278 Vgl. BSG 17.6.2010 – B 14 AS 58/09 R.
279 BT-Drs. 17/3404, 116.
280 BSG 12.6.2008 – B 3 P 1/07 R Rn. 13.

wird der Leistungsträger in aller Regel den Darlehensbetrag erlassen müssen, weil der Anspruch auf Grundsicherung im Alter nur das Existenzminimum sichert.

Die Aufrechnung von Darlehensleistungen ist in der Höhe auf 10 % des jeweiligen 183
Regelbedarfes beschränkt und zwar auch dann, wenn mehrere Darlehen hintereinander aufgerechnet werden (§ 42a Abs. 6). Insbesondere bei Darlehen für unabweisbare Bedarfe führt die dauernde Kürzung des Bedarfes dazu, dass der existenzsichernde Bedarf des Leistungsberechtigte nicht mehr gedeckt ist, weil Ansparungen für langlebige Gebrauchsgüter von dem Leistungsberechtigten nicht mehr durchgeführt werden können. Das Bundesverfassungsgericht hat daher eine Minderung des Bedarfes durch die Belastung mit Darlehen nur für einen begrenzten Zeitraum zugelassen, allerdings ohne eine genaue Einschränkung vorzunehmen.[281]

Die Gewährung eines Darlehens, wenn aufgrund eines vorübergehenden Hindernisses 184
kein Vermögen verwertet werden kann, liegt im Ermessen des Jobcenters (§ 24 Abs. 5 S. 1). Das Jobcenter kann nicht nur eine dingliche Sicherung des Darlehensanspruch verlangen, sondern auch angemessene Verwertungsbemühungen.[282]

II. Leistung zur Eingliederung in Arbeit/Änderung durch Bürgergeldgesetz

Durch das Bürgergeldgesetz vom 16.12.2022 wurden die Regelungen zur Eingliede- 185
rung in Arbeit ab dem 1.7.2023 geändert.[283] Im Folgenden wird der Rechtsstand, wie er ab dem 1.7.2023 gilt, wieder gegeben. Für den Rechtsstand bis zum 30.6.2023 wird auf die Vorauflage verwiesen.

1. Persönlicher Ansprechpartner

Die Leistungsträger sollen dem Leistungsberechtigten einen persönlichen Ansprech- 186
partner (**Fallmanager**) nennen (§ 14 Abs. 3). Ein einklagbarer Anspruch des Leistungsberechtigten und der mit ihm in der Bedarfsgemeinschaft lebenden Personen auf einen persönlichen Ansprechpartner lässt sich hieraus nicht herleiten.[284] Mit der Benennung des persönlichen Ansprechpartners soll wie mit der Eingliederungsvereinbarung lediglich der Eingliederungsprozess strukturiert werden. Selbst bei einem persönlichen Zerwürfnis zwischen dem Leistungsberechtigten und seinem persönlichen Ansprechpartner, soll für den Leistungsberechtigten kein Anspruch auf einen bestimmten oder anderen Ansprechpartner bestehen.[285] Neu ins Gesetz aufgenommen wurde die aufsuchende und sozialorientierte Beratung (§ 14 Abs. 3 S. 2). Die aufsuchende Beratung wurde, bei freien Kapazitäten, bisher schon von den Jobcentern durchgeführt. Die Aufnahme ins Gesetz stellt lediglich klar, dass solch eine Beratungsform möglich ist. Hieraus ergibt sich kein einklagbarer Anspruch.[286]

---

281 BVerfG 9.2.2010 – 1 BvL 1/09, 1 BvL 3/09, 1 BvL 4/09 Rn. 150.
282 BSG 24.5.2017 – B 14 AS 16/16 R BSGE 123, 188–198.
283 BGBl. I 2351 Art. 13 Abs. 2 v. 16.1.2022.
284 BSG 22.9.2009 – B 4 AS 13/09 R; keine namentliche Nennung LSG Bayern 11.9.2017 – L 7 AS 531/17 B ER.
285 LPK-SGB II/Berlit § 14 Rn. 21 f., 27.
286 BT-Drs. 20/4360, 31.

187 **Hinweis:** Hier könnte letztlich nur die Ablehnung des Ansprechpartners wegen Befangenheit (§ 17 SGB X) erfolgreich sein.

2. Kooperationsplan

188 Die **Eingliederungsvereinbarung** wird ab dem 1.7.2023 durch den Kooperationsplan ersetzt. Der wesentliche Unterschied zur Eingliederungsvereinbarung besteht darin, dass er zunächst nicht rechtsverbindlich sein soll und bei den Leistungsberechtigten Freiwilligkeit voraussetzt.[287] In dem Kooperationsplan soll festgelegt werden, welche Eingliederungsleistungen für den Leistungsberechtigten zur Eingliederung in Arbeit oder Ausbildung infrage kommen, welche Bemühungen der erwerbsfähige Leistungsberechtigte in welcher Häufigkeit zur Eingliederung in Arbeit oder Ausbildung mindestens unternehmen muss, in welcher Form diese Bemühungen nachzuweisen sind und welche Leistungen er bei anderen Sozialleistungsträgern beantragen soll (§ 15 Abs. 1 S. 2 Nr. 1–6). Diese Aufzählung ist nicht abschließend. Eine **Weigerung** des Leistungsberechtigten, einem Kooperationsplan zuzustimmen, führt anders als bei einer Eingliederungsvereinbarung zunächst nicht dazu, dass der Leistungsträger die Verpflichtungen des Leistungsberechtigten durch Verwaltungsakt festlegen kann. Kommt kein Kooperationsplan zustande, erfolgt die Einladung zu einem Meldetermin durch das Jobcenter nicht mehr ohne Rechtsfolgenbelehrung (§ 15 Abs. 6). Bei einem Meldeversäumnis kann dann eine Leistungsminderung (§ 32) festgelegt werden. Hält sich die leistungsberechtigte Person nicht an die Absprachen aus dem Kooperationsplan, so kann das Jobcenter hierzu auffordern und dann im Anschluss eine Leistungsminderung feststellen (§ 15 Abs. 5 iVm § 31 Abs. 1 S. 1 Nr. 1).

189 Bei der Eingliederungsvereinbarung handelt es um einen **öffentlich-rechtlichen Vertrag** in Form eines Subordinationsvertrages[288] (§ 40 Abs. 1 S. 1 iVm §§ 53 ff., 61 SGB X), auf den die Regeln des BGB ergänzend anzuwenden sind. Die Kooperationsvereinbarung ist ähnlich wie die Eingliederungsvertrag strukturiert, dh, es handelt sich um einen Austauschvertrag zwischen dem Jobcenter und den Leistungsberechtigten, wobei auch wie bei der Eingliederungsvereinbarung eine Subordination vorliegt.

190 Die Koordinationsvereinbarung dient zur Strukturierung des vom Leistungsträgers nach seinem Ermessen gestalteten Eingliederungsprozess, denn der Leistungsträger entscheidet über die Eingliederungsleistungen nach § 3 Abs. 1 unter Beachtung seines pflichtgemäßen Ermessens. Dabei hat der Leistungsträger insbesondere die

- Eignung,
- individuelle Lebenssituation,
- voraussichtliche Dauer der Hilfebedürftigkeit und
- Dauerhaftigkeit der Eingliederung zu beachten.

287 BT-Drs. 20/3873, 82.
288 BSG 23.6.2016 – B 14 AS 30/15 R BSGE 121, 261.

- Gleichrangig neben der Aufnahme einer Erwerbstätigkeit ist seit Einführung des Bürgergeldgesetzes die unmittelbare Aufnahme einer Ausbildung, wenn nicht eine andere Art der Eingliederung erforderlich ist.

Dieses Ermessen ist auf Ermessensfehlgebrauch zu überprüfen, wobei der Ermessensspielraum des Leistungsträgers nicht weit ist und durch das Bürgergeldgesetz in § 3 neu bestimmt wurde, sondern sich streng daran auszurichten hat, ob die Maßnahme zu einer dauerhaften Eingliederung in Arbeit führt.[289] Dies kann durch unmittelbare Aufnahme einer Erwerbstätigkeit Ausbildung ermöglicht werden. Bei Personen, die keinen Berufsabschluss haben, ist davon auszugehen, dass diese, bei entsprechender Eignung und Neigung, nur nach einer Ausbildung dauerhaft in den Arbeitsmarkt integriert werden können (§ 3 Abs. 1 S. 4). Diese Personen sind in eine Ausbildung und nicht in eine Erwerbstätigkeit zu vermitteln. Eine Kooperationsvereinbarung, die andere Leistungen als Leistungen zur Eingliederung festsetzt, ist nichtig (§ 58 SBG X).[290]

Der Leistungsberechtigte kann nicht durch Verhandlungen den Eingliederungsprozess 191
steuern, weil er in der Regel keinen Anspruch auf eine bestimmte Maßnahme hat. Seine Vorstellungen, Neigungen und Wünsche müssen allerdings im Rahmen der Amtsermittlung durch den Leistungsträgers bei seiner Ermessensausübung beachtet werden. Es handelt sich daher nicht um einen auf Gleichordnung gerichteten öffentlich-rechtlichen Vertrag, sondern um eine Maßnahme besonderer Art.[291] Der Leistungsträger kann allerdings nicht mehr zwischen „Vereinbarung" und Verwaltungsakt frei wählen, sondern muss auf Antrag des Leistungsberechtigten ein Schlichtungsverfahren eröffnen (§ 15 a Abs. 1).[292] Ein Anspruch des Leistungsberechtigten auf Abschluss einer Kooperationsvereinbarung besteht allerdings nach wie vor nicht.[293]

Mit dem Bürgergeldgesetz wurde ab dem 1.7.2023 für den Fall, dass die Integrations- 192
fachkraft mit dem Leistungsberechtigten keine Einigung über Erstellung und Fortschreibung eines Kooperationsplanes erzielen kann, ein Schlichtungsverfahren eingeführt (§ 15 a Abs. 1).[294] Die Trägerversammlung des Jobcenters aus Bundesagentur für Arbeit und dem Kommunalen Träger legt die Verfahrensgrundsätze fest (§ 15 a Abs. 1 S. 1 und S. 2). Die Person, die im Schlichtungsverfahren hinzugezogen werden soll, kann auch Beschäftigter des Jobcenters sein; sie muss lediglich in Bezug auf die spezielle Angelegenheit der Schlichtung nicht weisungsgebunden sein. Es soll ein gemeinsamer Lösungsvorschlag zwischen Jobcenter und Leistungsberechtigtem erarbeitet werden, der von der Bundesagentur für Arbeit und dem kommunalen Träger zu berücksichtigen ist. Aus letzterem ergibt sich, dass das Jobcenter nicht an den Einigungsvorschlag gebunden ist, so dass das Schlichtungsverfahren für den Leistungsberechtigten sehr schwach ausgebildet ist. Endet das Schlichtungsverfahren nicht durch

289 BT-Drs. 20/3873, 73.
290 BSG 2.4.2014 – B 4 AS 26/13 R BSGE 115, 210–225; BSG 23.6.2016 – B 14 AS 30/15 R BSGE 121, 261.
291 So wohl auch BSG 22.9.2009 – B 4 AS 13/09 R.
292 BSG 22.9.2009 – B 4 AS 13/07 R Rn. 19.
293 BSG 22.9.2009 – B 4 AS 13/07 R Rn. 24.
294 BGBl. I 2333 Art. 1 Nr. 17, 2361 Art. 13 Abs. 2 v. 16.12.2022.

eine Einigung, so endet es spätestens mit Ablauf von vier Wochen nach dessen Beginn (§ 15 a Abs. 4). Während des laufenden Schlichtungsverfahrens kann das Jobcenter gegen den Leistungsberechtigten keine Leistungsminderung nach § 31 a festsetzen (§ 15 a Abs. 3). Der Leistungsberechtigte hat in der Regel einen Anspruch auf Durchführung des Schlichtungsverfahrens, denn das Schlichtungsverfahren „soll" eingeleitet werden, dh, es ist hinsichtlich der Frage, ob ein Schlichtungsverfahren eingeleitet wird, Ermessen auszuüben, wobei das Ermessen allerdings nur in außergewöhnlichen Fällen zur Ablehnung des Schlichtungsverfahrens führen kann, etwa, wenn es von dem Leistungsberechtigten ausschließlich aus querulatorischen Gründen oder zur Verfahrensverzögerung betrieben wird.

3. Leistungen zur Eingliederung im Einzelnen

193 Rechtsstreitigkeiten um Leistungen zur Eingliederung stehen derzeit nicht im Vordergrund der Streitigkeiten um Leistungen nach dem SGB II. In der Praxis der Leistungsträger spielt auch nur die **Arbeitsgelegenheit mit Mehraufwandsentschädigung** (§ 16 d S. 2) eine nennenswerte Rolle, obwohl das Ziel des SGB II die Aufnahme einer Erwerbstätigkeit ist (§ 1 Abs. 2 S. 2) und die Eingliederungsleistungen, die unmittelbar zur Aufnahme einer Erwerbstätigkeit führen, vor anderen Maßnahmen Vorrang haben (§ 3 Abs. 1 S. 3).[295] Ziel des Bürgergeldgesetzes ist die dauerhafte und langfristige Eingliederung in den Arbeitsprozess, so dass die Arbeitsgelegenheiten nur noch für solche Personen angezeigt sind, die aufgrund ihres körperlichen, geistigen oder seelischen Zustands weder für eine Aus- oder Weiterbildung noch für eine sofortige Aufnahme einer Beschäftigung oder sonstige Maßnahme geeignet erscheinen und arbeitsmarktfern sind. Nach diesen Grundsätzen müssten Arbeitsgelegenheiten mit Mehraufwandsentschädigung (§ 16 d S. 2) an letzter Stelle der Eingliederungsmaßnahmen stehen. Eine Arbeitsgelegenheit mit Mehraufwandsentschädigung kommt erst dann infrage, wenn der Leistungsberechtigte keine Arbeit finden kann, dh alle anderen Maßnahmen entweder keinen Erfolg gezeigt haben oder nach den besonderen Umständen des Einzelfalles keinen Erfolg versprechen. Wegen der übrigen Eingliederungsmaßnahmen wird hier auf weiterführende Literatur verwiesen.[296]

4. Arbeitsgelegenheit mit Mehraufwandsentschädigung/„Ein-Euro-Job"

194 Die Arbeitsgelegenheit mit Mehraufwandsentschädigung nach § 16 d ist eine Maßnahme zur Eingliederung.[297]

295 Die Bundesagentur für Arbeit hat den Nachrang in ihrer fachlichen Weisung vom 1.1.2022 berücksichtigt, so dass die Arbeitsgelegenheiten kontinuierlich zurückgegangen sind, https://www.arbeitsagentur.de/datei/dok_ba014267.pdf, letzter Aufruf 9.1.2023.

296 LPK-SGB II/Thie/Schön Anhang zu § 16 sowie die Kommentierung zu §§ 16 a ff.

297 BSG 16.12.2008 – B 4 AS 60/07 R.

Es muss sich um eine im öffentlichen Interesse liegende, zusätzliche Arbeit handeln:

- Im öffentlichen Interesse liegen Arbeiten, wenn sie der Allgemeinheit in irgendeiner Weise dienen (§ 16 d Abs. 2).
- Überwiegend erwerbswirtschaftliche Arbeiten liegen nicht im öffentlichen Interesse (§ 16 d Abs. 3 S. 2).
- Zusätzlich sind die Arbeiten, wenn sie ohne Förderung nicht, nicht in diesem Umfang oder erst zu einem späteren Zeitpunkt durchgeführt werden (§ 16 d Abs. 2 S. 1).
- Arbeiten, die aufgrund einer rechtlichen Verpflichtung von öffentlichen Trägern durchgeführt werden, sind nur zusätzlich, wenn sie ohne Förderung erst nach zwei Jahren durchgeführt werden (§ 16 d S. 2).

Der Kreis der zur Verfügung stehenden Tätigkeiten wird durch die Begrenzung auf im öffentlichen Interesse liegende zusätzliche Tätigkeiten erheblich eingeschränkt. Arbeiten im „öffentlichen Grünbereich" sind nur dann zusätzlich, wenn es sich um Arbeiten handelt, die nicht notwendig sind und regelmäßig weder durch eigenes Personal der Kommunen, noch durch beauftragte Fremdfirmen erledigt werden.

Beispiel: Der Leistungsberechtigte wird vom Leistungsträger als Reinigungskraft in einer öffentlichen Schule der Stadt S mit einer Mehraufwandsentschädigung in Höhe von 1,30 EUR pro Stunde eingesetzt. Die Einsetzung erfolgt durch Verwaltungsakt, indem die Maßnahme „Hilfshausmeistertätigkeit in Schulen der Stadt S" beschrieben wird. Die Maßnahme wird von dem Maßnahmenträger Job eV, der für den Leistungsträger die Maßnahme durchführt, organisiert. Die Stadt S muss an den Job eV keine Zahlungen für die eingesetzten Kräfte entrichten. Der Job eV erhält von dem Leistungsträger ein Entgelt für die Organisation der Beschäftigung der „Ein-Euro-Jobber". Der Leistungsberechtigte tritt die Arbeit an, weil er sich freut, endlich wieder eine Beschäftigung gefunden zu haben. Bei der Arbeit lernt er eine „Kollegin" kennen, die ihm mitteilt, sie sei die letzte bei der Stadt S als Reinigungskraft beschäftigte Mitarbeiterin und erhalte einen Stundenlohn in Höhe von 12,80 EUR. Darüber ist der Leistungsberechtigte so wütend, dass er anschließend einen Rechtsanwalt aufsucht. 195

Dieser erklärt dem Leistungsberechtigten, selbst wenn die Beschäftigung in dem Ein-Euro-Job rechtswidrig sei, bestehe zwischen dem Leistungsberechtigten und der Stadt S oder dem Leistungsträger kein Arbeitsverhältnis. Die Regelung des § 16 d, dass nur zusätzliche Arbeiten als Maßnahmen mit Mehraufwandsentschädigung zulässig sind, diene allein dem Schutz privatwirtschaftlicher Unternehmen vor Konkurrenz.[298] Auch die Einschaltung eines Dritten, hier dem Job eV, ändert nichts daran, dass zwischen dem Leistungsberechtigten und dem Leistungsträger ein öffentlich-rechtliches Rechtsverhältnis besteht.[299]

Die Rechtswidrigkeit kann dazu führen, dass der Leistungsberechtigte gegenüber dem Leistungsträger einen öffentlich-rechtlichen Erstattungsanspruch hat.[300] 196

In der Rechtsprechung des Bundesverwaltungsgerichts ist geklärt, dass es sich bei dem allgemeinen öffentlich-rechtlichen Erstattungsanspruch um ein aus allgemeinen Grundsät-

298 BAG 26.9.2007 – 5 AZR 858/06 Rn. 11.
299 BAG 26.9.2007 – 5 AZR 858/06 Rn. 9.
300 BVerwG 16.12.2004 – 5 C 71.03.

zen des Verwaltungsrechts, insbesondere der Gesetzmäßigkeit der Verwaltung, abgeleitetes eigenständiges Rechtsinstitut des öffentlichen Rechts handelt, dessen Anspruchsvoraussetzungen und Rechtsfolgen, soweit sie nicht spezialgesetzlich geregelt sind (vgl. etwa § 12 BBesG), denen des zivilrechtlichen Bereicherungsanspruchs entsprechen.[301] Die Voraussetzungen der §§ 812 ff. BGB müssen daher auch in dem Beispielsfall vorliegen.

197 Der Leistungsträger müsste durch die Leistung des Leistungsberechtigten etwas rechtsgrundlos erlangt haben (§ 812 Abs. 1 BGB).

Es könnte hier an einem wirksamen Rechtsgrund zwischen dem Leistungsberechtigten und dem Leistungsträger fehlen, weil es sich bei der Tätigkeit als Hilfshausmeister/Reinigungskraft nicht um eine zusätzliche Tätigkeit im Sinne des § 16 d S. 1 handelt. Die Maßnahme muss zusätzlich sein und im öffentlichen Interesse liegen (§ 16 d Abs. 3 S. 1). Zusätzliche Tätigkeiten liegen vor, wenn sie ohne Förderung nicht, nicht in diesem Umfang oder erst zu einem späteren Zeitpunkt durchgeführt werden (§ 16 d Abs. 2 S. 1).

Bei der vom Leistungsberechtigten ausgeübten Beschäftigung handelt es sich nicht um eine zusätzliche Tätigkeit. Das Arbeitsergebnis liegt zwar im öffentlichen Interesse, die Maßnahme ist jedoch keine zusätzliche Tätigkeit, denn die Reinigung der Schule gehört zu den Pflichtaufgaben (technische Unterhaltung der Schule) der Gemeinde.

198 Fraglich erscheint jedoch, ob dieser Mangel geeignet ist, den Rechtsgrund für die Beschäftigung des Leistungsberechtigten entfallen zu lassen.

Rechtsgrund für die Beschäftigung in einer Maßnahme nach § 16 d ist das zwischen dem Leistungsberechtigten und dem Leistungsträger bestehende Sozialrechtsverhältnis, hier das Verhältnis der Eingliederungsmaßnahme „Tätigkeit als Hilfshausmeister". Die fehlende „Zusätzlichkeit" führt nur dann zur Unwirksamkeit der öffentlich-rechtlichen Beziehung, wenn das Erfordernis der „Zusätzlichkeit" auch dem Schutze des Leistungsberechtigten dienen würde.[302] Die zwischenzeitlich außer Kraft getretene Regelung des § 261 Abs. 2 SGB III[303] wurde durch Art. 1 des AFRG vom 24.3.1997 eingeführt und entspricht dem in diesem Zeitpunkt geltenden § 19 Abs. 2 BSHG. Die späteren Änderungen lassen keine andere Sichtweise des Gesetzgebers erkennen. Es ist daher davon auszugehen, dass § 261 SGB III wie § 19 Abs. 2 BSHG nicht nur Dritte (Unternehmer), sondern auch die Betroffenen selbst schützen soll.[304] Der Meinung des Bundesarbeitsgerichtes,[305] die sich mit der Entstehung der Regelung nicht auseinandersetzt, hinsichtlich der Schutzwirkung des § 16 d und des § 261 SGB III ist daher nicht zu folgen.

199 Das Bundessozialgericht ist der Meinung des BVerwG gefolgt.[306] Der ursprüngliche Verwaltungsakt, in dem die Klägerin in die Maßnahme eingewiesen worden, ist rechtswidrig, so dass ein Rechtsgrund für das „Behaltendürfen" – eine wirksame Zuweisung – nicht vorliegt.

200 Der Leistungsträger müsste durch die Leistung des Leistungsberechtigten etwas erlangt haben. Dies ist hier der Wert der Arbeitsleistung des Leistungsberechtigten. Dieser kann

301 BVerwG 16.11.2007 – 9 B 36/07 Rn. 12, BSGE 16, 151, 153 = SozR Nr. 1 zu § 28 BVG.
302 Zweifelnd BSG 16.12.2008 – B 4 AS 60/07 R.
303 Vgl. EinglVerbG. 20.12.2011, BGBl. 2011 I 2854.
304 BVerwG 16.12.2004 – 5 C 71.03 Rn. 17; wohl aA ohne nähere Begründung LSG Baden-Württemberg 2.11.2009 – L 1 AS 746/09 Rn. 20.
305 BAG 26.9.2007 – 5 AZR 858/06.
306 BSG 13.4.2011 – B 14 AS 98/10 R BSGE 108, 116–123.

nicht herausgegeben werden, so dass in entsprechender Anwendung des § 818 Abs. 2 BGB Wertersatz zu leisten ist.[307]

Es kommt zwischen dem Leistungsberechtigten und dem Leistungsträger eine sogenannte Leistungskondiktion in entsprechender Anwendung des § 812 Abs. 1 S. 1 Alt. 1 BGB in Betracht. Der Leistungsträger müsste etwas durch die Leistung des Leistungsberechtigten erlangt haben. Dies ist hier bereits deshalb zweifelhaft, weil der wirtschaftliche Vorteil der Arbeit des Leistungsberechtigten nicht dem Leistungsträger, sondern der Stadt S und auch nicht dem Job eV zugutekommt (die Identität von Leistung und Gegenleistung ablehnend).[308] 201

Nach einer Ansicht in der Literatur[309] erfolgt eine Leistung des Leistungsberechtigten an den Leistungsträger im Rechtssinne auch dann, wenn der Leistungsberechtigte an einen Dritten, einen Maßnahmeträger (hier den Job eV) leistet. Dieser Meinung ist entgegen der Ansicht des Landessozialgerichtes Baden-Württemberg[310] zu folgen. Die Maßnahmeträger treten an die Stelle des LT (§ 17 SGB I). Das Rechtsverhältnis des HB zu dem LT bleibt hiervon unberührt und ist weiterhin öffentlich-rechtlicher Natur.[311] Der Maßnahmeträger ist damit bereicherungsrechtlich lediglich als unselbstständige Zwischenperson anzusehen. Die Empfangnahme der Leistung erfolgt allein durch den Maßnahmeträger für den Leistungsträger. 202

Die vorstehend geschilderte Meinung löst allerdings nicht das Problem, dass letztlich weder der Leistungsträger noch der in seinem Lager stehende Maßnahmeträger bereichert sind, sondern nur die Stadt S. 203

Das Bereicherungsrecht zielt anders als (Schadens-)Ersatzansprüche und damit auch der allgemeine öffentlich-rechtliche Erstattungsanspruch nicht auf den Ausgleich einer beim Gläubiger entstandenen Vermögenseinbuße, sondern auf die Rückabwicklung eines dem Schuldner nicht gebührenden Vermögenszuwachses ab.[312]

Ein Anspruch gegen den Leistungsträger besteht daher mangels eigener Bereicherung nicht. Auch bei dem Maßnahmeträger tritt keine Bereicherung ein. Der Leistungsberechtigte wird jedoch seinen Anspruch entsprechend § 822 BGB gegenüber der Stadt S als Bereicherungsschuldner geltend machen können, denn der Leistungsträger bzw. der Maßnahmeträger hat den Gegenstand der Bereicherung (Arbeitsleistung) der Stadt S unentgeltlich zugewandt.

Hinweis: Es empfiehlt sich, den Anspruch sowohl gegenüber dem Leistungsträger als auch gegenüber dem Maßnahmeträger und dem „Drittbegünstigten" gerichtlich geltend zu machen. Der Rechtsweg vor die Sozialgerichte ist auch bei der Geltendmachung gegen den „Dritten" gegeben, denn es handelt sich um eine öffentlich-rechtliche Streitigkeit in Angelegenheiten der Grundsicherung für Arbeitsuchende (§ 51 Abs. 1 Nr. 4 a SGG). Auch dadurch, dass der Leistungsberechtigte bei der Stadt S tätig wird, handelt es sich weiterhin um Ansprüche aus dem Beschäftigungsverhältnis mit Mehraufwandsentschädigung (§ 16 d). Bestehen Zweifel, wer durch die Leistung 204

307 BVerwG 16.12.2004 – 5 C 71.03 Rn. 103.
308 LSG Baden-Württemberg 2.11.2009 – L 1 AS 746/09 Rn. 28.
309 LPK-SGB II/Thie/Schön § 16 d Rn. 35.
310 LSG Baden-Württemberg 2.11.2009 – L 1 AS 746/09 Rn. 20.
311 BAG 6.9.2007 – 5 AZR 857/06 Rn. 20.
312 BVerwG 27.1.2006 – 6 P 5.05.

bereichert ist, sollten alle infrage kommenden Bereicherungsschuldner verklagt werden. Der Leistungsberechtigte zahlt keine Gerichtsgebühren und muss eine Kostenerstattungspflicht des Bereicherten nicht fürchten (§ 183 SGG, § 193 Abs. 4 SGG). Gegenüber dem Leistungsträger kommen auch Ansprüche auf Amtshaftung in Betracht. Diese sind allerdings bei dem örtlich zuständigen Landgericht geltend zu machen (§ 71 Abs. 2 Nr. 2 GVG). Hinsichtlich der Höhe der Ansprüche sind die erhaltenen Sozialleistungen abzuziehen und ggf. tarifliche Ansprüche geltend zu machen.[313]

205 Die Arbeitsgelegenheit ist auf keine bestimmte Dauer von Stunden in der Woche beschränkt.[314] Eine **wöchentliche Arbeitszeit von bis zu 40 Stunden** ist daher zulässig. Die zeitliche Dauer der Beschäftigung ist jedoch am Zweck der Maßnahme und an den allgemeinen Zielen des Gesetzes zu orientieren (§ 3 Abs. 1). Sie wird also nur so lange dauern dürfen, wie es für den Zweck der Maßnahme, die Vorbereitung auf die Vermittlung in eine Erwerbstätigkeit, notwendig ist. Dies wird bereits nach einer jeweils kurzen Zeit der Fall sein und zwar wenn die Gewöhnung an eine Arbeit regelmäßig erreicht ist. Mit einem oder höchstens zwei Monaten dürfte das Ziel in einer einfachen Maßnahme erreichbar sein. Die Leistungsberechtigten, die innerhalb eines solchen Zeitabschnittes nicht wieder an einen Arbeitsrhythmus gewöhnt werden können, müssen besonders sozialpädagogisch betreut werden. Einfache Arbeitsgelegenheiten mit Mehraufwandsentschädigung sind hierzu nicht geeignet.

206 Das dem Leistungsberechtigten unterbreitete Arbeitsangebot muss hinreichend, hinsichtlich der Art, des zeitlichen Umfangs und der zeitlichen Verteilung bestimmt sein,[315] dh der Leistungsberechtigte muss erkennen können, welche Tätigkeit er ausüben soll.

Die Zuweisung einer Arbeitsgelegenheit ist nur dann ermessensfehlerfrei, gemessen am Eingliederungsziel des SGB II, wenn sie im Einzelfall geeignet und erforderlich ist, den Leistungsberechtigten dadurch unabhängig von der Leistungsgewährung zu machen, dass er in Zukunft seinen Lebensunterhalt unabhängig von der Grundsicherung aus eigenen Mitteln und Kräften bestreiten kann. Hierzu gehört auch, dass der Leistungsberechtigte den Nutzen seiner Tätigkeit im Hinblick auf die Eingliederung erkennen und einsehen kann.

Bei Personen, die aufgrund von **Vermittlungshemmnissen** nur sehr schlecht in eine reguläre Beschäftigung vermittelt werden können, ist als Dauerlösung die Vermittlung in ein nach § 16 e gefördertes Beschäftigungsverhältnis die richtige Maßnahme, denn die Arbeitsgelegenheit nach § 16 d ist nach den Erkenntnissen des Institutes für Arbeitsmarkforschung der Bundesagentur für Arbeit nur in Ausnahmefällen geeignet, eine Integration in eine Erwerbstätigkeit zu ermöglichen.[316]

313 Zu den Einzelheiten BVerwG 16.12.2004 – 5 C 71.03.
314 BSG 16.12.2008 – B 4 AS 60/07 R Rn. 20.
315 BSG 16.12.2008 – B 4 AS 60/07 R Rn. 30.
316 Wolff/Hohmeyer, Wirkungen von Ein-Euro-Jobs: Für ein paar Euro mehr, http://doku.iab.de/kurzber/2008/kb0208.pdf, letzter Aufruf 10.1.2023.

Die Feststellung, dass eine Maßnahme, wie die Arbeitsgelegenheit mit Mehraufwandsentschädigung, wenig geeignet ist, einen Leistungsberechtigten in den Arbeitsmarkt zu integrieren, führt allerdings nicht zu dem Schluss, dass diese Maßnahme generell nicht hierzu geeignet ist.

5. Finanzielle Anreize für Aus- und Weiterbildung

Mit der Einführung des Bürgergeldes wurden finanzielle Anreize für Leistungsberechtigte, die an berufsfördernden Maßnahmen teilnehmen, geschaffen. Es handelt sich hierbei um den Bürgergeldbonus (§ 16 j) und das Weiterbildungsgeld nach § 16 Abs. 3 b iVm §§ 81, 87 a SGB III. 207

Ein Anspruch auf Bürgergeldbonus iHv 75 EUR monatlich besteht für Teilnehmer einer beruflichen Weiterbildung nach §§ 81,82 SGB III, die mindestens acht Wochen dauert und die nicht mit einem Weiterbildungsgeld nach § 87 a Abs. 2 SGB III gefördert wird, d.h. nicht zu einem beruflichen Abschluss führt. Hierbei handelt es sich zB um den Besuch einer Schule zum Erreichen des Hauptschulabschlusses nach § 80 Abs. 3 SGB III oder um eine berufliche Weiterbildung im Rahmen eines bestehenden Arbeitsverhältnisses (§ 82 SGB III).

Nach § 16 j 2 erfolgt eine Förderung mit Bürgergeldbonus auch bei einer berufsvorbereitenden Maßnahme nach § 51 SGB III (BvB = beruflich vorbereitende Bildung), bei Leistungen zur Teilhabe am Arbeitsleben für behinderte Menschen nach § 49 SGB IX oder bei einer assistierten Ausbildung nach § 75 a SGB III sowie bei einer Maßnahme schwer zu erreichender junger Menschen nach § 16 h Abs. 1.

Anspruch auf Weiterbildungsgeld nach § 87 a Abs. 2 SGB III in Höhe von monatlich 150 EUR haben die erwerbsfähigen Leistungsberechtigten, die eine Ausbildung in einem anerkannten Ausbildungsberuf absolvieren (§ 87 a Abs. 1 SGB III). Hierzu zählen die nach Bundes- und Landesrecht anerkannten Ausbildungsberufe nach dem Berufsbildungsgesetz, der Handwerksordnung, dem Seearbeitsgesetz, dem Altenpflegegesetz und dem Gesetz über die Pflegeberufe (§ 57 Abs. 1 SGB III). Darüber hinaus werden in § 87 a Abs. 1 SGB III noch weitere Ausbildungsberufe erwähnt, die sich nach landesrechtlichen Vorschriften richten und eine Ausbildungsdauer von mindestens zwei Jahren haben. Diese Personen erhalten ein monatliches Weiterbildungsgeld in Höhe von 150 EUR. Darüber hinaus haben diese Personen bei Bestehen einer Zwischen- und Abschlussprüfung einen Anspruch auf eine Prämie in Höhe von 1.000 EUR, bzw. 1.500 EUR. In Bildungsgängen, bei denen keine Zwischenprüfung vorgesehen sind, haben die leistungsberechtigten Teilnehmer bei bestandener Abschlussprüfung einen Anspruch auf eine „Gesamtprämie" iHv 2.500 EUR.[317] 208

317 BSG 25.5.2022 – B 11 AL 2/21 R; BSG 9.3.2022 – B 7/14 AS 31/21 R beide Entscheidungen ergingen noch zum alten, bis zum 30.6.2023 geltenden Gesetzesstand gem. §§ 81, 131 a Abs. 3 SGB IIII, sind aber auf § 87 a SGB III anzuwenden, weil der Gesetzeswortlaut diesbezüglich nicht geändert wurde und die Gesetzesbegründung, BT-Drs. 20/3873, 101, keine Änderung vorsieht.

§ 4 Anrechnung von Einkommen und Vermögen

I. Anrechnung von Einkommen

1 Anspruch auf Leistungen zur Sicherung des Lebensunterhalts nach dem SGB II hat nur derjenige, der seine Hilfebedürftigkeit nicht anderweitig beseitigen kann, und zwar insbesondere durch die Aufnahme einer Arbeit oder den Einsatz des anrechenbaren Einkommens oder Vermögens (§§ 3 Abs. 3, 9 Abs. 1).

1. Unterschied Einkommen – Vermögen

2 Nach der Rechtsprechung des Bundessozialgerichtes wird die **modifizierte Zuflusstheorie** angewendet.[1] Sozialhilferechtlich (hierzu zählen im weiteren Sinne auch die Leistungen nach dem SGB II)[2] ist Einkommen alles das, was jemand in der Bedarfszeit wertmäßig dazu erhält, und Vermögen das, was er in der Bedarfszeit bereits hat. Dabei ist grundsätzlich vom tatsächlichen Zufluss auszugehen, es sei denn, rechtlich wird ein anderer Zufluss als maßgeblich bestimmt.[3] Ein tatsächlicher Zufluss liegt zB auch dann vor, wenn in einem Arbeitsverhältnis Verpflegungsleistungen vom Arbeitgeber zur Verfügung gestellt werden. Auf die Inanspruchnahme durch den Arbeitnehmer kommt es nicht an, denn Verwendungsentscheidungen des Arbeitnehmers sind unerheblich (ab 1.7.2023 § 11 Abs. 1 S. 2).[4] Ein rechtlich anders zu betrachtender Zufluss liegt zB dann vor, wenn eine Leistung dazu bestimmt ist, die Hilfebedürftigkeit zu vermeiden, wie beim Kinderzuschlag (§ 6 a BKKG). Hier kommt es darauf an, für welchen Monat die Leistung erfolgt und nicht auf den Zufluss.[5] Ein Zufluss liegt immer dann nicht vor, wenn eine fällige und liquide Forderung bewusst nicht geltend gemacht, sondern angespart wurde.[6] Wenn zB ein Darlehen nicht zum Fälligkeitszeitpunkt zurückverlangt wird, sondern zu einem späteren Zeitpunkt. Im SGB II ist hinsichtlich der Unterscheidung, ob Einkommen oder Vermögen vorliegt, abweichend von den Regelungen bei der Leistung zur Sicherung des Lebensunterhaltes in der Sozialhilfe nicht auf den Bedarfszeitraum, sondern darauf abzustellen, ob der Leistungsberechtigte vor oder nach Antragstellung einen Zufluss an geldwerten Gegenständen hatte.[7]

3 Beispiel: Der Leistungsberechtigte A lebt mit der B seit Januar 2018 in einer Bedarfsgemeinschaft. Die Bedarfsgemeinschaft erhielt seit dem 1.7.2018 Leistungen nach dem SGB II iHv monatlich 435 EUR. Der Leistungsberechtigte A übte in der Zeit von Juli bis Dezember 2018 eine sozialversicherungspflichtige Tätigkeit aus und erhielt monatlich 1.250 EUR brutto = 1008 EUR netto. Von dem Bruttobetrag waren Steuern nach der Lohnsteuerklasse I iHv monatlich 29 EUR zu entrichten. Unter Abzug der Pauschale nach § 11 b Abs. 1 S. 2 und der weiteren Pauschale nach § 11 b Abs. 2 Abs. 3 ergibt sich hieraus ein zu berück-

1 BSG 30.7.2008 – B 14/7 b AS 12/07 R – B 14 AS 17/07 R – B 14 AS 43/07 R und BSG 30.9.2008 – B 4 AS 29/07 R – B 4 AS 57/07 R.
2 BSG 19.10.2010 – B 14 AS 23/10 R Rn. 33.
3 Normativer Zufluss, BVerwG 18.2.1999 – 5 C 35/97.
4 BSG 5.8.2021 – B 4 AS 83/20R.
5 BSG 25.10.2017 – B 14 AS 35/16 R BSGE 124, 243–250.
6 BVerwG 18.2.1999 – 5 C 35/97 Rn. 2.
7 BSG 7.5.2009 – B 14 AS 4/08 R Rn. 17.

sichtigendes Einkommen iHv 679 EUR. Seit Februar 2019 erhält die Bedarfsgemeinschaft Leistungen iHv 1776 EUR. Im Monat März erhält der Leistungsberechtigte L eine Steuererstattung iHv 174 EUR. Der Leistungsträger rechnet die Steuererstattung unter Abzug des Versicherungspauschbetrages iHv 144 EUR auf den Bedarf für den Monat April 2019 an.

Die Steuererstattung ist eine sonstige Einnahme und kein angespartes Vermögen, weil die Ansparung nicht freiwillig erfolgte.[8] Der Leistungsträger musste die Steuererstattung auf den Folgemonat April anrechnen, weil es sich bei der Steuererstattung um eine einmalige Einnahme handelt und die Leistung ohne Berücksichtigung der Steuererstattung für den Monat März bereits erbracht war (§ 11 Abs. 3 S. 2).

Eine Verteilung der Einnahme auf mehrere Monate musste hier nicht erfolgen. Einmalige Einnahmen, wie eine Steuererstattung, sind bis zum 30.6.2023 nur dann auf einen Zeitraum von sechs Monaten zu verteilen, wenn der Anspruch auf Leistungen für diesen Monat entfällt (§ 11 Abs. 3 S. 3 SGB II). Ab dem 1.7.2023 sind einmalige Einnahmen nur in dem Monat anzurechnen, in dem sie erzielt werden, es sei denn, es handelt sich um Nachzahlungen.

Der Leistungsberechtigte hätte im Jahr 2018 durch Eintrag eines Steuerfreibetrages, in Form der „Unterhaltsverpflichtung" gegenüber der B, nach §§ 33, 33 a, 33 b iVm § 39 a Abs. 1 Nr. 3 EStG den Lohnsteuerabzug iHv 29 EUR vermeiden können. Mit der Folge, dass sein Einkommen in der Zeit von Juli bis Dezember 2018 jeweils um 29 EUR höher gewesen wäre. Der Leistungsberechtigte hatte alle möglichen Freibeträge nach §§ 11 b Abs. 1 ausgeschöpft, so dass durch die Anrechnung als Steuererstattung im Nachhinein hier sogar ausnahmsweise aufgrund des Abzuges des weiteren Freibetrages iHv 30 EUR (= Versicherungspauschbetrag § 6 Abs. 1 Nr. 1 Bürgergeld-V) eine Vergünstigung eintritt. 4

Hinweis: War ein Leistungsberechtigter vor dem Leistungsbezug selbstständig tätig, kann er mangels Lohnsteuerkarte keinen Freibetrag eintragen lassen. Leistet er Vorauszahlungen auf die Einkommensteuer, empfiehlt es sich, die Vorauszahlungen nach § 37 Abs. 3 EStG herabsetzen zu lassen. Der Leistungsberechtigte kann hierdurch eine Steuererstattung während eines Leistungsbezuges nach dem SGB II vermeiden. Hierzu dürfte er nach Aufforderung durch den Leistungsträger im Rahmen der Selbsthilfe auch verpflichtet sein (§ 2 Abs. 1 S. 1). 5

2. Laufende und einmalige Einnahmen

Das SGB II unterscheidet bis zum 30.6.2023 zwischen einmaligen (§ 11 Abs. 2) und laufenden Einnahmen (§ 11 Abs. 3). Laufende Einnahmen, die monatlich oder in kürzeren Zeitabschnitten gezahlt werden, sind in dem Monat anzurechnen, in dem sie zufließen. Zu den laufenden Einnahmen gehören auch Einnahmen, die infolge eines kurzzeitigen Beschäftigungsverhältnisses zufließen. 6

Laufende Einnahmen sind solche, die auf demselben Rechtsgrund beruhen und regelmäßig erbracht werden, bei einmaligen Einnahmen erschöpft sich das Geschehen in einer einzigen Leistung.[9] Sozialleistungen und Arbeitsentgelt werden regelmäßig aufgrund Gesetzes oder Vertrages, dh eines Rechtsgrundes wie ein zivilrechtlicher

8 BSG 13.5.2009 – B 4 AS 49/08 R.
9 BSG 7.5.2009 – B 14 AS 13/08 R Rn. 26 mwN.

Vertrag oder aufgrund eines Sozialrechtsverhältnisses als monatliche Leistungen erbracht.[10] Auf die Art und Weise der Auszahlung kommt es nicht an, denn auch wenn die laufende Leistung in einem Gesamtbetrag zur Auszahlung kommt, wird sie im Auszahlungsmonat angerechnet.[11]

Ein **kurzzeitiges Beschäftigungsverhältnis** liegt vor, wenn die Dauer der Beschäftigung zwei Monate nicht übersteigt (§ 8 Abs. 1 S. 1 Nr. 2 SGB IV) und ihrer Art nach nicht berufsmäßig ausgeübt wird, wie zB Ferienjobs von Schülern und Studenten. Werden laufende Einnahmen in längeren Zeitabschnitten, dh jährlich oder quartalsweise gezahlt, werden sie wie einmalige Einnahmen behandelt (§ 11 Abs. 2 S. 3).[12] Laufende Einnahmen, die als Nachzahlungen geleistet werden sind keine einmaligen Einnahmen und werden nicht wie eine solche behandelt.[13]

Einmalige Einnahmen werden in dem **Monat** berücksichtigt, in dem sie zufließen (§ 11 Abs. 2 S. 1). Wurden bereits Leistungen nach dem SGB II ohne Berücksichtigung der einmaligen Einnahmen erbracht, werden die einmaligen Einnahmen im Folgemonat berücksichtigt (§ 11 Abs. 3 S. 2). Entfällt der Anspruch auf die Leistung nach dem SGB II durch die einmalige Einnahme mindestens in einem Monat vollständig, so ist die einmalige Einnahme grundsätzlich auf den Zeitraum von sechs Monaten gleichmäßig zu verteilen (§ 11 Abs. 3 S. 3). Der Leistungsträger kann daher abweichend von der bisherigen Rechtsprechung des Bundessozialgerichtes die Einmalzahlung weder auf einen kürzeren noch auf einen längeren Zeitraum als sechs Monate aufteilen. Einmalige Einnahmen sind daher nicht mehr grundsätzlich bis zu ihrem Verbrauch anzurechnen.[14] Führt die Aufteilung der einmaligen Einnahme, zB aus einer Erbschaft, dazu, dass der Anspruch für den gesamten Verteilzeitraum von sechs Monaten entfällt, kann dies nur dazu führen, dass der unverbrauchte Teil der Einnahme zum Vermögen wird, weil ein Übertrag auf den nächsten Leistungszeitraum nicht möglich ist.[15] Bei Überwindung der Hilfebedürftigkeit, etwa durch Erwerbseinkommen für mindestens einen Monat, wandelt sich nach der Rechtsprechung des Bundessozialgerichts die Einnahme in Vermögen um.[16] Die einmalige Einnahme wurde hiervon bisher ausgenommen und zwar wohl auch, weil sie über den Bewilligungszeitraum hinaus angerechnet werden konnte.[17] Tritt daher erneute Hilfebedürftigkeit erst nach Ablauf eines weiteren Monats ein, wurde die Hilfebedürftigkeit zwischenzeitlich beendet und die Anspruchsberechtigung muss unter Berücksichtigung des nunmehr vorhandenen Vermögens erneut geprüft werden.

7 **Ab dem 1.7.2023** unterscheidet das Gesetz nicht mehr wesentlich zwischen laufenden und einmaligen Einnahmen. Alle Einnahmen werden ab dem 1.7.2023 in dem Mo-

10 Vgl. BSG 18.2.2010 – B 14 AS 86/08 R.
11 BSG 24.4.2015 – B 4 AS 32/14 R, SozR 4-4200 § 11 Nr. 72.
12 Vgl. hierzu BSG 18.2.2010 – B 14 AS 76/08 R; Anmerkung: Es kommt wohl nicht darauf an, ob die Leistungen regelmäßig aufgrund eines Vertrages oder Gesetzes monatlich zu zahlen sind, sondern wie sie tatsächlich gezahlt werden; BSG 24.4.2015 – B 4 AS 32/12 R, SozR 4-4200 § 11 Nr. 72.
13 BSG 16.12.2008 – B 4 AS 70/07 R.
14 BSG 30.9.2008 – B 4 AS 29/07 R.
15 BSG 25.1.2012 – B 14 AS 101/11 R, SozR 4-4200 § 11 Nr. 47.
16 BSG 8.5.2019 – B 14 AS 15/18 R, SozR 4-4200 § 11 Nr. 86.
17 BSG 30.9.2008 – B 4 AS 29/07 R Rn. 31.

nat, in dem sie zufließen, berücksichtigt (§ 11 Abs. 2 S. 1). Dies gilt ausdrücklich auch weiterhin für Einnahmen, die an einzelnen Tagen des Monats aufgrund kurzzeitiger Beschäftigungsverhältnisse zufließen (§ 11 Abs. 2 S. 2). Eine Berücksichtigung der Einnahmen im Folgemonat erfolgt nicht mehr und zwar auch dann nicht, wenn die Leistungen nach dem SGB II bereits erbracht worden sind. Eine Verteilung auf sechs Monate und der Berücksichtigung eines jeweiligen Teilbetrages findet nur noch statt, wenn es sich um **Nachzahlungen** handelt. Hierbei ist in erster Linie an Nachzahlungen aus Arbeitseinkommen zu denken, wenn aufgrund eines Rechtsstreites zwischen Arbeitgeber und Arbeitnehmer der Arbeitgeber zunächst die Zahlung von Arbeitsentgelt verweigert und dann mehrere „Monatsgehälter" auf einmal zahlt; aber auch Nachzahlungen aus Sozialleistungen zählen hierzu. Nicht zu den Nachzahlungen gehören **echte Abfindungen** wegen Beendigung eines Arbeitsverhältnisses. Werden mit einer Abfindung wegen Beendigung eines Arbeitsverhältnisses allerdings auch Arbeitsentgeltzahlungen abgegolten, sind diese Zahlungen herauszurechnen und ggf. auf den im Gesetz vorgesehenen Zeitraum von sechs Monaten, ab dem Monat des Zuflusses, zu verteilen (§ 11 Abs. 3).

Bei allen **übrigen Zahlungen** gilt nunmehr, dass eine Anrechnung nur im jeweiligen 8
Monat des Zuflusses zu erfolgen hat, und zwar bis zum vollen Leistungsbetrag einschließlich der Beiträge des Jobcenters zu den Sozialversicherungen. Hier kann also der Anspruch auf Leistungen nach dem SGB II in dem Monat des Zuflusses in vollem Umfang entfallen. Die Leistungen wird das Jobcenter in aller Regel nach den §§ 45, 48 SGB X zurückverlangen, denn das Jobcenter ist vorleistungspflichtig (§ 42 Abs. 1) und die Leistungen erfolgen daher in aller Regel vor dem jeweils Monatsersten. Übersteigt die Einnahme die Leistung, so werden die übersteigenden Leistungen im Folgemonat zu Vermögen und können dann im Rahmen der §§ 12 ff. als Vermögen berücksichtigt werden. Wegen der mit dem Bürgergeldgesetz ab dem 1.1.2023 erweiterten Vermögensgrenzen wird dies nur bei größeren Einnahmen, wie zB Lottogewinnen, der Fall sein.[18]

II. Ausnahmen von der Anrechnung

Im SGB II sind als Einkommen grundsätzlich alle Einnahmen in Geld oder Geldes- 9
wert zu berücksichtigen (§ 11 Abs. 1 S. 1 SGB II). **Ausgenommen** von der Anrechnung sind bestimmte, im SGB II und in der Bürgergeld-V genannte Einnahmen.

1. Einnahmen nach dem SGB II

Grundsätzlich sind **alle Einnahmen** in Geld als Einnahmen im SGB II anzurechnen 10
(§ 11 Abs. 1 S. 1). Auch Einnahmen in Geldeswert, die im Rahmen einer Erwerbstätigkeit, des Bundesfreiwilligendienstes und eines Jugendfreiwilligendienstes zufließen, werden als Einnahmen berücksichtigt (§ 11 Abs. 1 S. 2). **Leistungen nach dem SGB II**

18 BT-Drs. 20/3873, 75; die in der vorgenannten BT-Drs. genannten Erbschaften werden ab dem 1.7.2023 in § 11 a Abs. 1 Nr. 7 SGB II nicht mehr als Einnahmen, sondern nur noch als Vermögen berücksichtigt, BT-Drs. 20/4360, 29.

werden nicht als Einkommen berücksichtigt (§ 11 a Abs. 1).[19] Hierzu gehören insbesondere Nachzahlungen von Leistungen auf Bürgergeld und Bürgergeld für nicht Erwerbsfähige, Zahlungen auf Einstiegsgeld (§ 16 b), Leistungen zur Eingliederung Selbstständiger (§ 16 c), Mehraufwandsentschädigungen im Rahmen einer Arbeitsgelegenheit (§ 16 d), Leistungen der freien Förderung (§ 16 f), die Leistungen des Bürgergeldbonus (§ 16 j) und der Weiterbildungsbonus (§ 87 a Abs. 2 SGB III). Hierzu gehören, unabhängig vom Wortlaut, auch Leistungen nach dem AsylbLG, denn auch diese Leistungen dienen als Transferleistungen dem gleichen Sicherungszweck, wie Leistungen nach dem SGB II.[20] In § 11 Abs. 1 S. 1 2. Hs. wird klargestellt, dass auch weitere, nach Vorschriften des Bundesrecht von der Anrechnung ausgenommene Einnahmen infrage kommen können. Hierbei handelt es sich zB um das **Pflegegeld**, welches pflegebedürftige Leistungsberechtigte nach dem SGB II von der Pflegekasse erhalten (§ 13 Abs. 5 SGB XI).[21] Wird das Pflegegeld an eine Pflegeperson weitergerecht, die Leistungen nach dem SGB II bezieht, so ist dieses Geld von der Anrechnung nach § 1 Abs. 1 Nr. 4 Bürgergeld-VO ausgenommen.

2. Grundrenten und Entschädigungen nach dem Bundesentschädigungsgesetz

11 Grundrenten nach dem Bundesversorgungsgesetz und den Gesetzen, nach denen das BVG entsprechend angewendet wird, sind nicht als Einkommen zu berücksichtigen (§ 11 a Abs. 1 Nr. 2). Ab dem 1.1.2024 entfällt die Regelung des § 11 a Abs. 1 Nr. 2, der den Ausschluss der Anrechnung auf Leistungen nach dem SGB II regelt. Ab dem 1.1.2024 erfolgt der Ausschluss der Anrechnung von Leistungen des Entschädigungsrechtes nach **§ 28 Abs. 2 SGB XIV**.[22] Das Bundesentschädigungsgesetz (BEG), für Opfer des nationalsozialistischen Unrechtes, bleibt auch über den 31.12.2023 hinaus anwendbar, hinsichtlich der Höhe der nicht anzurechnenden Geldleistungen wird in § 11 a Abs. 1 Nr. 3 auf das SGB XIV verwiesen.

12 **Beispiel:** Der Leistungsberechtigte erhält als Opfer einer Straftat, bei der er seinen linken Unterarm verloren hatte, eine Grundrente iHv 274 EUR monatlich.

Nach § 1 Abs. 1 OEG haben Opfer von Straftaten einen Anspruch auf Entschädigung in entsprechender Anwendung des BVG. Der Leistungsberechtigte hat einen Grad der Behinderung von 50 und erhält eine nicht anrechenbare Grundrente in Höhe von 274 EUR monatlich (§ 31 Abs. 1 BVG). Die Entschädigungszahlungen richten sich ab dem 1.1.2024 nach §§ 83 ff. SGB XIV. Zusätzlich ist dann der Leistungsausschluss nach § 7 Abs. 4 b zu beachten, nach dem der Anspruch auf Leistungen nach dem SGB II ausgeschlossen ist, wenn Leistungen zum Lebensunterhalt nach § 93 SGB XIV erbracht werden.[23]

13 Als weitere Gesetze, auf die das BVG entsprechende Anwendung findet, sei hier das Infektionsschutzgesetz (§ 63 IfSG) und das Häftlingshilfegesetz (Entschädigung für sozialistisches Unrecht nach § 4 HHG) genannt.

19 Vgl. die Parallelvorschrift § 82 Abs. 1 S. 1 SGB XII.
20 BSG 25.6.2015 – B 14 AS 17/14 R.
21 BT-Drs. 20/3873, 74.
22 Gesetz zur Regelung des Sozialen Entschädigungsrechts vom 12.12.2019, BGBl. I 2652 ff.
23 BGBl. 2019 I 2653, Blatt 56, G. v. 12.12.2019.

Nach dem BVG werden neben den Gesundheitsschäden durch Kriegseinwirkungen, vor allem im Zweiten Weltkrieg, auch während des Wehrdienstes erlittene Schäden entschädigt (§ 1 Abs. 1 S. 1 BVG).

Der Leistung einer Grundrente nach dem BVG steht die Leistung einer Verletztenrente aus der gesetzlichen Unfallversicherung nach § 56 SGB VII nicht gleich; sie ist daher als Einkommen nach § 11 Abs. 1 anrechenbar.[24] Sogar eine Verletztenrente, die aufgrund einer Wehrdienstbeschädigung bei der Nationalen Volksarmee der DDR gewährt wurde, wird einer Grundrente nach dem BVG gleichgestellt.[25] Leistungen nach dem **Bundesentschädigungsgesetzes** (BEG) in Höhe der Grundrente nach dem BVG bleiben anrechnungsfrei, weiter gehende Leistungen können angerechnet werden. 14

3. Betreuerpauschale, Übungsleiterpauschale usw.

Die Betreuerpauschale (Aufwandspauschale) für ehrenamtliche Betreuer wird nach § 11 a Abs. 1 Nr. 4 nicht angerechnet. Sie beträgt nach § 1878 BGB iVm § 22 des Justizvergütungs- und Entschädigungsrechts im Jahr 425 EUR. Sollte der Betrag durch Gesetzesänderung erhöht werden, bleibt er bis zu einem Betrag iHv 3.000 EUR anrechnungsfrei (§ 3 Nr. 26 EStG). 15

Bei den in § 3 Nr. 12 EStG genannten Einnahmen aus Tätigkeiten handelt es sich zB um das Taschengeld, welches an Personen geleistet wird, die im Rahmen des Bundesfreiwilligendienstgesetzes (BFDG) ein Taschengeld aus der Bundeskasse erhalten (§ 17 Abs. 2 BFDG). Diese hatten bisher – bis zum 30.6.2023 – einen monatlichen Absetzbetrag nach § 11 b Abs. 2 S. 3 S. 5 in Höhe von 250 EUR. Dieser muss nunmehr nicht mehr monatlich als Absetzungsbetrag iHv 250 EUR berücksichtigt werden, sondern bleibt jährlich bis zu dem Betrag iHv 3.000 EUR von vornherein unberücksichtigt.[26]

Auch die Pauschalen für nebenberufliche Übungsleiter (im Sport), als Erzieher, Betreuer usw., sind ebenfalls bis zu einem Betrag von 3.000 EUR nicht als Einnahmen zu berücksichtigen. Diese waren bis zum 30.6.2023 ebenfalls mit den monatlichen Absetzbeträgen iHv 250 EUR berücksichtigt (§ 11 b Abs. 2 S. 3 in der bis zum 30.6.2023 geltenden Fassung).

4. Mutterschaftsgeld

Das Mutterschaftsgeld nach § 19 Mutterschutzgesetz (MuSchG) wird ab dem 1.7.2023 nicht mehr als Einnahme angerechnet. Das Mutterschaftsgeld, welches bis zu 390 EUR betragen konnte, war bisher bis zu einem Betrag iHv 300 EUR nach § 10 Abs. 5 Bundeselterngeldgesetz (BEEG) von der Anrechnung im SGB II und SGB XII sowie beim Kinderzuschlag (§ 6 a Bundeskindergeldgesetz) befreit. Die Herausnahme dient daher in erster Linie der Verwaltungsvereinfachung.[27] 16

24 BSG 6.12.2007 – 14/7 b AS 20/07 R.
25 BSG 17.3.2009 – B 14 AS 15/08 R, vgl. nunmehr § 1 Abs. 6 S. 1 ALG II-V.
26 BT-Drs. 20/3873, 75.
27 BT-Drs. 20/3873, 76.

5. Erbschaften (§ 11 a Abs. 1 Nr. 7)

17 Erbschaften werden nicht mehr als Einnahmen angesehen, sondern können nach dem Monat, in dem die Leistungsberechtigten über die Erbschaft verfügen, als Vermögen berücksichtigt werden.[28] Der Gesetzgeber weicht damit von der Rechtsprechung des Bundessozialgerichtes, wenigstens in Bezug auf die Erbschaft, von der modifizierten Zuflusstheorie ab.[29] Hiernach war die Erbschaft ein Einkommen, welches mit der Auskehrung der Erbschaft erzielt wurde.

6. Schmerzensgeld

18 Schmerzensgelder und Schmerzensgeldrenten sind nicht als Einkommen anzurechnen (§ 11 a Abs. 2).

7. Zweckbestimmte Einnahmen aufgrund öffentlich-rechtlicher Vorschriften

19 Leistungen, die aufgrund einer öffentlich-rechtlichen Vorschrift einem ausdrücklich genannten **Zweck** dienen, sind nur insoweit als Einkommen zu berücksichtigen, als sie im Einzelfall demselben Zweck wie Unterhaltsleistungen nach dem SGB II dienen (§ 11 a Abs. 3 S. 1).

Ausgenommen vom Anrechnungsverbot sind damit alle Einnahmen, die lediglich aufgrund einer privatrechtlichen Vereinbarung zweckbestimmt sind. Der Zweck muss in der Leistungsnorm ausdrücklich benannt werden.[30]

8. Ausnahmen bei zweckbestimmten öffentlich-rechtlichen Vorschriften

20 Für Leistungen der Pflegefamilien bei der Unterbringung von Kindern und Jugendlichen in **Vollzeitpflege** nach § 39 SGB VIII wird bei den für den erzieherischen Einsatz gedachten Anteile der Jugendämter an die Pflegenden beim ersten und zweiten Kind kein Anteil der Erziehung berücksichtigt; erst bei dem dritten Kind werden diese Leistungen zu 75% als Einkommen angerechnet. Bei dem vierten und jedem weiteren Kind wird dieser Anteil vollständig angerechnet. Die Höhe des Erziehungsanteils richtet sich nach den Festlegungen der jeweiligen Jugendämter, die sich zumeist an die Empfehlungen des Deutschen Vereins für öffentliche und private Fürsorge halten werden, der einen erzieherischen Anteil iHv 275 EUR vorsieht.[31]

Die Einnahmen von Personen, die Kinder in Tagespflege nach § 23 SGB VIII, d.h. statt in einer Kindertagesstätte, betreuen, werden Einkünfte in vollem Umfang berücksichtigt. Des Weiteren sind Leistungen nach dem BAFöG, der Berufsausbildungsbeihilfe und ähnliche Leistungen nicht von der Berücksichtigung ausgenommen (§ 11 a Abs. 3 S. 2 Nr. 3–5).

28 BT-Drs. 20/4360, 29.
29 BSG 8.5.2019 – B 14 AS 15/18 R
30 Vgl. hierzu die umfangreiche Aufstellung: LPK-SGB II/Geiger § 11 a Rn. 9.
31 https://www.deutscher-verein.de/de/uploads/empfehlungen-stellungnahmen/2022/dv-9-22_vollzeitpflegesaetze.pdf, letzter Aufruf 12.1.2023.

9. Überbrückungsgeld für Haftentlassene

Das Überbrückungsgeld für Haftentlassene (§ 51 Abs. 1 StVollzG) und vergleichbare Regelungen der Länder dient dazu, den notwendigen Unterhalt in den ersten vier Wochen nach der Entlassung zu sichern. Das Überbrückungsgeld ist nunmehr von der Anrechnung ausgenommen, soweit es den Bedarf für 28 Tage überschreitet (§ 11 a Abs. 6).[32] 21

Von der Anrechnung von Einkommen auf den Bedarf ist die Bedarfsminderung zu unterscheiden. Der Unterschied zwischen den beiden Arten der Anspruchskürzung besteht darin, dass Absetzungsbeträge bei einer Minderung nicht geltend gemacht werden können. Andere Leistungen, die den gleichen Zweck wie die Leistungen zum Lebensunterhalt nach dem SGB II erfüllen, sind jedoch bereits wegen der im Gesetz vorgesehenen strengen Pauschalierung (§ 19 iVm § 3 Abs. 3 S. 2) nicht **bedarfsmindernd** (als Einkommen) zu berücksichtigen.[33] Hierzu zählen Verpflegungsleistungen, die außerhalb eines selbstständigen oder nicht selbstständigen Dienst-, Wehr- oder Ersatzdienstverhältnisses geleistet werden (§ 1 Abs. 1 Nr. 11 Bürgergeld-V). Sind die Leistungen nicht pauschaliert, ist eine unmittelbare Bedarfsminderung möglich. Die Leistungen aus einer Betriebskostenabrechnung mindern zwar auch die Kosten der Unterkunft und Heizung (§ 22 Abs. 3), hierbei handelt es sich aber nach der Ansicht des Bundessozialgerichtes um Einnahmen, die nicht den Anrechnungsvorschriften der §§ 11 ff. unterliegen.[34] Nach der Rechtsprechung des für die Sozialhilfe zuständigen 8. Senates des Bundessozialgerichtes ist eine Minderung des Bedarfes bei Empfängern von Sozialhilfe und Grundsicherung im Alter und bei voller Erwerbsminderung nur bei Leistungen der Sozialhilfe (§ 27a Abs. 4), die nach § 82 Abs. 1 S. 1 SGB XII nicht als Einkommen angerechnet werden, möglich.[35] Hier sollen Doppelleistungen und eine mehrfache Deckung des Bedarfes verhindert werden. Im Rechtskreis des SGB II kann daher nur im Bereich der Kosten der Unterkunft eine Minderung eintreten, zB durch Zahlung eines kommunalen Wohnungszuschusses.[36] Die Einnahmen aus der Untervermietung senken den Bedarf der Kosten der Unterkunft.[37] 22

10. Zuwendungen der freien Wohlfahrtspflege, Zuwendungen Dritter ohne rechtliche und sittliche Pflicht

Zuwendungen der freien **Wohlfahrtspflege** werden ebenfalls nicht angerechnet und zwar sofern sie die Lage des Leistungsberechtigten nicht so günstig beeinflussen, dass daneben eine Leistung nach dem SGB II nicht mehr gerechtfertigt ist (§ 11 a Abs. 4). Hier dürfte nur der Erwerb von Kleidungs- oder Möbelstücken und Einrichtungsgegenständen aus Kleiderkammern, die kostenlose Überlassung von Lebensmitteln sowie die kostenfreien Mahlzeiten in Suppenküchen oder Tafeln in Betracht kommen. Werden Mahlzeiten außerhalb eines Dienstverhältnisses zur Verfügung gestellt, wer- 23

32 Zur Rechtslage vor Einführung des § 11 a Abs. 6 durch G. v. 26.7.2016, 2718; Geltung ab 1.8.2016; vgl. BSG 28.10.2014 – B 14 AS 36/13 R BSGE 117, 179–186.
33 Vgl. BSG 18.6.2008 – B 14 AS 22/07 R.
34 BSG 22.3.2012 – B 4 AS139/11 R BSGE 110, 294–301.
35 BSG 23.3.2010 – B 8 SO 17/09 R Rn. 36.
36 BSG 22.9.2009 – B 4 AS 8/09 R.
37 BSG 6.8.2014 – B 4 AS 37/13 R Rn. 31.

den sie nicht als Einnahmen angerechnet (§ 1 Abs. 1 Nr. 11 Bürgergeld-V). Kostenlos oder zu einem symbolischen Preis hingegebene Kleidungs- und Möbelstücke verbessern die Lage des Leistungsberechtigten nicht so sehr, dass daneben die Leistung nach dem SGB II nicht gerechtfertigt sind. Die Gerechtfertigkeitsprüfung dient dazu, mildtätige Zuwendungen von wesentlichen, einkommensähnlichen Leistungen abzugrenzen. Erhält der Leistungsberechtigte wirtschaftlich erhebliche Werte an Waren und Dienstleistungen, die auch bei Nichtleistungsbeziehern nachgefragt werden, ist eine Anrechnung als Einkommen gerechtfertigt. Die Überlassung von Lebensmitteln, deren Haltbarkeitsdatum abgelaufen ist oder bei denen das Haltbarkeitsdatum alsbald abläuft und ein sofortiger Verbrauch nicht sichergestellt werden kann, haben keinen bei Nichthilfeempfängern gängigen Marktwert. Das Gleiche gilt für gebrauchte Serienmöbel oder gebrauchte Kleidungsstücke, die in der Regel von Nichthilfeempfängern nicht erworben werden.

24 Auch **Zuwendungen Privater** sind von der Anrechnung ausgenommen, wenn sie die in § 11 a Abs. 5 aufgezeigten strengen Voraussetzungen erfüllen. Hier kann allenfalls an die Belohnung für verdienstliche Handlungen, wie kleineren Preisen für verdiente Künstler, oder an die Unterstützung von beruflichen Vereinigungen für in Not geratene Mitglieder einer Berufsgruppe gedacht werden, wie das Haus Seefahrt in Bremen oder die Hilfskasse der Rechtsanwälte.

11. Ferienjobs der Schüler

25 In der Zeit vom 1.1. bis zum 30.6.2023 wird das Entgelt, welches Schüler allgemein- und berufsbildender Schulen, die das 25. Lebensjahr noch nicht vollendet haben, während der Schulferien aus einer Erwerbstätigkeit erzielen, bis zu einem Betrag von 2.400 EUR nicht angerechnet. Ausgenommen hiervon sind Schüler, die einen Anspruch auf Ausbildungsvergütung haben. Ab dem 1.7.2023 erfolgt unabhängig von der Höhe des Einkommens keine Anrechnung mehr."

12. Nicht zu berücksichtigende Einnahmen nach § 1 Bürgergeldverordnung

26 In § 1 Bürgergeld-V werden weitere Einnahmen nicht als Einkommen berücksichtigt. Hierzu gehört ua:

27 **Einnahmen, wenn sie im Kalendermonat 10 EUR nicht übersteigen** (§ 1 Abs. 1 Nr. 1 Bürgergeld-V). Bei den 10 EUR handelt es sich nicht um einen Freibetrag in dem Sinne, dass die ersten 10 EUR unabhängig von der Einkommensart anrechnungsfrei bleiben und der darüber hinausgehende Betrag angerechnet wird.[38] Bisher ungeklärt ist die Frage, ob Einnahmen bis zu 10 EUR monatlich unabhängig von der Häufigkeit ihrer Zahlungen nicht als Einkommen angerechnet werden. Der Wortlaut lässt die Nichtberücksichtigung auch bei mehrfacher Zahlung von Beträgen unter 10 EUR zu. Geht man von der Vorgängernorm aus, scheinen allerdings die 10 EUR eine Höchstgrenze zu sein, so dass eine mehrfache Berücksichtigung nicht in Betracht kommt.

---

38 Vgl. BSG 30.9.2008 – B 4 AS 57/07 R Rn. 20 zur Vorgängerregelung.

Weitere Einnahmen werden zur Rechtsvereinfachung oder aus sozialpolitischen Gründen von der Anrechnung ausgenommen und zwar:

Einnahmen aus Kapitalvermögen, soweit des 100 EUR im Jahr nicht überschreitet (§ 1 Abs. 1 Nr. 3 Bürgergeld-V);

- Weitergegebenes **Pflegegeld** (§ 1 Abs. 1 Nr. 4 Bürgergeld-V);
- **Kindergeld** für nicht im Haushalt lebende volljährige Kinder, wenn es nachweislich an diese weitergeleitet wird (§ 1 Abs. 1 Nr. 8 Bürgergeld-V);
- 100 EUR anrechnungsfreie Einnahmen aus Erwerbstätigkeit für Bürgergeldempfänger, die nicht erwerbsfähig sind und noch nicht das 15. Lebensjahr vollendet haben (§ 1 Abs. 1 Nr. 9 Bürgergeld-V);
- Einnahmen aus **Kapitalvermögen**, soweit sie einen Betrag in Höhe von 100 EUR jährlich nicht überschreiten (§ 1 Abs. 1 Nr. 3 ALG II-V);
- **Verpflegung**, die nicht als Teil des Einkommens durch den Arbeit- bzw. Auftraggeber im Rahmen einer nicht selbstständigen/selbstständigen Arbeit, den Gewerbebetrieb oder die Land- und Forstwirtschaft sowie im Wehr-/Ersatzdienstverhältnis bereitgestellt wird (§ 1 Abs. 1 Nr. 11 Bürgergeld-V);
- **Geldgeschenke** an Minderjährige zur Kommunion, Konfirmation und ähnlichen Ereignissen bis zur Höhe von 3.100 EUR (§ 1 Abs. 1 Nr. 12 Bürgergeld-V);
- bei Soldaten der **Auslandsverwendungszuschlag** (§ 1 Abs. 1 Nr. 5 Bürgergeld-V);
- **Überbrückungsbeihilfen** an ehemalige Arbeitnehmer bei den Stationierungsstreitkräften nach dem NATO-Truppenstatut (§ 1 Abs. 1 Nr. 6 Bürgergeld-V);
- Vom Arbeitgeber in der Zeit vom 26.10.2022 bis zum 31.12.2024 gezahlte Zuschüsse oder Sachleistungen für **Inflationsausgleich** bis zu 3.000 EUR (§ 1 Abs. 1 Nr. 7 Bürgergeld-V). Der Inflationsausgleich kann in dieser Zeit ratierlich oder auf einmal gezahlt werden.
- Zuschüsse im Rahmen der Hilfe wegen der Covid-19 Pandemie; November-Hilfe, Neustarthilfe, Hilfe für Hygieneartikel in **Pandemien** (§ 1 Abs. 1 Nr. 10, 13, 14, 15 Bürgergeld-V);

13. Elterngeld

Das Elterngeld wird grundsätzlich als Einkommen bei Beziehern von Leistungen nach 28 dem SGB II und SGB XII sowie dem Kinderzuschlag (§ 6 a BKKG) angerechnet (§ 10 Abs. 5 S. 1 BEEG). Das Elterngeld wird nicht als Einkommen angerechnet, wenn der Leistungsberechtigte vor dem Elterngeldbezug Einkommen erzielt hatte, das einen Betrag von 300 EUR oder mehr bei einer Bezugsdauer von bis zu 14 Monaten oder bei der auf 24 Monate verlängerten Bezugsdauer iHv 150 EUR überstieg (§ 10 BEEG iVm § 11 Abs. 3).

III. Anrechnung von Einkommen

29 Sofern die Einnahmen in Geld oder Geldeswert nicht nach dem SGB II und der Bürgergeld-V von der **Anrechnung** ausgenommen sind, werden sie grundsätzlich angerechnet (§ 11 Abs. 1).

Von dem zu berücksichtigenden Einkommen sind **Absetzbeträge** nach § 11 b oder §§ 2–6 Bürgergeld-V abzuziehen. Aus den Absetzbeträgen lässt sich ersehen, dass das Gesetz von den Bruttoeinnahmen ausgeht (§ 2 Abs. 1 Bürgergeld-V), denn erst nach Abzug der entrichteten Steuern und der Pflichtbeiträge zur Sozialversicherung und zur Arbeitsförderung ergibt sich das zur Verfügung stehende (Netto-)Einkommen (vgl. § 11 b Abs. 1 Nr. 1 und 2).

Der Teil des Einkommens, der dem unmittelbaren Abzug durch Steuern und soziale Abgaben unterliegt, steht dem Leistungsberechtigten nicht zur Verfügung, so dass er nicht zur Bedarfsdeckung eingesetzt werden kann (§ 3 Abs. 3). Die Bruttoeinnahmen sind auch Grundlage für die Berechnung der Freibeträge bei Erwerbstätigkeit (§ 11 b Abs. 3).

1. Steuern auf das Einkommen

30 Vom Einkommen sind die auf das Einkommen entrichteten **Steuern** abzuziehen (§ 11 b Abs. 1 Nr. 1). Hierzu zählt die durch Lohnabzug einbehaltene Lohn- und Kirchensteuer sowie der Solidaritätszuschlag; weiterhin die auf die Einnahmen entfallende Umsatz- und Gewerbesteuer.[39] Wobei nach der Rechtsprechung des Bundessozialgerichtes nur die im Bewilligungszeitraum tatsächlich anfallenden Umsatzsteuern abgezogen werden können. Rückstellungen für die zukünftigen Umsatzsteuerzahlungen können daher nicht erfolgen.[40] Das Bundessozialgericht sieht die Umsatzsteuer nicht als Steuer im Sinne des § 11 b Abs. 1 Nr. 1 an, weil keine Steuer vom Einkommen (entrichtet) sei. Diese Rechtsprechung ist sehr problematisch. Dies gilt besonders in den Fällen, bei denen ein Umsatzrückgang zu verzeichnen ist und in einem folgenden Bewilligungszeitraum keine Liquidität für die Zahlung der Umsatzsteuer zur Verfügung steht. Der Leistungsberechtigte hat auch keinen Einfluss darauf, zu welchem Zeitpunkt die Umsatzsteuer (Vorauszahlung) abzuführen ist, denn diese richtet sich nach der bisher gezahlten Steuer (§ 18 Abs. 2 UStG). Es empfiehlt sich daher für die Leistungsberechtigten umsatzsteuerpflichtigen Personen nicht die Befreiung von der Umsatzsteueranmeldung und Entrichtung zu wählen, wenn nicht sicher ist, ob die Umsatzsteuer in einem weiteren Bewilligungszeitraum fällig wird, zu entrichten ist und ggf. nicht gezahlt werden kann.

2. Pflichtbeiträge zur Sozialversicherung

31 Pflichtbeiträge zur Sozialversicherung, einschließlich der Beiträge zur Arbeitsförderung, sind vom Einkommen abzuziehen (§ 11 b Abs. 1 Nr. 2). Pflichtbeiträge sind Beiträge, die aufgrund einer Versicherungspflicht zur Sozialversicherung geleistet wer-

39 LPK-SGB II/Geiger § 11 b Rn. 3.
40 BSG 22.8.2013 – B 14 AS 1/13 R BSGE 114, 136–147.

den. Die Versicherungspflicht kann auch darauf beruhen, dass der Leistungsberechtigte auf Antrag zB der gesetzlichen Rentenversicherung beigetreten ist (Antragspflichtversicherung nach § 4 SGB VI).

Beispiel: Der Leistungsberechtigte ist geringfügig beschäftigt (§ 8 Abs. 1 Nr. 1 SGB IV) und erzielt ein monatliches Entgelt iHv 450 EUR. Der Leistungsberechtigte zahlt außerdem monatlich für ein nichteheliches Kind einen Unterhaltsbeitrag iHv 180 EUR. Ein Unterhaltstitel hierüber besteht nicht. 32

Variante: Das Arbeitsverhältnis wird in einem Haushalt ausgeübt.

Der Leistungsberechtigte kann nur seinen Beitrag zur Rentenversicherung iHv 3,7 % und in der Variante im Haushalt iHv 13,7 % von seinen Einkünften abziehen.

Der Leistungsberechtigte kann daneben von seinem Einkommen, unabhängig von den tatsächlichen Aufwendungen, für 33

- öffentliche und private Versicherungen (§ 11 b Abs. 1 Nr. 3),
- geförderte Altersvorsorgebeiträge (§ 11 b Abs. 1 Nr. 4) und
- Werbungskosten (§ 11 b Abs. 1 Nr. 5)

einen Pauschbetrag iHv 100 EUR abziehen (§ 11 b Abs. 2 S. 2). Höhere Abzugsbeträge sind nach dem Gesetzeswortlaut bei einem Minijob von bis zu 400 EUR nach § 11 b Abs. 2 S. 2 auch bei höheren Aufwendungen nicht möglich. Ab einem monatlichen Einkommen von mehr als 400 EUR sind auch höhere Abzugsbeträge möglich. Bei einem Minijob von 400 bis 520 EUR kommt nunmehr nach § 11 b Abs. 3 S. 2 Nr. 1 ein Absetzbetrag iHv 20% und damit von 24 EUR infrage.

Der Leistungsberechtigte kann außerdem einen Freibetrag bei einem Einkommen von 520 bis 1.000 EUR bei Erwerbstätigkeit für den Teil des monatlichen Einkommens iHv 30 % des übersteigenden Betrages geltend machen (§ 11 b Abs. 3 S. 2 Nr. 2). 34

Demgegenüber kann der Leistungsberechtigte den gezahlten Unterhalt nicht abziehen, auch wenn er gesetzlich zum Unterhalt verpflichtet ist. Nach dem eindeutigen Gesetzeswortlaut des Gesetzes können nur Unterhaltsleistungen bis zur Höhe des in einem Unterhaltstitel oder einer notariellen Urkunde festgelegten Betrag abgezogen werden (§ 11 b Abs. 1 Nr. 7).[41] 35

Das anrechenbare Einkommen des Leistungsberechtigten errechnet sich daher wie folgt:

	im Unternehmen	im Haushalt
Einkommen	520,00 EUR	520,00 EUR
Eigenanteil zur Rentenversicherung 3,6 %	- 17,72 EUR	
Eigenanteil Haushalt ./. Aufstockungsbetrag zur Rentenversicherung 13,6 %		- 70,72 EUR
./. Aufwendungspauschale (§ 11 II 3–5, II 2)	- 100,00 EUR	- 100,00 EUR
./. Freibetrag für Erwerbstätige: 20 % von 520 EUR - 100 EUR = 420 EUR	- 84,00 EUR	- 84,00 EUR
Anrechenbares Einkommen	= 318,28 EUR	= 265,28 EUR

41 BSG 12.10.2016 – B 4 AS 38/15 R.

3. Beiträge zu privaten Versicherungen

a) Gesetzlich vorgeschriebene Versicherungen

36 Gesetzlich vorgeschrieben sind:

- nach § 1 PflVG die Kfz-**Haftpflichtversicherung**,
- nach § 193 VVG die Versicherung in der privaten **Krankenversicherung**,
- die private **Pflegeversicherung** (§ 23 SGB XI), falls keine Versicherungspflicht in der gesetzlichen Kranken- oder Pflegeversicherung besteht,
- die **Berufshaftpflichtversicherung** der Rechtsanwälte (§ 51 BRAO),
- Beiträge zu einer **berufsständischen Versorgungseinrichtung** (§ 6 Abs. 1 SGB VI), wie Versorgungswerke der Ärzte, Steuerberater, Rechtsanwälte usw.
- Die vorgenannten Beiträge zur privaten und/oder freiwilligen gesetzlichen Kranken- und Pflegeversicherung sind nur dann abzusetzen, wenn sie nicht nach § 26 bezuschusst werden.

Demgegenüber wurde die Abzugsfähigkeit von Beiträgen zu einer gesetzlich vorgeschriebenen Hundehaftpflichtversicherung verneint.[42]

37 **Hinweis:** Gesetzlich vorgeschrieben sind auch Versicherungen, die aufgrund eines Tarifvertrages, einer Satzung usw geleistet werden müssen. Hierzu zählen zB die von den Arbeitnehmern des öffentlichen Dienstes zu leistenden Beiträge zur Versorgungseinrichtung des Bundes und der Länder (VBL) und die Beiträge der kraft Satzung einer Berufsgenossenschaft zu leistenden Versicherungsbeiträge zur Unfallversicherung der Unternehmer.

b) Beiträge zu Versicherungen, die nach Grund und Höhe angemessen sind

38 Hierzu gehören nach dem Wortlaut des Gesetzes die

- Beiträge zur **privaten Krankenversicherung** für Personen, die in der gesetzlichen Krankenversicherung nicht pflichtversichert sind (§ 11 b Abs. 1 Nr. 3 a), sowie die
- Beiträge von Leistungsberechtigten zur privaten Altersvorsorge (§ 11 b Abs. 1 Nr. 3 b), die von der Versicherungspflicht in der gesetzlichen **Rentenversicherung** befreit sind.

Bei der privaten Krankenversicherung spielt die Regelung des § 11 b Abs. 1 Nr. 3 lit. a SGB II nur noch insofern eine Rolle, als die Versicherung über eine Versicherung im Basistarif (§ 12 Abs. 1 a VAG) hinausgeht, denn nur diese Versicherung unterliegt nicht der Versicherungspflicht (§ 193 VVG) und ist daher nicht gesetzlich vorgeschrieben.

39 Von dieser Regelung (§ 11 b Abs. 1 Nr. 3 lit. b) sind nicht die Beiträge zur **Altersvorsorge** für Personen erfasst, die von der Versicherungspflicht in der gesetzlichen Rentenversicherung befreit sind und stattdessen in einem berufsständischen Versorgungs-

42 BSG 8.2.2017 – B 14 AS 10/16 R, SozR 4-4200 § 11 b Nr. 9.

werk pflichtversichert sind, erfasst.[43] Hiervon sind nur die Beiträge zur privaten Alterssicherung von Personen betroffen, die nach § 6 Abs. 1 a SGB VI oder als selbstständige Handwerker nach Zahlung von Pflichtbeiträgen über einen Zeitraum von 18 Jahren aufgrund eines Antrags von der Versicherungspflicht in der gesetzlichen Rentenversicherung befreit sind (§ 6 Abs. 1 S. 1 Nr. 4 SGB VI).

Neben den gesetzlich vorgesehenen Versicherungen sind weitere private Versicherungen, die nach Grund und Höhe angemessen sind, abzuziehen (§ 11 b Abs. 1 Nr. 3). Hierzu zählen unter anderem **Hausrat-, Haftpflichtversicherung** und ähnliche Versicherungen. 40

Beiträge für Versicherungen, die nicht gesetzlich vorgeschrieben sind, und nach Grund und Höhe angemessen sind, werden bei volljährigen Leistungsberechtigten, die Einkommen erzielen, iHv 30 EUR als Versicherungspauschale abgezogen (§ 6 Abs. 1 Nr. 1 Bürgergeld-V). 41

Inwieweit über die Pauschale hinaus Versicherungsbeiträge nach § 11 Abs. 2 Nr. 3 vom Einkommen abgezogen werden können, kann nur im Einzelfall entschieden werden. So ist es durchaus denkbar, dass auch Beiträge zum Aufbau einer **zusätzlichen Altersversorgung**, die nach § 12 Abs. 2 Nr. 3 geschützt sind und über einen Betrag von 30 EUR hinausgehen, abgezogen werden können. In der Rechtsprechung wird die Ansicht vertreten, dass Versicherungsbeiträge, die der Kapitalbildung dienen, nicht vom Einkommen abziehbar sind und nicht dem Grunde nach angemessen sind.[44] Bei der Alterssicherung ist die gesetzgeberische Entscheidung zu beachten, dass das zur Altersvorsorge dienende Vermögen umfangreich geschützt wird (§ 12 Abs. 2 Nr. 4). Auch können Versicherungsbeiträge zur Altersvorsorge im Bereich der öffentlichen und privaten Versicherungen (§ 11 b Abs. 1 Nr. 3) zu den angemessenen Versicherungen gerechnet werden.[45] Diese sind jedenfalls in Höhe der Mindesteigenbeträge, wie sie nach § 86 EStG vorgesehen sind, angemessen.[46] Der Mindesteigenbetrag beträgt 4 % der im vorangegangenen Kalenderjahr erzielten beitragspflichtigen Einnahmen aus der gesetzlichen Rentenversicherung (§ 86 Abs. 1 S. 2 Nr. 1 EStG). Die Altersvorsorgeleistung kann auch unabhängig von der Versicherungspauschale iHv 30 EUR monatlich zusätzlich abgesetzt werden.[47] Der Mindestbeitrag zur gesetzlichen freiwilligen Rentenversicherung iHv 96,72 EUR (Bemessungsentgelt 520 EUR) ist als angemessene Versicherung anzuerkennen, sofern darüber hinaus Einnahmen erzielt werden, sollten auch Letztere anerkannt werden.[48] Die Versicherungspauschale beinhaltet einen Betrag für private Versicherungen für volljährige Personen, die vom Verordnungsgeber insgesamt als angemessen angesehen wird. Eine private Kinderunfallversicherung und eine Zusatzkrankenversicherung für ein unter 14-jähriges

43 Zur Abzugsfähigkeit von Beiträgen zu einem gesetzlich vorgeschriebenen Versorgungswerk vgl. BSG 30.7.2008 – B 14 AS 44/07 R.
44 LSG Bayern 25.6.2010 – L 7 AS 404/10 B ER.
45 BSG 9.11.2010 – B 4 AS 7/10 R Rn. 20.
46 BSG 9.11.2010 – B 4 AS 7/10 R BSGE 107, 97–106.
47 Vgl. BSG 9.11.2010 – B 4 AS 7/10 R Rn. 5.
48 LSG Niedersachsen-Bremen 19.5.2017 – L 11 AS 638/13.

Kind wurde vom Bundessozialgericht als nicht angemessene private Versicherung (§ 11 b Abs. 1 Nr. 3) angesehen.[49]

42 Versicherungsbeiträge, die gesetzlich vorgeschrieben oder nach Art und Höhe angemessen sind, werden seit dem 1.8.2016 nunmehr auf die Monate geteilt (§ 6 Abs. 1 Nr. 3 Bürgergeld-V), dh, die KFZ-Haftpflichtversicherung wird, auch wenn sie jährlich anfällt, nur mit einem monatlichen Teilbetrag berücksichtigt.

43 **Beispiel:** Der Leistungsberechtigte A, seine Lebensgefährtin B und deren fünfjähriges Kind K leben in einer Bedarfsgemeinschaft. Der Leistungsberechtigte bezieht eine Unfallrente iHv 240 EUR monatlich, die B Unterhalt von ihrem geschiedenen Ehemann iHv 180 EUR. Für K wird ein Kindergeld iHv 250 EUR monatlich gezahlt. A hat einen PKW, für den er monatlich eine Haftpflichtprämie iHv 12,17 EUR zahlt. Der Leistungsberechtigte unterhält eine Hausrat-, eine Haftpflicht- und eine Lebensversicherung, die erst ab dem 60. Lebensjahr in Anspruch genommen werden kann. Für die Hausrat- und Haftpflichtversicherung zahlt er monatlich einen Betrag iHv 18,50 EUR. Bei der Lebensversicherung beträgt die monatliche Prämie 40 EUR. Der Leistungsberechtigte ist der Ansicht, dass der Leistungsträger 58,50 EUR von seiner Unfallrente abziehen muss. Der Leistungsträger berechnet die Leistungen der Bedarfsgemeinschaft wie folgt:

	A	B	K
Regelbedarfe (für A und B jeweils 90 %, für K 60 %) § 20 Abs. 4, 23 Nr. 1 iVm § 77 Abs. 4 Nr. 2	451 EUR	451 EUR	318 EUR
+ anteilige Kosten der Unterkunft	+ 160 EUR	+ 160 EUR	+ 160 EUR
Gesamtbedarf	= 611 EUR	= 611 EUR	= 478 EUR

Zunächst ist das Einkommen des Kindes K zu bereinigen und auf seinen Bedarf vertikal anzurechnen, da das Einkommen der Eltern oder der Partner bei dem Kind berücksichtigt wird, aber nicht umgekehrt (§ 9 Abs. 2 S. 2). Das Kindergeld wird als Einkommen des Kindes angesehen, solange es seinen Bedarf nicht aus eigenem Einkommen decken kann (§ 11 Abs. 1 S. 5). Vom Einkommen des Kindes K kann keine Versicherungspauschale abgezogen werden, weil es keine eigene Versicherung abgeschlossen hat (§ 6 Abs. 1 Nr. 2 ALG II-V).

Bedarf K			478 EUR
./. Einkommen K			- 250 EUR
Bereinigter Bedarf	611 EUR	611 EUR	228 EUR
in %	42,14%	42,14 %	15,72 %

Der bereinigte Gesamtbedarf beträgt somit 1.450 EUR.

Im nächsten Schritt ist das Einkommen von A und B auf ihren jeweiligen Bedarf und den verbleibenden Bedarf des K zu verteilen (§ 9 Abs. 2 S. 3). Der Leistungsberechtigte wird hier über die Versicherungspauschale iHv 30 EUR monatlich hinaus die tatsächlich anfallenden Versicherungsbeiträge vom Einkommen absetzen können. Diese dürfte, anders als die Kinderunfallversicherung und die zusätzliche Krankenversicherung für ein Kind, angesichts der Tatsache, dass der A keine Möglichkeit hat der gesetzlichen Rentenversicherung als Pflichtmitglied beizutreten (§ 4 Abs. 3 SGB VI), ein noch angemessener Beitrag zu einer pri-

49 BSG 16.2.2012 – B 4 AS 89/11 R, SozR 4-4200 § 11 Nr. 49.

vaten Versicherung sein, weil der A anders als im Falle der zusätzlichen betrieblichen Altersversorgung keine Rentenversicherung hat.[50]

Einkommen A/B		240 EUR		180 EUR
./. Versicherungspauschale			-	30,00 EUR
./. tatsächliche Versicherungsbeiträge	-	58,50 EUR		
./. Kfz-Haftpflichtversicherung	-	12,17 EUR		
	=	169,33 EUR	=	150 EUR

Das Gesamteinkommen beträgt somit 319,33 EUR. Dieses Einkommen muss nun entsprechend dem zuvor ermittelten Anteil am Gesamtbedarf auf die drei Personen verteilt werden:

A und B: je 42,14% von 319,33 EUR	=	je 134,57 EUR anzurechnendes Einkommen
K: 15,72 % von 319,33 EUR	=	50,13 EUR anzurechnendes Einkommen

Der Leistungsbetrag berechnet sich demzufolge wie folgt:

		A		B		K
Bedarf		611 EUR		611 EUR		228 EUR
./. Einkommen	-	134,57 EUR	-	134,57 EUR	-	50,13 EUR
Leistungsbetrag	=	476,43 EUR	=	476,43 EUR	=	177,87 EUR

Der Leistungsberechtigte unterliegt als „Unfallrentner" nicht der gesetzlichen Rentenversicherung. Die Unfallrente dient als Schadensausgleich für die Minderung der Erwerbsfähigkeit und tritt demgemäß an Stelle einer entgangenen Verdienstmöglichkeit. Hätte der Leistungsberechtigte den Unfall nicht erlitten, könnte er seine Arbeitskraft besser einsetzen und aus dem erzielten Arbeitsverdienst Beiträge in eine gesetzliche oder private Rentenversicherung einzahlen. Man wird daher davon ausgehen können, dass er über die Versicherungspauschale und den Mindesteigenbetrag (§ 86 EStG) absetzen kann. Wird kein versicherungspflichtiges Einkommen erzielt, ist vom Sockelbetrag iHv 60 EUR jährlich als Eigenbetrag zu leisten (§ 86 Abs. 1 S. 4 und 5 EStG). Der Altersvorsorgebetrag wird in einem solchen Fall bis zur Höhe des Betrags zur gesetzlichen Rentenversicherung (18,6 % im Jahr 2022/2023) als angemessene Altersvorsorge anzusehen sein. Diese dürfte allerdings nur dann abzugsfähig sein, wenn der L bei einer Versicherung auf sein Kündigungsrecht (§ 193 VVG) verzichtet und auf den Kapitalbetrag nicht zurückgreifen kann. Die Grenze der Abzugsfähigkeit von 100 EUR gilt in diesem Fall des Leistungsberechtigten nicht, da diese nach ihrem Wortlaut nur Einkommen aus einer Erwerbstätigkeit erfasst.

c) Geförderte Altersvorsorgebeiträge „Beiträge zur Riesterrente"

Die Aufwendungen für die geförderten Altersvorsorgebeiträge unterliegen bei Beziehern von Einkommen aus Erwerbstätigkeit nur dann dem Abzug, wenn die Grenze von 100 EUR überschritten ist und der Erwerbstätige mehr als 400 EUR Bruttoeinkommen hat (§ 11 b Abs. 1 Nr. 4). Eine Zulage zur Altersvorsorge („**Riestervertrag**") erhalten Personen, die in der gesetzlichen Rentenversicherung versicherungspflichtig sind und vergleichbare Personen, dh Empfänger von Leistungen nach dem SGB II (§ 10 a EStG). Der Abzug der Beiträge zur nach § 10 a EStG geförderten Altersvorsorge vom Einkommen des Leistungsberechtigten kann bis zur Höhe des sich aus § 82 EStG ergebenden **Mindesteigenbetrages** erfolgen Wird der Mindesteigenbetrag unter- 44

50 Vgl. BSG 9.11.2010 – B 4 AS 7/10 R BSGE 107, 97–106.

schritten, wird nicht die volle Zulage nach §§ 84, 85 EStG gezahlt. Der Leistungsberechtigte sollte daher immer den Mindesteigenbetrag einzahlen.

45 Der **Mindesteigenbeitrag** errechnet sich aus den beitragspflichtigen Einnahmen in der gesetzlichen Rentenversicherung (§ 82 EStG).

Bei Beschäftigten werden die beitragspflichtigen Einnahmen nach § 162 Abs. 1 Nr. 1 SGB VI und bei Beziehern von Bürgergeld nach § 166 Abs. 1 Nr. 2 a SGB VI bestimmt. Leistungsberechtigte nach dem SGB II haben hinsichtlich der Leistungen nach dem SGB II keine beitragspflichtigen Einnahmen, so dass nur die beitragspflichtigen Einnahmen aus einem Hinzuverdienst berücksichtigt werden können. Sind keine beitragspflichtigen Einnahmen vorhanden, wie beim Kindergeld von Kindern ab Vollendung des 15. Lebensjahres, dann ist ein Mindesteigenbetrag in Höhe des Sockelbetrags (= 60 EUR) jährlich zu leisten.

46 Personen, die eine geförderte Altersvorsorge abgeschlossen haben, erhalten jährlich eine Zulage. Die **Höhe der Zulage** richtet sich nach §§ 84, 85 EStG. Sie beträgt bei Alleinstehenden 175 EUR jährlich und bei Verheirateten 350 EUR jährlich. Für jedes Kind eines kindergeldberechtigten bzw. Zulageberechtigten wird eine weitere Zulage iHv 185 EUR bzw. 300 EUR für die ab dem 1.1.2008 geborenen Kinder (§ 85 Abs. 1 S. 2 EStG) gezahlt.

47 Beispiel: Der A verfügt über eine Verletztenrente iHv 100 EUR und die B hat Einnahmen aus nicht selbstständiger Erwerbstätigkeit iHv 100 EUR. Beide haben eine Riesterrente iHv jeweils 5 EUR monatlich abgeschlossen.

Einkommen A Verletztenrente		100 EUR		
Einkommen B Erwerbstätigkeit				100 EUR
./. Erwerbstätigenpauschbetrag			-	100 EUR
./. Versicherungspauschale	-	30 EUR	-	0 EUR
./. Beitrag Riesterrente	-	5 EUR	-	0 EUR
Bereinigtes Einkommen	=	65 EUR	=	0 EUR

Vom Einkommen des A sind die Versicherungspauschale und der Beitrag für die Riesterrente abzuziehen (§ 11 b Abs. 1 Nr. 3 iVm § 6 Abs. 1 Nr. 1 Bürgergeld-V, § 11 b Abs. 1 Nr. 4). Bei der B sind diese in dem Grundfreibetrag für Erwerbstätige bereits enthalten und nicht gesondert abzugsfähig (§ 11 b Abs. 3 S. 1).

d) Abzug von Werbungskosten und Betriebskosten

48 Vom Einkommen sind die mit der Erzielung der Einnahmen verbundenen notwendigen Ausgaben abzusetzen (§ 11 b Abs. 1 Nr. 5). Hierzu zählen die **Werbungskosten** bei nicht selbstständiger Arbeit, Vermietung und Verpachtung, Kapitalvermögen und sonstigen Einkünften (vgl. § 2 Abs. 2 EStG). Werbungskosten sind Aufwendungen, die zur Erwerbung, Sicherung und Erhaltung der Einnahmen dienen.

49 Zu den Werbungskosten können steuerlich auch die Kosten der Kinderbetreuung gehören, wenn sie auf die Erwerbstätigkeit des Steuerpflichtigen zurückzuführen sind (§ 9 c Abs. 1 EStG). Grundsätzlich spielen steuerliche Gesichtspunkte bei der Bemessung der Einkünfte nach dem SGB II keine Rolle, allerdings sind Kinderbetreuungskosten abzuziehen, wenn die Betreuungsaufwendungen infolge der Erwerbstätigkeit

entstanden sind.[51] Eine Betreuung ist nicht erforderlich, wenn die Betreuung durch einen Partner oder ein Elternteil durchgeführt werden kann und gilt im Einkommensteuerrecht daher nur, wenn beide zusammenlebenden Eltern erwerbstätig sind (§ 9 c Abs. 1 S. 2 EStG).[52]

Hinweis: Entstehen den Leistungsberechtigten Kosten für die Betreuung ihrer Kinder in Einrichtungen nach dem Gesetz zur Kinder- und Jugendhilfe (§ 43 Abs. 1 SGB VIII), so können diese auf Antrag vom Träger der öffentlichen Jugendhilfe übernommen werden (§ 90 Abs. 3 SGB VIII). Die Belastung mit diesen Kosten muss für den Leistungsberechtigten unzumutbar sein. Hinsichtlich der Zumutbarkeit der Belastungen verweist das Gesetz auf Vorschriften zum SGB XII (§ 90 Abs. 4 SGB VIII).[53]

50 Die Betriebsausgaben fallen bei Einnahmen aus Land- und Forstwirtschaft, Gewerbebetrieb und selbstständiger Arbeit an (§ 2 Abs. 1 Nr. 1–3 iVm § 4 EStG). Hiervon geht auch der Gesetzgeber aus, denn in § 3 Bürgergeld-V findet sich die Terminologie wieder.

51 Das SGB II unterscheidet die Einnahmen danach, ob sie aus Erwerbstätigkeit erzielt werden oder ob es sich um sonstige Einnahmen handelt. Erwerbstätigkeit ist die auf Erwerb gerichtete Tätigkeit. **Einnahmen aus Erwerbstätigkeit** sind deshalb die Einnahmen aus selbstständiger und nicht selbstständiger Arbeit sowie aus Land- und Forstwirtschaft und Gewerbebetrieb, sofern sie auf eigener Mitarbeit und nicht aufgrund einer Kapitalbeteiligung beruhen.

52 **Werbungskosten** können seit dem 1.8.2016 nicht mehr vom Erwerbseinkommen als **Pauschbeträge** iHv 15,33 EUR monatlich abgezogen werden. Ein Abzug von Werbungskosten in tatsächlicher Höhe ist weiterhin möglich (§ 11 b Abs. 1 Nr. 5).

53 Beim Erwerbseinkommen können für die Benutzung eines Kraftfahrzeuges für die Fahrt zwischen Wohnung und Arbeitsstätte und für Wegstrecken zur Ausübung der Erwerbstätigkeit für jeden Entfernungskilometer die kürzeste Straßenverbindung abgesetzt werden (§ 6 Abs. 1 Nr. 5 Bürgergeld-V) und ggf. tatsächlich anfallende Werbungskosten.

54 Hinsichtlich der **Nutzung eines Kraftfahrzeuges** für den Weg zur Arbeit sind die Kosten nur insoweit absetzbar sind, als sie im Vergleich zu den Kosten der Nutzung eines öffentlichen Verkehrsmittels nicht **unangemessen** hoch sind (§ 6 Abs. 2 Bürgergeld-V). Dies ist allenfalls dann der Fall, wenn die Kosten der Nutzung des eigenen Kfz erheblich über den Kosten der Nutzung eines vergleichbaren öffentlichen Verkehrsmittels liegen, also um mehr als 10–20 %. Selbst bei höheren Kosten ist die Nutzung öffentlicher Verkehrsmittel dann **unzumutbar**, wenn hierdurch die Arbeitsstelle nicht mehr in zumutbarer Zeit erreicht werden kann oder die Nutzung von öffentlichen Verkehrsmitteln das Erreichen der Arbeitsstelle erheblich behindert. Ein Fall der **Un-**

---

51 BSG 9.11.2010 – B 4 AS 7/10 R Rn. 17.
52 Vgl. zu Verfassungsgemäßheit der Regelung FG Hamburg 23.10.2009 – 6 K 123/09; BFH 5.7.2012 – III R 80/09.
53 Vgl. zur Berechnung FK-SGB VIII/Schindler, 8. Aufl. 2019, § 90 Rn. 21 ff.

zumutbarkeit dürfte insbesondere dann vorliegen, wenn die zumutbaren **Pendelzeiten** von bis zu zwei Stunden bei einer Arbeitszeit bis sechs Stunden und von bis zu zweieinhalb Stunden bei einer Arbeitszeit von mehr als sechs Stunden bei der Nutzung eines öffentlichen Verkehrsmittels überschritten werden (§ 140 Abs. 4 SGB III).

Bei Fahrten zu unterschiedlichen Einsatzorten dürfte, zumindest im ländlichen Raum, die Nutzung von öffentlichen Verkehrsmitteln aufgrund oft mangelhafter Infrastruktur nicht zumutbar sein.

55 **Hinweis:** Höhere Kosten für die Kfz-Nutzung, die über die pauschale Abgeltung von 0,20 EUR hinausgehen, können in tatsächlicher Höhe abgezogen werden, wenn der Leistungsberechtigte diese höheren Kosten nachweist (§ 1 Abs. 1 Nr. 2 lit. b Bürgergeld-V). Der Leistungsberechtigte muss dann seine Kfz-Kosten exakt ermitteln und durch ein Fahrtenbuch und eine Kostenaufstellung nachweisen.

e) Freibetrag bei Erwerbstätigkeit: Pauschbetrag iHv 100 EUR

aa) Grundfreibetrag

56 Leistungsberechtigten, die Einkommen aus einer Erwerbstätigkeit (zum Begriff → Rn. 44) erzielen, werden die **Aufwendungen** für

- Versicherungen (§ 11 b Abs. 1 Nr. 3), die nach Grund und Höhe angemessen sind,
- Beiträge zur geförderten Altersvorsorge (§ 11 Abs. 2 Nr. 4) und
- Werbungskosten (§ 11 b Abs. 1 Nr. 5)

pauschaliert (§ 11 b Abs. 2 S. 1).

Beträgt das Einkommen bis zu 400 EUR monatlich, dann ist nur ein pauschaler Abzug iHv 100 EUR für die vorgenannten Aufwendungen vorzunehmen.

57 Übersteigt das monatliche Einkommen den Betrag von 400 EUR, ist statt des pauschalen Abzugs iHv 100 EUR eine Einzelberechnung vorzunehmen, wenn die Summe der Beiträge (§ 11 b Abs. 1 Nr. 3–5) zu den privaten Versicherungen, der geförderten Altersvorsorge und den Werbungskosten höher als 100 EUR sind. Dabei kann der Leistungsberechtigte hinsichtlich der Werbungs- und der Fahrkosten mit einem selbst genutzten Kraftfahrzeug wiederum statt der Pauschalierung iHv 0,20 EUR pro Entfernungskilometer für die Wegstrecke zwischen Wohnung und Arbeitsstätte (§ 6 Abs. 1 Nr. 5 Bürgergeld-V) die tatsächlichen Kosten seiner Kraftfahrzeugnutzung geltend machen.

Der pauschale Abzug von 100 EUR bei Leistungsberechtigten, die 400 EUR oder weniger Einnahmen haben, kann sich für die Leistungsberechtigten sehr ungünstig auswirken, wenn sie zwangsläufig höhere tatsächliche Ausgaben haben. Dies kann die Aufnahme oder Beibehaltung einer Tätigkeit zur Minderung der Hilfebedürftigkeit durch den Leistungsberechtigten behindern.

Bei selbstständigen erwerbstätigen Leistungsberechtigten ist auch bei Einnahmen bis zu 400 EUR von ihren Betriebseinnahmen auszugehen und ein pauschaler Abzug iHv

100 EUR zusätzlich vorzunehmen.[54] Selbstständige werden regelmäßig bei Betriebseinnahmen auch unter 400 EUR **Betriebsausgaben** haben, die regelmäßig über einem Betrag iHv 100 EUR liegen. Werbungskosten fallen bei selbstständig erwerbstätigen Leistungsberechtigten in einer selbstständigen Tätigkeit nicht an (vgl. § 9 EStG). Fraglich erscheint nur, ob die vorbenannte Regelung in der Bürgergeld-V mit § 11 b Abs. 2 S. 1 zu vereinbaren ist, denn die Verordnung weicht insofern von der gesetzlichen Regelung ab. Die Abweichung nach § 3 Abs. 1 Bürgergeld-V ist nach der hier vertretenen Auffassung mit der Ermächtigungsnorm (§ 13 Abs. 1 Nr. 1) vereinbar, weil diese festlegt, welche Einnahmen nicht zu berücksichtigen sind und welche Abzüge vorgenommen werden können (Berechnung der Einnahmen).

bb) Freibeträge für Erwerbstätige

Freibeträge **bis zum 30.6.2023**: Wird über den Grundfreibetrag iHv 100 EUR hinaus 58
Einkommen erzielt, erhält der Erwerbstätige Freibeträge für Erwerbstätige (§ 11 b Abs. 3).

- Übersteigt das Einkommen 100 EUR, so sind von dem Betrag zwischen 100 und 1.000 EUR 20 % abzuziehen.
- Beträgt das Einkommen über 1.000 und bis zu 1.200 EUR, so sind hiervon 10 % als Freibetrag abzuziehen.
- Lebt der Leistungsberechtigte mit einem minderjährigen Kind in der Bedarfsgemeinschaft oder hat er ein minderjähriges Kind, so erhöht sich der Betrag von 1.200 EUR auf 1.500 EUR.

Ab dem 1.7.2023 gelten die folgenden Freibeträge:

Übersteigt das Einkommen monatlich 100 EUR, so sind von dem Betrag zwischen 100 und 520 EUR 20% abzuziehen.

Beträgt das Einkommen mehr über 520 und bis zu 1.000 EUR, so sind hiervon 30% abzuziehen.

Beträgt das Einkommen über 1.000 und bis zu 1.200 EUR, so sind hiervon 10 % als Freibetrag abzuziehen.

Lebt der Leistungsberechtigte mit einem minderjährigen Kind in der Bedarfsgemeinschaft oder hat er ein minderjähriges Kind, so erhöht sich der Betrag von 1.200 EUR auf 1.500 EUR.

Die Freibeträge gelten für jeden erwerbsfähigen Leistungsberechtigten in einer Bedarfsgemeinschaft.

Nach dem Wortlaut des § 11 b Abs. 3 haben nicht erwerbsfähige Leistungsberechtigte 59
keinen Anspruch auf einen Freibetrag, obwohl sie bis unter drei Stunden täglich erwerbstätig sein könnten (§ 8 Abs. 1), und zwar ohne dass sie ihrer Restgesundheit Schaden zufügen. Offensichtlich hat der Gesetzgeber hier etwas übersehen, denn die Regelung betrifft nur Personen, die mit einem erwerbsfähigen Leistungsberechtigten

54 Anders wohl LSG Bayern 11.5.2010 – L 7 AS 232/10 B ER Rn. 31.

in einer Bedarfsgemeinschaft leben. Sofern er alleine lebt und ein Einkommen erzielt, hätte er Anspruch auf Sozialhilfe oder Grundsicherung im Alter und bei voller Erwerbsminderung nach dem SGB XII. Dann wären die konkreten Aufwendungen, wie Steuern, Sozialversicherungsbeträge und Werbungskosten und 30 % des Einkommens als Freibetrag abzusetzen (§ 82 Abs. 3 SGB XII), höchstens jedoch ½ des Eckregelsatzes (502 EUR), also 251 EUR anrechnungsfrei; bei Beschäftigung in einer Werkstatt für behinderte Menschen vgl. § 82 Abs. 3 S. 2 SGB XII.

Die Erwerbstätigenfreibeträge (§ 11 b Abs. 3 SBG II) sind auch auf die nicht erwerbsfähigen Leistungsberechtigten entsprechend anzuwenden. Aus § 11 b Abs. 3 ergeben sich höchstens folgende Freibeträge:

Freibeträge **bis 30.6.2023**

	§ 11 b Abs. 3 S. 2	§ 11 b Abs. 3 S. 3
Grundfreibetrag	100 EUR	100 EUR
Freibetrag bis 1.000 EUR	180 EUR	180 EUR
Freibetrag bis 1.200 EUR	20 EUR	
Freibetrag bis 1.500 EUR		50 EUR
Höchstfreibetrag	300 EUR	330 EUR

Freibeträge **ab dem 1.7.2023.** Die Freibeträge bis 1.000 EUR steigen um 48 EUR:

	§ 11 b Abs. 3 S. 2	§ 11 b Abs. 3 S. 3
Grundfreibetrag	100 EUR	100 EUR
Freibetrag bis 520 EUR	84 EUR	84 EUR
Freibetrag bis 1.000 EUR	144 EUR	144 EUR
Freibetrag bis 1.200 EUR	20 EUR	20 EUR
Freibetrag bis 1.500 EUR		50 EUR
Höchstfreibetrag	348 EUR	398 EUR

60 Kann der Leistungsberechtigte bei einem Einkommen über 400 EUR höhere Werbungskosten, Kosten für angemessene Versicherungen und für Beiträge zur gesetzlich geförderten Altersvorsorge geltend machen, sind die Kosten zusätzlich von seinem Einkommen abzusetzen.

61 **Beispiel:** Der A lebt mit der erwerbsfähigen B in einer Bedarfsgemeinschaft (eheähnliche Gemeinschaft). In der Wohnung lebt die achtjährige Tochter C der B. Als Bedarf werden von dem Leistungsträger der jeweilige Regelbedarf nach dem SGB II und die tatsächlichen angemessenen Kosten der Unterkunft und Heizung iHv 630 EUR anerkannt.

Der A hat Einkünfte aus nicht selbstständiger Arbeit iHv 1.450 EUR brutto, dh 1.145 EUR netto. Die B erhält für das Kind C monatlich 250 EUR Kindergeld. Die C erhält monatlich Unterhalt iHv 393 EUR.

Folgende Absetzbeträge sind ggf. zu berücksichtigen:

Der A zahlt seine Kfz-Haftpflichtprämie iHv jährlich 240 EUR. A fragt, ob die Umstellung der Prämie auf monatliche Zahlungen für ihn günstiger ist.

Der A zahlt in einen „Riestervertrag" monatlich 15 EUR ein.

Der A fährt fünfmal in der Woche mit seinem PKW zu seiner 40 km von der Wohnung entfernt liegenden Arbeitsstelle und leistet Unterhaltszahlungen aus einem titulierten Anspruch für einen fünfjährigen Sohn iHv monatlich 120 EUR. Die Nutzung öffentlicher Verkehrsmittel ist nicht zumutbar.

Die B hat keine Versicherung abgeschlossen.

Für die C wird eine private Unfallversicherung mit einem monatlichen Versicherungsbeitrag iHv 5,80 EUR unterhalten.

Die B könnte hier einen Anspruch auf Mehrbedarf für Alleinerziehende iHv 12 % (§ 21 Abs. 3 Nr. 2) des für sie maßgeblichen Regelbedarfes haben. Der A müsste sich an der Erziehung der C beteiligen, was auch bei einer Partnerschaft nicht nach dem SGB II vermutet wird.[55] Beteiligt sich der A nicht an der Erziehung der C, so erhöht sich der Regelbedarf bei der B auf 36 % des für sie maßgeblichen Regelbedarfes (§ 21 Abs. 3 Nr. 1). In dem nachfolgenden Beispiel wird davon ausgegangen, dass kein Mehrbedarf für Alleinerziehende besteht. Es ist zunächst der Bedarf zu ermitteln:

	A	B	C
Regelbedarfe	451 EUR	451 EUR	318 EUR
+ anteilige Kosten der Unterkunft und Heizung	+ 210 EUR	+ 210 EUR	+ 210 EUR
Bedarf	= 661 EUR	= 661 EUR	= 528 EUR

Nach Ermittlung des Bedarfs ist zu prüfen, inwieweit das Einkommen der C anzurechnen 62
ist, weil sich bei überschlägiger Berechnung ergibt, dass C ihren eigenen Bedarf (§ 7 Abs. 3 Nr. 4) decken kann und somit das Einkommen von C nicht der Bedarfsgemeinschaft zur Bedarfsdeckung zur Verfügung steht, da es nicht mehr zur Bedarfsgemeinschaft gehört. Erzielt ein Kind unter 25 Jahren Einkommen, das seinen Bedarf übersteigt, ist die Anrechnung seines Einkommens im Rahmen der zwischen dem Kind unter 25 Jahren und seinen Eltern bestehenden Haushaltsgemeinschaft möglicherweise zu berücksichtigen (§ 9 Abs. 5 iVm § 1 Abs. 2 ALG II-V).

In einer gesonderten Berechnung ist also zunächst zu prüfen, ob die C zur Bedarfsgemeinschaft gehört und ob ggf. das überschießende Einkommen bei den übrigen Mitgliedern der Bedarfsgemeinschaft angerechnet wird.

Bedarf		528 EUR
Einkommen Unterhalt	393 EUR	
+ Einkommen Kindergeld	+ 250 EUR	
./. Einkommensbereinigung wegen absetzbarer Kinderversicherung (§ 6 Abs. 1 Nr. 2 Bürgergeld-V)[56]	- 30 EUR	
Anrechenbares Einkommen	613 EUR	- 613 EUR
Saldo Einkommensüberschuss		= 85 EUR

55 Von LPK-SGB II/v. Boetticher § 21 Rn. 8ff.

56 Vgl. wegen der Angemessenheit einer privaten Unfallversicherung BSG 10.5.2011 – B 4 AS 139/10 R, SozR 4-4200 § 11 Nr. 38.

Da das Einkommen der C bestehend aus Kindergeld und Unterhalt ihren Bedarf um 85 EUR übersteigt, hat sie keinen Anspruch auf Leistungen nach dem SGB II. Da es sich bei dem den Bedarf übersteigenden Einkommen um Kindergeld handelt, ist dieses Einkommen der Kindergeldempfängerin – also der B – zuzurechnen.[57] Eine Anrechnung des überschießenden Einkommens im Rahmen der Haushaltsgemeinschaft findet daher nicht statt (§ 1 Abs. 2 ALG II-V).

Das Einkommen der B ergibt sich aus der folgenden Aufstellung:

Einkommen B Kindergeld		85 EUR
./. Versicherungspauschale (§ 6 Abs. 1 Nr. 1 ALG II-V)	-	30 EUR
Anrechenbares Einkommen	=	55 EUR

Anders als bei der C kommt es für die Abzugsfähigkeit der Versicherungspauschale iHv 30 EUR nicht darauf an, ob die B selbst eine Versicherung unterhält.[58]

63 Auf den ersten Blick reicht das gemeinsame Einkommen von A und B iHv 1.213 EUR aus, um den verbleibenden Gesamtbedarf von A und B iHv 1.140 EUR abzudecken. Allerdings verfügt A über ein Erwerbseinkommen iHv mehr als 400 EUR, so dass zunächst sein anrechenbares Einkommen anhand des Grundfreibetrages und des Freibetrags für Erwerbstätige (§ 11 b Abs. 3) zu ermitteln ist. Im Anschluss daran ist zu prüfen, ob vom Einkommen des A wegen Überschreiten des Grundfreibetrages nicht noch weitere Beträge abzusetzen sind. Dabei ist Folgendes zu berücksichtigen:

Die KfZ-Versicherung ist nicht in der Versicherungspauschale nach § 6 Abs. 1 Nr. 1 Bürgergeld-V enthalten, da diese nur die angemessenen und nicht die gesetzlich vorgeschriebenen Versicherungen umfasst.[59]

Der A kann für die Fahrt zu seiner Arbeitsstelle die Kosten für die Nutzung seines eigenen, angemessenen Kfz geltend machen (§ 6 Abs. 1 Nr. 5 Bürgergeld-V) und zwar iHv 0,20 EUR je einfachen Entfernungskilometer.[60] Die Bundesagentur für Arbeit geht in ihren Anweisungen hinsichtlich der anzurechnenden Arbeitstage bei der Berechnung der **Fahrkosten mit dem PKW** von einem **Durchschnittswert von 19 Arbeitstagen** im Monat aus. Im Gesetz findet sich hierzu keine Grundlage, denn nach § 41 Abs. 1 wird lediglich die Leistung einheitlich für 30 Tage monatlich pauschaliert. Der Leistungsträger wird daher die in dem jeweils maßgeblichen Monat angefallenen Arbeitstage zu ermitteln und hiernach die Fahrkosten festzusetzen haben.[61]

64 **Hinweis:** Aufgrund der Berechnung der Leistungsträger[62] der Kilometerpauschale mit 19 Tagen im Monat sind die Bescheide jedenfalls rechtswidrig. Im Einzelfall kann es jedoch am Rechtsschutzbedürfnis fehlen, weil in die Monatsberechnungen Urlaubs- und Feiertage mit einberechnet werden, so dass bereits bei dem Mindesturlaub nach § 3 BUrlG von 20 Arbeitstagen bei der Fünf-Tage-Woche die Anzahl der tatsächlichen Arbeitstage unterschritten wird.

57 Umkehrschluss aus § 11 Abs. 1 S. 2 SGB II; vgl. BSG 1.7.2009 – B 4 AS 9/09 R.
58 BSG 19.9.2008 – B 14 AS 56/07 R Rn. 14.
59 BSG 21.12.2009 – B 14 AS 42/08 R Rn. 28.
60 Nicht Hin- und Rückfahrt, LSG Berlin-Brandenburg 20.1.2009 – L 28 AS 1072/07.
61 LSG Berlin-Brandenburg 20.1.2009 – L 28 AS 1072/07.
62 FH BA zu SGB II § 11 Rn. 11.83.

Daraus ergibt sich das anrechenbare Einkommen des A:

	pauschal	konkret
Anrechenbares Bruttogehalt	1.450 EUR	1.450 EUR
Nicht bereinigtes Nettoeinkommen nach Abzug von Steuern und Sozialversicherungsbeiträgen	1.145 EUR	1.145 EUR
./. Grundfreibetrag	- 100 EUR	
./. Freibetrag § 11 b Abs. 3 Nr. 1	- 84 EUR	- 84 EUR
./. Freibetrag § 11 b Abs. 3 Nr. 2	- 144 EUR	- 144 EUR
./. Freibetrag § 11 b Abs. 3 Nr. 3 iVm S. 3	- 45 EUR	- 45 EUR
./. Freibetrag § 11 b Abs. 1 Nr. 7 Unterhaltszahlungen nach Unterhaltstitel	- 120 EUR	- 120 EUR
./. Fahrkosten 40 km * 0,20 EUR * 21 Arbeitstage		- 168 EUR
./. § 11 b Abs. 1 Nr. 4 (Riester)		- 15 EUR
./. § 11 b Abs. 1 Nr. 3 Alt. 1 (Kfz-Haftpflicht) iVm § 6 Abs. 1 Nr. 3: 240 ./. 12 = 20 EUR pro Monat		- 20 EUR
./. Versicherungspauschale		- 30 EUR
Anrechenbares Einkommen	= 652 EUR	= 519 EUR

Wie sich aus der Berechnung ergibt, hat der A einen wesentlich höheren Anspruch auf Leistungen nach dem SGB II, wenn die Absetzbeträge (§ 11 b Abs. 1 Nr. 3–5) nicht pauschal, sondern konkret vorgenommen werden. In beiden Fällen reicht das gemeinsame anrechenbare Einkommen von A und B nicht aus, um den Bedarf zu decken.

Berechnung der Leistungen an A und B

Gesamtbedarf A	661 EUR	
+ Gesamtbedarf B	661 EUR	
Summe	1.322 EUR	1.322 EUR
Anrechenbares Einkommen A	519 EUR	
+ anrechenbares Einkommen B	+ 55 EUR	
Gesamteinkommen (wird jeweils hälftig auf den Bedarf angerechnet)	= 574 EUR	- 574 EUR
Saldo: Ungedeckter Bedarf		= 748 EUR
Leistungsbetrag für A und B jeweils:		374 EUR

An dem Beispiel zeigt sich sehr deutlich, dass verschiedene Berechnungen und Dispositionen zu unterschiedlichen Ergebnissen führen können. Die Pauschale ist immer günstiger, wenn der Leistungsberechtigte keine oder nur geringe Absetzbeträge hat. Eine konkrete Berechnung kann im Einzelfall zu wesentlich günstigeren Ergebnissen führen. 65

f) Abzug von laufenden Unterhaltszahlungen

Die **Unterhaltszahlungen** werden nur abgezogen, wenn ein **Unterhaltstitel vorliegt** 66 (§ 11 b Abs. 1 Nr. 7). Zu den Unterhaltstiteln zählen neben Urteilen und Vergleichen insbesondere auch die vollstreckbaren Urkunden des Jugendamtes (§ 59 Abs. 1 Nr. 3 SGB VIII).[63] Der Unterhalt kann bis zu dem im Unterhaltstitel genannten Betrag abgezogen werden. Nicht im Unterhaltstitel genannte Beträge, wie Vollstreckungskosten, werden nicht abgezogen, es sei denn, diese wurden bereits bei der Zwangsvollstreckung vom Lohn/Gehalt abgezogen. Dann handelt es sich bei dem insoweit nicht

63 BSG 9.11.2010 – B 4 AS 78/10 R Rn. 14.

ausgezahlten Lohn/Gehalt nicht mehr um bereite Mittel, die zum Unterhalt zur Verfügung stehen und die deshalb auch nicht angerechnet werden können.[64] Auch bei einem Unterhaltstitel erfolgt der Abzug nur, wenn der Unterhalt tatsächlich geleistet wird. Dem Unterhaltsverpflichteten kann nicht entgegengehalten werden, dass er zur Herabsetzung seines Unterhaltes verpflichtet ist, weil er hierdurch selbst leistungsberechtigt nach dem SGB II wird. Soweit seine Verpflichtung zur Unterhaltsleistung nach dem Familienrecht im Einzelfall weiter geht als seine Pflicht zur Beseitigung der Hilfebedürftigkeit (§§ 2, 3), kann diese dahingestellt bleiben, denn der Gesetzgeber hat mit § 11 b Abs. 1 Nr. 7 zum Ausdruck gebracht, dass eine solche weitgehende Verpflichtung nicht besteht.[65] Im Gegensatz zu den laufenden Unterhaltszahlungen kann ein Unterhaltsrückstand, auch wenn dieser in einem Unterhaltstitel festgeschrieben ist, nicht vom Einkommen abgezogen werden, denn hierbei handelt es sich um nichtabzugsfähige Schulden.[66]

g) Freibeträge für Empfänger von BAföG oder Berufsausbildungsförderung-Leistungen

67 Empfänger von Leistungen nach dem BAföG können für jedes ihrer Kinder den **anrechnungsfreien Betrag** iHv 333 EUR für sich selbst und 730 EUR monatlich (§ 23 Abs. 1 Nr. 1und Nr. 3 BAföG), der bereits bei der Berechnung von Leistungen nach dem BAföG berücksichtigt wurde, von ihrem Einkommen abziehen (§ 11 b Abs. 1 Nr. 8). Hier kommen noch hinzu, dass die Werbekostenpauschale iHv 1.230 EUR und die Sozialpauschale iHv 21,6% abzuziehen sind (§§ 21 Abs. 2 Nr. 1, 21 Abs. 2 a S. 2 BAföG iVm § 9 a Nr 1 lit. a EStG).

h) Freibeträge für Empfänger von BAföG, Berufsausbildungsförderung-Leistungen und Bundesfreiwilligendienste und Schüler

68 Ab dem 1.7.2023 werden erwerbsfähige Leistungsberechtigte, die das 25. Lebensjahr noch nicht vollendet haben und in § 11 b Abs. 2 b genannt sind, bei der Anrechnung von Einkommen aus Erwerbstätigkeit den Empfängern von Leistungen nach dem BAföG gleichgestellt.[67] Einkommen bis zur Geringfügigkeitsgrenze von derzeit 520 EUR (§ 8 Abs. 1 a SGB IV iVm § 1 Abs. 2 Mindestlohngesetz) werden bei diesen Personen nicht angerechnet. Erhalten diese Personen Leistungen nach dem BAföG, dem SGB III zur Ausbildungsförderung oder § 10 Abs. 2 des Aufstiegsfortbildungsförderungsgesetzes, so ist von dieser Leistung ein Abzugsbetrag IHv 100 EUR abzuziehen, wenn der Abzug nicht bereits anderweitig erfolgte.

4. Einkommen aus selbstständiger Arbeit – Einmalige Einnahmen

69 Die Berechnung von **Einkommen aus selbstständiger Tätigkeit** richtet sich nach § 3 Bürgergeld-V. Der Einkommensbezieher muss neben seiner kaufmännischen und steuerlichen noch eine grundsicherungsrechtliche Buchführung durchführen. Hierbei ist von den Betriebseinnahmen auszugehen (§ 3 Abs. 1 Bürgergeld-V). Dies sind alle im Bewilligungszeitraum tatsächlich zufließenden Einnahmen. Wird eine Erwerbstä-

64 LPK-SGB II/Geiger § 11 Rn. 19 ff.
65 BSG 9.11.2010 – B 4 AS 78/10 R Rn. 23.
66 BSG 20.2.2014 – B 14 AS 53/12 R, SozR 4-4200 § 11 b Nr. 4; BSG 12.10.2016 – B 4 AS 38/15 R Rn. 12.
67 BT-Drs. 20/3873, 77.

tigkeit nur während eines Teils des Bewilligungszeitraumes ausgeübt, ist das Einkommen nur für diesen Zeitraum zu berechnen. Hiermit soll wohl nur gemeint sein, dass eine Einnahme, die aus einer selbstständigen Arbeit erzielt wird, nur dann als im Bewilligungszeitraum als Einkommen aus selbstständiger Arbeit angesehen wird, wenn eine selbstständige Tätigkeit ausgeübt wird. Dies bedeutet wohl nicht, dass die Einnahme nicht als Einkommen angerechnet wird, sondern nur nicht als Einkommen aus einer selbstständigen Tätigkeit.

Beispiel: Der Leistungsberechtigte war in der Zeit vom 1.1.2020 bis zum 30.6.2023 als selbstständiger Rechtsanwalt tätig. Ab dem 1.7.2023 ist er als angestellter Rechtsanwalt bei einem Fachanwalt für Sozialrecht für 520 EUR monatlich tätig und beantragt am 1.7.2023 ergänzende Leistungen nach dem SGB II. Seine angemessenen Kosten der Unterkunft betragen 420 EUR monatlich. Der Leistungsberechtigte ist aus seiner selbstständigen Tätigkeit privat kranken- und pflegeversichert und zahlt hierfür monatlich einen Betrag iHv insgesamt 350 EUR. Der Leistungsberechtigte ist Mitglied des Versorgungswerkes der Rechtsanwälte und von der Beitragspflicht in der gesetzlichen Rentenversicherung befreit. 70

Am 2.7.2023 erzielt er aus seiner vorherigen Tätigkeit als selbstständiger Rechtsanwalt noch eine Zahlung iHv 860 EUR aus einem Prozesskostenhilfemandat, für das er bereits im Jahr 2021 eine Rechnung erstellt hatte. In dem Betrag ist die Umsatzsteuer iHv 19 % enthalten. Weitere offene Forderungen aus der selbstständigen Tätigkeit bestehen nicht mehr.

Der Leistungsträger lehnt die Leistungen an den Leistungsberechtigten für den Monat Juli 2023 ab, weil er in dieser Zeit wegen der Einnahme aus selbstständiger Tätigkeit nicht bedürftig sei und gewährt ihm Leistungen ab dem 1.8.2023. Die Berechnung des Leistungsträgers für den Monat Juli 2023 sieht wie folgt aus:

	1.7.–31.7.2023	
Regelbedarf § 20 Abs. 2	502 EUR	
+ Unterkunft und Heizung § 22 Abs. 1 S. 1	+ 420 EUR	
+ Zuschuss Krankenversicherung und Pflegeversicherung §§ 26 Abs. 1, 22 Abs. 3 SGB II	+ 350 EUR	
Gesamtbedarf	= 1.272 EUR	1.272 EUR
Berechnung des anrechenbaren Einkommens		
Bruttoeinkommen	520 EUR	
./. Pauschbetrag § 11 b Abs. 2 S. 1	- 100 EUR	
./. Freibetrag § 11 b Abs. 3 Nr. 1	- 84 EUR	
Zwischensumme: Anrechenbares Einkommen	= 336 EUR	
+ weiteres Einkommen	+ 860 EUR	
Gesamteinkommen	= 1.386 EUR	- 1.386 EUR
Saldo: Einkommensüberschuss		- 114 EUR
Leistungsanspruch		0 EUR

Im Widerspruchsbescheid teilt die Beklagte mit, bei der Einnahme von 860 EUR handele es sich um eine einmalige Einnahme, die in voller Höhe anzurechnen sei. Die Einnahme sei auch nicht als Einnahme aus einer Erwerbstätigkeit anzusehen, weil der Leistungsberechtigte seine selbstständige Tätigkeit aufgegeben habe. Die Berücksichtigung der Einnahme iHv 860 EUR als Erwerbseinkommen und die damit verbundene weitere Absetzung für Erwerbstätigkeit (§ 11 b Abs. 3 Nr. 1) erfordere, dass die Erwerbstätigkeit weiter ausgeübt werde. Ab dem Monat August werden dem Leistungsberechtigten folgende Leistungen bewilligt:

	1.8.-31.12.2023	
Regelbedarf § 20 Abs. 2	502 EUR	
+ Unterkunft und Heizung § 22	+ 420 EUR	
+ Zuschuss Kranken- und Pflegeversicherung §§ 26 Abs. 1, 22 Abs. 3 SGB II	+ 350 EUR	
Gesamtbedarf	= 1.272 EUR	1.272 EUR
Berechnung des anrechenbaren Einkommens		
Bruttoeinkommen	520 EUR	
./. Pauschbetrag § 11 b Abs. 3 Nr. 1	- 100 EUR	
./. Freibetrag § 11 b Abs. 3 Nr. 1 SGB II	- 84 EUR	
Anrechenbares Einkommen	= 336 EUR	- 336 EUR
Saldo: Leistungsanspruch		936 EUR

Der Leistungsträger vertritt folgende Ansicht: Die Einnahmen von 860 EUR werden nicht mehr als Einnahmen aus einer selbstständigen Tätigkeit angesehen, sondern als sonstige Einnahmen, denn Einnahmen aus selbstständiger Tätigkeit seien nach § 3 Abs. 1 Bürgergeld-V nur solche, die aus einer im Bewilligungszeitraum tatsächlich ausgeübten selbstständigen Tätigkeit stammen. Von diesen Einnahmen sind keine Abzüge für Erwerbstätigkeit (§ 11 Abs. 3) vorzunehmen, weil es sich nicht um Einnahmen aus einer Beschäftigung handele. Der Leistungsberechtigte hätte seine selbstständige Tätigkeit nicht vollständig aufgeben dürfen.

71 Fraglich erscheint bereits, ob dem Leistungsberechtigten der Betrag iHv 860 EUR vollständig als präsentes Einkommen zum Unterhalt zur Verfügung steht. Der Leistungsberechtigte hat zwar den Betrag in voller Höhe aus der Staatskasse erhalten, der Betrag ist jedoch mit einer Forderung der Finanzverwaltung auf die Umsatzsteuer iHv 19 % des Gesamtbetrages belastet (§§ 13 Abs. 1 Nr. 1 b, 18 Abs. 2 UStG). Der Umsatzsteueranteil beträgt (860 ./. 119 * 19) = 137,31 EUR. Die Umsatzsteuer ist jeweils zum Ende des Quartals, in dem die Einnahme erfolgt, fällig und bis zum jeweils 10. des Folgemonats zu zahlen. Der Betrag iHv 860 EUR steht dem Leistungsberechtigten nicht zum Bestreiten seines Lebensunterhaltes in voller Höhe zur Verfügung, so dass als Einkommen nur der um die Umsatzsteuer verminderte Betrag anzusetzen ist.[68] Der Leistungsberechtigte kann den Betrag für die zu entrichtende Umsatzsteuer allerdings nur dann von seinem Einkommen abziehen, wenn die Steuer in dem laufenden Bewilligungszeitraum fällig ist und auch gezahlt wird.[69]

72 Eine andere Lösung kann sich ergeben, wenn man die Einnahmen aus der selbstständigen Tätigkeit als Betriebseinnahmen ansieht und die selbstständige Tätigkeit wenigstens bis zur Beendigung aller Abwicklungsarbeiten (Liquidation) als ausgeübt ansieht. Für die Ausübung einer hauptberuflichen selbstständigen Tätigkeit reicht es aus, wenn die Arbeit auch ohne Ausübung vorgehalten wird.[70] Die Liquidation eines Unternehmens ist ein Teil der selbstständigen Tätigkeit, die sich zwingend bei Aufgabe derselben ergibt (vgl. § 66 Abs. 1 GmbHG). Genauso wie die Berechnung, Anmeldung und Zahlung der Umsatzsteuer gehört sie zur unternehmerischen/selbstständigen Tätigkeit auch im Sinne des § 3 Bürger-

68 Vgl. LSG Sachsen-Anhalt 26.6.2009 – L 5 AS 143/09 B ER.
69 BSG 22.8.2013 – B 14 AS 1/13 R BSGE 114, 136–147.
70 Vgl. LPK-SGB II/Thie § 16 c Rn. 6.

geld-V. Der Leistungsträger kann daher nur einen Betrag iHv 722,69 EUR (860 EUR – 137,31 EUR) als Einkommen zugrunde legen und die selbstständige Tätigkeit bis zur vollständigen Abwicklung durch den Leistungsberechtigten als ausgeübt ansehen. Die Einnahme ist keine einmalige Einnahme im Sinne des § 11 Abs. 2 S. 1, sondern eine Nachzahlung nach § 11 Abs. 3. Die Berechnung dieser Einnahmen erfolgt nach § 11 Abs. 3 und wird ab dem Monat des Zuflusses als Einkommen angerechnet und auf weitere fünf Wochen verteilt.

Die Umsatzsteuer ist als Betriebsausgabe (§ 3 Abs. 2 Bürgergeld-V) im gesamten Bewilligungszeitraum abzuziehen und die Betriebseinnahmen (Überschuss über die Ausgaben) sind für jeden Monat als Teil zu berücksichtigen (§ 3 Abs. 4 S. 1 Bürgergeld-V).

Dem Einkommen aus der geringfügigen Tätigkeit sind daher die Einnahmen aus selbstständiger Tätigkeit iHv monatlich 120,45 EUR (722,69 EUR ÷ 6) hinzuzurechnen. Die Kosten für die private Kranken- und Pflegeversicherung sind darüber hinaus in voller Höhe vom Einkommen abzuziehen, weil eine günstigere Versicherungsmöglichkeit für den Leistungsberechtigten etwa im verminderten Basistarif bei seiner gesetzlichen Krankenversicherung nicht besteht,[71] denn die Versicherung im abgesenkten Basistarif kostet 2023 340,50 EUR monatlich. Der Leistungsträger müsste ggf. auch den vollen Beitrag zur Kranken- und Pflegeversicherung als Zuschuss nach § 26 Abs. 1, Nr. 1 und § 26 Abs. 2 S. 2 übernehmen.[72] Zusätzlich sind beim Leistungsberechtigten die Beiträge zum Versorgungswerk der Rechtsanwälte von seinen Einkünften abzuziehen (wenn er nicht wie hier in der Darstellung auf die Versicherungspflicht verzichtet hat), denn hierbei handelt es sich entweder um eine Versicherung aufgrund gesetzlicher Pflicht oder die Beiträge können bis zur Höhe des Beitrags zur gesetzlichen Rentenversicherung von 18,6 % als angemessene Beiträge zu einer Versicherung abgesetzt werden, wenn die jeweilige Versorgungsordnung eine Befreiung im Falle der geringfügigen Tätigkeit vorsieht (§ 11 b Abs. 1 Nr. 3). Der Anspruch des Leistungsberechtigten errechnet sich daher wie folgt:

Leistungsansprüche des Leistungsberechtigten		1.7.–31.12.2023			73
Regelbedarf § 20 Abs. 2		502 EUR			
+ Unterkunft und Heizung § 22 Abs. 1 S. 1	+	420 EUR			
Gesamtbedarf	=	922 EUR		922 EUR	
Berechnung des anrechenbaren Einkommens					
Einkommen aus Beschäftigung		520 EUR			
+ Einkommen aus selbstständiger Tätigkeit	+	120,45 EUR			
Gesamteinkommen	=	640,45 EUR			
./. Kranken- und Pflegeversicherung	-	350 EUR			
./. Grundfreibetrag	-	100 EUR			
./. Freibetrag für Erwerbstätige § 11 b Abs. 3 Nr. 1: 20 % von 520 EUR – 100 EUR	-	84 EUR			
./. Freibetrag § 11 b Abs. 3 Nr. 2 30% von 520 -640,45 EUR	-	36,14 EUR			
Saldo: Anrechenbares Einkommen	=	70,31 EUR	-	70,31 EUR	
Saldo: Monatlicher Leistungsbetrag				851,69 EUR	

Gegebenenfalls ist auch zu berücksichtigen, dass auf **nachträglich** gezahlte Einnahmen noch Einkommensteuer zu entrichten ist. Diese kann allerdings grundsätzlich 74

71 Zur Verpflichtung des Leistungsträgers sind nicht nur die Beiträge iHv der gesetzlichen Krankenversicherung zu übernehmen, sondern den halben Basistarif, BSG 18.1.2011 – B 4 AS 108/10 R.

72 Vgl. LSG Hessen 14.12.2009 – L 7 SO 165/09 B ER; BSG 18.1.2011 – B 4 AS 108/10 R.

berücksichtigt werden, weil nur auf das Einkommen entrichtete Steuern abgezogen werden können (§ 11 b Abs. 1 Nr. 1). Diese Regelung ist auf Arbeitnehmer und den Lohnsteuerabzug zugeschnitten.

75 Im Einzelfall kann streitig sein, was zu den Betriebseinnahmen gehört und wie diese im Rahmen der Einnahmen- und Ausgabenrechnung (§ 3 Abs. 2 Bürgergeld-V) zu behandeln sind. Was Betriebseinnahmen sind, ist im Gesetz nicht definiert. In der Steuerrechtsprechung werden Betriebseinamen als durch den Betrieb veranlasste Zugänge von Wirtschaftsgütern in Geld oder Geldeswert bezeichnet (§ 8 EStG).[73] Nach dem Wortlaut dieser Definition können auch betrieblich veranlasste Darlehen (Betriebsmitteldarlehen) als Einnahmen angesehen werden.[74] Darlehen sind jedoch nicht als Einnahmen im Sinne einer Vermögensmehrung anzusehen, weil sie dem Leistungsberechtigten nicht endgültig verbleiben, sondern mit der Verpflichtung zur Rückzahlung verbunden sind.[75] Ein Betriebsmitteldarlehen kann daher auch nicht als eine zweckbestimmte Leistung angesehen werden.[76] Seit dem 1.1.2011 führt eine Zweckbestimmung nur dann zur Nichtanrechnung einer Einnahme, wenn sie in einer öffentlich-rechtlichen Vorschrift zu einem ausdrücklich genannten Zweck erbracht wird (§ 11 a Abs. 3). Die Rechtsprechung zu einem Privatdarlehen ist auch auf ein Betriebsmitteldarlehen anzuwenden, weil auch hier die persönliche Vermögenslage des Betriebsinhabers, auf den es bei der Gewährung von Leistungen nach dem SGB II ankommt, nicht verbessert wird.

Selbst wenn man der Ansicht folgt, dass ein Betriebsmitteldarlehen eine Einnahme ist, wird ihr in der Regel eine betrieblich veranlasste Ausgabe gegenüberstehen, so dass bei dem Leistungsberechtigten kein unterhaltsrelevantes Einkommen zur Verfügung steht.

76 Da steuerliche Gesichtspunkte bei der Bemessung des Einkommens Selbstständiger keine Rolle spielen, können Abschreibungen aus Absetzung für Abnutzungen von Betriebsmitteln nicht geltend gemacht werden.

Beispiel: Der leistungsberechtigte Rechtsanwalt R hat für sein Büro einen Rechner mit Drucker, Bildschirm und Software mithilfe seines Schonvermögens im Wert von 1.800 EUR am 2.5.2023 gekauft. R kann den Kauf des Rechners als Absetzung zur Abnutzung für die betriebsgewöhnliche Laufzeit von drei Jahren steuerlich geltend machen[77] und sein zu versteuerndes Einkommen dadurch mindern und zwar wie folgt:

Absetzung zur Abnutzung 2023 1.800 ./. 36 = 50 * 8 = 400,00, 2024 50 * 12 = 600 EUR, 2025 = 600 EUR und für das Jahr 2026 50 * 4 = 200 EUR.

Hinsichtlich seines Bedarfes nach dem SGB II wird die Abschreibung aufgrund der Wertminderung des Rechners nicht berücksichtigt, weil hier keine tatsächlichen Ausgaben vorliegen (§ 3 Abs. 3 S. 1 Bürgergeld-V). Wenn der Rechner verschlissen ist, kann er für die Neuanschaffung vom Leistungsträger nach dessen Ermessen bis zu 5.000 EUR einen Zuschuss

73 BFH 22.7.1988 – III R 175/85.
74 So LSG Nordrhein-Westfalen 24.11.2010 – L 19 AS 1755/10 B.
75 BSG 24.11.2010 – L 19 AS 1755/10 B Rn. 19.
76 So aber LSG Berlin-Brandenburg 1.7.2009 – L 32 AS 316/09.
77 Vgl AfA-Tabelle BDStBl. I 2000, 1532 Nr. 6.14.3.2.

und darüber hinaus ein Darlehen für die Anschaffung von Betriebsmitteln erhalten (§ 16c Abs. 2). Hat er vor dem Leistungsbezug zur Anschaffung des Rechners ein Darlehen aufgenommen, sind die von R zu leistenden Darlehensraten gleichwohl als notwendige Ausgaben absetzbar.[78] Bei den Darlehensraten handelt es sich allein deshalb um notwendige Ausgaben, weil R andernfalls mit einem Insolvenzverfahren oder anderen Pfändungsmaßnahmen rechnen kann, die letztlich zur Einstellung der Tätigkeit führen können.

Von den Betriebseinnahmen sind die tatsächlich geleisteten **notwendigen Ausgaben** 77 **abzuziehen** und zwar ohne Rücksicht auf steuerrechtliche Vorschriften (§ 3 Abs. 2 Bürgergeld-V). Ob eine Ausgabe notwendig ist, unterliegt der vollen gerichtlichen Überprüfung.[79] Der selbstständige Leistungsberechtigte hat daher keine Möglichkeit eine unternehmerische Entscheidung zu treffen, ohne dass seine Investitionen auf Angemessenheit überprüft werden, denn tatsächliche Aufwendungen sollen nicht abgesetzt werden, soweit diese ganz oder teilweise vermeidbar oder offensichtlich nicht den Lebensumständen während des Bezugs der Grundsicherung für Arbeitsuchende entsprechen (§ 3 Abs. 3 Bürgergeld-V). Personalkosten oder Kosten für Dienstleistungen Dritter können daher nur dann abgesetzt werden, wenn sie zur Durchführung des Geschäftsbetriebes notwendig sind und vom Leistungsberechtigten zur Verbesserung des Betriebsergebnisses nicht selbst bzw. in eigener Person geleistet werden können.[80]

Beispiele: 1. Der leistungsberechtigte Rechtsanwalt hat ein kleines Büro angemietet. Obwohl er nur halbtags tätig ist, beschäftigt er ein Reinigungsunternehmen mit der Reinigung seines Büros.

2. Der Leistungsberechtigte ist selbstständiger Hausmeister und bietet seinen Kunden Gartenarbeiten und Hausreinigung an. Er beauftragt einen Rechtsanwalt mit der Anfertigung der Buchführung, der Steuererklärungen und der Anlage EKS zur Antragstellung bei dem Jobcenter.[81]

3. Der V ist selbstständiger Versicherungsvertreter und hat nur Abschlüsse mit geringem Provisionsaufkommen und ist deshalb hilfebedürftig nach dem SGB II. Aus seiner Erklärung EKS sind im Jahr 2023 drei Ausgaben für auswärtiges Essen in gehobenen Restaurants mit Rechnungen iHv jeweils mehr als 150 EUR ausgewiesen. In zwei Rechnungen ist jeweils ein einzelnes alkoholisches Getränk im Wert von 20 EUR pro Glas aufgeführt.

Das Jobcenter erkennt in allen drei Fällen die Betriebsausgaben nicht an.

Im Fall Nr. 1 (Rechtsanwalt) hat das Jobcenter richtig entschieden, im Fall Nr. 2 (Hausmeister) ist der Entscheidung nicht zu folgen und im Fall Nr. 3 (Versicherungsvertreter) kommt es auf die Begründung im Einzelfall an. Ob die Ausgaben im Einzelfall angemessen sind, ergibt sich aus folgenden Erwägungen:

Im ersten Fall ist es dem Rechtsanwalt zumutbar, die Reinigungsarbeiten selbst durchzuführen (§§ 2, 3, 10). Hier hilft ein „Drittvergleich" weiter. In beengten wirtschaftlichen Verhältnissen und bei ausreichender Arbeitszeit wird ein sparsamer Unternehmer kein Perso-

78 So wohl auch LSG Sachsen-Anhalt 26.6.2009 – L 5 AS 143/09 B ER; LSG Nordrhein-Westfalen 24.11.2010 – L 19 AS 1755/10 B.
79 Vgl. LSG Sachsen 14.6.2010 – L 7 AS 223/09 B ER.
80 Vgl. LSG Sachsen 14.6.2010 – L 7 AS 163/10 B PKH.
81 Anlage zum Antrag auf Leistungen nach dem SGB II = EKS – Erklärung zum Einkommen aus selbstständiger Tätigkeit, Gewerbebetrieb oder Land- und Forstwirtschaft im Bewilligungszeitraum.

nal beschäftigen, wenn er die Arbeiten selbst erledigen kann. Die Anerkennung als Betriebsausgabe wird daher zu Recht versagt.

Bei dem selbstständigen Hausmeister ist davon auszugehen, dass er seine Buchführung nicht selbst erledigen kann, weil hierbei eine Vielzahl von steuerlichen und auch sozialrechtlichen Normen zu beachten ist, die von einem Handwerker ohne Meisterausbildung nicht erwartet werden können. Die Inanspruchnahme eines externen Dienstleisters, hier eines Rechtsanwaltes, ist daher notwendig, so dass die Versagung des Abzugs hier rechtswidrig ist. Hinsichtlich der Beratung zur Umsetzung der kaufmännischen und steuerlichen Buchführung in die grundsicherungsrechtliche Buchführung ist die Einschaltung eines Rechtsanwaltes allein deshalb erforderlich, weil hier die einzelnen Positionen erklärt werden müssen, weil nur die notwendigen und angemessenen Betriebsausgaben abgezogen werden. In der steuerlichen Buchführung, werden zum großen Teil Buchungspositionen nicht näher beschrieben, wie sonstige betriebliche Aufwendungen, verschiedene Aufwendungen usw. Hinsichtlich der steuerlichen Buchführung kommt es lediglich darauf an, ob diese Positionen betrieblich oder privat veranlasst sind und daher der privaten Lebensführung zuzuordnen sind. Bei der grundsicherungsrechtlichen Buchführung müssen die Ausgabenpositionen notwendig und angemessen sein, da sie wesentlich genauer belegt und erklärt werden als bei der steuerlichen Buchführung.[82]

Im dritten Fall dürften die genannten Ausgaben in der Regel nicht angemessen sein. Werden in Folge der Einladungen Provisionen in erheblicher Höhe erzielt oder waren diese zu erwarten, so sind auch teure Geschäftsessen als abzugsfähige Betriebsausgaben anzuerkennen und zwar unabhängig von deren ggf. ungünstigeren steuerlichen Behandlung. Die Ausgaben stehen dann nicht in einem offensichtlichen Missverhältnis zu den Einnahmen und sind auch nicht vermeidbar (§ 3 Abs. 3 S. 1 Bürgergeld-V). Die kostspieligen alkoholischen Getränke sind jedenfalls nicht abzugsfähig, wenn der Leistungsberechtigte sie allein zu sich nimmt. Werden sie dem Kunden oder Geschäftspartner weitergereicht, so können diese Ausgaben notwendig sein, wenn sie im Geschäftsverkehr üblich sind. Bei der Behandlung der Ausgaben nach § 3 Bürgergeld-V und der Auslegung dieser Norm ist auch zu beachten, dass nach § 3 Abs. 1 mit der Reform zum Bürgergeldgesetz die langfristige und dauerhafte Eingliederung in Erwerbstätigkeit nunmehr in den Vordergrund gerückt ist, so dass im Einzelfall auch eine großzügigere Betrachtung infrage kommen kann. Auf der anderen Seite ist auch zu berücksichtigen, dass der Arbeitsmarkt für qualifizierte Arbeitnehmer seit ca. 2018 bis heute, und ggf auch weiterhin, aufnahmefähiger geworden ist, so dass die Förderung einer selbstständigen Tätigkeit hier häufig die dauerhaftere und bessere Eingliederung zur Folge hat.

Hinweis: Der Leistungsberechtige sollte daher vor jeder Investition den Leistungsträger um Zustimmung ersuchen.

Abzugsfähig sind auch nur Ausgaben, die in dem jeweiligen **Bewilligungszeitraum** geleistet werden (§ 3 Abs. 2 Bür4gergeld-V). Das Einkommen selbstständiger Leistungsberechtigter wird für den Bewilligungszeitraum von sechs bis zwölf Monaten ermittelt und durch die Anzahl der Monate im Bewilligungszeitraum geteilt (§ 3 Abs. 4 Bürgergeld-V). Sofern die Höhe der Einnahmen und Ausgaben nicht vorhersehbar ist, wird der Leistungsträger in der Regel eine vorläufige Entscheidung nach § 41 a treffen.

82 Vgl. LSG Baden-Württemberg 4.4.2008 – L 7 AS 5626/07 AS ER.

IV. Kinderzuschlag und Wohngeld

Der Leistungsberechtigte könnte ggf. einen Anspruch auf Kinderzuschlag und auf Wohngeld haben. 78

1. Kinderzuschlag

Der Kinderzuschlag richtet sich nach § 6 a BKGG. Die Voraussetzungen für den Kinderzuschlag werden im Einzelnen wie folgt geregelt: 79

- Für mindestens ein Kind muss ein Rechtsanspruch auf Kindergeld bestehen;
- das Einkommen muss abzüglich Wohngeld und Kindergeld bei Alleinstehenden mindestens 600 EUR, bei Elternpaaren mindestens 900 EUR betragen;
- das unter Berücksichtigung der Abzugsbeträge nach §§ 11 b, 12 ermittelte Einkommen des Leistungsberechtigten darf bei dem Anspruch auf den vollen Kinderzuschlag iHv 250 EUR seinen Anspruch auf Leistungen nach dem SGB II nicht übersteigen. Dabei werden Mehrbedarfe (§ 21), wie der Mehrbedarf für Alleinerziehende und Mehrbedarfe für Behinderte (§ 23 Nr. 4), nicht berücksichtigt.

Der Bedarf der Eltern oder hier der Leistungsberechtigten ist hinsichtlich der Regelbedarfe nach dem SGB II zu ermitteln. In einem weiteren Schritt sind die angemessenen Kosten für Unterkunft und Heizung wie bei einem Empfänger von Leistungen nach dem SGB II zu ermitteln. Die ermittelten Wohnkosten sind allerdings nicht nach Kopfteilen aufzuteilen, sondern werden nach den Ergebnissen des Existenzminimumberichts der Bundesregierung für 2023/2024, dem 14. Existenzminimumbericht,[83] auf die Eltern und Kinder aufgeteilt. Die Kosten für Alleinstehende, Ehepaare und Kinder ergeben sich aus der nachfolgenden Tabelle: 80

	Alleinstehende	Ehepaare	Kinder
Regelbedarf 2023/2024	6.024/6.444 EUR	11.592 EUR	4.248/4.548 EUR
Kosten der Unterkunft	3.828/3.924 EUR	5.892 EUR	1.152/1.188 EUR
Bildung und Teilhabe			336/336 EUR
Heizkosten	1.056/1.104 EUR	1.500 EUR	288/312 EUR
Summe = sächliches Existenzminimum	10.908/11.472 EUR	18.984 EUR	6.024/6.384 EUR
Steuerlicher Freibetrag	10.347/10.347 EUR	20.694 EUR	5.460/5.460 EUR

Beispiel: Die Leistungsberechtigte (L) lebt mit ihrem Kind (K 8 Jahre alt) zusammen, für das sie 250 EUR Kindergeld erhält. Die angemessenen Wohnkosten betragen 444 EUR monatlich. Die L verfügt über ein anrechenbares bereinigtes Einkommen iHv 1.000 EUR monatlich. K ist acht Jahre alt.

Bei einem Alleinstehenden beträgt der statistisch ermittelte Unterkunftsbedarf für das Jahr 2023, bestehend aus Kosten der Unterkunft und Heizung, somit 3.828 EUR +

83 14. Existenzminimumbericht BT-Drs. 20/4443, 10.

1.056 EUR = 4.884 EUR, bei einem Kind 1.152 EUR + 288 EUR = 1.440 EUR. Die jeweilige Quote errechnet sich wie folgt:

Anteil der L		4.884 EUR	entsprechen 77,23 %
Anteil des K	+	1.440 EUR	entsprechen 22,77 %
Gesamtbedarf	=	6.324 EUR	

Im nächsten Schritt sind die tatsächlichen Anteile an den Wohnkosten von L und K zu ermitteln.

Kostenanteil L: 77,23 % von 444 EUR	=	342,90 EUR
Kostenanteil K: 22,77 % von 444 EUR	=	101,10 EUR

Nunmehr wird der Gesamtbedarf der L ermittelt:

Regelbedarf		502 EUR		
+ Mehrbedarf für Alleinerziehende § 21 Abs. 3 Nr. 2	+	60,24 EUR		
+ Kosten Unterkunft und Heizung	+	342,90 EUR		
Gesamtbedarf	=	905,14 EUR		905,14 EUR
./. anrechenbares Einkommen			-	1.000 EUR
Überdeckung			=	- 94,86 EUR

Der Gesamtbedarf iHv 905,14 EUR liegt also unter dem anzurechnenden Einkommen iHv 1.000 EUR. Die Überdeckung führt zu einer Kürzung des Kinderzuschlags, der sich um jeden vollen Unterschiedsbetrag von 10 EUR um jeweils 5 EUR verringert.

Kinderzuschlag		250 EUR
./. Minderungsbetrag 94,86 EUR ÷ 10 * 5	-	47 EUR
= verbleibender Leistungsbetrag	=	203 EUR

Die L erhält somit einen Kinderzuschlag iHv 203 EUR. Durch die Zahlung dieses Kinderzuschlages wird die Hilfebedürftigkeit nach dem SGB II vermieden, da der Kinderzuschlag höher ist, als die Leistungen nach dem SGB II iHv insgesamt, die sich aus der folgenden Bedarfsberechnung ergeben:

Regelbedarf K		348 EUR					
+ Bedarf K Unterkunft und Heizung (50 %)	+	222 EUR					
Gesamtbedarf K	=	570 EUR		570 EUR			
Abzüglich Kindergeld			-	250 EUR			
Restbedarf			=	320 EUR	320 EUR		
Regelbedarf L		502 EUR					
+ Bedarf L Unterkunft und Heizung (50 %)	+	222 EUR					
+ Mehrbedarf für Alleinerziehende	+	60,24 EUR					
Gesamtbedarf L	=	784,24 EUR			+ 784,24 EUR		
Gesamtbedarf K und L					= 1.104,24 EUR		1.104,24 EUR
Abzüglich bereinigtes Einkommen						-	1.000 EUR
Bedarf K und L						=	104,24 EUR

Hier kann gegebenenfalls noch ein Anspruch auf Wohngeld in Betracht kommen (siehe dazu weiter Nr. 2).

Weil K und L ohne Berechnung des Kinderzuschlages einen Anspruch nach dem SGB II und zwar in Höhe von 32 EUR haben, muss zusätzlich durch den Kinderzuschlag die Hilfebedürftigkeit nach dem SGB II vermieden werden.

Der Kinderzuschlag wird als Einkommen des Kindes angerechnet (§ 11 Abs. 1 S. 3). Hierdurch ergibt sich ein anrechenbares Einkommen iHv 453 EUR (250 + 203), für K und 1.000 EUR für den Leistungsberechtigten L. Das Gesamteinkommen von K und L von 1.453 EUR liegt über dem Bedarf von 1.104,24 EUR, so dass die Hilfebedürftigkeit hier vermieden wird. Der Bedarf besteht aus dem jeweiligen Regelbedarf, Mehrbedarf, Bedarf für Unterkunft und Heizung, bei der L 502 + 60,24 + 222 = 784,24 EUR und bei K 348 + 222= 570 – 250 = 320 EUR, dh 1.104,24 EUR.

2. Anspruch auf Wohngeld

Das bewilligte **Wohngeld** wird bei der Einkommensermittlung zur Berechnung des Kinderzuschlages nicht berücksichtigt (§ 6 a Abs. 1 Nr. 2 BKGG). Der Anspruch auf Wohngeld kann also zusätzlich zum Kinderzuschlag geltend gemacht werden. Das Wohngeld wird einkommensabhängig gewährt. Einkommen ist die Summe der positiven Einkünfte nach dem § 2 EStG (§ 14 Abs. 1 WoGG). Einkommen des Leistungsberechtigten, der Einkünfte aus nichtselbstständiger Arbeit bezieht, ist der Überschuss der Einnahmen über die Werbungskosten (§ 2 Abs. 2 Nr. 2 EStG). Hiervon sind die Aufwendungen für Sozialversicherungsbeiträge und Steuern mit insgesamt 30 % von den Bruttoeinnahmen abzuziehen (nach § 16 WoGG). Das Einkommen wird als Jahreseinkommen berechnet. Die Werbungskosten sind, sofern nicht höhere Werbungskosten nachgewiesen werden können, in Höhe der steuerlichen Pauschbeträge abzuziehen, also bei den Einkünften aus nicht selbstständiger Arbeit 920 EUR im Jahr = 76,67 EUR im Monat (§ 9 a Nr. 1 a EStG). Weiterhin kann ein Alleinerziehender einen weiteren Pauschbetrag iHv jährlich 1.320 EUR abziehen (§ 17 Nr. 3 WoGG). 81

Beispiel: Das Einkommen des Leistungsberechtigten errechnet sich wie folgt:

Einkommen § 2 Abs. 1, 2 EStG: 1.750 EUR * 12 Monate	=	21.000 EUR
./. Abzug Werbungskostenpauschale	-	920 EUR
./. Abzug § 16 WoGG: 30 % von 21.000	-	6.300 EUR
./. Freibetrag § 17 Nr. 3 WoGG	-	1.320 EUR
Anrechenbares Einkommen		12.460 EUR
		oder 1.038 EUR pro Monat

Zusätzlich muss die anrechenbare Miete ermittelt werden. Diese wird bis zu einem gewissen Höchstbetrag angerechnet (§ 12 Abs. 1 WoGG). Es wird davon ausgegangen, dass nach dem Anhang zur Wohngeldverordnung die Mietenstufe IV (zB Berlin) angewendet wird. Dann ist für die Miete und die Heizkosten bei zwei Personen nach § 12 WoGG ein Höchstbetrag iHv 579 EUR anzunehmen. Der Zahlbetrag des Mietzuschusses errechnet sich nach der Wohngeldformel (§ 19 WoGG). Die recht schwierige Berechnung kann mittels eines im Internet zur Verfügung stehenden Berechnungsprogramms ermittelt werden.[84] Im vorliegenden Fall besteht ein zusätzlicher Anspruch auf Wohngeld iHv 28 EUR. 82

84 https://www.bmwsb.bund.de/SiteGlobals/Forms/wohngeldrechner/wohngeldrechner-2023-formular.html?resourceId=18737268&input_=18737272&pageLocale=de&householdMembers=2&housingbenefitRecipient

V. Anrechnung von Vermögen

83 Grundsätzlich sind für die Anrechnung von Vermögen alle verwertbaren Vermögensgegenstände zu berücksichtigen (§ 12 Abs. 1).

1. Unverwertbare Vermögensgegenstände

84 Vermögensgegenstände, die aufgrund rechtlicher oder tatsächlicher Hindernisse auf absehbare Zeit **nicht verwertet** werden können, gehören nicht zum verwertbaren Vermögen.

2. Vertragliche Verwertungshindernisse

85 Wie Einkommen, das nicht gezahlt wird, nicht zur unmittelbaren Bedarfsdeckung eingesetzt werden kann, so handelt es sich bei dem nicht verwertbaren Vermögen gleichfalls **nicht um präsente Mittel.**

86 **Beispiel:** Der 51 Jahre alte Leistungsberechtigte war bis zum 31.12.2022 selbstständig tätig. Er besitzt ein Leasingfahrzeug, Mercedes S 350 d Baujahr 02/2021 Restwert 85.000 EUR. Für das Fahrzeug besteht eine Leasingratenversicherung. Der Leistungsberechtigte kann bis zum Ablauf des Leasingvertrages aufgrund der Versicherung sein Fahrzeug weiterfahren. Nach § 5 des Leasingvertrages ist eine Weitergabe des Fahrzeuges an Dritte aufgrund eines Miet- oder Leihvertrages nicht gestattet.

Das Fahrzeug steht nicht im Eigentum des Leistungsberechtigten und kann daher nicht verwertet werden. Dem Leistungsberechtigten steht lediglich ein Nutzungsrecht aus dem Leasingvertrag zu. Durch die Ratenversicherung steht ihm das Nutzungsrecht weiterhin kostenfrei zu. Das Nutzungsrecht ist aufgrund der Einschränkung im Leasingvertrag nicht verwertbar. An diesem Beispiel wird auch deutlich, dass zum Vermögen nicht nur Eigentum, sondern auch Forderungen, hier aus einem Leasing-/Mietvertrag gehören. Der Leistungsberechtigte kann das Nutzungsrecht nicht zur Deckung seines hilferechtlichen Bedarfes, dh des Regelbedarfs und seines Bedarfes für Unterkunft und Heizung, verwenden, weil er das Nutzungsrecht aufgrund vertraglicher Bindung nicht weitergeben kann und der Vermögenswert nicht zur Verfügung steht.

3. Gesetzliche begünstigte Verwertungshindernisse

a) „Rürup" – Basisrente

87 Personen, die nicht in der gesetzlichen Rentenversicherung pflichtversichert sind, können einen sogenannten **Basisrentenvertrag** abschließen.

Der Gesetzgeber knüpft nach § 10 Abs. 1 Nr. 2 b EStG an die steuerliche Abzugsfähigkeit von Beträgen zur sogenannten Basisrente („**Rüruprente**") die Voraussetzung, dass die Verwertung der angesparten Leistungen auf Altersvorsorge nicht vor Eintritt des Leistungsfalles (dh Eintritt des Rentenalters von 60 Jahren) verwertet werden dürfen. Voraussetzung für die steuerliche Abzugsfähigkeit ist die Vereinbarung eines vertraglichen Verwertungsverbotes.

---

s=2&income=1750&rent=380&rentLevelZIPCode=10243&rentLevelTown.GROUP=1&rentLevel=4&rentLevel.GROUP=4&update=Berechnen&result= letzter Aufruf 18.1.2023.

Die Basisrente wird außerdem vor dem Zugriff der Gläubiger weitestgehend geschützt (§§ 851 c Abs. 1, 851 d ZPO), wenn sie weder vererblich, noch übertragbar, noch beleihbar, noch veräußerbar, noch kapitalisierbar ist und auch nicht vor Vollendung des 60. Lebensjahres ausgezahlt werden darf.

b) Versicherung zur Alterssicherung

Handelt es sich bei dem Basisrentenvertrag um einen Versicherungsvertrag, dessen 88
Verwertung vor Eintritt in den Ruhestand ausgeschlossen ist, so ist auch die ordentliche Kündigung des Versicherungsvertrages ausgeschlossen (§ 168 Abs. 3 VVG). Nicht ausgeschlossen sein soll eine außerordentliche Kündigung durch den Versicherungsnehmer nach §§ 313 Abs. 3, 314 BGB, etwa wenn die Leistungen nach dem SGB II wegen Bestehens eines „geschützten“ Versicherungsvertrages versagt werden.[85]

c) Tatsächliche Verwertungshindernisse

Von den gesetzlichen und vertraglichen Einschränkungen der Verwertbarkeit sind tat- 89
sächliche Verwertungshindernisse zu unterscheiden. An einer tatsächlichen Verwertbarkeit fehlt es bereits dann, wenn der Zeitpunkt der Verwertung bei Antragstellung nicht absehbar ist. Ist die Verwertung ausgeschlossen, müssen die Leistungsberechtigten keine Verwertungsbemühungen vorweisen. Sofern allerdings die Verwertung nur mit Schwierigkeiten verbunden sind, sind sie verpflichtet Verwertungsbemühungen zu unternehmen.[86]

Beispiel: Der 40-jährige Leistungsberechtigte ist Eigentümer eines Einfamilienhauses, in 90
dem seine 62-jährige Mutter lebt, die ein lebenslanges Nießbrauchrecht (Wohnrecht) an dem Grundstück hat. Der Leistungsträger gewährt dem Leistungsberechtigten Leistungen nach dem SGB II nur als Darlehen. Da der Leistungsberechtigte kein Recht auf Beitritt zur gesetzlichen Krankenversicherung hat, muss er einen privaten Krankenversicherungsvertrag abschließen. Die private KV bietet dem Leistungsberechtigten nur die Versicherungsmöglichkeiten im Basistarif an.

Für den Leistungsberechtigten besteht die Versicherungspflicht in der gesetzlichen Kran- 91
kenversicherung nur, wenn das Bürgergeld nicht lediglich als Darlehen gewährt wird (§ 5 Abs. 1 Nr. 2 a SGB V). Der Leistungsträger zahlt dem Leistungsberechtigten für die private KV den Beitrag zum halben Basistarif (§ 26 Abs. 1).

Das Einfamilienhaus ist hier nicht verwertbar, da es nicht absehbar ist, wann die Mutter 92
verstirbt und ihr lebenslanges Nießbrauchrecht endet.[87] Nicht absehbar ist eine Verwertung in der Regel, wenn völlig ungewiss ist, wann die Verwertung eintreten kann oder eine Verwertung innerhalb des Bewilligungszeitraumes von regelmäßig sechs Monaten nicht erfolgen kann.[88]

Anders sind die Fälle zu behandeln, in denen ein Gegenstand übersichert ist, in diesen 93
Fällen ist die Verwertbarkeit zwar auch eingeschränkt, hier fehlt es allerdings bereits an einem Vermögenswert.

85 BT-Drs. 16/3945, 101; so nunmehr auch LPK-SGB II/Geiger § 12 Rn. 24.
86 BSG 24.5.2017 – B 14 AS 16/16 R BSGE 123, 188–198.
87 BSG 6.12.2007 – B 14/7 b AS 46/06 R.
88 BSG 30.8.2010 – B 4 AS 70/09 R.

94 **Hinweis:** Weigert sich der private Krankenversicherer den Leistungsberechtigten zum abgesenkten Basistarif (364 EUR) zu versichern, kann der Leistungsberechtigte den Leistungsträger auf Gewährung des vollen Zuschusses oder auf Gewährung von Leistungen nach dem SGB II im Wege des einstweiligen Rechtsschutzes in Anspruch nehmen. Selbst wenn durch die Darlehensgewährung der Lebensunterhalt zunächst gesichert ist, erhält er hierdurch keinen Versicherungsschutz in der gesetzlichen Kranken- oder Pflegeversicherung. Der Leistungsberechtigte wird erst durch Gewährung des Regelbedarfs und ggf. der Kosten für Unterkunft und Heizung als Zuschuss in der gesetzlichen Krankenversicherung versicherungspflichtig. Der Leistungsträger kann sich nicht darauf berufen, dass der Leistungsberechtigte durch die Darlehensgewährung ausreichenden Unterhalt hat.

4. Abzusetzendes Vermögen

95 Darüber hinaus sind bestimmte im Gesetz genannte Vermögensgegenstände als Vermögen nicht zu berücksichtigen (§ 12 Abs. 3). Von dem verwertbaren Vermögen sind bestimmte Beträge abzusetzen (§ 12 Abs. 2).

a) Grundfreibetrag

96 Jede Person in der Bedarfsgemeinschaft hat einen Grundfreibetrag in Höhe von 15.000 EUR (§ 12 Abs. 2 S. 1). Wird bei einer Person in der Bedarfsgemeinschaft dieser Betrag überschritten, wird der Überschuss solange auf die übrigen Personen der Bedarfsgemeinschaft verteilt, bis bei jeder Person der Betrag von 15.000 EUR erreicht wird (§ 12 Abs. 2 S. 2). Erst wenn auf jede Person in der Bedarfsgemeinschaft ein Betrag iHv 15.000 EUR entfällt, wird das weitere Vermögen angerechnet. Eine Unterscheidung zwischen minderjährigen und volljährigen Leistungsberechtigten wird nicht mehr gemacht.[89]

b) Karenzzeit für die Vermögensanrechnung

97 Im ersten Jahr des Leistungsbezuges kann das Vermögen der Mitglieder der Bedarfsgemeinschaft über dem Grundfreibetrag von 15.000 EUR nach § 12 Abs. 2 liegen (§ 12 Abs. 3). Die **Karenzzeit** beginnt mit Beginn des Monats, indem erstmals Leistungen bezogen werden und endet nach einem Jahr. In der Karenzzeit wird nur **erhebliches Vermögen** angerechnet. Ein Vermögen ist erheblich, wenn sein Wert für die erste leistungsberechtigte Person über 40.000 EUR und für jede weitere Person in der Bedarfsgemeinschaft über 15.000 EUR liegt.

98 Während der Karenzzeit wird **vermutet**, dass kein erhebliches Vermögen vorhanden ist, wenn dies im Antrag vom Antragsteller angegeben wird. Die Vermutungsregelung wurde aus dem Sozialschutzpaket im Rahmen der im März 2020 aufkommenden Covid-19 Pandemie, dem § 67 Abs. 3, übernommen. In § 67 Abs. 3 ist der konkrete Betrag nicht benannt, wurde jedoch von der Bundesagentur für Arbeit von einem Teil

89 Wegen des Rechtsstandes bis zum 31.12.2022 wird auf die Vorauflage verwiesen.

der Rechtsprechung zu § 21 Nr. 3 WoGG entnommen.[90] Die von der Bundesagentur für Arbeit übernommen Sätze sollten ursprünglich Eingang im Gesetz finden,[91] wurden jedoch im Vermittlungsausschuss auf die Beträge 40.000 und 15.000 EUR reduziert. Die Gesetzesmaterialien geben keine Auskunft darüber, wie die Vermutungsregelung zu handhaben ist. Die für das Jahr 2023 geltenden Anlagen VM zum Formular des Hauptantrages auf Leistungen nach dem SGB II wird vollständige Auskunft über Vermögensverhältnisse unter Angabe der nach § 12 Abs. 2 genannten Höchstgrenzen. Die Vermutung kann daher nicht greifen, weil bei den Anträgen, anders als bei vereinfachten Anträgen, im Hauptantrag unter Ziffer 7 auch nicht das Ausfüllen der Anlage VM verweigert werden kann, indem angegeben wird, man verfüge nicht über erhebliches Vermögen. Machen Antragsteller **falsche Angaben** in der Karenzzeit, werden diese zwar, wegen der Vermutung, nicht überprüft. Die Überprüfung kann nach einem Jahr, bzw auch bereits vorher, wenn ein Folgeantrag gestellt wird erfolgen.

	Vermögen Karenzzeit	Vermögen nach der Karenzzeit
Person	40.000 EUR	15.000 EUR
Person	15.000 EUR	15.000 EUR
Person	15.000 EUR	15.000 EUR
Person	15.000 EUR	15.000 EUR
Summe	85.000 EUR	60.000 EUR

c) Verwertungsausschluss bei verschiedenen Vermögenswerten

Neben den Absetzbeträgen sind **weitere Vermögensgegenstände** von der Verwertung ausgenommen (§ 12 Abs. 3). Bei der Fallbearbeitung ist darauf zu achten, dass die beiden Gruppen nicht unabhängig voneinander betrachtet werden und von der Verwertung ausgenommene Vermögensgegenstände bei den Freibeträgen mit berücksichtigt werden oder ein nicht mehr angemessener Vermögenswert hinsichtlich seines unangemessenen Teils nicht bei den Freibeträgen berücksichtigt wird.[92] 99

Beispiel: Die am 2.5.1973 geborene Leistungsberechtigte besitzt einen PKW im Wert von 10.000 EUR EUR. Sie verfügt zusätzlich über ein Wertpapierdepot im Wert von weiteren 10.000 EUR. 100

Nach dem bis zum 31.12.2022 geltenden § 12 Abs. 3 Nr. 2 stand jedem erwerbsfähigem Leistungsberechtigten ein angemessenes Kraftfahrzeug mit einem Wert von bis zu 7.500 EUR zu.[93] Eine genaue Wertgrenze wird man ab dem 1.1.2023 bei einem PKW nicht mehr ziehen können, denn nach § 12 Abs. 1 S. 2 Nr. 2 wird die Angemessenheit vermutet, wenn die An-

90 zB VG Berlin 18.1.2011 – 21 K 431.10, Fachliche Weisung der Bundesagentur für Arbeit zu § 67 SGB II, Stand 24.6.2022, S. 8; https://www.arbeitsagentur.de/datei/fachliche-weisungen-zu-67-sgb-ii_ba037270.pdf, letzter Aufruf 18.1.2023.
91 BT-Drs. 20/3873.
92 Vgl. BSG 6.9.2007 – B 14 AS 66/06 R.
93 BSG 6.9.2007 – B 14/7 b AS 66/06 R.

tragstellerin dies in ihrem Antrag angibt. Da es sich bei den PKWs häufig um Fahrzeuge handelt, die älter als ein Jahr sind, kann die Leistungsberechtigte in der Anlage VM (Vermögen) bei der Frage nach dem Wert wohl ein Fragezeichen eintragen, denn eine Verpflichtung der Leistungsberechtigten, den Wert, wie den Händlerankaufspreis, zu ermitteln besteht nach der Gesetzesänderung des § 12 Abs. 1 nicht.

Vermögensfreibetrag § 12 Abs. 2		15.000 EUR
+ Angemessenes Kfz § 12 Abs. 3 Nr. 2	+	7.500 EUR
Summe	=	22.500 EUR

Der Wert des Kraftfahrzeuges und des Aktiendepots überschreiten hier mit einem Wert von 20.000 EUR die Angemessenheitsgrenze von 22.500 EUR nicht, so dass es nicht der Verwertung unterliegt. Bei Ermittlung des Wertes eines Kraftfahrzeuges ist nicht der Händlerverkaufspreis, sondern der im privaten Verkauf von dem Leistungsberechtigten erzielbare Wert anzunehmen und zwar der Händlereinkaufspreis.[94] Aber auch wenn der Betrag von 22.500 EUR überschritten wird, ist es fraglich, ob Vermögen angerechnet werden muss. Die alte Angemessenheitsgrenze für Kraftfahrzeuge von 7.500 EUR kann in der starren Form nicht mehr aufrechterhalten werden, denn durch Erhöhung des Grundfreibetrages von 3.100 bis 10.050 EUR auf 15.000 EUR hat der Gesetzgeber zum Ausdruck gebracht, dass eine genau Festlegung eines solchen Werte durch die Rechtsprechung nicht mehr erfolgen kann. Von der Vermögensverwertung nicht freigestellt werden daher nur Kraftfahrzeuge, die einen erheblichen Wert haben, d.h. über 40.000 EUR.

Bei diesem Grundfreibetrag von 15.000 EUR handelt es sich um ein verwertbares, zugängliches Vermögen, also um Bargeld, Guthaben auf Girokonten, Sparbücher, Forderungen, Wertpapiere, Grundvermögen und Verwertungsrechte.

d) Gefördertes Altersvorsorgevermögen

101 Das nach Bundesrecht ausdrücklich **geförderte Altersvorsorgevermögen** wird nicht angerechnet (§ 12 Abs. 1 S. 2 Nr. 3). Dieses Vermögen unterliegt nach dem SGB II keiner Beschränkung in der Höhe. Es muss allerdings beachtet werden, dass die Förderung beschränkt ist und sich dadurch mittelbar Grenzen der Freilassung dieses Vermögens ergeben. Hierzu zählt die zusätzliche private Altersvorsorge (§ 10 a Abs. 1 EStG = **Riesterrente**) für Personen, die in der gesetzlichen Rentenversicherung pflichtversichert sind.[95] Ein gefördertes Altersvorsorgevermögen können allerdings auch Kinder haben, die minderjährig sind und das 15. Lebensjahr vollendet haben und als Bezieher von Bürgergeld nach § 3 Nr. 3 a SGB VI oder aufgrund einer Berufsausbildung oder wegen entgeltlicher Beschäftigung in der gesetzlichen Rentenversicherung versichert sind (§ 1 Abs. 1 Nr. 1 SGB VI).

e) Besondere Altersvorsorge Basisrente

102 Auch die in § 10 Abs. 1 Nr. 2 b EStG iVm § 2 Abs. 1 AltZertG genannte **Basisrentenverträge** („Rürup-Rente") gehört zur den geförderten Altersvorsorgeverträgen im Sinne des § 12 Abs. 1 S. 2 Nr. 3 gehören.[96]

---

94 BSG 6.9.2007 – B 14/7 b AS 66/06 R BSGE 99, 77–87.
95 BT-Drs. 15/1516, 53.
96 So wohl LSG Rheinland-Pfalz 25.11.2008 – L 3 AS 118/07; offen gelassen BSG 15.4.2008 – B 14 AS 27/07 R.

Beispiel: Der 52 Jahre alte Leistungsberechtigte war bis zum 30.6.2017 selbstständig tätig. In der gesetzlichen Rentenversicherung war er nie versichert. Er verfügt bei Antragstellung über einen nach § 5a AltZertG zertifizierten privaten Rentenversicherungsvertrag mit einem Wert von 100.000 EUR. Der Leistungsträger verweigert die Leistungen nach dem SGB II, weil der Leistungsberechtigte sein Kapital kündigen kann und nicht hilfebedürftig ist. 103

Nach dem Wortlaut des § 12 Abs. 2 Nr. 2 wird nicht nur das zusätzlich zur gesetzlichen Rentenversicherung angesparte Vermögen zur Altersversorgung vom anrechenbaren Vermögen abgesetzt, sondern auch anderes gefördertes Vermögen. Unklar ist, was der Gesetzgeber unter gefördertem Vermögen versteht. Die Förderung nach § 10 a EStG kann auf zweierlei Arten geschehen, und zwar durch die Altersvorsorgezulage nach § 83 EStG oder einen Abzugsbetrag für Sonderausgaben iHv jährlich 2.100 EUR. Das Finanzamt prüft wie beim Kindergeld, ob die Zulage (nach § 82 EStG oder Kindergeld) oder der steuerliche Freibetrag günstiger ist und zahlt die Zulage aus oder gewährt den Freibetrag in der Regel durch eine Steuerrückzahlung.

Bei den Beiträgen zur Basisrente (§ 10 Abs. 1 Nr. 2 b EStG) erfolgt lediglich eine mittelbare Förderung durch steuerlichen Abzug bis zu einem Betrag iHv höchstens 22.541 EUR jährlich (§ 10 Abs. 3 EStG). Anwartschaften in der gesetzlichen Rentenversicherung sind bereits deshalb nicht als Vermögen anzurechnen, weil es an der Verwertbarkeit fehlt, denn die Anwartschaften in der gesetzlichen Rentenversicherung sind nicht „kapitalgedeckt". Bei Leistungsberechtigten, die von der gesetzlichen Rentenversicherung befreit sind (§ 6 SGB VI) und Anwartschaften (auch in Form eines Kapitals) in einem Versorgungswerk oder als Handwerker in der gesetzlichen Rentenversicherung erworben haben, ergibt sich die Sicherung der (weiteren) privat angesparten Anwartschaften unmittelbar aus dem Gesetz (§ 12 Abs. 3 Nr. 3). Sowohl die Basisrente als auch die Rente in der gesetzlichen Rentenversicherung oder einem Versorgungswerk dienen der Sicherung der Altersversorgung. Hinsichtlich der vorzeitigen Verwertbarkeit unterscheiden sich die genannten Basisversorgungen nicht voneinander.

Die Auszahlung der Anwartschaft aus der gesetzlichen Rentenversicherung ist nur in Form der Witwenrentenabfindung (§ 107 SGB VI) möglich, bei den Versorgungswerken ist eine vorzeitige Auszahlung ebenfalls nicht möglich und die vorzeitige Nutzung der Basisrente ist auch nicht möglich. Wenn schon die zusätzliche Rentenversicherung nach § 10 a EStG nach dem SGB II geschützt ist, so ist die Basisrente nach § 10 Nr. 2 b EStG ebenfalls schutzbedürftig. Nach dem Willen des Gesetzgebers soll auch die Basisrente vor dem Zugriff Dritter geschützt werden. Der Kapitalbetrag der Basisrenten unterliegt einem umfassenden Pfändungsschutz (§ 851 c Abs. 2 ZPO). Die Kapitalbeträge der zertifizierten Basisrenten (§ 5 a AltZertG) unterliegen daher ebenso wie Kapitalbeträge nach § 10 a EStG nicht der Verwertung (§ 12 Abs. 2 Nr. 2). Demgemäß wird der Leistungsträger in dem og Beispielsfall die Leistung nicht verweigern dürfen. Derart geschütztes Ansparvermögen des Leistungsberechtigten unterliegt bis zu einem Betrag 250.000 EUR nicht der Zwangsvollstreckung (§ 851 c ZPO) und kann daher anrechnungsfrei angespart werden.

Altersstufe			Summe der pfändungsfreien Beträge
18–29:	12 Jahre * 2.000 EUR		24.000 EUR
30–39:	10 Jahre * 4.000 EUR	+	40.000 EUR
40–47:	8 Jahre * 4.500 EUR	+	36.000 EUR

Altersstufe			Summe der pfändungsfreien Beträge
48–53:	6 Jahre * 6.000 EUR	+	36.000 EUR
54–59:	6 Jahre * 8.000 EUR	+	48.000 EUR
60–67:	8 Jahre * 9.000 EUR	+	72.000 EUR
Summe		=	256.000 EUR

Von dem Betrag, der über 256.000 EUR hinausgeht, bleibt weiterhin 1/3 pfändungsfrei (§ 851c Abs. 2 S. 3 ZPO).

Außerdem kann der Leistungsberechtigte sich von der Versicherungspflicht in der gesetzlichen Rentenversicherung befreien lassen (§ 6 Abs. 1a Nr. 1 und 2 SGB VI).

f) Zur Altersvorsorge bestimmtes Vermögen

104 Weiter sind die zur Altersversorgung bestimmten Teile des Vermögens nach § 12 Abs. 1 S. 2 Nr. 4 geschützt, sofern bei einem hauptberuflich Selbstständigen keine Beiträge zur gesetzlichen Rentenversicherung, einer öffentlich-rechtlichen Versorgungseinrichtung oder einer berufsständischen Versorgung entrichtet wurden. Hauptberuflich selbstständig Tätige sind Personen, wenn die selbstständige Tätigkeit von ihrem wirtschaftlichen und zeitlichen Aufwand her gegenüber einer anderen Einkunftsart deutlich hervorsteht, d.h. wenn nicht nur geringfügige Einkünfte (§ 8 SGB IV) erzielt wurden, keine andere wesentliche Tätigkeit im Verhältnis zur selbstständigen Tätigkeit vorliegt und diese Tätigkeit die überwiegende Arbeitszeit in Anspruch nimmt.[97] Diese zur Alterssicherung dienenden Vermögensteile unterscheiden sich wesentlich von den vorgenannten zertifizierten Alterssicherungen. Sie können durchaus verwertet werden, etwa durch Beleihung einer Lebensversicherung oder wenn der Leistungsberechtigte die Altersgrenze erreicht. Diese Altersversorgung ist unabhängig von der Anlageform bis zu einem Höchstbetrag geschützt.

105 Der **Höchstbetrag** wird wie folgt ermittelt:

Für jedes angefangene Jahr der hauptberuflichen selbstständigen Tätigkeit ist ein Betrag, der sich nach dem im Antragzeitpunkt geltenden Beitragssatz zur gesetzlichen Rentenversicherung nach § 158 SGB VI sowie dem zuletzt festgestellten endgültigen Durchschnittsentgelt nach Anlage 1 zum SGB VI ergibt, nicht berücksichtigen. Für die Jahre 2022/2023 ist das Durchschnittsentgelt noch nicht endgültig, sondern nur vorläufig festgestellt, so dass hier zunächst mit dem Betrag von 2021 iHv 40.463 EUR gearbeitet werden kann. Dieser liegt über dem vorläufigen Durchschnittsentgelt von 2022 und unter dem von 2023. Hieraus ergibt sich, wenn man 10 Jahre selbstständige Tätigkeit voraussetzt, folgende Beispielrechnung:

Durchschnittsentgelt 2021 = 40.463 * Beitragssatz 18,6% * angefangene Jahre der selbstständigen Tätigkeit = 10 40.463 * 18,6% * 10 = 75.261,18 EUR.

97 BSG 29.7.2015 – B 12 KR 4/13 R zur Versicherungspflicht nach § 5 Abs, 5 SGB V und der Höhe des Beitrags für freiwillige Krankenversicherte § 240 SGB V.

5. Nicht zu berücksichtigendes Vermögen

In § 12 Abs. 1 sind Vermögensgegenstände genannt, die nicht zu berücksichtigen sind. 106

a) Angemessener Hausrat

Nach Nr. 1 ist angemessener Hausrat nicht zu verwerten. Diese aus der Sozialhilfe übernommene Regelung hat angesichts eines eher schwachen Marktes für gebrauchten Hausrat nur eine relativ geringe Bedeutung. Eine Ausnahme können allenfalls zum Hausrat gehörende Antiquitäten sein. Hier sind allerdings auch die Vermögensfreibeträge nach Abs. 2 und 3 zu beachten. Es ist bei Erbstücken weiterhin zu prüfen, ob sich der Leistungsberechtigte bei einem Verwertungsverlangen des Leistungsträgers auf eine Härte berufen kann oder die Verwertung unwirtschaftlich ist. 107

b) Angemessenes Kraftfahrzeug

Für jeden erwerbsfähigen Leistungsberechtigten war **bis zum 31.12.2022** ein angemessenes Kraftfahrzeug im Wert von 7.500 EUR[98] als Vermögen nicht zu berücksichtigen. Mit Kraftfahrzeug sind nicht nur Automobile, sondern auch Krafträder und Fahrräder mit Hilfsmotor gemeint. 108

In dem **ab** dem **1.1.2023** geltenden § 12 Abs. 1 S. 2 Nr. 2 wird die Angemessenheit vermutet, wenn die Antragstellerin oder der Antragsteller dies im Antrag erklärt. Fraglich ist, ob es ausreicht, wenn im Antrag die Erheblichkeit des Vermögens verneint wird, indem dem Antragsformular der Satz: *„Es ist kein erhebliches Vermögen vorhanden."* beigefügt wird oder in der Anlage VM zum Hauptantrag nach dem SGB II die einzelnen Vermögenswerte eingetragen werden bzw. als nicht vorhanden gekennzeichnet werden müssen.[99] Die Gesetzesmaterialien sagen nichts darüber aus, ob hier Angaben gemacht werden müssen, sondern spricht nur von einer Erklärung zum Vermögen, so dass eine „Negativerklärung" hiernach ausreicht.[100] **Falsche Angaben** lösen dann zwar die Vermutungswirkung des § 12 Abs. 1 S. 2 Nr. 2 aus, führen allerdings ggf. zu einer Straftat gegenüber dem Jobcenter, wenn denn das Kraftfahrzeug unangemessen ist. Was nunmehr angemessen ist, nachdem der Grundfreibetrag um fast 50% mindestens und höchstens fast 500%, erhöht wurde, muss letztlich die Rechtsprechung klären. Ein angemessenes Kraftfahrzeug dürfte daher wohl noch bis zu einem Händlereinkaufswert von bis zu 15.000 EUR angemessen sein (vgl. hier das Berechnungsbeispiel in → Rn. 100).

c) Selbst genutztes Hausgrundstück

Ein selbst genutztes Hausgrundstück **angemessener Größe** oder eine entsprechende **Eigentumswohnung** ist als Vermögen nicht zu berücksichtigen. Was mit angemessener Größe gemeint ist, wird **seit dem 1.1.2023** nunmehr in § 12 Abs. 1 S. 2 Nr. 5 klargestellt. Bei einem selbstgenutzten Hausgrundstück und bei einer selbstgenutzten Eigen- 109

98 BSG 6.9.2007 – B 14/7b AS 66/06 R.

99 LSG Bayern 20.4.2020 – L 16 AS 170/20 B EB zu § 67 SGB: „Sozialschutzpaket".

100 Zu § 67 SGB II BT-Drs. 19/18107, 25, zu § 12 SGB II BT-Drs. 20/3873, 78 zu § 3 12 Abs. 1 S. 2 Nr. 2 SGB II.

tumswohnung kommt es nur noch auf die Größe der Wohnfläche an.[101] Unterschiede wegen der Grundstücksgröße oder des Wertes der Immobilie werden nicht mehr gemacht und die Größe für ein Eigenheim mit 140 m² und eine Eigentumswohnung mit einer Größe von 130 m² festgelegt. Wenn die Immobilie von mehr als vier Personen bewohnt wird, erhöht sich die Größe um jeweils 20 m² für jede weitere Person. Es kann eine höhere Wohnfläche anzuerkennen sein, sofern die Berücksichtigung als Vermögen eine besondere Härte darstellt. Mit dieser Härteregelung, die unabhängig von der allgemeinen Härteregelung des § 12 Abs. 1 S. 2 Nr. 7 zu prüfen ist, soll die durch die Rechtsprechung gezogene strikte Grenze von 10% über den festgelegten Werten (damals nach Wohnbauförderungsgesetz) hinsichtlich der Wohnfläche durchbrochen werden.[102] Diese Härteregel wird daher in bestimmten Konstellationen zu einer größeren Ausweitung der Wohnungsgröße kommen als bisher, und zwar, wenn es sich um eine besonders große, aber sehr schlecht ausgestattete Unterkunft handelt oder die Anzahl der Leistungsberechtigten durch Auszug von Familienangehörigen sich verringert, zB von acht auf zwei Personen, nach dem Auszug der Kinder.

110 **Hinweis:** Einschlägig für die Wohnflächenberechnung ist die II. Berechnungsverordnung[103] oder die Wohnflächenverordnung.[104] Bei Anwendung dieser Regelungen ergeben sich teilweise erheblich geringere Wohnflächengrößen als bei einer Berechnung nach der von Bauträgern, Architekten und Bauingenieuren angewendeten DIN 277. Wohnflächenangaben der stolzen Hausbesitzer sind daher zu ihren Gunsten zu überprüfen. Ggf. sind die Wohnflächen durch Sachverständigengutachten zu ermitteln.

d) Vermögen zur Beschaffung oder Erhaltung von Wohnraum für behinderte oder pflegebedürftige Menschen

111 Die durch Nr. 5 des dritten Absatzes geschützten **Beschaffungskosten** spielen im SGB II praktisch bisher keine Rolle.

e) Allgemeine Härteregelung

112 Bei der Anrechnung von Vermögenswerten ist, unabhängig von der Verwertbarkeit und der Verpflichtung des Leistungsberechtigten, sein Vermögen zur Bestreitung des eigenen und des Unterhaltes der mit ihm in Bedarfsgemeinschaft lebenden Personen einzusetzen, immer zu prüfen, ob die Verwertung für den Betroffenen nicht **offensichtlich unwirtschaftlich** ist oder eine **besondere Härte** bedeutet. Die besondere Härte kann auch darin liegen, dass eine Verwertung nach den Regeln des SGB XII ausgeschlossen ist[105] oder wenn der Leistungsbezug nur kurzzeitig ist, etwa, weil alsbald ein Rentenanspruch besteht.[106] Die Verwertungspflicht nach § 90 Abs. 1 Nr. 8 SGB XII richtet sich nach der Zahl der Bewohner, dem Wohnbedarf, der Grundstücksgröße, der Hausgröße, dem Zuschnitt und der Ausstattung des Wohngebäudes, sowie dem Wert des Grundstückes, einschließlich des Wohngebäudes. Ob ein Grund-

101 BT-Drs. 20/3873, 79.
102 BSG 12.10.2016 – B 4 AS 4/16 R.
103 BGBl. 1990 I 2178.
104 BGBl. 2003 I 2346; BSG 15.4.2008 – B 14/7 b AS 34/06 R.
105 BSG 12.12.2013 – B 14 AS 90/12 R, SozR 4-4200 § 12 Nr. 22.
106 BSG 30.8.2017 – B 14 AS 30/16 R, SozR 4-4200 § 12 Nr. 30.

stück verwertet werden muss, richtet sich daher insbesondere auch nach dem Wert, der bei größeren Gebäuden in strukturschwachen Gebieten erheblich unter dem Wert eines kleinen Einfamilienhauses in einer Gegend mit einer guten Arbeitsmarktlage liegen kann. Übt der Leistungsberechtigte in seiner Eigentumswohnung oder seinem Eigenheim ein Gewerbe oder eine berufliche Tätigkeit aus, kann sich die angemessene Wohnfläche nach dem zweiten Wohnungsbaugesetz um den gewerblich oder beruflich genutzten Teil erhöhen, so dass auch deshalb eine Verwertung ausgeschlossen sein kann.[107]

Offensichtlich unwirtschaftlich ist eine Verwertung, wenn der zu erzielende Gegenwert in deutlichem Missverhältnis zum wirklichen Wert des zu verwertenden Vermögensgegenstandes steht.[108]

Beispiel: Der Leistungsberechtigte ist Eigentümer eines unbebauten Baugrundstückes mit 113
einer Größe von 600 m², welches im Einzugsbereich einer süddeutschen Großstadt liegt. Nach dem Bodenrichtwert hat das Grundstück einen Wert von 300.000 EUR. Der Leistungsberechtigte versucht das Grundstück seit Jahren zu verkaufen, er erhält allerdings nur Angebote bis 50.000 EUR.

Dieser etwas konstruierte Fall offenbart, dass es einen Unterschied zwischen dem wirklichen Wert und dem zu erzielenden Gegenwert eigentlich nicht geben kann, denn der Wert bestimmt sich danach, zu welchem Preis (Gegenwert) ein Gegenstand veräußert werden kann. Letztlich soll der Leistungsberechtigte davor geschützt werden, dass er einen wertvollen Vermögensgegenstand verschleudern muss. Dies dürfte hier der Fall sein, weil nur 1/6 des möglichen Wertes erzielt werden kann.

Bei Lebensversicherungen dürfte ein Missverhältnis bei einer Differenz von mehr als 20 % zwischen Rückkaufswert und eingezahltem Kapital liegen.[109] Die Wertdifferenz wird in erster Linie dann anzuwenden sein, wenn der Vermögenswert einer Verfügungsbeschränkung unterliegt, die nur unter Hinnahme eines erheblichen Verlustes erfolgen kann. Dies betrifft insbesondere langfristige Vermögensanlagen, die nach § 314 BGB vom Leistungsberechtigten wegen Wegfalls der Geschäftsgrundlage (Verarmung) vor Ablauf eines vereinbarten Auszahlungszeitpunktes außerordentlich gekündigt werden. In diesen Fällen wird die Rückzahlung des Kapitals durch Schadenersatzansprüche des Versicherers oder eines sonstigen Vertragspartners belastet sein. Bei Versicherungen, bei denen nach § 168 Abs. 3 VVG (vorher § 165 Abs. 3 VVG) die Kündigung ausgeschlossen ist, kann durch eine außerordentliche Kündigung nach § 314 BGB auch immer ein Fall der Unwirtschaftlichkeit eintreten. Bei einer Lebensversicherung ist auch darauf abzustellen, ob ein Verlust dadurch eintritt, dass das ausgezahlte Kapital erheblich unter den eingezahlten Beiträgen liegt. Dabei kann es keine festen Grenzen geben. Es kommt immer darauf an, wie die konkrete Vertragssituation ist, zB wie sich die Vertragslaufzeit bemisst oder ob eine Beleihung vorliegt.[110]

Liegt kein Fall der Unwirtschaftlichkeit vor, kann immer noch eine **besondere Härte** 114
vorliegen. Die besondere Härte muss über die allgemeine Härte, die mit einer Vermö-

107 BSG 18.9.2014 – B 14 AS 58/13 R, SozR 4-4200 § 12 Nr. 24.
108 BSG 15.4.2008 – B 14 AS 27/07 R; 6.9.2007 – B 14/7b AS 66/06 R; 17.10.1990 – 11 RAr 133/88.
109 BSG 6.9.2007 – B 14/7b AS 66/06 R 48: 2 % Differenz = unwirtschaftlich.
110 BSG 20.2.2014 – B 14 AS 10/13 R BSGE 115, 148–158.

gensaufgabe verbunden ist, hinausgehen.[111] Bei einer Altersversorgung, die nicht bereits durch die übrigen Regelungen über die Freistellung von Altersvorsorgebeiträgen erfasst wird, werden an die besondere Härte allerdings nicht in gleicher Weise Anforderungen gestellt, wie bei der Gewährung von Leistungen nach § 7 Abs. 5 an Studenten, die dem Grunde nach förderfähig nach BAföG sind. Ein Härtefall liegt dann vor, wenn der Leistungsberechtigte kurz vor Erreichen der Altersgrenze seine Ersparnisse einsetzen muss und bei ihm eine Versorgungslücke in der gesetzlichen Rentenversicherung vorliegt.

115 **Beispiel:** Die 62 Jahre alte Leistungsberechtigte war überwiegend als geschiedene Ehefrau als mithelfende Familienangehörige eines selbstständig Handwerkers tätig. Sie hat verschiedene Lebensversicherungen mit einem Rückkaufswert von insgesamt 120.000 EUR, mit einer garantierten Ablaufleistung iHv 135.800 EUR angelegt. Diese werden mit Vollendung des 60. Lebensjahres fällig. Nach der Rentenauskunft der gesetzlichen Rentenversicherung hat sie einen Rentenanspruch iHv 350 EUR monatlich.

Hier wird es der Leistungsberechtigten nicht zumutbar sein, das Vermögen aufzubrauchen, denn es dient ihrer Altersversorgung. Es wurde zwar kein Verwertungsausschluss vereinbart, so dass hier kein geschütztes Altersvorsorgevermögen vorliegt (§ 12 Abs. 2 Nr. 3), allerdings hat sie eine deutliche Versorgungslücke, die sie nur durch die Lebensversicherungen schließen kann.

116 Eine Härte liegt auch dann vor, wenn das Vermögen auf Einnahmen wie etwa **Schmerzensgeld** beruht, die als Einkommen nicht angerechnet werden können.[112] Dies gilt allerdings nicht, wenn der Leistungsberechtigte durch Ansparungen aus seinem Regelbedarf seine Vermögensfreigrenzen überschreitet.

Darüber hinaus unterliegen auch Vermögensgegenstände, die zur Ausübung der Berufsausbildung und Berufstätigkeit unentbehrlich sind, nicht der Verwertung (§ 7 Abs. 1 ALG II-V). Hierzu können zB das Ackerland des Landwirtes oder ein LKW zusätzlich zu einem PKW zählen.

6. Umschichtung von Vermögenswerten

117 Nach der vom Bundesverwaltungsgericht entwickelten und vom Bundessozialgericht aufgegriffenen und **modifizierten Zuflusstheorie** ist die Unterscheidung zwischen Einkommen und Vermögen danach zu treffen, dass alles, was bei Antragstellung bereits vorhanden war, zum Vermögen gehört und alles, was nach Antragstellung hinzukommt, als Einkommen zu berücksichtigen ist. Der Antragszeitpunkt ist daher maßgeblich für die Frage, ob ein Gegenstand zu dem weitestgehend geschützten Vermögen oder zu den Einnahmen gehört, die zum Lebensunterhalt verbraucht werden müssen. Eine Ausnahme gilt nur hinsichtlich der Einnahmen aus Erbschaften, die während des Leistungsbezuges den Leistungsberechtigten zufließen. Diese werden nach § 11 a Abs. 1 Nr. 7 nicht als Einnahmen, sondern als Vermögen erfasst.[113]

111 BSG 7.5.2009 – B 14 AS 35/08 R.
112 BSG 15.4.2008 – B 14/7 b AS 6/07 R.
113 Gilt erst ab dem 1.7.2023.

Darüber hinaus sind **Vermögensgegenstände** je nach deren Eigenschaften unterschiedlich zu berücksichtigen. Ist die Verteilung des Vermögens optimal vorgenommen, können erhebliche Vermögenswerte bei dem Leistungsberechtigten verbleiben.

Fraglich erscheint in diesem Zusammenhang, inwieweit der Leistungsberechtigte auch angesichts nahender Hilfebedürftigkeit sein ungeschütztes Vermögen in geschütztes Vermögen umwandeln und damit dem Vermögensverbrauch entgegenwirken kann. Nach § 31 Abs. 4 Nr. 1 werden die Regelbedarfe um 30 % abgesenkt, wenn der Leistungsberechtigte sein Vermögen in der Absicht vermindert, die Hilfebedürftigkeit nach dem SGB II herbeizuführen.

Ebenso führt eine bewusste Vermögensminderung zu einem **Schadenersatzanspruch** 118
des Leistungsträgers (§ 34 Abs. 1 S. 1). Von dieser Norm werden nur Fälle erfasst, in denen der Leistungsberechtigte in sozialwidriger Weise seine Hilfebedürftigkeit herbeigeführt hat.[114] Es handelt sich um eine eng begrenzte Ausnahmeregelung, bei der sich der Leistungsberechtigte zudem der Sozialwidrigkeit seines Verhaltens bewusst gewesen sein muss. Ob ein **Verhalten sozialwidrig** ist, bestimmt sich nach den Umständen des Einzelfalles. Zwischen der Herbeiführung der Hilfebedürftigkeit und dem sozialwidrigen Verhalten muss ein „spezifischer Bezug" bestehen.[115] Der Leistungsberechtigte muss sich in missbilligender Weise selbst, oder Mitglieder seiner Bedarfsgemeinschaft, in die Lage versetzt haben, Leistungen nach dem SGB II in Anspruch zu nehmen.[116] Wenn ein Leistungsberechtigter sein Vermögen kurz vor Antragstellung so umschichtet, dass es zum vom SGB II geschützten Vermögen wird, kann dies nicht sozialwidrig sein, denn der Leistungsberechtigte macht von seinem Dispositionsrecht im Rahmen des Art. 14 GG Gebrauch. Dabei kann es keinen Unterschied machen, ob die Vermögensdisposition in engem zeitlichem Zusammenhang mit einem Antrag auf Unterhaltsleistungen nach dem SGB II erfolgt oder längere Zeit vor Antragstellung. Es ist daher zulässig, wenn der Leistungsberechtigte vor Antragstellung sein nicht geschütztes Aktiendepot in ein kleines Eigenheim umschichtet oder mit seinen Ersparnissen mit einer Grundschuld gesicherte Kredite seines Eigenheimes ganz oder teilweise ablöst.[117] Dies betrifft auch den Fall einer Sanktion (§ 31 Abs. 2 Nr. 1), der allerdings zusätzlich voraussetzt, dass Vermögen des Leistungsberechtigten durch die Handlung gemindert wird. Dies wird bei einer Umschichtung nur ausnahmsweise der Fall sein, wenn sich wertmäßig zwischen dem erworbenen Gegenstand und dem aufgegebenen Gegenstand ein großer Unterschied ergibt („zu teuer gekauft"). Wurde der Leistungsberechtigte nach dem Einkommens- oder Vermögenszufluss auf die Art und Weise der Verwendung zur Sicherung des Lebensunterhaltes durch das Jobcenter hingewiesen und hält sich der Leistungsberechtigte nicht daran, kann dieses Verhalten zu missbilligen sein.[118] Der Leistungsberechtigte kann somit

114 BVerwG 23.9.1999 – 5 C 22/99.
115 BSG 2.11.2012 – B 4 AS 39/12 R BSGE 112, 135–141.
116 BSG 16.4.2013 – B 14 AS 55/12 R, SozR 4-4200 § 34 Nr. 2.
117 BSG 16.5.2007 – B 11 b AS 37/06 R.
118 BSG 12.6.2013 – B 14 AS 73/12 R, info also 2014, 39.

verpflichtet sein, sein Vermögen oder Einkommen zum Lebensunterhalt, und nicht zur Schuldentilgung, einzusetzen.[119]

119 Der Leistungsträger ist allerdings nicht verpflichtet, den Leistungsberechtigten darüber aufzuklären, wie er Unterhaltsleistungen nach dem SGB II erhalten kann.[120]

120 **Nicht geschütztes Vermögen ist zu verwerten.** Dem Leistungsberechtigten bleibt es überlassen, wie eine Verwertung vorzunehmen ist. Die Verwertung muss sich allerdings daran orientieren, dass der Hilfebedarf durch die Verwertung gedeckt ist. Der Leistungsberechtigte kann also nicht auf Mittel verwiesen werden, die nicht geeignet sind, seinen konkreten Bedarf in dem jeweiligen Monat zu sichern.[121] Verwendet der Leistungsberechtigte die Leistungen zur Schuldentilgung, so steht ihm die Leistung nicht mehr zur Verfügung, er ist somit mittellos. In dieser Situation kann das Jobcenter ihn nicht mittellos lassen und muss Leistungen erbringen, kann allerdings die zu erbringenden oder erbrachten Leistungen nach § 34 bzw. § 48 SGB X zurückverlangen.[122] Wird durch eine Einnahme aus der Vermögensverwertung ein Dispositionskredit ausgeglichen, so führt dies nicht, soweit der Negativsaldo ausgeglichen wird, dazu, dass der Leistungsberechtigte nach dem Ausgleich wieder seinen Dispositionskredit in Anspruch nehmen muss.[123] Der Leistungsberechtigte kann also nur zwischen Verwertungsarten wählen, die den Hilfebedarf decken.[124] Bei Hausgrundstücken kommen die Veräußerung und die Beleihung in Betracht. Nur ausnahmsweise wird sich der Bedarf des Leistungsberechtigten, oder der Bedarfsgemeinschaft, durch Vermietung eines selbst genutzten Hausgrundstückes decken lassen, so dass die Wahl sich auf den Verkauf und die Belastung beschränkt, die bei Fortdauer der Hilfebedürftigkeit letztlich doch zur Veräußerung zwingt. Letztlich führt die zitierte Rechtsprechung dazu, dass der Leistungsberechtigte mit einem nicht angemessenen Hausgrundstück besser beraten ist, mit seiner Antragstellung zuzuwarten und zu versuchen, sein unangemessenes Hausgrundstück in ein angemessenes „auszutauschen", um anschließend einen Antrag auf Bürgergeld zu stellen.

Ist ein Vermögensgegenstand zwar in absehbarer Zeit verwertbar, kann er aber nicht sofort verwertet werden, sind die Leistungen als Darlehen zu gewähren (§ 24 Abs. 4).

121 **Beispiel:** Der Leistungsberechtigte ist im Besitz eines Waldgrundstückes mit einem Wert von 80.000 EUR. Er hat noch weiteres Vermögen, welches allerdings geschützt ist (§ 12 Abs. 2 und 3). Der Leistungsberechtigte wollte das Grundstück seit längerer Zeit verkaufen und hat zwischenzeitlich einen Käufer gefunden. Da der Kaufpreis erst nach Eintragung der Auflassungsvormerkung durch das Amtsgericht fällig ist, was voraussichtlich drei Monate in Anspruch nimmt, steht ihm erst nach drei Monaten der Kaufpreis zur Verfügung. Der Leistungsträger gewährt ihm ein Darlehen zum Lebensunterhalt (§ 24 Abs. 4).

---

119 BSG 17.10.2013 – B 14 AS 38/12 R, info also 2014, 137.
120 Zur Arbeitslosenhilfe BSG 9.2.2006 – B 7 a AL 36/05 R.
121 BSG 29.11.2012 – B 14 AS 33/12 R BSGE 112, 229–235.
122 BSG 29.11.2012 – B 14 AS 33/12 R BSGE 112, 229–235; BSG 30.9.2008 – B 4 AS 29/07 R BSGE 101, 291–301.
123 BSG 24.6.2020 – B 4 AS 9/20 R.
124 BSG 16.5.2007 – B 11 b AS 37/06 R.

Anders als bei den wirtschaftlichen, rechtlichen und tatsächlichen Verwertungshindernissen, die eine **faktische Unverwertbarkeit** und damit die Leistung nach dem SGB II als Zuschuss zur Folge haben, ist den vorübergehenden Verwertbarkeitshindernissen mit der Zahlung eines Darlehens zu begegnen.

Dies trifft nur in Fällen zu, in denen ein sofortiger Verbrauch, dh eine sofortige Umwandlung in liquide Mittel („Versilberung"), nicht möglich ist. Im vorliegenden Fall ist allerdings die Versilberung bereits durchgeführt worden, es fehlt allein der Zufluss des Vermögens. Die Regelung dürfte hier allerdings entsprechend anzuwenden sein, weil die zeitweise Unmöglichkeit der Verwertung tatsächlich die gleichen Auswirkungen hat, wie die Zeit bis zur Auszahlung eines Kaufpreises.

Nach der Rechtsprechung des Bundessozialgerichtes schlägt ein **vorübergehendes** 122
Verwertungshindernis in ein **dauerhaftes Verwertungshindernis** um, wenn die Verwertung regelmäßig innerhalb des Bewilligungszeitraumes nicht möglich ist.[125]

Verschweigen Leistungsberechtigte bei Antragstellung **Vermögenswerte,** die sie ver- 123
werten müssten, kann das den Tatbestand einer Straftat (§ 263 StGB) erfüllen. Erhalten Leistungsberechtigte Leistungen zum Unterhalt nach dem SGB II trotz verschwiegenen Vermögens, kann das Jobcenter auch den Betrag der Leistungen zurückfordern, der den Vermögensbetrag überschreitet.[126]

Beispiel: Die alleinstehende A verschweigt bei Antragstellung am 1.1.2023 ein Vermögen in Höhe von 45.000 EUR, ihr Vermögensfreibetrag beträgt 40.000 EUR. Am 17.10.2025 hebt das Jobcenter die Bescheide seit dem 1.1.2023 auf und fordert alle Leistungen seit Antragstellung zurück, und zwar für die Jahre 2023, 2024 und bis Oktober 2025 der Leistungen für Krankenversicherung für den gesamten Zeitraum. Die A kann sich nicht darauf berufen, dass die Rückforderung auf den überschießenden, zu verwertenden Vermögensbetrag (dh 40.000 EUR) beschränkt wird, sondern muss die gesamten erhaltenen Leistungen zurückzahlen.

Nach § 67 Abs. 2 wird das **Vermögen** der Leistungsberechtigten (abweichend von 124
§§ 9, 12 und 19) für die **Dauer von sechs Monaten** nicht berücksichtigt.[127] Die Vermögensprüfung beschränkt sich daher auf Missbrauchsfälle und erfolgt nur nach dem Grundsatz der Subsidiarität, dh nach dem Nachranggrundsatz, wie er unter anderem in § 3 Abs. 3 normiert ist. Es wird zudem vermutet, dass kein erhebliches Vermögen vorhanden ist, wenn die Antragsteller dies im Antragsformular angeben. Ein erhebliches Vermögen dürfte allerdings dann vorliegen, wenn die Leistungsberechtigten ohne nachhaltige Vermögensminderung einen Zeitraum von sechs Monaten gut überbrücken können. Hierbei muss man den Einzelfall betrachten und zB berücksichtigen, um welche Art von Vermögen es sich handelt, wie groß das Vermögen ist und in welcher Lebenslage die Berechtigten sind. Ein Hausgrundstück, welches von den Berechtigten bewohnt wird, kann daher in aller Regel nicht berücksichtigt werden. Auch dürfte dies zB bei einem Aktienbesitz, der nur mit einem erheblichen Verlust bei einer durch die Corona-Krise verursachten Aktienbaisse verkauft werden könnte,

125 BSG 30.8.2010 – B 4 AS 70/09 R.
126 BSG 25.4.2018 – B 14 AS 15/17 R BSGE 125, 301–310.
127 Sozialschutz-Paket BGBl. 2020 I 575.

nicht der Fall sein. Ein Barvermögen mit einem Kontostand von mehr als 60.000 EUR könnte bei einer Einzelperson ein erhebliches Vermögen im Sinne des § 67 Abs. 2 sein.[128]

128 Vgl. die Rechtsprechung des Bundesverwaltungsgerichtes zu § 21 Nr. 3 WoGG, BVerwG 18.4.2013 – 5 C 21/12, NVwZ-RR 2013, 719–723.

§ 5 Folgen von Fehlverhalten

1 Das SGB II stellt umfangreiche **Anforderungen** an den Leistungsberechtigten zur Beendigung seiner Hilfebedürftigkeit. Er ist verpflichtet alles zu tun, um seine Hilfebedürftigkeit zu beseitigen, und zwar insbesondere durch die Aufnahme einer zumutbaren Arbeit (§ 2 Abs. 1 S. 3 iVm § 10 SGB II). Um die aktive Mitarbeit zur Beseitigung der Hilfebedürftigkeit sicherzustellen, sieht das Gesetz neben Leistungsanreizen, wie der Nichtanrechnung eines Teils des Arbeitseinkommens, finanzielle Anreize durch Bürgergeldbonus, die Weiterbildungsprämie und das Weiterbildungsgeld (§ 11 b Abs. 2, 3, § 16 j und § 77 a Abs. Abs. 2 SGB III), auch die Leistungsminderung bei Fehlverhalten, insbesondere gegen die Integration in Arbeit, vor (§ 31 a Abs. 1 SGB II). Die Leistungsminderungen bei Fehlverhalten (früher Sanktionen) sind grundsätzlich verfassungsgemäß.[1] Das Gesetz unterscheidet zwischen einer Pflichtverletzung in Eingliederungsangelegenheiten nach dem SGB II (§ 31 Abs. 1), einer Pflichtverletzung durch unwirtschaftliches Verhalten (§ 31 Abs. 2 Nr. 1 und Nr. 2) und einer abgeleiteten Pflichtverletzung aufgrund einer Sperrzeit (§ 159 SGB III). Daneben sieht das Gesetz in § 32 weiterhin eine Leistungsabsenkung wegen Meldeversäumnis vor. Die Leistungsminderung bei einem Fehlverhalten beiträgt 10 bis 30% und dauert ein bis drei Monate, je nach Anzahl der Pflichtverstöße (§§ 31 a, 31 b). Ein Meldeversäumnis wird mit einer Leistungsminderung von 10 % des maßgebenden Regelbedarfes (§ 32 Abs. 1) über eine Dauer von einem Monat geahndet (§ 32 Abs. 2).

I. Gemeinsame Voraussetzungen von Leistungsminderungen

2 Die Leistungsminderungstatbestände sind den Sperrzeittatbeständen aus dem Arbeitsförderungsrecht (§ 159 SGB III) nachgebildet. Auf die hierzu ergangene Rechtsprechung kann im Einzelfall zurückgegriffen werden. Bei Übertragung dieser Rechtsprechung ist jedoch zu berücksichtigen, dass an die Prüfung der Tatbestandsvoraussetzungen der Leistungsminderungstatbestände höhere Anforderungen gestellt werden müssen als bei einer Sperrzeit, weil sich hierbei um einen Eingriff in das Grundrecht auf Sicherung der Existenz handelt.[2]

1. Anforderungen an eine Rechtsfolgenbelehrung

3 Voraussetzung einer Leistungsminderung ist, dass vorher eine Rechtsfolgenbelehrung erfolgte. **Ab dem 1.7.2023** kann eine Rechtsfolgenbelehrung in einen Kooperationsplan nicht mehr aufgenommen werden. Letzteres ergibt sich aus § 15 Abs. 1 und 2 und dem Umkehrschluss zu § 15 Abs. 4 und 5, denn die erste Einladung über die Potentialanalyse und den Kooperationsplan soll ohne Belehrung über die Rechtsfolgen bei Nichtteilnahme (§ 15 Abs. 4) erfolgen. Erst die nachfolgende Aufforderung zur Überprüfung der in der Kooperationsvereinbarung getroffenen Absprachen soll regel-

1 BVerfG 5.11.2019 – 1 BvL 7/16, Rn. 154 ff. Die vom BVerfG in dieser Entscheidung gemachten Einschränkungen der Anwendung der §§ 31 ff. werden im Nachfolgenden beschrieben (→ Rn. 5).

2 BSG 15.12.2010 – B 14 AS 92/09 R Rn. 24; BSG 28.11.2018 – B 14 AS 48/17R Rn. 18; BVerfG 5.11.2019 – 1 BvL 7/16 Rn. 159.

mäßig mit einer Rechtsfolgenbelehrung bei Nichteinhaltung versehen werden (§ 15 Abs. 5 S. 2).

4 Bereits in einer Eingliederungsvereinbarung (bis zum 30.6.2023) müssen die Rechtsfolgen für den Fall der Verwirklichung eines Minderungstatbestandes **hinreichend bestimmt** sein, andernfalls liegt keine ordnungsgemäße **Belehrung über die Rechtsfolgen** vor. Die Rechtsfolgenbelehrung muss den von der Rechtsprechung zu den Sperrzeittatbeständen nach § 159 SGB III entwickelten Grundsätzen entsprechen.[3] Sie muss konkret, verständlich, inhaltlich richtig und vollständig sein. Die Belehrung muss auf den Einzelfall ausgerichtet sein und darf sich nicht in dem Übergeben eines Merkblattes oder der Wiedergabe des Gesetzestextes erschöpfen, aus dem der Leistungsberechtigte die Rechtsfolgen entnehmen kann. Erforderlich ist insbesondere eine Umsetzung der in Betracht kommenden Verhaltensanweisungen und möglicher Maßnahmen auf die Verhältnisse des konkreten Einzelfalls. Das Gleiche trifft für ein Arbeitsangebot zu. Bei einem Arbeitsangebot muss die Tätigkeit so genau beschrieben werden, dass der Leistungsberechtigte prüfen kann, ob die Tätigkeit ihm, nach seinen körperlichen und geistigen Fähigkeiten zumutbar ist und diese auch nicht gegen geltendes Recht verstößt.[4] Die Rechtsfolgen der Leistungsminderung bei Ablehnung des konkreten Arbeitsangebotes müssen genau beschrieben werden, dh welche Leistungsminderung mit welcher Dauer eintritt.[5] Das Gleiche gilt bei einer Eingliederungsmaßnahme, diese muss ausreichend konkret beschreiben sein, so dass sich der Leistungsberechtigte ein Bild davon machen kann, ob sie zumutbar, erforderlich und geeignet ist.[6] Diese strengen Anforderungen an den Inhalt der Rechtsfolgenbelehrung sind vor allem deshalb geboten, weil es sich bei der Herabsetzung der Grundsicherungsleistungen, um einen schwerwiegenden Eingriff in die Grundrechte der Betroffenen handelt.[7] Die **Belehrung muss außerdem zeitnah** zum geforderten Verhalten erfolgen und für den Leistungsberechtigten verständlich sein.[8] Bei der Rechtsfolgenbelehrung ist auch der Erkenntnishorizont des Adressaten zu beachten. Werden Leistungen nach dem SGB II auf die Leistungen für Unterkunft- und Heizung beschränkt, muss ersichtlich sein, dass auch dieser (Rest-)Anspruch noch durch Einkommen gemindert wird.[9] Eine Rechtsfolgenbelehrung muss nicht zwingend schriftlich, sondern kann auch mündlich erfolgen, wenn sie den Anforderungen entspricht.[10]

5 Vor Feststellung einer Leistungsminderung wegen einer Pflichtverletzung soll auf Verlangen des Leistungsberechtigten die Anhörung **persönlich** erfolgen (§ 31 a Abs. 1 S. 1). Bei einer wiederholten Pflichtverletzung oder einem mehrfachen Meldeversäumnis nach § 32 soll die Anhörung persönlich erfolgen (§ 31 a Abs. 1 S. 2). Die persönliche Anhörung soll nur in Ausnahmefällen, d.h., wenn Leistungsberechtigte auf

3 BSG 16.12.2008 – B 4 AS 60/07 R.
4 Vgl. Gesetz zur Regelung des allgemeinen Mindestlohns (MiLoG) 11.8.2014, BGBl. I 1348.
5 BSG 27.6.2019 – B 11 AL 14/18 R Rn. 2, 17.
6 LSG Bayern 28.6.2012 – L 7 AS 985/11.
7 BSG 18.2.2010 – B 14 AS 53/08 R; BVerfG 5.11.2019 – 1 BvL 7/16 Rn. 160.
8 BSG 10.12.1981 – 7 RAr 24/81, SozR 4100 § 119 AFG Nr. 18.
9 LSG Niedersachsen-Bremen 26.5.2015 – L 7 AS 1059/13.
10 LSG Sachsen-Anhalt 4.4.2013 – L 5 AS 279/13 B ER NZS 2013, 673.

keinerlei Anforderungen oder Einladungen mehr reagieren, ausschließlich schriftlich erfolgen. Zwingend erscheint hier nicht, dass die Anhörung in den Geschäftsräumen des Jobcenters stattfindet, eine fernmündliche Anhörung durch Telefon oder Bildtelefonie (Skype, Zoom etc.) oder in der Unterkunft ist ausreichend.[11]

Beispiel: In einer Kooperationsvereinbarung vom 4.7.2023 wird vereinbart, dass der Leistungsberechtigte ein Bewerbungstraining durchlaufen soll. Am 10.7.2023 erhält der Leistungsberechtigte eine Aufforderung, bei der B GmbH ein Bewerbungstraining zu absolvieren. Der Leistungsberechtigte erscheint zu dem Bewerbungstraining nicht, weil er bereits im Dezember 2022 bei der B GmbH ein Bewerbungstraining absolviert hatte. Der Leistungsträger erlässt am 18.7.2023 eine weitere Aufforderung, sich bei der B GmbH zum Bewerbungstraining zu melden und droht eine Minderung wegen Pflichtverstoß mit einer Rechtsfolgenbelehrung an. In der Rechtsfolgenbelehrung wird die die Höhe der Leistungsminderung (Verminderung des Regelsatzes um 10%, statt 502 EUR 451,80 EUR) und die Minderungsdauer von einem Monat angegeben. Außerdem wird der Leistungsberechtigte darauf aufmerksam gemacht, dass er sich zu der Tatsache des Nichtantritts des Bewerbungstrainings äußern und ggf. einen Termin zur mündlichen Erörterung vereinbaren kann. 6

Im vorliegenden Fall liegt eine hinreichenden Belehrung über die Rechtsfolgen und eine ordnungsgemäße Anhörung vor, so dass das Jobcenter bei erneutem Nichtantritt einen Minderungsbescheid erlassen kann. Hieraufkann der Leistungsberechtigte auf zweierlei Art reagieren: 1. Er kann die geforderte Handlung nachholen und das Bewerbertraining absolvieren oder 2., auf die Anhörung reagieren und mitteilen, das wohl übersehen wurde, dass er bereits ein halbes Jahr vorher ein Bewerbungstraining absolviert hatte. Ein solches Versehen ist wegen der umfangreichen Dokumentation in den Jobcentern zwar unwahrscheinlich, würde aber zur teilweisen Rechtswidrigkeit der Kooperationsvereinbarung führen und damit auch einer Leistungsminderung den Boden entziehen.

Das Bundesverfassungsgericht hat in seiner richtungsweisenden Entscheidung vom 5.11.2019 die Sanktionierung (jetzt Leistungsminderung) von „Fehlverhalten" weiterhin grundsätzlich zugelassen, die Sanktionsregelungen jedoch anhand des **Grundsatzes der Verhältnismäßigkeit** eingeschränkt.[12] Der Gesetzgeber darf die Leistungen nach dem SGB II an die Mitwirkung der Bedürftigen anknüpfen und ihnen Mitwirkungspflichten auferlegen. Eine 30 %-Sanktion nach § 31 ist nur dann zulässig, 7

1. Wenn bei Vorliegen einer **außergewöhnlichen Härte** von der **Sanktion abgesehen** werden kann und
2. die Sanktion nicht unabhängig von der Mitwirkung der Betroffenen starr andauert, dh die **Sanktionsdauer von drei Monaten abgekürzt** werden kann.[13]

Eine Sanktion mit einer Minderung von 60 oder mehr vom Hundert wurde als mit dem verfassungsrechtlichen Grundsatz der Verhältnismäßigkeit, gemessen an dem Recht auf **menschenwürdige Existenz** (Art. 1 Abs. 1 GG), für unvereinbar erklärt. Eine Ausnahme von der Beschränkung der Sanktionen auf eine Leistungsminderung von 30 % des maßgebenden Regelbedarfs macht das Bundesverfassungsgericht aller- 8

11 BT-Drs. 20/3873, 93.
12 BVerfG 5.11.2019 – 1 BvL 7/16.
13 BVerfG 5.11.2019 – 1 BvL 7/16 Rn. 159.

dings, und lässt sogar eine Totalsanktion zu (Verringerung der Leistungen um 100 %), wenn der Leistungsberechtigte es selbst in der Hand hat, durch Aufnahme einer ihm angebotenen zumutbaren Arbeit (II) seine menschenwürdige Existenz tatsächlich und unmittelbar durch die Erzielung von Einkommen selbst zu sichern.[14] Er muss allerdings **im Verfahren** die Möglichkeit gehabt haben, etwaige **Besonderheiten der persönlichen Situation vorzubringen**, die einer Arbeitsaufnahme bei objektiver Betrachtung entgegenstehen könnten.[15] Diese besondere Form der Sanktionierung ist allerdings einer **gesetzlichen Neuregelung vorbehalten**, denn bis dahin sind Sanktionen nach § 31, die über 30 % hinausgehen, bei wiederholten Pflichtverletzungen innerhalb eines Jahres ausgeschlossen.[16]

9 Der Gesetzgeber ist diesen Vorgaben gefolgt und hat mit dem **Bürgergeldgesetz** ab dem 1.1.2023 die Möglichkeiten zur Leistungsminderung nach den Vorgaben des Bundesverfassungsgerichtes eingeführt und die Minderung auf einen Höchstbetrag von 30% des Regelbetrags nach § 20 begrenzt sowie auf eine Dauer von einem bis drei Monate erstreckt. Darüber hinaus wurde für die Leistungsberechtigten die Möglichkeit geschaffen, die Leistungsminderung durch normgerechtes Verhalten zu mindern oder abzuwenden.

10 Die **Minderungsbeträge** oder die geminderten Auszahlbeträge müssen konkret angegeben werden, es sei denn, dass sich die Minderung aus einem dem Leistungsminderungsbescheid beigefügten Änderungsbescheid ergibt.

Die Minderungsbeträge ergeben sich aus der folgenden Tabelle (Werte ab dem 1.1.2023):

%	Höhe der ungeminderten Regelbedarfe			
	502,00 EUR	451,00 EUR	402,00 EUR	420,00 EUR
	Minderungsbetrag			
10	50,20 EUR	45,10 EUR	40,20 EUR	42,00 EUR
20	100,40 EUR	90,20 EUR	80,40 EUR	84,00 EUR
30	150,60 EUR	135,30 EUR	120,60 EUR	126,00 EUR

11 Der Leistungsberechtigte muss in der Rechtsfolgenbelehrung darauf hingewiesen werden, dass er keinen ergänzenden Anspruch auf Leistungen zum Lebensunterhalt nach dem SGB XII hat (§ 31 b Abs. 2; §§ 31 b Abs. 2, 31 a Abs. 3 S. 1).[17] Der Leistungsberechtigte muss über Beginn und Höchstdauer der Leistungsminderung (ein bis drei Monate) informiert werden. Dem Leistungsberechtigten muss auch mitgeteilt werden, dass durch eine ernsthafte und nachhaltige Erklärung, der Pflicht in Zukunft nachzukommen, die Leistungsminderung abgewendet werden kann. Demgemäß sind Leistungsberechtigte auch darauf hinzuweisen, ab wann die Minderung nach Erfül-

14 BVerfG 5.11.2019 – 1 BvL 7/16 Rn. 209.
15 BVerfG 5.11.2019 – 1 BvL 7/16 Rn. 209.
16 BVerfG 5.11.2019 – 1 BvL 7/16 Rn. Tenor Nr. 2 lit. b.
17 BSG 18.2.2010 – B 14 AS 53/08 R.

lung der Pflicht bzw. der ernsthaften und nachhaltigen Erklärung aufgehoben wird (§ 31 b Ans.2 S. 2).

2. Leistungsminderungen ohne Rechtfolgenbelehrung

Anders als bei einer Weigerung, eine Vereinbarung aus einem Kooperationsplan einzuhalten, eine zumutbare Arbeit, Ausbildung oder Eingliederung anzunehmen (§ 31 Abs. 1 Nr. 1 bis 3), bedarf es bei einer Pflichtverletzung nach § 31 Abs. 2 für eine Leistungsminderung nicht einer vorigen Rechtsfolgenbelehrung. Dies sind Verletzungen allgemeiner Pflichten zur vernünftigen Lebensführung (§ 31 Abs. 2 Nr. 1 und 2) und die Folgen einer Sperrzeit nach dem SGB III (§ 31 Abs. 2 Nr. 3 bis 4). Der Leistungsberechtigte muss dafür allerdings positive Kenntnis von den Rechtsfolgen haben. Ein „Kennenmüssen“ reicht also nicht aus. Die objektive Beweislast für die positive Kenntnis trägt der Leistungsträger.[18] Da es sich bei einer Leistungsminderung um einen schwerwiegenden Eingriff in das Recht auf Existenzsicherung (Art. 1 Abs. 1, 20 Abs. 1 GG) handelt, müssen an den Nachweis der positiven Kenntnis hohe Anforderungen gestellt werden.[19] Von einer positiven Kenntnis wird man daher nur ausgehen können, wenn der Leistungsberechtigte zeitnah bereits einmal einschlägig Leistungsminderung erhalten hat. Erfolgte die Leistungsminderung nach dem alten Recht, dh vor der Entscheidung des Bundesverfassungsgerichtes vom 5.11.2019, und ist diese bereits bestandskräftig geworden, kann man nicht von einer Kenntnis der Minderungsfolgen ausgehen. 12

3. Zeitlicher Zusammenhang zwischen Verstoß und Leistungsminderung

Die Leistungsminderung muss in einem **engen zeitlichen Zusammenhang** mit dem Verstoß gegen eine Obliegenheit durch den Leistungsberechtigten erfolgen. Die Feststellung der Leistungsminderung ist nur innerhalb von sechs Monaten ab dem Zeitpunkt der Pflichtverletzung zulässig (§ 31 b Abs. 1 S. 2). Erfolgt die Leistungsminderung durch einen Feststellungsbescheid und erfolgt die Herabsetzung durch einen später wirksamen Änderungsbescheid, kommt es auf den Zeitpunkt des Beginns der Minderung an. Nicht abschließen geklärt ist, ob es ausreicht, einen Minderungsbescheid zu erlassen oder es zusätzlich erforderlich ist, dass der Leistungsbescheid, der die Leistung ohne die Leistungsminderung gewährt, nach § 48 SGB X geändert wird. Eine Änderung des Leistungsbescheides ist hier erforderlich, weil dieser, unabhängig von seiner Rechtmäßigkeit, im Wege der reinen Leistungsklage (§ 54 Abs. 4 SGG) bzw. des einstweiligen Rechtsschutzes auf Leistung (§ 86 b Abs. 2 S. 2 SGG) verfolgt werden kann.[20] 13

4. Subjektiv zurechenbarer Pflichtverstoß

Befand sich der Leistungsberechtigte in einer unverschuldeten Unkenntnis seiner Verpflichtung, etwa weil ihm nicht hinreichend bekannt war, dass er sich trotz einer ärzt- 14

18 LSG Bayern 18.6.2014 – L 16 AS 297/13, NZS 2014, 794.
19 Vgl. BSG 15.12.2010 – B 14 AS 92/09 R Rn. 24.
20 Vgl. LSG Hessen 24.4.2015 – L 9 AS 828/14.

lich bescheinigten Erkrankung bei dem Leistungsträger melden muss, hat er unverschuldet gegen seine Meldepflicht verstoßen.[21] Im Falle eines unverschuldeten Verstoßes ist dem Leistungsberechtigten sein Verhalten subjektiv nicht vorwerfbar. Dieses ungeschriebene Tatbestandsmerkmal ist in der Rechtsprechung des Bundessozialgerichtes zu den Sperrzeittatbeständen anerkannt und auf die Leistungsminderungen nach dem SGB II übertragbar.[22]

5. Verhältnis von Leistungsminderung und Schadenersatz sowie Minderung wegen Meldeversäumnissen

15 Die Regeln über die Leistungsminderung können neben den Regeln zur Leistungsversagung bei sozialwidrigem Verhalten nach § 34 angewendet werden.[23] Daneben kommt eine fiktive Anrechnung von Einkommen nicht in Betracht, da dies dem auch im SGB II herrschenden Faktizitätsprinzip widerspricht,[24] wonach nur tatsächliche Einnahmen zum Unterhalt zur Verfügung stehen. Ausdruck des Faktizitätsprinzips ist die Gewährung von Darlehen, bei nicht sofort veräußerbarem Vermögen (§ 24 Abs. 5). Die Regelungen über die Leistungsminderungen und die Ansprüche auf Rückforderung bzw. Schadenersatz tragen diesem Grundsatz zumindest teilweise Rechnung, so dass daneben für eine fiktive Anrechnung kein Raum bleibt.

16 **Wiederholte Meldeversäumnisse** (§ 32 Abs. 1) haben zur Folge, dass die Leistung jeweils um weitere 10 % gemindert wird. Die zweite Leistungsminderung führt daher zu einer Absenkung um 20 %, die dritte um 30 %. Die Minderung ist wie bei einer Pflichtverletzung auf 30% beschränkt. Die Zeit der Absenkung beträgt immer einen Monat (§ 32 Abs. 2 S. 2). Aufgrund der kurzen Dauer von einem Monat einer Leistungsminderung wegen eines Meldeversäumnisses ist es unwahrscheinlich, dass eine Leistungsminderung von 20% bzw. 30% festgestellt werden kann; jegliche Minderung erfordert eine erneute Pflichtverletzung, eine Anhörung und den Minderungsbescheid.

17 **Hinweis:** Bei Meldeversäumnissen ist immer darauf zu achten, dass die Meldeaufforderungen nicht schikanös sind, was in seltenen Ausnahmefällen durchaus vorkommen kann. Hieran ist immer zu denken, wenn in relativ kurzen Zeitabständen unter Benennung unterschiedlicher Gründe Meldeaufforderungen an den Hilfebedürftigen ergehen, obwohl der Leistungsträger die Termine hätte zusammenfassen können.

18 Bei **Jugendlichen und jungen Erwachsenen** bis zum 25. Lebensjahr (U25), die erwerbsfähig, aber hilfsbedürftig sind, sind die Absenkungsmöglichkeiten den Personen über 25 nunmehr vollständig angeglichen. Ein Unterschied in der Behandlung dieses Personenkreises besteht lediglich nur noch darin, dass im Falle eines Pflichtverstoßes innerhalb von vier Wochen nach der Leistungsminderung ein Beratungsangebot gemacht werden, die Kooperationsvereinbarung überprüft und bei Bedarf fortgeschrieben werden soll (§ 31 a Abs. 6).

21 BSG 9.11.2010 – B 4 AS 27/10 R Rn. 28.
22 BSG 25.5.2005 – B 11a/11 AL 81/04 R.
23 BSG 8.2.2017 – B 14 AS 3/16 R, SozR 4-4200 § 34 Nr. 3.
24 BVerwGE 29, 108.

Die Leistungsminderung tritt mit **Wirkung ab dem Beginn des Folgemonats** nach Wirksamwerden des Minderungsbescheides (§ 31 b Abs. 1 S. 1) ein, dh, dass der Minderungsbescheid nach § 39 Abs. 1 SGB X erst mit der Bekanntgabe wirksam wird. Bei schriftlichen Bescheiden kann die Zustellung nach § 4 Abs. 2 S. 2 VwZG bzw. den entsprechenden Zustellgesetzen der Länder durch einfachen Brief erfolgen. Das Schreiben gilt dann am dritten Tag nach Aufgabe zur Post als bekannt gegeben (37 Abs. 2 S. 1 SGB X). Wird der Minderungsbescheid zum Monatsende verschickt, wird er nicht im Monat der Bekanntgabe, sondern erst im Folgemonat wirksam. Der Verfügungssatz des Minderungsbescheides bestimmt aber, dass die Leistungsminderung bereits in dem Monat wirksam wird, in dem er dem Leistungsberechtigten bekannt gegeben wurde. Die Wirkung der Leistungsminderung tritt daher erst einen Monat später ein. Die Leistungsträger gehen in einem solchen Fall aber davon aus, dass die Leistungsminderung bereits einen Monat früher wirkt und reduzieren die Zahlungen bereits für diesen Monat (bzw. stellen die Zahlungen ganz ein), weil der Widerspruch gegen den Minderungsbescheid keine aufschiebende Wirkung hat (§ 39 Nr. 1). In diesen Fällen ist zu beachten, dass der Bescheid dann hinsichtlich des Beginns der Leistungsminderung offensichtlich rechtswidrig ist, so dass die Herstellung der aufschiebenden Wirkung nach §§ 86 a, 86 b SGG unproblematisch sein dürfte. 19

Hinweis: Ist der Minderungsbescheid hinsichtlich des Absenkungszeitraums fehlerhaft, stellt sich die Frage, ob dieser Fehler den gesamten Bescheid erfasst, so dass dieser insgesamt rechtswidrig wird. Diese Frage wurde vom Bundessozialgericht in seinem Urteil vom 15.12.2010 in Erwägung gezogen, aber letztlich offen gelassen.[25] Der spätere Beginn und das spätere Ende des Minderungszeitraums führt richtigerweise dazu, dass der gesamte Minderungsbescheid rechtswidrig wird, weil nur der zweite Minderungsmonat nicht betroffen ist, so dass in entsprechender Anwendung des § 40 Abs. 4 SGB X der wesentliche Teil des Verwaltungsaktes rechtswidrig ist.[26]

Bei einer Leistungsminderung wegen einer Sperrzeit (§ 31 Abs. 2 Nr. 3) nach § 159 SGB III folgt die Minderung der Sperrzeit, dh die **Wirkungen treten mit Beginn der Sperrzeit** ein. Hier ist der Zugang des Sperrzeitbescheides entscheidend. 20

Die Leistungsminderung ist aufzuheben, wenn der Leistungsberechtigte die Pflicht nachholt oder sich nachträglich ernsthaft und nachhaltig dazu bereit erklärt, dieser künftig nachzukommen (§ 31 a Abs. 1 S. 6). Die Minderung ist von dem Zeitpunkt der **Nachholung** der Pflicht bzw. der ernsthaften Erklärung an aufzuheben. Hat die Minderung bereits einen Monat gedauert, ist sie zum Beginn des Folgemonats aufzuheben. Hat die Minderung nicht einen Monat gedauert, so ist sie nach dem Wortlaut des § 31 b Abs. 3 teilweise aufzuheben, denn erst nach Ablauf dieses Monats ist wieder die volle Leistung zu erbringen. Dies führt dazu, dass die Leistungen jeweils tag- 21

25 BSG 15.12.2010 – B 14 AS 92/09 R Rn. 25.

26 Zur entsprechenden Anwendung des § 40 Abs. 4 SGB X auf die Rechtswidrigkeit vgl. BSG 26.10.1989 – 9 RV 7/89.

genau aufzuheben sind, d.h., mit der Nachholung der Handlung bzw. der Erklärung endet die Minderung mit dem Folgetag (§ 188 Abs. 1 BGB iVm § 26 Abs. 1 SGB X).[27]

22 Eine **wiederholte Pflichtverletzung** liegt nur dann vor, wenn der Beginn des vorangegangenen Minderungszeitraums nicht länger als ein Jahr zurückliegt (§ 31 a Abs. 1 S. 5). Weiterhin muss die frühere Pflichtverletzung durch Verwaltungsakt festgestellt worden sein (§ 31 a Abs. 1 S. 4).[28]

Beispiel: Der Leistungsberechtigte erhält in kurzen zeitlichen Abständen zwei Arbeitsangebote, und zwar jeweils zum 23.3.2023 und zum 7.4.2023. Bei beiden Arbeitsangeboten verhindert der Leistungsberechtigte durch sein Verhalten die Anbahnung eines Arbeitsverhältnisses. Hier darf der Leistungsträger nicht durch einen einzigen Bescheid die Leistungen um 20 % herabsetzen, wenn die Ablehnung des Arbeitsangebots vom 23.3.2023 nicht zuvor durch einen vorhergehenden gesonderten Bescheid festgestellt wurde.

6. Keine Leistungsminderung bei wichtigem Grund für das Fehlverhalten

23 Eine Leistungsminderung tritt nicht ein, wenn der Leistungsberechtigte einen **wichtigen Grund** für sein Verhalten hat (§ 31 Abs. 1 S. 2). Wie sich aus der Gesetzesformulierung („darlegen und nachweisen") entnehmen lässt, trägt die objektive Darlegungs- und Beweislast für den wichtigen Grund der Leistungsberechtigte.[29] Durch die Formulierungen „darlegen und nachweisen" wird der Amtsermittlungsgrundsatz nicht beseitigt, andernfalls wäre auf die Nichtanwendung des § 20 Abs. 1 SGB X hingewiesen worden.

24 Die Rechtsprechung zum SGB III, dem die Leistungsminderungsregeln nachgebildet sind, versteht unter einem wichtigen Grund alle Umstände des Einzelfalles, die unter Berücksichtigung der Interessen des Einzelnen in Abwägung mit den Belangen der Allgemeinheit (bzw. im Falle des SGB III der Versichertengemeinschaft) das Verhalten des Hilfebedürftigen rechtfertigen, weil ihm kein anderes Verhalten zuzumuten ist.[30] Ein wichtiger Grund liegt nicht allein deshalb vor, weil ein Arbeitnehmer angesichts einer Kündigungswelle in seinem Betrieb einer sicher drohenden Kündigung durch Abschluss eines mit einer Abfindung verknüpften Aufhebungsvertrages zuvorkommt. Ein wichtiger Grund muss objektiv vorliegen, so dass es nicht ausreicht, wenn der Leistungsberechtigte diesen nur angenommen hat.[31] Als wichtiger Grund wurden von der Rechtsprechung der Zuzug eines Ehepartners, Glaubensgründe, erhebliche Lohnrückstände, gesundheitliche Gründe und die Unzumutbarkeit der Fortführung des Arbeitsverhältnisses wegen „Mobbing" angesehen.[32] Wichtige Gründe im SGB II sind insbesondere sittenwidrige Arbeitsverhältnisse und Lohnwucher (→ Rn. 30).

27 So auch die Weisungen der Bundesagentur für Arbeit zu den §§ 31, 31 a, 31 b SGB II, Stand 1.1.2023, Rz. 31.51 (https://www.arbeitsagentur.de/datei/fw-sgb-ii-31-31b_ba015902.pdf; letzter Aufruf 24.1.2023).
28 BSG 9.11.2010 – B 4 AS 27/10 R Rn. 19.
29 LSG Rheinland-Pfalz 16.12.2014 – L 3 AS 505/13, Sozialrecht aktuell 2015, 175–176.
30 BSG 29.11.1989 – 7 Rar 86/88, SozR 4100 zu § 119 AFG Nr. 36; BSG 17.10.2007 – B 11 a AL 51/06 R; BSG 12.7.2006 – B 11 a AL 55/05 R Rn. 19.
31 Vgl. LSG Nordrhein-Westfalen 22.4.2013 – L 19 AS 1303/12, NZS 2013, 794.
32 Wegen der umfassenden Kasuistik NK-SGB III/Scholz, 6. Aufl. 2017, § 159 Rn. 7–113.

II. Einzelne Minderungstatbestände

1. Nichterfüllung der Pflichten in der Kooperationsvereinbarung

Erfüllt der Leistungsberechtigte die in einer Kooperationsvereinbarung festgehaltene 25
Absprache nicht, so fordert das Jobcenter den Leistungsberechtigten auf, die Absprache einzuhalten (§ 15 Abs. 5 S. 2). Erfüllt der Leistungsberechtigte diese Pflicht nach dieser mit einer Rechtsfolgenbelehrung versehenen Aufforderung nicht, so kann eine Pflichtverletzung (§ 31 Abs. 1 S. 1 Nr. 1) vorliegen, die zu einer Leistungsminderung nach §§ 31 a, 31 b führt. Werden die in einer Kooperationsvereinbarung oder diesen ersetzenden Verwaltungsakt festgelegte **Pflichten**, wie etwa die vereinbarten Eigenbemühungen, nicht erfüllt, so hat der Leistungsträger nach Aufforderung durch Bescheid den Wegfall des für den Leistungsberechtigten maßgeblichen Regelbedarfes festzustellen (§§ 31 Abs. 1 Nr. 1, 31 a Abs. 1). Eine Leistungsminderung kann zB auch verhängt werden, wenn die Leistungsberechtigen nicht ihren Verpflichtungen nachkommen, ausreichende Eigenbemühungen, wie sie in den Kooperationsvereinbarungen festgelegt werden, zu entfalten, dh, nicht ausreichend Bewerbungen verfassen. Der Leistungsträger muss allerdings im Prozess die fehlenden Bewerbungsbemühungen nachweisen.[33] Bei der rechtlichen Überprüfung der Leistungsminderung wird die Kooperationsvereinbarung, auf der diese beruht, und die hierin vereinbarte Eingliederungsmaßnahme mit untersucht.[34]

Beispiel: Der Leistungsberechtigte ist seit acht Monaten als selbstständiger Rechtsanwalt 26
tätig. Sein Arbeitsumfang beträgt in der Woche ca. 15–20 Stunden. Da er nur über unzureichende Einnahmen verfügt, erhält er ergänzende Leistungen nach dem SGB II. In dem Kooperationsvereinbarungsbescheid, den er nach einem Gespräch mit seiner Fallmanagerin erhält, wird er verpflichtet, an einer Maßnahme teilzunehmen: zwei Wochen Coaching und Internet bei der Quartia AG. Die Veranstaltung besteht darin, dass er mit 20 weiteren Teilnehmern an Computern im Internet „surfen" kann. Ein Betreuer steht nicht zur Verfügung. Es wird lediglich die Teilnahme vom Veranstalter registriert. Der Leistungsberechtigte versucht, dass die Fallmanagerin ihn von der Verpflichtung zur Anwesenheit entbindet, kann sie jedoch auch nach dreimaligem fernmündlichen Versuch über ein „Callcenter" des Leistungsträgers nicht erreichen. Auf die Aufforderung, die Absprache aus der Kooperationsvereinbarung einzuhalten, reagiert er nicht. Am nächsten Tag teilt er einem Mitarbeiter der Quartia AG mit, dass er am Folgetag nicht mehr erscheinen werde. Hierauf wird sein Bewilligungsbescheid für einen Monat dahin gehend abgeändert, dass er nur noch einen Regelbedarf in Höhe von 451,80 EUR (um 10% gemindert) erhält.

Hinweis: Gegen den Minderungsbescheid kann der Leistungsberechtigte mit ver- 27
schiedenen Rechtsbehelfen vorgehen. Er kann gegen den Minderungsbescheid Widerspruch einlegen. Der Widerspruch hat allerdings keine aufschiebende Wirkung (§ 39 SGB II), so dass die aufschiebende Wirkung durch Antrag beim Leistungsträger (§ 86 a Abs. 3 SGG) oder durch Antrag beim Sozialgericht (§ 86 b Abs. 1 Nr. 2 SGG) wiederhergestellt werden muss.

33 LSG Nordrhein-Westfalen 23.5.2019 – L 7 AS 1790/18.
34 LPK-SGB II/Berlit § 31 Rn. 25.

28 Der Antrag auf Herstellung der aufschiebenden Wirkung: Widerspruch und Klage werden hier erfolgreich sein, weil die in der Eingliederungsvereinbarung aufgenommene Teilnahme an der Maßnahme unzumutbar ist, denn sie ist nicht geeignet, die Eingliederung des Leistungsberechtigten in seiner konkreten Situation sinnvoll zu befördern.[35] Fraglich ist jedoch, ob der Antrag auf Herstellung der aufschiebenden Wirkung vom Gericht rechtzeitig beschieden werden kann, weil die Leistungsminderung nur einen Monat andauert.

29 Die in der Kooperationsvereinbarung festgelegten **Pflichten müssen hinreichend bestimmt sein**, so dass der Leistungsberechtigte sein Verhalten hiernach einrichten kann. Wenn zB von dem Leistungsberechtigten verlangt wird, er habe einmal im Monat eine Anzahl von fünf Bewerbungen pro Woche nachzuweisen, dann muss im Einzelnen in der Kooperationsvereinbarung aufgenommen sein, ob die Bewerbungen schriftlich oder (fern-)mündlich zu erfolgen haben und wie der Nachweis der Bewerbungen geführt werden soll.

2. Ablehnung einer zumutbaren Arbeit, Ausbildung oder ein gefördertes Arbeitsverhältnis

30 Sofern der Leistungsberechtigte eine zumutbare Arbeit ablehnt, erfolgt eine Absenkung im ersten Schritt um mindestens 10 % (§ 31 Abs. 1 Nr. 2 SGB II). Die **Zumutbarkeit** einer Arbeit oder Ausbildung bestimmt sich nach § 10 SGB II, wonach grundsätzlich jede Arbeit zumutbar ist. Ausnahmen ergeben sich aus § 10 Abs. 1 Nr. 1–5. Die in Nr. 1–4 genannten Gründe sind von praktisch geringer Bedeutung. Eine Arbeit ist zB auch dann zumutbar, wenn der Leistungsberechtigte ein Kind unter drei Jahren zu versorgen hat und die Betreuung des Kindes in einer Tageseinrichtung oder in der Tagespflege (§§ 43, 45 SGB VIII) sichergestellt ist (§ 10 Abs. 1 Nr. 3 SGB II). Hier ist der rechtliche Maßstab, ob die Erziehung des Kindes sichergestellt ist.[36] Die in § 3 Abs. 1 S. 3 geforderte dauerhafte Eingliederung, mit der Abschaffung des Vermittlungsvorrangs, hat auch Einfluss auf die Auslegung des § 10 – und zwar als wichtiger Grund, der einer sofortigen Ausübung einer Arbeit entgegensteht (§ 10 Abs. 1 Nr. 5), zB, wenn begründete Anhaltspunkte dafür vorliegen, dass die bisherige Tätigkeit künftig die Hilfebedürftigkeit beenden kann. Die dauerhafte Eingliederung in den Arbeitsmarkt ist damit der vorübergehenden Eingliederung vorzuziehen, so dass der sogenannte „Drehtüreffekt“ vermieden wird und gering qualifizierte Leistungsberechtigte bereits nach kurzen Beschäftigungszeiten wieder einen Leistungsantrag stellen.[37]

31 Die Zumutbarkeitsgesichtspunkte gelten auch für andere Eingliederungsmaßnahmen (§ 10 Abs. 3), insbesondere für die Aus- und Weiterbildungsmaßnahmen (§ 16 Abs. 1 S. 2 Nr. 3–4), Eingliederungsmaßnahme wie die (§ 16 d SGB II) – Arbeitsgelegenheiten **„Ein-Euro-Job“** – (§ 10 Abs. 3 SGB II). Die Grenze der Zumutbarkeit bei „Ein-Euro-Jobs“ ist erreicht, wenn der Leistungsberechtigte mehr Aufwendungen hat, als er von dem Leistungsträger als Mehraufwandsentschädigung erhält.

35 LSG Berlin-Brandenburg 15.7.2008 – L 14 B 568/08 AS ER.
36 BSG 15.12.2010 – B 14 AS 92/09 R Rn. 22.
37 BT-Drs. 20/3873, 5.

Die Arbeitsgelegenheit (§ 16 d SGB II) kann allerdings auch dann unzumutbar sein, wenn dem Leistungsberechtigten neben seinen Aufwendungen **kein Restbetrag zur eigenen Verwendung** mehr bleibt.[38] Hier handelt es sich um einen sonstigen Grund nach Nr. 5.

Als unzumutbar im Sinne des § 10 Abs. 1 Nr. 5 wurden insbesondere Beschäftigungen 32
angesehen, bei denen die Entlohnung unangemessen niedrig ist und ein Fall des **Lohnwuchers** vorliegt. Von Lohnwucher kann ausgegangen werden, wenn ein auffälliges Missverhältnis zwischen Leistung und Gegenleistung vorliegt (§ 138 Abs. 2 BGB). Dies ist der Fall, wenn die Arbeitsvergütung nicht einmal 2/3 des in der Branche und der Wirtschaftsregion üblicherweise gezahlten Tariflohnes entspricht.[39] Unzumutbar ist auch die Annahme einer Tätigkeit, für die ein Tarifvertrag gilt, wenn ein Entgelt unterhalb des Tarifs bezahlt wird. Dies trifft insbesondere auf Branchen zu, in denen ein **allgemeinverbindlicher Tarifvertrag** gilt oder in denen der Tarifvertrag nach dem Arbeitnehmerentsendegesetz[40] allgemeinverbindlich ist.

Unzumutbar ist ein Arbeitsverhältnis, wenn es gegen das Mindestlohngesetz verstößt und einen Stundenlohn von weniger als 12 EUR pro Stunde vorsieht (§ 12 Abs. 2 Mindestlohngesetz – MiLoG).[41] Unzumutbar dürfte eine Aus- und Weiterbildungsmaßnahme sein, die nicht den Anforderungen an ein Arbeitsverhältnis entspricht.

3. Ablehnung einer zumutbaren Eingliederung in Arbeit, Arbeitsgelegenheit mit Mehraufwandentschädigung

Neben der Weigerung, eine zumutbaren Arbeit aufzunehmen, wird auch die Ableh- 33
nung einer zumutbaren Eingliederungsmaßnahme, wie eine Leistung zur beruflichen Aktivierung (§§ 16 Abs. 1 S, 2 Nr. 2 iVm §§ 44 ff. SGB III) und eine Arbeitsgelegenheit mit Mehraufwandentschädigung (§ 16 d SGB II), gemindert (§ 31 Abs. 1 Nr. 3 SGB II).

Die **Arbeitsgelegenheit mit Mehraufwandsentschädigung** ist eine Maßnahme zur Ein- 34
gliederung in Arbeit.[42] Eingliederungsmaßnahmen werden in § 31 Abs. 2 Nr. 3 erfasst.

Bei der mit einem Beschäftigungszuschuss geförderten Arbeit handelt es sich um die 35
Beschäftigung in einem Arbeitsverhältnis (§ 16 e Abs. 1 SGB II). Das geförderte Beschäftigungsverhältnis wird nur deshalb gesondert erwähnt, weil hier keine Versicherungspflicht in der Arbeitslosenversicherung besteht (§ 27 Abs. 3 Nr. 5 SGB III). Hiermit soll wohl zum Ausdruck gebracht werden, dass die Beschäftigung nicht bereits deshalb unzumutbar ist, weil bei Verlust der Beschäftigung ein Anspruch auf Arbeitslosengeld nicht besteht.

---

38 BSG 13.11.2008 – B 14 AS 66/07 R: bei einer Mehraufwandsentschädigung von 130 EUR und einem Aufwand von 51,90 EUR verneint.
39 LSG Hamburg 16.7.2009 – L 5 AS 20/07 mwN; BAG 22.4.2009 – 5 AZR 436/08.
40 BGBl. 2009 I 799.
41 Der Mindestlohn wird erstmals bis zum 1.1.2024 von der Mindestlohnkommission nach § 9 Abs. 1 S. 1 MiLoG neu festgestellt und dann durch Rechtsverordnung der Bundesregierung nach § 11 Abs. 1 MiLoG ggf. verbindlich gemacht.
42 BSG 16.12.2008 – B 4 AS 60/07 R Rn. 18.

4. Nichtantritt und Abbruch von Eingliederungsmaßnahmen

36 Tritt der Leistungsberechtigte eine Eingliederungsmaßnahme nicht an, bricht er sie ab oder gibt er Anlass zum Abbruch einer solchen Maßnahme ist auch dann eine Leistungsminderung festzustellen, wenn diese nicht in eine Kooperationsvereinbarung aufgenommen wurde (§ 31 Abs. 1 Nr. 3).

37 **Beispiel:** Der Leistungsberechtigte erhält von dem Leistungsträger durch Schreiben vom 12.4.2023 ein Angebot einer Eignungsfeststellung/Trainingsmaßnahme. Das Angebot enthält eine ordnungsgemäße Belehrung über die Rechtsfolgen, die eintreten, wenn die Trainingsmaßnahme nicht angetreten wird. Eine alte Eingliederungsvereinbarung über die vorgenannte Maßnahme findet sich zwar in den Akten, wurde aber von dem Leistungsberechtigten nicht unterschrieben. Der Leistungsberechtigte tritt die Trainingsmaßnahme nicht an, und der Leistungsträger erlässt daraufhin einen Sanktionsbescheid mit einer Absenkung in Höhe von 50,20 EUR bei einem Regelbedarf von 502,00 EUR.

5. Leistungsminderung bei „Quasi-Sperrzeit“

38 Die Tatsache, dass der Leistungsberechtigte die Trainingsmaßnahme nicht angetreten hatte, könnte nach § 31 Abs. 2 Nr. 3 iVm § 159 Abs. 1 Nr. 4 SGB III zu einer Leistungsminderung nach § 31 a Abs. 1 führen, denn die **Sperrzeittatbestände werden hier entsprechend angewendet.** Diese Regelung findet jedoch nur dann Anwendung, wenn ein Bezug zu den Leistungen nach dem SGB III besteht. § 31 Abs. 3 Nr. 3 ist kein Auffangtatbestand, der hilfsweise zur Anwendung kommt. Für die Anwendung der Regelung ist in der Regel erforderlich, dass der Leistungsberechtigte in einem Versicherungsverhältnis zur Bundesagentur für Arbeit steht.[43] Die Regelung des § 31 Abs. 2 Nr. 4 sieht vor, dass auch in den Fällen, in denen der Bezug von Leistungen nach dem SGB III nur deshalb nicht ruht, weil mangels Vorliegen der versicherungsrechtlichen Voraussetzungen (keine Vorbeschäftigungszeit) ohnehin kein Anspruch nach dem SGB III besteht, eine Leistungskürzung nach dem SGB II vorgenommen werden kann (Quasisperrzeit). Diese Regelung betrifft also nur solche Fälle, bei denen zwar die Voraussetzungen für eine Sperrzeit vorliegen, die Agentur für Arbeit aber keine Feststellung der Sperrzeit getroffen hat, weil kein Anspruch auf Leistungen besteht.

39 Wird § 31 Abs. 2 Nr. 3 uneingeschränkt angewendet, laufen die in Abs. 1 genannten Voraussetzungen – Benennung in einer Eingliederungsvereinbarung und Belehrung über die Rechtsfolgen – teilweise leer. Bei gleichen Sachverhalten ergeben sich somit unterschiedliche Anforderungen. Dies entspricht nicht dem Gedanken der Förderung der Leistungsberechtigten. Außerdem ist Ziel des SGB II – anders als beim SGB III (vgl. § 2 SGB III) – nicht allein die Wiedereingliederung in Arbeit, sondern auch die Sicherung des Lebensunterhaltes. Leistungen nach dem SGB III werden, abgesehen von Einkommen aus Erwerbstätigkeit (§ 155 SGB III), unabhängig von der Hilfebedürftigkeit gewährt, so dass bei Beziehern von Alg I zunächst keine Existenzgefährdung anzunehmen ist. Die Regelungen des Abs. 2 sollen lediglich verhindern, dass bei niedrigen Leistungen nach dem SGB III das versicherungswidrige Verhalten allein deshalb leerläuft, weil der Arbeitslose „seine“ Leistungen nach dem SGB II vollständig

43 BSG 22.3.2010 – B 4 AS 68/09 R.

erhält. § 31 Abs. 2 Nr. 3 beschränkt sich auf Fälle, in denen der Leistungsberechtigte noch nicht im Leistungsbezug steht und er durch rechtzeitige „Abmeldung" bei der Bundesagentur die Feststellung einer Sperrzeit verhindert.[44]

6. Leistungsminderung bei Sperrzeit

Nach § 31 Abs. 2 Nr. 3 wird ein Verhalten mit Leistungsminderung sanktioniert, welches zu einer **Sperrzeit nach § 159 SGB III** oder zum Wegfall des Leistungsanspruches nach dem SGB III geführt hat. Die Leistungsminderung knüpft an die verhängte Sperrzeit an. Der Leistungsträger kann die Entscheidung der Agentur für Arbeit, die eine Sperrzeit feststellt, nicht eigenständig überprüfen. 40

Hinweis: Will der Leistungsberechtigte vermeiden, dass die Sperrzeit auf seinen Anspruch nach dem SGB II durchschlägt, muss er gegen den Sperrzeitbescheid vorgehen. 41

7. Leistungsminderung bei Vermögensminderung und unwirtschaftlichem Verhalten

Eine Leistungsminderung wird auch für den Fall ausgesprochen, dass der Leistungsberechtigte sein Einkommen oder Vermögen in der Absicht mindert, die Hilfebedürftigkeit herbeizuführen (§ 31 Abs. 2 Nr. 1). **Das absichtliche Herbeiführen der Vermögensminderung erfordert einen zielgerichteten Vorsatz.** Dem Leistungsberechtigten muss es darauf ankommen, seine Hilfebedürftigkeit herbeizuführen.[45] 42

Beispiel: Der 47-jährige Leistungsberechtigte ist arbeitslos und bezieht bis zum 31.10.2019 Arbeitslosengeld. Als die Arbeitsagentur ihn darauf hinweist, dass der Anspruch auf Arbeitslosengeld zum 31.12.2022 ausläuft, lässt er sich von einem Rechtsanwalt, den er in seine Pläne nicht einweiht, beraten, welches Schonvermögen ihm abstrakt zusteht. Nach der Beratung löst er mehrere Lebensversicherungen, bei denen er nur einen Rückkaufswert von unter 50 % der eingezahlten Beiträge erhält, auf und verschenkt das Geld an seine Freunde mit der Bemerkung: „Macht euch ein paar schöne Stunden mit dem Geld, wenn ich demnächst Bürgergeld kriege, muss ich sowieso alles hergeben." 43

Hier zeigt der Leistungsberechtigte deutlich, dass es ihm darauf ankommt, Leistungen nach dem SGB II zu erhalten. Der Leistungsträger wird hier einen Minderungsbescheid zu Recht erlassen, wenn er Vermögen vor Beginn des Leistungsbezuges verschleudert. Der Leistungsträger muss allerdings die Freigrenzen von 40.000 EUR (§ 12 Abs. 3) bzw. 15.000 EUR (§ 12 Abs. 2) berücksichtigen, denn mit dem Vermögensfreibetrag kann der Leistungsberechtigte nach Belieben verfahren.

Auch ein **unwirtschaftliches Verhalten** kann eine Leistungsminderung zur Folge haben (§ 31 Abs. 2 Nr. 2). Ein unwirtschaftliches Verhalten liegt vor, wenn der Leistungsberechtigte vorwerfbar, dh schuldhaft, die ihm bereitgestellten Mittel in verschwenderischer, sinnloser und mit normalen Maßstäben nicht zu vereinbarender Weise verschleudert.[46] 44

---

44 Ähnlich LSG Baden-Württemberg 18.2.2009 – L 3 AS 3530/08; 17.12.2009 – B 4 AS 20/09 R.
45 BSG 18.3.2008 – B 8/9 b SO 9/06 R.
46 BSG 8.2.2017 – B 14 AS 3/6 R, SozR 4-4200 § 34 Nr. 3.

45 **Beispiel:** Die Leistungsberechtigte lebt mit ihren drei Kindern im Alter von drei, zehn und zwölf Jahren zusammen. Sie hat einen verschwenderischen, exzessiven Stromverbrauch. Statt ca. 4.250 kWh (durchschnittlicher Vierpersonenhaushalt) im Jahr verbraucht sie 9.000 kWh, weil sie ua ihren Elektrobackofen rund um die Uhr nutzt. Die monatlichen Abschläge betragen demzufolge 348,60 EUR:

9.000 kWh * 0,4648 EUR/kWh = 4.183,20 EUR pro Jahr oder 348,60 EUR pro Monat

Sie ist weder gewillt, den Stromverbrauch auf das normale Maß zu reduzieren, noch zahlte sie in der Vergangenheit die monatlichen Abschlagszahlungen an den Energieversorger und will dies auch zukünftig nicht tun.[47]

In dem vorgenannten Fall kann ohne Weiteres von einem unwirtschaftlichen Verhalten ausgegangen werden. Der Leistungsträger kann gegen die Leistungsberechtigte einen Minderungsbescheid erlassen, kann aber gleichzeitig wegen der Kinder dazu verpflichtet sein, Stromschulden zur Verhinderung einer Stromsperre zu übernehmen.[48]

46 Der Leistungsträger kann neben dem Minderungstatbestand bei unwirtschaftlichem Verhalten (§ 31 Abs. 2 Nr. 1) ggf. auch den Regress wegen sozialwidrigen Verhaltens geltend machen (§ 34 Abs. 1 S. 1), weil der Regress auf die Wiedergutmachung (Schadenersatz) und die Minderung auf eine zukünftige Verhaltensänderung gerichtet ist.[49]

8. Leistungsminderung bei Meldeversäumnis

47 Kommt der Leistungsberechtigte einer Meldeaufforderung oder einer Aufforderung zu einer ärztlichen Untersuchung nicht nach und weist er für sein Verhalten keinen wichtigen Grund nach, so erfolgt eine Leistungsminderung durch Absenkung des Regelbedarfes um 10 % (§ 32 Abs. 1).

Ein Minderungsbescheid, der sich auf eine Verletzung der Meldepflicht nach § 59 iVm §§ 309, 310 SGB III stützt, muss den Anforderungen des § 309 SGB III genügen und die Aufforderung, die Zeit und den Ort der bezeichneten Stelle enthalten und wegen eines in § 309 Abs. 2 SGB III genannten Zweckes, wie

- Berufsberatung,
- Vermittlung in Arbeit,
- Vorbereitung aktiver Arbeitsförderungsleistung,
- Vorbereitung von Entscheidungen im Leistungsverfahren und
- Prüfung des Vorliegens der Voraussetzungen für den Leistungsanspruch,

erfolgen.[50]

Wird mit der Meldung nicht einer der vorgenannten Zwecke verfolgt, ist die Meldeaufforderung bereits deshalb rechtswidrig, so dass auch die sich hieraus ergebende Minderung rechtswidrig wird. Eine Aufforderung sich bei einem Leiharbeitgeber zur

47 Vgl. LSG Berlin-Brandenburg 11.12.2007 – L 28 B 2169/07 AS ER.
48 LSG Berlin-Brandenburg 11.12.2007 – L 28 B 2169/07 AS ER.
49 Vgl. LSG Nordrhein-Westfalen 22.4.2013 – L 19 AS 1303/12, NZS 2013, 794.
50 LPK-SGB II/Berlit § 32 Rn. 6.

Teilnahme an einer Messe zu melden ist daher kein nach § 309 SGB III rechtmäßiger Meldezweck.[51]

Hinweis: Wird gegen den Bewilligungsbescheid Widerspruch oder Klage eingereicht 48
und ist dieser noch nicht bestandskräftig geworden, wird ein gleichzeitig oder nachfolgend erlassener Minderungsbescheid nicht Gegenstand des Widerspruchsverfahrens oder der nachfolgenden Klage nach § 86 SGG bzw. § 96 SGG. Gegenstand des Widerspruchsverfahrens wird nur ein in Folge des Minderungsbescheids erlassener Änderungsbescheid sein (§ 48 SGB X), weil nur der Änderungsbescheid und nicht der Minderungsbescheid den Ausgangsbescheid abändert. Das Klageverfahren steht dem Verfahren auf einstweiligen Rechtsschutz gleich.[52] Geht der Leistungsberechtigte gleichzeitig gegen den noch nicht bestandskräftigen Bewilligungsbescheid vor, handelt es sich nach der zitierten Entscheidung des LSG Berlin-Brandenburg um einen sogenannten Höhenstreit, so dass als Rechtsbehelf gegen den Ausgangsbescheid und den Änderungsbescheid als Folge des Minderungsbescheides nur die Regelungsanordnung nach § 86 b Abs. 2 S. 2 SGG und nicht die Herstellung der aufschiebenden Wirkung nach § 86 b Abs. 1 Nr. 2 SGG möglich ist. Die Regelungsanordnung bedarf hier des Anordnungsgrundes, dass dem Leistungsberechtigten wesentliche Nachteile drohen (§ 86 b Abs. 2 S. 2 SGG). Letzteres dürfte bei einer Absenkung der Leistungen um 10 % oder sogar 20 % für einen Monate regelmäßig nicht der Fall sein.[53] Der Ansicht des Landessozialgerichts Berlin-Brandenburg kann nicht gefolgt werden, denn Rechtsschutzziel bei dem Vorgehen gegen den Absenkungsbescheid ist allein dessen Aufhebung (§ 54 Abs. 1 SGG) bzw. die (Wieder-)Herstellung der aufschiebenden Wirkung.[54]

Demgegenüber sind die Anforderungen an den Erlass der (Wieder-)Herstellung der aufschiebenden Wirkung scheinbar geringer, hier hat nämlich lediglich eine Abwägung zwischen den Belangen des Leistungsberechtigten auf unverminderte Leistung und denjenigen des Leistungsträgers auf sofortigen Vollzug zu erfolgen. Auch hier kann allerdings das Fehlen eines wesentlichen Nachteils eher zu einer Entscheidung zulasten des Leistungsberechtigten führen, so dass bei sachgerechter Anwendung der Regelungen durch das Gericht kein Unterschied in der Entscheidung vorliegen wird. Sind keine wesentlichen Beeinträchtigungen der existenzsichernden Leistungen zu erwarten, was bei einer Absenkung um lediglich 10 % oder 20 % der Fall sein kann, so kann das Gericht eine summarische Prüfung anhand der Erfolgsaussichten des Rechtsbehelfes vornehmen und muss bei Unaufklärbarkeit des Sachverhaltes im einstweiligen Rechtsschutzverfahren keine abschließende Prüfung des Sachverhaltes durchführen. Nach anderer Ansicht in der Rechtsprechung ist auch eine Absenkung des Regelbedarfes auch für eine kurze Zeit um 10 % ein erheblicher Eingriff, der

51 LSG Niedersachsen-Bremen 10.2.2014 – L 7 AS 1058/13 B NZS 2014, 394–396.
52 LSG Berlin-Brandenburg 16.1.2008 – L 28 B 2119/07 AS ER.
53 BVerfG 12.5.2005 – 1 BvR 569/05 Rn. 26; SG Düsseldorf 16.2.2005 – S 35 SO 28/05 ER Rn. 26.
54 Vgl. BSG 15.12.2010 – B 14 AS 92/09 R Rn. 14.

einen Sofortvollzug nur bei Abwesenheit jeglichen Zweifels an der Maßnahme zulässt.[55]

49 Die **Meldeaufforderung** ist ein Verwaltungsakt[56] und muss dem Leistungsberechtigten zugegangen sein. Die **objektive Beweislast für den Zugang trägt der Leistungsträger.**[57] Allerdings besteht die Gefahr, wenn der Leistungsberechtigte „ständig" keine Post erhält, obwohl an seinem Aufenthaltsort/Wohnadresse ein ausreichend beschrifteter Briefkasten vorhanden ist, dass die Gerichte bei einem derart argumentierenden Leistungsberechtigten höhere Anforderungen an dessen objektive Darlegungs- und Beweislast stellen. Nach dem gewöhnlichen Verlauf kann nämlich nicht davon ausgegangen werden, dass Schriftstücke einer Behörde den Bürger trotz eines funktionsfähigen Briefkastens ständig nicht erreichen. Das Gericht kann aus den Gesamtumständen schließen, dass ein Schreiben trotz gegenteiliger Behauptung zugegangen ist. Sofern der Leistungsberechtigte einen wichtigen Grund für das Meldeversäumnis hat, kann eine Leistungsminderung nicht verhängt werden. Für den wichtigen Grund trägt der Leistungsberechtigte die objektive Darlegungs- und Beweislast (§ 32 Abs. 1 S. 2). Wichtige Gründe für ein Meldeversäumnis sind zB Witterung (Glatteis), Erkrankung des Leistungsberechtigten, wenn er dadurch gesundheitlich nicht in der Lage ist, der Meldeaufforderung nachzukommen,[58] kurzfristig anberaumtes Vorstellungsgespräch bei einem potenziellen Arbeitgeber, Erkrankung eines nahen Angehörigen, wenn eine Versorgung durch weitere Angehörige nicht möglich ist.

50 **Hinweis:** Die ärztlich festgestellte Arbeitsunfähigkeit hat nicht stets zur Folge, dass dem Leistungsberechtigten ein wichtiger Grund, den Meldetermin nicht wahrzunehmen, zur Seite steht. Eine ärztliche Bescheinigung führt aber regelmäßig zu der Vermutung, dass der Leistungsberechtigte den Meldetermin nicht wahrnehmen konnte. Die Sozialgerichte müssen daher, wenn der Leistungsträger vorträgt, dass der Leistungsberechtigte gleichwohl der Meldeaufforderung nachgehen konnte, den Sachverhalt von Amts wegen ermitteln und zB durch Zeugnis des die Arbeitsunfähigkeit bescheinigenden Arztes feststellen, ob der Leistungsberechtigte durch die Krankheit tatsächlich gehindert war den Meldetermin wahrzunehmen.[59]

Die Berufung gegen ein klageabweisendes Urteil des Sozialgerichtes ist wegen Nichterreichens der Berufungssumme von 750 EUR nicht zulässig.[60]

51 **Hinweis:** Der Widerspruch gegen einen Minderungsbescheid und auch derjenige gegen einen, in dessen Folge erlassenen, Änderungsbescheid nach § 48 SGB X hat keine aufschiebende Wirkung, weil er eine Pflichtverletzung feststellt bzw. den Leistungsanspruch mindert (§ 39 Nr. 1). Die aufschiebende Wirkung kann vom Leistungsträger (§ 86 a Abs. 3 SGG) oder durch Antrag beim Sozialgericht (§ 86 b Abs. 1 Nr. 2 SGG)

55 LSG Bayern 23.12.2009 – L 8 AS 815/09 B ER.
56 LSG Hessen 20.6.2011 – L 7 AS 255/10.
57 LSG Baden-Württemberg 14.3.2008 – L 8 AS 5579/07; BVerfG 15.5.1991 – BvR 1441/90.
58 BSG 9.11.2010 – B 4 AS 27/10 R Rn. 32.
59 Vgl. hierzu die Ausführungen BSG 9.11.2010 – B 4 AS 27/10 R Rn. 32.
60 LSG Berlin-Brandenburg 24.9.2018 – L 18 AS 1084/18; BSG 18.2.2019 – B 14 AS 44/18 B.

hergestellt werden. Obwohl nach dem Gesetz der Widerspruch gegen einen Minderungsbescheid oder einen Änderungsbescheid keine aufschiebende Wirkung hat, muss der Leistungsträger sowohl bei Erlass des Minderungsbescheids als auch im Falle eines Widerspruchs von Amts wegen prüfen, ob die aufschiebende Wirkung des Widerspruchs herzustellen ist. Dies folgt sowohl aus dem Wortlaut des § 86 a Abs. 3 S. 1 SGG, wonach der Leistungsträger (von Amts wegen) die aufschiebende Wirkung herstellen kann, als auch aus dem Gebot des effektiven Rechtsschutzes (Art. 19 Abs. 4 GG). Der Gesetzgeber hat zwar mit § 39 Nr. 1 eine allgemeine Wertung getroffen, dass die aufschiebende Wirkung bei einem Minderungsbescheid und Änderungsbescheid in der Regel entfallen soll, dies entbindet jedoch den Leistungsträger nicht von der Prüfung der Herstellung der aufschiebenden Wirkung. Gemessen am Grundrecht auf effektiven Rechtschutz (Art. 19 Abs. 4 GG) und dem Grundrecht auf Sicherung der menschenwürdige Existenz Art. 1 Abs. 1, 20 Abs. 1 GG) bedarf es auch bei der sofortigen Vollziehung des Minderungsbescheids eines besonderen öffentlichen Interesses. Dabei sind die Belastungen des Leistungsberechtigten mit dem Vollzugsinteresse des Leistungsträgers abzuwägen.[61] Ein Eingriff in die Existenzsicherung ist stets von erheblicher Tragweite. Da in dem Regelbedarf auch Beiträge für langlebige Güter des täglichen Bedarfes enthalten sind, führt eine vorübergehende Minderung nicht sogleich zur Gefährdung der physischen Existenz, so dass nach der Intensität des Eingriffes unterschieden werden muss. Das besondere öffentliche Interesse muss dem Interesse des Betroffenen im Einzelfall dennoch immer vorgehen.[62] Auch kleinste Bedenken hinsichtlich der Rechtfolgenbelehrung oder der wirksamen Anhörung vor Erlass des Minderungsbescheids müssen so zumindest zur Herstellung der aufschiebenden Wirkung führen.

61 BVerfG 13.6.2005 – 2 BvR 485/05.
62 Vgl. BVerfG 8.4.2010 – 1 BvR 2709/09.

§ 6 Rückforderung und Inanspruchnahme Dritter

I. Rückforderung von Leistungen, Bagatellgrenze unter 50 EUR

1 Die Rechtsprobleme, die sich aus den **Rückforderungen** von Leistungen ergeben, nehmen einen breiten Raum in der praktischen Tätigkeit der Leistungsträger, Sozialberatungsstellen, Rechtsanwälte und Gerichte ein. Die Bedarfsgemeinschaften unterliegen ständig Veränderungen: es kommen Personen hinzu oder verlassen die Bedarfsgemeinschaft, Leistungsberechtigte nehmen eine Arbeit auf und erzielen Einkommen oder erhalten andere oder höhere Sozialleistungen (zB ein um 31 EUR erhöhtes Kindergeld bis zum 31.12.2022 = 219 EUR und ab dem 1.1.2023 250 EUR für die ersten beiden Kinder und um ab dem dritten Kind erfolgte eine Erhöhung um 25 EUR pro Kind).

2 Werden Leistungen zu Unrecht erbracht, können diese vom Leistungsträger nach § 50 Abs. 1 oder Abs. 2 SGB X, der nach § 40 Abs. 1 S. 1 auch im SGB II angewendet wird, zurückgefordert werden. Dabei ist zu unterscheiden, ob die unrechtmäßig erbrachten Leistungen aufgrund eines Leistungsbescheides (Verwaltungsakt) oder ohne Verwaltungsakt vom Leistungsträger erbracht wurden.

Ein Verwaltungsakt ist mit Wirkung für die Vergangenheit nicht aufzuheben, wenn sich ausschließlich Erstattungsforderungen für die Gesamtheit der Mitglieder der Bedarfsgemeinschaft iHv weniger als 50 EUR ergeben (§ 40 Abs. 1 S. 3). Dies bedeutet, dass Rückforderungen bei Überzahlungen bis zu einem Betrag von 49,99 EUR nicht mehr erfolgen und auch keine Aufhebungs- und Erstattungsbescheide wegen solcher Summen mehr rechtmäßig erlassen werden können.[1] Die Jobcenter sollen bereits überprüfte Sachverhalte nicht miteinbeziehen und nur dann eine Zusammenrechnung von mehreren kleineren Beträgen vornehmen, wenn diese nicht bereits vorher Gegenstand einer Prüfung waren (§ 40 Abs. 1 S. 4). Die Bagatellgrenze gilt auch, sofern eine Leistung ohne Verwaltungsakt gewährt wurde (§ 40 Abs. 1 S. 5 iVm § 50 Abs. 2 SGB X).

1. Aufhebung von Verwaltungsakten

3 Da Leistungen nach dem SGB II durch Bescheide (= Verwaltungsakte) gewährt werden, bewirken die Änderungen der Verhältnisse, dass der der Leistung zugrunde liegende Verwaltungsakt nicht oder nicht mehr der wirklichen Rechtslage entspricht. Der Anspruch auf Leistungen zur Sicherung des Lebensunterhaltes entsteht **nach § 40 SGB I**, da es sich um gesetzliche **Pflichtleistungen handelt, sobald die Tatbestandsvoraussetzungen für die Leistungen erfüllt sind.** Ein Leistungsbescheid hat demnach, wenn er rechtmäßig ist, nur deklaratorische Bedeutung.

4 Ist der Bescheid fehlerhaft, muss der Leistungsträger die Leistungen nach der im Verfügungssatz des Bescheides ausgewiesenen Höhe erbringen, denn der Bescheid ist ein Verwaltungsakt, der Rechtswirkungen nach außen hat und das Sozialrechtsverhältnis zwischen Leistungsberechtigten und den Leistungsträgern regelt (§ 31 S. 1 SGB X).

1 BT-Drs. 20/3873, 95.

Die **Regelungen des SGB X** sind nach § 40 Abs. 1 S. 1 auf das Verfahren nach dem SGB II **anzuwenden.**

Nach § 31 SGB I sind die Leistungsträger verpflichtet nach dem **Vorbehalt des Gesetzes** zu handeln und Leistungen nur zu gewähren, soweit ein Anspruch nach dem Gesetz besteht. Andererseits muss der Leistungsträger die Leistungen gewähren, sofern das Gesetz sie vorschreibt (Gesetzmäßigkeit der Verwaltung). 5

Zur (Wieder-)Herstellung des gesetzmäßigen Zustandes dienen die Regelungen der §§ 44 ff. SGB X. Da der fehlerhafte Leistungsbescheid (Verwaltungsakt) konstitutive Bedeutung hat und „einen Anspruch gewährt", muss er vor Rückforderung der Leistung nach § 50 Abs. 1 SGB X aufgehoben werden. Wegen der **Rücknahme** rechtswidrig belastender Bescheide nach § 44 SGB X → § 1 Rn. 53 ff. 6

Rechtswidrige begünstigende Bescheide können, wenn sie bereits bei ihrem Wirksamwerden rechtswidrig waren, nach § 45 SGB X zurückgenommen werden. Leistungsbescheide mit Dauerwirkung, die während ihrer Wirkungsdauer rechtswidrig werden, können unter den Voraussetzungen des § 48 SGB X geändert werden. 7

a) Rücknahme von rechtswidrigen begünstigenden Verwaltungsakten nach § 45 SGB X

Ein rechtswidriger begünstigender Verwaltungsakt darf, nachdem er unanfechtbar geworden ist, ganz oder teilweise (bei teilweiser Rechtswidrigkeit) nur unter den Voraussetzungen des § 45 SGB X zurückgenommen werden. Die Rücknahme eines begünstigenden Verwaltungsaktes/Leistungsbescheides ist nach § 45 Abs. 2 S. 1 SGB X immer dann nicht möglich, wenn der Leistungsberechtigte auf die **Richtigkeit des Bescheides vertrauen konnte und sein Vertrauen schutzwürdig** ist. Das Vertrauen ist in der Regel schutzwürdig, wenn der Leistungsberechtigte die Leistung verbraucht oder Vermögensdispositionen getroffen hat, die er nicht rückgängig machen kann. Bei einem Leistungsberechtigten wird dies angesichts seines engen Lebenszuschnittes in der Regel der Fall sein. 8

Darlegung der Gutgläubigkeit: Bei einer gerichtlichen Überprüfung sollte der Leistungsberechtigte sich darauf berufen, dass er im guten Glauben die Leistungen des Leistungsträgers verbraucht hat,[2] ebenso im Widerspruchsverfahren oder bei der Anhörung. 9

Bindung der Verwaltung an den Verwaltungsakt auch ohne Bestandskraft: Aus dem Wortlaut des § 45 Abs. 1 SGB X „... nachdem er unanfechtbar geworden ist" kann nicht geschlossen werden, dass damit das Verböserungsverbot (reformatio in peius) im Widerspruchsverfahren aufgehoben wird. Der Leistungsbescheid bleibt soweit und solange wirksam, wie er nicht zurückgenommen, widerrufen, anderweitig aufgehoben oder durch Zeitablauf oder anderweitig erledigt ist (§ 39 Abs. 2 SGB X). Der Leistungsträger kann daher nicht im Widerspruchsverfahren den Ursprungsbescheid zulasten des Leistungsberechtigten abändern.[3] Der Leistungsträger muss vielmehr in 10

2 BSG 27.1.2009 – B 14 AS 52/07 R.
3 BSG 18.6.2008 – B 14/11 b AS 67/06 R.

einem neuen Verwaltungsverfahren den rechtswidrigen Leistungsbescheid nach den §§ 45 und 48 SGB X aufheben.[4]

11 Bei der Rücknahme eines rechtswidrigen Verwaltungsaktes nach § 45 Abs. 2 S. 1 SGB X muss der **Leistungsträger Ermessen ausüben** und die Belange des Leistungsberechtigten und des Leistungsträgers gegeneinander abwägen. Das Ermessen des Leistungsträgers wird durch S. 2 eingeschränkt, wenn der Begünstigte die Leistungen verbraucht hat oder Vermögensdispositionen getroffen hat, die er nicht oder nur unter unzumutbaren Nachteilen rückgängig machen kann. Leistungsberechtigte werden die an sie gezahlten Leistungen wegen ihrer engen wirtschaftlichen Verhältnisse in der Regel verbrauchen, so dass eine Rückforderung in Fällen des § 45 Abs. 2 S. 1 und 2 SGB X nicht in Betracht kommt.

12 Demgegenüber ist die Rücknahme nach § 45 Abs. 2 S. 3 SGB X wesentlich erleichtert. Liegt ein Fall der **Unredlichkeit nach § 45 Abs. 2 S. 3 SGB X vor, greift der Vertrauensschutz nicht ein.** Nach § 40 Abs. 1 Nr. 1 iVm § 330 Abs. 2 SGB III muss der Leistungsträger auch kein Ermessen mehr bei der Rücknahme des Bescheides für die Vergangenheit ausüben,[5] es handelt sich somit um eine gebundene Entscheidung. Soweit der Bescheid für die Zukunft aufgehoben wird, ist auch bei Anwendung des § 330 Abs. 2 SGB III Ermessen auszuüben.[6]

Die häufigsten Fälle der Unredlichkeit sind:

- Der Bescheid beruht auf **Angaben,** die in den **wesentlichen Beziehungen** vorsätzlich oder grob fahrlässig unrichtig oder unvollständig sind.
- Der Leistungsberechtigte **kannte** die Rechtswidrigkeit des Verwaltungsaktes oder kannte sie infolge grober Fahrlässigkeit nicht.

13 Bei der Prüfung, ob **grobe Fahrlässigkeit** (zB hinsichtlich der Rechtswidrigkeit des Verwaltungsaktes) vorliegt, ist ein subjektiv individueller Maßstab anzuwenden. Grobe Fahrlässigkeit liegt nur dann vor, wenn der Leistungsberechtigte die Rechtswidrigkeit des Bescheides aufgrund einfachster und naheliegender Überlegungen sicher hätte erkennen (wissen) können.[7] Grobe Fahrlässigkeit liegt zB dann nicht vor, wenn der Fehler im Bescheid erst durch eine Rechenoperation ermittelt werden kann. Grobe Fahrlässigkeit wird andererseits vorliegen, wenn der Leistungsberechtigte einen naheliegenden Gesichtspunkt, wie die Tatsache, dass ein erhebliches Einkommen oder Vermögen auf die einkommens- und vermögensabhängigen Leistungen nicht angerechnet wird, nicht beachtet.

14 Den Leistungsberechtigten treffen neben speziellen im SGB II geregelten **Mitwirkungspflichten**, wie zB die Verpflichtung eine Arbeitsunfähigkeit nach § 56 mitzuteilen, die allgemeinen verfahrensrechtlichen Mitwirkungspflichten (§§ 60 ff. SGB I). Nach § 60 Abs. 1 SGB I hat der Leistungsberechtigte insbesondere alle Tatsachen mitzuteilen, die für die Leistung erheblich sind, und Änderungen in den Verhältnissen,

4 Vgl. hierzu nur BSG 14.9.2010 – B 7 AL 21/09 R Rn. 17.
5 BSG 16.12.2008 – B 4 AS 48/07 R.
6 BSG 21.6.2001 – B 7 AL 6/00 R.
7 BSG 26.8.1987 – 11 a RA 30/86, Soz-R 1300 zu § 48 Nr. 39.

die für die Leistung erheblich sind, mitzuteilen[8] sowie Beweismittel zu bezeichnen und auf Verlangen vorzulegen bzw. einer Vorlage (durch Dritte) zuzustimmen.

Der Leistungsberechtigte ist zB dazu verpflichtet, Angaben über sein Vermögen vollständig und wahrheitsgemäß zu machen und die Antragsformulare des Leistungsträgers entsprechend auszufüllen, sofern er dazu körperlich und geistig in der Lage ist. 15

Beispiel: Falsche Angaben im Leistungsantrag Der Leistungsberechtigte stellt bei dem Leistungsträger am 29.3.2023 einen Fortsetzungsantrag für den Zeitraum ab dem 1.4.2023. Bei Antragstellung gibt er nicht an, dass er ab dem 1.3.2023 eine geringfügige Beschäftigung aufgenommen und am 29.3.2023 hieraus 520 EUR erhalten hatte. Im Fragebogen zum Fortsetzungsantrag wird ausdrücklich nach den aktuellen Einkommensverhältnissen gefragt. Der Leistungsträger erlässt daraufhin einen Leistungsbescheid, in dem das Einkommen des Leistungsberechtigten nicht berücksichtigt wird. Dem Leistungsberechtigten ist bekannt, dass das Bürgergeld einkommensabhängig geleistet wird. 16

Der Leistungsberechtigte hat die Fragen zu den aktuellen Einkommensverhältnissen falsch beantwortet und damit die für die Leistung erhebliche Tatsache nicht richtig mitgeteilt, so dass hier ein Fall des § 45 Abs. 2 S. 3 Nr. 2 SGB X vorliegt. Der Leistungsberechtigte hat es zusätzlich unterlassen den Leistungsberechtigten über die Aufnahme der Tätigkeit ab dem 1.3.2023 zu informieren. Auch das vorsätzliche oder grob fahrlässige Unterlassen einer Mitteilung erfüllt den Tatbestand des § 45 Abs. 2 S. 3 Nr. 2 SGB X.[9] 17

Darüber hinaus liegt auch ein Fall des § 45 Abs. 2 S. 3 Nr. 3 SGB X vor, denn dem Leistungsberechtigten war es bekannt, dass die Leistungen nach dem SGB II vom Einkommen abhängen und er konnte somit aus dem Bewilligungsbescheid anhand der nicht ausgefüllten Spalte „Einkommen" erkennen, dass der Bescheid rechtswidrig ist. 18

Die Rückforderung bei Bösgläubigkeit (§ 45 Abs. 2 S. 2 Nr. 3 SGB X) kann dadurch eingeschränkt sein, dass anrechenbares Einkommen oder Vermögen, welches vor dem Wirksamwerden der Entscheidung über die Leistung verbraucht wurde, bei Wirksamwerden des Rückforderungsbescheides nicht mehr vorhanden war. 19

Beispiel: Der A steht aufgrund des Bescheides vom 29.9.2022 im Leistungsbezug und erhält seit dem 1.10.2022 Leistungen nach dem SGB II in Höhe von 799 EUR bis zum 31.12.2022 und ab dem 1.1.2023 852 EUR. Die Leistungen werden bis zum 30.9.2023 bewilligt. Am 2.1.2023 bekommt er einen Betrag in Höhe von 15.000 EUR ausgezahlt. Hierbei handelt es sich um eine Nachzahlung aus einem früheren Arbeitsverhältnis. Hiervon erfährt das Jobcenter zunächst nichts, weil der A, aufgrund der Neujahrstage, „vergessen" hatte, den Zufluss des Betrages dem Jobcenter mitzuteilen. Auf Antrag des A vom 25.8.2023 erhält er durch Bescheid vom 20.9.2023 ab dem 1.10.2023 weiter Leistungen nach dem SGB II. Am 3.10.2023 erfährt das Jobcenter von dem Geldzufluss am 2.1.2023 und hebt mit Bescheid vom 29.10.2023 den Bescheid vom 29.9.2022 ab dem 3.1.2023 auf. Der A wendet ein, er habe mit dem Betrag am 5.1.2023 Schulden in Höhe von 5.000 EUR beglichen und für den Rest habe er sich im Januar 2023 einen PKW gekauft. Mit diesem sei er noch am Tag des Kaufes selbstverschuldet verunfallt und der PKW sei damit wertlos geworden.

8 BSG 19.9.2008 – B 14 AS 45/07 R.
9 BSG 1.6.2006 – B 7a AL 76/05 R.

Das Jobcenter muss hier berücksichtigen, dass der A zum Zeitpunkt der Antragstellung mittellos war und daher einen Anspruch auf Leistungen bis zum 2.1.2023 hatte. Bei dem Betrag in Höhe von 15.000 EUR handelt es sich um eine Nachzahlung, die ab dem Zeitpunkt des Zuflusses, dem 24.12.2022, bis zu sechs Monate zu verteilen ist. Man wird sie daher auf den Zeitraum vom 1.1.2023 bis zum 30.6.2023 verteilen (§ 11 Abs. 3). Der Betrag in Höhe von 15.000 EUR wird durch sechs geteilt, dh pro Monat entfallen 2.500 EUR, so dass auch unter Anrechnung der Versicherungspauschale der Anspruch bis zum Ablauf des Bewilligungszeitraum entfällt. Die Tatsache, dass der Vermögensbetrag hier untergeht, weil hier Schulden bezahlt wurden oder durch Zerstörung des PKW ein Vermögensverlust eintritt, ändert daran nichts, denn grundsätzlich ist die Schuldentilgung unbeachtlich, weil der A bereite Mittel zunächst für seinen Lebensunterhalt verwerten muss.[10] Auch der Kauf und anschließende Untergang des PKW ändert daran nichts. Das Jobcenter wird daher den Bescheid nach § 48 SGB X ab dem Zeitpunkt der Änderung der Verhältnisse, dh dem 1.1.2023, aufheben und die gewährten Leistungen zurückverlangen. Zusätzlich zum Arbeitslosengeld II kann das Jobcenter allerdings nicht die gezahlten Sozialversicherungsbeiträge zurückverlangen (§ 44 Abs. 2 Nr. 5).

Etwas anders sieht die Situation aus, wenn die Einmalzahlung dem A nicht während des Leistungsbezugs oder nicht als Nachzahlung zugeflossen sind, sondern bereits bei oder vor Antragstellung vorhanden war. In diesem Fall nimmt kann das Jobcenter den Leistungsbescheid vom 29.9.2022 nach § 45 SGB X nicht wegen anfänglicher Rechtswidrigkeit zurücknehmen, weil der Betrag iHv 15.000 EUR als Vermögensfreibetrag nicht anrechenbar ist (§ 12 Abs. 2). Erfolgte der Zufluss vor Beginn des Antragsmonats, handelt es sich um Vermögen, so dass hier ein Betrag über dem Schonvermögen verwertet werden muss; was nicht der Fall ist. Bei Erlass des Aufhebungs- und Erstattungsbescheides wird das Jobcenter demnach lediglich den Vermögensfreibetrag zu beachten haben. Gesichtspunkte der besonderen Härte wie der Vermögensverlust spielen bei der Rücknahme keine Rolle.[11] Handelt es sich nicht um eine Nachzahlung, so sind die 15.000 EUR nur in dem Monat des Zuflusses, d.h. im Monat Januar 2023, zu berücksichtigen, d.h. von dem Betrag iHv 15.000 EUR wird nur der Leistungsbetrag für den Monat Januar 2023 abgezogen und zwar iHv 852 EUR; der überschießende Betrag wandelt sich ab dem Folgemonat in (hier: geschütztes) Vermögen um (§ 11 Abs. 3 S. 1). Diese Entscheidung des Gesetzgebers mag deshalb ungerecht erscheinen, weil anders als Zuflüsse Kapitalabfindungen, Erbschaften, Schenkungen und ähnliche Einnahmen (anders als Nachzahlungen aus Arbeitsverhältnissen oder Sozialleistungen) nicht auf eigener Leistung der Leistungsberechtigten beruhen. Doch bereits die Einordnung des Zuflusses aus einer Erbschaft als Vermögen, und nicht als Einkommen nach § 11 Abs. 1 Nr. 7, verdeutlicht, dass die unterschiedliche Behandlung gewollt ist.

20 Der auf unredlichem Verhalten beruhende Bescheid kann auch für die Vergangenheit zurückgenommen werden. Die **Rücknahme muss innerhalb eines Jahres** seit Kenntnis der Behörde von den Tatsachen, welche die Rücknahme eines rechtswidrigen begünstigenden Bescheides für die Vergangenheit rechtfertigen, erfolgen. Die Jahresfrist beginnt, wenn die Behörde der Ansicht ist, dass die ihr vorliegenden Tatsachen für eine Rücknahme bzw. Aufhebung der Bewilligung genügen.[12] Das ist unter anderem dann der Fall, wenn der Leistungsträger den Leistungsberechtigten angehört hat, die von

10 BSG 24.5.2017 – B 14 AS 32/16 R BSGE 123, 199–205.
11 BSG 25.4.2018 – B 14 AS 15/17 R Rn. 26, BSGE 125, 301–310.
12 BSG 6.4.2006 – B 7a AL 64/05 R.

dem Leistungsträger gesetzte Anhörungsfrist unbeantwortet verstrichen ist oder der Leistungsträger einen Rücknahme- bzw. Aufhebungsbescheid erlassen hat.

Die Frist beginnt zu laufen, sobald dem **zuständigen Sachbearbeiter der Behörde die für die Rücknahmeentscheidung erheblichen Tatsachen** bekannt sind. Dazu gehören alle Umstände, deren Kenntnis es der Behörde objektiv ermöglicht, ohne weitere Sachaufklärung unter sachgerechter Ausübung ihres Ermessens über die Rücknahme zu entscheiden.[13]

21 Vor dem Erlass eines Rücknahme- oder Widerrufsbescheides muss der Leistungsberechtigte nach **§ 24 SGB X angehört** werden. Die Anhörung kann bis zum Schluss der letzten mündlichen Verhandlung in der Tatsacheninstanz, also vor dem Landessozialgericht, nachgeholt werden (§ 41 Abs. 1 Nr. 3 iVm § 41 Abs. 2 SGB X).

22 Die **Anhörung unterliegt keinen formellen Anforderungen**, sie kann auch mündlich ergehen, dem Betroffenen müssen nur die für die Entscheidung erheblichen Tatsachen mitgeteilt werden (§ 24 Abs. 1 SGB X). Der Leistungsträger muss lediglich mitteilen, welche Erstattungsforderungen gegenüber dem Leistungsberechtigten geltend gemacht werden und auf welchen Sachverhalt sie sich insoweit stützen.[14] Will der Leistungsträger die Rücknahme eines Leistungsbescheides auf die Voraussetzungen des § 45 Abs. 2 S. 3 Nr. 3 SGB X stützen, muss er den Leistungsberechtigten auch zur grob fahrlässigen Unkenntnis anhören.[15]

23 Wird die **Anhörung** im Gerichtsverfahren **nachgeholt**, kann der Leistungsträger die Anhörung nicht im Gerichtsverfahren durch Wechsel von Schriftsätzen durchführt, sondern muss das Gericht um Aussetzung des Rechtsstreites nach § 114 Abs. 2 S. 2 SGG ersuchen, außerhalb des Rechtsstreites das Verwaltungsverfahrens wieder aufnehmen und die Anhörung nachholen.[16] In der Revisionsinstanz kann eine Anhörung nicht mehr nachgeholt werden (§ 41 Abs. 2 SGB X).

24 Liegt ein Fall des § 45 Abs. 2 S. 2 SGB X (Leistungsberechtigter war redlich) vor oder soll eine **Aufhebung für die Zukunft** erfolgen, muss der Leistungsberechtigte Ermessen ausüben. Bei Aufhebung eines Verwaltungsaktes für die Zukunft muss der Leistungsträger Ermessen ausüben, weil § 40 Abs. 1 Nr. 1 iVm § 330 Abs. 2 SGB III das Ermessen nur für die Aufhebung in der Vergangenheit entfallen lässt. Fehlt es an der Anhörung des Leistungsberechtigten, wird bei einem Rücknahmebescheid das Ermessen regelmäßig an einem Abwägungsdefizit leiden und zwar dann, wenn der Leistungsberechtigte redlich war, die Leistungen verbraucht hat und der Leistungsträger Letzteres nicht berücksichtigt.

25 **Hinweis: Keine Verurteilung zur Neubescheidung bei Ablauf der Jahresfrist.** Ein Ermessensfehlgebrauch kann mit der Bescheidungsklage, eine besondere Form der Verpflichtungsklage, nach § 54 Abs. 1 Alt. 2 SGG geltend gemacht werden. Das Gericht wird bei Begründetheit der Klage nach § 131 Abs. 3 SGG ein Bescheidungsurteil er-

13 BSG 31.1.2008 – B 13 R 23/07 R, SozR 3-1300 § 50 Nr. 19 S. 57 f.
14 BSG 6.2.2003 – B 7 AL 102/01 R.
15 BSG 9.11.2010 – B 4 AS 37/09 R.
16 BSG 9.11.2010 – B 4 AS 37/09 R.

lassen. Ein Bescheidungsurteil, dh eine Verurteilung zur Neubescheidung, kommt nicht mehr in Betracht, wenn die Jahresfrist des § 45 Abs. 4 S. 2 SGB X abgelaufen ist. Im Prozess ist in einem solchen Fall von der Bescheidungs- zur Anfechtungsklage überzugehen.

26 **Beispiel: Ablauf der Jahresfrist.** Der Leistungsberechtigte hat in seinem Antrag vom 20.2.2022 (Bewilligungszeitraum 1.3.2022 bis 28.2.2023) angegeben, dass er ab dem 1.3.2022 eine Beschäftigung aufnimmt und hierbei Einkünfte in Höhe von 600 EUR erzielt. Der Leistungsträger erlässt mit Datum vom 2.3.2022 einen Leistungsbescheid, der am gleichen Tag zur Post geht, unter Berücksichtigung eines anrechenbaren Einkommens in Höhe von 250 EUR. Richtig wäre es gewesen, ein anrechenbares Einkommen in Höhe von 350 EUR anzunehmen. Als der für Rücknahmen zuständige Sachbearbeiter den Fehler bemerkt, verfügt er am 28.2.2022 einen Rücknahmebescheid für den Bewilligungszeitraum. Die Verfügung wird zunächst nicht weiter- bearbeitet. Am 1.3.2023 sieht ein anderer Mitarbeiter die Verfügung in den Akten des Leistungsträgers und erlässt wegen des drohenden Ablaufs der Jahresfrist einen Aufhebungs- und Erstattungsbescheid, der am gleichen Tag zur Post gegeben wird. Eine Anhörung des Leistungsberechtigten erfolgt nicht. Im Klageverfahren beruft sich der Leistungsträger mit Schriftsatz vom 1.6.2023 darauf, wegen der Eilbedürftigkeit habe hier auf eine Anhörung verzichtet werden können. Das Ermessen sei zwar nicht im Rücknahmebescheid oder im Widerspruchsbescheid zum Ausdruck gebracht, es sei jedoch bei Erlass des Rücknahmebescheides ausgeübt worden. Im Klageverfahren teilt der Leistungsberechtigte mit, er habe auf die Richtigkeit des Bescheides vertraut und sein Geld vollständig ausgegeben. Mit den Mehreinnahmen habe er Schulden bezahlt, die ihm bereits länger ein schlechtes Gewissen bereitet hätten.

27 Der Leistungsberechtigte war nicht unredlich, denn er konnte den Fehler im Leistungsbescheid vom 2.3.2022 nicht erkennen. Aus den Leistungsbescheiden lässt sich nicht entnehmen, wie das anrechenbare Einkommen ermittelt wird. Die Rechenschritte, wie aus dem Bruttoeinkommen das anrechenbare Einkommen ermittelt wird, sind den Bescheiden des Leistungsträgers nicht zu entnehmen.

28 Dass der Leistungsträger die Rechenschritte im Rücknahmebescheid ggf. wiedergibt, führt nicht zu nachträglicher Unredlichkeit. Hinsichtlich des Zeitpunktes der Kenntnis der Rechtswidrigkeit kommt es auf die Bekanntgabe des Verwaltungsaktes an. Ein Verwaltungsakt gilt mit dem dritten Tag nach Aufgabe zur Post als bekannt gegeben (§ 37 Abs. 2 S. 1 SGB X), folglich im Beispiel beim Bescheid vom 2.3.2022 am 5.3.2022 und beim Bescheid vom 1.3.2023 am 4.3.2023. Nachträgliche Kenntnis des Leistungsberechtigten von der Rechtswidrigkeit kann allenfalls zur Rücknahme für die Zukunft, nicht aber für die Vergangenheit führen.

29 Der Leistungsträger wusste mangels Anhörung nicht, wie der Leistungsberechtigte die erhaltenen Leistungen verwendet hatte, konnte daher nicht sachgerecht zwischen den Belangen des Leistungsberechtigten und den berechtigten Interessen des Leistungsträgers abwägen, so dass hier zumindest ein Ermessensfehlgebrauch vorliegt. Es kann daher dahingestellt bleiben, ob der Leistungsträgers, wie im Prozess behauptet, bei Erlass des Rücknahmebescheides von seinem Ermessen Gebrauch gemacht hatte. Unabhängig davon konnte der Leistungsträger nicht auf die Anhörung verzichten, denn die Jahresfrist ist keine Frist im Sinne des § 24 Abs. 2 Nr. 2 SGB X. Der Leistungsträger kann allerdings einen

neuen Bescheid erlassen, dieser scheitert hier jedoch an der Jahresfrist des § 45 Abs. 4 S. 2 SGB X.

Liegt ein Fall der **Redlichkeit** des Leistungsberechtigten nach § 45 Abs. 2 S. 1 SGB X vor, kann der Verwaltungsakt nach § 45 Abs. 3 SGB X nur innerhalb einer Frist von **zwei Jahren** nach seinem Erlass zurückgenommen werden. Bei falschen Angaben und Kenntnis davon beträgt die Rücknahmefrist zehn Jahre gemäß § 45 Abs. 3 S. 3 SGB X, wenn ein Fall der Unredlichkeit nach Abs. 2 Nr. 2 oder Nr. 3 vorliegt. 30

Hinweis: Ein Verwaltungsakt gilt auch dann mit dem dritten Tag nach Aufgabe zur Post als aufgegeben, wenn der Dritte Tag ein Samstag, Sonntag oder Feiertag ist. Die Widerspruchs- oder Klagefrist beginnt daher abweichend von § 193 BGB nicht erst mit dem folgenden Montag.[17] 31

b) Rücknahme von Verwaltungsakten nach § 44 SGB X

Rechtswidrig belastende Verwaltungsakte werden nach § 44 SGB X zurückgenommen (→ § 1 Rn. 53 ff.). 32

c) Aufhebung von Verwaltungsakten nach § 48 SGB X

In § 45 SGB X wird die anfängliche Rechtswidrigkeit behandelt. § 48 SGB X regelt die nachträgliche Rechtswidrigkeit eines Dauerverwaltungsaktes. 33

Ein **begünstigender Verwaltungsakt mit Dauerwirkung ist für die Zukunft aufzuheben**, sofern eine wesentliche Änderung in den tatsächlichen oder rechtlichen Verhältnissen eingetreten ist (§ 48 Abs. 1 S. 1 SGB X). Eine Änderung ist wesentlich, wenn sie rechtserheblich ist, dh der Verwaltungsakt wäre zum Zeitpunkt seines Wirksamwerdens nicht erlassen (§ 37 SGB X) worden, wenn die Änderung bekannt gewesen wäre. 34

War die zukünftige Änderung bereits bei Erlass des Verwaltungsaktes bekannt, ist sie, auch wenn sie erst während der Laufzeit des Verwaltungsaktes eintritt, bereits bei Erlass des Verwaltungsaktes zu berücksichtigen. 35

Der Ausgangsbescheid ist auch mit **Wirkung zum Zeitpunkt der Änderung der Verhältnisse aufzuheben,** sofern die Änderung zugunsten des Leistungsberechtigten erfolgt oder ein Fall der Unredlichkeit nach § 48 Abs. 1 S. 2 Nr. 2 oder Nr. 4 SGB X vorliegt oder Einkommen bzw. anrechenbares Vermögen erzielt wurde. § 48 Abs. 1 S. 2 sieht nur ein sogenanntes „Sollermessen“ vor.[18] Im Rechtskreis des SGB II hat eine Aufhebung eines Verwaltungsaktes mit Dauerwirkung stets zum Zeitpunkt der Änderung der Verhältnisse zu erfolgen (§ 40 Abs. 2 Nr. 3 iVm § 330 Abs. 3 S. 1 SGB III). Ein Ermessen ist somit vom Leistungsträger nicht auszuüben. Als Zeitpunkt der Änderung der Verhältnisse gilt in den Fällen, in denen aufgrund des SGB II eine Anrechnung von Einkommen oder Vermögen erfolgen soll, der Beginn des Anrechnungszeitraumes. Einkommen wird für den Zeitraum angerechnet, in dem es zufließt (§ 11 Abs. 2 Abs. 3). Die Anrechnung erfolgt jeweils für den Monat (§ 41 Abs. 1). 36

---

17 BSG 6.5.2010 – B 14 AS 12/09 R.
18 Wegen der Einzelheiten siehe LPK-SGB X/Lang § 48 Rn. 48 ff.

37 Ist eine Änderung der Verhältnisse durch Zufluss von Einkommen, das der Leistungsberechtigte erzielt, eingetreten, so sind die Regeln des § 11 Abs. 2 und 3 und der §§ 2, 3 Bürgergeld-V zu beachten. Laufende Einnahmen aus nicht selbstständiger Arbeit sind in dem Monat zu berücksichtigen, in dem sie zufließen (§ 11 Abs. 2). Einmalige Einnahmen werden entweder in dem Monat berücksichtigt, in dem sie anfallen oder, wenn die Leistungen nach dem SGB II bereits erbracht sind, von dem Folgemonat an (§ 11 Abs. 3). Bei nach Ablauf des Abrechnungszeitraumes gezahltem Arbeitsentgelt gemäß § 614 BGB, ist der Fälligkeitstag immer der Erste des Folgemonates. Auf die Fälligkeit kommt es im SGB II nicht an, weil nur der tatsächliche Zufluss zu anrechenbarem Einkommen führt. Denn andernfalls wird die Hilfebedürftigkeit nicht beseitigt. Abweichend hiervon erfolgt eine Anrechnung für den Monat für den (und nicht in dem) gezahlt wird, wenn durch eine andere Sozialleistung die Hilfebedürftigkeit nach dem SGB II vermieden werden soll; das ist beim Kinderzuschlag der Fall.[19]

38 Da nach § 41 Abs. 1 die Unterhaltsleistungen nach dem SGB II immer monatlich erbracht werden, erfolgt die **Anrechnung** von nachträglich erzieltem Einkommen auch **monatsweise.** Bis zum Inkrafttreten des SGB II-Änderungsgesetzes 2011 erfolgten die Leistung und die Anrechnung von Einkommen immer teilweise, wenn eine Leistung lediglich für einen Teil des Monats erbracht wurde.[20] Seit dem SGB II-Änderungsgesetz vom 7.5.2013 wirkt der Antrag auf Leistungen auf den ersten des Antragsmonates zurück (§ 37 Abs. 2 S. 2).[21] Dies hat einerseits zur Folge, dass Einnahmen, die vor der Antragstellung im Antragsmonat erzielt wurden, im Antragsmonat angerechnet werden; andererseits werden aber auch Leistungen rückwirkend vom Beginn des Antragsmonats an erbracht. Der Leistungsberechtigte kann nach der Rechtsprechung des Bundessozialgerichtes auch nicht durch Rücknahme des Antrages auf Leistungen und durch Verzicht auf die Leistungen für diesen Monat die Einnahmen in Vermögen verwandeln.[22] Die Einkommensanrechnung wird seit dem 1.1.2023 allerdings dadurch entschärft, dass die Einnahmen, mit Ausnahme der Nachzahlungen, nur im Monat des Zuflusses bzw., wenn das Bürgergeld bereits erbracht wurde, im folgenden Monat als Einkommen angerechnet wird. In dem jeweils darauf folgenden Monat wird eine Einnahme lediglich als Vermögen berücksichtigt.[23]

39 Die Verwaltungsakte mit Dauerwirkung müssen **nicht anfänglich rechtmäßig gewesen sein, denn § 48 SGB X** verlangt nach seinem Wortlaut keinen rechtmäßigen Verwaltungsakt. Dies führt allerdings bloß dazu, dass der rechtswidrige Verwaltungsakt nach § 48 SGB X erst ab Änderung der Verhältnisse und nicht von Anfang an nach § 48 SGB X aufgehoben werden kann. Will der Leistungsträger den rechtswidrigen Bewilligungsbescheid vor einer Änderung der Verhältnisse aufheben, müssen gleichzeitig die Voraussetzungen des § 45 SGB X für eine Rücknahme vorliegen.

19 BSG 25.10.2017 – B 14 AS 35/16 R BSGE 124, 243–250.
20 BSG 30.7.2008 – B 14 AS 26/07 R Rn. 28.
21 BGBl. I 1167, G. v. 7.5.2013.
22 BSG 24.4.2015 – B 4 AS 22/14 R, SozR 4-4200 § 11 Nr. 71.
23 Siehe hierzu → § 6 Rn 19.

Der Leistungsträger kann in dem Fall, in dem die Rücknahme des ursprünglich rechtswidrigen Verwaltungsaktes (§ 45 SGB X) am Ablauf der Jahresfrist scheitert, die Leistungen nach § 48 Abs. 3 S. 2 SGB X **abschmelzen.** Werden Leistungen aufgrund einer gesetzlich vorgesehenen Anpassung erhöht, nimmt der rechtswidrige Verwaltungsakt, der eine zu hohe Leistung bewilligt, nicht an der Erhöhung teil. Erst wenn die durch den Verwaltungsakt bewilligte Leistung wieder dem rechtmäßigen Zustand entspricht, erfolgt eine gesetzliche Erhöhung der Leistung. 40

Beispiel: Der Leistungsberechtigte erhält ab dem 1.1.2023 die Anpassung seines Regelbedarfes in Höhe von 53 EUR (Sachverhalt sonst wie im vorhergehenden Beispiel). 41

Hier kann der Leistungsträger den Leistungsberechtigten von der Anpassung des Regelbedarfes ausnehmen (§ 48 Abs. 3 SGB X).

d) Rückforderung bei vorläufiger Entscheidung nach § 41 a Abs. 6 S. 3 SGB II

Sofern das Jobcenter eine **vorläufige Entscheidung** trifft und es sich anlässlich einer hierauf folgenden endgültigen Entscheidung herausstellt, dass mehr Leistungen erbracht wurden, als Ansprüche bestanden, so sind diese zu erstatten (§ 41 a Abs. 6 S. 3). Auch hierüber muss das Jobcenter einen Bescheid erlassen, bei dem allerdings nicht die Regeln der §§ 44 SGB X ff. zu beachten sind. Diese Rückforderungsregel ist auch in Fällen anzuwenden, wenn bis zur endgültigen Auskunft über die Einkommens- und Vermögenslage vorläufige Leistungen erbracht werden (§ 44 Abs. 6 S. 4 iVm Abs. 3 S. 3). Auch hier ist von Erstattungen, die weniger als 50 EUR betragen, seit dem 1.1.2023 abzusehen (§ 41 a Abs. 6 S. 3 2. Hs.). 42

2. Erstattung von zu Unrecht erbrachten Leistungen

Allein mit der Aufhebung des Verwaltungsaktes kann der Leistungsträgers noch nicht die zu Unrecht erbrachten Leistungen zurückfordern. Hierzu bedarf es eines zweiten Verwaltungsaktes: des **Erstattungsbescheides** (§ 50 Abs. 1 und 3 SGB X), der die zu erstattende Leistung festsetzt. Soweit Leistungen ohne Verwaltungsakt erbracht worden sind, was bei Leistungen nach dem SGB II durchaus vorkommt, bedarf es keiner Aufhebung eines Verwaltungsaktes, die Regelungen der § 45 und 48 SGB X sind allerdings entsprechend anzuwenden (§ 50 Abs. 2 SGB X). 43

Der Erstattungsbescheid (§ 50 Abs. 1 SGB X) soll mit dem Aufhebungsbescheid (§§ 45 oder 48 SGB X) verbunden werden und zwar als kombinierter **Aufhebungs- und Erstattungsbescheid** (§ 50 Abs. 3 S. 2 SGB X). Gleichwohl kommt es nicht selten vor, dass die Aufhebung des Bescheides in einem einzelnen Bescheid vorgenommen wird und anschließend ein gesonderter Erstattungsbescheid erlassen wird. Die Trennung der Aufhebung und Erstattung in zwei Bescheide ist möglich, weil es sich um zwei abtrennbare Streitgegenstände handelt. Die Verfügungssätze sollen zwar in einem Bescheid verbunden werden. Geschieht dies nicht, sind hieran aber keine Sanktionen gebunden. Der Aufhebungsbescheid wird häufig als „Änderungsbescheid" bezeichnet. Die falsche Bezeichnung schadet hier nicht.[24] 44

24 BSG 6.4.2006 – B 7 a AL 65/05 R.

45 **Hinweis: Aufhebungsbescheid nicht bestandskräftig werden lassen.** Da es sich oft um Leistungen für die Vergangenheit handelt und der Leistungsberechtigte aktuell nicht von der Änderung betroffen ist, legen die Leistungsberechtigten gegen den isolierten Aufhebungsbescheid keinen Widerspruch ein, so dass der Bescheid bestandskräftig wird. Legt der Leistungsberechtigte dann erst gegen den anschließend bekannt gegebenen Erstattungsbescheid Widerspruch ein, beruft sich der Leistungsträger auf den zwischenzeitlich bestandskräftigen Aufhebungsbescheid.

46 Bei dem Aufhebungsbescheid nach § 45 SGB X wird es allerdings oft an einer erforderlichen **Anhörung** fehlen (§ 24 SGB X), die nicht nachgeholt werden kann (§ 41 Abs. 1 Nr. 3 SGB X), weil das Verwaltungsverfahren beendet ist, dh der Aufhebungsbescheid ist bestandskräftig geworden. In der Anhörung hätte der Leistungsberechtigte auf die Rechtsfolgen, die sich aus der Änderung ergeben, hingewiesen werden müssen und zwar die drohende Rückforderung.

47 Fehlt es bei dem isolierten Aufhebungsbescheid an der erforderlichen **Anhörung**, kann dieser rechtswidrige Aufhebungsbescheid beseitigt werden (§ 44 SGB X). Der Leistungsträger kann bei einer Rückforderung in zwei Akten, bei Rechtswidrigkeit des Aufhebungsbescheides die Jahresfrist (§ 45 Abs. 4 S. 2 SGB X) durchaus eher versäumen als bei der Rücknahme in einem Akt. Zusätzlich ist zu berücksichtigen, dass bei fehlender Begründung oder Anhörung und dadurch verursachter versäumter Widerspruchsfrist, diese als nicht versäumt gilt (§ 41 Abs. 3 S. 1 SGB X).

3. Besonderheiten bei Rückforderung von Leistungen nach dem SGB II

a) Rückforderung von Leistungen für den Schul- und Teilhabebedarf (§ 28 SGB II)

48 Wird die Leistung eines Schul- oder Teilhabebedarfes aufgehoben, der in Form von Gutscheinen geleistet wurde, so sind die Gutscheine in Geld zu erstatten (§ 40 Abs. 6 S. 1). Die Erstattung kann auch durch Rückgabe des Gutscheines erfolgen, wenn er noch nicht eingelöst wurde (§ 40 Abs. 6 S. 2). Eine Erstattung allein wegen der nach § 28 gewährten Ansprüche erfolgt nicht (§ 40 Abs. 6 S. 3).

b) Aufrechnung bei Unredlichkeit

49 Der Leistungsträger kann gegenüber laufenden Leistungen des Leistungsberechtigten mit seinen Forderungen in einer Höhe bis zu 30 % des für ihn maßgeblichen Regelbedarfs **aufrechnen** (§ 43):

1. Erstattungsansprüche wegen unrechtmäßig erbrachter Leistungen (§ 50 SGB X) sowie
2. die Schadenersatzansprüche wegen sozialwidrigen Verhaltens (§ 34) und wegen vorsätzlich oder grob fahrlässig verursachter Überzahlung zugunsten Dritter (§ 34 a),
3. bei doppelter Leistung (§ 34 b) und
4. bei der Rückforderung überzahlter vorläufiger Leistungen nach § 41 a Abs. 6 S. 3.

Durch die erweiterte Ausrechnungsmöglichkeit sollen Rückforderungsansprüche effektiver durchgesetzt werden.[25]

Neben der Aufrechnung nach § 43 sind Aufrechnungen nach dem SGB I möglich.

Erfolgt die Aufrechnung bei einer Erstattung nach dem SGB I oder in Abwicklung einer vorläufig erbrachten Leistung, sowie bei Aufhebung eines Verwaltungsaktes mit Dauerwirkung wegen Erzielung von Einkommen (§ 43 Abs. 2 1.Alt. iVm § 48 Abs. 1 S. 2 Nr. 3 SGB X), so beträgt die Aufrechnung 10 %, in den übrigen Fällen 30 % (§ 43 Abs. 2 2. Alt). Die Höhe der Aufrechnung wird auch dann auf 30 % beschränkt, wenn mehrere Aufrechnungen hintereinander oder gleichzeitig aus verschiedenen Gründen erfolgen (§ 34 Abs. 2 S. 2). Der Leistungsträger hat nicht nur ermessensfehlerfrei darüber zu entscheiden, ob die Aufrechnung durchgeführt wird (§ 34 Abs. 1 S. 1), sondern auch darüber, in welchem Umfang die Aufrechnung erfolgen soll, da es sich bei den Beträgen von 10 % und 30 % um Höchstbeträge handelt. Allein durch den geänderten Wortlaut (bis zum 31.3.2011 war explizit davon die Rede, dass die Aufrechnung „bis zu" dem jeweiligen Prozentsatz zulässig sein sollte) kann hier nicht davon ausgegangen werden, dass der Leistungsträger hinsichtlich der Höhe kein Ermessen mehr ausüben muss. Aus den Gesetzesmaterialien lässt sich Gegenteiliges nicht entnehmen.[26]

Die Aufrechnung erfolgt durch schriftlichen Verwaltungsakt und endet spätestens drei Jahre nach dem Beginn (§ 43 Abs. 4). Bei der Bestimmung der Höhe der Aufrechnung sind weitere Belastungen zu beachten, etwa die Darlehenstilgung an den Leistungsträger. Ggf. können die Höchstbeträge daher nicht ausgeschöpft werden.

Der Leistungsträger wird bei der Ausübung des Ermessens zu beachten haben, dass 50
der existenzsichernde Bedarf stets gewährleistet sein muss.[27] Das Bundesverfassungsgericht hat zwar in einer früheren Entscheidung einen Abschlag iHv 20 % des Regelbedarfes im Zusammenhang mit der Gewährung von einstweiligem Rechtsschutz gebilligt. Das Gericht ging jedoch in dieser Entscheidung offensichtlich davon aus, dass auch mit einem Abschlag von 20 % das Existenzminimum noch gewährleistet ist. Dabei ist zu beachten, dass auch bei einer verminderten Leistung die physische Existenz nicht bedroht ist, weil ein Teil der Leistung nach dem gesetzgeberischen Konzept für langlebige Verbrauchsgüter angespart werden soll. Im Falle der Aufrechnung besteht diese Ansparmöglichkeit, insbesondere bei einer längeren Aufrechnung, nur noch sehr eingeschränkt.[28] Dies sieht wohl auch das Bundesverfassungsgericht, wenn es in seinem Urteil vom 9.2.2010 die Aufrechnung iHv 10 % des Regelbedarfes lediglich für einen begrenzten Zeitraum als zumutbar ansieht.[29]

25 BT-Drs. 17/3404, 116.

26 BT-Drs. 17/3404, 116 (117).

27 BVerfG 9.2.2010 – 1 BvL 1/09, 3/09, 4/09 Rn. 136.

28 Siehe hierzu jetzt auch BVerfG 23.7.2014 – 1 BvL 10/12, 1 BvL 12/12, 1 BvR 1691/13, BVerfGE 137, 34–103.

29 BVerfG 9.2.2010 – 1 BvL 1/09, 3/09, 4/09 Rn. 150, vgl. Zur Ermessenausübung bei Aufrechnung LSG Nordrhein-Westfalen 8.4.2021 – L 7 AS 347/21 B.

51 Soweit eine Überzahlung nicht durch den Leistungsberechtigten verursacht wurde, wird eine Aufrechnung nur dann über längere Zeit zulässig sein, wenn der Leistungsberechtigte über Einkommen oder Vermögen verfügt, welches er ggf. zusätzlich einsetzen kann. Dabei ist jedoch zu beachten, dass dann die Anreize, eine Erwerbstätigkeit aufzunehmen oder zu behalten, entfallen können.

52 Die **Aufrechnung** muss außerdem den Anforderungen des § 51 **SGB I** genügen.[30] Über die einzelnen Voraussetzungen der Aufrechnung ergibt sich aus den genannten Vorschriften kein Anhaltspunkt, so dass die Regelungen der §§ 387 ff. BGB hier herangezogen werden müssen.[31] Es müssen also die Voraussetzungen des § 387 BGB, wie Gegenseitigkeit und Gleichartigkeit, erfüllt sein. Des Weiteren müssen die Forderungen vollwirksam und fällig sein. Insbesondere muss die Forderung des Schuldners, hier der Rückforderungsanspruch, hinreichend bestimmt sein, weil die Aufrechnung nur mittels eines gesonderten Verwaltungsaktes erfolgen kann.

4. Umdeutung eines fehlerhaften Bescheides nach §§ 45, 48 SGB X

53 Ein fehlerhafter Verwaltungsakt kann in einen anderen Verwaltungsakt umgedeutet werden (§ 43 SGB X). Die Umdeutung eines fehlerhaften Verwaltungsaktes in einen anderen Verwaltungsakt **setzt voraus**, dass der Verwaltungsakt, in den umgedeutet wird, auf das gleiche Ziel gerichtet ist, von der erlassenden Behörde in der geschehenen Verfahrensweise und Form rechtmäßig erlassen werden könnte und die Voraussetzungen für den Erlass dieses Verwaltungsaktes erfüllt sind.[32] Eine Umdeutung, zB eines Aufhebungsbescheides in einen Aufhebungs- und Erstattungsbescheid, scheitert bereits daran, dass der letztgenannte aus zwei Verfügungssätzen, nämlich der Aufhebung und der Erstattung, besteht.

5. Verhältnis der Rückforderung zu Erstattungsansprüchen der Leistungsträger

54 In der Praxis kommt es häufig vor, dass ein Leistungsträger irrtümlich seine Leistungspflicht annimmt oder zur Behebung einer aktuellen Notlage bis zur endgültigen Klärung der Leistungspflicht in Vorlage tritt. Obwohl ein Fall der Erstattung der Leistungsträger untereinander vorliegt und der Leistungsberechtigte nur in Anspruch genommen werden kann, wenn er tatsächlich ein Zuviel an Leistungen erhielt, kommt es häufig vor, dass die ursprünglichen Verwaltungsakte aufgehoben werden, obwohl dies bei Anwendung der §§ 102 ff. SGB X nicht notwendig gewesen wäre.

a) Erstattungsanspruch bei vorläufigen Sozialleistungen

55 War ein Leistungsträger nach dem Gesetz zur Vorleistung verpflichtet und hat er rechtmäßig **vorgeleistet**, so hat er gegenüber dem zur Leistung Verpflichteten einen Anspruch auf Erstattung der erbrachten Leistungen (§ 102 Abs. 1 SGB X).

56 **Beispiel:** Herrscht zwischen verschiedenen Leistungsträgern Streit über die Erwerbsfähigkeit eines Leistungsberechtigten und hat einer der Leistungsträger der Entscheidung der

30 BSG 22.3.2012 – B 4 AS 26/10 R BSGE 110, 288–294.
31 BSG 24.7.2003 – B 4 RA 60/02 R.
32 BSG 28.10.2008 – B 8 SO 33/07 R.

Bundesagentur für Arbeit widersprochen, erbringt der Leistungsträger nach dem SGB II bis zur Vorlage der gutachtlichen Stellungnahme des Rentenversicherungsträgers vorläufige Leistungen (§ 44 a Abs. 1 S. 3).

§ 102 Abs. 1 SGB X regelt die Erstattung von Leistungen zwischen den einzelnen Leistungsträgern. Wenn der Leistungsträger aufgrund gesetzlicher Vorschriften vorläufig Sozialleistungen erbracht hat, dann ist der zur Leistung verpflichtete Leistungsträger dem anderen Leistungsträger gegenüber **erstattungspflichtig.**

Als gesetzliche Vorschrift kommt hier § 44 a Abs. 1 S. 7 in Betracht, so dass § 102 SGB X zur Anwendung kommen könnte. § 44 a Abs. 3 erklärt jedoch § 103 SGB X in einem solchen Fall für entsprechend anwendbar. Als Anwendungsfall des § 102 SGB X kommt beim SGB II die vorläufige Leistung (§ 43 Abs. 1 SGB I) in Betracht, wenn zB zwischen dem Träger der Sozialhilfe und den Trägern nach dem SGB II ein Zuständigkeitsstreit besteht.

b) Erstattungsanspruch bei nachträglichem Wegfall und Ruhen eines anderen Sozialleistungsanspruchs

Der Erstattungsanspruch kann gemäß § 103 SGB X von dem Leistungsträger nicht nach 57
dem SGB II geltend gemacht werden, wenn er gegenüber einem an sich vorleistungspflichtigen Leistungsträger vorgeleistet hat. Für diese Fälle ist § 104 SGB X vorgesehen.

Beispiel: Der Leistungsberechtigte hat Anspruch auf Arbeitslosengeld nach dem SGB III in 58
noch unbekannter Höhe. Da er keinerlei Ersparnisse mehr hat, wendet er sich nach dem SGB II am 29.10.2022 an den Leistungsträger und erhält auch von diesem für den Monat November 2022 Regelleistungen und Leistungen für Unterkunft und Heizung. Die Arbeitsagentur ist im Verhältnis zum Leistungsträger nach dem SGB II vorleistungspflichtig (§§ 3 Abs. 3, 5 Abs. 1 S. 1). Wenn die Arbeitsagentur rechtzeitig geleistet hätte, etwa durch einen Vorschuss, dann wäre der Leistungsträger nach dem SGB II nicht leistungspflichtig gewesen (§ 104 Abs. 1 S. 2 SGB X). § 103 Abs. 1 SGB X kommt für den Leistungsträger nach dem SGB II nur in der entsprechenden Anwendung über § 44 a Abs. 1 S. 3 in Betracht, denn er setzt voraus, dass ein Anspruch auf Sozialleistungen nachträglich entfallen ist. Ein Anspruch kann nur nachträglich wegfallen, wenn er vorher bestand, dh bei Leistungsbeginn müssen die Voraussetzungen für die Leistungen gegenüber dem vorleistenden Leistungsträger bestanden haben. Im Sozialrecht ergibt sich der „nachträgliche Wegfall" aus den Ruhens- und Entfallvorschriften des materiellen Sozialrechtes.

Beispielsweise ruht Krankengeld, welches im Rahmen eines Krankenversicherungsverhält- 59
nisses gewährt wird, bei einem Anspruch auf Versorgungskrankengeld nach dem BVG (§ 49 Abs. 1 Nr. 3 SGB V) oder es ist ausgeschlossen, wenn ein Anspruch auf Rente wegen voller Erwerbsminderung besteht (§ 50 Abs. 1 Nr. 1 SGB V). Andererseits ruht der Anspruch auf Arbeitslosengeld (§ 156 Abs. 1 Nr. 2 SGB III), wenn eine Person Anspruch auf Krankengeld hat. In diesen Fällen bestehen die Ansprüche auf die Leistungen gegenüber dem vorrangig leistenden Leistungsträger weiter, wenn nicht die Ruhens- oder Ausschlussvorschriften nachträglich bei Gewährung der anderen Leistungen eingreifen.

Die Regelung des § 103 SGB X wird auf den Erstattungsanspruch des Leistungsträ- 60
gers nach dem SGB II entsprechend angewandt, wenn dem Leistungsberechtigten zB bei einem Streit um die Erwerbsfähigkeit im Rahmen des § 44 a nachträglich vom Träger der gesetzlichen Rentenversicherung eine Rente wegen voller Erwerbsminde-

rung gewährt wird. Einer Ruhensvorschrift, vergleichbar der Regelung des § 156 SGB III, bedarf es im SGB II nicht, weil die Leistungen zum Lebensunterhalt hier nur nachrangig gewährt werden.

61 Der **Umfang des Erstattungsanspruchs** richtet sich nach den für den Leistungsträger geltenden Rechtsvorschriften des SGB II. Hierbei ist darauf zu achten, dass in einer Bedarfsgemeinschaft jeder Leistungsberechtigte einen eigenen Anspruch auf Leistungen hat und der Träger nach dem SGB II nicht gleich die Ansprüche der übrigen Mitglieder der Bedarfsgemeinschaft gegenüber dem nachrangig verpflichteten Leistungsträger geltend macht.

c) Erstattungsanspruch des nachrangigen Leistungsträgers

62 Nach § 104 Abs. 1 SGB X hat der nachrangig verpflichtete Leistungsträger gegenüber dem Leistungsträger, gegen den der Berechtigte einen vorrangigen Anspruch hat, einen **Erstattungsanspruch**. Hat der andere Leistungsträger vorgeleistet, dann kann der nachrangig verpflichtete Leistungsträger insoweit keine Erstattung mehr verlangen. Nachrangig ist ein Leistungsträger, soweit er bei rechtzeitiger Erfüllung des anderen Leistungsträgers nicht zur Leistung verpflichtet gewesen wäre. Die Unterhaltsleistungen nach dem SGB II sind vom Einkommen oder Vermögen abhängig, so dass, bei einem rechtzeitigen Bezug einer anderen – ggf. nicht einkommens- oder vermögensabhängigen – Leistung, der Anspruch entfällt.

63 **Beispiel:** Der Leistungsberechtigte erhält vom Leistungsträger nach dem SGB II den für ihn maßgeblichen Regelbedarf und die angemessenen Kosten der Unterkunft in Höhe von 360 EUR. Der Leistungsberechtigte hat einen Riestervertrag über 5 EUR monatlich und zahlt für eine Kfz-Haftpflichtversicherung monatlich 12 EUR. Am 15.11.2022 erleidet er einen Schlaganfall. Nach einer medizinischen Rehabilitation im März 2023 erkennt die gesetzliche Rentenversicherung einen Anspruch auf Rente wegen teilweiser Erwerbsminderung auf Dauer in Höhe von monatlich 350 EUR seit dem 1.12.2022 an. Der Leistungsträger nach dem SGB II hat bis einschließlich Mai 2023 Leistungen erbracht und fordert vom Träger der Rentenversicherung seine erbrachten Leistungen zurück. Die Rentenversicherung leistet ab dem Monat Juni 2023 die Rente.

64 Der Leistungsträger kann seine Leistungen nach § 104 Abs. 2 SGB X zurückfordern, soweit er nicht zur Leistung verpflichtet gewesen wäre. Der Umfang der Rückforderung richtet sich nach den Vorschriften des SGB II, § 104 Abs. 1 SGB X, so dass der Leistungsträger hier eine Anrechnung von Einkommen nach § 11 b bei der Abrechnung mit dem Rentenversicherungsträger vornehmen muss. Der Mitarbeiter N des Leistungsträgers rechnet wie folgt ab und fordert die Rentenversicherung zur Zahlung auf, die auch umgehend geleistet wird:

	Bedarf des Leistungsberechtigten Dezember 2022 bis Mai 2023		
Regelleistung bis Dezember 2022	449 EUR * 1 =		449 EUR
Regelleistung Januar bis Mai 2023	502 EUR * 5 =	+	2.510 EUR
Kosten der Unterkunft und Heizung	360 EUR * 6 =	+	2.160 EUR
Gesamtleistung		=	5.119 EUR
Erstattung			
Anrechnung Rente	350 EUR * 6	=	2.100 EUR

Der Leistungsträger verlangt den Betrag von 2.100 EUR von der Rentenversicherung und erhält diesen auch. Der Leistungsberechtigte erhält keine Nachzahlung mehr. Die vorstehende Berechnung ist fehlerhaft, denn sie berücksichtigt nicht, dass von dem Einkommen des Leistungsberechtigten nach § 11 b Abs. 1 Absetzungen vorzunehmen sind, und zwar für die im Beispielfall genannten Beträge sowie 30 EUR monatlich für die Versicherungspauschale nach § 6 Abs. 1 Nr. 1 Bürgergeld-V. Denn der Leistungsträger nach dem SGB II ist gemäß § 104 Abs. 1 S. 2 SGB X nur insofern nachrangig verpflichtet, als er bei rechtzeitiger Leistung des anderen Versicherungsträgers nicht zur Leistung verpflichtet gewesen wäre.[33]

Bereinigte Erstattung		
Anrechnung Rente: 350 EUR * 6		2.100 EUR
./. Riestervertrag: 6 * 5 EUR	-	30 EUR
./. Kfz-Haftpflicht: 6 * 12 EUR	-	72 EUR
./. Versicherungspauschale: 6 * 30 EUR	-	180 EUR
Erstattungsbetrag	=	1.818 EUR

Der Leistungsberechtigte erhält von seiner Rentenversicherung lediglich eine Mitteilung über den an den Leistungsträger nach dem SGB II gezahlten oder zu zahlenden Erstattungsbetrag. Diese Mitteilung ist kein Verwaltungsakt, so dass diese nicht angefochten werden kann. Auch gegenüber dem Leistungsträger nach dem SGB II besteht kein Anspruch des Leistungsberechtigten wegen fehlender Absetzung der Beträge (§ 11 b). 65

Der Leistungsberechtigte kann nur gegen den Träger der Rentenversicherung vorgehen, denn sein Anspruch auf Zahlung der Rente wegen teilweiser Erwerbsminderung gilt ihm gegenüber (§ 107 Abs. 1 SGB X) nur insoweit als erfüllt, als ein Erstattungsanspruch besteht. Die Rentenversicherung teilt in dem Rentenbescheid zunächst lediglich mit, dass die Leistung für die Vergangenheit vorläufig bis zur Erstattung einbehalten wird und erlässt nach erfolgter Anmeldung durch den erstattungsberechtigten Leistungsträger ggf. einen Abrechnungsbescheid, der den Rentenbescheid teilweise aufhebt. Dieser Bescheid kann mit Widerspruch und Klage angefochten werden. Erfolgt kein Abrechnungsbescheid, besteht der Anspruch des Leistungsberechtigten auf Zahlung aus dem ursprünglichen Rentenbescheid. Leistet die Rentenversicherung hierauf nicht, kann wegen des Anspruchs auf Rente Leistungsklage erhoben werden. 66

Die Rentenversicherung hat gegenüber dem Leistungsträger nach SGB II einen **Rückerstattungsanspruch**, sofern die Erstattung zu Unrecht erfolgte (§ 112 SGB X). 67

Hinweis: Die Erfüllungswirkung (§ 107 Abs. 1 SGB X) kann nicht mehr eintreten, wenn der Erstattungsanspruch nicht innerhalb der Ausschlussfrist von zwölf Monaten geltend gemacht wurde (§ 111 SGB X). 68

d) Verhältnis der Erstattungsansprüche zur Rücknahme und Aufhebung von Verwaltungsakten

Sobald der **Erstattungsanspruch** entstanden ist – dh besteht –, gilt der Anspruch des Berechtigten gegen den zur Leistung Verpflichteten als erfüllt (§ 107 Abs. 1 SGB X). Die Leistung auch des Leistungsträgers nach dem SGB II gilt als rechtmäßige Leistung aus der Renten- oder Krankenversicherung bzw. auf Arbeitslosengeld. Für die Rück- 69

33 Vgl. BSG 3.4.1990 – 10 RKg 29/89, SozR 3 5870 § 11 a Nr. 1 S. 3.

nahme und Aufhebung eines Leistungsbescheides durch den Leistungsträger nach §§ 45, 48 SGB X ist daher kein Raum mehr, denn der ursprüngliche Leistungsbescheid war rechtmäßig und kann auch nicht durch Änderung der Verhältnisse rechtswidrig werden.[34] Der Erstattungsanspruch nach § 102 Abs. 1 SGB X entsteht, sobald die Leistung erbracht worden ist. Das Gleiche gilt für den Erstattungsanspruch des nachrangig verpflichteten Leistungsträgers (§ 104 Abs. 1 SGB X). Bei dem Anspruch nach § 103 Abs. 1 SGB X entsteht der Erstattungsanspruch erst mit dem „späteren“ Wegfall des ursprünglichen Leistungsanspruchs, dh mit dem Wirksamwerden des Verwaltungsaktes, der den späteren Wegfall bewirkt.[35]

70 **Beispiel:** Der Träger der Rentenversicherung stellt nach Einholung eines ärztlichen Gutachtens fest, dass der Leistungsberechtigte nicht erwerbsfähig ist und kein Anspruch nach dem SGB II, sondern nach dem SGB XII besteht. Der Erstattungsanspruch entsteht mit Zugang der Entscheidung des Rentenversicherungsträgers beim Leistungsträger nach dem SGB XII.

71 Der Erstattungsanspruch des Leistungsträgers nach dem SGB II wird gegenüber dem Leistungsträger nach dem SGB XII daher erst mit Zugang der Entscheidung des Trägers der Rentenversicherung **wirksam**. Bis zu diesem Zeitpunkt kann der Leistungsträger ggf. auch aus anderen Gründen den Leistungsbescheid oder die Leistungsbescheide gegenüber dem Leistungsberechtigten nach den §§ 45, 48 SGB X aufheben und nach § 50 SGB X Leistungen zurückverlangen. Der Erstattungsanspruch des Jobcenters gegenüber dem Träger der Sozialhilfe erstreckt sich nicht auf, die vom Jobcenter geleisteten, Beträge zur Kranken- und Rentenversicherung.[36]

II. Ansprüche gegen Dritte und Rechtsnachfolger

1. Übergang von Ansprüchen des Leistungsberechtigten

72 § 33 Abs. 1 regelt den Übergang von Ansprüchen des Leistungsträgers gegen Dritte. Hierbei handelt es sich vorzugsweise um Unterhaltsansprüche. Ein weiterer häufiger Anwendungsfall des § 33 ist der Anspruch eines Arbeitnehmers gegen seinen Arbeitgeber auf Arbeitsentgelt. Diese gehen durch **gesetzliche Übertragung** (cessio legis) der Ansprüche in Höhe der Leistungen des Leistungsträgers an den Leistungsberechtigten auf den Leistungsträger über.

a) Allgemeine Regelungen

73 Ein Forderungsübergang auf den Leistungsträger ist nur möglich, wenn **Leistungen zur Sicherung des Lebensunterhaltes** an den Leistungsberechtigten erbracht worden sind. Dies sind namentlich die in den §§ 19 ff. und §§ 28 genannten Leistungen. Auch die Sozialversicherungsbeiträge und die Zuschüsse zu Versicherungsbeiträgen nach § 26 gehören nicht zu den Leistungen des Lebensunterhaltes.[37] Eine Zahlung an den

34 Vgl. BSG 26.4.2005 – B 5 RJ 36/04 R.
35 Vgl. BSG 9.8.1995 – SozR 3-2500 zu § 50 SGB V Nr. 3 S. 8.
36 BSG 25.9.2014 – B 8 SO 6/13 R, SozR 4-4200 § 44 a Nr. 1.
37 Vgl. LPK-SGB II/Conradis/Münder § 33 Rn. 9.

Leistungsberechtigten ist nicht erforderlich, allerdings muss die Leistung bereits in einem Bescheid festgestellt worden sein.

Für die Rechtmäßigkeit der Leistungen nach dem SGB II wird in der Literatur verlangt, dass die Unterhaltsleistungen rechtmäßig gewährt worden sind.[38] Diese Frage dürfte bei Leistungen nach dem SGB II nur geringe praktische Bedeutung haben, denn im Unterhaltsstreit kann der Unterhaltsverpflichtete auch unterhaltsrechtlich einwenden, es habe keine Bedürftigkeit bestanden. Nach § 33 Abs. 1 geht der Unterhaltsanspruch nur **bis zur Höhe der vom Leistungsträger erbrachten Leistung** über. 74

Beispiel: Das Kind K ist fünf Jahre alt und erhält von dem Leistungsträger monatlich Leistungen wie folgt: 75

Leistungsbetrag des K

Regelbedarf/Sozialgeld nach § 24		318 EUR	
+ Anteilige Kosten für Unterkunft und Heizung nach § 22 Abs. 1 S. 1	+	145 EUR	
./. Einkommen nach § 11 Abs. 1 S. 3 Kindergeld	-	250 EUR	
Leistungsbetrag	=	213 EUR	213 EUR

Unterhaltsanspruch

Unterhaltsanspruch K nach Düsseldorfer Tabelle		437 EUR	
./. Abzüglich ½ Kindergeld nach § 1612 b Abs. 1 BGB	-	125 EUR	
Verbleibender Unterhaltsanspruch	=	312 EUR	- 312 EUR
Differenz zum Leistungsbetrag			- 99 EUR

In dem Beispielfall bleiben 99 EUR des Unterhaltanspruches unberücksichtigt und gehen mangels Leistungen des Leistungsträgers auf diesen nicht über. Den restlichen Unterhaltsanspruch kann der unterhaltsberechtigte Leistungsberechtigte selbst weiter geltend machen; er muss sich den Unterhaltsanspruch im Falle der Leistung des Unterhaltsberechtigten als Einkommen nach § 11 anrechnen lassen. Lebt der andere Elternteil zusammen mit dem Kind und wird der Unterhalt in voller Höhe gezahlt, so wird ein Teil des Kindergeldes, und zwar iHv 99 EUR, Einkommen des anderen Elternteils. Hat dieser kein sonstiges Einkommen, kann er nur einen Betrag iHv 30 EUR abziehen, so dass hier 69 EUR als Einkommen anzurechnen sind. Angesichts dessen wird der Elternteil wenig Interesse an der Durchsetzung des vollen Unterhaltsanspruchs haben.

Hinweis: Wegen der Abzugsmöglichkeiten nach § 11 b Abs. 1 und §§ 1 und 6 Bürgergeld-V kann es für den unterhaltsberechtigten Leistungsberechtigten günstiger sein, seinen Anspruch auf Unterhalt gegenüber dem Verpflichteten selbst geltend zu machen. 76

Der Anspruch auf Unterhalt oder andere Leistungen geht nur über, wenn **bei rechtzeitiger Leistung des anderen** Unterhaltsleistungen nach dem SGB II nicht erbracht worden wären, § 33 Abs. 1. Das ist der Fall, wenn die Leistungen des Dritten zB nicht als 77

38 LPK-SGB II/Conradis/Münder § 33 Rn. 9; anders für die Überleitung nach § 90 BSHG; BVerwG 4.6.1992 – 5 C 5788.

Einkommen angerechnet werden können, wie Leistungen auf Schmerzensgeld, die von der Anrechnung ausgenommen sind (§ 11 Abs. 3 Nr. 2).

78 Ein **Unterhaltsregress** ist auch dann möglich, wenn aufgrund der **Zurechnung von Kindergeld** an das unterhaltsberechtigte Kind, für dieses keine Leistungen erbracht worden sind. Wirkt sich die Anrechnung von Kindergeld als Einkommen des Kindes (§ 11 Abs. 1 S. 3) allerdings so aus, dass die übrigen Mitglieder der Bedarfsgemeinschaft höhere Ansprüche auf Leistungen nach dem SGB II haben, kann der Unterhaltsanspruch des Kindes auch insoweit geltend gemacht werden.

79 Mit dem Anspruch auf Unterhalt (§ 33 Abs. 1 S. 4) geht auch der **zivilrechtliche Auskunftsanspruch** auf den Leistungsträger über. Dieser kann neben dem **Auskunftsanspruch nach § 60 Abs. 2** geltend gemacht werden. § 60 Abs. 2 verweist auf die Anwendung des § 1605 Abs. 1 BGB. Der Leistungsträger kann gegen den Unterhaltsschuldner auch die Vorlage eines Bestandsverzeichnisses nach §§ 260, 261 BGB verlangen. Gegenüber dem Leistungsträger kann der Unterhaltsverpflichtete sich nicht darauf berufen, er habe innerhalb der letzten zwei Jahre bereits eine Auskunft erteilt, denn der Leistungsträger kann jederzeit Auskunft verlangen.[39]

80 Der Unterhaltspflichtige kann gegen den Auskunftsanspruch nach § 60 nur geltend machen, ein Unterhaltsanspruch bestehe offensichtlich unter allen erdenklichen Gesichtspunkten nicht, sogenannte **Negativevidenz.**[40]

b) Besondere Regelungen für Unterhaltsansprüche

81 Vom Anspruchsübergang sind einige Unterhaltsansprüche ausdrücklich ausgenommen (§ 33 Abs. 2):

- Unterhaltsansprüche von unterhaltsberechtigten Leistungsberechtigten, die mit dem Verpflichteten in einer Bedarfsgemeinschaft leben;
- Unterhaltsansprüche von Verwandten, wenn diese untereinander nicht geltend gemacht werden, es sei denn,
  - es handelt sich um minderjährige Kinder oder
  - um Leistungsberechtigte, die das 25. Lebensjahr noch nicht vollendet und ihre Erstausbildung noch nicht abgeschlossen haben, und
- Unterhaltsansprüche von Kindern gegenüber ihren Eltern, wenn die Kinder
  - schwanger sind oder
  - ein leibliches Kind bis zur Vollendung des sechsten Lebensjahres betreuen.

82 Aufgrund der Ausnahmen von der Inanspruchnahme werden im Wesentlichen nur **Unterhaltsansprüche minderjähriger Kinder** sowie Unterhaltsansprüche getrenntlebender oder geschiedener Ehegatten oder Lebenspartner nach dem Lebenspartnerschaftsgesetz von den Leistungsträgern geltend gemacht. Als weiterer übergangsfähiger Anspruch kommt noch der Unterhaltsanspruch des einen Elternteils für den ande-

39 LSG Nordrhein-Westfalen 11.1.2006 – L 1 B 18/05 AS ER.
40 LPK-SGB II/Heitmann/Schoch § 60 Rn. 28.

ren Elternteil bei Pflege und Versorgung eines gemeinsamen Kindes nach § 1615l Abs. 2 BGB in Betracht.

Besteht bereits ein Unterhaltstitel gegen den Verpflichteten, kann der Leistungsträger den Titel auf sich umschreiben lassen (§§ 727, 795 ZPO). Der Übergang des Unterhaltes ist ausgeschlossen, soweit die Leistungen vom Verpflichteten durch Zahlung erfüllt werden.

Ein Anspruchsübergang findet auch dann nicht statt, wenn der Unterhaltsverpflichtete durch die Unterhaltsleistungen selbst nach dem SGB II anspruchsberechtigt wird (§ 33 Abs. 2 S. 3). Der Leistungsträger muss daher bei dem Unterhaltsverpflichteten wie beim dem Leistungsberechtigten eine Bedarfsberechnung einschließlich der Ermittlung von Einkommen und Vermögen durchführen.

Beispiel: Gegen den unterhaltspflichtigen B liegt ein rechtskräftiges Urteil auf Zahlung 83
von Unterhalt in Höhe von 312 EUR monatlich vor. Der B hat angemessene Wohn- und Heizkosten in Höhe von 341 EUR und anrechnungsfähiges Einkommen (ohne den Unterhaltsbedarf) in Höhe von 850 EUR.

Berechnung des Bürgergeld-Anspruchs des unterhaltspflichtigen B

Regelbedarf	502 EUR
+ Bedarf Leistung für Unterkunft und Heizung	+ 341 EUR
= Anspruch Bürgergeld	= 843 EUR
./. Anrechenbares Einkommen § 11 b	- 850 EUR
= Leistungsbetrag	-7 EUR

Der B kann hier, weil er durch die Unterhaltszahlung selbst hilfebedürftig wird, vom Jobcenter nicht in Anspruch genommen werden. Zahlt er jedoch freiwillig den Unterhalt, kann er diesen zusätzlich von seinem Einkommen abziehen und hat seinerseits einen Anspruch auf Leistungen nach dem SGB II und zwar in Höhe von 305 EUR (312 - 7 = 305).

Hinweis: Wenn der B Antrag auf Leistungen nach dem SGB II stellt, seinen Unter- 84
haltstitel vorlegt und die Zahlung des Unterhaltes nachweist, wird die Unterhaltszahlung von seinem Einkommen nach § 11 b Abs. 1 Nr. 7 abgezogen, so dass er den Fehlbetrag als Bürgergeld erhält. Der Unterhaltsberechtigte erhält hierdurch Einnahmen, von denen er Absetzungen nach § 11 b Abs. 1 und der Bürgergeld-V vornehmen kann.

c) Geltendmachung des Anspruchs durch den Leistungsträger

Leistungen für die Vergangenheit kann der Leistungsträger nur unter den Einschrän- 85
kungen des § 33 Abs. 3 geltend machen. Die Leistungserbringung durch den Leistungsträger an den Leistungsberechtigten muss dem Verpflichteten schriftlich angezeigt worden sein. Diese „Leistungsanzeige“ modifiziert die nach dem BGB notwendige Geltendmachung des Unterhaltsanspruchs für den Leistungsträger. Nach § 1613 Abs. 1 BGB kann **Unterhalt für die Vergangenheit** nur geltend gemacht werden,

- wenn der Verpflichtete aufgefordert wurde, Auskunft über Vermögen und Einkommen zu erteilen,
- er in Verzug gesetzt wurde oder
- der Unterhaltsanspruch rechtshängig geworden ist.

Durch die einfache Leistungsanzeige können diese Wirkungen der „Mahnung" herbeigeführt werden. Eine bestimmte Form der Leistungsanzeige, um die Wirkung einer Mahnung zu erreichen, ist im Gesetz nicht vorgeschrieben. Bei einer Mahnung muss der Schuldner erkennen können, dass und inwieweit er in Anspruch genommen wird. Eine Zuviel-Forderung schadet nicht.[41] Demnach wird der Leistungsträger in der Leistungsanzeige angeben müssen, dass er Leistungen erbringt und die Höhe der Leistungen.

86 Der Leistungsträger wird den Unterhaltsverpflichteten sodann zur **Auskunft** über seine Einkommens- und Vermögensverhältnisse auffordern. Die Auskünfte kann der Leistungsträger vom Unterhaltspflichtigen verlangen (§ 60 Abs. 2). Bei der Feststellung einer Unterhaltsverpflichtung gilt die Frist von zwei Jahren für das erneute Verlangen einer Auskunft nach § 1605 Abs. 2 BGB nicht, denn § 60 Abs. 2 S. 3 verweist nur auf Abs. 1 und nicht auf Abs. 2.[42]

87 Der **Auskunftsanspruch** nach § 60 kann **mittels Verwaltungsakt** geltend gemacht werden. Diejenigen Leistungsträger, die gemeinsame Einrichtungen sind, können sich nach §§ 6 ff. VwVG des Bundes, die anderen nach den jeweiligen Ländergesetzen, des Verwaltungszwanges bedienen und den Auskunftsanspruch durchsetzen.

88 Daneben besteht bei dem Übergang von Unterhaltsansprüchen auch ein **zivilrechtlicher Auskunftsanspruch**, dieser kann allerdings nur mittels Klage vor dem ordentlichen Gericht durchgesetzt werden. Wird die Auskunft erteilt, so wird dieser ggf. eine Zahlungsaufforderung und bei Nichtzahlung eine Klage vor dem Zivilgericht folgen. Dabei sind die Zivilgerichte auch hinsichtlich der sozialrechtlichen Korrektur prüfungsbefugt (§ 33 Abs. 2 S. 3).

89 Der Anspruch gegen den Dritten kann von dem Leistungsträger im Einvernehmen mit dem anspruchsberechtigten Leistungsberechtigten auf diesen zur gerichtlichen Geltendmachung **zurückübertragen** werden (§ 33 Abs. 4). Kosten, mit denen der Leistungsträger selbst belastet wird, sind von diesem zu übernehmen. Hierbei handelt es sich um eine Vorschusspflicht,[43] die allerdings nur soweit geht, als Ansprüche des Leistungsträgers geltend gemacht werden. Für diesen Teil des Anspruchs besteht kein Anspruch auf Prozesskostenhilfe mangels Bedürftigkeit des Leistungsberechtigten. Hinsichtlich der rückübertragenen Ansprüche führt der Leistungsberechtigte eine Geschäftsbesorgung (Auftrag) nach § 662 BGB durch. In diesem Zusammenhang kann er auch Aufwendungsersatz nach § 670 BGB verlangen.

---

41 Palandt/Heinrichs, 78. Aufl. 2018, BGB § 286 Rn. 19.
42 LPK-SGB II/Heitmann/Schoch § 60 Rn. 29.
43 BGH 2.4.2008 – XII ZB 266/03.

Hinweis: Gleichwohl sollte bei einer Rückübertragung vereinbart werden, in welchem Umfang der Leistungsträger die Kosten der Prozessführung übernimmt. Der Rechtsanwalt kann dann einen Vorschuss der Rechtsanwaltsgebühren nach § 669 BGB für seinen Mandanten verlangen. 90

2. Einzelne Ansprüche

Bei den nach § 33 übergegangenen Ansprüchen wird es sich zumeist um **Ansprüche des Leistungsberechtigten auf Unterhalt** handeln. Hinsichtlich der Geltendmachung und der Abwehr von Unterhaltsansprüchen wird hier auf weiterführende Literatur verwiesen.[44] 91

Neben Unterhaltsansprüchen können auch **Ansprüche wegen Verarmung des Schenkers nach § 528 BGB** auf den Leistungsträger übergehen. Nach § 1613 Abs. 1 BGB kann Unterhalt für die Vergangenheit nur geltend gemacht werden, wenn der Unterhaltsschuldner zur Auskunft aufgefordert wurde, mit seiner Unterhaltsleistung in Verzug geraten (dh eine qualifizierte Mahnung erhalten hatte) oder der Unterhaltsanspruch rechtshängig geworden ist. Bei einem Schenkungswiderruf kommt es demgegenüber nicht auf die Geltendmachung des Notbedarfs durch den Leistungsträger, sondern nur auf dessen Eintritt (Leistung) gegenüber dem Leistungsberechtigten an.[45] Der Leistungsträger kann daher für die von ihm vor Erfüllung der Schenkung und Feststellung der Leistung erbrachten Leistungen keinen Anspruch auf Rückforderung geltend machen. Der Rückgewährschuldner kann gegenüber dem Leistungsträger mit eigenen Ansprüchen gegen den Leistungsberechtigten aufrechnen. Auch durch den Tod des Schenkers erlischt der Rückforderungsanspruch des Leistungsträgers gegen den Beschenkten nicht, wenn dieser bereits vor dessen Tod auf den Leistungsträger übergegangen war. Der Übergang des Widerrufsanspruchs erfolgt bereits durch die Gewährung der Leistung durch den Leistungsträger nach dem SGB II und ist an keine weiteren Voraussetzungen gebunden. Ist der Übergang erfolgt, kann auch eine spätere Behebung der Notlage den Übergang nicht mehr beseitigen. 92

Beispiel: Der 48-jährige Leistungsberechtigte besitzt neben seinem Schonvermögen nach § 12 noch ein unbebautes Grundstück im Wert von 200.000 EUR. Der Leistungsberechtigte verschenkt das Grundstück durch notariellen Vertrag vom 20.2.2020 an seinen Sohn S. Der Leistungsberechtigte erhält ab dem 1.7.2023 Leistungen nach dem SGB II in Höhe von monatlich 792 EUR bis zum 31.10.2023. Ab dem 1.11.2023 nimmt der Leistungsberechtigte eine Arbeit auf und kann sich selbst versorgen. Mit Schreiben des Leistungsträgers vom 11.11.2023 wird der S aufgefordert, das Grundstück an den Leistungsträger herauszugeben. 93

Die Rückabwicklung des Schenkungsvertrages richtet sich nach den Grundsätzen der §§ 812 ff. BGB. Es kann dabei dahingestellt bleiben, ob die Schenkung bereits vollzogen ist, dh die Eintragung des Eigentumswechsels nach § 873 Abs. 1 BGB bereits bei Bewilligung der Leistungen an den Leistungsberechtigten erfolgte.[46] Der Leistungsträger kann nicht von dem S die Herausgabe des Grundstückes verlangen, denn sein Anspruch geht nicht

44 Vgl. HK-FamR/Schultz/Hauß S. 471 ff., 721 ff.
45 BGH 7.11.2006 – X ZR 184/04 Rn. 19.
46 BGH 20.5.2003 – X ZR 246/02.

über den Betrag hinaus, den der Leistungsträger selbst aufgewendet hat, das sind 4 * 792 EUR sowie die Aufwendungen für die in vier Monaten zu zahlenden Beträge zur Sozialversicherung, § 40 Abs. 1 Nr. 3 iVm § 335 Abs. 1, 2 und 5 SGB III.

94 Der Leistungsträger kann von dem S mangels Teilbarkeit des Grundstückes auch keinen Grundstücksteil, sondern nach § 818 Abs. 2 BGB nur Wertersatz, dh den selbst aufgewendeten Betrag verlangen. Die Beschränkung auf die Aufwendungen des Leistungsträgers ergibt sich hier nach § 33 Abs. 1 daraus, dass die Überleitung nur im Umfang der eigenen Leistungen erfolgt und des Weiteren, dass ein Anspruch auf Herausgabe des Geschenkes gemäß § 528 Abs. 1 iVm § 812 BGB lediglich in dem Umfang besteht, in welchem der Schenkungsgegenstand zur Deckung des angemessenen Unterhaltes des Schenkers erforderlich ist, so dass bei einem nicht teilbaren Geschenk, wie einem Grundstück, dieser von vornherein auf die wiederkehrende Zahlung eines der jeweiligen Bedürftigkeit des Schenkers entsprechenden Wertanteils gerichtet ist, bis der Wert des Geschenkes erschöpft ist.

95 **Hinweis:** Der Leistungsträger muss den Rückgewähranspruch aus dem Schenkungswiderruf oder auch den übergegangenen Unterhaltsanspruch vor den Zivilgerichten geltend machen. Im Falle der Schenkung trägt er die Darlegungs- und Beweislast für eine Schenkung. Gemischte Schenkungen sind nach ihren jeweiligen Teilen zu beurteilen.

3. Schadenersatzansprüche gegen den Leistungsberechtigten und Dritte

96 § 34 Abs. 1 verschafft dem Leistungsträger gegenüber dem Leistungsberechtigten einen außerordentlichen Schadenersatzanspruch bei **vorsätzlicher oder grob fahrlässiger Herbeiführung der Hilfebedürftigkeit.** Hierbei handelt es sich nach der Rechtsprechung um eine eng auszulegende Ausnahmevorschrift,[47] die ein **sozialwidriges Verhalten** voraussetzt. Das Verhalten des Leistungsberechtigten muss objektiv sozialwidrig sein. Das ist wohl der Fall, wenn der Leistungsberechtigte den Leistungsfall bewusst herbeiführt und seinen Arbeitsplatz als Beamter ohne Grund aufgibt, um Leistungen nach dem SGB II oder XII zu erhalten. Dies wird nicht der Fall sein, wenn er sein Vermögen in geschütztes Vermögen umwandelt. Ein sozialwidriges Verhalten liegt auch darin, dass die Leistungsberechtigten durch ihr sozialwidriges Verhalten die Hilfebedürftigkeit aufrechterhalten, erhöhen oder nicht verringern (§ 34 Abs. 1 S. 2). Ersatzleistungen nach §§ 34 ff. können neben Sanktionen nach §§ 31 ff. angewendet werden.[48] Ob Voraussetzung für einen Ersatzanspruch nach § 34 die Rechtmäßigkeit der Leistung ist, ist vom Bundessozialgericht bisher nicht entschieden.[49] Die Rechtsprechung scheint den Wirkungsbereich des § 34 auszudehnen und weiter als bisher als in der Rechtsprechung des Bundesverwaltungsgerichtes sozialwidriges Verhalten anzunehmen; so wurde eine Eigenkündigung als sozialwidriges Verhalten angesehen.[50] Grundsätzlich kann auch ein verwirklichter Sanktionstatbestand den Tatbestand eines sozialwidrigen Verhaltens nach § 34 erfüllen, hier muss das durch

47 BVerwG 23.9.1999 – 5 C 22/99, BVerwGE 109, 331.
48 BSG 8.2.2017 – B 14 AS 3/16 R, SozR 4-4200 § 34 Nr. 3.
49 So aber LSG Bayern 19.11.2019 – L 16 AS 782/16.
50 LSG Niedersachsen-Bremen 12.12.2018 – L 13 AS 5/17.

den Sanktionstatbestand missbilligte Verhalten in einem besonders hohen Maße verletzt sein.[51]

Neben den Leistungsberechtigten können auch **Dritte**, wie zB Betreuer, wenn sie in einem Antrag auf Leistungen nach dem SGB II für ihre Betreuten nach § 34 a Abs. 1 S. 1 stellen, vorsätzlich oder grobfahrlässig falsche Angaben gemacht haben.[52] Ein sozialwidriges Verhalten ist hier nicht erforderlich. Dritte haften mit den Leistungsempfängern gesamtschuldnerisch (§ 34 a Abs. 4).

Beispiel: Der Leistungsberechtigte löst vor der Antragstellung auf Leistungen zum Lebensunterhalt nach dem SGB II sein Wertpapierdepot im Wert von 85.000 EUR auf und erwirbt hierfür eine Eigentumswohnung, die er gemeinsam mit seinem minderjährigen Sohn bewohnt. 97

Der Leistungsberechtigte hat zwar seine Hilfebedürftigkeit durch Auflösung des Wertpapierdepots herbeigeführt. Diese Handlung ist jedoch nicht als sozialwidrig anzusehen, weil hier der Erwerb von Wohneigentum auch zur Alterssicherung nicht als sozialwidrig anzusehen ist.[53]

51 BSG 29.8.2019 – B 14 AS 49/18 R Rn. 29.
52 BSG 12.5.2021 – B 4 AS 66/20 R.
53 LSG Berlin-Brandenburg 10.7.2007 – L 5 B 410/07 AS ER.

§ 7 Verfahren vor den Sozialgerichten

I. Verfahren im ersten Rechtszug vor dem Sozialgericht

1. Rechtsweg

1 Die Sozialgerichte entscheiden über die öffentlich-rechtlichen Streitigkeiten in Angelegenheiten der Grundsicherung für Arbeitsuchende (§ 51 Abs. 1 Nr. 4 a SGG).

2. Örtliche Zuständigkeit

2 Die **örtliche Zuständigkeit** richtet sich danach, wo der Kläger bei Klageerhebung seinen Wohnsitz oder seinen Aufenthaltsort hat (§ 57 Abs. 1 SGG). Vereinbarungen über die Zuständigkeit sind nichtig (§ 59 SGG). Zieht der Kläger nach Erhalt eines Widerspruchsbescheides um und kommt er dadurch in den Bezirk eines anderen Gerichts, ist nunmehr das für seinen Wohnsitz bzw. Aufenthaltsort zuständige Gericht anzurufen. Ein Umzug nach Klageerhebung wirkt sich auf die Zuständigkeit nicht aus.

3. Klagearten

3 In Verfahren um Leistungen nach dem SGB II kommen in erster Linie die kombinierte Anfechtungs- und Leistungsklage, die kombinierte Anfechtungs- und Verpflichtungsklage, die reine Anfechtungsklage und die Untätigkeitsklage in Betracht. Daneben ist noch an die Leistungsklage, die Feststellungsklage und die Fortsetzungsfeststellungsklage zu denken.

a) Anfechtungsklage

4 Die **Anfechtungsklage** hat die Beseitigung eines belastenden Verwaltungsaktes zum Gegenstand (§ 54 Abs. 1 S. 1 Alt. 1 SGG).

5 **Beispiel:** Der Leistungsträger gewährt dem Leistungsberechtigten L durch Bewilligungsbescheide vom 28.10.2022 und 22.12.2022 für die Zeit vom 1.11.2022 bis zum 30.10.2023 Leistungen zum Lebensunterhalt in Höhe von im Jahr 2023 monatlich 883 EUR. Am 7.2.2023 um 8.30 Uhr sucht ihn der Mitarbeiter M des Außendienstes des Leistungsträgers in seiner Wohnung auf. In der Wohnung ist auch die Freundin F des L anwesend, die der M durch die geöffnete Tür sieht. Der L ist über den unerwarteten Besuch sehr mürrisch und schließt nach kurzer sachlicher, allerdings lautstarker Auseinandersetzung die Tür. Daraufhin versagt der Leistungsträger durch Bescheid vom 14.2.2019 die Leistungen vollständig wegen mangelnder Mitwirkung (§ 66 SGB I). Der Widerspruch des L gegen den Versagungsbescheid bleibt ohne Erfolg. Der L stellt keinen Antrag auf einstweiligen Rechtsschutz, sondern verbraucht zunächst sein geschütztes Vermögen (§ 12 Abs. 2 Nr. 1, Nr. 4).

6 Die richtige Klageart gegen den Versagungsbescheid nach § 66 SGB I vom 14.2.2019 ist die Anfechtungsklage.[1] Durch die Beseitigung des Versagungsbescheides werden die vorhergehenden Bewilligungsbescheide vom 28.10.2022 und 22.12.2022 wieder wirksam und der Leistungsträger muss aus diesem Bescheid Leistungen erbringen. Der L wird mit seiner Klage erfolgreich sein, denn der Leistungsträger durfte die Leistung nicht versagen, weil der L den Mitarbeiter des Außendienstes nicht hereingelassen hatte. Im Rahmen seiner

1 BSG 1.7.2009 – B 4 AS 78/08 R.

Mitwirkungspflichten hatte der L nur Tatsachen anzugeben, Änderungen mitzuteilen und Beweismittel zu bezeichnen, nicht jedoch den Mitarbeitern Zutritt zur Wohnung zu verschaffen (§ 60 SGB I). Der Leistungsträger konnte deshalb die Leistung hier nicht versagen. Sofern der Leistungsträger, nachdem das Sozialgericht den Versagungsbescheid vom 14.2.2023 aufgehoben hat, aus den Bescheiden vom 28.10.2022 und 22.12.2022 keine Leistungen erbringt, kann der L seinen Anspruch auf Leistungen hieraus im Wege der reinen Leistungsklage verfolgen (§ 54 Abs. 5 SGG). Ein Vorverfahren ist nicht erforderlich, denn § 78 SGG benennt nur die Anfechtungs- und Verpflichtungsklage.

Hinweis: Die Klage gegen den Versagungsbescheid vom 14.2.2023 kann nicht mit einer Klage auf Erbringung von Leistungen über den 30.10.2023 hinaus verbunden werden. Der Leistungsberechtigte muss, um Leistungen über den 30.10.2023 hinaus zu erhalten, einen neuen Antrag stellen und, falls dieser abgelehnt wird, hiergegen Widerspruch und Klage erheben.[2] 7

Die Anfechtungsklage ist auch die richtige Klageart im Falle eines Aufhebungs- und Erstattungsbescheides.[3] 8

b) Kombinierte Anfechtungs- und Leistungsklage

Da auf die Leistungen zum Lebensunterhalt nach dem SGB II ein Rechtsanspruch besteht, kommt in den meisten Klagefällen eine **kombinierte Anfechtungs- und Leistungsklage** in Betracht (§ 54 Abs. 4 SGG).[4] Hiermit begehrt der Kläger die Aufhebung eines Bescheides, soweit die Leistungen vom Leistungsträger nicht gewährt wurden. Anders als im Zivilrecht muss der Klageanspruch auf **Leistung nicht beziffert** werden, denn das Sozialgericht kann den Leistungsträger bei Leistungen, auf die ein Rechtsanspruch besteht, zur Leistung dem Grunde nach verurteilen (§ 130 Abs. 1 SGG).[5] 9

c) Anfechtungs- und Verpflichtungsklage

Die **Verpflichtungsklage** findet sich zumeist als kombinierte Anfechtungs- und Verpflichtungsklage (§ 54 Abs. 1 S. 1 SGG). Sie ist eine Leistungsklage auf Erlass eines begünstigenden Verwaltungsaktes.[6] Sie kommt am häufigsten in Form der **Bescheidungsklage** vor, wenn der Leistungsträger Ermessen ausüben muss und das Gericht das Ermessen der Behörde nicht an deren Stelle ausüben kann. 10

Beispiel: Der Leistungsberechtigte beantragt ihm Beihilfe zur Erstausstattung der Wohnung zu gewähren (§ 24 Abs. 3 S. 1 Nr. 1). Die Leistung zur Erstausstattung kann als Sachleistung oder Geldleistung und auch in Form von Pauschbeträgen erbracht werden (§ 24 Abs. 3 S. 5). Der Leistungsträger hat bezüglich der Art, wie er die Leistung erbringen will ein Auswahlermessen, dh er kann entscheiden, ob er Einrichtungsgegenstände und Haushaltsgeräte in einem Lager selbst bevorratet, ggf. Dritte hiermit beauftragt oder dem Leistungsberechtigten die hierzu notwendigen Geldmittel zur Verfügung stellt.[7] 11

2 BSG 1.7.2009 – B 4 AS 78/08 R.
3 BSG 18.1.2011 – B 4 AS 90/10 R Rn. 13.
4 Vgl. BSG 3.3.2009 – B 4 AS 37/08 R Rn. 14; BSG 18.11.2014 – B 4 AS 4/14 R, SozR 4-4200 § 21 Nr. 19.
5 Vgl. BSG 27.1.2009 – B 14/7b AS 8/07 R; BSG 9.8.2018 – B 14 AS 20/17 R, SozR 4-4200 § 11 Nr. 85.
6 HK-SGG/Groß § 54 Rn. 32 f., 86.
7 BSG 20.8.2009 – B 14 AS 45/08 R Rn. 19; BSG 29.9.2011 – B 4 AS 202/10 R, SozR 4200 § 23 Nr. 13; BSG 23.5.2013 – B 4 AS 79/12 R, SozR 4-4200 § 24 Nr. 5.

12 Der Leistungsträger hat kein Auswahlermessen hinsichtlich der Frage, welche Einrichtungsgegenstände und Haushaltsgeräte zur Erstausstattung einer Wohnung gehören. Die Verpflichtungsbescheidungsklage ist daher, solange der Leistungsberechtigte noch keine Einrichtungsgegenstände im Wege der Selbsthilfe beschafft hat, die richtige Klageart.[8]

d) Untätigkeitsklage

13 Die **Untätigkeitsklage** nach § 88 SGG ist eine besondere Form der Verpflichtungsklage. Sie ist auf Vornahme eines Verwaltungsaktes oder auf Bescheidung eines Widerspruchs gerichtet.

Der Leistungsträger muss ohne zureichenden Grund innerhalb einer Frist von sechs Monaten nicht über den Anspruch des Leistungsberechtigten entschieden haben. Über einen Widerspruch muss innerhalb einer Frist von drei Monaten entschieden worden sein. Ein zureichender Grund für eine Entscheidung außerhalb der gesetzlichen Fristen kann in sozialrechtlichen Angelegenheiten außerhalb des Bereiches der Existenzsicherung zB die auf Gesetzesänderungen beruhende Geschäftsbelastung sein.[9] Bei den Leistungen zum Lebensunterhalt handelt es sich um Leistungen zur Sicherung des Existenzminimums. Neben der Pflicht der Leistungsträger zur allgemeinen Beschleunigung des Verwaltungsverfahrens (§ 17 Abs. 1 Nr. 1 SGB I) besteht aufgrund des Gebots, die Menschenwürde zu schützen (§ 1 Abs. 1), eine besonderes Beschleunigungsgebot.

14 Die Untätigkeitsklage ist auch dann begründet, wenn die Frist von drei oder sechs Monaten zwar noch nicht bei Klageeinreichung, allerdings während der Rechtshängigkeit der Klage entsteht.[10]

Kein zureichender Grund für die fehlende Entscheidung ist eine vom Leistungsberechtigten unterlassene Mitwirkungspflicht (§ 60 SGB I). In diesem Fall kann der Leistungsträger nur den Weg des Versagungsbescheides nach § 66 SGB I oder die Leistung wegen mangelnden Nachweises der Hilfebedürftigkeit nach § 41 a Abs. 3 S. 3 und S. 4 versagen.[11] Der Leistungsträger muss auch unzulässige Widersprüche in einer Frist von drei Monaten, abgesehen von Fällen des Missbrauchs, entscheiden, so dass auch hier grundsätzlich von der Zulässigkeit der Untätigkeitsklage auszugehen ist.[12] Eine Untätigkeitsklage kann jedoch rechtsmissbräuchlich sein, etwa weil das Jobcenter das Verfahren einstellen konnte oder der Widerspruch sich in anderer Weise erledigt hat (§ 39 Abs. 2 SGB X).[13]

15 **Hinweis:** Eine außergerichtliche schriftliche oder fernmündliche Aufforderung vor Erhebung der Untätigkeitsklage mit Setzung einer Nachfrist an den Leistungsträger führt zwar oft zur umgehenden Entscheidung, verpflichtet allerdings nicht zur Über-

8 BSG 19.8.2010 – B 14 AS 10/09 R.
9 HK-SGG/Binder § 88 Rn. 15.
10 BSG 26.8.1994 – 13 RJ 17/94, BSGE 75, 66.
11 LSG Berlin-Brandenburg 19.2.2008 – L 28 B 244/08 AS PKH.
12 BSG 11.11.2003 – B 2 U 36/02 R, SozR 4-1500 § 88 Nr. 1; LSG Rheinland-Pfalz 15.12.2010 – L 4 U 124/10.
13 LSG Sachsen 6.12.2017 – L 8 AY 9/17: Einstellung des Widerspruchsverfahrens nach Abschiebung eines Asylbewerbers.

nahme hieraus entstehender Kosten für einen Bevollmächtigten. War der Rechtsanwalt im Widerspruchsverfahren beauftragt, so erhält der Leistungsberechtigte eine Kostenerstattung nur insoweit der Widerspruch erfolgreich war (§ 63 SGB X). War er hierzu nicht beauftragt und sollte er nur die Tätigkeit des Leistungsträgers beschleunigen, ergibt sich ein Kostenerstattungsanspruch gegen den Leistungsträger auch nicht aus dem Gesichtspunkt des Verzuges, denn § 63 SGB X geht den Verzugsvorschriften des BGB als abschließende Norm vor.

4. Beschränkung der Überprüfung des Bescheides durch den Klageantrag

Hinweis: Begehrt der Leistungsberechtigte höhere Leistungen für Unterkunft und Heizung, kann der Klageantrag etwa wie folgt lauten: „Die Beklagte wird unter Abänderung des Bescheides vom ..., in der Fassung des Widerspruchsbescheides vom ..., verurteilt, dem Kläger höhere Leistungen nach dem SGB II zu gewähren". 16

Der Leistungsberechtigte könnte auch beantragen, den Leistungsträger zu verurteilen, lediglich höhere Leistungen für Unterkunft und Heizung zu gewähren, also die Überprüfung des Bescheides auf die Kosten für Unterkunft und Heizung zu **beschränken**,[14] denn es handelt sich um einen im Bescheid abtrennbaren Verfügungssatz. 17

Die Einschränkung ist nicht empfehlenswert, weil stets die Möglichkeit besteht, dass ein Gesichtspunkt übersehen wird, der bei Beschränkung der Überprüfung ggf. auch in der höheren Instanz nur noch schwer korrigiert werden kann. 18

Hinweis: Es empfiehlt sich den Klagegegenstand möglichst allgemein und weit zu fassen, denn auch bei der gerichtlichen Anwendung des SGB II gilt der **Meistbegünstigungsgrundsatz**, nach dem im Zweifel davon auszugehen ist, dass ein Kläger mit seiner Klage ohne Rücksicht auf den Wortlaut des Antrags das begehrt, was ihm den größten Nutzen bringen kann.[15] 19

5. Klage einer Bedarfsgemeinschaft – Klagehäufung

Nach § 38 wird, soweit Anhaltspunkte nicht entgegenstehen, **vermutet**, dass der erwerbsfähige Leistungsberechtigte **bevollmächtigt** ist, die Bedarfsgemeinschaft zu vertreten. Bei mehreren erwerbsfähigen Leistungsberechtigten wird die Vermutungswirkung auf den Antragsteller ausgedehnt. Die Vermutungswirkung betrifft allerdings nur das Verwaltungsverfahren, dh das Antragsverfahren und das sich möglicherweise anschließende Widerspruchsverfahren. 20

Die **Durchführung eines Klageverfahrens ist nicht von der Vermutungswirkung des § 38 umfasst.**[16] Ob der kraft Vermutung Bevollmächtigte eine weitere Person bevollmächtigen kann, ist fraglich.[17] 21

Die Vermutungswirkung **erfasst jedenfalls nicht die Bevollmächtigung eines Rechtsanwalts** im Antrags-, Widerspruchs- und Klageverfahren. Vom Wortlaut des § 38 ist 22

14 BSG 7.11.2006 – B 7b AS 14/06 R.
15 BSG 31.10.2007 – B 14/11 b AS 5/07 R.
16 BSG 7.11.2006 – B 7b AS 8/06 R.
17 LPK-SGB II/Schoch § 38 Rn. 8.

eine solche Weitergabe der Vollmacht nicht gedeckt. Die Beauftragung eines Rechtsanwalts ist zudem ein anderes Rechtsgeschäft, welches mit Kosten für die Betroffenen verbunden sein kann.

23 **Hinweis:** Richtet sich der Bescheid in der Fassung des Widerspruchsbescheides an mehrere Personen, so ist die Klage mindestens im Namen aller im Bescheid genannten Personen zu erheben, denn anderenfalls wird der angefochtene Bescheid gegenüber den nicht klagenden Personen durch Fristablauf bestandskräftig (§ 87 Abs. 1 SGG).

24 Da es sich bei den Ansprüchen nach dem SGB II um **Individualansprüche** handelt, können die im Bescheid bezeichneten Personen Ansprüche auch einzeln verfolgen.[18] Dies ist besonders dann angezeigt, wenn die hilfebedürftigen Personen geltend machen wollen, es bestehe mit der jeweils anderen Person keine Bedarfsgemeinschaft.

25 **Beispiel:** Der A bewohnt mit der B eine gemeinsame Wohnung. Eine Haushaltsgemeinschaft besteht zwischen ihnen nicht.

Hier kann eine gemeinsame Klage auch durch beide Leistungsberechtigte geführt werden. Da das Bestehen einer Bedarfsgemeinschaft anhand von Indizien ermittelt wird, kann auch die gemeinsame Klageführung als Hinweistatsache gewertet werden. Dies ist besonders dann der Fall, wenn ein Rechtsanwalt beauftragt wird und dessen Kosten durch eine Rechtsschutzversicherung übernommen werden.

26 Ein sonstiger Lebenspartner, ehe- oder lebenspartnerschaftsähnlicher Lebenspartner, wird in die **Rechtsschutzversicherung** einbezogen, wenn er im Versicherungsvertrag genannt ist.[19] Die Rechtsschutzversicherung kann den Versicherungsschutz gegenüber dem im Versicherungsvertrag aufgeführten angeblichen sonstigen Lebenspartner versagen, weil keine ehe- oder partnerschaftsähnliche Lebensgemeinschaft besteht und deshalb kein Versicherungsschutz für diese Person gewährt werden kann (§ 7 Abs. 3 Nr. 3 c). Die Versicherung könnte den Versicherungsvertrag ggf. wegen Täuschung anfechten (§ 123 BGB).

6. Klage betrifft nur den angefochtenen Bewilligungszeitraum

27 Die Klage erstreckt sich nur auf den im Bewilligungsbescheid genannten Zeitraum.[20] Nachfolgende **Bewilligungszeiträume** werden von einer Klage gegen den ersten Bewilligungsbescheid nicht erfasst. Eine Klageerweiterung auf einen folgenden Bewilligungszeitraum ist nicht möglich (§ 99 SGG). Eine entsprechende Anwendung des § 86 SGG im Widerspruchsverfahren oder § 96 SGG im Klageverfahren ist im Gesetz nicht vorgesehen.[21]

28 **Beispiel:** Der Leistungsberechtigte erhebt Klage gegen einen Bescheid vom 6.1.2022 in der Gestalt des Widerspruchsbescheides vom 7.3.2022 für den Leistungszeitraum vom

18 BSG 7.11.2006 – B 7b AS 8/06 R Rn. 13/14/15 (mit grundlegenden Ausführungen).
19 Vgl. 2.1.2 der Musterbedingungen des Gesamtverbandes der Versicherungswirtschaft (ARB 2021, Stand August 2022) https://www.gdv.de/resource/blob/5904/7b7eeac939acc12e236aa56cf88179ce/01-allgemeine-bedingungen-fuer-die-rechtsschutzversicherung-arb-2021--data.pdf letzter Aufruf 29.1.2023.
20 BSG 7.11.2006 – B 7b AS 14/06 R Rn. 30.
21 BSG 7.11.2006 – B 7b AS 14/06 R Rn. 30.

1.1. bis 31.12.2022, weil sein Einkommen zu hoch angerechnet wurde. Der Zeitraum ab dem 1.1.2023 ist von seiner Klage nicht erfasst.

Der Leistungsberechtigte muss für die **Weitergewährung der Leistung einen neuen Antrag nach § 37 Abs. 1 stellen.** Nur wenn der Leistungsträger Leistungen zum Lebensunterhalt nach dem SGB II vollständig abgelehnt hat, wird der weitere Leistungszeitraum bis zum Zeitpunkt der letzten mündlichen Verhandlung vor dem Tatsachengericht erfasst.[22] 29

Hinweis: Der Rechtsanwalt wird seinen Mandanten in dem Falle der „Totalablehnung" auch bei einem Erfolg der Klage vor dem Sozial- oder Landessozialgericht raten, einen Folgeantrag zu stellen, denn anderenfalls erhält der Leistungsberechtigte für die Zukunft keine weiteren Leistungen. 30

Wird das Klageverfahren vor dem Sozialgericht durch Klageabweisung beendet und will der Leistungsberechtigte gegen das Urteil Berufung einlegen, kann er mit der erneuten Antragstellung bis zur letzten mündlichen Verhandlung im Berufungsverfahren abwarten. Das Landessozialgericht kann die Berufung ohne mündliche Verhandlung durch einstimmigen Beschluss zurückweisen (§ 153 Abs. 4 SGG). Dann bleibt es dabei, dass die Verhandlung vor dem Sozialgericht die letzte mündliche Verhandlung war, so dass in jedem Fall der Rat erteilt werden muss, einen Folgeantrag zu stellen.

Bereits im Klageverfahren vor dem Sozialgericht besteht die Gefahr, dass ohne mündliche Verhandlung aufgrund eines Gerichtsbescheides entschieden wird (§ 105 Abs. 1 SGG). Durch Gerichtsbescheid kann allerdings nur entschieden werden, wenn die Beteiligten hierzu gehört worden sind (§ 105 Abs. 1 S. 2 SGG). Sobald die Anhörung hierzu erfolgt, sollte der Hinweis auf Stellung des Folgeantrags erfolgen. 31

Nachfolgende Bewilligungsabschnitte können nach erfolgtem Vorverfahren durch **Klageerweiterung nach § 99 Abs. 2 SGG** im Wege der **Klagehäufung nach § 56 SGG** in das laufende Verfahren miteinbezogen werden. Die Klageerweiterung durch Klageänderung ist nach § 99 Abs. 1 SGG nur zulässig, wenn das Gericht sie für sachdienlich erachtet und die übrigen Beteiligten (§ 69 SGG), dies wird idR nur der Leistungsträger sein, der Klageerweiterung zustimmen, entweder durch ausdrückliche Zustimmung oder indem sich der Leistungsträger auf die geänderte Klage rügelos einlässt. Keine Klageerweiterung liegt bei einem Beteiligtenwechsel (Rechtsnachfolge aufgrund Erbgangs oder Sonderrechtsnachfolge, § 51 SGB I) vor.[23] Keine unzulässige Klageänderung liegt vor, wenn die Leistungsberechtigten ihre ursprüngliche Klage auf Anfechtung und Verpflichtung zur Übernahme von Kosten nach einer Selbstbeschaffung zum Kostenersatz übergehen und einen bezifferten Antrag stellen (§ 99 Abs. 3 Nr. 3 SGG).[24] 32

Hinweis: Der Leistungsträger wird der Klageerweiterung regelmäßig nicht widersprechen, weil er im Falle eines Obsiegens des oder der Leistungsberechtigten nur einmal Kosten erstatten muss. 33

22 BSG 30.9.2008 – B 4 AS 29/07 R Rn. 34.
23 BSG 2.2.2012 – B 8 SO 15/10 R BSGE 110, 93–97.
24 BSG 10.8.2016 – B 14 AS 58/15 R, SozR 4-4200 § 22 Nr. 91.

34 **Hinweis:** Nicht nur bei einer Klageerweiterung, sondern auch wenn jeweils für einen gesonderten Bewilligungsabschnitt eine neue Klage erhoben wird, empfiehlt es sich, bereits im Klageantrag den Bewilligungszeitraum genau zu bezeichnen. Eine solche Bezeichnung ist zwar nicht erforderlich, dient aber der besseren eigenen Orientierung und der der übrigen Verfahrensbeteiligten. Durch die enge Folge der Bewilligungsabschnitte kann es sonst leicht zur mehrfachen Klageerhebung in derselben Angelegenheit kommen. Die Klagen werden dann als unzulässig verworfen.

7. Anforderungen an eine wirksame Klageschrift

35 Die Klage kann schriftlich oder zu Protokoll der Geschäftsstelle eingereicht werden (§ 90 SGG).

36 Anders als nach der VwGO ist zur **Schriftform** nicht die **eigenhändige Unterschrift** erforderlich (§ 126 Abs. 1 BGB).[25] Es reicht vielmehr aus, wenn der Wille, eine Klage zu erheben, und die Person, von der der Wille ausgeht, hinreichend zu erkennen sind.[26] § 126 Abs. 1 BGB ist wegen der Eigenart des sozialgerichtlichen Verfahrens nicht anwendbar. Diese Rechtsprechung ist auch nach der Änderung des § 92 Abs. 1 SGG mit Wirkung vom 1.4.2008[27] aufrechtzuerhalten, weil die Unterschrift eine bloße Sollvorschrift ist.

37 Die schriftlich eingereichte Klage muss lediglich den Voraussetzungen des § 92 Abs. 1 SGG entsprechen. In der Klage **muss der Kläger**, der **Beklagte** und der **Gegenstand des Klagebegehrens** bezeichnet werden. Das Klagebegehren ist ausreichend dargelegt, wenn der angefochtene Bescheid bezeichnet und mitgeteilt wird, welche Leistungen (zusätzlich) begehrt werden oder dass ein Verwaltungsakt aufgehoben werden soll. Nicht ausreichend ist die Rüge einer allgemeinen Rechts- oder Verfassungswidrigkeit.[28] Die Berufung auf die Verfassungswidrigkeit der Regelbedarfe und das Begehren höherer Leistungen ist ausreichend.[29] Eine Klagebegründung in der die zugrunde liegenden Tatsachen angegeben werden müssen, dh der Gegenstand und Grund der Klage (§ 53 Abs. 2 Nr. 2 ZPO), ist nicht erforderlich. Gleichwohl empfiehlt es sich, auch zur Beschleunigung des Verfahrens, die Klage mit Tatsachen zu unterlegen.

38 **Hinweis:** Es empfiehlt sich in der Klageschrift zur Bezeichnung des Klagebegehrens einen Antrag zu stellen, denn mit der Formulierung eines eindeutigen und korrekten Klageantrags iVm der Nennung des Klägers und des Beklagten ist der Pflicht zur Angabe des „Streitgegenstandes" im Sinne des § 92 Abs. 1 SGG Genüge getan.[30] § 92 SGG ist § 82 VwGO nachgebildet, so dass die hierzu ergangene Rechtsprechung der Verwaltungsgerichte für die Auslegung dieser Vorschrift herangezogen werden kann.

39 Kann wegen drohendem Ablauf der Klagefrist nicht hinreichend festgestellt werden, wogegen sich das Begehren des Leistungsberechtigten richtet, sollten notfalls alle

25 Vgl. BVerwG 26.8.1983 – 8 C 28/83.
26 BSG 11.2000 – B 13 Rj 3/99 R.
27 BGBl. 2008 I 444.
28 LSG Berlin-Brandenburg 25.6.2015 – L 11 VU 15/15.
29 BSG 1.12.2016 – B 14 AS 183/16 B, Rn. 4.
30 Vgl. BVerwG 6.2.1990 – 9 B 498/89.

möglichen Unterlagen, Bescheide usw beigefügt werden und kein bestimmter Antrag hinsichtlich eines konkreten Sachverhaltes gestellt werden. Ist dieser Antrag nämlich hinreichend bestimmt, wird dadurch regelmäßig die Auslegung nicht mehr möglich sein, der Leistungsberechtigte habe sich auch gegen weitere Bescheide gewandt.[31]

Auch nach der Änderung des § 92 SGG durch das SGG-Änderungsgesetz vom 26.3.2008[32] können Unterlassungen der zwingenden Vorschriften des § 92 Abs. 1 S. 1 SGG während des Klageverfahrens nachgeholt werden.[33] 40

Eine dauerhafte Verletzung der in § 92 Abs. 1 S. 1 SGG genannten Erfordernisse macht die Klage unzulässig, soweit der Mangel nicht bis zum Schluss der mündlichen Verhandlung geheilt bzw. innerhalb der nach § 92 Abs. 2 S. 2 SGG gesetzten Frist beseitigt wird.[34]

Die Klageschrift soll einen **bestimmten Antrag** enthalten und die zur Begründung dienenden **Tatsachen und Beweismittel** angeben. Sofern der Kläger keinen Antrag stellt, wird hierdurch eine wirksame Klageerhebung nicht gehindert.[35] 41

Die Klageschrift soll auch von dem Kläger oder seinem Vertreter mit **Orts- und Tagesangabe unterzeichnet sein.** Ebenfalls wird die fehlende Unterschrift, weil es sich insoweit um eine Sollvorschrift handelt, nachholbar sein. Eine Übersendung der Klage mittels E-Mail ist nur zulässig, wenn die Übermittlung nach § 65 a Abs. 2 SGG zugelassen ist.[36] Sie muss mit einer qualifizierten elektronische Signatur nach § 12 Vertrauensdienstegesetz (VDG) versehen sein und auf einem sicheren Weg übermittelt werden. Als sicherer Übermittlungsweg kommt das elektronische Anwaltspostfach nach § 31 a BRAO in Frage (§ 65 a Abs. 4 Nr. 2 SGG). Der oder die angefochtenen Verwaltungsakt(e) und der Widerspruchsbescheid sollen der Klageschrift in Urschrift oder in Abschrift beigefügt werden.

8. Zurückweisung verspäteten Vorbringens

a) Korrektur der Klageschrift

Soweit die Klage nicht den Anforderungen des § 92 Abs. 1 SGG entspricht, hat der Vorsitzende den Kläger innerhalb einer bestimmten Frist zur **Ergänzung** aufzufordern. Die Aufforderung muss hinreichend bestimmt sein. Dabei wird zunächst nicht zwischen den zwingenden und den nicht zwingenden Vorschriften unterschieden. 42

Der Vorsitzende kann nach § 92 Abs. 2 S. 2 SGG hinsichtlich der zwingenden Verfahrensvorschriften des § 92 Abs. 1 S. 1 SGG und zwar der Bezeichnung von Kläger und Beklagten und dem Gegenstand des Klagebegehrens dem Kläger eine **Frist** mit ausschließender Wirkung setzen. Bei der Ermessensausübung sind die im sozialgerichtli- 43

31 Vgl. BSG 9.8.2006 – B 12 KR 22/05 Ra.
32 BGBl. 2008 I 2809.
33 Vgl. BVerwG 6.2.1990 – 9 B 498.89, Buchholz 310 § 82 VwGO Nr. 13; 17.5.2004 – 9 B 29/04.
34 Vgl. BT-Drs. 16/7716.
35 BSG 9.8.2006 – B 12 KR 22/05 R.
36 LSG Nordrhein-Westfalen 26.4.2007 – L 9 SO 25/06.

chen Verfahren herrschenden Grundsätze der Barriere- und Formfreiheit zu beachten.[37]

44 **Hinweis:** Der Gegenstand des Klagebegehrens ist bereits dadurch hinreichend dargestellt, dass die Klageschrift einen bestimmten Antrag enthält.[38]

b) Fristbestimmung durch den Vorsitzenden

45 Wenn eine Partei im sozialgerichtlichen Verfahren nicht zu Tatsachen Stellung nimmt oder Unterlagen, die sich in ihren Händen befinden, auf Verlangen nicht vorlegt, verringern sich hierdurch zusätzlich die Anforderungen an die **Amtsermittlungspflicht.**[39]

Bei der Frage, ob eine Frist gesetzt werden kann, sind die im sozialgerichtlichen Verfahren herrschenden Grundsätze der Barriere- und Formfreiheit zu beachten.[40] Dabei sollen wohl an die Last zum Vortrag bei einer Vertretung durch Rechtsanwälte höhere Anforderungen gestellt werden, als wenn der Kläger selbst tätig wird.[41]

46 Der Vorsitzende kann dem Kläger eine Frist zur Angabe von Tatsachen, durch deren Berücksichtigung oder Nichtberücksichtigung im Verwaltungsverfahren er sich beschwert fühlt, setzen (§ 106 a Abs. 1 SGG). Mit der Angabe von Tatsachen, die auch nach dem Erlass des Widerspruchsbescheides entstanden sein können, ist der Sachvortrag des Klägers in der Klagebegründung und den ergänzenden Schriftsätzen gemeint.

§ 87 b Abs. 1 VwGO schafft dem Gericht die Möglichkeit, den Kläger unter Fristsetzung und Belehrung über die gemäß § 87 b Abs. 3 VwGO eintretenden Folgen zur **Abgabe einer Klagebegründung aufzufordern.** Diese Rechtsprechung kann auf den wortgleichen § 106 a Abs. 1 SGG angewendet werden. Der Kläger soll sich nicht darauf verlassen können, dass sich die Klage begründenden Tatsachen aus dem Akteninhalt ergeben.[42]

47 Darüber hinaus kann der Vorsitzende den Beteiligten (§ 69 SGG) eine **Frist** setzen, zu bestimmten Vorgängen **Tatsachen anzugeben oder Beweismittel zu bezeichnen** (§ 106 a Abs. 2 SGG). Hiermit ist hinsichtlich der Tatsachen die Substantiierung eines Sachverhaltes und hinsichtlich der Beweismittel die Stellung eines Beweisantrages gemeint. Weiterhin kann der Vorsitzende die Beteiligten auffordern, Urkunden vorzulegen.

48 Im Gegensatz zur Aufforderung nach § 106 a Abs. 1 SGG müssen die angeforderten Tatsachen, Beweismittel und Urkunden vom Vorsitzenden genau bezeichnet werden und zwar so weit, dass die Beteiligten der Aufforderung ohne weitere Nachfrage nachkommen können.[43]

---

37 BT-Drs. 16/7716; BSG 13.12.2018 – B 10 ÜG 4/16 R, SozR 4-1500 § 92 Nr. 5.
38 Vgl. BSG 9.8.2006 – B 12 KR 22/05.
39 BSG 16.12.2008 – B 1 KN 3/08 KR R.
40 BT-Drs. 16/7716, 18 Nr. 15.
41 BT-Drs. 16/7716, 18 Nr. 15.
42 BVerwG 30.9.1993 – 7 A 14/93 Rn. 49.
43 Zu § 79 b FGO BFH 14.8.2008 – X B 212/07 Rn. 12.

Angesichts der erhöhten Anforderung an die vertretenden Rechtsanwälte und ihr erheblich vergrößertes Haftungsrisiko hätte der Gesetzgeber auch die **Gebühren für Rechtsanwälte** an die gesteigerten Anforderungen anpassen müssen. Eine Gebührenanpassung ist zwar mit der RVG-Reform 2013 vorgenommen worden, ob sich hieraus allerdings eine Verbesserung der Einnahmensituation der im Sozialrecht tätigen Rechtsanwälte ergibt, erscheint fraglich, denn die restriktive Auslegung des § 14 RVG durch die Sozialgerichte zulasten der Rechtsanwälte kann jegliche Gebührenerhöhung verwässern. Da nicht einmal ansatzweise feststeht, was ein durchschnittlicher Fall ist, können die Jobcenter und denen folgend die Sozialgerichte fast beliebige Anforderungen an einen solchen Fall stellen, so dass die meisten Fälle als unterdurchschnittlich bewertet werden können. Da häufig die Anzahl und die Länge der verfassten Schriftsätze als Bewertungsmaßstab herangezogen werden, können allein dadurch, dass nur „ein einziger" Schriftsatz verfasst wurde und der Durchschnitt bei vier Schriftsätzen liegen soll, die Gebühren beliebig herabgesetzt werden, so dass selbst die Annahme von Mindestgebühren als ausreichende Vergütung angesehen wird. Die letzte Erhöhung der Rechtsanwaltsvergütung erfolgte durch Art. 7 des Kostenrechtsänderungsgesetz ab dem 1.1.2021.[44] 49

Hinweis: Soweit im sozialgerichtlichen Verfahren vom Vorsitzenden oder Berichterstatter Ausschlussfristen nach § 92 Abs. 2 S. 2 SGG gesetzt werden, sollte dies bei der Kostenfestsetzung oder der Festsetzung der Kosten im Prozesskostenhilfeverfahren als kostenerhöhender Umstand geltend gemacht werden. 50

Art und Umfang der Belehrung können sich danach unterscheiden, wie rechtskundig der Beteiligte vertreten ist. Er muss zumindest formlos darauf hingewiesen werden, dass das Gericht nachteilige Schlüsse aus seinem Verhalten ziehen will. 51

Der Vorsitzende muss dem Kläger eine angemessene Frist setzen. Inwieweit die **Frist angemessen** ist, bestimmt sich nach dem Einzelfall. 52

Beispiel: Der Leistungsberechtigte geht im Wege der Anfechtungsklage gegen einen Aufhebungs- und Erstattungsbescheid vor. Nach Klageerhebung wird der Bescheid zurückgenommen. Das Sozialgericht fordert den anwaltlich vertretenen Leistungsberechtigten auf, innerhalb einer Frist von zwei Wochen die Hauptsache für erledigt zu erklären oder die Klage zurückzunehmen. Der Leistungsberechtigte nimmt die Klage weder zurück, noch erklärt er die Hauptsache für erledigt. Daraufhin beraumt das Sozialgericht Termin zur mündlichen Verhandlung an, in dem der Leistungsberechtigte und sein Anwalt die Hauptsache für erledigt erklären, weil das SG sonst die Klage mangels Beschwer abgewiesen hätte. Die Kosten des Rechtstreites werden daraufhin dem Leistungsträger zur Hälfte auferlegt, weil der Leistungsberechtigte die Hauptsache nicht innerhalb der gesetzten Frist für erledigt erklärt hat. Das Gericht entscheidet bei anderweitiger Erledigung (statt durch Urteil) durch Beschluss nach seinem Ermessen, wer und in welchem Umfang Kosten zu tragen hat (§ 193 Abs. 1 S. 3 SGG). Anders als nach §§ 91 ff. ZPO oder § 154 VwGO ist die Kostentragung nicht streng an den Ausgang des Verfahrens gebunden, so dass das Veranlasserprinzip hier zum Tragen kommen kann.[45] Hier hätte der Leistungsberechtigte die Klage 53

44 BGBl. I Nr. 66, 3229 ff. G. v. 21.12.2020.
45 BSG 16.5.2007 – B 7b AS 40/06 R.

auch ohne gerichtlichen Hinweis für erledigt erklären können. Da das Gericht über den Klageanspruch nicht ohne mündliche Verhandlung entscheiden konnte, musste hier eine mündliche Verhandlung anberaumt werden (§ 124 SGG). Hier setzt § 192 Abs. 1 Nr. 1 SGG allerdings eine deutliche Grenze, denn Verschuldenskosten können nur bei einer Vertagung auferlegt werden.

54 **Hinweis:** Gegen die isolierte Kostengrundentscheidung nach § 192 Abs. 1 S. 3 SGG ist die Beschwerde an das Landessozialgericht nach § 172 Abs. 2 Nr. 3 SGG nicht statthaft.[46] Die Entscheidung des Sozialgerichtes ist zwar falsch, doch verstößt sie nicht gegen das Willkürverbot.[47]

9. Klagerücknahmefiktion

55 Nach § 102 Abs. 2 S. 1 SGG **gilt eine Klage als zurückgenommen**, wenn der Kläger das Verfahren trotz Aufforderung durch das Gericht länger als drei Monate nicht betreibt. Die Aufforderung muss zusätzlich eine Rechtsfolgenbelehrung enthalten.

56 Die Gerichte machen zwischenzeitlich von der Aufforderung reichhaltig Gebrauch. Damit wurden sicherlich viele Rechtsanwälte in „Angst und Schrecken" versetzt und zu hektischen Aktivitäten veranlasst.

57 Die Regelung über die **Rücknahmefiktion** ist § 92 Abs. 2 S. 2 VwGO nachgebildet, daher können die hierzu von den Verwaltungsgerichten entwickelten Grundsätze auf die Regelung des § 102 Abs. 2 SGG angewendet werden. Dazu zählt insbesondere das vom Bundesverwaltungsgericht im Hinblick auf Art. 19 Abs. 4 und Art. 103 Abs. 1 GG entwickelte weitere ungeschriebene Tatbestandsmerkmal der **sachlich begründeten Anhaltspunkte für einen Wegfall des Rechtsschutzinteresses.**[48] Dieses zusätzliche Tatbestandsmerkmal macht, bei richtigem Verhalten, den § 102 Abs. 2 SGG zu einem nur für seltene Ausnahmefälle anwendbaren Ausnahmetatbestand. So kann das fehlende Rechtsschutzbedürfnis nicht aus einer fehlenden Stellungnahme hergeleitet oder eine Mitwirkungshandlung verlangt werden, die der Kläger nicht erfüllt hat. Gelingt dem Kläger zB ein Nachweis nicht, weil er zB einen Kontoauszug nicht vorlegen kann, so kann daraus nicht geschlossen werden, dass Rechtsschutzinteresse sei entfallen.[49] Die Rücknamefiktion ist keine Sanktion für prozessuales Fehlverhalten und die verlangte Mitwirkungshandlung muss hinreichend genau bestimmt sein.[50] Wird zB durch den Gegner oder das Gericht ein Vergleichsvorschlag unterbreitet und reagiert der Kläger hierauf nicht, kann aus diesem Grund nach einer Betreibensaufforderung nicht die Rücknahmefiktion eingreifen.[51]

Damit das ungeschriebene Tatbestandsmerkmal des fehlenden Rechtsschutzbedürfnisses erfüllt ist, muss neben den Voraussetzungen des § 102 Abs. 2 SGG der Betreibensaufforderung mindestens eine Mahnung vorausgegangen sein, und die Tatsa-

46 Klarstellend LSG Bayern 18.6.2009 – L 18 SO 80/09 B.
47 BVerfG 1.10.2009 – 1 BvR 1969/09 Rn. 15.
48 LSG Berlin-Brandenburg 6.8.2009 – L 14 AS 1005/09; BVerwG 12.4.2001 – 8 B 2.01.
49 Vgl. hierzu LSG Sachsen-Anhalt 17.7.2014 – L 5 AS 586/13.
50 LSG Baden-Württemberg 17.4.2013 – L 5 KR 605/12.
51 LSG NRW 7.9.2022 – 3 514/21; BSG 1.7.2010 – B 13 R 74/09 R und B 13 R 58/09 R; BVerfG 27.10.1998 – 2 BvR 2662/95.

chen, zu denen eine Stellungnahme erfolgen soll, müssen entscheidungserheblich sein. Des Weiteren muss keinerlei Reaktion erfolgen, so dass hieraus geschlossen werden kann, dass das Rechtsschutzbedürfnis entfallen ist.[52] Ob es ausreicht, wenn der Kläger mitteilt, er halte an seiner Klage fest, ist bisher nicht abschließend geklärt.[53] Erhebt der Kläger allerdings die Klage ohne Begründung und teilt mit, dass eine Begründung demnächst erfolgen soll, kann aus der Nichtbegründung geschlossen werden, dass das Rechtsschutzinteresse entfallen ist. Dies ist nicht der Fall, wenn der Kläger nur einmal erfolglos zur Klagebegründung aufgefordert wurde. Allein eine vorwerfbare Nachlässigkeit des Prozessbevollmächtigten kann nicht zur Annahme führen, dass das Rechtsschutzinteresse des Klägers nicht mehr besteht.[54] Verlangt das Jobcenter von dem Kläger eine Rückzahlung in erheblicher Höhe, die man bei den engen wirtschaftlichen Verhältnissen der Leistungsberechtigten bereits bei einem Leistungsbedarf in Höhe des Arbeitslosengeldes II/Sozialgeldes zuzüglich der jeweiligen Kosten für Unterkunft und Heizung annehmen kann, wird man generell nicht von einem Wegfall des Rechtsschutzbedürfnisses sprechen können.

Beispiel: Der Junganwalt A hat sich in Studium und Referendariat nie mit Sozialrecht befasst. Seit dem 1.1.2023 ist er als Rechtsanwalt zugelassen und erhält vom Leistungsberechtigten L den Auftrag, gegen vier Rückforderungsbescheide/Widerspruchsbescheide vorzugehen. Er erhebt fristgerecht Klage unter Beifügung umfangreich begründeter Bescheide und Widerspruchsbescheide. Er begründet die Klage damit, dass die Rückforderung rechtswidrig sei, sein Mandant habe eine Überzahlung nicht verursacht und teilt mit, er werde die Klage nach Akteneinsicht näher begründen. Jungrichter R, seit dem 1.1.2023 bei dem Sozialgericht als Proberichter tätig, fordert den A dreimal, am 2.5., 7.9. und 11.11.2023 jeweils unter Setzung einer Frist von drei Wochen, auf, die Klage zu begründen. Mit Schriftsatz vom 1.12.2023 teilt der A mit, wegen Arbeitsüberlastung sei er nicht dazu gekommen, die Klagen zu begründen. Daraufhin setzt R formal einwandfrei die Frist nach § 102 Abs. 2 SGG in Gang, die unbeantwortet verstreicht. A war mit der Bearbeitung des Falles völlig überfordert. 58

Hier ist zu berücksichtigen, dass eine Klagebegründung nach § 92 SGG nicht erforderlich ist und eine kurze Begründung bereits der Klageschrift zu entnehmen ist. Aus dem Verhalten des Prozessbevollmächtigten kann hier nicht geschlossen werden, der Kläger wolle den Prozess nicht weiter betreiben. 59

Auch der Kläger wäre nach entsprechender Akteneinsicht kaum in der Lage gewesen, die Vorschriften des §§ 45, 48 SGB X auf den Sachverhalt richtig anzuwenden und sich mit der richtigen oder falschen Begründung in den Bescheiden der Beklagten auseinanderzusetzen. Die Klage gilt deshalb nicht als zurückgenommen. Bei einem Streit um Leistungen nach dem SGB II, insbesondere Unterhaltsleistungen, dürfte nur ausnahmsweise ein Wegfall des Rechtsschutzinteresses anzunehmen sein.[55] 60

Hinweis: Gegen den Beschluss, durch den das Gericht fehlerhaft die Rücknahme der Klage feststellt, ist die Beschwerde nach § 172 Abs. 1 SGG zulässig, obwohl nach 61

52 BSG 4.4.2017 – B 4 AS 2/16 R BSGE 123, 62–69.
53 BVerfG 17.9.2012 – 1 BvR 2254/11.
54 BVerwG 5.7.2000 – 8 B 119.00 Rn. 7.
55 LSG Sachsen-Anhalt 16.6.2010 – L 5 AS 217/10.

§ 103 Abs. 3 S. 2 SGG der Beschluss als unanfechtbar bezeichnet wird. Der Antrag lautet auf Fortsetzung des Verfahrens vor dem Sozialgericht.[56]

10. Verfahrensgang, Verfahrensbeendigung

a) Amtsermittlung

62 Das Gericht ermittelt den Sachverhalt **von Amts wegen** (§ 103 SGG). Der Vorsitzende ist zur Aufklärung verpflichtet und fordert den Leistungsträger nach § 104 SGG unter Fristsetzung zur Gegenäußerung auf.

63 Der Kläger hat nach § 120 SGG ein Recht zur **Akteneinsicht**, dem Rechtsanwalt werden die Verwaltungsakten gewöhnlich zur Einsicht in seine Büroräume überlassen.

64 Der Vorsitzende ist umfassend **zur Aufklärung verpflichtet** (§ 106 SGG). Er hat dafür zu sorgen, dass Formfehler beseitigt, sachdienliche Anträge gestellt, ungenügende Angaben tatsächlicher Art ergänzt (Substantiierung) sowie alle für die Feststellung und Beurteilung des Sachverhaltes wesentlichen Erklärungen abgegeben werden. Der Vorsitzende ist verpflichtet, den Termin zur mündlichen Verhandlung so umfassend vorzubereiten, dass der Rechtsstreit in einer mündlichen Verhandlung erledigt werden kann (§ 106 Abs. 2 SGG).

b) Grundsatz der mündlichen Verhandlung

65 Das Gericht entscheidet aufgrund **mündlicher Verhandlung** (§ 124 Abs. 1 SGG), es kann einen Erörterungstermin anberaumen (§ 106 Abs. 3 Nr. 7 SGG). Dies wird es machen, wenn es die Klage für aussichtslos hält, den oder die angefochtenen Bescheide für rechtswidrig erachtet und/oder ein Vergleich abgeschlossen werden kann. Im Einverständnis der Parteien kann es ohne mündliche Verhandlung entscheiden (§ 124 Abs. 2 SGG). In einfachen Angelegenheiten kann das Gericht ohne mündliche Verhandlung durch Gerichtsbescheid entscheiden (§ 105 SGG).

c) Beendigung des Verfahrens

aa) Klagerücknahme

66 Die Verfahrensbeendigung kann durch Klagerücknahme, die ohne Einwilligung des Beklagten erfolgen kann, bis zur Rechtskraft des Urteils erfolgen (§ 102 Abs. 1 SGG). Bei **Klagerücknahme** sind abweichend von den §§ 91–107 ZPO die Kosten nicht zwingend dem Kläger aufzuerlegen (§ 102 Abs. 3 SGG).

67 **Hinweis:** Die Klagerücknahme sollte, wenn der Beklagte Anlass zur Klage gegeben hat, mit einem Antrag auf Beschluss zur Einstellung des Verfahrens und zur Auferlegung der Kosten, insbesondere über die Kosten für die Hinzuziehung eines Rechtsanwaltes im Vorverfahren, verbunden werden. Dabei ist es günstig ggf. darauf hinzuweisen, dass der Beklagte die Klage durch eine fehlerhafte Rechtsmittelbelehrung verursacht hat und daher die Kosten ganz oder teilweise zu tragen hat.

68 **Beispiel:** Der Widerspruchsbescheid war mit einer normalen Rechtsmittelbelehrung versehen. Nach Klageerhebung erkennt der erstmals von dem Leistungsberechtigten L beauf-

---

56 LSG Berlin-Brandenburg 6.8.2009 – L 14 AS 1005/09 B Rn. 17.

tragte Rechtsanwalt, dass es sich um einen Bescheid handelt, der bereits Gegenstand eines Rechtsstreites geworden ist (§ 96 SGG). Der Leistungsträger hätte dies bei Erlass des Bescheides bei sorgfältiger Bearbeitung erkennen können. Für den L und seinen Anwalt war dies nicht ersichtlich. Nach Rücksprache mit dem Gericht, dem Leistungsträger und dem L nimmt der Rechtsanwalt die Klage zurück. Hier wird der Leistungsträger die außergerichtlichen Kosten des Gerichtsverfahrens zu tragen haben.

Hinweis: Wird die Rücknahme der Klage von dem Leistungsberechtigten oder dessen 69
Rechtsanwalt schuldhaft verzögert, kann das Gericht auch zu einer anderen Entscheidung kommen. In einem solchen Fall können auch die Kosten eines vorherigen erfolglosen Widerspruchsverfahrens als Kosten des Rechtsstreites dem beklagten Leistungsträger nach dem Veranlasserprinzip auferlegt werden, denn § 63 SGB X, der in der Regel einen erfolgreichen Widerspruch erfordert, findet bei der Kostenfestsetzung nach § 193 SGG keine Anwendung.[57] Die Behörde entscheidet über die Kosten des Widerspruchs nur soweit sie abschließend über den Widerspruch entschieden hat. Geht das Widerspruchsverfahren im Übrigen in ein Klageverfahren über, wird über die Kosten durch das Sozialgericht im Urteil oder durch Beschluss entschieden (§ 193 SGG).

Die Veranlassung zur Klage hat Vorrang vor den Erfolgsaussichten einer Klage.[58] 70

bb) Anerkenntnis

Ein **sofortiges Anerkenntnis** des Leistungsträgers kann dazu führen, dass ihm die 71
Kosten nicht aufzuerlegen sind. Ein sofortiges Anerkenntnis wird allerdings nur dann zu einer Kostenentscheidung zugunsten des Leistungsträgers führen, **wenn sich die Rechtslage während des Rechtsstreites so ändert**, dass nunmehr Leistungen erbracht werden müssen.

Ein **sofortiges Anerkenntnis** liegt nicht vor, wenn der Leistungsträger einen rechts- 72
widrigen Bescheid erlässt und nach Klageerhebung den Anspruch des Leistungsberechtigten sofort nach Erhalt der Klageschrift anerkennt. Ein sofortiges Anerkenntnis liegt nur vor, wenn während des Rechtsstreites erst die Voraussetzungen für den Anspruch entstehen.

Beispiel: Der Leistungsberechtigte L lebt mit der B in einem eheähnlichen Verhältnis zu- 73
sammen. Die B hat ein anrechenbares Einkommen in Höhe von 2.500 EUR. Der Bedarf von L und B beträgt 1.020 EUR. Der L erhebt Klage gegen den Ablehnungsbescheid vom 3.2.2023 in der Fassung des Widerspruchsbescheides vom 9.3.2023. Nach Klageerhebung vom 13.3.2023 trennt er sich von der B. Der Leistungsträger erkennt nach Kenntnis der Trennung am 14.3.2023 den Anspruch des L mit Schriftsatz vom 16.3.2023 ab dem 13.3.2023 an und erteilt dem L einen Ausführungsbescheid.

In dem vorliegenden Fall wird man dem Leistungsträger kaum die Kosten des Rechtsstrei- 74
tes auferlegen können, denn er hätte auch ohne Rechtsstreit dem L die notwendigen Leistungen gewährt. Außerdem war der Ablehnungsbescheid jedenfalls bis zum 13.3.2023 rechtmäßig.

57 BSG 20.10.2010 – B 13 R 15/10 R Rn. 19.
58 LSG Berlin-Brandenburg 26.5.2008 – L 20 B 1661/07 AS mwN.

cc) Angenommenes Anerkenntnis

75 Das angenommene Anerkenntnis ist ein im sozialgerichtlichen Verfahren geschaffener besonderer **Vollstreckungstitel**. Das angenommene Anerkenntnis erledigt den Rechtsstreit in der Hauptsache (§ 199 Abs. 1 Nr. 3 SGG). Das Anerkenntnis kann, anders als der Vergleich, schriftlich erfolgen und auch schriftlich angenommen werden. Anders als in der VwGO bedarf es keiner Feststellung der anderweitigen Erledigung (§ 92 Abs. 2 VwGO). Eine Erledigung tritt allerdings nur dann ein, wenn der Anspruch des Klägers insgesamt anerkannt wird. Wird nur ein Teilanerkenntnis abgegeben, bedarf es zur Erledigung des Rechtstreites einer weiteren prozessbeendenden Erklärung des Klägers. Diese wird neben der Annahme des (Teil-)Anerkenntnisses durch den Kläger, die Klagerücknahme im Übrigen oder die Erledigung der Hauptsache durch den Kläger sein. Ein Anerkenntnis erledigt nur den konkreten Rechtsstreit. Wird ein Anerkenntnis in einem einstweiligen Rechtsschutzverfahren abgegeben, so führt dies nicht dazu, dass dies auch auf ein nachfolgendes Hauptsacheverfahren wirkt. Wird im Hauptsacheverfahren der Anspruch zurückgewiesen, so kann dies zu einem Rückforderungsanspruch des Leistungsträgers führen.[59]

76 Sowohl die im Vergleich abgegebene Erklärung, den Anspruch im Übrigen nicht weiterzuverfolgen, als auch die Rücknahme der Klage bei einem angenommenen **Teilanerkenntnis** stellen einen Verzicht im Sinne des § 46 Abs. 1 SGB I dar. Der ursprüngliche Verwaltungsakt kann nicht mehr nach § 44 SGB X überprüft und bei Rechtswidrigkeit aufgehoben werden.[60] Dies trifft auch zu, wenn ein Verfahren durch angenommenes Teilanerkenntnis und Klagerücknahme im Übrigen endet.[61]

dd) Teilanerkenntnis

77 Auch bei einem **nicht angenommenen Teilanerkenntnis** ist § 307 ZPO im sozialgerichtlichen Verfahren gemäß § 202 SGG entsprechend anzuwenden.[62] Die Verurteilung hat hier allerdings nach mündlicher Verhandlung zu erfolgen, denn eine Entscheidung ohne mündliche Verhandlung ist im sozialgerichtlichen Verfahren nur möglich, wenn die Parteien einer Entscheidung ohne mündliche Verhandlung zustimmen oder das Sozialgericht nach Anhörung einen Gerichtsbescheid erlässt (§§ 124 Abs. 2, 105 SGG). Wird das Anerkenntnis nicht angenommen, muss das Sozialgericht den Beklagten gemäß dem Anerkenntnis verurteilen.[63]

78 **Hinweis:** Für Klageverfahren gilt Folgendes: Die meisten Sozialgerichte sind der Ansicht, dass die Terminsgebühr nur bei einem vollständigen Anerkenntnis anfällt. Hierbei wird auf den Wortlaut der Nr. 3106 VV RVG abgestellt. Auch erledige das Teilanerkenntnis den Rechtsstreit nicht, weil eine weitere Verfahrenshandlung erforderlich ist, nämlich die Erledigungserklärung.[64] Von manchen Gerichten wird sogar ange-

59 BSG 13.12.2016 – B 1 KR 10/16 R BSGE 122, 181–191.
60 Vgl. BSG 15.10.1985 – B 11 a RA 58/84, SozR 2200 § 1251 Nr. 115, S. 320 f.; LSG Niedersachsen 3.3.1993 – L 2 J 182/91, E-LSG J-012, S. 4.
61 LSG Hamburg 1.2.2007 – L 6 R 93/06.
62 BSG 12.7.1988 – 4/11 a RA 16/87.
63 LSG Bayern 26.3.2009 – L 10 AL 150/08 Rn. 27.
64 LSG Nordrhein-Westfalen 1.3.2018 – L 20 SO 95/18 B mwN.

nommen, dass in diesem Fall auch eine Erledigungsgebühr (Nr. 1006, 1005) nicht anfällt.[65] Hier empfiehlt es sich jedenfalls, ein besonderes Bemühen des Rechtsanwaltes, etwa durch Einwirkung auf den Mandanten, darzulegen. Auch sollte nicht ohne Weiteres ein Teilanerkenntnis außerhalb einer mündlichen Verhandlung abgegeben werden. Ein Teilanerkenntnis kann auch in Form eines Vergleiches geschlossen werden. Auf die richtige Wortwahl ist im Sitzungsprotokoll hinzuwirken. Bei einem schriftlichen Vergleich fällt demgegenüber zusätzlich zur Vergleichsgebühr eine Termingebühr an.[66] Obwohl das angenommene Teilanerkenntnis für die Beteiligten die gleiche Wirkung wie ein Vergleich haben kann, werden hier jedoch völlig andere Gebührentatbestände ausgelöst, obwohl die Mühe des Rechtsanwaltes häufig vergleichbar ist.

Nach § 101 Abs. 1 SGG kann ein Vergleich zur Niederschrift des Gerichtes, des Vor- 79
sitzenden oder des beauftragten oder ersuchten Richters abgeschlossen werden. Darüber hinaus kann ein Vergleich auch dadurch geschlossen werden, dass die Parteien einen schriftlichen gerichtlichen Vorschlag annehmen und dessen Inhalt in einem Beschluss festgestellt wird (§ 101 Abs. 1 S. 2 SGG).[67]

Ein im **schriftlichen Verfahren geschlossener Vergleich** ist daher ein außergerichtlicher 80
Vergleich, der nicht nach § 199 Abs. 1 Nr. 3 SGG vollstreckbar ist. Der Prozessvergleich vor den Sozialgerichten wird im Übrigen ebenso behandelt wie ein Prozessvergleich vor den Zivilgerichten. Er hat eine Doppelnatur bestehend aus einem materiellrechtlichen Vertrag und einer Prozesshandlung, die den Rechtsstreit unmittelbar beendet.[68]

Prozesshandlungen – wie die Zustimmung zu einem gerichtlichen Vergleich – können 81
nur unter engen Voraussetzungen, zB bei Vorliegen eines Wiederaufnahmegrundes im Sinne von § 179 SGG, §§ 578 ff. ZPO, **widerrufen** werden oder dann, wenn sich aufgrund des Grundsatzes von Treu und Glauben ein Festhalten an der Prozesshandlung verbietet.[69]

Ein Vergleich kann in seinem materiellen Teil nur nach den Regeln des § 779 Abs. 1 BGB bzw. §§ 112 ff. BGB angefochten werden.[70]

ee) Urteil – Gerichtsbescheid

Das Sozialgericht kann statt eines Urteils ohne mündliche Verhandlung einen **Ge-** 82
richtsbescheid (§ 105 SGG) erlassen, wenn folgende Voraussetzungen vorliegen:

- Die Rechtssache weist keine besonderen Schwierigkeiten tatsächlicher oder rechtlicher Art auf.
- Der Sachverhalt ist geklärt.
- Die Beteiligten des Rechtsstreites wurden vorher angehört (§ 69 SGG).

---

65 LSG Baden-Württemberg 15.7.2019 – L 10 SF 1298/19 E-B.
66 LSG Baden-Württemberg 8.7.2019 – L 10 SF 909/19 E-B.
67 Diese Möglichkeit besteht seit dem 25.10.2013, BGBl. 2013 I 3836.
68 LSG Berlin-Brandenburg 20.8.2008 – L 3 U 226/08.
69 BGHZ 33, 73.
70 BSG 24.1.1991 – 2 RU 51/90.

83 Liegen diese Voraussetzungen nicht vor, ist eine Entscheidung durch Gerichtsbescheid nicht zulässig. Entscheidet das Sozialgericht in Verkennung der Voraussetzungen, liegt ein Verstoß gegen Art. 101 Abs. 1 S. 2 GG vor, denn das Sozialgericht entscheidet nach § 12 Abs. 1 S. 1 SGG grundsätzlich unter Einbeziehung der ehrenamtlichen Richter und der grundrechtliche Anspruch des Klägers auf den gesetzlichen Richter ist verletzt.[71] Auch das Einverständnis der Parteien ändert an der Unzulässigkeit des Gerichtsbescheides nichts.

84 Wird durch einen Gerichtsbescheid entschieden, kann, wenn hiergegen mangels Erreichen der Berufungssumme nach § 144 SGG eine Berufung nicht zulässig ist, Antrag **auf mündliche Verhandlung** oder Antrag auf Nichtzulassungsbeschwerde gestellt werden. Der Antrag auf mündliche Verhandlung geht dem Antrag auf Nichtzulassungsbeschwerde vor. Wenn er gleichzeitig gestellt wird, ist die Nichtzulassungsbeschwerde unzulässig.[72]

ff) Beendigung des Verfahrens durch Urteil

85 Urteile werden im Termin zur mündlichen Verhandlung verkündet, wenn sich die Parteien nicht nach § 124 Abs. 2 SGG mit einer Entscheidung ohne mündliche Verhandlung einverstanden erklärt haben (§ 132 Abs. 1 S. 1 SGG). Ein solches Einverständnis empfiehlt sich besonders, wenn bereits eine mündliche Verhandlung stattgefunden hat. Ausnahmsweise kann ein gesonderter Verkündungstermin anberaumt werden (§ 132 Abs. S. 2 SGG).

86 **Ausnahmsweise** kann das Sozialgericht die Sache nach § 131 Abs. 5 SGG an den Leistungsträger **zurückverweisen, ohne in der Sache selbst zu entscheiden**, soweit nach Art und Umfang die noch erforderlichen Ermittlungen erheblich sind und die Aufhebung auch unter Berücksichtigung der Belange der Beteiligten sachdienlich ist. Eine solche Zurückverweisung kommt in erster Linie bei Ermittlungen vor, die der Leistungsträger zur ordnungsgemäßen Entscheidung über einen Antrag selbst anstellen muss. Hierzu gehören die Ermittlungen zu den abstrakt angemessenen Kosten der Unterkunft oder die Ermittlungen der Pauschalen für die Erstausstattung der Wohnung und mit Bekleidung oder bei Schwangerschaft oder Geburt (§ 24 Abs. 3 S. 6).[73] Das Gericht muss diesbezüglich eine Entscheidung innerhalb von sechs Monaten nach Eingang der Verwaltungsakte(n) treffen. Keine erheblichen Ermittlungen im Sinne des § 131 Abs. 4 SGG sind die Einholung eines ärztlichen Sachverständigengutachtens und die Einholung von Befundberichten von Ärzten.

87 **Sachdienlich** ist eine Zurückverweisung an den Leistungsträger nur dann, wenn dieser die Ermittlungen nach seiner personellen und sachlichen Ausstattung besser als das Gericht durchführen kann und es auch unter übergeordneten Gesichtspunkten sachgerechter wäre, die Behörde tätig werden zu lassen. Dies ist im SGB II anders als im Recht der gesetzlichen Rentenversicherung weniger der Fall, denn das Sozialgericht wird in aller Regel in der Lage sein, die Berechnungen des Jobcenters ohne den

71 BSG 16.3.2006 – B 4 RA 59/04 R, SozR 4-1500 § 105 Nr. 1.
72 LSG Berlin-Brandenburg 14.1.2008 – L 25 B 795/07 AS NZB.
73 BSG 22.9.2009 – B 4 AS 18/09 R Rn. 27 (Ermittlung der angemessenen Kosten der Unterkunft).

Einsatz besonderer EDV-Programme nachzuvollziehen. Die Belange des Leistungsberechtigten werden durch die aufgrund der Aufhebungs- und Zurückverweisungsentscheidung nach § 131 Abs. 5 SGG eintretenden Verzögerung jedenfalls in kombinierten Anfechtungs- und Verpflichtungssachen insoweit belastet, als er die begehrte Leistung ohne Sachentscheidung des Gerichts (vorerst) nicht erhält.[74]

Dieses Verfahren dürfte daher in Verfahren auf Leistungen nach dem SGB II wegen den Belastungen der Kläger im Hinblick auf den existenzsichernden Charakter der Unterhaltsleistungen nach dem SGB II kaum eine Rolle spielen und das, obwohl die Gerichte angesichts der oftmals mangelhaften Ermittlung der Leistungsträger zur Angemessenheit der Wohnkosten hierzu Anlass haben könnten. 88

gg) Inhalt des Urteils

Das Urteil muss bestimmten **Anforderungen** genügen (zu den Einzelheiten siehe § 136 SGG). Hier seien nur exemplarisch die Rechtsmittelbelehrung und Urteilsbegründung erwähnt. Eine fehlerhafte Rechtsmittelbelehrung führt nicht zur Zulässigkeit eines Rechtsmittels. So wird eine Berufung, die den Beschwerdewert von 750 EUR nicht erreicht, nicht durch eine fehlerhafte Rechtsmittelbelehrung zulässig (vgl. § 144 Abs. 1 Nr. 1 SGG). 89

Beispiel: Wird gegen ein Urteil aufgrund fehlerhafter Rechtsmittelbelehrung Berufung statt einer Nichtzulassungsbeschwerde eingelegt, so ist die Berufung unzulässig. Die Nichtzulassungsbeschwerde kann wegen fehlerhafter Rechtsmittelbelehrung nach § 66 Abs. 2 SGG innerhalb eines Jahres seit Zustellung, Eröffnung oder Verkündung der Entscheidung noch eingelegt werden. 90

Fehlende Entscheidungsgründe sind ein wesentlicher Verfahrensfehler (§ 144 Abs. 2 Nr. 3 SGG) und ein absoluter Revisionsgrund (§ 202 SGG iVm § 547 Nr. 6 ZPO).[75] Fehlende Entscheidungsgründe führen zu einem Verstoß gegen das allgemeine Freiheitsrecht und das Rechtsstaatsprinzip (Art. 2 Abs. 1 GG iVm Art. 20 Abs. 3 GG).[76] 91

Enthält das Urteil gar keine Entscheidungsgründe, ist es bereits deshalb aufzuheben. 92

An den erforderlichen Entscheidungsgründen fehlt es nach der Rechtsprechung auch dann, wenn ein Urteil nicht binnen **fünf Monaten nach Verkündung** schriftlich niedergelegt, von den beteiligten Berufsrichtern unterschrieben und der Geschäftsstelle übergeben worden ist.[77] 93

Eine **mangelhafte**, der Nichtbegründung gleichstehende **Begründung**, liegt immer dann vor, wenn auf die ausführlichen Begründungen des Klägers in seiner Klage im Urteil nicht eingegangen wird oder wenn ihm hinreichende Gründe objektiv nicht entnommen werden können, etwa weil die angeführten Gründe unverständlich oder verworren sind, nur nichtssagende Redensarten enthalten oder zu einer vom Betei- 94

---

74 LSG Berlin-Brandenburg 27.1.2009 – L 4 R 1519/08.
75 Vgl. HK-SGG/Bolay § 136 Rn. 23.
76 Vgl. BVerfG 26.3.2001 – 1 BvR 383/00.
77 Gemeinsamer Senat der obersten Gerichtshöfe des Bundes <GemSOGB> Beschl. v. 27.4.1993 – GemSOGB 1/92, SozR 3-1750 § 551 Nr. 4.

ligten aufgeworfenen, eingehend begründeten und für die Entscheidung erheblichen Rechtsfrage nur ausführen, dass diese Auffassung nicht zutreffe.[78]

95 Eine **unzureichende Begründung** liegt auch dann vor, wenn eine Beweiswürdigung im Urteil völlig fehlt oder wenn den Entscheidungsgründen nicht zu entnehmen ist, aufgrund welcher Tatsachen und Erwägungen das Gericht zu seinen Tatsachenfeststellungen und rechtlichen Folgerungen gekommen ist.[79] Fehlt die Beweiswürdigung oder ist sie nach dem zuvor genannten Maßstab unzureichend, liegt ein Verfahrensmangel vor, mit dem erfolgreich die Nichtzulassungsbeschwerde vor dem Landessozialgericht (§ 144 SGG), nicht aber die Nichtzulassungsbeschwerde vor dem Bundessozialgericht, begründet werden kann. Letztere kann nur auf einen Verfahrensmangel, der kein absoluter Revisionsgrund ist (§ 202 SGG iVm § 547 ZPO), gestützt werden, wenn das Landessozialgericht einem Beweisantrag ohne zureichenden Grund nicht gefolgt ist (§ 160 Abs. 2 Nr. 3 SGG).

II. Kosten des Klageverfahrens

96 In sozialgerichtlichen Verfahren um die Leistungen nach dem SGB II werden **keine Gerichtskosten** erhoben (§ 183 SGG).

97 Eine Verpflichtung die Kosten des Leistungsträgers zu tragen, auch wenn dieser sich durch einen Rechtsanwalt vertreten lässt, besteht nicht, denn die Leistungsträger können keine Erstattung ihrer Kosten vom Leistungsberechtigten verlangen (§ 193 Abs. 4 iVm § 184 SGG).

1. Kostenerstattungsansprüche der Kläger gegen Beklagte und Beigeladene (Kostengrundentscheidung)

a) Kostenerstattungsansprüche gegen Beigeladene nach § 193 SGG

98 Die Kosten des Klägers für die Hinzuziehung eines Rechtsanwaltes sind in Höhe der gesetzlichen Gebühren stets erstattungsfähig (§ 193 Abs. 3 SGG). Vergütungsvereinbarungen haben demzufolge keine Wirkung auf die **Verpflichtung zur Kostenerstattung.** Nach dem RVG muss daher eine Vergütungsvereinbarung den Hinweis an den Mandanten enthalten, dass eine Kostenerstattung der vereinbarten Vergütung allenfalls bis zur Höhe der gesetzlichen Vergütung erfolgen kann (§ 3 a Abs. 1 S. 3 RVG).

b) Kostenerstattungsansprüche gegen den Beklagten

99 Das Sozialgericht entscheidet im Urteil, inwieweit die Beteiligten einander Kosten zu erstatten haben (§ 193 Abs. 1 SGG). Endet der Rechtsstreit auf andere Weise als durch Urteil, dann erfolgt die Kostengrundentscheidung auf Antrag durch Beschluss des Gerichtes (§ 193 Abs. 1 S. 2 SGG).

100 **Hinweis:** Bei Vergleichen ist stets darauf zu achten, dass eine Einigung über die Kosten erzielt wird, es sei denn, dem Leistungsberechtigten wurde Prozesskostenhilfe ohne Ratenzahlung bewilligt und es ist absehbar, dass der Leistungsberechtigte in den

78 Vgl. BSG 14.2.2006 – B 9 a SB 22/05 B mwN.
79 LSG Nordrhein-Westfalen 19.3.2008 – L 8 R 264/07.

nächsten vier Jahren keine Einkünfte erzielt, die zur Aufhebung der Prozesskostenhilfebewilligung führen können (§ 124 Nr. 3 ZPO). Denn nach § 195 SGG hat jeder seine Kosten selber zu tragen, wenn der Rechtsstreit durch Vergleich erledigt wird. Es ist auch zu berücksichtigen, dass der Kostenerstattungsanspruch verzinst wird (§ 202 SGG iVm § 104 Abs. 1 S. 2 ZPO), der Anspruch auf Prozesskostenhilfe demgegenüber nicht, weil § 55 Abs. 5 RVG auf § 104 Abs. 2 ZPO und nicht auf Abs. 1 verweist. Hat der Leistungsberechtigte eine Rechtsschutzversicherung, trägt diese die Kosten bei einem Vergleich nur im Verhältnis des Obsiegens und Unterliegens (§ 5 ARB). War der Kläger bereits im Widerspruchsverfahren durch einen Rechtsanwalt vertreten, wird durch das Gericht auch über die Kosten des Widerspruchsverfahrens entschieden.[80]

Anders als nach den §§ 91 ff. ZPO bestehen bei der **Kostenfestsetzung im sozialgerichtlichen Verfahren** keine strengen Vorgaben für das Gericht. Bei seiner Kostenentscheidung wird sich das Gericht aber danach richten, ob der Kläger mit seiner Klage Erfolg hatte und entsprechend dem Obsiegen und Unterliegen entscheiden. Ein wichtiger Grundsatz der Kostengrundentscheidung ist das **Veranlasserprinzip**. Das Gericht kann dem beklagten Leistungsträger auch dann die Kosten auferlegen, wenn die Klage nicht erfolgreich war, weil er zB seiner Mitwirkungspflicht im Vorverfahren zur Vorlage von Unterlagen, die den Leistungsträger zu rechtmäßigem Handeln bewegt hätten, nicht nachgekommen ist.[81] Grundsätzlich wird eine Kostenregelung zulasten des Leistungsberechtigten auch möglich sein, wenn er ausdrücklich und ausreichend konkret zur Vorlage von Unterlagen aufgefordert wurde und bei rechtzeitiger Vorlage der Unterlagen der Leistungsträger diese erst im Klageverfahren vorlegt und der Leistungsträger daraufhin den Anspruch anerkennt.[82] Auf der anderen Seite wird der Kläger häufig durch fehlerhafte Rechtsmittelbelehrungen des Leistungsträgers zur Erhebung einer Klage veranlasst. Wurde der leistungsberechtigte Kläger bereits zur Erhebung des Widerspruches durch eine fehlerhafte Rechtsbehelfsbelehrung veranlasst, so kann dieser Gesichtspunkt, anders als bei der Kostenfestsetzung nach § 63 SGB X, die in der Regel einen Erfolg in der Sache erfordert, bei der Kostenfestsetzung nach § 193 SGG berücksichtigt werden. 101

Auch ein **sofortiges Anerkenntnis** (§ 202 SGG iVm § 93 ZPO) kann im sozialgerichtlichen Verfahren vorkommen.[83] Wenn sich nach Erhebung der Klage aufgrund geänderter Umstände der ursprünglich nicht gegebene Klageanspruch erstmals herausstellt, wenn etwa durch ein ärztliches Gutachten festgestellt wird, dass ab dem Zeitpunkt der Untersuchung der Leistungsanspruch besteht und der Leistungsträger dies sofort, dh innerhalb angemessener Reaktionszeit anerkennt, kann der Beklagte nicht verpflichtet werden, die außergerichtlichen Kosten des Klägers zu tragen.

Nach § 193 Abs. 3 SGG ist die **gesetzliche Vergütung eines Rechtsanwaltes stets zu erstatten.** 102

80 BSG 20.10.2010 – B 13 R 15/10 R, SozR 4-1500 § 193 Nr. 6.
81 LSG Nordrhein-Westfalen 30.3.2009 – L 19 B 66/08 AS.
82 LSG Berlin-Brandenburg 24.1.2008 – L 28 B 2139/07 AS PKH.
83 Beispielhaft SG Wiesbaden 4.3.2019 – S 31 SB 165/17.

Mit dieser Regelung wird lediglich klargestellt, dass der Urkundsbeamte die Erstattung der Kosten für die Hinzuziehung eines Rechtsanwaltes nicht ablehnen kann, etwa weil er die Hinzuziehung eines Rechtsanwaltes nicht für notwendig erachtet (vgl. § 63 SGB X).

2. Kostenfestsetzung durch Urkundsbeamten (Entscheidung über die Höhe und den Anfall von Gebühren)

103 Die Kosten werden durch den Urkundsbeamten der Geschäftsstelle des ersten Rechtszuges festgesetzt (§ 197 Abs. 1 SGG). Die Kosten werden auf Antrag ab Antragstellung mit fünf Prozentpunkten über dem Basiszinssatz verzinst (§ 197 Abs. 1 S. 2 iVm § 104 Abs. 1 S. 1 ZPO).

104 **Hinweis:** Da die Entscheidungen über die Kostenerstattung durch die Gerichte teilweise erst nach Monaten oder gar nach Jahren erfolgen, kann es für unstreitige Kostensachen angezeigt sein, die Kostenerstattung beim Gericht zu beantragen und gleichzeitig eine Kostennote an den Leistungsträger, mit dem Hinweis auf die Stellung des Kostenantrages und der Bitte die Kosten unmittelbar auszugleichen, zu übersenden. Für den Leistungsträger ist es dann in unstreitigen Kostensachen wegen der Zinsen günstiger, die Kostenerstattung unmittelbar an den Mandanten oder an den Rechtsanwalt vorzunehmen ohne einen Kostenbeschluss des Sozialgerichtes abzuwarten.

a) Erinnerung gegen Entscheidungen des Kostenbeamten

105 Lehnt der Kostenbeamte die Festsetzung der Kosten gegen den Gegner ganz oder teilweise ab, kann hiergegen das Gericht angerufen werden (§ 197 Abs. 2 SGG). Das Sozialgericht entscheidet endgültig, dh **ein Rechtsmittel hiergegen ist nicht gegeben.**

b) Anhörungsrüge

106 Der Leistungsberechtigte kann gegen die Entscheidung des Gerichtes die **Anhörungsrüge** erheben, denn gegen diese Entscheidung ist kein Rechtsmittel möglich (§ 178 a SGG). Die Anhörungsrüge ist innerhalb einer Frist von zwei Wochen nach Kenntnis der Verletzung des rechtlichen Gehörs zu erheben.

107 In Kostenerstattungsverfahren findet regelmäßig **keine mündliche Verhandlung** statt, es ist daher häufig nicht erkennbar, von welchen Gesichtspunkten sich der letztentscheidende Richter hat leiten lassen. Häufig werden auch Stellungnahmen der Gegenseite nicht weitergeleitet, so dass hierzu nicht erwidert werden kann. Bei der Kostenfestsetzung sind grundsätzlich zwei verschiedene Streitpunkte entscheidend und zwar

- die Frage, ob eine Gebühr angefallen ist oder
- ob die Berechnung des Rechtsanwalts nach § 14 RVG unbillig ist.

Der Rechtsanwalt hat oftmals keine Gelegenheit, Stellung zu nehmen.

c) Verfassungsbeschwerde

108 Gegen eine endgültige Entscheidung kann der Leistungsberechtigte Verfassungsbeschwerde vor dem Bundesverfassungsgericht erheben. Er wird mit seinem Begehren,

die Kosten in vollem Umfang erstattet zu erhalten, allerdings kaum erfolgreich sein. Zunächst einmal muss er beschwert sein. Eine Beschwer liegt nur vor, wenn er von seinem Rechtsanwalt hinsichtlich der Kostenberechnung in die gesetzlichen Gebühren über seinen Erstattungsanspruch hinaus in Anspruch genommen wird.

Das ist hinsichtlich der Gebührenhöhe durchaus möglich, denn der Mandant kann gegenüber dem Rechtsanwalt die Unbilligkeit nicht nach § 14 RVG, sondern nur nach § 315 Abs. 3 BGB geltend machen. Aufgrund der geringen Höhe des Streitwertes findet ein Rechtsstreit zwischen dem Mandanten und dem Rechtsanwalt regelmäßig vor den Amtsgerichten statt. Diese sind nach § 14 Abs. 2 RVG verpflichtet, ein Gutachten der Rechtsanwaltskammer einzuholen. Die Zivilgerichte folgen im Allgemeinen den Ausführungen der Gutachten der Rechtsanwaltskammern, so dass es dazu kommen kann, dass die Erstattungspflicht des Gegners – über die die Sozialgerichte entscheiden – und die Vergütungspflicht des Mandanten gegenüber seinem Rechtsanwalt auseinanderfallen. 109

Der Rechtsuchende könnte sich wohl lediglich auf Art. 3 GG stützen, weil hier eine Ungleichbehandlung zwischen den Anspruchsberechtigten aus ein und demselben Rechtsstreit vorliegt. Allerdings könnte man insofern einwenden, dass diese Ungleichbehandlung von den erfolgreichen Klägern hinzunehmen ist, weil die Belastung durch die gesetzlichen Gebühren in sozialrechtlichen Angelegenheiten nicht sehr hoch ist. 110

Sowohl die Entscheidung über die Kostenfestsetzung im Prozesskostenhilfeverfahren (§ 55 Abs. 1 RVG) als auch die Entscheidung im Kostenerstattungsverfahren (§ 197 SGG) nimmt bei den Sozialgerichten häufig Zeiträume in Anspruch, die die jeweiligen Hauptsacheverfahren in ihrer Dauer überschreiten. Für das Kostenerstattungsverfahren hat das Bundessozialgericht nunmehr entschieden, dass es sich um ein eigenständiges gerichtliches Verfahren handelt, in dem wirksam die Verzögerungsrüge (§ 198 Abs. 3 GVG) und Klage auf Entschädigung (§ 198 Abs. 5 GVG) erhoben werden kann.[84] 111

III. Rechtsanwaltsvergütung im sozialgerichtlichen Verfahren

Bis zur Einführung des RVG ab dem 1.7.2004 wurden Gebühren des Rechtsanwalts für sozialgerichtliche Verfahren nach § 116 BRAGO geregelt. § 116 Abs. 1 S. 1 Nr. 1 BRAGO sah für das Verfahren vor dem Sozialgericht eine Gebühr zwischen 50 und 660 EUR vor. Die sogenannte Mittelgebühr, also die Summe der Mindest- und Höchstgebühr durch zwei geteilt, ergab einen Betrag in Höhe von 355 EUR. 112

Mit Einführung des **RVG** (Rechtsanwaltsvergütungsgesetz) wurde auch in den sozialgerichtlichen Angelegenheiten zwischen **Verfahrens-** und **Terminsgebühren** unterschieden. Zusätzlich wurden Erledigungs- und Vergleichsgebühren sowie gesonderte Gebührentatbestände für das Beschwerdeverfahren und die Nichtzulassungsbeschwerde eingeführt. Auf den ersten Blick erfolgte durch die Einführung des RVG in sozialrechtlichen Angelegenheiten eine umfassende Verbesserung. Hiervon kann 113

84 BSG 10.7.2014 – B 10 ÜG 8/13 R, SozR 4-1700 § 198 Nr. 2.

jedoch angesichts der im Folgenden beschriebenen Rechtsprechung und einiger gebührenrechtlicher Kuriositäten nicht die Rede sein.

1. Verfahrensgebühr nach Nr. 3102 VV

114 Diese Gebühr fällt an, wenn der Rechtsanwalt den unbedingten Auftrag erhält, vor dem Sozialgericht tätig zu sein, etwa eine Klage gegen einen Bescheid in der Gestalt eines Widerspruchsbescheides zu erheben.

115 **Hinweis:** Der Gegenstand der Klage sollte in der Vollmacht genau beschrieben sein und zwar auch durch Aufzählung aller am Klageverfahren beteiligten Personen, der Bescheide und Widerspruchsbescheide, gegen die Klage erhoben werden soll sowie deren Bewilligungszeiträume. Ohne genaue Bezeichnung der Angelegenheit und der beteiligten Personen kann es zu Nachweisschwierigkeiten zulasten des Rechtsanwalts hinsichtlich der durchgeführten Tätigkeiten kommen. Kann der Rechtsanwalt den Auftrag nicht nachweisen, wird er im Gebührenprozess gegenüber dem Mandanten seinen Vergütungsanspruch nicht durchsetzen können.

116 Die **Höhe der Gebühren** bewegen sich in einem **R**ahmen zwischen einem Mindest- und einem Höchstbetrag und werden Betragsrahmengebühren genannt (§ 3 Abs. 1 RVG). Bei Erteilung des Auftrags durch die Kläger fällt die Verfahrensgebühr an, die sich nach der Anlage 1 zu § 2 Abs. 2 RVG Vergütungsverzeichnis Nr. 3102 VV richtet.

Verfahrensgebühr Nr. 3102 VV		
Mindestgebühr	Höchstgebühr	Mittelgebühr
60 EUR	660 EUR	720 EUR ÷ 2 = 360 EUR

117 Nach dem Willen des Gesetzgebers sind die sogenannten **Mittelgebühren** die Regelgebühren, dh ein Abweichen hiervon bedarf der Begründung durch den Rechtsanwalt. Die Mittelgebühr wurde in „Normalfällen" zur billigen BRAGO-Gebühr. Sie ist in den Fällen zugrunde zu legen, in denen sich die Tätigkeit des Rechtsanwalts nicht nach oben oder unten vom Durchschnitt abhebt. Diese Vorgehensweise trägt Vereinfachungs- und Zweckmäßigkeitsgründen sowie dem verfassungsrechtlichen Gebot des Art. 3 Abs. 1 GG Rechnung, gleichliegende Fälle gleich und unterschiedliche Fälle entsprechend ihren Unterschieden ungleich zu behandeln. Diese Gesichtspunkte rechtfertigen es auch unter der Geltung des RVG, weiterhin jedenfalls im Grundsatz, jedoch nunmehr unter Beachtung der zusätzlich durch die Schwellengebühr gezogenen Grenze (dazu → Rn. 121), so zu verfahren und in einem ersten Schritt von der Mittelgebühr auszugehen.[85]

118 Hiervon kann die Rechtsprechung, will sie das Gebot der Gleichbehandlung nicht verletzen, **nicht abweichen**, etwa indem sie einen besonderen Gebührenrahmen für Fälle nach dem SGB II schafft oder die Festsetzung der Mittelgebühr davon abhängig

85 BSG 1.7.2009 – B 4 AS 21/09 R.

macht, dass der Rechtsanwalt sich in umfangreichen Schriftsätzen mit ungeklärten Rechtsfragen des SGB II auseinandersetzt.[86]

Die Rechtsprechung der Sozialgerichte muss sich entgegenhalten lassen, dass sie **keinerlei Versuch unternimmt zu ermitteln, wann ein durchschnittlicher Fall vorliegt.** Es wird nicht angegeben, ob das Gericht von einem statistisch ermittelten Durchschnitt ausgeht oder ob sich die Rechtsprechung an einem Standardfall orientiert. Stellvertretend sollen hier die Ausführungen eines Gerichtes zitiert werden: „Dementsprechend vermag die Kammer auch eine durchschnittliche Schwierigkeit des Klageverfahrens nicht zu erkennen, weil eine Auseinandersetzung mit schwierigen oder komplexen rechtlichen Fragestellungen des Falles nicht erforderlich war und auch nicht erfolgt ist."[87] Mit solcherlei Scheinargumenten kann jedes Ergebnis begründet werden. 119

Diese Rechtsprechung lässt sich insgesamt auf eine Formel reduzieren: 120

> Die Gebührenberechnung des Rechtsanwaltes ist, auch wenn sie noch so ausführlich begründet wird und auf fundierten Erfahrungen und Kenntnissen in der Fallbearbeitung beruht, völlig nach Belieben herabsetzbar.

Was ein durchschnittliches sozialgerichtliches Verfahren ist, wird in fast allen Gerichtsentscheidungen zur Höhe der Gebühren nicht mitgeteilt.

Durchschnittliche sozialgerichtliche Verfahren weisen in der Regel keine besonderen rechtlichen Schwierigkeiten auf, denn es handelt sich um Massenverfahren. Hier liegt die Rechtswidrigkeit oft auf der Hand oder erschließt sich nach mehr oder minder langem Aktenstudium. Die Arbeit am Sachverhalt und nicht die Lösung von Rechtsfragen steht regelmäßig im Vordergrund. Ein Zeitaufwand des Rechtsanwalts von 1 ½ bis 3 Stunden wird bei einem durchschnittlichen Gerichtsverfahren vor den Sozialgerichten ausreichend aber auch notwendig sein. Der Zeitaufwand für die Wahrnehmung von Terminen ist hier nicht eingerechnet. Dieser wird mit einer gesonderten Gebühr, der Terminsgebühr VV RVG Nr. 3106 abgerechnet. Auch können Rechtsstreite, wie das einstweilige Rechtsschutzverfahren, überdurchschnittliche Verfahren sein und eine Gebühr über der Mittelgebühr rechtfertigen, wenn umfangreiche Darlegungen zu den Leistungsansprüchen bzw. Einkünften erfolgen und/oder wenn auf Gegner umfangreich und detailliert erwidert werden muss.[88] 121

Kriterien hinsichtlich des **Umfangs und der Schwierigkeit** der Tätigkeit, die nach Ansicht des Verfassers zu einer Erhöhung der Mittelgebühr führen können, sind folgende: 122

- Auseinandersetzung, auch ohne Schriftsatz, mit mehr als einem ärztlichen oder anderem Gutachten,
- Sachverhaltsermittlung aus den Akten, wenn diese den Umfang von mehr als ca. 200 bis 300 Seiten überschreiten,
- Recherchen des Rechtsanwalts, Ermittlung des Sachverhalts für den Mandanten,

86 Vgl. LSG Nordrhein-Westfalen 28.7.2008 – L 19 AS 24/08.
87 SG Lüneburg 27.4.2009 – S 12 SF 39/09.
88 LSG Thüringen 5.7.2019 – L 1 SF 54/18 B.

- Überdurchschnittliche Betreuung des Mandanten auch durch Mitarbeiter; schwieriger Mandant, der seitenweise handgeschriebene, wenig leserliche Schreiben mit ständigen Wiederholungen an den Rechtsanwalt schickt und (Haftungsgefahr!) in die Wiederholungen rechtlich Relevantes einstreut,
- Auseinandersetzung mit der Rechtsprechung, die nicht in Schriftsätzen ihren Ausdruck gefunden haben muss, denn der Rechtsanwalt darf Rechtsprechung nicht heranziehen, die zulasten seines Mandanten geht,
- Bearbeitungszeit liegt bei sachgemäßer Bearbeitung durch einen geübten Rechtsanwalt bei mehr als 3 Stunden.

123 Kriterien, die zu einem Abweichen von der Mittelgebühr nach unten führen können:

- Vorzeitige Beendigung des Auftrags vor Klageerhebung,
- Klageschrift wurde nicht gefertigt, weil der Widerspruch als Klage verwertet werden konnte,
- der Gegenstand der Klage besteht nur aus einem übersichtlichen Sachverhalt und die Klageschrift bedarf nur formelhafter Ausführungen (Stichwort Untätigkeitsklage),
- Mandant bereitet einen einfachen Sachverhalt umfassend vor, so dass dieser lediglich rechtlich summarisch geprüft werden muss und durch Mitarbeiter in eine Klageschrift umgewandelt werden kann.

124 Ein Überschreiten der Mittelgebühr bei Abweichen der subjektiven Kriterien, überdurchschnittlichem **Interesse** und guten **wirtschaftlichen Verhältnissen** des Mandanten, ist in folgenden Fällen gerechtfertigt:

- Mandant ist auf Unterhaltsleistungen in vollem Umfang angewiesen und der Anspruch wird im Ganzen abgelehnt. Mandant kann nicht auf familiäre Solidarität und nicht auf Ersparnisse zurückgreifen.
- Zusätzliche weitere besondere soziale Schwierigkeiten, Mandant wird durch Verhalten des Leistungsträgers auch seelisch in Mitleidenschaft gezogen.
- Mandant verfügt über umfangreiches Schonvermögen und kann niedrige Gebühren in Raten zahlen, Mandant hat zusätzliches Einkommen neben SGB II-Leistungen, Mandant erhält gelegentlich Unterstützung von Verwandten.
- Mandant hat ein besonderes Interesse, sein Vermögen zu schonen.

125 Kriterien, die zum **Unterschreiten der Mittelgebühr** bei Abweichen der subjektiven Kriterien führen können:

- Geringer Gegenstandswert und zwar unter 10 EUR im Monat bzw. 60 EUR in sechs Monaten bei einem Leistungsberechtigten, der neben Leistungen nach dem SGB II über keine weiteren Einnahmen, die nicht angerechnet werden, verfügt.
- Mandant hat eine Vielzahl von kleineren Fällen, die ihn finanziell stark belasten.

Die **schlechten wirtschaftlichen Verhältnisse** werden in der Regel mit einem hohen Interesse des Klägers am Ausgang des Verfahrens verbunden sein, so dass die beiden Kriterien sich gegenseitig **kompensieren.**[89] 126

Das **Haftungsrisiko** will erkannt werden. Es liegt beispielsweise darin, dass bei Verbindung verschiedener Klagen nach § 113 SGG über mehrere Anspruchszeiträume verhandelt und entschieden wird.[90] 127

Zu einer Minderung wegen geringeren Aufwandes kann es nicht führen, dass der Rechtsanwalt eine Vielzahl von gleich gelagerten Fällen zu bearbeiten hat, denn dann wird in die Verfahren nach dem SGG ein **Rabattsystem** eingeführt, welches die Gebührenungleichbehandlung mit den Wertgebühren noch weiter vertieft. Unter dem Stichwort Synergieeffekt werden bei mehreren gleichgelagerten Fällen regelmäßig bei der Mittelgebühr durch die Sozialgerichte sowohl in der Kostenfestsetzung gegen die Gegner, als auch bei der Festsetzung der Prozesskostenhilfegebühren Abzüge vorgenommen, weil beim Rechtsanwalt eine Arbeitsersparnis angenommen wird. Der Rechtsanwalt kann daher nicht hoffen, durch die Bearbeitung von mehr Verfahren die Beschäftigung mit ähnlichen oder gleichgelagerten Fällen nach dem SGB II lukrativer zu gestalten.[91] 128

In den Rechtsstreiten vor den Sozialgerichten wird zudem eine Klagehäufung nicht hinreichend vergütet. Bei Wertgebühren werden demgegenüber die jeweiligen Werte addiert, so dass bei der Klage gegen mehr als zwei Bewilligungsabschnitte nach dem SGB II die Höchstgebühr nicht mehr eine ausreichende Kompensation bedeutet. Den Klägern kann es auch nicht verwehrt werden, in mehreren Klageverfahren mehrere Rechtsanwälte zu beauftragen. Die Gebühren nach dem RVG können daher nicht wegen geringeren Umfangs der Tätigkeit in diesen Fällen gemindert werden. Allerdings kann dies bei der Leistungsfähigkeit des Auftraggebers zu berücksichtigen sein.[92] Werden zB zwei beinahe identische Verfahren geführt, so ist ein Verfahren als „Leitverfahren“ anzusehen und einer Grundbewertung zu unterziehen, alle weiteren Verfahren können dann mit einem niedrigeren Gebührensatz berücksichtigt werden, zB wenn mehrere Verfahren über mehrere Bewilligungszeiträume gehen, aber dasselbe Problem haben.[93] 129

Fehlerhaft ist auch die Abgeltung verschiedener Fallkonstellationen nach einem **einheitlichen Gebührenmaßstab für bestimmte Klagen**, wie für die Untätigkeitsklagen eingeführt und in allen Fällen einheitlich festgesetzt, denn dann kann der Besonderheit des Einzelfalles nach § 14 RVG nicht mehr Rechnung getragen werden. 130

Beispiel: Der Leistungsberechtigte L erhebt Untätigkeitsklage gegen den Leistungsträger. Dieser entscheidet über den Widerspruch gegen die Ablehnung eines Antrages auf Leistungen zum Lebensunterhalt nach dem SGB II seit mehr als drei Monaten nicht. Der Anspruch besteht unzweifelhaft, der L lebt von seinem Schonvermögen. Der L beauftragt den 131

89 BSG 1.7.2009 – B 4 AS 21/09 R Rn. 38.
90 LSG Berlin-Brandenburg 26.3.2008 – L 26 B 2007/07 AS PKH.
91 Vgl. LSG Bayern 2.5.2022 – L 12 SF 63/22: Herabsetzung von 360 auf 200 EUR.
92 SG Berlin 17.12.2013 – S 180 SF 7504/13 E; aA LSG Sachsen 8.11.2012 – L 3 AS 1118/11.
93 LSG Baden-Württemberg 27.6.2019 – L 10 SF 4412/18 E-B.

Rechtsanwalt mit der Durchführung des Widerspruchsverfahren und einer Untätigkeitsklage.

132 Hier hat der L ein hohes Interesse an der umgehenden Bewilligung von Bürgergeld, allein um die Kosten für die Sozialversicherung zu sparen und einen nahtlosen Versicherungsschutz zu haben. Wenn der Leistungsträger eine Entscheidung trifft, kann die nur positiv sein, weil der Anspruch unzweifelhaft besteht. Der prozessuale Anspruch des L auf Bescheidung wirkt sich effektiv als Leistungsanspruch aus.

133 Die Rechtsprechung, die lediglich auf den eingeschränkten Streitgegenstand der **Untätigkeitsklage**[94] abstellt, verkennt, dass der Kläger hinsichtlich seines Interesses nicht danach differenziert, was mit der Klage erreicht werden kann, sondern wie das Erreichte sich bei ihm auswirkt. Auch hier handelt es sich wiederum um ein Einzelargument, um ein bestimmtes Ergebnis herbeizuführen. Für den obigen Beispielsfall ist dem Ergebnis des Landessozialgerichtes NRW nicht zuzustimmen. Für den konkret behandelten Fall des Landessozialgerichtes NRW, Entscheidung über die Übernahme der Stromkosten (Ablehnung), ist der Ansatz der halben Mittelgebühr nach Nr. 3202 VV in Höhe von 180 EUR eine angemessene Vergütung. Abzulehnen ist die Rechtsprechung, die sich an der Mindestgebühr von 60 EUR orientiert und zB die doppelte Mindestgebühr iHv 120 EUR annimmt.[95]

134 Zur Bestimmung der angemessenen Betragsrahmengebühr bei einer Untätigkeitsklage finden sich verschiedenste Ansätze, die von der doppelten Mindestgebühr (jetzt 120,00 EUR)[96] über die halbe Mittelgebühr[97] bis hin zu etwa 75 % der Mittelgebühr (jetzt 270 EUR) reichen.[98]

135 Sofern **mehrere Personen** an der Klage beteiligt sind, erhöhen sich die Gebühren nach Nr. 3102 und zwar die Mindest- und Höchstgebühr um jeweils 30 % für jeden weiteren Beteiligten, bis die dreifache Mindest- bis Höchstgebühr erreicht ist, so dass die Gebühr höchstens 1.980 EUR (3 * 660) betragen kann

2. Terminsgebühr Nr. 3106 VV

136 Die **Terminsgebühr** nach Nr. 3106 VV entsteht für die Vertretung in einem gerichtlich anberaumten Termin oder die Mitwirkung an einer Besprechung auf Erledigung oder Beilegung des Verfahrens auch ohne Beteiligung des Gerichts. Es reicht nach dem Wortlaut nicht aus, wenn zwecks schneller Erledigung der Rechtsanwalt mit dem zuständigen Richter fernmündlich Kontakt aufnimmt und die Angelegenheit bespricht; erforderlich ist die auf Erledigung gerichtete Besprechung mit einem Mitarbeiter des Leistungsträgers.

137 Die Gebühr entsteht auch,

- wenn in einem Verfahren, indem eine mündliche Verhandlung vorgeschrieben ist, im Einverständnis mit den Parteien ohne mündliche Verhandlung entschieden, in

94 LSG Nordrhein-Westfalen 18.3.2009 – L 7 B 214/08 AS.
95 LSG Baden-Württemberg 4.8.2020 – L 10 SF 466/20.
96 LSG Nordrhein-Westfalen 7.1.2015 – L 12 SO 302/14 B.
97 LSG Hessen 13.1.2104 – L 2 AS 250/13B.
98 Hierzu Straßfeld SGB 2008, 705 (706).

einem solche Verfahren ein schriftlicher Vergleich geschlossen wird oder eine auf anwaltlicher Mitwirkung beruhende Erledigung nach Nr. 1.002 VV eintritt,

- wenn in einem Verfahren, für das mündliche Verhandlung vorgeschrieben ist, im Einverständnis mit den Parteien ohne mündliche Verhandlung, nach § 105 Abs. 1 SGG durch Gerichtsbescheid entschieden wird und eine mündliche Verhandlung beantragt werden kann oder
- das Verfahren nach angenommenem Anerkenntnis ohne mündliche Verhandlung endet. In der Rechtsprechung der Sozialgerichte war umstritten, ob die Terminsgebühr auch dann anfällt, wenn ein Vergleich zwischen den Prozessparteien ohne Mitwirkung des Gerichtes erfolgte. Hier hat der Hinweis auf die Erledigungsgebühr nach Nr. 1.000 VV Klarheit geschaffen und auch bei einem „privatschriftlichen Vergleich" die Gebühr anfallen lassen.[99]

Die Terminsgebühr ist nach § 14 RVG wird in der Regel **gesondert zu bestimmen,** 138
denn nach § 14 Abs. 1 RVG ist die Gebühr zu bestimmen und nicht die in einer Angelegenheit angefallenen Gebühren. Die Gebühr beträgt zwischen 60 und 610 EUR. Die Mittelgebühr beträgt demnach:

Terminsgebühr Nr. 3106 VV		
Mindestgebühr	Höchstgebühr	Mittelgebühr
60 EUR	610 EUR	610 EUR ÷ 2 = 305 EUR

Sie ist in den Fällen, in denen kein Termin stattgefunden hat, nach der immer anfallenden Verfahrensgebühr zu bestimmen und beträgt 90 % der Verfahrensgebühr.

Nach einer verbreiteten Ansicht fällt die Terminsgebühr nicht an, wenn nur ein 139
Teilanerkenntnis des Leistungsträgers vorliegt, weil durch das Teilanerkenntnis die Rechtssache nicht erledigt wird.[100] Auch nach Änderung des RVG durch Gesetz vom 23.7.2013 wird weiterhin von den Sozialgerichten die Meinung vertreten, dass bei einem Teilanerkenntnis eine Terminsgebühr nicht anfällt.[101]

Hinweis: Auf das Teilanerkenntnis sollte mit einem Antrag auf Erlass eines Aner- 140
kenntnisurteils geantwortet werden oder mit dem Vorschlag eines schriftlichen Vergleiches. Vor dem Termin kann der Rechtsanwalt noch auf seinen Mandanten einwirken, um diesen zur Annahme des Teilanerkenntnisses zu bewegen. Die Einwirkung sollte dokumentiert werden. Es fällt dann noch die Einigungs- bzw. Erledigungsgebühr nach Nr. 1006 VV an. Teilweise wird die Ansicht vertreten, dass die Einigungsgebühr bereits dann anfällt, wenn durch den Rechtsanwalt ein Teilanerkenntnis auch ohne Rücksprache mit dem Mandanten angenommen wird. Die Einigungs-/Erledigungsgebühr fällt in Höhe der jeweiligen Verfahrensgebühr an.

99 LSG NRW 20.7.2022 – L 9 BK 6/22 B.
100 LSG Thüringen 26.11.2008 – L 6 B 130/08 SF.
101 LSG Niedersachsen-Bremen 20.7.2015 – L 7/14 AS 64/14 B; LSG 4.5.2022 – L4 AS 63/20 BK

141 Die Terminsgebühr nach Nr. 3106 VV entsteht nunmehr auch, wenn ein **schriftlicher Vergleich** geschlossen wurde. Hier ist auch die Einigungs- und Erledigungsgebühr nach Nr. 1006 VV anzuwenden. In der Rechtsprechung der Sozialgerichte war umstritten, ob die Terminsgebühr auch dann anfällt, wenn ein Vergleich zwischen den Prozessparteien ohne Mitwirkung des Gerichtes erfolgte. Hier hat der Hinweis auf die Erledigungsgebühr nach Nr. 1.000 VV Klarheit geschaffen und auch bei einem „privatschriftlichen Vergleich" die Gebühr anfallen lassen.[102]

Der Rechtsanwalt soll dafür belohnt werden, dass er auf die mündliche Verhandlung verzichtet hat.[103]

142 Die Terminsgebühr muss hinsichtlich des Aufwandes, also **Umfang und Schwierigkeit der Tätigkeit**, gesondert bewertet werden. Bei der Bemessung der Terminsgebühr ist insbesondere der Tatsache Rechnung zu tragen, inwieweit der Richter den Termin vorbereitet hat. Ein durchschnittlicher Termin vor dem Sozialgericht dürfte durchaus in ca. 15–30 Minuten erledigt sein.[104] Manche Sozialgerichte setzen pro Termin eine durchschnittliche Dauer von 30 Minuten an, so dass eine Unterschreitung zu Abzügen, eine Überschreitung ggf. zu Zuschlägen führt.[105] Eine Beweisaufnahme ist eher die Ausnahme und kann deshalb keine Anforderung für die Berechtigung der Mittelgebühr sein. Fehlerhaft ist insofern eine Dauer von 50 Minuten als Durchschnitt zu nehmen.[106] Die mündlichen Verhandlungen vor den Landessozialgerichten dauern in aller Regel länger als Verhandlungen in der ersten Instanz. Hier kann grundsätzlich eine höhere Durchschnittsdauer angenommen werden, obwohl der Gesetzgeber dies bei der Gebührenbemessung nicht berücksichtigt hat. Nach der Rechtsprechung des LSG München sind Wartezeiten bei der Bemessung der Terminsgebühr,[107] dann nicht zu berücksichtigen, wenn sie einen geringfügigen Zeitraum nicht überschreiten (15 Minuten)[108] oder typische Begleiterscheinungen sind.[109] Wartezeiten sind dann keine typischen Begleiterscheinungen der anwaltlichen Tätigkeit, wenn die Gerichte so terminieren, dass ausreichend Zeit für unvorhergesehene Verlängerungen bestehen. Schwierigkeiten im Gerichtsablauf können nicht zulasten der Rechtsanwälte gehen, so dass bei einem verspäteten als in der Wartezeit mitgeteilten Beginn der Verhandlung diese zu berücksichtigen ist.[110]

143 Beispiele für die Überschreitung der Mittelgebühr:

- Mehr als ein Verhandlungs- und/oder Erörterungstermin,
- Umfangreiche Beweisaufnahme mit mehr als einem Zeugen,

102 LSG NRW 20.7.2022 – L 9 BK 6/22 B.
103 BT-Drs. 17/11471, 276.
104 LSG Niedersachsen-Bremen 3.6.2019 – L 7 AS 5/17 B.
105 LSG Thüringen 20.12.2021 – L 1 SF 137/19 B.
106 LSG Schleswig-Holstein 12.9.2006 – L 1 B 320/05 SF SK.
107 LSG Bayern 1.4.2015 – L 15 SF 259/14 F.
108 LSG Schleswig 13.5.2015 – L 5 SF 327/14 B E; 22.11.2016 – L 5 SF 91/15 B E.
109 SG Berlin 2.8.2012 – S 180 SF 10908/11 E.
110 LSG Thüringen 20.12.2021 – L 1 SF 137/19 B; anderer Ansicht LSG Baden-Württemberg 30.4.2020 – L 10 SF 3796/18 EB.

- Überschreitung der durchschnittlichen Verhandlungsdauer von 30 Minuten um mehr als 15 Minuten,
- Erstmalige Erarbeitung der Sach- und Rechtslage im Termin unter maßgeblicher Beteiligung des Rechtsanwalts.

Gründe für die Unterschreitung der Mittelgebühr: 144

- Es wird lediglich ein Antrag zum Verfahren gestellt.
- Rechtsanwalt ist sowieso im Sozialgericht und der Termin dauert nur zwei bis drei Minuten. Nach anderer Ansicht rechtfertigt bereits eine Unterschreitung von 15 Minuten eine Halbierung der Terminsgebühr.[111]

Die übrigen Kriterien werden wie bei der Verfahrensgebühr bemessen. 145

IV. Prozesskostenhilfe

Aufgrund der beengten finanziellen Verhältnisse der Hilfebedürftigen wird die Prozessführung in der Regel, falls keine Rechtsschutzversicherung eintritt, durch **Prozesskostenhilfe** finanziert werden müssen. 146

Da das Gerichtsverfahren nach § 183 SGG gerichtskostenfrei ist, wird die Prozesskostenhilfe nur für die **Beiordnung eines Rechtsanwalts** benötigt. Die Bewilligung von Prozesskostenhilfe richtet sich nach § 73a SGG. Dieser verweist auf die Vorschriften der ZPO, die entsprechend anwendbar sind. Nach § 114 ZPO darf der Beteiligte nach seinen persönlichen und wirtschaftlichen Verhältnissen nicht in der Lage sein, die Kosten der Prozessführung ganz oder teilweise zu tragen. Die Prozessführung muss Aussicht auf Erfolg haben und darf nicht mutwillig sein. Hinsichtlich der persönlichen und wirtschaftlichen Verhältnisse wird auf die Ausführungen in Kapitel § 1 verwiesen. 147

1. Erfolgsaussichten

Der Antrag auf Prozesskostenhilfe muss nach § 114 S. 1 ZPO **hinreichend Aussicht auf Erfolg haben** und die Beiordnung eines Rechtsanwaltes nach § 121 Abs. 2 ZPO muss erforderlich erscheinen. 148

Erfolgsaussichten bestehen, wenn das Gericht den Rechtsstandpunkt des Antragstellers aufgrund seiner Sachverhaltsschilderung und der vorliegenden Unterlagen zumindest für vertretbar erachtet und in tatsächlicher Hinsicht eine Beweisführung für möglich hält. Dabei muss die Chance, den Prozess zu gewinnen, mindestens genauso groß sein, wie ihn zu verlieren. Dies ist grundsätzlich zu bejahen, wenn die Entscheidung in der Hauptsache von einer schwierigen, bisher ungeklärten Rechtsfrage abhängt oder von **Amts wegen weitere Ermittlungen gemäß § 103 SGG durchzuführen sind**, bevor die streiterheblichen Fragen abschließend beantwortet werden können.[112] 149

111 LSG NRW 28.8.2020 – L 2 AS 480/20 B.

112 BVerfG 13.3.1990 – 2 BvR 94/88 ua NJW 1991, 413 ff.; LSG Nordrhein-Westfalen 17.9.1997 – L 7 SVs 3/97.

2. Beiordnung eines Rechtsanwalts notwendig

150 Die **Beiordnung eines Rechtsanwalts ist erforderlich**, wenn der Leistungsberechtigte sich nicht hinreichend selbst vertreten kann. Entscheidend ist, ob ein Bemittelter in der Lage des Unbemittelten vernünftigerweise einen Rechtsanwalt mit der Wahrnehmung seiner Interessen beauftragt hätte. Davon ist regelmäßig dann auszugehen, wenn im Kenntnisstand und in den Fähigkeiten der Prozessparteien ein deutliches Ungleichgewicht besteht.[113] Im Bereich des SGB II kann deshalb die Beiordnung eines Rechtsanwalts mit Ausnahme von ganz einfachen Fällen in der Regel nicht versagt werden, weil die Regelungen kompliziert und schwer verständlich sind.

151 **Hinweis:** Wird ein Rechtsanwalt in eigener Sache tätig, weil er gegen einen ablehnenden Bescheid des Leistungsträgers klagen will, kann er sich selbst im Wege der Prozesskostenhilfe beigeordnet werden.[114]

3. Bagatellrechtsprechung

152 In der Rechtsprechung wurde Prozesskostenhilfe mit der Begründung abgelehnt, ein vernünftiger Rechtsuchender beauftrage keinen Rechtsanwalt, wenn die **Kosten eines Anwaltes nicht im Verhältnis zu dem möglichen Prozesserfolg** stehen.[115] Soweit ersichtlich wird es ab einem Gegenstandswert von 50 EUR für sechs Monate problematisch. Die Frage, ob die Hinzuziehung eines Rechtsanwaltes notwendig ist, darf jedoch nicht auf eine Kosten-Nutzenanalyse reduziert werden, da andernfalls das Gebot der Rechtsschutzgleichheit verletzt würde (Art. 3 Abs. 1 iVm Art. 20 Abs. 3 GG). Bei der Frage, ob vernünftigerweise ein Rechtsanwalt eingeschaltet werden sollte, kommt es in erster Linie darauf an, ob zwischen den Prozessparteien ein deutliches Ungleichgewicht besteht. Dies ist in der Regel anzunehmen, wenn der juristisch nicht vorgebildete Betroffene dem rechtskundigen und prozesserfahrenen Vertreter einer Behörde gegenübersteht. Ein Betrag von 7 EUR monatlich ist nach der Rechtsprechung des Bundesverfassungsgerichtes jedenfalls für Empfänger laufender Leistungen nach dem SGB II von existentieller Bedeutung.[116] Daher wird auch bei einer scheinbar geringfügigen Leistung in aller Regel Prozesskostenhilfe zu bewilligen sein, es sei denn, der Kläger kann sich hinreichend selbst vertreten.

4. Entscheidungsreife des Prozesskostenhilfegesuchs

153 Die **Prozesskostenhilfe** muss bewilligt werden, wenn der Antrag **entscheidungsreif** ist. Dies ist gewöhnlich der Fall, wenn die vollständig ausgefüllten Unterlagen sowie das Klagebegehren bei dem Gericht vorliegen § 73 a SGG iVm § 117 Abs. 2 ZPO und der Beklagte Gelegenheit hatte, innerhalb einer angemessenen Frist Stellung zu nehmen. Maßgeblicher Zeitpunkt für die Gewährung von Prozesskostenhilfe und die Beurtei-

113 BVerfG 6.5.2009 – 1 BvR 439/08.
114 KG Berlin 16.6.2009 – 1 W 492/07.
115 LSG Berlin-Brandenburg 10.10.2008 – L 29 B 1244/08 AS PKH 37,50 EUR; anders noch dasselbe vom 24.4.2008 – L 29 B 420/08 AS ER 77 EUR; LSG Berlin-Brandenburg 30.3.2009 – L 25 B 2135/08 AS PKH 50 EUR.
116 BVerfG 24.3.2011 – 1 BvR 2493/10.

lung der Erfolgsaussichten ist der Zeitpunkt der Bewilligungsreife.[117] Vor Antragstellung wird keine Prozesskostenhilfe bewilligt. Der Antrag ist wie bei Stellung des Antrags auf Leistungen nach dem SGB II konstitutiv.[118] Nach Abschluss des Verfahrens ist die Bewilligung von Prozesskostenhilfe nicht mehr möglich.

Viele Sozialgerichte **entscheiden über die Prozesskostenhilfe nicht zeitnah**, so dass der Leistungsberechtigte nicht weiß, ob er die Kosten seines Rechtsanwaltes tragen muss. Der Rechtsanwalt muss seinerseits um seine Vergütung fürchten, weil der Mandant aufgrund beengter wirtschaftlicher Verhältnisse die Vergütung allenfalls in kleinen Raten zahlen kann. Die zu späte Entscheidung führt zudem dazu, dass nach ca. einem Jahr eine neue Aufforderung durch das Gericht erfolgt, die persönlichen und wirtschaftlichen Verhältnisse erneut dazulegen. Entscheidet das Gericht sehr verzögert, nachdem die Entscheidungsreife des Prozesskostenhilfeantrags vorliegt, muss das Gericht bei seiner Entscheidung über die Prozesskostenhilfe auf den Zeitpunkt der Entscheidungsreife abstellen und kann die Prozesskostenhilfe nicht deshalb ablehnen, weil wegen einer späteren Änderung, etwa weil der begehrte Anspruch erfüllt wurde oder nicht bewiesen werden konnte ablehnen. Spätere Änderungen nach der Entscheidungsreife, wie die Erfüllung des Anspruchs oder die Nichtbeweisbarkeit, können nicht zur Ablehnung der Prozesskostenhilfe führen.[119] 154

Der Leistungsberechtigte könnte hier einen **isolierten Prozesskostenhilfeantrag,** ggf. mit einem Klageentwurf, stellen und zunächst die Entscheidung über die Bewilligung von Prozesskostenhilfe abwarten. Den Antrag auf Prozesskostenhilfe kann er selbst oder ein von ihm beauftragter Rechtsanwalt stellen. Wird der Rechtsanwalt für ihn tätig, so muss in dem isolierten Antrag auf Prozesskostenhilfe deutlich gemacht werden, dass der **Rechtsanwalt nur mit der Stellung des Antrags auf Prozesskostenhilfe beauftragt** ist. Entscheidet das Gericht über den Antrag auf Prozesskostenhilfe nicht innerhalb der Klagefrist und versäumt der Leistungsberechtigte diese, muss er nach **§ 67 SGG Wiedereinsetzung in den vorigen Stand** beantragen. Nach ständiger und gefestigter Rechtsprechung aller oberen Bundesgerichte ist ein Rechtsmittelführer, der innerhalb der Rechtsmittelfrist die Bewilligung von Prozesskostenhilfe formgerecht beantragt hat oder hieran ohne sein Verschulden gehindert war, bis zur Entscheidung über den Antrag (auf Prozesskostenhilfe) als „ohne sein Verschulden an der Einlegung des Rechtsmittels verhindert" anzusehen.[120] Der Leistungsberechtigte kann allerdings keine Klage unter der Bedingung der Bewilligung von Prozesskostenhilfe erheben.[121] 155

Weitere Voraussetzung ist allerdings, dass er mit der Ablehnung des Prozesskostenhilfeantrags wegen seiner persönlichen und wirtschaftlichen Verhältnisse nicht rechnen durfte. Hinsichtlich der Ablehnung wegen des Bagatellwertes ist Vorsicht geboten. Dies gilt unabhängig davon, ob Gerichtskosten entstehen, das Rechtsmittel einem 156

117 LSG Nordrhein-Westfalen 26.8.2009 – L 6 B 47/09.
118 BGH 30.9.1981 – IV b ZR 694/80, NJW 1982, 446.
119 LSG Berlin-Brandenburg 14.10.2019 – L 30 P 47/19.
120 BSG 23.1.1997 – 7-RA 102/95, SozR 3-1500 § 67 SGG Nr. 11.
121 LSG Berlin-Brandenburg 26.1.2010 – L 5 AS 1949/09 B PKH Rn. 3 mwN.

Anwaltszwang unterliegt oder der Amtsermittlungsgrundsatz gilt.[122] Das Sozialgericht wird somit nicht den Prozesskostenhilfeantrag mit der Begründung zurückweisen können, die Klage sei ohne Aussicht auf Erfolg, weil die Klagefrist versäumt sei.

157 Wird die Prozesskostenhilfe bewilligt, ist entweder innerhalb der Frist von einem Monat nach § 67 SGG der Antrag auf Wiedereinsetzung zu stellen oder die Klage innerhalb dieser Frist zu erheben. Sofern die Prozesskostenhilfe wegen fehlender Erfolgsaussichten abgelehnt wird, kann gegen den Beschluss ggf. Beschwerde nach § 172 SGG eingelegt werden und dann, nach erfolgter Bewilligung durch das Landessozialgericht, die Klage erhoben werden oder die Klage wird, ohne dass eine Entscheidung des Landessozialgerichtes abgewartet wird, erhoben.

158 **Hinweis:** Ein isolierter Prozesskostenhilfeantrag kann dazu führen, dass der Leistungsberechtigte zwar erfolgreich mit seinem Anliegen in der Hauptsache ist, weil der Leistungsberechtigte bereits im Prozesskostenhilfeverfahren auf einen Hinweis des Gerichts hin den Anspruch anerkennt oder einen Abhilfebescheid erlässt, er jedoch die Kosten seines Bevollmächtigten selber tragen muss. Nach § 73 a SGG iVm § 118 Abs. 1 S. 4 ZPO findet eine Kostenerstattung im Prozesskostenhilfeverfahren nicht statt. Ein Erstattungsanspruch aufgrund des Verzuges des Leistungsträgers ist mangels abschließender Regelungen in § 193 SGG und § 63 SGB X nicht realisierbar. In Fällen eines auf der Hand liegenden Rechtsverstoßes ist die direkte Klage daher der sicherere Weg.

5. Teilweise Bewilligung von Prozesskostenhilfe

159 Nach § 73 a SGG iVm § 114 ZPO ist Prozesskostenhilfe zu gewähren, soweit die Klage Aussicht auf Erfolg hat. Eine teilweise Bewilligung von Prozesskostenhilfe wäre in den Rechtsstreitigkeiten vor den Sozialgerichten grundsätzlich möglich. Die anfallenden **Betragsrahmengebühren sind jedoch nicht teilbar**, so dass auch bei teilweisen Erfolgsaussichten der Klage oder des Rechtsmittels in vollem Umfang Prozesskostenhilfe zu bewilligen ist.[123]

6. Zeitpunkt der Bewilligung der Prozesskostenhilfe

160 Da die Höhe der Betragsrahmengebühren sich nach dem Umfang der Tätigkeit (§ 14 Abs. 1 RVG) richten, kommt es auf den Zeitpunkt an, ab wann die Wirkungen der Prozesskostenhilfe eintreten. Die Prozesskostenhilfe wirkt auf den Zeitpunkt der Antragstellung, wenn von dem Gericht nichts anderes bestimmt worden ist (§ 48 Abs. 4 S. 1 RVG). Sie wird auch auf die Tätigkeit, die der Rechtsanwalt im Prozesskostenhilfeantragsverfahren und im vorbereitenden Verfahren (§ 48 Abs. 4 S. 2) vor der Antragstellung entfaltet, berücksichtigt. Nach dem Willen des Gesetzgebers soll die gesamte Tätigkeit des Rechtsanwaltes im Klageverfahren und nicht nur die Tätigkeit ab der Bewilligung erfasst werden, so dass nunmehr auch die Tätigkeit bis zur Klagebegründung von der Prozesskostenhilfe erfasst ist.[124] Etwas Anderes soll nur bestimmt

122 BSG 13.10.1992 – 4 RA 36/92, SozR 3-1500 § 67 SGG Nr. 5.
123 LSG Berlin-Brandenburg 1.9.2008 – L 23 B 170/08 SO ER.
124 LSG Mecklenburg-Vorpommern 22.10.2020 – L 14 AS 300/20 B PKH.

werden können, wenn der Antragsteller durch sein Verhalten hierzu Anlass gegeben hat.[125] Problematisch bleiben daher nur noch solche Fälle, bei denen die Prozesskostenhilfe erst im laufenden Verfahren beantragt wurde, weil bei Beginn der Klage die Hilfebedürftigkeit noch nicht vorlag.

Beispiel: Der Leistungsberechtigte L beauftragt seinen Anwalt mit der Durchführung einer 161
Klage am Tag des Ablaufs der Klagefrist gegen den Leistungsträger. Bei Auftragserteilung legt er seinem Rechtsanwalt einen Versicherungsschein einer Rechtsschutzversicherung vor. Dabei übersieht der Rechtsanwalt, dass die Rechtsschutzversicherung den Sozialgerichtsrechtsschutz ausgeschlossen hat. Die Übernahme der Rechtsanwaltsvergütung wird von der Rechtsschutzversicherung nach längerer Korrespondenz zu Recht abgelehnt. Der Rechtsanwalt hat zwischenzeitlich alle Schriftsätze bei dem Sozialgericht eingereicht. Das Verfahren ist nunmehr entscheidungsreif und der Richter R bestimmt Termin zur mündlichen Verhandlung. Daraufhin beantragt der Rechtsanwalt für seinen Mandanten Prozesskostenhilfe unter seiner Beiordnung. Die Prozesskostenhilfe wird vom Richter in der mündlichen Verhandlung ab dem Eingang des Prozesskostenhilfeantrages, dem 2.2.2023 (drei Tage vor der mündlichen Verhandlung), gewährt, weil der Leistungsträger die Heizkosten des Leistungsberechtigten nicht nach der Rechtsprechung des Bundessozialgerichtes bewilligt hatte.[126] Im Termin erkennt der Leistungsträger den Anspruch des L bezüglich der Heizkosten an und erklärt sich bereit 1/8 der außergerichtlichen Kosten zu übernehmen. Da die weitere Aufrechterhaltung der Klage keinen Erfolg verspricht, erklärt der Rechtsanwalt nach Rücksprache und Überredung des L die Klage im Übrigen für erledigt.

Der Rechtsanwalt beantragt die Festsetzung seiner Gebühren aus der Staatskasse nach 162
§ 55 RVG in Höhe der jeweiligen Mittelgebühr. Für die Verfahrensgebühr nach Nr. 3102 beantragt er die Festsetzung von 360 EUR. Der Kostenbeamte lehnt die Festsetzung der Gebühr in dieser Höhe ab und setzt die Gebühr auf 60 EUR fest, weil die Prozesskostenhilfebewilligung erst erfolgt sei, nachdem der Rechtsanwalt den wesentlichen Teil seiner Arbeit im Klageverfahren erledigt habe.

In der Rechtsprechung ist umstritten, wie in solchen Fällen zu entscheiden ist. Nach einer 163
Meinung werden die **Gebühren danach bemessen, welche Tätigkeiten der Rechtsanwalt nach seiner Beiordnung** entfaltet hat.[127] Nach anderer, richtiger Ansicht,[128] handelt es sich bei den Gebühren nach dem 3. Kapitel VV RVG um Pauschalgebühren, bei denen auch die Tätigkeit vor der Beiordnung bewertet wird, weil der unbemittelte Kläger andernfalls benachteiligt wird. Er müsste dann dem Rechtsanwalt die Tätigkeit vor seiner Beiordnung vergüten. Im vorliegenden Fall wird man auch bei einem verspäteten Antrag auf Prozesskostenhilfe noch die Rechtsprechung zur ersten Ansicht heranziehen. Es empfiehlt sich dringend, bei Bestehen einer Rechtsschutzversicherung den Umfang des Rechtsschutzes zu prüfen. Weiterhin ist darauf hinzuwirken, dass die Prozesskostenhilfe nicht zeitlich beschränkt bewilligt wird, dh ab einem Zeitpunkt, sondern ohne zeitliche Begrenzung.[129] Da es keine einheitlichen Rechtsschutzbedingungen gibt, kann es sein, dass zwar Rechts-

125 BT-Drs. 17/11471, 270.
126 BSG 27.2.2008 – B 14/11 b AS 15/07 R.
127 LSG Schleswig-Holstein 17.7.2008 – L 1 B 127/08 SG.
128 LSG Nordrhein-Westfalen 24.9.2008 – L 19 B 21/08 AS; LSG Mecklenburg-Vorpommern 22.10.2020 – L 14 AS 300/20 B PKH.
129 LSG Sachsen-Anhalt 3.3.2017 – L 4 AS 141/16 B.

schutz in sozialrechtlichen Angelegenheiten besteht, nicht aber in Angelegenheiten des SGB II. Auch kann das Widerspruchsverfahren mitversichert sein. Grundsätzlich handelt es sich bei der Korrespondenz mit der Rechtsschutzversicherung, bei der der Rechtsanwalt für seinen Mandanten tätig wird, um eine gesonderte Angelegenheit, die auch gesondert vergütet werden muss.

7. Verspätete Bewilligung der Prozesskostenhilfe

164 Nicht selten wird über einen rechtzeitig beantragten Prozesskostenhilfeantrag nicht entschieden, dh die Entscheidung über den Antrag auf Prozesskostenhilfe erfolgt ggf. erst mit einer Entscheidung in der Sache. Hier kann an eine Rüge der überlangen Verfahrensdauer gedacht werden (§ 193 Abs. 3 GVG). Das Prozesskostenhilfeverfahren ist neben dem Hauptsacheverfahren hinsichtlich der Verfahrensdauer kein eigenständiges Verfahren (§ 16 Nr. 2 RVG).[130] Allerdings kann sich die überlange Verfahrensdauer bereits daraus ergeben, dass nicht rechtzeitig über den Prozesskostenhilfeantrag entschieden wurde.[131]

8. Wirkung der Bewilligung von Prozesskostenhilfe und Beiordnung

165 Die Bewilligung der Prozesskostenhilfe bewirkt, dass der Rechtsanwalt gegen seinen **Mandanten keinen Gebührenanspruch** mehr geltend machen kann, § 73 a SGG iVm § 122 Abs. 1 Nr. 3 ZPO. Eine Vergütungsvereinbarung, in der höhere als die Gebühren der Prozesskostenhilfe vereinbart werden, ist nach § 3 a Abs. 3 RVG nichtig. Ist die Prozesskostenhilfe zeitlich beschränkt, so wird der Anwalt Gebührenansprüche, die vor seiner Beiordnung entstanden sind, auch weiterhin gegenüber seinen Mandanten geltend machen können.

Der Rechtsanwalt kann nach § **126 Abs. 1 ZPO den Anspruch auf Kostenerstattung im eigenen Namen gegen den Gegner beitreiben.** Sofern der Rechtsanwalt aus der Staatskasse Vorschüsse nach § 47 RVG oder Befriedigung erhalten hat, geht der Anspruch auf die Staatskasse (Sozialgerichtsfiskus) über, § 59 Abs. 1 RVG. Der Anspruchsübergang kann nicht zum Nachteil des Rechtsanwalts führen.

166 **Hinweis:** Der Rechtsanwalt hat gegenüber der Staatskasse keinen Anspruch auf Zinsen. Dies scheint zunächst unwichtig, weil der Rechtsanwalt Vorschüsse nach § 47 RVG verlangen kann. Regelmäßig dauert die Festsetzung von PKH-Gebühren oft mehrere Monate oder gar Jahre. Sofern ein Kostenerstattungsanspruch gegen den Gegner möglich ist, sollte dieser immer geltend gemacht werden, denn der Rechtsanwalt erhält dann wenigstens ab Stellung des Kostenfestsetzungsantrages die Zinsen gegen den Gegner nach § 126 ZPO, § 197 Abs. 1 SGG iVm § 104 Abs. 1 S. 2 ZPO in Höhe von 5 Prozentpunkten über dem Basiszinssatz. Ob es sich bei dem Verfahren auf Festsetzung der Prozesskostenhilfe (§ 48 RVG) um ein eigenständiges gerichtliches Verfahren zur Geltendmachung eines Anspruches auf Schadenersatz, wegen

130 BSG 7.9.2017 – B 10 ÜG 3/16 R, SozR 4-1720 § 198 Nr. 14.
131 BSG 7.9.2017 – B 10 ÜG 3/16 R, SozR 4-1720 § 198 Nr. 14.

überlanger Verfahrensdauer (§ 198 GVG) handelt, ist bisher noch nicht entschieden.[132]

9. Anspruch auf Erstattung von Kosten verdrängt Anspruch auf Prozesskostenhilfe

Wurde über einen Prozesskostenhilfeantrag noch nicht entschieden und erwächst dem Antragsteller während des gleichzeitig anhängigen Rechtsstreits ein **Anspruch auf Kostenerstattung**, wird ein Anspruch auf Prozesskostenhilfe von den Gerichten abgelehnt, weil hierfür kein Rechtsschutzbedürfnis mehr besteht.[133] Erklärt wird diese Verfahrensweise damit, dass die Bewilligung von Prozesskostenhilfe, wie die Sozialhilfe, eine aktuelle Notlage beseitigen soll und nur gewährt werden kann, falls diese nicht anderweitig beseitigt werden kann.[134] Eine **anderweitige Hilfemöglichkeit sei der Kostenerstattungsanspruch.**[135] 167

Dieses Argument trifft aus Sicht des Leistungsberechtigten L allerdings nur dann zu, wenn er seinen Kostenerstattungsanspruch **umgehend durchsetzen** und seinen Rechtsanwalt aus der geleisteten Kostenerstattung voll befriedigen kann. Weigert sich der Leistungsträger (Gegner) den Kostenerstattungsanspruch zu befriedigen, kann es aufgrund der Arbeitsbelastung der Kostenbeamten bei den Sozialgerichten Monate oder Jahre dauern, bis der L seinen Kostenerstattungsanspruch durchsetzen kann. Außerdem kann der Rechtsanwalt seinen Mandanten weiterhin auf Zahlung seiner Kostenrechnung in Anspruch nehmen und gegen den Mandanten mit gerichtlicher Hilfe durchsetzen. 168

Beispiel: Der L erhebt Klage vor dem Sozialgericht gegen einen Aufhebungs- und Erstattungsbescheid und stellt gleichzeitig einen Antrag auf Prozesskostenhilfe. Das Sozialgericht entscheidet über diesen Antrag nicht, weil die Stellungnahme des Leistungsträgers noch nicht vorliegt. Nach mehrmaliger Erinnerung des Gerichtes und des Prozessbevollmächtigten des L nimmt der Leistungsträger zu der Klage keine Stellung, sondern verweist darauf, dass der angefochtene Verwaltungsakt von ihm aufgehoben worden sei. Der Aufhebungsbescheid ist in Kopie beigefügt. Das Gericht fordert den L auf, die Angelegenheit für erledigt zu erklären. Der Rechtsanwalt teilt dem Gericht mit, dass die Angelegenheit noch nicht erledigt sei, weil eine Entscheidung über den Prozesskostenhilfeantrag ausstehe. 169

Hier muss der L mit einer Klageabweisung rechnen, nachdem der Leistungsträger den L durch Aufhebung des angefochtenen Bescheides klaglos gestellt hat. 170

10. Rechtsbehelfe gegen ablehnenden Prozesskostenhilfebeschluss

Gegen Beschlüsse, die Prozesskostenhilfe wegen der **persönlichen und wirtschaftlichen Verhältnisse ablehnen**, ist eine Beschwerde nicht zulässig (§ 172 Abs. 3 Nr. 2 SGG).[136] 171

---

132 Vgl. BSG 10.7.2014 – B 10 ÜG 8/13 R, SozR 4-1700 § 198 Nr. 2 bejahend beim Kostenfestsetzungs- und Erinnerungsverfahren.

133 LSG Berlin-Brandenburg 18.5.2009 – L 25 AS 770/09 B ER.

134 LSG Nordrhein-Westfalen 4.12.2007 – L 20 B 53/07 AY.

135 LSG Nordrhein-Westfalen 7.9.2012 – L 12 AS 1245/12 B.

136 LSG Baden-Württemberg 23.2.2009 – L 7 SO 5829/08 PKH-B; LSG Berlin-Brandenburg 12.10.2009 – L 19 AS 817/09 B PKH.

172 Wird Prozesskostenhilfe abgelehnt, weil das Gericht keine Erfolgsaussichten der Klage sieht oder aus sonstigen Gründen abgelehnt, zB weil die Klage mutwillig ist bzw. der Tatbestand der Geringfügigkeit vorliegt, findet die Beschwerde nach § 172 Abs. 1 SGG statt.

Die Beschwerde gegen den Beschluss, in dem die Prozesskostenhilfe, wegen fehlender Erfolgsaussichten abgelehnt wird, ist auch ausgeschlossen, wenn die Berufung der Zulassung bedarf (§ 172 Abs. 3 Nr. 2 b SGG). Das ist der Fall, wenn der Beschwerdewert von 750 EUR nicht erreicht wird und/oder die Leistung nicht über ein Jahr hinaus gewährt wird (§ 144 Abs. 1 S. 1 Nr. 1 SGG). Der Beschwerdewert gilt nach § 144 Abs. 1 S. 3 SGG nicht, wenn es bei der Berufung um wiederkehrende Leistungen für mehr als ein Jahr geht. Da Leistungen nach dem SGB II nach § 41 Abs. 3 S. 1 höchstens für ein Jahr gewährt werden können, ist bei diesen immer der Beschwerdewert in Höhe von 750 EUR erforderlich.

173 **Hinweis:** Der Auftraggeber schuldet dem Rechtsanwalt Gebühren im (isolierten) Prozesskostenhilfebeschwerdeverfahren in Höhe von 24 bis 250 EUR (VV RVG Nr. 3510). Diese Gebühren kann der Auftraggeber weder beim Gegner noch bei der Staatskasse als Kostenerstattung geltend machen.[137]

11. Rechtsbehelf gegen Entscheidungen des Gerichts im Verfahren auf Festsetzung der Gebühren gegen die Staatskasse

174 Nach § 55 RVG **setzt** der **Urkundsbeamte** des ersten Rechtszuges die **Kosten** des Rechtsanwaltes auf Prozesskostenhilfe gegen die Staatskasse **fest.** Gegen die Entscheidung kann der Rechtsanwalt, wenn nicht die Gebühren wie beantragt festgesetzt wurden, nach § 56 Abs. 1 RVG Erinnerung einlegen.

175 Gegen diese Entscheidung steht dem Rechtsanwalt nach **§ 33 Abs. 3 RVG die weitere Beschwerde** zu, wenn der Wert der **Beschwer 200 EUR** übersteigt. Gegen eine Entscheidung des Sozialgerichtes im Verfahren der Kostenfestsetzung gegen den Gegner nach § 197 Abs. 2 SGG ist eine Beschwerde nicht möglich. Bis zur Einführung des § 1 Abs. 1 RVG[138] vertrat ein Teil der Landessozialgerichte die Meinung, § 197 Abs. 2 SGG sei im Verhältnis zu § 33 Abs. 3 RVG eine abschließende Regelung.[139] Nach anderer Meinung gehen die Regelungen der §§ 56, 33 RVG der Regel des § 197 Abs. 2 SGG vor.[140] Der Meinungsstreit ist durch die Gesetzesänderung obsolet geworden, weil § 33 Abs. 3 klarstellt, dass die Beschwerde nicht wegen § 197 Abs. 2 SGG ausgeschlossen werden kann.

---

137 LSG Berlin-Brandenburg 14.3.2011 – L 6 R 131/11 B mwN.
138 BGBl. 2013 I 2586 ab dem 1.8.2013.
139 LSG Berlin-Brandenburg 24.2.2009 – L 15 SF 9/09 B und LSG Niedersachsen-Bremen 14.6.2007 – L 13 B 4/06 AS SF.
140 LSG Nordrhein-Westfalen 18.3.2009 – L 7 B 214/08 AS; LSG Bayern 12.11.2007 – L 15 B 863/07 SF KO u.A.

12. Gebühren im Prozesskostenhilfeantragsverfahren

Eine **Beiordnung eines Rechtsanwaltes bereits im Prozesskostenhilfeantragsverfahren** ist im Gesetz **nicht vorgesehen**, § 73 a SGG iVm § 114 ZPO, wonach Prozesskostenhilfe für die Prozessführung und nicht für die Stellung eines Antrags auf Prozesskostenhilfe gewährt wird.[141] Dies trifft auch für das Prozesskostenhilfebeschwerdeverfahren zu. Die Tätigkeit im Prozesskostenhilfeverfahren findet allerdings dann Berücksichtigung, wenn Prozesskostenhilfe gewährt worden ist (§ 48 Abs. 4 S. 2 RVG). 176

Nach dem Wortlaut des § 1 Abs. 1 BerHG wird **Beratungshilfe** nur für die Vertretung außerhalb eines gerichtlichen Verfahrens gewährt, so dass Beratungshilfe bei der Prozesskostenhilfe, einem gerichtlichen Verfahren, nicht anzuwenden ist. Hinsichtlich der Beratung über die Erfolgsaussichten einer Klage oder eines Prozesskostenhilfeantrages besteht Anspruch auf Beratungshilfe. 177

Hinweis: Es bleibt dem Leistungsberechtigten unbenommen, für das Prozesskostenhilfeverfahren einen Antrag auf Beratungshilfe zu stellen. Der Antrag wird zwar in der Regel ohne Aussicht auf Erfolg sein, kann allerdings wider Erwarten doch bewilligt werden. Der Rechtsanwalt wird seine Gebühren über die Beratungshilfe nur abrechnen können, wenn in dem Beratungshilfeschein die Vertretung im Prozesskostenhilfeverfahren ausdrücklich aufgenommen wurde. 178

Lässt sich der Leistungsberechtigte im Verfahren auf Prozesskostenhilfe durch einen Rechtsanwalt vertreten, muss er seine Kosten stets selber zahlen. 179

Für den Antrag auf Prozesskostenhilfe entsteht in jedem Rechtszug eine Gebühr nach Nr. 3336 VV: 180

Prozesskostenhilfegebühr (sozialgerichtlich) Nr. 3335 VV		
Mindestgebühr	Höchstgebühr	Mittelgebühr
60 EUR	500 EUR	560 EUR ÷ 2 = 280 EUR

Die Gebühr wird auf die im Rahmen der Prozesskostenhilfe bewilligte Verfahrensgebühr nach Nr. 3103, 3102 VV nach § 58 Abs. 2 RVG angerechnet.

Im Beschwerdeverfahren wegen Ablehnung der Prozesskostenhilfe entsteht eine Gebühr nach Nr. 3501 VV: 181

Beschwerdegebühr Nr. 3501 VV		
Mindestgebühr	Höchstgebühr	Mittelgebühr
24 EUR	250 EUR	274 EUR ÷ 2 = 149 EUR

Im Verfahren auf Zahlung der Kosten aus der Staatskasse und in den Verfahren der Rechtsbehelfe gegen Festsetzungen findet eine Kostenerstattung nach § 56 Abs. 2 S. 2 und 3 RVG nicht statt. 182

141 BGH 30.5.1984 – VIII ZR 298/83, NJW 1984, 2106.

V. Vorläufiger Rechtsschutz vor den Sozialgerichten

183 Sofern der Leistungsträger einen Anspruch dem Grunde nach ablehnt, hilft dem Leistungsberechtigten ein Antrag auf vorschussweise Zahlung nicht weiter. Um schnell an seine notwendige Leistung zu gelangen, muss er gerichtliche Hilfe in Anspruch nehmen. Hier kommt in erster Linie wegen der Verfahrensdauer bei Klageverfahren von mehreren Monaten bis über einem Jahr nur der **vorläufige Rechtsschutz** nach § 86 b SGG in Betracht.

184 Aus § 86 b SGG ergeben sich zwei Grundformen des einstweiligen Rechtsschutzes. Der einstweilige Rechtsschutz in Anfechtungssachen und der einstweilige Rechtsschutz in Vornahmesachen.

1. Einstweiliger Rechtsschutz in Anfechtungssachen

185 Der Leistungsträger hebt während des Leistungsbezuges den bestehenden Bescheid durch Aufhebungsbescheid ganz oder teilweise auf und/oder stellt die Leistungen ganz oder teilweise ein. Der Widerspruch des Leistungsberechtigten gegen den Aufhebungsbescheid hat keine aufschiebende Wirkung (§ 39 Nr. 1). Der Leistungsberechtigte kann bei dem Sozialgericht die Herstellung der aufschiebenden Wirkung beantragen (§ 8 b Abs. 1 Nr. 2), um die (Weiter-)Leistung durch den Leistungsträger zu erzwingen.

186 Auch ohne einen Aufhebungsbescheid kann der Leistungsträger die Leistung vorläufig einstellen (§ 40 Abs. 2 Nr. 4 iVm § 331 SGB III). Der Leistungsträger muss den Leistungsberechtigten über die Leistungseinstellung informieren und, falls ein Aufhebungsbescheid innerhalb von zwei Monaten nicht erlassen worden ist, die Leistung nachzahlen (§ 40 Abs. 2 Nr. 4 iVm § 331 SGB III).

187 Sofern nach einer vorläufigen Einstellung der Zahlung durch den Leistungsträger keine Nachzahlung für den Zeitraum der vorläufigen Einbehaltung geleistet wird, erfolgt die Weiterzahlung aufgrund des ursprünglichen Bewilligungsbescheides. Sofern keine weitere Zahlung erfolgt, kann der Leistungsberechtigte Klage auf Leistung erheben oder in Fällen der dringenden Notlage Antrag auf einstweilige Anordnung stellen.

a) Herstellung der aufschiebenden Wirkung durch den Leistungsträger

188 Wird der Bescheid über Unterhaltsleistungen nach dem SGB II aufgehoben, hat ein Widerspruch gegen den Aufhebungsbescheid keine aufschiebende Wirkung, denn mit dem Aufhebungsbescheid wird über die Leistung der Grundsicherung entschieden (§ 39 Nr. 1). Der Leistungsberechtigte kann in einem solchen Fall zunächst die Herstellung **der aufschiebenden Wirkung beim Leistungsträger beantragen** (§ 86 a Abs. 3 S. 1 SGG). In der Regel wird der Antrag auf Herstellung der aufschiebenden Wirkung gleichzeitig mit dem Widerspruch gegen den Aufhebungsbescheid eingelegt werden. Ein Antrag auf Herstellung der aufschiebenden Wirkung kann allerdings auch bereits vor oder nach dem Widerspruch vom Leistungsberechtigten gestellt werden.

Der **Antrag auf Herstellung der aufschiebenden Wirkung** eröffnet **kein neues Verwaltungsverfahren.** Die aufschiebende Wirkung ist lediglich eine Modifikation des Verwaltungsaktes ähnlich einer Nebenbestimmung (§ 32 Abs. 1 SGB X). Die „aufschiebende Wirkung" ist ohne einen zugehörigen Verwaltungsakt nicht denkbar, dh, sie ergibt für sich betrachtet keinen Sinn. Anders als eine Auflage nach § 32 Abs. 2 SGB X kann die gesonderte Anfechtung der Ablehnung der Herstellung der aufschiebenden Wirkung nicht erfolgen. Sofern der Leistungsträger die Ablehnung allerdings in die Form eines gesonderten Verwaltungsaktes mit einer Rechtsbehelfsbelehrung über Form und Frist eines Widerspruches beifügt, kann daran gedacht werden, auch die gesonderte Ablehnung anzufechten und den Leistungsträger, weil er den Widerspruch veranlasst hat, auf Übernahme der Kosten des Widerspruchs nach § 63 SGB X in Anspruch zu nehmen. 189

Der Leistungsträger kann allerdings die Herstellung der aufschiebenden Wirkung jederzeit ändern, dh, er ist an seine Entscheidung nicht gebunden (§ 86 a Abs. 3 S. 4 SGG). 190

b) Einstweilige Anordnung in Anfechtungssachen

In aller Regel wird der Leistungsberechtigte daher die Herstellung der aufschiebenden Wirkung bei dem Sozialgericht im Wege der **einstweiligen Anordnung** (Einstweilige Anordnung in Anfechtungssachen) beantragen (§ 86 b Abs. 1 Nr. 2 SGG). Dieser Antrag kann mit einer Klage verbunden oder als isolierter Antrag gestellt werden (§ 86 b Abs. 3 SGG). 191

Hinsichtlich der Sachentscheidungsvoraussetzungen ergeben sich keine Besonderheiten. Ein Rechtsschutzbedürfnis in einer Anfechtungssache wegen Aufhebung eines leistungsgewährenden Verwaltungsaktes wird nur dann vorliegen, wenn die Leistungen des Leistungsträgers tatsächlich eingestellt wurden. Bei Weiterzahlung der Leistung ist es zu verneinen. 192

Ob einem Antrag nach § 86 b Abs. 1 SGG entsprochen wird, richtet sich nach einer Interessenabwägung zwischen dem öffentlichen Interesse an der sofortigen Vollziehung und dem privaten Aufschubinteresse.[142] 193

Dabei sind die Belastungen für den betroffenen Leistungsberechtigten L gegen das Vollzugsinteresse des Leistungsträgers abzuwägen. Die **Erfolgsaussichten des Rechtsmittels in der Hauptsache** sind zu prüfen. Bestehen ernstliche Zweifel an der Rechtmäßigkeit des angefochtenen Verwaltungsaktes ist bereits hier dem Antrag durch das Gericht stattzugeben. Sofern der Verwaltungsakt nicht offensichtlich rechtswidrig ist, ist eine Interessenabwägung vorzunehmen. Dabei wird der Sachvortrag des L dahin gehend darzulegen sein, inwieweit sein Rechtskreis betroffen ist, inwieweit der L durch die Einstellung der Leistung belastet wird. 194

Bei existenzsichernden Leistungen, wie den Leistungen nach dem SGB II, werden die Erfolgsaussichten regelmäßig hintanstehen müssen. Wird die Leistung, dh mindestens 195

142 HK-SGG/Binder § 86 b Rn. 22, 23.

oder mehr als 20 % der bisherigen Regelleistung, abgelehnt, sind die vom Bundesverfassungsgericht aufgestellten Grundsätze anzuwenden.[143]

196 **Hinweis:** Hierbei ist zu berücksichtigen, dass ein solcher Fall dann in Betracht kommt, wenn der Leistungsberechtigte seinen Lebensunterhalt fast ausschließlich aus Leistungen nach dem SGB II bestreitet und nicht, wenn er nur ergänzende Leistungen in geringem Umfang erhält.

197 In solchen Fällen müssen die Erfolgsaussichten einer Klage von den Gerichten abschließend geprüft werden.[144]

198 Sofern sich der Sachvortrag des Leistungsberechtigten nicht ohne Beweisaufnahme klären lässt, muss diese durchgeführt werden. Lässt sich der Sachverhalt bei grundrechtsrelevanten Eingriffen nicht vollständig aufklären, ist eine Entscheidung anhand einer **Folgen- und nicht nur einer Interessenabwägung** zu treffen. Bei einer weitgehenden Entziehung der Leistung wird diese in der Regel zugunsten des Leistungsberechtigten ausfallen. Der Prozessvertreter wird daher in seiner Antragsschrift darauf hinweisen, darlegen und unter Beweis stellen, dass ein Anspruch auf Leistungen nach dem SGB II vorliegt, weil die Voraussetzungen der Anspruchsnormen der §§ 20 ff. gegeben sind.

199 Dabei wird er entweder veranlassen, dass der Leistungsberechtigte eine eidesstattliche Versicherung vor dem Sozialgericht zu Protokoll der Geschäftsstelle abgibt oder sie selbst mit dem Leistungsberechtigten anfertigen und präsente Beweismittel wie Kontoauszüge und andere Urkunden, aus denen sich die Mittellosigkeit ergibt, dem Gericht vorlegen.

c) Verfahrens- und Gebührenhinweis

200 Der Antrag auf **Herstellung der aufschiebenden Wirkung** nach § 86 a Abs. 3 S. 1 SGG bei der Verwaltungsbehörde und nach § 86 b Abs. 1 Nr. 2 SGG bei dem Sozialgericht stehen dem antragstellenden Leistungsberechtigten wahlweise zur Verfügung. Der **Antragsteller ist nicht verpflichtet vor Anrufung des Gerichtes zunächst bei dem Leistungsträger einen Antrag nach § 86 a Abs. 3 S. 1 SGG zu stellen.**[145]

201 Das Verfahren auf **(Wieder-)Herstellung der aufschiebenden Wirkung vor der Behörde ist kein gesondertes Verwaltungsverfahren, wird aber nach § 17 Nr. 1 RVG** als gesonderte Angelegenheit behandelt und ist als solche nach der Gebührenziffer Nr. 2302 Nr. 1 VV RVG abzurechnen. Der Mandant wird jedoch regelmäßig nicht in der Lage sein, die Gebühren eines solchen Aussetzungsantrages zu zahlen. Hierfür kann allerdings gesondert Beratungshilfe gewährt werden. Die Gebühr hierfür beträgt nach Nr. 2503 VV RVG 93,50 EUR. Eine Kostenerstattungspflicht des Gegners nach § 63 SGB X kommt nicht in Betracht, weil diese ein erfolgreiches Widerspruchsverfahren voraussetzt.

---

143 BVerfG 12.5.2005 – 1 BvR 569/05.
144 BVerfG 12.5.2005 – 1 BvR 569/05 Rn. 25.
145 HK-SGG/Binder, 5. Aufl. 2017, § 86 b Rn. 10.

Bei dem Antrag auf Herstellung der aufschiebenden Wirkung bei dem Gericht nach § 86 b SGG handelt es sich um eine gesonderte Angelegenheit nach § 17 Nr. 1 RVG. Hierfür kann dem Antragsteller Prozesskostenhilfe bewilligt werden (§ 73 a SGG iVm §§ 114 ff. ZPO). Die vorherige Befassung des Rechtsanwalts mit der Angelegenheit im Verwaltungs- oder Widerspruchsverfahren führt nicht dazu, dass eine Absenkung der Gebühren für das einstweilige Rechtsschutzverfahren vorgenommen wird. Ein Synergieeffekt, wie er bei der Vorbefassung im Widerspruchsverfahren vorliegt, tritt nur ein, wenn sich der Rechtsanwalt zuvor bereits im Widerspruchsverfahren mit der Anordnung der aufschiebenden Wirkung auseinandergesetzt hat, also einen Antrag nach § 86 a Abs. 3 S. 1 SGG gestellt hat.[146] 202

2. Einstweiliger Rechtsschutz in Vornahmesachen

Für den neuen Bewilligungszeitraum wird bei bloß teilweiser Ablehnung der Leistung durch den Leistungsträger nur der Rechtsbehelf der einstweiligen Anordnung in Form einer Regelungsanordnung, die den Leistungsträger zur vorläufigen Leistung verpflichtet, erfolgreich sein (§ 86 b Abs. 2 S. 2 SGG). 203

Anders als bei der (Wieder-)Herstellung der aufschiebenden Wirkung nach § 86 b Abs. 1 SGG ist hier das Vorliegen der aus dem Zivilprozessrecht bekannten Voraussetzungen – Anordnungsanspruch und Anordnungsgrund – erforderlich. Neben dem materiellrechtlichen Anspruch, der hinreichend glaubhaft zu machen ist, muss ein Anordnungsgrund, dh die Notwendigkeit einer vorläufigen Regelung zur Abwendung wesentlicher Nachteile vorliegen (§ 86 b Abs. 2 S. 2 SGG).

a) Anordnungsanspruch

Anordnungsanspruch ist der auch im Hauptsacheverfahren streitige Anspruch insbesondere auf eine Leistung nach dem SGB II. Der Anordnungsanspruch ist in § 86 SGG nicht ausdrücklich genannt, ergibt sich aus dem Verweis auf § 920 Abs. 2 ZPO.[147] Der geltend gemachte (Anordnungs-)Anspruch muss sich aus dem Anspruchsbegehren des Antragstellers ergeben, dh aus der Darlegung des Antragstellers muss sich ergeben, dass die Anspruchsvoraussetzungen einer Anspruchsnorm erfüllt sind. Ein Anordnungsanspruch ist dann gegeben, wenn der zu sichernde Hauptsacheanspruch dem Antragsteller mit (durch Glaubhaftmachung und Amtsermittlung herbeigeführter) überwiegender Wahrscheinlichkeit zusteht und nach summarischer Prüfung das Obsiegen im Hauptsacheverfahren überwiegend wahrscheinlich ist.[148] 204

Bei existenzsichernden Leistungen wie den Leistungen nach dem SGB II, die auf Art. 1 Abs. 1, Art. 20 GG zurückzuführen sind handelt es sich um einen grundrechtsrelevanten Eingriff.[149] In diesen Fällen ist der **Anordnungsanspruch** stets vorrangig zu

146 So wohl auch LSG Sachsen 27.2.2008 – L 6 B 33/08 AS KO bei einer Vornahmesache ohne nähere Begründung; anders wohl LSG Nordrhein-Westfalen 15.5.2008 – L 7 B 63/08 AS.
147 HK-SGG/Binder § 86 b Rn. 35.
148 Vgl. Krodel Sozialgerichtliches Eilverfahren, 2. Aufl. 2008, Rn. 334.
149 BVerfG 9.2.2010 – BvL 1/09, 3/09, 4/09.

prüfen. Auf der anderen Seite ist das Vorliegen des Anordnungsgrundes Indiz für einen Anordnungsanspruch.[150]

Stellt das Gericht auf die Erfolgsaussichten des Hauptsacheverfahrens ab, so muss es den Sachverhalt vollständig aufklären, andernfalls eine Folgenabwägung zwischen den Belangen des Anspruchstellers und der Behörde treffen.[151] Folgt es dem Sachvortrag des Antragstellers nicht, so muss es im Wege der Amtsermittlung den Sachverhalt aufklären.[152]

205 Zum Anordnungsanspruch gehört jedoch auch, dass der Leistungsberechtigte einen Leistungsantrag gestellt hat, denn nach § 37 Abs. 1 ist ein Antrag Anspruchsvoraussetzung für die Gewährung der Leistung. Zusätzlich wird es ohne Vorbefassung des Leistungsträgers an einer Eilbedürftigkeit regelmäßig fehlen. Der Leistungsträger muss wenigstens die Möglichkeit haben, den Anspruch zu prüfen und selbst die Leistung zu gewähren.

b) Anordnungsgrund – Eilbedürftigkeit – Abwendung wesentlicher Nachteile

206 Ein **Anordnungsgrund** liegt vor, wenn dem Antragsteller **ein wesentlicher Nachteil droht** und ein Zuwarten bis zur Entscheidung in der Hauptsache nicht zumutbar ist. Ein Nachteil ist wesentlich, wenn eine Gefährdung der Existenz besteht.[153] Die Gefährdung der Existenzsicherung ist nicht nur ein wesentlicher Nachteil (§ 86 b Abs. 2 S. 2 SGG), sondern darüber hinaus auch ein besonders schwerer Nachteil (§ 93 a Abs. 2 b Hs. 2 BVerfGG).[154] Dies wird allerdings nur dann der Fall sein, wenn die Regelleistungen um mehr als 10 % gekürzt werden,[155] denn nur dann kann von einer gegenwärtigen Existenzgefährdung ausgegangen werden. Auch wenn das Bundessozialgericht keine allgemeine Bagatellgrenze von 10 % des Regelbedarfs sieht,[156] kann es im einstweiligen Anordnungsverfahren in der Regel zumutbar sein, eine Leistungskürzung hinzunehmen. Hierbei kommt es wesentlich auch darauf an, wie lange ein Hauptsacheverfahren dauert und wie die besondere Einkommenssituation des Leistungsberechtigten ist. Grundsätzlich ist es zumutbar, Ansparvermögen aufzubrauchen.[157] Der wesentliche Teil der Arbeit des Prozessvertreters wird darin bestehen, den Anordnungsgrund, dh die wesentlichen Nachteile herauszuarbeiten. Ob Eilbedürftigkeit vorliegt, richtet sich nach dem jeweiligen Einzelfall.

207 Es gibt allerdings einige typische Fallgestaltungen, bei denen Eilbedürftigkeit besteht und bei nicht umgehender Entscheidung die wesentliche Verschlechterung anzunehmen ist. Leistet der Leistungsträger an den Leistungsberechtigten **keine Kosten der Unterkunft**, so wird Eilbedürftigkeit vorliegen, wenn der Vermieter die fristlose **Kündigung des Mietverhältnisses** oder die finanzierende Bank bei einer Eigentums-

150 Vgl. BVerfG 28.9.2009 – 1 BvR 1702/09 Rn. 24.
151 Vgl. BVerfG 25.2.2009 – 1 BvR 120/09 Rn. 11.
152 BVerfG 25.2.2009 – 1 BvR 120/09 Rn. 18.
153 HK-SGG/Binder § 86 b Rn. 38; BVerfG 12.5.2005 – 1 BvR 569/05 Rn. 20.
154 BVerfG 12.5.2005 – 1 BvR 569/05 Rn. 20.
155 Vgl. BVerfG 12.5.2005 – 1 BvR 569/05 Rn. 26: wohl 20 % mwN; SG Düsseldorf 16.2.2005 – S 35 SO 28/05 ER.
156 BSG 4.6.2014 – B 14 AS 30/13 R BSGE 116, 86–94.
157 BVerfG 12.9.2016 – 1 BvR 1630/16 Rn. 12.

wohnung/Haus die Kündigung des Darlehensvertrages und die Zwangsversteigerung angedroht hat, weil der Leistungsberechtigte in Zahlungsverzug gekommen ist. In diesen Fällen droht ein wesentlicher Nachteil, nämlich die Obdachlosigkeit.

Die Prüfung des Anordnungsgrundes kann dann zurückstehen, wenn der Anordnungsanspruch offensichtlich nicht besteht. Nicht übernommen werden müssen daher Unterkunftskosten im einstweiligen Rechtsschutzverfahren, die **deutlich unangemessen sind, dh die Unterkunftskosten** für eine Wohnung, deren Größe deutlich die Höchstgrenze der Wohnungsgröße überschreitet. Weiterhin müssen Wohnkosten nicht übernommen werden, wenn die Wohnungslosigkeit auch bei Übernahme der Kosten eintritt. 208

Wesentliche Nachteile werden auch nur dann eintreten, wenn der Leistungsberechtigte keine verwertbaren Vermögensgegenstände, dh Geldvermögen, veräußerbare Wertpapiere etc besitzt. Denn es ist ihm **zumutbar, zunächst sein Geldvermögen zu verbrauchen** und den Prozess in der Hauptsache abzuwarten. Ausnahmen wird man allerdings dann machen müssen, wenn eine Verwertbarkeit mit einem größeren Verlust verbunden ist.[158] 209

Die Verwertung einer Kapitallebensversicherung, die vor Ablauf der allgemeinen Fälligkeit verwertet werden muss und bei der nur der sogenannte Rückkaufswert realisiert werden kann, muss, wenn die Vermögensfreibeträge des § 12 Abs. 2 nicht überschritten werden, regelmäßig nicht erfolgen. 210

Wesentliche Nachteile liegen auch darin, dass eine Versicherung in der gesetzlichen Krankenversicherung nicht mehr besteht und eine ärztliche Behandlung oder Medikamente erforderlich sind. 211

Schwere Nachteile können nur ausnahmsweise dadurch abgewendet werden, dass Leistungen für die Vergangenheit erbracht werden. 212

Leistungen für die Vergangenheit können nur dann im Wege des einstweiligen Rechtsschutzes durchgesetzt werden, **wenn sie in der Gegenwart fortwirken,** zB wenn wegen ungerechtfertigter Leistungsablehnung Mietschulden entstanden sind, die den Vermieter berechtigen, das Mietverhältnis fristlos zu kündigen und diese Kündigung unmittelbar bevorsteht oder bereits ausgesprochen wurde und die Wirkungen der fristlosen Kündigung nach § 543 BGB durch Nachentrichtung der Miete nach § 569 Abs. 3 Nr. 2 BGB noch verhindert werden können. Auch hier ist das ggf. vorhandene, ohne größeren Schaden einsetzbare Vermögen vorrangig einzusetzen (ähnlich wie zur Übernahme von durch den Leistungsberechtigten verursachten Mietschulden § 22 Abs. 8 S. 2).

Ein weiterer Grund, Leistungen für die Vergangenheit zu erbringen, ist **die Gefahr, dass der Krankenversicherungsschutz erlischt** (→ § 3 Rn. 5 ff.). Dieser **endet spätestens einen Monat nach Ende der Mitgliedschaft.** Bei einem versicherungspflichtigen Arbeitnehmer ist dies der Ablauf des Tages, an dem das Beschäftigungsverhältnis endet, § 190 Abs. 2 SGB V. Da der nachgehende Versicherungsschutz noch einen Monat 213

158 BVerfG 12.9.2016 – 1 BvR 1630/16 Rn. 12.

länger dauert, muss der Leistungsberechtigte spätestens ab dem 1. des Folgemonates wieder als Mitglied oder Familienversicherter pflichtversichert sein oder eine freiwillige Krankenversicherung bzw. private Krankenversicherung unterhalten. Eine Pflichtversicherung/Mitgliedschaft in der gesetzlichen Krankenversicherung besteht dann, wenn dem Leistungsberechtigten Leistungen nach dem SGB II nicht nur darlehensweise gewährt werden (§ 5 Abs. 1 Nr. 2 a SGB V). Sie beginnt nach § 186 Abs. 2 a SGB V mit dem Tag, von dem an der Leistungsberechtigte seine Leistung bezieht, dh tatsächlich erhält.

214 Drei Monate nach Ende der Pflichtversicherung **endet auch die Möglichkeit, sich in der gesetzlichen Krankenversicherung freiwillig weiter zu versichern** oder besteht keine Vorversicherungszeit für den Abschluss der freiwilligen Weiterversicherung (§ 9 SGB V). Sofern nämlich keine freiwillige oder Pflichtversicherung in der gesetzlichen Krankenversicherung besteht, ist der nicht krankenversicherte Bürger verpflichtet, mit einem privaten Krankenversicherer einen Krankenversicherungsvertrag abzuschließen (§ 193 Abs. 3 VVG). Wird der Versicherungsvertrag mangels liquider Mittel des Leistungsberechtigten nicht abgeschlossen, so hat der Versicherer Anspruch auf einen Prämienzuschlag und zwar für die ersten sechs Monate in Höhe von jeweils einem Monatsbeitrag und ab dem sechsten Monat 1/6 des Monatsbeitrags. Außerdem ist der private Krankenversicherer bei Nichtzahlung der Prämie nur verpflichtet, bei akuten Erkrankungen und Schmerzzuständen sowie Schwangerschaften Leistungen zu erbringen (§ 193 Abs. 6 VVG). Durch Nichtleistung der Versicherungsprämie in der Vergangenheit kann es bei dem Leistungsberechtigten daher zu erheblichen Schäden für den Krankenversicherungsschutz kommen.

215 Sofern keine Unterleistung nach dem SGB II gewährt wird und eine Krankenversicherung nicht im Rahmen der Familienversicherung (§ 10 SGB V) erfolgt, ist der Krankenversicherungsschutz regelmäßig gefährdet.

c) Verpflichtung zur Leistung mit Abschlägen möglich

216 Nach der Rechtsprechung des Bundesverfassungsgerichtes[159] können die Gerichte die Leistungsträger zu vorläufigen Leistungen im Wege des einstweiligen Rechtsschutzes auch mit Abschlägen verpflichten. Bei der Höhe der Abschläge ist allerdings zu berücksichtigen, dass der Gesetzgeber mit der Festsetzung der Höhe der Regelbedarfe das Existenzminimum festgelegt hat[160] und eine Reduzierung der Leistung auf das Unerlässliche, dh 70 v.H. des Regelbedarfes nicht möglich sein dürfte.[161]

217 Eine Reduzierung der gesamten Unterhaltsleistung auf 80 % ist problematisch, wenn nicht zwischen dem Regelbedarf und den Kosten für Unterkunft und Heizung differenziert wird.[162] Der Leistungsberechtigte muss nämlich die Kosten der Unterkunft regelmäßig in voller Höhe aufwenden, will er nicht die Verweigerung der Leistungen bei den Strom- und Wärmeversorgern sowie die Kündigung seines Mietverhältnisses

159 BVerfG 12.5.2005 – 1 BvR 569/05.
160 BVerfG 13.2.2008 – 2 BvL 1/06.
161 AA LSG Bayern 19.11.2018 – L 11 AS 912/18 B ER.
162 SG Düsseldorf 26.1.2005 – S 35 AS 6/05 ER.

riskieren. Wird gleichzeitig der Regelsatz um 20 % gekürzt, so muss er die restlichen Mietkosten aus dem Regelsatz aufbringen. Letzteres ist nach der Beschränkung der Minderung auf 30% des Regelbedarfes nach § 31 a Abs. 1 und der Entscheidung des Bundesverfassungsgerichtes nicht mehr möglich, denn die Gerichte der Sozialgerichtsbarkeit werden in ihrem Ermessen durch das Gesetz eingeschränkt. Demgegenüber erscheint eine vorübergehende Reduzierung auf 90 % des Regelbedarfes gerechtfertigt, weil dann kein wesentlicher Nachteil für den Leistungsberechtigten vorliegt.[163]

Nicht gewährte **Mehrbedarfe für Ernährung** (§ 21 Abs. 5) werden allerdings teilweise, auch wenn sie den Betrag von 10 % des für den Leistungsberechtigten maßgeblichen Regelbedarfes unterschreiten, als wesentlicher Nachteil angesehen.[164] 218

d) Einstweiliger Rechtsschutz und Rechtskraft

Beschlüsse in Vornahmesachen nach § 86 b Abs. 2 SGG erwachsen wie Urteile in Rechtskraft.[165] Dies hindert allerdings nicht daran, bei veränderter Sach- und Rechtslage einen **neuen Antrag auf einstweilige Anordnung** zu stellen. Auch die Anhängigkeit des einstweiligen Anordnungsverfahrens in der Beschwerdeinstanz steht in einem solchen Fall einem neuen Antrag auf einstweiligen Rechtsschutz vor dem Sozialgericht nicht entgegen. 219

Ein erneutes Verfahren auf einstweiligen Rechtsschutz kann insbesondere notwendig werden, wenn ein Bewilligungszeitraum abläuft. 220

Beispiel: Der Leistungsträger gewährt Leistungen und fordert den Leistungsberechtigten L zu weiteren Auskünften auf. Da die Auskünfte nicht erteilt werden, werden die Leistungen nach § 66 SGB I versagt. Hiergegen stellt der L Antrag auf Herstellung der aufschiebenden Wirkung nach § 86 b Abs. 1 Nr. 2 SGG. Das Sozialgericht lehnt die Herstellung der aufschiebenden Wirkung ab. Hiergegen legt der L bei dem Landessozialgericht Beschwerde ein. Der Bewilligungszeitraum, für den die Leistung versagt wurde, läuft in 1½ Monaten ab. Vor Ablauf des Bewilligungszeitraumes stellt er für den folgenden Bewilligungszeitraum erneuten Leistungsantrag (Folgeantrag). Dieser Antrag wird vom Leistungsträger abgelehnt mit dem Argument, die Hilfebedürftigkeit sei mangels vollständiger Auskunft nicht feststellbar. 221

In diesem Fall hilft eine Entscheidung des Landessozialgerichts für den abgelaufenen Bewilligungszeitraum nicht weiter, denn der Anspruch des L ergibt sich aus dem Bescheid, der später ergangen ist.

Für den neuen Bewilligungszeitraum reicht ein Antrag auf Herstellung der aufschiebenden Wirkung (§§ 86 a, 86 b Abs. 1 Nr. 2 SGG) nicht aus, denn der Anspruch auf Leistung wurde nicht ursprünglich gewährt und dann versagt, sondern für den neuen Bewilligungsabschnitt insgesamt nicht gewährt. Hier muss der L gleichzeitig für den neuen Be- 222

---

163 BVerfG 2.9.2010 – 1 BvL 1/09, 3/09, 4/09 Rn. 150.

164 LSG Nordrhein-Westfalen 15.8.2007 – L 1 B 39/07 AS ER ernährungsbedingter Mehrbedarf 30,68 EUR = weniger als 10 %; bei einem ernährungsbedingten Mehrbedarf von 53 EUR = ca. 13 % des Regelbedarfes in Höhe von 351 EUR im August 2008 bejaht LSG Niedersachsen-Bremen 21.10.2008 – L 6 AS 458/08 ER; für den Mehrbedarf für Ernährung 18,43 EUR monatlich = 5 % des Regelsatzes LSG Berlin-Brandenburg 28.5.2008 – L 5 AS 1001/08 AS ER mit Recht verneint.

165 LSG Baden-Württemberg 5.11.2007 – L 8 AL 3045/07 B.

willigungsabschnitt einstweiligen Rechtsschutz in Form der Regelungsanordnung beantragen.[166]

3. Rechtsbehelf gegen die Versagung des einstweiligen Rechtsschutzes

223 Das Sozialgericht entscheidet im Verfahren des einstweiligen Rechtsschutzes durch Beschluss (§ 86 b Abs. 4 SGG). Gegen den Beschluss ist die **Beschwerde** zulässig (§ 172 Abs. 1 SGG). In Verfahren des einstweiligen Rechtsschutzes ist die Beschwerde ausgeschlossen, wenn eine Berufung in der Hauptsache nicht zulässig ist (§ 172 Abs. 3 Nr. 1 SGG).

Die Berufung gegen ein Urteil des Sozialgerichtes ist allerdings nur dann zulässig, wenn die Klage eine Geld-, Dienst- oder Sachleistung oder einen hierauf gerichteten Verwaltungsakt betrifft, bei dem der **Wert des Beschwerdegegenstandes 750 EUR übersteigt**, es sei denn, es geht um wiederkehrende oder laufende Leistungen von mehr als einem Jahr (vgl. § 144 Abs. 1 Nr. 1 SGG). Die Leistungen der Grundsicherung werden höchstens für zwölf Monate bewilligt, so dass der Jahreszeitraum nicht überschritten werden kann (§ 41 Abs. 3 S. 1). Vor Einlegung der Beschwerde ist zu prüfen, ob der Beschwerdewert von 750 EUR erreicht wird, denn eine Zulassung der Beschwerde oder eine Nichtzulassungsbeschwerde ist im einstweiligen Rechtsschutzverfahren nicht vorgesehen.[167]

4. Verhältnis Beschwerdeverfahren und Antragsverfahren beim einstweiligen Rechtsschutz

224 Sofern das Landessozialgericht vor dem Sozialgericht über die Herstellung der aufschiebenden Wirkung im Sinne des Leistungsberechtigten entscheidet und der Leistungsträger aufgrund dessen Leistungen erbringt, kann die Eilbedürftigkeit für das Verfahren vor dem Sozialgericht entfallen, weil keine aktuelle Notlage mehr besteht. Das Landessozialgericht kann allerdings auch, weil es der Ansicht ist, im Wege des einstweiligen Rechtsschutzes sei nur eine aktuelle Notlage zu beseitigen, allein wegen Ablauf des Bewilligungszeitraumes die Herstellung der aufschiebenden Wirkung ablehnen.

225 **Beispiel:** Der Leistungsberechtigte L sucht einen Rechtsanwalt auf und legt ihm einen Beschluss des Sozialgerichtes vor, in dem der Erlass einer einstweiligen Verfügung in Form der Vornahme mit der Begründung abgelehnt wird, es bestehe kein Anordnungsgrund. Sein Lebensbedarf sei aktuell nicht gefährdet, er verfüge über Barvermögen in Höhe von 1.500 EUR (§ 12 Abs. 2 Nr. 1). Die Beschwerdefrist gegen den Beschluss ist noch nicht abgelaufen. Der L teilt mit, dass er sein Geld zwischenzeitlich verbraucht habe.

226 In diesem Fall ist davon auszugehen, dass die Beschwerde gegen den Beschluss des Sozialgerichtes insoweit keinen Erfolg hat, als über den Anspruch bis zum Verbrauch des Vermögens entschieden wurde, denn es ist dem L in der Regel zumutbar, zunächst

166 Vgl. LSG Berlin-Brandenburg 14.6.2007 – L 28 B 769/07 AS ER.
167 HK-SGG/Berchtold § 172 Rn. 13.

ohne größeren Schaden verwertbares Vermögen bis zur Entscheidung in der Hauptsache vorläufig zu verbrauchen.[168]

In der Beschwerdeentscheidung sind zwischenzeitliche Änderungen in der Sach- und Rechtslage durch das Landessozialgericht zu berücksichtigen.[169] Sofern der Bewilligungszeitraum seit der Antragstellung noch nicht abgelaufen ist, kann der Vermögensverbrauch im Beschwerdeverfahren noch geltend gemacht werden. Für die Zeit nach dem Verbrauch des Vermögens und/oder für einen neuen Bewilligungsabschnitt kann ein neuer Antrag auf einstweiligen Rechtsschutz bei dem Sozialgericht gestellt werden. Ein Rechtsschutzbedürfnis besteht jedoch nur dann, wenn vorher dem Jobcenter Gelegenheit gegeben wurde, durch einen neuen Antrag über den Anspruch zu entscheiden. 227

Die Gerichte können den einstweiligen Rechtsschutz insofern auf die Zukunft **beschränken**, als sie den Leistungsträger erst ab dem Erlass der Entscheidung durch das Gericht zur Leistung verpflichten und zwar mit dem Argument, eine existenzgefährdende Notlage könne in der Vergangenheit nicht eingetreten sein, weil bis zum Zeitpunkt der Entscheidung eine Existenzgefährdung nicht mehr möglich sei, denn schließlich habe der Leistungsberechtigte sein Leben bis zu diesem Zeitpunkt gemeistert. 228

Eine solche Entscheidung dürfte allerdings dem **Gebot effektiven Rechtsschutzes** widersprechen. Im Hinblick auf die Dauer des Verfahrens, auf die der Leistungsberechtigte oftmals keinen oder nur geringen Einfluss hat, ist der maßgebliche Zeitpunkt der Eingang des Antrages auf einstweiligen Rechtsschutz bei dem Gericht erster Instanz.[170] 229

In den Gerichtsbezirken, in denen auf den Zeitpunkt der Gerichtsentscheidung abgestellt wird, empfiehlt es sich, die Lage des Leistungsberechtigten genau darzustellen, dh den genauen Stand des Restvermögens zum Zeitpunkt der Antragstellung anzugeben. 230

Beispiel: Der Antragssteller verfügt derzeit über 30 EUR Bargeld und 2 Flaschen Milch, 2 kg Kartoffel und 3 Dosen Erbsen als Vorrat. Diese Vorräte sind bis zum Ablauf von 3 Tagen verbraucht. Ab dem 4. Tag benötigt er weitere 100 EUR bis zur Entscheidung über den Eilantrag. Es wird daher beantragt, die Antragsgegnerin zu verpflichten, 100 EUR im Wege des „**Hängebeschlusses**" anzuweisen.[171]

5. Dauer der Leistungsgewährung

Leistungen nach dem SGB II werden regelmäßig für eine **Dauer** von einem Jahr gewährt (§ 41 Abs. 3 S. 1). Sofern Änderungen in den Verhältnissen nicht zu erwarten sind, d.h. bei einer vorläufigen Leistung soll der Bewilligungszeitraum auf sechs Monate verkürzt werden (§ 41 Abs. 3 S. 2). Das Gericht wird daher den Leistungszeitraum für die Zukunft berechtigt auf sechs Monate beschränken. 231

168 LSG Berlin-Brandenburg 16.7.2009 – L 25 AS 769/09 B ER.
169 Krodel Sozialgerichtliches Eilverfahren, 2. Aufl. 2008, Rn. 49.
170 LSG Hessen 19.3.2009 – L 7 AS 53/09 B ER; anders LSG Berlin-Brandenburg 28.11.2008 – L 25 B 2031/08 AS ER. Letzteres ergibt sich aus dem Gebot des effektiven Rechtsschutzes nach Art. 19 Abs. 4, 20 Abs. 3 GG (vgl. HK-SGG/Binder § 86 b Rn. 52 ff.).
171 Krodel Sozialgerichtliches Eilverfahren, 2. Aufl. 2008, Rn. 464.

232 Allerdings kann das Gericht den vorläufigen Rechtsschutz auch **bis zur rechtskräftigen Entscheidung in der Hauptsache der letzten Tatsacheninstanz** gewähren, denn bei vollständigem Leistungsversagen,[172] werden auch die weiteren Zeiträume über den nach § 41 Abs. 3 S. 1 regelmäßigen Bezugszeitraum miteinbezogen.[173] Dies trifft jedenfalls dann zu, wenn der Leistungsträger, wie bei einem Grundurteil, nur zur Leistung dem Grunde nach verpflichtet wird und er bei Änderung der wirtschaftlichen Verhältnisse der Leistungsberechtigten seine Leistung anpassen kann. Letztlich führt die zeitliche Beschränkung in der Anordnung des Gerichtes nur dazu, dass der Leistungsberechtigte bei Ablauf des im Beschluss genannten Zeitraums und bei weiterer Leistungsverweigerung des Leistungsträgers einen neuen Antrag auf einstweiligen Rechtsschutz stellen muss.

6. Antragstellung im einstweiligen Rechtsschutzverfahren (Vornahmesache)

233 Der Leistungsberechtigte kann im einstweiligen Rechtsschutzverfahren einen bezifferten **Antrag** stellen oder beantragen, ihm vorläufig Leistungen nach dem SGB II dem Grunde nach zu gewähren. Welche Art der Leistung er wählt, kommt auf die jeweilige Prozesssituation an. Hat er mit dem Antrag auf einstweiligen Rechtsschutz einen Antrag auf Prozesskostenhilfe gestellt, wird er bei teilweisem Erfolg Kostenerstattung vom Gegner hinsichtlich des teilweisen Obsiegens erhalten. Für den Teil, mit dem er nicht erfolgreich ist, erhält er Prozesskostenhilfe.

234 **Hinweis:** Es besteht bei dem bezifferten Antrag allerdings die Gefahr, dass das Gericht sich nicht mit allen infrage kommenden Ansprüchen auseinandersetzt und deshalb bei der im einstweiligen Rechtsschutzverfahren gebotenen Eile seitens des Leistungsberechtigte einen Anspruchsteil übersieht. Sofern er anwaltlich vertreten ist und den Anwalt selbst bezahlt, hat er nur Anspruch auf einen Teil der Kostenerstattung, wenn sein Rechtsanwalt einen bezifferten Antrag gestellt hat. Mit dem Antrag auf Erlass einer Grundentscheidung ist er jedenfalls auf der sicheren Seite, denn der Leistungsträger wird die Leistung nach der Verpflichtung im einstweiligen Anordnungsverfahren durch Leistungsbescheid festsetzen, der wiederum gesondert anfechtbar ist.

235 Auch wenn der Leistungsberechtigte eine **Rechtsschutzversicherung** unterhält, hat der Rechtsanwalt den sichersten Weg zu wählen und den kostengünstigsten Antrag zu stellen.

7. Prozesskostenhilfe im einstweiligen Rechtsschutzverfahren

236 Wegen der Eilbedürftigkeit wird das Gericht regelmäßig über die **Prozesskostenhilfe** und den Anspruch selbst in einem Beschluss entscheiden. Dies hat zur Folge, dass die Gewährung von Prozesskostenhilfe in aller Regel entweder mit dem Hauptantrag abgelehnt wird, weil keine gesonderte Prüfung der Erfolgsaussichten vorgenommen wird, oder aber der Leistungsberechtigte ist mit seinem Rechtsschutzbegehren erfolg-

172 Vgl. LSG Hessen 19.6.2008 – L 7 AS 32/08 B ER.
173 BSG 16.5.2007 – B 11 b AS 37/06 R.

reich. Dann wird bei einem vollen Obsiegen von der Rechtsprechung die Leistung der Prozesskostenhilfe abgelehnt, weil er einen Anspruch auf Kostenerstattung gegen den Gegner hat.

Diese Rechtsauffassung wird damit begründet, dass auch die Prozesskostenhilfe eine 237
gegenwärtige Notlage beseitigen soll. Diese liege nach Abschluss des Verfahrens und Verurteilung des Beklagten in die Kosten nicht mehr vor. Diese Rechtsprechung übersieht, dass in dem Rechts-/Mandatsverhältnis zwischen Mandant und Rechtsanwalt anstelle der Zahlungspflicht des Mandanten die Verpflichtung der Staatskasse auf Befriedigung des Rechtsanwaltes tritt (§ 73 a Abs. 1 SGG iVm §§ 122 Abs. 1 Nr. 3 ZPO, 48 RVG).

Hinweis: Der Ablehnung des Prozesskostenhilfegesuchs kann ggf. auch im Verfahren 238
des einstweiligen Rechtsschutzes durch einen isolierten Prozesskostenhilfeantrag entgegengewirkt werden.

8. Gebühren im einstweiligen Rechtsschutzverfahren

Im Verfahren des einstweiligen Rechtsschutzes können die Gebühren in Verfahren 239
vor den Sozialgerichten anfallen und zwar die Verfahrens-, Termins- und ggf. Einigungs- und Erhöhungsgebühren nach den Nr. 3102, 3106, 1006, 1008 VV.

Die **Höhe der Gebühren im einstweiligen Rechtsschutzverfahren** wird von den Sozialgerichten in der Kostenfestsetzung gegen den Gegner oder bei der Festsetzung der Gebühren im Prozesskostenhilfeverfahren häufig unter der Mittelgebühr angesetzt. Eine Herabsetzung wird einzig mit dem Argument begründet, das einstweilige Rechtsschutzverfahren regele nur einen vorläufigen Zustand und sei deshalb generell niedriger zu bewerten, so dass Abschläge von der Mittelgebühr in Höhe von ⅓ bis zu ½ gemacht werden, dh die Gebühr nach Nr. 3102 VV auf 200 EUR (jetzt 250) oder gar 150 EUR (jetzt 180) festgelegt wird.[174] Andere Gerichte sehen keinen generellen Abschlag vor oder stellen darauf ab, dass das einstweilige Rechtsschutzverfahren nur von kurzer Dauer sei.[175] Die Rechtsprechung die einen generellen Abschlag vornimmt, verkennt, dass die Gebühr vom Rechtsanwalt nach § 14 Abs. 1 RVG im Einzelfall bestimmt werden muss und dass es kein standardisiertes einstweiliges Rechtsschutzverfahren gibt. Hinzu kommt, dass mit der Gebührennovelle ab dem 1.8.2013 die Beschwerden gegen Beschlüsse im einstweiligen Rechtsschutzverfahren nicht mehr nach der niedrigen Beschwerdegebühr (Nr. 3501 VV RVG), sondern nach der Gebühr im Berufungsverfahren bemessen wird (Nr. 3204 iVm Vorbemerkungen 3.2 Nr. 2). Der Gesetzgeber hat damit zum Ausdruck gebracht, dass er das einstweilige Rechtsschutzverfahren in sozialrechtlichen Angelegenheiten, gebührenrechtlich dem Hauptsacheverfahren grundsätzlich gleichstellen will. Ausgehend von den Bewertungskriterien des § 14 Abs. 1 RVG wird das Interesse des Antragstellers unterschiedlich sein. Wegen des Erfordernisses eines wesentlichen Nachteils ist allerdings bei der Rege-

174 LSG Nordrhein-Westfalen 29.1.2009 – L 1 B 35/07 AS; 5.2.2015 – L 2 AS 2149/14 B.
175 SG Saarbrücken 24.2.2104 – S 26 SF 48/13 E; LSG Thüringen 20.7.2017 – L 6 SF 950/15 B; aA LSG Bayern 5.10.2016 – L 15 SF 282/15.

lungsanordnung stets von einem hohen Interesse des Antragstellers an der Angelegenheit auszugehen.

240 Bei vorläufigen Entscheidungen wird grundsätzlich ohne nähere Begründung ein Abschlag vorgenommen. Diese Entscheidungen sind mE nicht nachvollziehbar, stellen sie doch auf einen Umstand ab, der sich nicht in § 14 Abs. 1 RVG wiederfindet. Der Umstand, dass das Rechtsschutzbegehren beim einstweiligen Rechtsschutz auf eine vorläufige Leistung gerichtet ist, berührt lediglich das Interesse des Leistungsberechtigten am Ausgang des Rechtsstreites und ist kein sonstiger, in § 14 RVG nicht genannter Gesichtspunkt. Es wird weiterhin verkannt, dass die einstweilige Anordnung nach § 86b Abs. 2 S. 2 SGG nicht nur einen vorläufigen Zustand regelt, sondern, wenn auch begrenzt, eine endgültige Regelung vornimmt. Durch den einstweiligen Rechtsschutz wird nämlich die Hilfebedürftigkeit für den Zeitraum, für den die Anordnung vom Gericht ausgesprochen wurde, in der Regel also dann, wenn der Leistungsträger der Anordnung nachkommt, vollständig beseitigt. Hinsichtlich der Bedeutung der Angelegenheit wird diese auch im einstweiligen Rechtsschutzverfahren nur dann unterdurchschnittlich sein, wenn der Gegenstandswert unter 54 EUR liegt.[176]

241 Bei einem Verfahren auf einstweilige Anordnung sind der **Umfang und die Schwierigkeit** der Tätigkeit des Rechtsanwalts grundsätzlich häufig nicht geringer als in einem normalen Klageverfahren. Die Sachverhaltsermittlung wird wegen der kurzen Dauer des Verfahrens und der Verantwortung des Rechtsanwalts für das Wohl und Wehe des Mandanten in aller Regel sogar noch umfassender als im normalen Klageverfahren sein. Dass lediglich eine summarische Prüfung durch das Gericht stattfindet, betrifft die Tätigkeit des Richters und nicht die Tätigkeit des Rechtsanwalts. Ist der Umfang der Tätigkeit in einem einstweiligen Rechtsschutzverfahren tatsächlich geringer als in einem Klageverfahren, kann sich hieraus auch eine niedrigere Gebühr ergeben.[177]

Sowenig wie nach einzelnen Rechtsgebieten die Gebühren generell unterschiedlich festgelegt werden können,[178] sowenig können die Gebühren in bestimmten Verfahrensabschnitten unterschiedlich festgelegt werden. Jegliche Formalisierung widerspricht dem im Gesetz bestimmten Grundsatz, dass der Rechtsanwalt die Gebühren im Einzelfall festlegen muss (§ 14 RVG).

Die **Bedeutung der Angelegenheit** ist für den Leistungsberechtigten in aller Regel sehr hoch, denn von einer geringen Bedeutung kann nur gesprochen werden, wenn sich die geforderten Beträge bis zu sechs Monaten im einstelligen Bereich bewegen. Diese Beträge werden bei der einstweiligen Anordnung grundsätzlich immer überschritten, denn andernfalls drohen keine wesentlichen Nachteile. Die Bedeutung der Angelegenheit wird bei der Regelungsanordnung auch nicht durch die schlechten wirtschaftlichen Verhältnisse des Leistungsberechtigten kompensiert, denn allein die drohenden

176 Vgl. BSG 1.7.2009 – B 4 AS 21/09 R.
177 LSG NRW 1.4.2022 – L 2 AS 292/22 B.
178 BSG 5.5.2010 – B 11 AL 14/09 R Rn. 19.

wesentlichen Nachteile, Verstoß gegen die Menschenwürde, Wohnungslosigkeit, Verlust des Krankenversicherungsschutzes sind so gravierend, dass hier stets von einer überdurchschnittlichen Bedeutung auszugehen ist. Es ist nicht nachvollziehbar, wenn auf der einen Seite drohende wesentliche Nachteile im Beschluss über die einstweilige Anordnung festgestellt wurden und auf der anderen Seite im anschließenden Kostenfestsetzungsverfahren das Interesse des Antragstellers als unterdurchschnittlich angesehen wird, weil es sich nur um eine vorläufige Leistung handelt.

Die Rechtsprechung übersieht auch, dass im Verfahren zum einstweiligen Rechtsschutz ein **erhöhtes Haftungsrisiko** des Rechtsanwalts besteht. Der Rechtsanwalt muss den Leistungsberechtigten über die Folgen einer erfolgreichen, aber fehlerhaft herbeigeführten einstweiligen Anordnung belehren. Der Leistungsberechtigte läuft nämlich Gefahr nach § 86 a Abs. 2 S. 4 SGG iVm § 945 ZPO gegenüber dem Leistungsträger auf Schadenersatz zu haften, wenn sich die einstweilige Anordnung von Anfang an als ungerechtfertigt erweist. Dieser Schadenersatzanspruch ist verschuldensunabhängig. Des Weiteren muss der Rechtsanwalt, wenn er seinen Mandanten in der Lage findet, dass die Leistungen insgesamt abgelehnt wurden und der Mandant weder familien- noch anderweitig versichert ist, alles daran setzen, dass der Versicherungsschutz, insbesondere in der gesetzlichen Krankenversicherung, nicht gefährdet ist. 242

Für das **Beschwerdeverfahren** gegen die Entscheidungen im einstweiligen Rechtsschutzverfahren werden von den Sozialgerichten die Gebühren nach Nr. 3204, 3205 VV im Berufungsverfahren festgesetzt. 243

Beschwerdegebühr Nr. 3204 VV		
Mindestgebühr	Höchstgebühr	Mittelgebühr
72 EUR	816 EUR	888 EUR ÷ 2 = 444 EUR

Sehr häufig wird die **Tätigkeit des Rechtsanwalts** im einstweiligen Rechtsschutzverfahren **umfangreicher** sein als im Urteilsverfahren. Dem Leistungsberechtigten muss aus einer aktuellen Notlage herausgeholfen werden. In diese Notlage ist er oftmals aufgrund vielschichtiger Ursachen hineingeraten. Insbesondere sprachungewandte Bürger, die ihr Anliegen nicht günstig darlegen können, dringen mit ihren Anträgen bei den Leistungsträgern nicht durch. Die restlichen verfügbaren Mittel sind oftmals verbraucht und die Hilfe von Angehörigen steht nicht zur Verfügung. Die Zumutbarkeit eines vorzeitigen Vermögensverbrauchs muss ggf. ermittelt werden. 244

Der Sachverhalt muss konzentriert in relativ kurzer Zeit ermittelt werden. Besprechungstermine müssen kurzfristig anberaumt werden. Der Rechtsanwalt muss teilweise Beweise erheben und zwar durch Abnahme einer eidesstattlichen Versicherung. Obwohl auch im Verfahren zum einstweiligen Rechtsschutz der Untersuchungsgrundsatz gilt, werden Untersuchungen des Gerichtes, auch wenn sie nahe liegen, häufig ohne die Anregung durch den Rechtsanwalt vom Gericht nicht vorgenommen. 245

246 Auf Schriftsätze des Antragsgegners ist umgehend und zeitnah, ggf. nach weiteren Rücksprachen mit den Mandanten, zu reagieren, denn andernfalls ist nach der Erfahrung des Autors davon auszugehen, dass das Gericht die Sachverhaltsangaben des Antragsgegners als Begründungsgerüst für die Ablehnung des Gesuchs auf einstweiligen Rechtsschutz und der Prozesskostenhilfe heranzieht.

9. Mündliche Verhandlung im einstweiligen Rechtsschutzverfahren

247 Da im Verfahren des **einstweiligen Rechtsschutzes eine mündliche Verhandlung nicht zwingend vorgesehen** ist, muss sich der Rechtsanwalt in der Regel mit der Geschäftsgebühr nach Nr. 3102 VVG begnügen. Zur Aufklärung des Sachverhaltes kann es allerdings angezeigt sein, beim Gericht auf eine fakultative mündliche Verhandlung oder einen Termin zur Erörterung hinzuwirken (§ 124 Abs. 3 iVm § 86 b Abs. 4 SGG). Hier können Unklarheiten im Sachverhalt beseitigt werden und das Gericht kann sich von den Antragstellern ein Bild machen, so dass die Schlüssigkeit, Glaubwürdigkeit und Glaubhaftigkeit des Sachvortrages überprüft werden kann.

248 Die **Parteivernehmung** ist im sozialgerichtlichen Verfahren nicht vorgesehen. Gleichwohl kann das Gericht seine Entscheidung auf eine Vernehmung des Klägers in der mündlichen Verhandlung stützen. Bei dieser Vernehmung müssen die Grundsätze der Zeugenvernehmung beachtet werden.[179] Insbesondere wenn die in der mündlichen Verhandlung gemachten Aussagen der Partei glaubhaft sind und der Lebenserfahrung entsprechen und nicht mit anderen festgestellten Tatsachen im Widerspruch stehen, kann hierauf das Urteil gestützt werden.[180]

249 Der Leistungsberechtigte kann auch eine **Versicherung an Eides** Statt abgeben, eine Lebenssituation schildern und Unklarheiten oder Widersprüche aufklären. Sofern im Bezirk des angerufenen Gerichtes die Verpflichtung zur Leistungsgewährung erst ab einer positiven Entscheidung des Gerichtes erfolgt, ist es erforderlich, dass der Sachverhalt umgehend aufgeklärt wird und eine Entscheidung getroffen wird, denn nur so lässt sich die Notlage umgehend beseitigen. Häufig treten im schriftlichen Verfahren zwischen den Beteiligten Missverständnisse auf, weil der Sachvortrag des Leistungsberechtigten nur unzureichend ist.

250 Widerspruchsverfahren und einstweiliges Rechtsschutzverfahren sind keine Verfahren, die notwendig aufeinanderfolgen, wie Widerspruchs- und Klageverfahren. Nach den Vorbemerkungen 2.3 Nr. 4 zum VV RVG erfolgt eine Anrechnung der Gebühren, falls wegen desselben Gegenstandes eine Tätigkeit im Widerspruchsverfahren vorausgegangen ist. Unabhängig davon, ob es sich beim Widerspruchs- und einstweiligen Rechtsschutzverfahren um unterschiedliche Gegenstände handelt, gehen einige Gerichte davon aus, dass eine Anrechnung zu erfolgen hat.[181] Als wirtschaftlich denkender Anwalt sollte man sorgfältig prüfen, ob man die Mandanten angesichts solch re-

---

179 BSG 28.11.2007 – B 11 a/7 a AL 14/07.

180 BSG 11.12.2002 – B 6 KA 43/02 B.

181 LSG Hessen 31.5.2016 – L 2 AS 603/15 B; LSG Thüringen 20.7.2017 – L 6 SF 950/15 B; zuletzt SG Saarland 19.8.2020 – S 26 SF 15/19 E; aA LSG Bayern 21.6.2016 – L 15 SF 39/14 E. Es geht auch anders: SG Koblenz 6.1.2021 – S 5 KR 724/20 ER.

striktiver Gebührenrechtsprechung nicht zur Rechtsantragstelle der jeweiligen Gerichte schickt und eine Bearbeitung solcher Mandate nicht vornimmt.

VI. Berufungsverfahren

Wie bereits beim Beschwerdeverfahren festgestellt, ist die **Berufung** bei Angelegenheiten nach dem SGB II nur zulässig, wenn der Beschwerdewert von 750 EUR überschritten ist (§ 144 Abs. 1 S. 1 Nr. 1 SGG). Auf den Beschwerdewert kommt es allerdings nur an, wenn die Klage eine Geld-, Dienst- oder Sachleistung zum Gegenstand hat, dh, wenn zB um die Höhe der Kosten für Unterkunft und Heizung gestritten wird. Die Berufung ist grundsätzlich immer zulässig, wenn es um eine Feststellung oder Bescheidung geht. Nach der Rechtsprechung des Bundessozialgerichtes ist die Berufung in einem Klageverfahren das eine Untätigkeitsklage (§ 88 SGG) zum Gegenstand hat, nur dann zulässig, wenn der Gegenstandswert des erstrebten Bescheides, den Beschwerdewert von 750 EUR erreicht.[182] 251

Der **Beschwerdewert von 750 EUR** muss nicht erreicht werden, wenn die Berufung wiederkehrende oder laufende Leistungen für mehr als ein Jahr betrifft. Da die Leistungen nach § 41 Abs. 3 höchstens für ein Jahr bewilligt werden, ist der Wert des Beschwerdegegenstandes von 750 EUR bei Angelegenheiten nach dem SGB II immer einschlägig, auch wenn der Leistungsberechtigte in der Regel stärker auf die Zahlungen angewiesen ist als ein Empfänger von Rente aus der gesetzlichen Rentenversicherung oder einer Verletztenrente aus der Unfallversicherung. Verfassungsrechtliche Bedenken wurden wegen dieser Ungleichbehandlung bisher nicht in Erwägung gezogen.[183] Grundsätzlich sollte vor der Einlegung der Nichtzulassungsbeschwerde, oder der Berufung, geprüft werden, ob die Berufung, abweichend von der Rechtsmittelbelehrung des Sozialgerichtes, gleichwohl zulässig ist. Hat das Sozialgericht die Berufung nicht zugelassen, weil es irrtümlich den Beschwerdewert unter 750 EUR angenommen hat, ist die Berufung gleichwohl zulässig.[184] Auch der Fall, dass irrtümlich von einem Gegenstandswert von mehr als 750 EUR ausgegangen wurde, führt nicht zur Zulässigkeit der Berufung.[185] Die fehlerhafte Rechtsmittelbelehrung führt allerdings dazu, dass die Rechtsmittelfrist von einem Monat nicht läuft (§ 66 Abs. 2 SGG).[186] 252

Berufung kann nur dann eingelegt werden, wenn das Sozialgericht die Berufung im Urteil **zugelassen** hat oder gegen das Urteil erfolgreich Nichtzulassungsbeschwerde eingelegt worden ist (§ 144 SGG). 253

182 BSG 6.10.2011 – B 9 SB 45/11 B, SozR 4-1500 § 114 Nr. 7; bestätigt BSG 10.10.2017 – B 12 KR 3/16 R; es werden sogar Abschläge von 25 % vom Gegenstandswert vorgenommen, LSG Rheinland-Pfalz 1.6.2017 – L 5 KR 101/17 B.
183 BSG 30.9.2008 – B 4 AS 57/07 R.
184 LSG München 23.2.2015 – L 10 AL 246/14 NZB.
185 BSG 14.12.2006 – B 4 R 19/06 R, SozR 4-3250 § 14 Nr. 3.
186 Vgl. BSG 3.7.2013 – B 12 KR 8/11 R BSGE 114, 69–83.

1. Zulassung der Berufung

254 Die **Berufung kraft Zulassung** spielt daher bei dem SGB II eine nicht unerhebliche Rolle. Nach § 144 Abs. 2 SGG ist die Berufung durch das Sozialgericht zuzulassen, wenn

- die Rechtssache grundsätzliche Bedeutung hat,
- das Urteil von einer Entscheidung des Landessozialgerichts, des Bundessozialgerichts, des gemeinsamen Senats der obersten Bundesgerichtshöfe oder des Bundesverfassungsgerichts abweicht und die Entscheidung auf dieser Abweichung beruht (Divergenzbeschwerde) und
- ein der Beurteilung des Berufungsgerichts unterliegender Verfahrensmangel geltend gemacht wird und vorliegt, auf dem die Entscheidung beruhen kann.

255 Liegt eine oder liegen mehrere der vorgenannten Voraussetzungen vor, muss das Sozialgericht die Berufung zulassen. Das Sozialgericht muss die Berufung nach § 144 Abs. 1 SGG in seinem Urteil zulassen. Die Zulassung in einem gesonderten Beschluss ist keine wirksame Zulassung der Berufung. Nur die Zulassung im Urteilstenor bedeutet eine absolut sichere Zulassung.[187]

a) Grundsätzliche Bedeutung

256 Grundsätzliche Bedeutung im Sinne des § 160 Abs. 2 Nr. 1 SGG hat eine Rechtssache, wenn sie eine Rechtsfrage aufwirft, die – über den Einzelfall hinaus – aus Gründen der Rechtseinheit oder der Fortbildung des Rechts einer **Klärung durch das Revisionsgericht** bedürftig und fähig ist. Eine Frage ist grundsätzlich dann nicht klärungsbedürftig, wenn die Antwort darauf praktisch außer Zweifel steht oder sie bereits höchstrichterlich entschieden ist. Abweichend von dieser Regel kann die Klärungsbedürftigkeit einer Rechtsfrage ausnahmsweise zu bejahen sein, wenn der einschlägigen höchstrichterlichen Rechtsprechung in nicht geringfügigem Umfange widersprochen worden ist und gegen sie nicht von vornherein abwegige Einwendungen vorgebracht werden.[188]

257 Insbesondere die Tatsache, ob die Beantwortung der Rechtsfrage außer Zweifel steht und sich ohne Weiteres aus dem Text des Gesetzes ergibt, wird unterschiedlich gesehen. Allein die Tatsache, dass sich in der Literatur keine abweichende Meinung hinsichtlich der Auslegung einer gesetzlichen Regelung ergibt, führt nicht dazu, dass eine Rechtsfrage nicht **klärungsbedürftig** ist.[189]

258 Anders als bei der Zulassung der Revision können auch Tatfragen von grundsätzlicher Bedeutung sein, denn das Landessozialgericht ist auch Tatsacheninstanz und die Zulassung wegen Tatfragen ist nicht grundsätzlich ausgeschlossen.

---

187 Bei Zweifeln vgl. HK-SGG/Berchtold § 160 Rn. 50.
188 Vgl. BSG 28.4.2005 – B 9a/9 VG 15/04 R mwN.
189 Zu weitgehend LSG Berlin-Brandenburg 24.11.2008 – L 29 B 414/08 R.

b) Divergenz

259 Die Berufung ist nach § 144 Abs. 2 Nr. 2 SGG auch zuzulassen, wenn das Sozialgericht in seinem Urteil von einer Entscheidung des Landessozialgerichts, des Bundessozialgerichts, des gemeinsamen Senates der obersten Gerichtshöfe des Bundes oder des Bundesverfassungsgerichts abweicht und die Entscheidung auf dieser Abweichung beruht. Hinsichtlich der Frage, ob eine **Divergenz** vorliegt, kann dies leicht übersehen werden, denn die Rechtsprechung der Landessozialgerichte ist teilweise nicht zu überschauen.

260 Die Rechtsfrage muss auch zwingend dazu führen, dass es zu einer anderen Entscheidung des Berufungsgerichts kommen kann. Das ist nicht der Fall, wenn die Entscheidung nicht auf der Rechtsfrage beruht, weil das Sozialgericht sein Urteil gleichzeitig auf eine alternative Begründung stützt.

c) Verfahrensmangel

261 Das Sozialgericht muss auch die Berufung zulassen, wenn ein **Verfahrensmangel** vorliegt. Dies wird nur ausnahmsweise der Fall sein, etwa wenn das Sozialgericht nach der letzten mündlichen Verhandlung den Verfahrensmangel erkennt und ihn nicht selbst durch Wiedereröffnung der mündlichen Verhandlung heilen kann oder will. Das Sozialgericht muss nicht begründen, warum es die Berufung zulässt.

2. Nichtzulassungsbeschwerde vor dem Landessozialgericht

262 Lässt das Sozialgericht die Berufung nicht zu, kann der Leistungsberechtigte wegen der Nichtzulassung **Nichtzulassungsbeschwerde** einlegen (§ 145 SGG). Die Nichtzulassungsbeschwerde kann nur auf die in § 144 Abs. 2 SGG genannten Zulassungsgründe gestützt werden. An die Begründung der Nichtzulassungsbeschwerde vor dem Landessozialgericht sind nicht dieselben Anforderungen wie an die Nichtzulassungsbeschwerde bei der Nichtzulassung der Revision zu stellen, denn vor dem Landessozialgericht herrscht kein Vertretungszwang.

263 Die materiellrechtlichen **Gründe**, wie grundsätzliche Bedeutung und Divergenz, müssen gleichwohl vorliegen. Die Nichtzulassungsbeschwerde kann auch auf „gut Glück" eingelegt werden und zwar in der Hoffnung, dass das Berufungsgericht eine Divergenz oder die grundsätzliche Bedeutung selbst herausfindet, denn nach § 145 Abs. 2 SGG müssen nur die zur Begründung dienenden Tatsachen und Beweismittel angegeben werden. Sofern ein Verfahrensmangel vorliegt, muss dieser allerdings geltend gemacht werden, dh der Beschwerdeführer muss sich auf die Verletzung seines Verfahrensrechts berufen.

264 Die Nichtzulassungsbeschwerde nach § 145 SGG ist hinsichtlich der Geltendmachung von **Verfahrensmängeln** nicht wie die Nichtzulassungsbeschwerde vor dem Bundessozialgericht beschränkt. Nach § 160 Abs. 2 Nr. 3 Hs. 2 SGG kann die Nichtzulassungsbeschwerde vor dem Bundessozialgericht nur unter engen Voraussetzungen erfolgreich auf einen Verfahrensmangel gestützt werden.

- Die Entscheidung muss wie auch bei der Berufung (§ 144 Abs. 2 Nr. 3 SGG) auf dem Verfahrensmangel beruhen.
- Die Rüge des Verfahrensmangels kann nicht darauf gestützt werden, dass ein bestimmter Arzt (Gutachten nach § 109 SGG) nicht angehört wurde.
- Sie kann auch nicht darauf gestützt werden, dass das Gericht Tatsachen oder Beweise im Urteil fehlerhaft gewürdigt hat.
- Ein Aufklärungsmangel (§ 103 SGG) kann nur dann erfolgreich geltend gemacht werden, wenn er sich auf einen Beweisantrag bezieht, dem das Landessozialgericht ohne hinreichende Begründung nicht gefolgt ist.

Die erfolgreiche Geltendmachung eines Verfahrensmangels außerhalb der sogenannten absoluten Revisionsgründe (vgl. §§ 202 SGG iVm 547 ZPO), setzt daher einen Beweisantrag voraus, der in der letzten mündlichen Verhandlung vor dem LSG gestellt bzw. wiederholt wurde.

265 Bei der Berufungszulassung kann der Antragsteller sich demgegenüber auch auf die vor dem BSG ausgeschlossenen Rügen zum Verfahrensmangel erfolgreich berufen. Gleichwohl empfiehlt es sich für den Kläger in dem Verfahren vor dem Sozialgericht die **Aufklärungsrüge** durch einen sachgerechten Beweisantrag vorzubereiten. Der – ordnungsgemäße – Beweisantrag hat im sozialgerichtlichen Verfahren Warnfunktion und will der Tatsacheninstanz vor der Entscheidung vor Augen führen, dass der Antragsteller die gerichtliche Aufklärungspflicht noch nicht als erfüllt ansieht.[190]

266 **Beispiel:** Der Leistungsberechtigte L streitet mit dem Leistungsträger darum, ob seine Wohnkosten angemessen sind. Der Entscheidung des Leistungsträgers liegt eine Erhebung der Wohnkosten aus dem Jahr 2018 durch Befragung von zwei großen Wohnungsbaugesellschaften in der Stadt S zugrunde. Außerdem verweist der Leistungsträger darauf, dass über 90 % der übrigen Leistungsberechtigten angemessenen Wohnraum haben. Der L teilt mit, dass er seit zwei Jahren eine günstigere Wohnung suche, aber keine freie gefunden habe und bietet Beweis dafür an, dass ihm freier Wohnraum zu den vom Leistungsträger für angemessen erachteten Miethöhen nicht zur Verfügung stehe. Hinsichtlich seiner Bemühungen, günstigeren Wohnraum zu finden, legt er eine Liste mit 60 Wohnungsangeboten seiner Klage bei. Wenn eine vormals angemessene Wohnung frei werde, werde diese zu höheren, nach den Richtlinien des Leistungsträgers nicht mehr angemessenen Preisen vermietet. Beweis solle durch Gutachten eines Sachverständigen für Wohnungsangelegenheiten erbracht werden.

267 Geht das Gericht dem Beweisantrag nicht nach, liegt hier ein Aufklärungsmangel nach § 103 SGG vor, denn der Sachvortrag des L, er habe innerhalb von zwei Jahren trotz intensiver Bemühungen keine angemessene Wohnung gefunden, sollte das Gericht veranlassen den Sachverhalt näher zu ermitteln. Zwar lässt sich aus der Tatsache, dass der Leistungsberechtigte keine Wohnung gefunden hat, noch nicht zwingend schließen, dass kein ausreichender angemessener Wohnraum zur Verfügung steht, doch allein durch die umfangreiche Darlegung der Bemühungen eine Wohnung zu finden, wird das Gericht den Sachverhalt weiter aufklären müssen.

190 BSG 14.4.2009 – B 5 R 206/08 B.

VII. Revision und Sprungrevision

Hat die Rechtssache grundsätzliche Bedeutung oder weicht das Landessozialgericht 268
von einer Entscheidung des Bundessozialgerichts, der obersten Gerichtshöfe des Bundes oder des Bundesverfassungsgerichts ab, so hat es die **Revision zuzulassen** (§ 160 Abs. 2 Nr. 1 und Nr. 2 SGG). Die Revision ist auch zuzulassen, wenn ein Verfahrensmangel vorliegt (§ 160 Abs. 2 Nr. 3 SGG). Letzterer Revisionsgrund wird regelmäßig nur auf die Nichtzulassungsbeschwerde hin zur Revision führen, denn es ist nicht anzunehmen, dass dem Gericht wissentlich ein Verfahrensmangel unterläuft und es deshalb die Revision zulässt. Das Gericht wird vielmehr den Verfahrensmangel zunächst beheben.

Neben den in § 160 SGG genannten Zulassungsgründen sei hier noch auf die absoluten Revisionsgründe hingewiesen, etwa einen Verstoß gegen § 153 Abs. 4 SGG.

Beispiel: Der Berichterstatter des Landessozialgerichts gibt dem Leistungsberechtigten L 269
auf, sich innerhalb einer Frist dazu zu äußern, was gegen eine Entscheidung über die Berufung durch Beschluss aus der Sicht des L einzuwenden ist. Vor Ablauf der Frist wird ein Beschluss vom LSG erlassen, mit der die Berufung zurückgewiesen wird. Hier kann sich der L auf die Fristsetzung verlassen und braucht nicht vorzutragen, dass die Entscheidung des Landessozialgerichtes auf dem Anhörungsmangel beruht.[191]

Ein weiterer **absoluter Revisionsgrund** sind die fehlenden Entscheidungsgründe, zB 270
weil die Absetzung des Urteils nicht innerhalb einer Frist von fünf Monaten nach dessen Verkündung erfolgt. § 547 Nr. 6 ZPO, der über § 202 SGG auch im sozialgerichtlichen Verfahren gilt, bestimmt iVm § 136 Abs. 1 Nr. 6 SGG, dass eine Entscheidung stets als auf einer Verletzung des Rechts beruhend anzusehen ist, wenn sie nicht mit Gründen versehen ist.[192]

Kein absoluter Revisionsgrund ist die Entscheidung ohne mündliche Verhandlung oh- 271
ne Einwilligung der Parteien. Dieser Verstoß ist allerdings so schwerwiegend, dass an die Darlegung der Kausalität für die Entscheidung keine allzu hohen Anforderungen gestellt werden.[193]

Ein absoluter Revisionsgrund ist die fehlerhafte Besetzung des erkennenden Gerichts 272
(§ 202 SGG iVm § 547 Nr. 1 ZPO).

Beispiel: Der Richter schläft während der Verhandlung ein. Sich hierauf zu berufen, wird 273
immer wieder versucht. Allein eine gewisse Teilnahmslosigkeit reicht nicht aus, es müssen schon deutliche Zeichen für anhaltenden tiefen Schlaf vorhanden sein.[194] Bei einer anwaltlichen Vertretung wird man auch von einem Anwalt des Klägers erwarten können, dass er den Vorsitzenden auf den Tiefschlaf eines Beisitzers aufmerksam macht und den Beisitzer über den Grund seiner Müdigkeit befragt. Bei einem übermüdeten Richter dürfte auch die Besorgnis der Befangenheit bestehen.

---

191 BSG 20.8.2009 – B 14 AS 52/09 B.
192 BSG 17.2.2009 – B 2 U 189/08 B.
193 BSG 20.8.2009 – B 14 AS 41/09 B.
194 Vgl. BSG 8.4.2005 – B 2 U 414/04 B mwN.

274 Auch gegen Urteile des Sozialgerichts kann die sogenannte **Sprungrevision** eingelegt werden (§ 161 SGG). Diese kann im Urteil oder auf Antrag durch Beschluss zugelassen werden. Erforderlich ist jeweils die Zustimmung des Gegners.

275 **Hinweis:** Die Sprungrevision ist nur empfehlenswert, wenn der Sachverhalt einfach ist oder das Sozialgericht sehr umfangreich und gründlich ermittelt hat und die Sache letztlich mit der Entscheidung durch das BSG steht oder fällt, andernfalls kommt es nur zu Verzögerungen des Rechtsstreites durch Zurückverweisung.

276 Gegen die Nichtzulassung der Revision ist die **Nichtzulassungsbeschwerde** nach § 160 a SGG als außerordentlicher Rechtsbehelf möglich. Wegen der weiteren Einzelheiten zur Nichtzulassungsbeschwerde vor dem Bundessozialgericht wird auf die weiterführende Literatur[195] verwiesen.

277 Bei der Nichtzulassungsbeschwerde und auch der Revision vor dem Bundessozialgericht müssen sich die Parteien durch Prozessbevollmächtigte **vertreten** lassen. Einer Vertretung bedarf es bei einem Antrag auf Prozesskostenhilfe nicht. An den Antrag auf Prozesskostenhilfe sind regelmäßig geringere Anforderungen zu stellen als an die Revisionsbegründung oder gar die Begründung der Nichtzulassungsbeschwerde.

278 Hier bieten sich zwei Verfahrensweisen an: Der Leistungsberechtigte beantragt selbst **Prozesskostenhilfe** mit einer Begründung aus seiner Sicht. Hierzu lässt er sich gegebenenfalls anwaltlich beraten. Die Kosten dieser Beratung können von der Beratungshilfe („Beratungshilfeschein“) getragen werden. Die Unterlagen (Formulare) zur Prozesskostenhilfe sind vollständig ausgefüllt an das Bundessozialgericht zu übersenden. Der Mandant kann dem Rechtsanwalt auch eine auf die Geltendmachung der Prozesskostenhilfe eingeschränkte Vollmacht erteilen und beauftragt den Rechtsanwalt mit der Antragstellung der Prozesskostenhilfe. Versäumt der Leistungsberechtigte durch den isolierten Prozesskostenhilfeantrag die Frist zur Einlegung der Nichtzulassungsbeschwerde oder Revision, ist ihm bei Vorlage der vollständigen Prozesskostenhilfeunterlagen, bestehend aus der Erklärung über die persönlichen und wirtschaftlichen Verhältnisse und der Begründung des Antrages, Wiedereinsetzung in den vorigen Stand zu gewähren (§ 67 SGG).

VIII. Kontrolle von Satzungen über die angemessene Höhe der Kosten der Unterkunft und Heizung

279 Die Länder können die Landkreise oder kreisfreien Städte ermächtigen, Satzungen über die angemessene Höhe der Kosten der Unterkunft und Heizung (§§ 22 a Abs. 1, 22 Abs. 1 S. 1) zu erlassen. Wird aufgrund einer Ermächtigung eine Satzung erlassen, so kann durch abstraktes Normenkontrollverfahren überprüft werden, ob die Satzung insgesamt, eine Norm der Satzung oder eine andere unter dem Rang eines Landesgesetzes stehende Norm, die nach § 22 a Abs. 1 erlassen wurde, gegen höherrangiges Recht verstößt (§ 55 a Abs. 1 SGG).

195 HK-SGG/Berchtold, 6. Aufl. 2021, zu §§ 160 ff.

Höherrangiges Recht sind in erster Linie die Anforderungen, die das SGB II an die Satzung stellt. Daneben kommt die Überprüfung der formellen Rechtmäßigkeit, dh, ob die Satzung oder eine andere untergesetzliche Norm nach den Vorgaben des SGB II (§ 22 b Abs. 2 S. 1 und S. 2) oder der landesrechtlichen Ausführungsvorschrift erlassen wurde. Weiterhin kann die Satzung oder die Norm daraufhin überprüft werden, ob sie mit Verfassungsrecht, insbesondere dem Sozialstaatsgebot vereinbar ist (Art. 1 Abs. 1, 20 Abs. 1 GG). 280

Die Normenkontrolle findet grundsätzlich unabhängig von einem anhängigen Rechtsstreit statt. Sie kann bereits bei einer erst demnächst drohenden Rechtsverletzung erhoben werden (§ 55 a Abs. 2 S. 1). Stellt sich in einem anhängigen Verfahren vor dem Sozialgericht heraus, dass die Satzung oder eine andere untergesetzliche Norm nach § 22 a gegen höherrangiges Recht verstößt, kann das Sozialgericht weder das Verfahren aussetzen und die Gültigkeit der Satzung oder der Norm in Form eines Vorlagebeschlusses entsprechend Art. 100 Abs. 1 GG, § 80 BVerfGG überprüfen lassen noch die Satzung oder die Norm für unwirksam erklären. Es kann lediglich ein abstraktes Normenkontrollverfahren anregen und das eigene Verfahren bis zur Erledigung des abstrakten Normenkontrollverfahrens aussetzen (§ 114 Abs. 2 a SGG). 281

Zuständig für das abstrakte Normenkontrollverfahren sind die Landessozialgerichte in erster Instanz (§§ 29 Abs. 2 Nr. 3 SGG). Bei den Landessozialgerichten ist ein eigener Senat für das Normenkontrollverfahren zu bilden (§ 31 Abs. 2 SGG). Dies soll zu einer einheitlichen Rechtsprechung führen.[196] 282

Die Landessozialgerichte entscheiden über die Vereinbarkeit der Satzung mit höherrangigem Bundesrecht. Über die Vereinbarkeit mit höherrangigem Landesrecht entscheiden sie nur, wenn nicht gesetzlich vorgesehen ist, dass hierüber ausschließlich das Verfassungsgericht eines Landes entscheidet (§ 55 a Abs. 3 SGG).

Entscheidet das Landessozialgericht über die Vereinbarkeit der Satzung mit Bundesrecht, insbesondere über die Vereinbarkeit der Satzung mit dem SGB II, so ist gegen diese Entscheidung die Revision zulässig, wenn sie im Urteil oder Beschluss des Landessozialgerichtes zugelassen ist (§ 160 Abs. 1 SGG) oder auf die Beschwerde einer Partei durch das Bundessozialgericht zugelassen wird (§ 160 a Abs. 1 S. 1 SGG). Das Bundessozialgericht überprüft die Vereinbarkeit der Satzung nur mit Bundesrecht und nicht mit Landesrecht (§ 162 SGG). Ein Verstoß gegen Landesrecht könnte nur mit einer Verfassungsbeschwerde vor dem Landesverfassungsgericht angegriffen werden. 283

Die formalen Anforderungen an die Erhebung des abstrakten Normenkontrollverfahrens vor dem Landessozialgericht sind gering und entsprechen den Anforderungen an die Erhebung einer Klage vor den Sozialgerichten oder einer Berufung vor den Landessozialgerichten (vgl. §§ 90, 92 SGG), denn eine Vertretung durch Rechtsanwälte ist ebenso wenig wie im Berufungsverfahren erforderlich. 284

196 BT-Drs. 17/3404, 131.

285 **Hinweis:** Die Regelung über das Normenkontrollverfahren (§ 55 a SGG) ist der Regelung des Normenkontrollverfahrens im allgemeinen Verwaltungsrecht nachgebildet (§ 47 VwGO). Auf die hierzu ergangene Rechtsprechung und Literatur kann daher zurückgegriffen werden.

286 Ein Antrag im abstrakten Normenkontrollverfahren kann lauten: „Die Satzung des Landkreises A über die Angemessenheit von Kosten für Unterkunft und Heizung vom 0.0.0000, veröffentlicht im Amtsblatt der Landkreises Nr. 10/12 vom 0.0.00, werden für unwirksam erklärt."

Das Normenkontrollverfahren hat in der Rechtsprechung der Sozialgerichte nur eine sehr geringe Rolle gespielt, da die Anforderungen an die Satzungen zu den Kosten der Unterkunft vom Gesetzgeber recht hoch sind. Von der Satzungsbefugnis wurde deswegen bisher nur in einem sehr geringen Umfang Gebrauch gemacht. So wurde die Wohnaufwendungenverordnung (WAV) des Berliner Senates für unwirksam erklärt.[197]

197 BSG 4.6.2014 – B 14 AS 53/13 R BSGE 116, 94–112.

Anhang

I. Muster: Isolierter Antrag auf Prozesskostenhilfe

Namens und mit Auftrag des Antragstellers wird beantragt,

dem Antragsteller unter Beiordnung der Unterzeichnenden Prozesskostenhilfe zu gewähren.

Der Antragsteller ist nach seinen persönlichen und wirtschaftlichen Verhältnissen nicht in der Lage, die Kosten der Prozessführung ganz oder teilweise zu tragen. Dies ergibt sich aus der anliegenden Erklärung über die persönlichen und wirtschaftlichen Verhältnisse. Der Antragsteller ist nicht Mitglied in einer in § 73 Abs. 2 S. 2 Nr. 5 bis 9 SGG genannten Vereinigung und unterhält auch keine Rechtsschutzversicherung, die in dem vorliegenden Verfahren eintrittspflichtig ist.

Die Klage ist nicht mutwillig und hat auch Aussicht auf Erfolg. Letzteres ergibt sich aus der nachfolgenden

Begründung:

Hinsichtlich der Begründung wird auf den in Anlage beigefügten Bescheid der Beklagten, den Widerspruch des Antragstellers und den Widerspruchsbescheid verwiesen und zusätzlich wie folgt vorgetragen: Die Antragsgegnerin hat die Übernahme der Nachzahlungsforderung des Vermieters gegen den Antragsteller über Heizkosten in Höhe von 750 EUR für das Jahr 2022 zu Unrecht abgelehnt. Entgegen der Rechtsauffassung der Antragsgegnerin handelt es sich bei der Nachforderung von Mietneben- und Heizkosten nicht um Mietschulden im Sinne des § 22 Abs. 8 S. 1 SGB II (BSG 22.3.2010 – B 4 AS 62/09 R). Die Antragsgegnerin kann sich nicht darauf berufen, dass durch die Heizkostennachforderung die Grenze der angemessenen Unterkunftskosten durch die Nachforderung überschritten wird.

Selbst wenn durch die Heizkostennachforderung die Angemessenheitsgrenze überschritten wird, kann sich die Antragsgegnerin hierauf nicht berufen. Die Antragsgegnerin hätte den Antragsteller (vor Erhalt der Nachzahlung) darauf hinweisen müssen, dass die Kosten seiner Unterkunft durch die Nachzahlungsforderung unangemessen werden. Die Antragsgegnerin muss auch die unangemessenen Kosten für die Heizung bis zu einem halben Jahr übernehmen (BSG 19.9.2008 – B 14 AS 54/07 R).

...

Unterschrift

– Rechtsanwalt –

Erläuterungen: Prozesskostenhilfe ist eine Sozialleistung besonderer Art, die nur auf Antrag gewährt wird (§ 73 a Abs. 1 S. 1 SGG iVm § 117 Abs. 1 S. 1 ZPO). Der Prozesskostenhilfeantrag kann zur Niederschrift der Geschäftsstelle des Gerichts der Hauptsache zu Protokoll erklärt oder schriftlich erklärt werden. Dem Antragsteller ist für das nachfolgende Klageverfahren ein Anwalt seiner Wahl beizuordnen, wenn eine Vertretung durch Rechtsanwälte nicht vorgeschrieben ist, die Vertretung durch einen Rechtsanwalt jedoch erforderlich erscheint (§ 73 a Abs. 1 S. 1 SGG iVm § 121 Abs. 2 ZPO). Sofern es sich bei einem Sozialgerichtsverfahren nicht um eine ganz einfache Angelegenheit handelt, wird die Beiordnung eines Rechtsanwaltes in der Regel erforderlich sein, weil es sich um eine Spezialmaterie handelt (BVerfG Beschl. v. 6.5.2009 – 1 BvR 439/08). Der Anspruch auf Prozesskostenhilfe besteht nur, wenn der Antragsteller nach seinen persönlichen und wirtschaftlichen Verhältnissen nicht in der Lage ist die Prozesskosten zu tragen (§ 73 a Abs. 1 S. 1 SGG iVm § 114 Abs. 1 ZPO). Bei der Antragstellung hat sich der Antragsteller hinsichtlich der persönlichen und wirtschaftlichen Verhältnisse der Vordrucke zu bedienen (§ 117 Abs. 3 ZPO iVm § 1 Abs. 1 Prozesskostenhilfeformularverordnung PKHFV iVm der Anlage). Empfänger von Leistungen nach dem SGB II müssen den gesamten Vordruck ausfüllen (§ 2 Abs. 2 PKHFV). Ein Anspruch auf Prozesskostenhilfe besteht nicht, wenn eine kostenfreie Vertretung durch eine Gewerkschaft oder eine sonstige in § 73 Abs. 2 S. 2 Nr. 5 bis 9 SGG genannte Vereinigung möglich ist. Ein Anspruch auf Prozesskostenhilfe besteht auch nicht, wenn der Einsatz des Vermögens möglich ist (§ 115 Abs. 3 ZPO). Hierzu gehört auch eine eintrittspflichtige und eintrittswillige Rechtsschutzversicherung. Auch ein Kostenerstattungsanspruch gegen ein Jobcenter aus einem früheren Verfahren kann als Vermögenswert im Prozesskostenhilfeverfahren als Einmalzahlung angerechnet werden (LSG Thüringen 17.11.2022 – L 1 SV 1119/20 B). Die Klage muss Aussichten auf Erfolg haben und darf nicht mutwillig sein (§ 114 Abs. 1 S. 1 ZPO). Der Antrag auf Prozesskostenhilfe muss begründet werden und zwar ist das Streitverhältnis unter Angabe der Beweismittel darzustellen (§ 73 a Abs. 1 S. 1 SGG iVm § 117 Abs. 1 S. 2 ZPO, vgl. BVerfG 14.4.2010 – 1 BvR 362/10). Die Regelung in der ZPO kann nicht vollständig auf das sozialgerichtliche Verfahren übertragen werden, denn die zur Begründung der Klage dienenden Tatsachen sind nicht zwingend anzugeben, sondern sollen nur angegeben und die Beweismittel bezeichnet werden (§ 92 Abs. 1 S. 4 SGG), eine Begründung ist nicht erforderlich, so dass zunächst zur Darstellung des Klagebegehrens und des Sachverhaltes auf ein Widerspruchsschreiben verwiesen werden kann. In dem hier dargestellten recht einfachen Sachverhalt geht es um zwei Rechtsfragen und zwar

1. ob es sich bei einer Nachforderung von Heiz- oder Betriebskosten um laufende Kosten für die Heizung handelt, die im angemessenen Rahmen in tatsächlicher Höhe geleistet werden müssen (§ 22 Abs. 1 S. 1) oder um Schulden (§ 22 Abs. 8). Letzteres ergibt sich aus der zitierten Entscheidung des Bundessozialgerichtes.

2. Strittig war weiterhin, ob bei unangemessenen Heizkosten sowohl eine Kostensenkungsaufforderung erforderlich war als auch eine Kostensenkungsfrist bis zu sechs Monaten bestand. Nach dem Wortlaut des § 22 Abs. 1 S. 3 besteht die Kostensenkungsfrist ausdrücklich nur für die Kosten der Unterkunft und nicht für die Heizkosten. Dass der Gesetzgeber diese Lösung nicht beabsichtigte, hat das Bundessozialgericht in der zitierten Entscheidung klargestellt.

Will der Rechtsanwalt den Antrag auf Prozesskostenhilfe nur gegen Zahlung eines Vorschusses einlegen, sollte eine Vereinbarung über die Verwendung des Vorschusses getroffen werden, wenn die Prozesskostenhilfe bewilligt wird, den andernfalls wird der vom Mandanten gezahlte Betrag angerechnet (§ 58 Abs. 2 RVG), so dass der Mandant insoweit er einen Vorschuss gezahlt hat, diesen trotz Bewilligung der Prozesskostenhilfe nicht zurück erhält.

Hinweis: Vereinbarung über die Verwendung eines Vorschusses bei Prozesskostenhilfe nach § 58 Abs. 2 RVG:

Der Mandant zahlt an den Rechtsanwalt einen näher bestimmten Vorschuss laut Kostenberechnung. Die Zahlung des Vorschusses erfolgt unter dem Vorbehalt, dass dem Mandanten Prozesskostenhilfe ohne Ratenzahlung bewilligt wird. Erfolgt die Gewährung von Prozesskostenhilfe ohne Ratenzahlung, wird der Vorschuss an den Mandanten zurückgezahlt. Wird Prozesskostenhilfe mit Ratenzahlung bewilligt, wird der Vorschuss angerechnet und mindert die zu zahlenden Raten. Im Falle der Ablehnung der Prozesskostenhilfe verbleibt der gezahlte Vorschuss beim Rechtsanwalt.

Der Rechtsanwalt ist auch am Prozesskostenhilfeverfahren noch Prozessvertreter, denn die Vertretung endet erst, wenn dies dem Gericht nach § 87 ZPO angezeigt wurde (OLG Brandenburg 2.9.2022 9 WF 114/22). Über § 202 SGG ist auch § 87 ZPO anwendbar, so dass hier nach Abschluss des Rechtsstreites die Vollmacht widerrufen werden sollte. Da die PKH-Überprüfung noch zum Rechtszug gehört, können Gebühren hierfür vom Rechtsanwalt nicht geltend gemacht werden.

II. Muster: Beschwerde gegen die Ablehnung der Prozesskostenhilfe durch das Sozialgericht

Im Namen und mit Auftrag meiner Mandantin lege ich gegen den Beschluss des Sozialgerichts ... vom ... zur Geschäfts-Nr.: ...

Beschwerde

ein und beantrage, wie folgt zu erkennen:

Der Klägerin wird unter Aufhebung des Beschlusses des Sozialgerichts vom ... zur Geschäfts-Nr. ... Prozesskostenhilfe unter Beiordnung des Unterzeichnenden ab Antragstellung bewilligt.

Begründung:

Das Sozialgericht hat zu Unrecht die Erfolgsaussichten der Klage verneint.

Das Sozialgericht hat die Prozesskostenhilfe abgelehnt, weil der Beschwerdewert von 750 EUR nicht erreicht worden sei. Gegenstand ist hier der Bescheid vom 20.12.2022 für die Zeit vom 1.1. bis zum 31.12.2023 in der Fassung des Widerspruchsbescheides vom 3.2.2023. Die Klägerin macht einen Anspruch auf Mehrbedarf wegen kostenaufwendiger Ernährung in Höhe von monatlich 10% des monatlichen Regelbedarfes in Höhe von 502 EUR sowie Kosten der Unterkunft in Höhe von monatlich 30 EUR geltend.

Das Sozialgericht hat den Antrag auf Mehrbedarf von den Kosten für Unterkunft und Heizung durch Beschluss vom 3.4.2023 abgetrennt und dann in dem Verfahren auf Mehrbedarf wegen aufwendiger Ernährung abgelehnt, weil die Klägerin nicht an einer „Katalogerkrankung" leide bei der ein Mehrbedarf gewährt werden kann. Der Rechtsstreit wegen Kosten der Unterkunft wird unter einem noch vom Sozialgericht zu benennenden Geschäftszeichen weitergeführt.

Die Beschwerde ist hier zulässig, weil der Beschwerdewert von 750 EUR erreicht worden ist, denn das Sozialgericht hätte hier keine Abtrennung der Kosten für Unterkunft und Heizung vornehmen dürfen. Es kann dahingestellt bleiben, ob es sich hier um zwei Streitgegenstände handelt, denn das Sozialgericht hätte grundsätzlich das Begehren der Klägerin, welches auf höheres Bürgergeld gerichtet ist, insgesamt in einem Verfahren prüfen müssen. Die Abtrennung erfolgt mithin ermessenfehlerhaft.

Die Beschwerde ist daher auch zulässig, weil der Beschwerdewert erreicht wird. Der Mehrbedarf wegen Ernährung beträgt hier 502 * 12 = 6.020 ./. 100 * 10 = 602,40 EUR und 30 * 12 = 360 + 602,40 = 962,40 EUR.

Die Klage hat auch Aussicht auf Erfolg, denn ob die Klägerin einen Anspruch auf Mehrbedarf nach 21 Abs. 5 SGB II hat, lässt sich nur durch ärztliches Gutachten feststellen (letzteres ist ggf. näher auszuführen).[1]

Das Sozialgericht hätte daher, ohne Vorwegnahme der Hauptsache, Prozesskostenhilfe bewilligen müssen.

...

Unterschrift

– Rechtsanwalt –

Erläuterungen: Über die Bewilligung oder Ablehnung der Prozesskostenhilfe entscheidet das Gericht (§ 73 a Abs. 1 S. 1 SGG iVm § 120 Abs. 1 ZPO). Die Entscheidung ergeht durch Beschluss (§ 142 SGG). Sofern über den Antrag auf Prozesskostenhilfe außerhalb der mündlichen Verhandlung entschieden wird, entscheidet der Vorsitzende alleine (§§ 142 Abs. 1, 129 SGG). Die Rechtsmittel gegen einen ablehnenden Prozesskostenhilfebeschluss sind geteilt. Die Beschwerde ist ausgeschlossen, wenn das Gericht ausschließlich die persönlichen und wirtschaftlichen Verhältnisse für die Prozesskostenhilfe verneint (§ 172 Abs. 3 Nr. 2 SGG). Gegen die Ablehnung der Prozesskostenhilfe durch das Sozialgericht wegen fehlender Erfolgsaussichten ist die Beschwerde an das Landessozialgericht zulässig (§ 172 Abs. 1 SGG). Die Beschwerdefrist beträgt einen Monat (§ 173 S. 1 SGG). Die Beschwerde ist beim Sozialgericht einzulegen (§ 173 S. 1 SGG). Die Beschwerdefrist ist auch bei Einlegung der Beschwerde beim Landessozialgericht gewahrt. Der Beschwerdewert von 750 EUR (§ 144 Abs. 1 Nr. 1 SGG) muss erreicht sein.

Bei der Begründung ist zu berücksichtigen, dass das Sozialgericht hier die Hauptsache vorweggenommen hat und die Lösung einer schwierigen Tatsachenfrage, inwieweit das Gericht den Mehrbedarf ermitteln muss, in das Prozesskostenhilfeverfahren verlagert (LSG Hamburg 12.8.2021 – L 1 KR 113/20 ZVW). Das Problem sollte, wie vorliegend, nach Möglichkeit in der Beschwerde dargestellt werden.

III. Einstweilige Anordnung, Regelungsanordnung nach § 86 b Abs. 2 S. 2 SGG

Im Namen und mit Auftrag des Antragstellers wird beantragt, wie folgt zu erkennen:

1. Die Antragsgegnerin wird im Wege der einstweiligen Anordnung verpflichtet, Leistungen nach dem SGB II an den Antragsteller zu erbringen.
2. Dem Antragsteller wird unter Beiordnung der Unterzeichnenden Prozesskostenhilfe gewährt.

1 Fall nachgebildet LSG NRW 3.11.2022 – L 19 AS 1240/22 B.

Der Antragsteller ist nach seinen persönlichen und wirtschaftlichen Verhältnissen nicht in der Lage, die Kosten der Prozessführung ganz oder teilweise zu tragen. Dies ergibt sich aus der anliegenden Erklärung über die persönlichen und wirtschaftlichen Verhältnisse. Der Antragsteller ist nicht Mitglied in einer in § 73 Abs. 2 S. 2 Nr. 5 bis 9 SGG genannten Vereinigung und unterhält auch keine Rechtsschutzversicherung, die in dem vorliegenden Verfahren eintrittspflichtig ist.

Der Antrag ist nicht mutwillig und hat auch Aussicht auf Erfolg.

Begründung:

Der 28-jährige Antragsteller beantragte am 27.9.2022 bei der Antragsgegnerin Leistungen nach dem SGB II.

Mit Bescheid vom 4.10.2022 lehnte die Antragsgegnerin Leistungen vollständig ab, weil der Antragsteller angeblich mit einer Frau B in einer eheähnlichen Lebensgemeinschaft stehe und mit dieser einen gemeinsamen Haushalt führe. Der Antragsteller sei nicht hilfebedürftig, weil er mit Frau B eine Bedarfsgemeinschaft bilde. Frau B verfüge über ein monatliches Nettoeinkommen in Höhe von 2.800 EUR, so dass der Antragsteller nicht hilfebedürftig sei.

Gegen den ablehnenden Bescheid ließ der Antragsteller durch die gesondert beauftragte Rechtsanwältin S Widerspruch einlegen. Über den Widerspruch hat die Antragsgegnerin bisher noch nicht entschieden. Wegen weiterer Einzelheiten wird auf den in

Anlage A 1

beigefügten Bescheid vom 4.10.2022 verwiesen.

Der Antragsteller lebt mit Frau B nicht in einer Bedarfsgemeinschaft, sondern bei ihr zur Untermiete und zwar seit dem 1.8.2021. Ein schriftlicher Untermietvertrag besteht nicht. Der Antragsteller leistete bis zum 2.8.2022 regelmäßig Zahlungen in Höhe von 220 EUR für die Anmietung eines Zimmers in der Wohnung der B. Diesbezüglich werden in

Anlage A 2

Kontoauszüge im Original seit dem 1.8.2021 beigefügt.

Der Antragsteller war bis zur Exmatrikulation am 31.7.2022 als Student eingeschrieben und erhielt bis zum Auslaufen der Förderungshöchstdauer am 31.5.2022 Leistungen nach dem BAföG.

Diesbezüglich wird auf die in

Anlage A 3

beigefügte Exmatrikulationsbescheinigung vom 5.9.2022 verwiesen.

Außerdem hatte er bis zum 30.6.2022 noch Einnahmen in Höhe von monatlich 450 EUR aus einer Tätigkeit als Aushilfskellner. Das Arbeitsverhältnis wurde durch den Arbeitgeber gekündigt. Der Antragsteller hat keinerlei Ersparnisse und ist auch nicht im Besitz von Wertgegenständen, die er kurzfristig „versilbern" könnte. Der Antragsteller hat derzeit noch 56 EUR Bargeld und in seinem Kühlschrank, der im Flur der Wohnung der B steht, befinden sich noch Lebensmittelvorräte für ca. eine Woche (kleiner Wurstvorrat von ca. 400 g, 2 Flaschen Milch à 1 l, 4 Schweinekoteletts à 150 g, 2 Gläser Konfitüre à 450 g).

Frau B lebt mit dem Antragsteller nicht in einem gemeinsamen Haushalt.

Frau B ist auch nicht in der Lage, den Antragsteller zu unterhalten. Sie hat lediglich ein Einkommen in Höhe von 1.400 EUR brutto. Die B erhielt im November 2022 ein 13. Monatsgehalt, so dass ihr Nettoentgelt im Dezember 2021 aufgrund eines Bruttoentgeltes in Höhe von 2.800 EUR berechnet und ausgezahlt wurde. Die Antragsgegnerin kommt wohl auf diese Summe, weil anlässlich eines Hausbesuches von zwei Mitarbeitern (Außendienst) der Beklagten am 29.8.2022 um 9 Uhr die Gehaltsabrechnung der B auf dem Küchentisch lag.

Der Antragsteller und die B frühstückten an diesem Tag ausnahmsweise gemeinsam in der Küche der B. Die B hatte Urlaub und der Antragsteller sollte sie nach dem Frühstück mit dem Pkw zum Flughafen bringen, von dem aus die B eine drei Wochen dauernde Urlaubsreise antreten wollte. Weil die Mitarbeiter der Antragsgegnerin erschienen, musste die B mit einem Taxi zum Flughafen fahren.

Der Antragsteller ist hilfebedürftig, denn er verfügt seit dem Ende seines Studiums und seiner Berufstätigkeit über keinerlei Einnahmen mehr.

Der Antragsteller ist auch in einer existenziellen Notlage. Die B teilte dem Antragsteller bereits am Morgen des 29.8.2022 anlässlich des Frühstücks mit, dass sie dringend auf die Zahlungen aus dem Untermietverhältnis angewiesen sei. Sie könne die Wohnung aufgrund des hohen Mietzinses, den sie an den Vermieter zahlen müsse, auf keinen Fall alleine halten und müsse entweder den Untermietvertrag oder den Hauptmietvertrag kündigen. Der Antragsteller müsse sich um Bürgergeld kümmern. Der Antragsteller ist nach seiner Exmatrikulation zum 31.7.2022 ab dem 1.8.2022 verpflichtet, eine Krankenversicherung zu unterhalten, die er nicht bezahlen kann.

Wegen der Sachlage wird auf die in

Anlage A 4

beigefügte Eidesstattliche Versicherung des Antragstellers vom 5.10.2022 verwiesen.

...

Unterschrift

– Rechtsanwalt –

Anlagen:

Vollmacht, Ablehnungsbescheid vom 3.10.2022, neun Kontoauszüge, Exmatrikulationsbescheinigung vom 5.9.2022, Eidesstattliche Versicherung vom 7.10.2022, Erklärung über die persönlichen und wirtschaftlichen Verhältnisse nebst Anlagen.

Erläuterungen: Hinsichtlich der Formulierung des Antrags bei der Regelungsanordnung gilt nichts anderes als bei einem Antrag im Klageverfahren (§§ 86 b Abs. 4, 142 Abs. 1, 54 Abs. 4, 5 SGG). Der Antrag richtet sich danach um welche Klageart es sich handelt. Bei der Regelungsanordnung handelt es sich um ein Gesuch, das mit der kombinierten Anfechtungs- und Leistungsklage (§ 54 Abs. 4 SGG) oder der reinen Leistungsklage (§ 54 Abs. 5 SGG) vergleichbar ist.

Bei einer Vornahmesache ist ein Vorverfahren/Widerspruchsverfahren (§ 78 Abs. 1 S. 1 SGG) nicht erforderlich. Das Verfahren auf einstweiligen Rechtsschutz kann mit einem Klageverfahren verbunden werden, wird aber von den Sozialgerichten in aller Regel wieder getrennt (§ 113 Abs. 1 SGG). Der Antrag auf einstweiligen Rechtsschutz ist auch ohne Klageerhebung möglich (§ 86 b Abs. 3 SGG).

Hinsichtlich des Antrags auf Prozesskostenhilfe wird auf die Ausführungen im Anhang 1 zum Muster: Prozesskostenhilfeantrag verwiesen.

Sowohl zum Anordnungsanspruch als auch zum Anordnungsgrund (§ 86b Abs. 2 S. 4 SGG iVm § 920 Abs. 2 ZPO) gehört die vorherige Stellung eines Antrags auf Leistungen. Der Leistungsantrag ist konstitutiv für den Leistungsanspruch (§ 37 Abs. 1). Wurde vor dem Antrag auf einstweiligen Rechtsschutz kein Antrag beim Leistungsträger gestellt, hatte dieser auch keine Gelegenheit, die Notlage des Antragstellers zu beheben, so dass es regelmäßig an einer dringenden Notlage und einem Anordnungsanspruch fehlt (§ 86b Abs. 2 S. 2 SGG, vgl. BVerfG Beschl. v. 30.10.2009 – 1 BvR 2442/09).

Bei der Darstellung des Sachverhaltes ist in erster Linie die dringende Notlage darzustellen. Der Anordnungsgrund ist bei existenzsichernden Leistungen von den Gerichten vorrangig zu prüfen (BVerfG Beschl. v. 28.9.2009 – 1 BvR 1702/09; 25.2.2009 – 1 BvR 120/09). Gleichwohl empfiehlt es sich, vorab darzustellen, warum der Leistungsträger eine Leistung nicht gewährt. Die Frage, ob Personen lediglich zusammen in eine Wohnung wohnen oder in einem gemeinsamen Haushalt leben und/oder eine eheähnliche Gemeinschaft besteht, die zu einer Bedarfsgemeinschaft führt, wird sich in aller Regel nur durch eine Beweisaufnahme klären lassen.

Das Gericht muss, wenn es auf die Erfolgsaussichten des Verfahrens in der Hauptsache abstellt, den Sachverhalt abschließend ermitteln (BVerfG aaO). Die aktuelle Notlage ist deshalb ausführlich darzulegen. Diese besteht insbesondere nur dann, wenn der Leistungsberechtigte keine Ersparnisse hat, die er verwerten könnte. Der Leistungsberechtigte könnte ggf. auf ausreichende Vorräte an Lebensmittel, Kleidungsstücken usw zurückgreifen. Auch der Besitz einer Monats- oder Jahreskarte zur Nutzung öffentlicher Verkehrsmittel oder ein ausreichender Brennstoffvorrat stellen ein Vermögen dar, auf das der Leistungsberechtigte zurückgreifen könnte. Eine aktuelle Notlage droht immer, wenn Obdachlosigkeit droht oder der Krankenversicherungsschutz gefährdet ist, worauf deshalb immer einzugehen ist.

Anordnungsgrund und Anordnungsanspruch sind glaubhaft zu machen (§ 86b Abs. 2 S. 4 SGG iVm § 920 Abs. 2 ZPO). Die Glaubhaftmachung kann neben den in der ZPO vorgesehenen Beweisen (Zeugenaussage, Urkundenbeweis, Sachverständigengutachten etc) auch durch eidesstattliche Versicherung erfolgen (§ 202 SGG iVm § 294 Abs. 1 ZPO). Auch im Verfahren des einstweiligen Rechtsschutzes gilt der Amtsermittlungsgrundsatz (§ 103 SGG). Will das Sozialgericht nicht aufgrund der Sachverhaltsdarstellung entscheiden, weil es dieser Darstellung keinen Glauben schenkt und hat der Antragsteller keinen Beweis angeboten, muss es den Antragsteller zur eidesstattlichen Versicherung laden oder andere Ermittlungen anstellen. Zur Beschleunigung des Verfahrens empfiehlt es sich jedoch die Beweise „herbeizuschaffen". Sofern die Antragsgegnerin eine Gegenäußerung (Replik) abgibt, die von der eigenen Sachverhaltsdarstellung abweicht, sollte hierauf erwidert werden, damit das Gericht die Richtigkeit des gegnerischen Vortrags nicht als wahr unterstellt (geschieht des Öfteren).

IV. Beschwerde gegen ablehnenden Beschluss über den Antrag auf einstweiligen Rechtsschutz

Im Namen und mit Auftrag des Antragstellers wird gegen den Beschluss des Sozialgerichts ... vom 23.10.2022 zur Geschäfts-Nr.: 14 B 1915/22 AS ER

Beschwerde

eingelegt und beantragt, wie folgt zu erkennen:

1. Der Beschluss des Sozialgerichts ... vom 23.10.2022 zur Geschäfts-Nr.: 14 B 1915/22 AS ER wird abgeändert und die Antragsgegnerin wird verpflichtet, dem Antragsteller vorläufig Leistungen nach dem SGB II zu gewähren.
2. Dem Antragsteller wird unter Beiordnung des Unterzeichnenden Prozesskostenhilfe für das Beschwerdeverfahren bewilligt.

Begründung:

(Wegen Prozesskostenhilfe siehe Muster Antrag auf Prozesskostenhilfe beim Antrag auf einstweiligen Rechtsschutz.)

Begründung Antrag zu 1.:

Das Sozialgericht hat den Antrag auf Erlass einer einstweiligen Anordnung abgelehnt, weil der Antragsteller nicht hinreichend glaubhaft gemacht habe, dass er nicht mit Frau B eine Bedarfsgemeinschaft bilde. Der wegen der nicht erfolgreichen Beendigung seines Studiums als Aushilfskellner arbeitende Antragsteller lebe bereits seit dem 1.8.2021 bei der B, so dass die Vermutung bestehe, dass der Antragsteller und die B eine Bedarfsgemeinschaft bilden. Das Sozialgericht verkennt hier, dass die Vermutungswirkung des § 7 Abs. 3 a SGB II nur dann eingreift, wenn zwischen dem Antragsteller und der B eine Haushaltsgemeinschaft besteht. Für das Bestehen einer Haushaltsgemeinschaft trägt die objektive Darlegungs- und Beweislast die Antragsgegnerin.

Aus dem Sachvortrag der Antragsgegnerin kann auch nicht geschlossen werden, dass der Sachvortrag des Antragstellers unglaubhaft ist. Die Mitarbeiter der Antragsgegnerin entdeckten bei ihrem Hausbesuch am 29.8.2022 einen Korb mit Schmutzwäsche. In dem Korb fanden sich sowohl Wäschestücke des Antragstellers als auch der B. Auch hieraus lässt sich nicht mit hinreichender Sicherheit auf eine Lebensgemeinschaft des Antragstellers mit Frau B schließen. Frau B hatte dem Antragsteller mitgeteilt, wenn er seine Miete weiter nicht zahle, sei sie gezwungen, das Untermietverhältnis mit ihm zu kündigen. Der Antragsteller hatte der B versichert, er unternehme alles um von der Antragsgegnerin alsbald die Kosten für die Miete zu erhalten, auch versuche er eine Beschäftigung zu erhalten. Sie (die B) solle noch etwas Geduld haben. In der Zwischenzeit werde er sich im Haushalt so gut wie möglich nützlich machen. Wenn sie aus ihrem Urlaub zurückkomme, sei alles im Haushalt auf Vordermann gebracht. Da der Antragsteller wusste, dass die B besonders ungern Wäsche wäscht, habe er damit gleich angefangen. Weil der B äußerst sparsam ist und nicht unnötig Waschpulver verbrauchen wollte und allein die Wäsche der B nicht ausgereicht hätte eine Waschmaschine zu bestücken, hat er seine Schmutzwäsche hinzugefügt.

Das Sozialgericht verkennt auch, dass der Antragsteller in einer existenziellen Notlage ist. Bestehen Zweifel an dem Sachvortrag des Antragstellers, so hätte das Sozialgericht diese Zweifel durch eine Beweisaufnahme beseitigen müssen. Die Beweise hätten zB durch Vernehmung der B erhoben werden können. B war jedoch urlaubsabwesend, so dass eine Vernehmung nicht in der Zeit, die dem Sozialgericht bis zu seiner Entscheidung zur Verfügung stand, hätte erfolgen können.

Konnte das Sozialgericht den Sachverhalt nicht abschließend ermitteln, so hätte es eine Güterabwägung zwischen den Belangen des Antragstellers und den Belangen des Staates vornehmen müssen (BVerfG Beschluss vom 19.3.2004 – 1 BvR 131/04).

Bei gehöriger Abwägung der Belange des Antragstellers mit denen des Staates hätte das Sozialgericht den Belangen des Antragstellers Vorrang einräumen müssen. Der Krankenversicherungsschutz des Antragstellers ist konkret gefährdet und ihm droht Wohnungslosigkeit. Demgegenüber steht die geringe Gefahr des Staates, dass er seine Leistungen nicht zurückerhält. Auch wenn der Antragsteller sein Studium nicht erfolgreich abgeschlossen hat, zeigte er durch seine Tätigkeit in der berühmten Bar, dass seine Integration in Arbeit möglich ist und dass, selbst wenn die Leistungen von der Antragsgegnerin zu Unrecht erbracht wurden, eine Rückzahlung zu erwarten ist.

Zwischenzeitlich hat sich die Situation des Antragstellers noch weiter verschlechtert. Frau B hat den mit dem Antragsteller bestehenden Mietvertrag gekündigt und droht mit einer Räumungsklage. Der B hat sich bisher in der Suppenküche des Vereins Mahlzeit eV versorgen können. Seine Krankenversicherung, die BARMER GEK, forderte mit Schreiben vom 9.10.2022 den Antragsteller unter Hinweis auf den bestehenden Versicherungsschutz auf, ausstehenden Beiträge zur freiwilligen Krankenversicherung unverzüglich zu zahlen. Der Antragsteller benötigt dringend eine zahnärztliche Behandlung, denn bei dem Kläger sind mehrere Zähne kariös und verursachen bereits Schmerzen, so dass wahrscheinlich eine Wurzelbehandlung notwendig ist.

Hinsichtlich der geänderten Situation wird auf die in

Anlage A 1

beigefügte Eidesstattliche Versicherung des Antragstellers vom 12.10.2022 verwiesen.

...

Unterschrift

– Rechtsanwalt –

Erläuterungen: Gegen den ablehnenden Beschluss des Sozialgerichtes im Verfahren auf einstweilige Anordnung findet die Beschwerde statt (§ 86 b Abs. 4 iVm § 72 Abs. 1 SGG). Die Beschwerde ist nur zulässig, wenn die Berufung in der Hauptsache zulässig wäre (§ 172 Abs. 3 Nr. 1 SGG). Die Berufung ist in Verfahren nach dem SGB II bei Geld-, Dienst- und Sachleistungen nur zulässig, wenn der Wert des Beschwerdegegenstandes 750 EUR übersteigt (§ 144 Abs. 1 Nr. 1 SGG). Das ist hier zweifelsohne der Fall, denn allein die Regelleistung beträgt bei dem Leistungsberechtigten hier mindestens 6 * 451 EUR = 2.706 EUR (für den streitigen Leistungszeitraum bis 31.12.2022 und 6 * 502 = 3.012 EUR ab dem 1.1.2023) für einen Leistungszeitraum. Wird der Beschwerdewert nicht erreicht, besteht kein Rechtsbehelf.

Die Beschwerdeschrift bedarf keiner besonderen Form (§ 173 SGG). Es ist nicht erforderlich, dass ein bestimmter Antrag gestellt wird oder die zur Begründung dienenden Tatsachen und Beweismittel angegeben werden (§ 151 Abs. 3 SGG). Insbesondere ist auch eine Auseinandersetzung mit der angefochtenen Entscheidung nicht notwendig. Gleichwohl ist eine Auseinandersetzung sinnvoll, weil sich Gerichte nach den Erfahrungen des Autors auch von tragfähigen Argumenten überzeugen lassen.

Zusätzlich können, ohne dass die Gefahr der Präklusion besteht, neue Tatsachen vorgetragen werden, die zu einer anderen Entscheidung des Gerichtes führen. Es ist daher auch geboten, die im vorliegenden Fall von dem Sozialgericht unterlassene Güterabwägung im Sinne des Antragstellers/Beschwerdeführers vorzunehmen. Zu den neuen Tatsachen in diesem Sinne gehört zB die nunmehr erstmals erforderliche zahnärztliche Behandlung und die Mitteilung der Krankenkasse.

Zur Beschleunigung des Verfahrens und zur Darstellung der derzeitigen Lebenslage des Leistungsberechtigten ist eine Darstellung sinnvoll, aus der sich ergibt, wovon er bisher (über-)leben konnte. Für neue Tatsachen kann es erforderlich werden, dass hierüber eine neue eidesstattliche Versicherung abgegeben wird. Hier könnte es auch sinnvoll sein, dass der Beschwerdeführer seinen Arzt oder Zahnarzt von der Schweigepflicht entbindet und das Landessozialgericht fernmündlich von dem Zahnarzt Auskünfte einholt.

V. Anfechtungsklage gegen Versagungsbescheid

Anfechtungsklage

Geschäfts-Nr. der Beklagten:

In Namen und mit Auftrag des Klägers erhebe ich Klage und beantrage, wie folgt zu erkennen:

Der Bescheid der Beklagten vom 30.9.2022 über die Aufhebung der Leistungen (Bescheid vom 7.9.2022 Bewilligungszeitraum vom 1.9.2022 bis zum 31.8.2023) ab dem 1.10.2022 in der Fassung des Widerspruchsbescheides vom 9.11.2022, wird aufgehoben.

Begründung:

Die Beklagte hat mit Bescheid vom 30.9.2022 die durch den Bescheid vom 5.9.2022 für die Zeit vom 1.9.2022 bis zum 31.8.2023 gewährten Leistungen wegen angeblich fehlender Mitwirkung versagt.

Dem Versagungsbescheid liegt folgender Sachverhalt zu Grunde:

Am 14.9.2022 gegen 8:30 Uhr suchte ein Mitarbeiter der Beklagten den Kläger in seiner Wohnung auf. Eine vorherige Anmeldung des Hausbesuchs erfolgte nicht. Der Mitarbeiter bat um Einlass in die Wohnung des Klägers und erklärte, die Beklagte habe Hinweise erhalten, dass der Kläger mit einer Frau M. in einer Bedarfsgemeinschaft lebe, wenn er, der Kläger, den Verdacht ausräumen wolle, habe er jetzt Gelegenheit hierzu. Sofern er ihm keinen Zugang verschaffe, bestehe durchaus die Möglichkeit, dass die Leistung wegen mangelnder Mitwirkung versagt werde.

Der Kläger erklärte dem Mitarbeiter der Beklagten, er habe jetzt leider keine Zeit, denn er sei auf dem Weg zu einer Beerdigung. Als der Mitarbeiter der Beklagten daraufhin entgegnete, eine solche Ausrede habe er bisher noch nicht gehört, erwiderte der Kläger: „Sie sehen doch, ich bin auf dem Weg" und schlug wütend die Wohnungseingangstür zu.

Mit Bescheid vom 30.9.2022 versagte die Beklagte dem Kläger die Leistungen wegen mangelnder Mitwirkung, weil der Kläger dem Außendienstmitarbeiter der Beklagten am

14.9.2022 keinen Zutritt zu seiner Wohnung gewährt habe. Der hiergegen eingelegte Widerspruch blieb ohne Erfolg.

Die Beklagte durfte die Leistungen hier nicht wegen fehlender Mitwirkung versagen, denn der Kläger war im Rahmen seiner Mitwirkungspflicht nicht verpflichtet, den Mitarbeitern der Beklagten Zutritt zu seiner Wohnung zu verschaffen. Im Rahmen des § 60 SGB I ist der Kläger lediglich verpflichtet, den Mitarbeitern der Beklagten gegenüber Tatsachen anzugeben, Änderungen mitzuteilen und auf Anforderung Urkunden vorzulegen.

Es wird weiterhin beantragt,

dem Kläger Einsicht in die Verwaltungsakten der Beklagten zu gewähren und zwar durch Übersendung der Verwaltungsakten an den Unterzeichnenden.

...

Unterschrift

– Rechtsanwalt –

Anlagen:

Abschrift für die Beklagte, Vollmachtsurkunde im Original und Bescheid vom 30.9.2022 und Widerspruchsbescheid vom 9.11.2022 sowie Bewilligungsbescheid vom 7.9.2022 jeweils in Kopie

Erläuterungen: Der Leistungsträger kann eine bereits durch Bescheid bewilligte Leistung nachträglich entziehen oder versagen, wenn der Leistungsberechtigte seiner Mitwirkungspflicht nicht nachkommt (§ 60 Abs. 1 SGB I iVm §§ 60–66 SGB I). Die Versagung der Leistung erfolgt durch Verwaltungsakt, der den zuvor erlassenen Bewilligungsbescheid hinsichtlich seines Zahlungsanspruches vorübergehend hemmt, solange der Versagungsbescheid wirkt. Wird der Versagungsbescheid aufgehoben, lebt die Wirksamkeit des Bewilligungsbescheides wieder auf, soweit der Bewilligungszeitraum noch nicht abgelaufen ist.

Der Versagungsbescheid ist daher grundsätzlich mit der Anfechtungsklage (§ 54 Abs. 1 SGG) anzugreifen (BSG Urt. v. 25.10.1988 – 7 RAr 70/87), da es für die Erreichung des Klageziels ausreicht, den belastenden Verwaltungsakt aufzuheben.

Die Begründung der Klage erschöpft sich in der Darlegung, dass der Versagungsgrund der fehlenden Mitwirkung nur bei Erfüllung der Tatbestandsvoraussetzungen der §§ 60–62 SGG iVm § 65 SGG vorliegt. Eine analoge Anwendung der Versagungs- oder Entziehungsgründe ist wegen der existenziellen Bedeutung der Leistung zur Grundsicherung nicht möglich (Art. 1 Abs. 1 iVm Art. 20 Abs. 1 GG).

Eine Vollmacht ist beim Sozialgericht schriftlich einzureichen und zwar bei Rüge durch den Gegner (§ 73 Abs. 6 S. 1 SGG). Der Klageschrift ist für jeden Beteiligten eine Abschrift beizufügen (§ 93 SGG). Hier reicht eine Abschrift für den Beklagten aus. Wird die Abschrift nicht beigefügt, kann das Sozialgericht auf Kosten desjenigen Beteiligten, der zur Einreichung der Abschrift verpflichtet ist, die Kosten einer Abschrift verlangen, wenn es selbst die Abschriften anfertigt (§ 93 S. 3 SGG).

Die Beifügung von Bescheid und Widerspruchsbescheid ist nicht erforderlich, empfiehlt sich aber immer, weil Mängel der Klage insbesondere hinsichtlich der Bezeichnung des Klagegegenstandes geheilt werden können.

VI. Anfechtungs- und Leistungsklage

Namens und im Auftrag der Klägerin erhebe ich Klage und beantrage, wie folgt zu erkennen:

Der Bescheid der Beklagten vom 23.8.2019 in der Gestalt des Widerspruchsbescheides vom 8.10.2019 wird abgeändert und die Beklagte wird verpflichtet, der Klägerin höhere Leistungen nach dem SGB II zu gewähren.

Begründung:

Die Klägerin erhält mit Bescheid vom 24.2.2019 seit dem 1.3.2019 von der Beklagten Leistungen nach dem SGB II und zwar Regelleistungen und Kosten für Unterkunft und Heizung. Die Beklagte stimmte gegenüber der Klägerin einem Wohnungswechsel zu. Die Klägerin mietete eine neue Wohnung in der Badstraße 3 in Kleinstadt ab dem 1.9.2019. Die Wohnung musste noch renoviert werden und so konnte die Klägerin ihre vorige Wohnung erst zum 30.9.2019 kündigen.

Mit Änderungsbescheid vom 24.8.2019 bewilligte die Beklagte der Klägerin ab dem 1.9.2019 monatlich 489 EUR für Unterkunft und Heizung für die Wohnung Badstraße 3. Die Kosten für die Wohnung in der Gartenstraße in Höhe von 379,50 EUR wurde von der Beklagten nicht übernommen.

Die Klägerin hat Anspruch auf Übernahme der Unterkunftskosten im September 2019 für beide Wohnungen. Es kann dahingestellt bleiben, ob die Kosten für die zweite Wohnung von der Zusicherung der Beklagten (§ 22 Abs. 6 SGB II) erfasst ist, denn hierauf kommt es nicht an. Entscheidend ist allein, dass hier auch die Anmietung einer zweiten Wohnung ausnahmsweise einmal konkret angemessen ist, denn die Klägerin musste die neue Wohnung noch renovieren, weil diese nicht bezugsfertig war.

Es wird weiterhin beantragt,

der Klägerin Einsicht in die Verwaltungsakten der Beklagten zu gewähren und zwar durch Übersendung der Verwaltungsakten an den Prozessbevollmächtigten der Klägerin.

...

Unterschrift

– Rechtsanwalt –

Erläuterungen: Mit der kombinierten Anfechtungs- und Leistungsklage (§ 54 Abs. 1 S. 1 SGG Anfechtungsklage und § 54 Abs. 4 SGG Leistungsklage) kann gleichzeitig der ganz oder teilweise belastende Verwaltungsakt aufgehoben werden und die Leistung, auf die ein Rechtsanspruch besteht, verlangt werden.

Die Klage ist zulässig, wenn der Kläger eine materielle Beschwer behauptete (§ 54 Abs. 1 S. 2 SGG).

Die Klage ist begründet, wenn der Empfänger eines die Leistung ablehnenden Bescheides beschwert und die Versagung der Leistung rechtswidrig ist, dh die Behörde den Anspruch nach der Anspruchsgrundlage nicht hinreichend erfüllt hat (§ 54 Abs. 2 S. 1 SGG).

Der (Leistungs-)Antrag muss abweichend von § 253 Abs. 2 Nr. 2, Abs. 3 ZPO nicht auf eine bestimmte Geldsumme lauten, wenn dieser nicht genau beziffert werden kann. Ein Grundurteil ist daher in aller Regel zulässig (§ 130 Abs. 1 S. 1 SGG, vgl. auch BSG Urt. v. 16.5.2007 – B 11 b AS 37/06 R).

Die Akteneinsicht sollte stets beantragt werden, hieraus lassen sich oft weitere anspruchsbegründende aber auch anspruchsvernichtende Tatsachen entnehmen. Die Stellung des Akteneinsichtsgesuchs am Ende der Klageschrift verdeutlicht lediglich, dass es sich um einen reinen Verfahrensantrag handelt. Die Einsicht in die Gerichtsakten in der ersten Instanz ist in der Regel nicht erforderlich, weil das Gericht im Rahmen der Gewährung rechtlichen Gehörs (§ 62 SGG) alle Tatsachen mitteilen muss, auf die es seine Entscheidung stützt (vgl. Berchtold Sozialgerichtsgesetz/Littmann, 6. Aufl. 2021, → § 62 Rn. 6). Das Gericht muss demnach alle Ermittlungen und deren Ergebnisse den Parteien mitteilen. Nur bei einem Rechtsmittel kann eine Einsicht in die Gerichtsakten daher notwendig sein. Der vorliegende Fall ist dem Sachverhalt BSG 30.10.2019 – B 14 AS 2/19 R nachgebildet.

VII. Nichtzulassungsbeschwerde vor dem Landessozialgericht „Grundsätzliche Bedeutung"

Im Namen und mit Vollmacht des Klägers lege ich gegen die Nichtzulassung der Berufung in dem Urteil des Sozialgerichts ... vom ... zum Geschäftszeichen: S 14 AS 2345/21, zugestellt am ...

Nichtzulassungsbeschwerde

ein und beantrage, wie folgt zu erkennen:

Die Berufung gegen das Urteil des Sozialgerichts ... vom ... zum Geschäftszeichen: S 14 AS 2345/21, zugestellt am ..., wird zugelassen.

Begründung:

Der am 16.9.1985 geborene Kläger erhielt, aufgrund eines Bescheides vom 16.11.2020, in der Zeit vom 1.1. bis zum 31.12.2021 in der Fassung des Änderungsbescheides vom 3.11.2019 von der Beklagten Leistungen nach dem SGB II. Widerspruch und Klage gegen diesen Bescheid waren erfolglos.

Der Kläger begeht höhere Kosten für Unterkunft und Heizung, und zwar in Höhe von monatlich 580 EUR. Die Beklagte hat dem Kläger mit Bescheid vom 16.11.2020 und dem Widerspruchsbescheid vom 2.2.2021 nur Leistungen für Unterkunft und Heizung iHv 450 EUR bewilligt. Das Sozialgericht hat festgestellt, dass das beklagte Jobcenter nicht über ein schlüssiges Konzept zur Ermittlung der Kosten für Unterkunft und Heizung verfügt und anhand eines qualifizierten Mietspiegels für den Leistungszeitraum Kosten für Unterkunft und Heizung iHv 540 EUR monatlich verurteilt, die Klage im Übrigen abgewiesen sowie die Berufung nicht zugelassen, weil die Berufungssumme von 750 EUR nicht erreicht worden sei, sondern nur 40 * 12 = 480 EUR betrage.

Die Berufung ist zuzulassen, weil hier eine Rechtsfrage von grundsätzlicher Bedeutung zu entscheiden ist, die über den Rechtskreis des Klägers hinausgeht.

Die Entscheidung des Sozialgerichts beruht auf einer fehlerhaften Auslegung der des § 22 Abs. 1 S. 1 SGB II. Das Sozialgericht hat in seinem Urteil den Rechtssatz aufgestellt:

„Eine Unterkunft sei dann angemessen, wenn sich dies aus einem qualifizierten Mietspiegel ergibt, und zwar für Wohnraum im unteren Preissegment. Aus dem vom Gericht konkret verwendeten qualifizierten Mietspiegel ergebe sich bei einer Wohnungsgröße von 60 qm eine Gesamtmiete (Bruttokaltmiete) in Höhe von 9 EUR pro qm. Eine Überschreiten dieser Miete führe zur abstrakten Unangemessenheit."

Diese vom Sozialgericht im sogenannten Kloebener-Modell, benannt nach einem Richter des Sozialgerichtes M, der dieses Modell entworfen hat, ist nicht geeignet, die abstrakte Angemessenheit darzustellen, denn es lässt die Frage außer Acht, ob tatsächlich ausreichender angemessener Wohnraum zur Verfügung steht, da hierüber der herangezogene Mietspiegel keine Auskunft gibt. (Sollte im konkreten Fall näher ausgeführt werden! zB „Der Mietspiegel berücksichtigt nicht, dass im Leistungszeitraum die Mieten angestiegen waren und eine Neuanmietung zu Bestandsmiete nicht möglich war").

Durch diesen Rechtssatz kommt das Sozialgericht zu dem Ergebnis, dass die Kosten für Unterkunft und Heizung insgesamt nur 540 EUR monatlich für einen Zweipersonenhaushalt und nicht mindestens 580 EUR monatlich betragen müssen. Die Entscheidung des Sozialgerichtes ist auch entscheidungserheblich, denn das Sozialgericht kann, bei einem unschlüssigem Konzept des Jobcenters, nicht an dessen Stelle auf ein eigenes ebenfalls unschlüssiges Konzept zurückgreifen. In diesem Fall muss sich es sich der Hilfskonstruktion des § 12 WoGG und den Höchstgrenzen nach dessen Anhang bedienen (BSG 3.9.2020 – B 14 AS 37/19R). Hiernach hätte die höchste Kaltmiete iHv 579 EUR zuzüglich 10% Sicherheitszuschlag (57,90 EUR) 636,90 EUR betragen, so dass die Gesamtmiete von 580 EUR in jeden Fall angemessen ist, selbst wenn man hier bedenkt, dass die Heizkosten, die hier weitere 58 EUR betragen, außen vor bleiben.

Die Entscheidung des Sozialgerichtes weicht auch von der vorher zitierten Rechtsprechung des Bundessozialgerichtes ab, so dass die Zulassung auf Divergenz beruht.

...

Unterschrift

– Rechtsanwalt –

Anlage:

Vollmachtsurkunde, Urteil Sozialgericht vom ... zum Geschäftszeichen ... in Kopie

Erläuterungen: Das Beispiel ist eine in sehr verkürzter Form dargestellt Nichtzulassungsbeschwerde. Falls diese von einem Rechtsanwalt eingelegt wird, sollte sie wesentlich umfangreicher begründet werden. Eine nähere Ausführung würde hier jedoch den zur Verfügung stehenden Raum sprengen.

Die Berufung gegen ein Urteil über Geld-, Sach- und Dienstleistungen ist unzulässig, wenn die Berufungssumme von 750 EUR nicht überschritten ist (§ 144 Abs. 1 Nr. 1 SGG). Beträgt der Wert der Beschwerde 750 EUR oder weniger, ist die Berufung nur zulässig, wenn das Sozialgericht die Berufung im Urteil zugelassen hat (§ 144 Abs. 1 SGG).

Lässt das Sozialgericht die Berufung nicht zu, kann die Nichtzulassung der Berufung mit der Nichtzulassungsbeschwerde angefochten werden (§ 145 Abs. 1 S. 1 SGG). Die Nichtzulassungsbeschwerde ist innerhalb einer Frist von einem Monat bei dem Landessozialgericht einzureichen (§ 144 Abs. 1 S. 2 SGG). Die Beschwerde kann schriftlich oder zu Protokoll der Geschäftsstelle des Landessozialgerichtes eingereicht werden.

Die Beschwerde unterliegt teilweise wesentlich geringeren Formerfordernissen als die Nichtzulassungsbeschwerde vor dem Bundessozialgericht, denn in ihr soll nur das angefochtene Urteil bezeichnet werden und die zur Begründung dienenden Tatsachen und Beweismittel angegeben werden (§ 145 Abs. 2 SGG). Der Antrag geht dahin, dass die Berufung durch Beschluss des Landessozialgerichtes zugelassen wird.

Lässt das Landessozialgericht die Berufung zu, wird die Beschwerde als Berufungsverfahren fortgesetzt (§ 145 Abs. 5 SGG). In diesem Fall empfiehlt es sich ggf. nach der Zulassung einen Sachantrag im Berufungsverfahren zu stellen. Ist mit der Zulassung der Berufung zu rechnen, kann ein hilfsweise gestellter Sachantrag nach folgendem Muster sinnvoll sein.

„... für den Fall der Zulassung der Berufung wird beantragt, in der Sache wie folgt zu erkennen: Das Urteil des Sozialgerichts vom ... zur Geschäfts-Nr.: S 00 AS 0000/09 wird abgeändert und die Beklagte wird verurteilt, dem Kläger weitere Leistungen nach dem SGB II zu gewähren."

Die Begründung besteht aus einer kurzen Darstellung des Sachverhaltes und der vom Sozialgericht aufgearbeiteten Rechtsfragen. Die Nichtzulassung wurde hier auf die grundsätzliche Bedeutung gestützt (§ 144 Abs. 2 Nr. 1 SGG). Daher wurde der durch das Sozialgericht aufgestellte Rechtssatz herausgearbeitet und dargestellt, dass diese Rechtsfrage klärungsbedürftig und allgemein klärungsfähig ist, in ihrer Bedeutung über den Einzelfall hinausgeht und auch im vorliegenden Fall klärungsfähig ist.

Das Landessozialgericht muss die Zulassung der Berufung nicht begründen (§ 145 Abs. 4 S. 2 SGG).

Die Prozesskostenhilfe muss sowohl für die Nichtzulassungsbeschwerde als auch für die Berufung beantragt werden, denn es handelt sich bis zur Zulassung der Berufung um verschiedene Angelegenheiten (§ 17 Nr. 9 RVG). Der vorliegende Fall ist der Entscheidung des LSG Berlin-Brandenburg 31.5.2022 – L 32 AS 2866/16 nachgebildet. Die Revision ist beim Bundessozialgericht mit dem Geschäftszeichen B 4 AS 19/22 R anhängig.

VIII. Atypischer Bedarf, Widerspruch gegen einen ablehnenden Bescheid

... unter Vorlage einer auf mich lautenden Vollmacht zeige ich die Vertretung des Leistungsberechtigten, gesetzlich vertreten durch die Mutter St., an. Mein Mandant legte mir den Bescheid vom 23.4.2023 über die Ablehnung von zusätzlichen Leistungen für die Schule (Nachhilfeunterricht) in der Zeit vom 1.5.2019 bis zum 31.10.2019 vor. Gegen diesen Bescheid lege ich im Auftrag meines Mandanten

Widerspruch ein und beantrage,

den Bescheid vom 23.4.2023 aufzuheben und meinem Mandanten, Leistungen für die Schule für die Zeit vom 1.5.2023 bis zum 31.10.2023 in Höhe von 1.356,60 EUR zu gewähren.

Begründung:

Mein Mandant ist am 12.3.2013 geboren und besucht seit 3.9.2019 die K-Grundschule in R-Stadt. Bis zum Juli des Jahres 2021 war er einer der besten Schüler der Klasse. Er nahm noch im April 2021 an dem Wettbewerb „Schüler musizieren" teil und erreichte unter 60 Teilnehmern den ersten Platz im Fach Blockflöte. Die Zeugnisse für das erste und zweite Halbjahr der zweiten Klasse weisen einen Notendurchschnitt von 1,5 auf und er hatte von 24 Schülern die zweitbesten Ergebnisse. Im ersten Schulhalbjahr 2021/2022 hatte mein Mandant nur noch einen Notendurchschnitt von 2,5. Im zweiten Schulhalbjahr 2021/2022 hatte mein Mandant bisher in einer Klassenarbeit im Diktat eine Arbeit mit der Note „mangelhaft" abgegeben und in Mathematik eine Arbeit mit der Note „ausreichend". Aller Voraussicht nach ist die Versetzung in die vierte Klasse noch nicht gefährdet. Mein Mandant wird jedoch, was von seinen bisherigen Leistungen zu erwarten war, nicht in ein Gymnasium aufgenommen werden, weil ein Übergang zum Gymnasium nur bei der Note „gut" in einem der beiden Fächer Deutsch oder Mathematik und mindestens der Note „befriedigend" im anderen Fach im Halbjahreszeugnis der vierten Klasse möglich ist.

Die Mutter meines Mandanten, Frau St., hat sich wegen der schlechten Leistungen an die Schulleitung gewandt und um Förderunterricht nachgesucht. Die Schulleiterin, Frau R., teilte im Schreiben vom 24.1.2022 mit, dass ein Förderunterricht für meinen Mandanten aufgrund längeren krankheitsbedingten Ausfalls zweier Lehrkräfte nicht erteilt werden könne. Wegen der näheren Einzelheiten wird auf das in

Anlage A 1

beigefügte Schreiben vom 24.1.2023 verwiesen. Die Lernschwäche meines Mandanten ist vorübergehend und auf familiäre Verhältnisse zurückzuführen. Im Jahr 2018 trennten sich die Eltern meines Mandanten. Da der Vater meines Mandanten alkoholkrank ist, kam es in der Trennungszeit häufig zu verbalen, aber auch tätlichen Auseinandersetzungen. Die Mutter meines Mandanten konnte im Wege des einstweiligen Rechtsschutzes durch Beschluss des Amtsgerichtes R-Stadt vom 27.9.2022 erreichen, dass der Vater des Kindes, Herr A., zum Auszug aus der gemeinsamen Wohnung verpflichtet wurde. Der Beschluss des Amtsgerichtes R-Stadt liegt in

Anlage A 2

bei. Da der Vater meines Mandanten nicht freiwillig auszog, musste aus dem Beschluss vom 27.9.2022 die Zwangsräumung betrieben werden. Diese konnte erst mittels des Gerichtsvollziehers unter Hinzuziehung der Polizei am 6.12.2022 erfolgen und zwar, weil der Vater meines Mandanten bei einem ersten Räumungsversuch am 2.11.2022 gegenüber dem Gerichtsvollzieher tätlich geworden war. Diesbezüglich wird auf die Meldung des R-Stadt-Anzeigers vom 3.11.2022, beigefügt in

Anlage A 3

verwiesen. Mein Mandant leidet wegen der Vorfälle an einer posttraumatischen Belastungsstörung und ist deshalb in ärztlicher und psychotherapeutischer Behandlung. Ausweislich des Befundberichtes des Dipl. Psych. K., welcher in

Anlage A 4

beigefügt ist, besteht bei meinem Mandanten, bedingt durch die Belastungsstörung, eine vorübergehende Konzentrationsschwäche, die sich allerdings zwischenzeitlich weitgehend gelegt hat.

Die Familienverhältnisse haben sich zwischenzeitlich stabilisiert, denn der Vater meines Mandanten macht seit dem 2.2.2023 eine Alkoholentwöhnungsbehandlung und hat zweimal in der Woche fernmündlichen Kontakt mit meinem Mandanten.

Mein Mandant könnte bei entsprechender Nachhilfe den für den Besuch des Gymnasiums erforderlichen Wissensstand und die vorausgesetzten Noten in den Fächern wiedererlangen.

Hinsichtlich der Kosten des Nachhilfeunterrichtes wird auf das mit dem Antrag beigefügte Angebot der Nachhilfeschule „Q." verwiesen. Aus dem Angebot ergibt sich auch, dass die Nachhilfe für die Zeit vom 1.5.2023 bis zum 30.10.2023 erforderlich ist, denn es beruht auf einer Lernstandsanalyse vom 20.4.2023.

Die Lernförderung ist hier auch deshalb zu Unrecht abgelehnt worden, weil sie sich nicht auf Fälle beschränkt, in denen die Versetzung gefährdet ist. Die besondere familiäre Situation in die mein Mandant ohne sein Verschulden geraten ist, gebietet hier eine weitergehende Förderung zumal sich aus der Vorgeschichte ergibt, dass es sich nur um eine vorübergehende Lernstörung handelt.

Es wird um umgehende Entscheidung nachgesucht, da mein Mandant den Nachhilfeunterricht unverzüglich antreten muss, andernfalls kann das mit der Nachhilfe verfolgte Ziel nicht erreicht werden. Diesbezüglich habe ich mir eine

Frist zum 30.4.2023 notiert.

Sofern bis zu diesem Zeitpunkt keine für meinen Mandanten positive Entscheidung vorliegt, muss mein Mandant sein Begehren im einstweiligen Rechtsschutzverfahren verfolgen, denn der Nachhilfeunterricht wird nur dann erfolgreich sein, wenn er unverzüglich durchgeführt wird.

...

Unterschrift

– Rechtsanwalt –

Erläuterungen: Besondere Anforderungen an die Form des schriftlichen Widerspruchs bestehen nicht (§ 84 SGG). Insbesondere ist kein Antrag erforderlich. Allerdings reicht ein Widerspruch mittels einfacher E-Mail nicht aus, um die Schriftform zu ersetzen, hier bedarf es der qualifizierten elektronischen Signatur oder eines anderen in § 36 a SGB I genannten sicheren Übermittlungsweges. Zur besseren Bestimmung des Gegenstandes des Widerspruchs kann ein vergleichbar dem Klageantrag gefasster Antrag im Widerspruchsverfahren sinnvoll sein.

Es empfiehlt sich den angegriffenen Bescheid genau zu bezeichnen, damit Verwechslungen mit Bescheiden, die vom Leistungsträger am gleichen Tag erlassen worden sind, ausgeschlossen werden können. Diese müssen ggf. in einem weiteren Widerspruchsverfahren gesondert angefochten werden.

Die Begründung des Widerspruchs trägt Tatsachen vor, die geeignet sind, die Tatbestandsvoraussetzungen für die Lernförderung (§ 28 Abs. 5) darzulegen.

Weiter wird eingehend dargelegt, dass keine anderweitige Hilfemöglichkeit, wie etwa ein Förderunterricht durch die Schule, besteht.

Sofern im vorliegenden Fall keine zeitnahe stattgebende Entscheidung im Widerspruchsverfahren möglich ist, kommt hier nur der einstweilige Rechtsschutz in Form der Regelungsanordnung in Betracht (§ 86 b Abs. 2 S. 2 SGG).

Die Akteneinsicht im Widerspruchsverfahren kann nicht beschränkt werden (§ 84 a SGG). Allerdings kann die Behörde die Akteneinsicht dadurch beschränken, dass sie die Akteneinsicht nur am Sitz der Behörde gewährt (§ 25 Abs. 4 SGB X).

Stichwortverzeichnis

Fette Zahlen bezeichnen die Paragrafen der Einzelkapitel, magere die Randnummern.